개정 3판

한국광고사

나남
nanam

나남신서 1543

개정 3판

한국광고사

1986년 4월 15일 초판 발행
1998년 4월 25일 개정판 발행
2005년 3월 5일 개정판 2쇄
2011년 3월 15일 개정 3판 발행
2011년 3월 15일 개정 3판 1쇄

지은이_ 신인섭 · 서범석
발행자_ 趙相浩
발행처_ (주) 나남
주소_ 413-756 경기도 파주시 교하읍
출판도시 518-4
전화_ (031) 955-4600 (代)
FAX_ (031) 955-4555
등록_ 제 1-71호(1979.5.12)
홈페이지_ http://www.nanam.net
전자우편_ post@nanam.net

ISBN 978-89-300-8543-4
ISBN 978-89-300-8001-9
책값은 뒤표지에 있습니다.

이 책은 LG그룹의 지원을 받아서 제작되었습니다.

나남신서 · 1543

개정 3판

한국광고사

신인섭 · 서범석 공저

나남
nanam

The History and Development of Advertising in Korea

3rd Edition

by

In-sup, Shin & Bum-suk, Seo

nanam

개정3판 머리말

이 책은 《한국광고역사》의 세 번째 개정판이다. 처음으로 한국광고의 역사에 대해 쓴 책은 《한국광고발달사》(韓國廣告發達史)이며 1980년이었다. 6년 뒤에는 《한국광고사》(韓國廣告史)로 이름을 바꾸었다. 그리고 다시 12년의 세월이 지나고 1998년에 두 번째 개정판 《한국광고사》를 냈다. 책의 제목에서 알 수 있듯이 두 번째 개정판은 거의 모두 한글로 했다. 한문을 모르는 세대를 생각했기 때문이었다. 그리고 서범석 교수와 공저가 되었다. 따라서 2010년에 나오는 《한국광고사》는 세 번째 개정판이다. 개정판이 나올 때마다 책에 새로운 시대가 추가되었다. 그뿐 아니라 책 내용에도 새로 수정한 부분도 상당히 늘어났다.

한국 광고의 역사를 살피다보면 이미 19세기 말 〈독립신문〉, 〈황성신문〉, 〈제국신문〉, 그리고 20세기 초 〈대한매일신보〉가 창간될 무렵에 광고를 많이, 자주 게재하면 할인을 하는 "광고량과 빈도 할인"(*Frequency & Volume Rate*)이라는 서구 신문광고 제도가 도입되어 있었음을 알 수 있다. 광고 표현에서도 디자인과 카피에 대한 인식이 상당한 수준에 이르렀고 또한 통신판매, 할인판매, 현상판매 광고가 성했으며 기업광고도 나타나고 있었다. 광고에 대한 계몽과 비판기사 등도 등장했다. 한일합병 전후에는 광고대행업이 생기기도 했다. 미국 망명 10년 뒤에 귀국해서 창간한 〈독립신문〉(*The Independent*) 때문이고, 서구의 영향이었다.

1910년에서 1945년의 일제시대는 한일합병에서 1919년 3·1운동까지 10년간의 무단정치 시대, 1920년에서 1940년의 〈조선일보〉와 〈동아일보〉가 강제 폐간되기까지의 광고성장기, 그리고 그 뒤 태평양 전쟁과 광고쇠퇴기로 나뉜다.

1920년에서 약 10년간은 재빠른 광고성장기였다. 1930년대에 접어들면서 신문이 하루에 8페이지에서 12페이지까지 늘어났는데, 그 주된 원인은 광고의 증가였다. 광고에 관한 기사도 부쩍 늘어났고 다양한 광고가 나타났다. 미국 포드 자동차와 시보레 자동차가 대대적인 전면광고를 게재했다. 변형광고, 기사식 광고, 전면광고 또한 판촉행사 등이 증가하고, 판에 박은 듯한 것이지만 지방자치제에 따르는 정치 광고도 나타났다. 즉 1930년대는 광고의 전성기였다.

서울 장충단에서는 5월에 시민위안 체육대회가 열렸고, 광화문에서 장충단까지 행사에 참가하는 회사들의 퍼레이드가 열렸다. 〈조선일보〉와 〈동아일보〉는 대대적으로 이런 행사를 보도했다.

1930년대 초에 〈조선일보〉에는 "광고에 대한 일반상식 해설"이 14회에 걸쳐 신문에 연재되었다. 광고와 심리에 대한 글을 보면 이미 80년 전에 AIDMA라고 부른 광고의 원칙이 소개되었다. 〈동아일보〉는 상업학교 학생들을 대상으로 1938년부터 3회에 걸쳐 신문, 포스터 현상광고 행사를 주최했다. 시인이며 신문기자이던 김억(金億, 6·25 때 납북)은 선전(광고)에 대한 글을 〈동아일보〉에 연재했다. 유한양행이 1930년대 후반에 시작한 기업광고 시리즈는 1990년대 한국에서 대두된 기업의 사회적 책임(CSR: *Corporate Social Responsibility*) 광고의 표본으로 삼을 수 있을 만큼 수준 높은 것이었다. 광고 크리에이티브 수준에도 현저한 변화가 일어났다. 그러나 크게 볼 때 일제시대 35년은 서구에 비해서는 뒤처진 일본식 광고관례가 한국에 정착한 시대였다.

광복, 남북분단, 6·25 한국전쟁과 국토파괴, 정치적 혼란, 그리고 극도의 빈곤을 겪다가 1970년대 말에야 겨우 국민 1인당 GNP가 1천 달러를 넘게 되고 광고대행업이 등장하여 현대적 광고가 뿌리를 내린다. 한국광고는 이제 물량 면에서 세계 10위권을 오르내리고 있다. 다만 그 내면, 즉 광고관례에서는 여전히 광복 전으로 거슬러 올라가는 낙후된 면이 남아 있다.

1980년에 《한국광고발달사》가 처음 출판되었을 때부터 30년이 흐른 지금, 한국광고는 몰라볼 만큼 변했다. 가장 눈에 띄는 것은 신문, 잡지, TV할 것 없이 모든 매체와 광고가 컬러로 바뀐 일이다. 그리고 매일 보는 신문은 가로쓰기로 바뀜과 아울러 한문이 사라지고 한글로 바뀌었다. 30년 전 한국에는 30개의 일간신문이 하루에 12페이지를 흑백으로 발행했다. 지금은 100개가 넘는 일간신문이 서로 다른 면수를 발행하는데, 유력 전국지는 하루 60페이지가 세 가지 섹션으로 나뉘어 발행되기도 한다. 1980년의 한국의 추종 광고비는 2,750억 원이었다. 2008년에는 7조 7,970억 원이 되었다. 30배 가까이 증가했다.

대략 1990년대 중반 이후에 시작된 인터넷 확산이 다음의 변화일 것이다. 인터넷은 정치, 경제, 사회, 문화뿐 아니라 특히 언론과 마케팅 커뮤니케이션의 일부인 광고에도 지대한 변화를 일으켰다. 눈에 보이는 것보다 더욱 중요한 변화는 보이지 않는 데서 일어났다. 30년 전만 해도 광고회사(광고대행사)가 무슨 일을 하는지 몰랐다. 카피라이터라고 하면 복사기 선문가로 오해받기도 했다. 카피, 디자인이라는 말보다 문안, 도안이 표준어였다. 라디오 청취율, TV의 시청률, 신문·잡지의 발행부수는 '국가기밀'처럼 생각했다. 신문사 편집과 광고부서 사이에는 눈에 보이지 않는 벽이 있었다.

변화는 PR에도 일어났다. 1980년대에 창립된 PR 전문회사는 겨우 5~6개사였다. 지금은 100개사를 넘는다. PR은 때론 허풍으로 여겼다. 지금은 PR이 정부조직과 기능 가운데도 필수불가결한 것이 되었다. 지금은 신문, 방송기자가 기업에 관한 취재를 하려면 PR담당자의 도움 없이는 기사를 쓰기 힘들어졌다.

표현의 자유에 일어난 변화는 1988년 서울올림픽을 계기로 두드러지게 나타났다. 정부정책, 대통령, 정치지도자, 정부기관, 여당이나 야당에 대해 반대하거나 찬성하는 의견광고는 다반사다. 신문이나 잡지지면, 그리고 밤거리를 아름답게 가꾸는 구실의 일부는 광고가 맡아 한다고 해서 크게 잘못이 없을 것이다.

한국 바깥에서는 대한민국의 공식 영문명칭인 Republic of Korea보다 South Korea(남한), Samsung, LG, Hyundai 등의 이름이 더 낯익은 이름일 수 있다. 그러니 해외에 어엿한 대한민국을 알려 Made in Korea도 팔고 국가 이미지 확산에 이바지한 숨은 공(功)의 상당한 부분은 여러 외국신문, 잡지, TV, 옥외간판, 그리고 국제적 스포츠 행사에 참여하는 광고나 PR에 있다고 해도 과언이 아니다.

이 책은 주로 1886년 첫 신문광고가 게재된 뒤 120년이 넘는 기간 동안 한국광고가 변화한 과정을 적은 기록이다. 어떻게 보면 광고를 통해 본 한국의 정치, 경제,

사회, 문화, 언론의 역사이기도 하다.

진정한 민주주의는 자유언론이 전제이고, 자유언론의 기반은 든든한 광고수입임을 깨닫게 해주는 것이 한국광고 역사에서 얻는 교훈이다. 이 책은 그래서 쓴 것이다.

1986년, 1998년에 이어 이제 세 번째 개정판을 줄곧 출판해준 나남의 조상호 사장, 편집을 위해 수고한 방순영 부장과 편집실무를 맡은 양정우, 장보영 씨에게 감사를 드린다. 또한 이 책의 출판을 지원해준 LG그룹에게 깊은 감사를 드린다.

2011년 2월

신인섭 · 서범석

한국광고사(개정3판) 감사의 말씀

1980년 《한국광고발달사》(일조각)에서 시작해서 1986년의 《한국광고사》 개정1판 (이후 나남출판), 1998년의 개정 2판 그리고 이번 2010년의 개정 3판이 나오기까지 자료 제공, 조언 등 도움을 주신 다음 분들께 심심한 감사를 드린다. (직함은 도움을 받을 때의 것이다.)

- 김광섭(전 합동통신 부사장)
- 김승문(전 동아일보 상무이사)
- 김영선 박사(미국 거주)
- 김용한(A.C. 닐슨 한국지사 사장)
- 김인호(신문협회 광고협의회 사무국장)
- 김태문(전 쌍용그룹 회장 비서실장)
- 김한용(김한용 사진연구소장)
- 동아제약 광고부
- 문시형(전 한국 광보문화연구원 원장)
- 배승남(용산 케이블TV 사장)
- 신창호(우일문화사 사장)
- 양세민(세영 사장)
- 유새전(한림대학교 교수)
- 이경호(전 KORCAD TV 방송국)
- 이관구(국제PR 사장)
- 이광린 교수(서강대학)
- 이병인(DDK 사장)
- 이종배(코래드 오길비 앤 매더 고문)
- 일동제약 광고부
- 장상홍(전 서울약품 고문)
- 정진석(외국어대학교 교수)
- 최 준(전 중앙대학교 교수)
- 한독약품광고부 및 약사박물관
- 홍현오(전 약업신문사 사장)
- John C. Stickler(전 S/K Associates 사장)
- 야마키 도시오(八卷俊雄) (동경경제대학교 교수)
- Karl L. Bruce, Asia Development Bank (마닐라)
- Dennis K. Chin(秦凱), Gaynor Associates International(대만)
- 유의지(劉毅志), 輔仁대학 교수(대만)

나남신서 · 1543

개정 3판
한국광고사

차 례

• 개정3판 머리말 5
• 한국광고사(개정3판) 감사의 말씀 9

제 1 장 근대이전 광고 15

제 2 장 개화기: 1876~1910
1. 개 관 23
2. 근대 광고 출현 28
3. 매 체 34
4. 광고회사 46
5. 크리에이티브 49
6. 그 밖의 일들 55
7. 맺는 말 69

제 3 장 무단정치시대: 1910~1920
1. 개 관 71
2. 매 체 73
3. 광고회사 82
4. 크리에이티브 84
5. 그 밖의 일 93

제 4 장 광고성장 및 쇠퇴기: 1920~1945
1. 개 관 101
2. 매 체 105
3. 광고회사 132
4. 크리에이티브 137
5. 그 밖의 일 164
6. 광복 전 광고, 언론계 인사들의 광고에 관한 증언 179

제 5 장 광고복구 및 민방 정착기:
1945~1968, 광복 남북분단, 미군정, 한국전쟁, 4·19와 5·16 혁명
1. 개 관 201
2. 매 체 204
3. 광고회사 247
4. 크리에이티브 252
5. 그 밖의 일 269

제 6 장 "한강의 기적", 광고 급성장, 현대적 광고정착: 1968~1980
1. 개 관 285
2. 매 체 286
3. 광고비 300
4 광고회사 311
5. 크리에이티브 327
6. 그 밖의 일 349

제 7 장 언론 통폐합, TV컬러화, 한국방송광고공사 창립: 1980~1988
1. 개 관 373
2. 매 체 376
3. 광고회사 그리고 한국방송광고공사 382
4. 크리에이티브 393
5. 그 밖의 일들 400

제 8 장 개방시대: 1988~1998
1. 개 관 405
2. 매 체 411
3. 광 고 417
4. 광고회사: 광고시장 개방 및 한국방송광고공사의 변화 419
5. 크리에이티브 424
6. 그 밖의 일들 429

제 9 장 구조조정, 인터넷성장, IT시대: 1998~
1. 개 관 437
2. 매 체 443
3. 광 고 450
4. 광고회사 453
5. 크리에이티브 455
6. 그 밖의 일들 457

• 찾아보기 465

5년연속
세계판매 1위
당신은 알게 될 것이다
[하늘과 땅 차이]
5mm 초슬림 베젤의 디자인 차이
머리카락 한올까지 살리는 화질 차이
Full HD 3D의 완벽한 입체감 차이
실시간 검색과 SNS의 스마트한 능력 차이
SMART HUB
Favorite
Channel
Guide
Web Browser
Music
Schedule Manager
Source
AllShare
5년 연속 세계1위가 만드는
단 하나의 스마트 TV, 삼성스마트TV
Samsung SMART TV
TV 살 땐 무료 3D 콘텐츠가 있는지 꼭 확인하세요
성스마트 TV는 연내 50여개의 3D 콘텐츠를 무료로 즐길 수 있습니다
속 세계판매 1위 : 2006년~2010년 3분기 디스플레이서치 세계판매 기준
삼성전자
SAMSUNG

SAMSUNG
당신은 WISE 합니까?
당신은, 누구보다 여유롭고 (Wealthy)
누구보다 통찰력있고 (Insightful)
누구보다 진실되고 (Sincere)
누구보다 열정적인 (Enthusiastic) 분입니다
그런 당신에게 권합니다
당신의 지혜를 빛내는, 애니콜 WISE
Samsung Anycall
WISE classic
프리미엄 & 클래식 디자인
넓고 편리한 키패드
큰 글씨 메뉴 & 벨/진동 강화
휴대폰 미사용 알림기능
지상파 DMB (내장형 안테나)
T Map 내비게이션 & 골프
Anycall
Samsung Anycall
WISE modern
심플 & 모던 디자인
넓고 편리한 키패드
큰 글씨 메뉴 & 날짜 확대
문자자동완성 기능
간편한 카메라 기능
만보기 & FM 라디오
생각대로
Samsung
Anyca

제 1 장

근대 이전 광고

많은 사람이 모여 사는 곳에 시장이 생기고, 시장이 생기면 물건을 사고팔며, 그러자니 현대의 표현으로 '마케팅 커뮤니케이션'이 있을 것은 틀림없다. 그리고 그 커뮤니케이션은 대개 물건을 사고팔기 위한 것이므로 넓은 의미로는 광고가 된다. 《증보문헌비고》(增補文獻備考)에는 신라 제 22대 지증왕(智證王, 437~514) 10년에 수도 경주에 동쪽 시전(市典)을 만들었고, 감독관을 두었다는 기록이 있다. 감독관을 둘 만큼 시장이 컸다면 어떤 형태든 광고가 있었을 것은 짐작할 수 있다.

1976년 경주 안압지(雁鴨池) 발굴 때는 처음으로 목간(木簡)이 발견되었다. 그 뒤 남한 여러 곳에서 계속 목간이 발굴되어서 2006년까지 359점이 되었다. 목간에 대한 연구도 활발해졌는데, 이 목간들 가운데 일부는 짐에 붙은 꼬리표라는 주장이 나왔다. 찬반의견은 있고 또한 이것을 광고물로 볼 수 있는가 하는 여지도 있다. 그러나 표지(標識)를 위한 꼬리표라는 데는 이의가 없다.1)

고려시대 수도였던 개성에도 간판이 있었다. 고려역사에 관한 책에서는 우선 개성에 있는 시장에 대해 다음과 같은 기록이 있다.2)

태조기묘2년춘정월(太祖己卯2年春正月)
정도우송악지양(定都于松嶽之陽)
승기군위개주(陞其郡爲開州)
입시전변방리(立市廛弁坊里)
분5부치6위(分五部置六衛)

여기서 "입시전"(立市廛)이란 시장을 설립했다는 것이다. 시장이 섰다면 물건을 사고팔았을 것이요, 어떤 형태든 광고가 있었을 것을 짐작할 수 있다. 또 다른 기록은 다음과 같은 것이 있는데 그 가운데 간판에 관한 내용이 있다.[3)]

왕성본무방시(王城本無坊市)
유자광화문지부급관(惟自廣化門之府及館)
개위장랑(開爲長廊)
이폐민거(以蔽民居)
시어랑간(時於廊間)
방기방문(榜其坊門)
왈 영통, 왈 광덕, 왈 홍선, 왈 통상(曰永通, 曰廣德, 曰興善, 曰通商)
왈 존신, 왈 자양, 왈 효의, 왈 행손(曰存信, 曰資養, 曰孝義, 曰行遜)
기중 실 무가구 시정(其中實無家口市井)
지유단애절벽(至有斷崖絶壁)
진번무, 황허불치지지(秦繁蕪, 荒墟不治之地)
특위시관미이(特爲示觀美耳)

《한국 상업의 역사》에는 이에 관해 다음과 같이 풀이한다.[4)]

길 양쪽에 연립으로 지어진 시전 건물에는 그것을 빌린 상인들이 건물의 높은 부분에 제각각의 상호를 적은 간판을 내 걸고 있었다. 1123년(인종 원년)에 고려에 왔던 송나라 사람이 지은 《고려도경》이란 책에 의하면, 앞에서 말한 개성의 광화문에서 부급관까지의 길옆은 시전 건물의 간마다 상호를 밝힌 간판이 붙어 있었는데, 예를 들면 영통, 광덕, 홍선, 통상, 존신, 자양, 효의, 행손 등이 그것이다. 상호의 내용으로도 그 당시의 상혼을 짐작할 만하다.

그런데 이 풀이에는 위의 한문 글 마지막 네 줄은 생략되었는데 그 내용을 보면, 사실은 집이나 상점도 없으며 낭떠러지 절벽과 황무지가 있어서 이런 것들을 가리려고 미관을 위해 만든 것이라는 뜻이다. 목적이야 어떻든 간판이 있었음은 사실이었다.

간판에 관련된 《조선왕조실록》 기사에는 다음과 같은 부분이 있는데, 다만 이런 건의를 실시했는지의 여부는 확인되지 않았다.

경시서 청판사각시명 병서판물기하 괘어각소 비불상잡
(京市署 請板寫各市名 幷畵板物其下 掛於各所 俾不相雜[5])

경시서에서 각 시장의 이름을 판자에 쓰고 판매하는 물품을 그 아래에 아울러 그려서 각 처소에 걸어 서로 섞이지 않게 하기를 청하였다.

15세기 초기 일본시장과 조선조의 서울시장의 상황을 나타내는 기록 가운데는 다음과 같은 것이 있다.[6]

일본가시지제, 인명어첨하(日本街市之制, 人名於詹下)
용판설층루, 치물기상(用板設層樓, 置物其上)
비유진물급오, 인득이관이매지(非惟塵物及汚, 人得易觀而買之)
시중식물, 무귀천개매식지(市中食物, 無貴賤皆買食之)
아국지시, 칙건습어육등식물(我國之市, 則乾濕魚肉等食物)
개치진토, 혹좌혹천(皆置塵土, 或座或踐)
걸자운종가좌우행랑(乞自雲從街左右行廊)
동지누문자종루남지광통교(東至樓門自鐘樓南至廣通橋)
개구보첨, 기하설층루, 치물지처(皆構補詹, 其下設層樓, 置物之處)
분모간위모소, 이차현액기이지(分某間爲某所, 以次懸額其易之)

이것은 세종 10년(1428)경에 일본에 간 통신사(通信使) 박서생(朴瑞生)이 일본에 가서 1년간 주재하다가 그곳의 시가 상태를 관찰한 후 귀국하여 보고한 복명서(復命書)의 내용이다.[7]

위 글에 대한 풀이는 다음과 같다.

일본 상가의 제도는 시장상인들이 자기 처마 아래에다 널빤지로 층루를 만들고 물건들을 그 위에 두니, 다만 먼지가 들지 않을 뿐 아니라 사람들이 이를 쉽게 보고 살 수 있었으며, 시중의 음식물들을 귀천의 구별 없이 모두 사 먹고 있었습니다. 우리나라의 시장은 건습할 것 없이 모든 어육 등의 식물들을 모두 진토 위에 두고는 혹은 그 위에 앉기도 하고 밟기도 하오니 비옵건대 운종가 좌우의 행랑에서부터 동쪽 누문에 이르기까지, 종루 남쪽에서부터 광통교에 이르기까지 모두 처마를 달아내고, 그 아래에 물건들을 진열해 놓을 층루를 만들어 어느 간은 무슨 물건을 둔 곳이라고 즉, 편액을 달아서 쉽게 알아 볼 수 있게 하소서.

물론 이 글은 간판이 있었다는 내용은 아니나 그 필요성을 왕께 건의했음을 알 수 있다.[8)]

영조 시대에 태어나 청나라에 사신으로 다녀온 실학파의 한 사람인 박제가(朴齊家)가 쓴 북학의(北學議)에는 다음과 같은 부분이 있어 그 무렵 북경의 시가 상황을 설명한다.[9)]

시정(市井)
연경구문내수십리지간, 제관부아문(燕京九門內數十里之間, 除官府衙門)
급극소호동외, 범협로양변, 개시전(及極小衚衕外, 凡夾路兩邊, 皆市廛)
촌점역연, 여의지유연(村店亦然, 如衣之有緣)
각유비호급발매물화명자(各有碑號及發賣物貨名字)
횡게견괘, 금자휘영(橫揭堅掛, 金字輝映)
대도가설판옥이단호지, 항구 혹 문전(大道加設板屋而丹護之, 港口或門前)
명립화표급목궐 … 채판서(제공) 왈(名立華表及木闕 … 蔡判書(齊公) 曰)
금종루북가, 소협, 욕벽지사제(今 鐘樓北街, 小狹, 欲闢之使齊)
영시인, 각치수호, 대서특필, 본국자치발매
(令市人, 各置數號, 大書特筆, 本局自置發賣)
경상면포, 남원, 평강선, 지, 강, 라인삼등자
(慶尙綿布, 南原, 平康扇, 紙, 江, 羅人蔘等字)
자흥인문지숭례문, 일신기제, 개비대쾌
(自興仁門至崇禮門, 一新其制, 皆非大快)

시정
연경 아홉 개의 문 안팎 수십 리 사이에 관부와 아문과 아주 작은 골목이나 거리 외에는

①
②|③

① 만인산: 프랑스 〈로 두르 몽느〉에 보도된 광화문 앞 광경에는 만인산이 왼쪽 해태 앞에 있다 (자료: 〈조선일보〉 1999.5.21.).

② 등장: 민의를 상달하기 위해 갈 때 들고 간 긴 막대 위에 두 마리의 새가 있는 등장.

③ 척화비: 충남 홍성군 구항면 오봉리 산5-1에 있는 문화재 자료 제163으로 지정된 척화비 [척화비는 1866년 병인양요(丙寅洋擾) 때 전국 주요 지역에 세운 돌로 만든 비석이다.]

길을 끼고 양편이 모두 저자이다. 시골도 또한 그러하여 마치 옷에 테두리를 두른 듯하다. 상호나 팔고 있는 물품의 명칭과 종목을 적은 간판이 가로 세로로 걸려 있다. 그중에는 금으로 쓴 휘황한 간판도 있고, 큰 길가에는 판옥을 보태지어서 칠하였다. 골목 입구나 문 앞에는 각각 화표(표지판을 말함)와 목궐(화표와 비슷함)을 세웠다.

판서 채제공은 "지금 종각 북쪽 거리가 조금 비좁은데 이것을 딴 거리와 같이 넓히고 가게 주인에게 각각 상호를 정하게 하여 '본 가게에서는 경상도 면포를 판매한다', '본 가게에서는 남원과 평강에서 생산된 부채와 종이를 …', '본 가게에서는 강원도와 전라도에서 산출한 인삼을 …' 하는 식으로 큰 글자로 써 붙여서 홍인문에서 숭례문까지 면모를 일신시킨다면 어찌 쾌한 일이 아니겠는가" 하였다.

물론 이 글에 나타나는 것은 서울의 동대문(흥인문, 興仁門)에서 남대문(숭례문, 崇禮門)까지 이르는 상가에 누호(樓號)를 달고, 상점 내에 있는 물건을 대서특필하도록 하라는 이야기이다. 이런 말을 한 사람은 다름 아니라 정조 때 이름난 정승 채제공(蔡齊公: 1750~1801)이었다. 그는 1778, 1790, 1801년에 세 차례 한국 사신(使臣) 수행원으로 청나라에 다녀온 인물이었다.

상품광고는 아니었으나 아마도 대대적인 선전, 광고에 이용되었을 척화비(斥和碑)도 일종의 광고물이었다. 또한 민의 상달을 알리는 수단으로 사용한 등장(等狀)과 지방관리들의 업적을 알리기 위해 지방의 유력인사들이 자금을 대서 한양 중앙정부에 알리기 위해 서울 광화문 앞에서 실시한 행사의 하나인 만인산(萬人傘) 행렬, 그리고 지금도 한국 여러 곳에 남아 있는 송덕비(頌德碑)도 광고물이었다. 모시상인들이 사용한 깃발도 광고물의 하나였을 것이다.

조선시대에는 이 밖에도 여러 가지 형태의 광고가 있었는데 모자가게, 신발가게, 술집 같은 상점 앞에 갓, 신발, 용수 등의 실물이나 모형이 전시되어 있어서 상점에서 어떤 물건을 파는가를 알렸다. 이제는 사라졌으나 광복 전까지만 해도 여러 시골마을을 돌아다니던 엿장수의 큰 가위소리는 엿을 판다는 것을 알리는 대표적 음성광고였다. 조선시대의 광고, 선전에 관해서 광복 전에 출판된 〈조선〉(朝鮮)이라는 조선총독부 관방문서과(官房文書課)의 발행 월간지 1937년〔쇼와(昭和) 12년〕 4월호는 "조선의 종래 주지 선전 잡고"(周知宣傳雜考)라는 40페이지가 넘는 광고, 선전 관련 연구결과를 게재하고 있다. 관방이란 현재의 비서실 같은 기구였다.

조선시대의 다른 기록 중에는 한양가(漢陽歌)가 있는데 서울의 풍속을 적은 다음 부분이 있다.[10)]

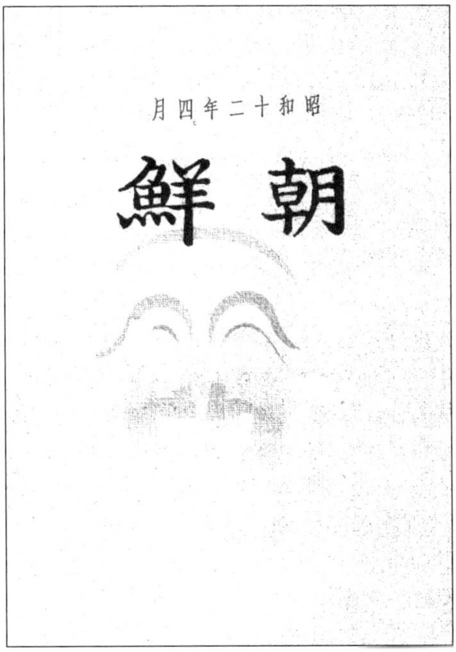

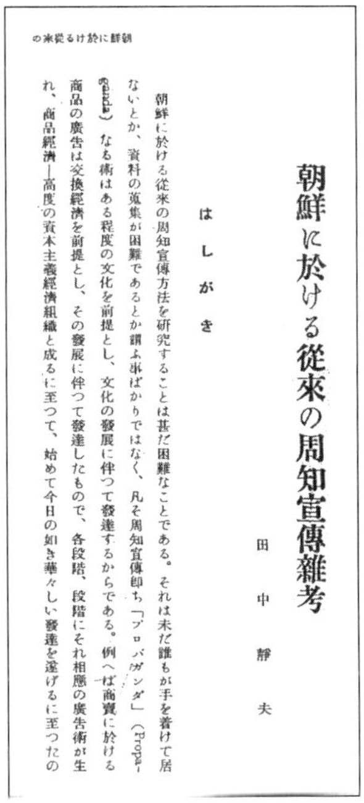
朝鮮に於ける從來の

朝鮮に於ける從來の周知宣傳雜考

田中靜夫

はしがき

朝鮮に於ける從來の周知宣傳方法を研究することは甚だ困難なことである。それは未だ誰もが手を着けて居ないとか、資料の蒐集が困難であるとか謂ふ事ばかりではなく、凡そ周知宣傳卽ち「プロパガンダ」（Propaganda）なる術はある程度の文化を前提とし、文化の發展に伴つて發達するからである。例へば商賣に於ける商品の廣告は交換經濟を前提とし、その發展に伴つて發達したもので、各段階、段階にそれ相應の廣告術が生れ、商品經濟—高度の資本主義經濟組織と成るに至つて、始めて今日の如き華々しい發達を遂げるに至つたの

〈조선〉 표지와 서론 페이지. 〈조선〉(朝鮮) 1937년[소화(昭和)12년] 4월호에는 40페이지가 넘는 조선시대 갖가지 광고, 선전물에 관한 자세한 기록이 있다. (그림은 표지와 "조선에서 종래의 주지 선전 잡고"라는 서문 페이지)

큰 광통교(廣通橋) 넘어서니 육주비전(六注比廛) 여기로다
일 아는 열립군(列立軍)과 물화(物貨) 맡은 전시정(廛市井)은
큰 창옷에 갓을 쓰고 소창옷에 한삼(汗衫) 달고
사람 불러 흥정할 새 경박하기 측량없다.

광통교(廣通橋)는 지금 서울 을지로에서 종로로 가는 도중에 있는 광교인데, 이 이름에서도 나타나듯이 이전에는 청계천 위에 다리가 있어서 그 다리 이름이 광통교였다. 따라서 광교를 지나 종로에 이르면 육주비전(六注比廛)이 있다는 말이다. 육주비전이란 여러 상점 가운데 가장 중요하게 여기던 여섯 가지 물건을 파는 상점을 말하는데, 주로 정부부서에 납품했으며 선전(비단), 면포(무명), 종이, 명주, 저(모시), 어물상점을 가리키는 것이다. 이런 상점 앞에는 울긋불긋한 차림을 한 열립군(列立軍), 즉 오늘날의 샌드위치맨이 서서 손님을 불러들여 흥정을 했다는 것이다.

1876년 강화조약 체결로 일단 개항이 결정된 이후에도 사회적 혼란과 전란이 그치

지 않은 것이 1910년 한일합병까지 기간의 상황이었다. 1884년의 갑신정변, 1894~1895년의 청일전쟁, 1904~1905년의 러일전쟁, 1910년의 한일합병으로 이어졌다. 그 뒤 1945년 광복과 남북분단, 1950년의 6·25 한국전쟁 등을 겪으면서 많은 자료들이 사라졌다. 따라서 개항 이전 이씨조선조의 광고 관련 연구는 기록에만 남아 있다.

※ 각주

1) 이용현(2006). 〈한국목간기초연구〉(한국목간기초연구) 24. 서울: 신서원. 352, 529쪽.
2) 〈고려사절요 권지1 태조 기묘2년조〉(高麗史節要 卷之1 太祖己卯2年條). 비슷한 내용의 기록이 또 있는 것은 문정창(文定昌)의 일본어 책인《朝鮮의 市場》7쪽에 인용한 고려사권1 태조 기묘2년조(高麗史卷1 己卯2年條)이다. 이 책은 1941년 동경 '일본평론사'(日本評論社)가 일본어로 발행한 것이다. 위의 글은 고대 민족문화연구소가 1970년에 발행한《한국문화사대계 II 정치경제사》1050쪽이다.
3) 《고려도경》(高麗圖經) 제 3권. 성읍방시조(城邑坊市條).
4) 강만길(1975). 《한국상업의 역사》. 서울: 세종대왕 기념사업회. 28쪽.
5) 《조선왕조실록》 태조 5권. 3년〔1394년 갑술/明 홍무(洪武) 27년〕 1월 18일 무오(戊午) 5번째 기사.
6) 《세종실록》 권46 세종 11년 기유 12월 을해(己酉12月乙亥).
7) 유교성(1959). "이조시대 서울의 상업 개관". 《향토서울》6. 46쪽.
8) 《세종장헌대왕실록 연대기》(1971). 세종 11년(1429) 번역부분. 세종대왕기념사업회. 92쪽.
9) 박제가의 《북학의 내편》(北學議內編) 중 시정(市井) 항목. 이익성(1983, 10판) 역. 을유문화사. 119, 120, 123, 341~343쪽.
10) 박성의(1978). 《월암전집》6. "농가월령가 한양가" 주해. 예근린. 111쪽.

제2장

개화기

1876~1910

1. 개 관

1876년 강화조약에서 1910년 한일합병에 이르는 35년 기간은 우리나라에서 정치, 경제, 사회 변화가 가장 급격하게 일어난 시기였다. 특히 서구문물이 물밀듯이 들어왔는데 그 가운데 하나는 신문과 광고였다. 한국의 근대 광고 시작은 개항의 산물이었다. 그런데 이러한 변화는 한국뿐 아니라 이른바 동양 3개국에 공통된 일이었다. 1840년 영국과의 아편전쟁에서 패한 중국은 개항을 강요당했다. 1854년에는 미국의 요구에 따라 일본이 개항했다. 그리고 개항이 20여 년 앞선 일본은 우리나라에게 개항을 강요했다. 그리고 1876년 한국은 드디어 강화조약으로 개항했다. 개화기의 주요 사건을 보면 다음과 같다.

• 개화기 주요 사건: 신문, 광고 관련 •

1876　강화조약(江華條約)으로 한국 개항 개시

1881　신사유람단(紳士遊覽團) 일본 시찰

1880년대 초　영국, 미국, 독일, 프랑스, 러시아 등 서구 열강과 통상조약 체결

척화비(斥和碑) 철거

양반의 상업 종사 허가

부산 일본 상법회의소(商法會議所) 〈조선신보〉(朝鮮新報) 창간, 광고게재

1883　태극기를 국기로 정함

민영익, 홍영식 등 미국 시찰
〈한성순보〉(漢城旬報) 창간
1884 우정국 개국식을 이용한 갑신정변(甲申政變) 실패 후 수구파 〈한성순보〉를 발행하던 박문국(博文局) 파괴로 〈한성순보〉 발간 중단
1885 〈한성주보〉(漢城周報) 창간
1886 〈한성주보〉 4호에 독일상사 세창양행(世昌洋行)이 한국 최초의 신문광고를 게재
1894 갑오경장(甲午更張)
청일전쟁 발발(다음 해에 일본 승리)
1895 명성황후(明成皇后) 시해
1896 아관파천(俄館播遷)
독립문 건립
〈독립신문〉 창간
전국을 8도에서 13도로 나눔
1897 대한제국(大韓帝國) 선포.
고종황제 즉위
연호를 광무(光武)로 제정
1898 〈제국신문〉(帝國新聞), 〈황성신문〉(皇城新聞) 창간
1899 서울에 서대문-청량리 간 전차 개통
인천-노량진 간 철도 개통(한강 철교는 1900년에 개통)
1903 YMCA 창립
1904 러일전쟁 발발(1905년에 일본 승리)
〈대한매일신보〉(*Korea Daily News*) 창간
1905 을사보호조약(乙巳保護條約) 체결
시종무관장 민영환(侍從武官長 閔泳煥) 자결
경부선 개통
1907 헤이그 만국평화회의에 이준(李儁) 열사 참석. 자결
고종 양위
광무신문지법(光武新聞紙法) 제정
1909 최남선(崔南善) 〈소년〉(少年) 잡지 창간
안중근(安重根) 의사 하얼빈에서 이토 히로부미〔伊藤博文〕 암살
1910 한일합병

〈표 2-1〉 개항 전후의 한일 무역

단위: 圓

	연 도	대일수출	대일수입	합 계
개항 전	1873	52,382	59,664	112,046
	1874	55,935	57,522	113,457
	1875	59,787	68,930	128,717
	1876	82,572	81,374	163,946
합 계		250,676	267,490	518,166
	연 도	대일수출	대일수입	합 계
개항 후	1877.7.1~1878.6.30	228,554	119,539	348,093
	1878.7.1~1878.12.31	142,618	154,707	297,325
	1879	566,953	677,061	1,244,014
	1880	978,013	1,373,672	2,351,685
	1881	1,944,731	1,882,659	3,827,390
	1882.1.1~1882.6.30	742,562	897,225	1,639,787
합 계		4,603,431	5,104,863	9,708,294

자료: 러시아 대장성, 《한국지》, 112~113쪽[조기준(1977), 《한국자본주의 성립사론》, 서울: 대왕사, 109쪽에서 재인용].

1880년대 초에 이르자 일본은 말할 것도 없이 미국, 영국, 독일 등 서구 여러 나라 상사(商社)들이 인천을 통해 한국에 진출했다.[1]

개항이 가져온 변화는 한일간 무역에도 나타났다. 러시아 재무성이 편찬한 자료로서 일본 농상무성(農商務省)이 번역한 것 가운데서 한국에 관련된 부분의 보고에 따르면, 1877년 7월에서 1882년 6월에 이르는 만 5년간 한국의 대일무역은 수출이 460여 만 원(圓), 수입은 510만 원에 이르렀다. 1876년까지 대일수입이 연간 10만 원 미만이던 것이, 개항 5년 뒤인 1881년에는 189만 원 정도로 폭증했다. 다만 일본에서 수입한 물품 중 88.3%는 서구 국가 제품이었다.[2]

1893년에서 한일합병의 해인 1910년까지 국가별로 본 한국의 수출입 금액은 〈표 2-2〉, 〈표 2-3〉과 같다.

1885년 8월에는 서울-인천, 10월에는 서울-평양-의주 간의 전화선이 가설되었고, 3년 뒤인 1888년에는 서울-부산, 1899년에는 서울-함흥 간에도 전화선이 가설되어 전국 주요 도시간 통신망이 생겼다. 또한 1899년에는 인천-노량진 간의 경인선, 1905년에는 경부선이 완공되었다.[3]

1894년의 갑오경장 이후 신학제(新學制) 실시에 따라 1905년 을사보호소약이 체결될 무렵까지 전국 주요 도시에 50여 개의 소학교가 설립되었으며, 1886~1908년

〈표 2-2〉 연도별 국별 수입현황

단위: 1,000원

연도별	일본	구성비(%)	중국	구성비(%)	러시아	구성비(%)	기타	구성비(%)	합계
1893	1,949	(50.2)	1,906	(49.1)	25	(0.7)	-	-	3,880
1894	3,647	(62.5)	2,065	(35.4)	120	(2.1)	-	-	5,832
1895	5,839	(72.2)	2,120	(26.2)	130	(1.6)	-	-	8,089
1896	4,294	(65.8)	2,159	(33.0)	78	(1.2)	-	-	6,531
1897	6,432	(63.9)	3,536	(35.1)	100	(1.0)	-	-	10,068
1898	6,777	(57.4)	4,929	(41.7)	111	(0.9)	-	-	11,817
1899	6,658	(65.1)	3,471	(33.9)	98	(0.9)	-	-	10,227
1900	8.352	(75.3)	2,582	(23.6)	117	(1.1)	-	-	10,940
1901	9,063	(61.6)	5,618	(38.2)	27	(0.2)	-	-	14,567
1902	8,689	(64.2)	4,832	(35.7)	20	(0.1)	-	-	13,541
1903	11,555	(63.4)	5,359	(29.4)	127	(0.7)	1,178	(6.5)	18,219
1904	19,007	(70.9)	5,039	(18.9)	89	(0.3)	2,656	(9.9)	26,805
1905	23,562	(73.7)	5,945	(18.6)	102	(0.3)	2,351	(7.4)	31,960
1906	22,914	(77.3)	4,105	(13.8)	38	(0.1)	2,597	(8.7)	29,654
1907	27,364	(66.0)	4,466	(10.8)	-	-	9,606	(23.2)	41,436
1908	24,041	(58.6)	4,882	(11.9)	45	(0.1)	12,058	(29.4)	41,026
1909	21,852	(59.6)	4,473	(12.2)	45	(0.1)	10,279	(28.1)	36,649
1910	25,348	(63.7)	3,845	(9.7)	18	-	10,572	(26.6)	39,783

자료: 제 3차 〈통감부통계연보〉 및 〈조선총독부통계연보〉에서 작성. 《한국문화사대계 II》(1980). 서울: 고대민족문화연구소. 776쪽에서 재인용.

〈표 2-3〉 연도별 국별 수출현황

단위: 1,000원

연도별	일본	구성비(%)	중국	구성비(%)	러시아	구성비(%)	기타	구성비(%)	합계
1893	1,543	(90.0)	134	(7.9)	21	(1.2)	-	-	1,698
1894	2,051	(88.8)	162	(7.0)	98	(4.2)	-	-	2,311
1895	2,366	(95.3)	92	(3.7)	24	(1.1)	-	-	2,482
1896	4,396	(93.0)	264	(5.6)	69	(1.4)	-	-	4,729
1897	8,090	(90.2)	736	(8.2)	148	(1.6)	-	-	8,974
1898	4,523	(79.2)	1,130	(19.8)	56	(1.0)	-	-	5,709
1899	4,205	(84.2)	686	(13.7)	107	(2.1)	-	-	4,998
1900	7.232	(76.6)	1,969	(20.9)	239	(2.5)	-	-	9,440
1901	7,402	(87.5)	800	(9.5)	260	(3.0)	-	-	8,462
1902	6,550	(78.8)	1,536	(16.4)	231	(2.8)	-	-	8,317
1903	7,600	(80.2)	1,549	(16.3)	329	(3.5)	-	-	9,478
1904	5,697	(82.2)	1,233	(17.8)	3	-	-	-	6,933
1905	5,390	(78.1)	1,501	(21.8)	12	(0.1)	1		6,904
1906	6,917	(85.1)	700	(8.6)	501	(6.1)	15	(0.2)	8,133
1907	12,649	(76.7)	3,180	(19.3)	658	(4.0)	11	-	16,498
1908	10,963	(77.8)	2,247	(15.9)	773	(5.4)	130	(0.9)	14,113
1909	12,082	(74.4)	3,203	(19.7)	785	(4.8)	179	(1.1)	16,249
1910	15,379	(77.2)	3,026	(15.2)	1,155	(5.8)	354	(1.8)	19,914

자료: 제 3차 〈통감부통계연보〉 및 〈조선총독부통계연보〉에서 작성. 한국문화사대계 II(1980). 서울: 고대민족문화연구소. 776쪽에서 재인용.

기간에는 32개 기독교 미션계통 학교가 설립되었고, 1910년 7월 1일 현재의 각급학교 수는 사립학교 2,032개를 포함해서 2,235개로 늘어났다.[4)]

1883년에는 한국 근대 신문의 효시인 〈한성순보〉(漢城旬報)가 창간되었으나 광고매체로 이용되지는 않았다. 1884년 갑신정변(甲申政變)의 실패로 김옥균(金玉均) 등 개화파가 시작한 이 신문을 발행하던 박문국(博文局)이 파괴되어 〈한성순보〉 발행은 중단되었다.

그러나 1885년에는 다시 〈한성주보〉(漢城周報)가 창간되었다. 그리고 한국 최초의 근대 광고가 이 주간지에 실리기에 이르렀다. 다만 〈한성주보〉에 게재된 광고는 모두 외국회사의 것이었고 한국인이 게재한 광고는 없었다.

광고라는 말 대신 그 무렵, 동양 3개국에서 흔히 쓰이던 고백(告白)이라는 말이 사용되었다. 광고라는 말을 맨 먼저 쓰기 시작한 일본 하마다〔濱田〕 상점은 이미 1886년 〈한성주보〉에 광고라는 말을 사용했다.

이 시기에는 〈독립신문〉(1896), 〈매일신문〉(1898), 〈제국신문〉(帝國新聞, 1898) 〈황성신문〉(皇城新聞, 1898), 〈내한매일신보〉(大韓每日申報, 1904) 등 일간지가 창간, 발행되었다. 아울러 1895~1910년 사이에는 44개의 각종 잡지들이 발행되었다.[5)] 〈독립신문〉과 〈대한매일신보〉는 영어판을 발행했다. 다만 잡지는 주로 협회 회보였으며 광고를 제재했다. "해(海)에서 소년에게"로 유명한 최남선(崔南善)의 〈소년〉(少年)이 창간된 것도 이 시기 말이었다.

신문과 잡지 외에도 간판, 전차지붕, 전선주, 퍼레이드 등이 광고매체로 이용되었다.

1907년 서울 태평로에 이경봉(李庚鳳)은 제생당(濟生堂) 대(大) 약방을 세웠고 이응선(李應善)도 이 무렵, 지금의 광교 근처에 화평당(和平堂) 약방의 간판을 높이 올렸다. 화평당은 팔보단(八寶丹), 자양환(滋養丸), 태양조경환(胎養調經丸), 회생수(回生水) 등 40여 종의 약을 제조, 판매했다. 제생당의 이경봉은 청심보명단(淸心保命丹)을 제조, 판매했다. 이 두 약방은 개화기 대광고주였다.[6)] 의약품과 함께 각종 서적과 학교광고는 개화기에 가장 많은 광고를 한 업종이었다.

2. 근대 광고 출현

광고라는 낱말 광고라는 낱말이 맨 먼저 기록에 나타난 것은 〈한성주보〉 1883년 11월 20일 제3호에 보도한 "회사설"(會社說)이라는 기사다. 회사라는 것이 무엇인가를 설명한 이 기사에 광고라는 말이 처음 나오는 부분은 다음과 같다.

제1관 의병설회사자, 광고주지어세인, 기구동지
(第1款 議併設會社者, 廣告主旨於世人, 其求同志)
회사를 설립하고자 하는 자는 주지를 세상 사람에게 광고하여 동지를 찾는다.

광고라는 말이 되풀이해서 나오는 것은 1886년 8월 16일 〈한성주보〉 24호인데 신보론(新報論)이란 해설 기사로서 일본의 관보제도를 소개하는 다음과 같은 부분이 있다.

제1조 태정관특치문서국회편집관보
(第1條 太政官特置文書局會編輯官報)
제1조 태정관에는 특별히 문서국을 두고 관보를 편집한다.

제5조 관청위광고필용관보
(第5條 官廳爲廣告必用官報)
제5조 관청이 광고를 하려면 반드시 관보를 사용한다.

제6조 관청광고혹용민보
(第6條 官廳廣告或用民報)
제6조 관청 광고는 혹시 민간 신문을 사용한다.

다만 이것은 기사 가운데 나오는 광고라는 낱말이고, 실제 광고라는 말을 쓴 광고가 나타나는 것은 1888년 6월 28일 〈한성주보〉에 게재된 두 개의 일본회사 광고이다. 그 첫 줄은 다음과 같다.

감색 비색 기타 각색 염액 제조 급 전수 광고
(紺色緋色其他各色染液製造及傳授廣告)
감색 붉은 색 그 밖의 각색 염료액을 제조하고 전수하는 광고

일상광고
(日商廣告)
일본상사 광고

광고를 게재하지 않은 〈한성순보〉와는 달리 〈한성주보〉에는 광고가 게재되는데, 이와 관련해서 〈한성주보〉 1886년 1월 25일호 마지막 페이지에는 본국공고(本局公告)가 있다. 그 둘째 조항에는 다음과 같은 글이 있다.

농공상 급 범백 영업지인 유욕 보시 기업 래자 국원
(農工商及凡百營業之人有欲普示其業來諧局員)
즉당 상세 기재 이 고 내외사상지구독 본보자
(則當詳細記載以告內外士商之購讀本報者)
농업, 공업, 상업, 여러 가지 영업에 종사하는 사람으로 자기 영업을 알리려는 사람은 본사 직원에게 와서 의논하고 상세히 기재해서 이 신문을 구독하는 내외 선비와 상인에게 알리시오.

그런데 어떻게 해서 〈한성주보〉에 광고를 게재하게 되었는가에 관해서는 아직까지 밝혀지지 않았다. 이때까지는 광고라는 말은 아직 사용하지 않았다. 광고라는 말이 보편화된 것은 〈한성주보〉에 첫 광고가 게재된 지 10년 뒤인 1896년 서재필의 〈독립신문〉이 창간된 때부터였다.[7]

1886년 1월 25일 제1호를 발간한 〈한성주보〉 2월 22일 제4호 17, 18쪽에는 한국 근대 광고의 효시인 독일상사 세창양행의 광고가 게재되었다.

두 페이지에 걸쳐 24줄로 된 한문전용 이 광고의 첫 줄은 "덕상세창양행고백"(德商世昌洋行告白)이었다. 그 풀이는 다음과 같다.[8]

• 독일상사 세창양행 광고(德商世昌洋行告白) •

알릴 것은 이번 저희 세창양행이 조선에서 개업하여 호랑이, 수달, 담비, 소, 말, 여우, 개 등 각종 가죽과 인발, 소, 말, 돼지의 갈기 털, 고리, 뿔, 발톱, 조개와 소라, 담배, 종이, 오배자, 옛 동전 등 여러 가지 물건을 사들이고 있습니다. 손님과 상점 주인들이 가지고 있는 이러한 물건은 그 수량이 많고 적음을 막론하고 모두 사들이고 있으니 이러한 물건을 가지고 저희 세창양행에 와서 공평하게 교역하시기를 바랍니다. 그러므로 특별히 기록하여 알립니다.

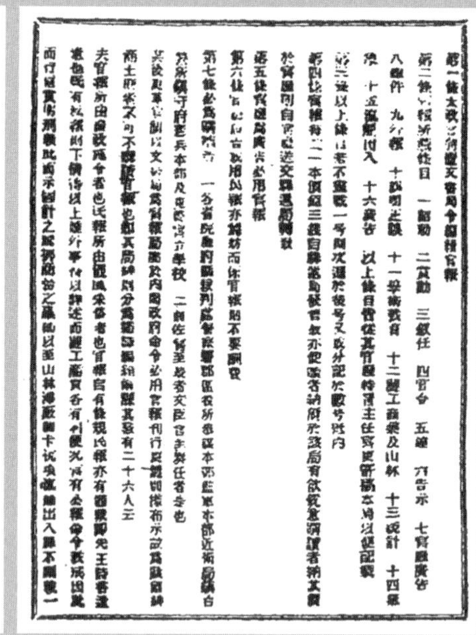

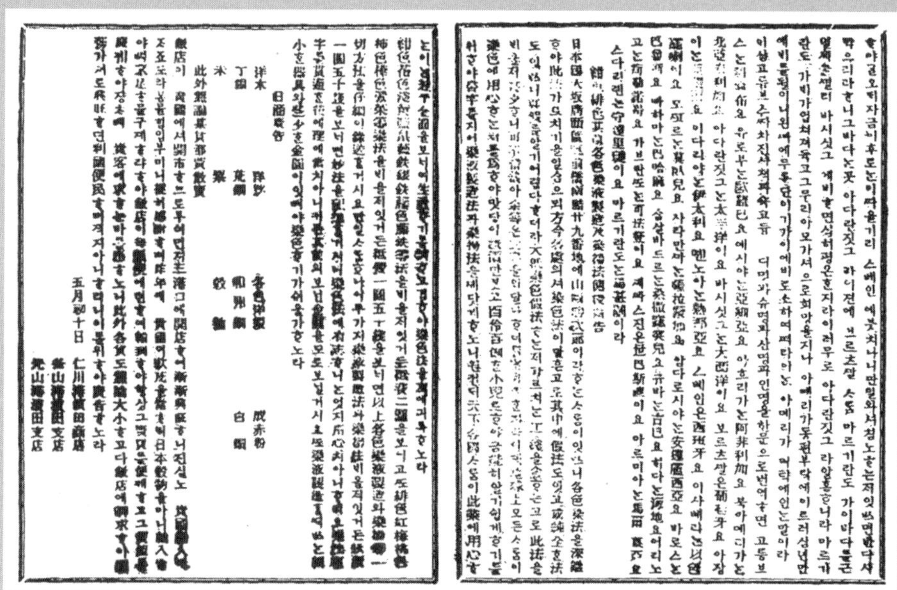

① 광고라는 말이 처음 나온 〈한성순보〉 제3호(1883.11.20). 회사설 기사의 18째 줄 아래쪽에 광고라는 말이 나온다.

② 일본의 관보를 소개한 〈한성주보〉 제24호(1888.8.15)에는 광고라는 말이 몇 차례 나온다.

③ 〈한성주보〉 제22호(1886.6.28)에 실린 일본 오사카[大阪]의 염색회사와 하마다[濱田] 상점의 광고.

• 사들이는 여러 가지 물품(收買各貨) •

쇠가죽, 말가죽, 개가죽
호랑이 가죽, 담비 가죽, 수달 가죽
흰담비 가죽, 말꼬리, 쇠꼬리
말갈기 털, 돼지갈기 털
인발, 종이, 오배자
호랑이 발톱, 조개와 소라, 담배
옛 동전

알릴 것은 이번 독일상사 세창양행이 조선에서 개업하여 외국에서 자명종 시계, 들여다보는 풍경(*Peep Show*), 오르간, 호박(琥珀), 유리, 각종 램프, 서양 단추, 각색 서양 직물, 서양 천을 비롯해 염색한 옷과 선명한 안료(顔料), 서양 바늘, 서양 실, 성냥 등 여러 가지 물건을 수입하여 물품의 구색을 맞추어 공정한 가격으로 팔고 있으니 모든 손님과 상인은 찾아와 주시기 바랍니다. 소매상이든 도매상이든 시세에 따라 교역할 것입니다. 아이나 노인이 온다 해도 속이지 않을 것입니다. 바라건대 저희 세창양행의 상표를 확인하시면 거의 잘못이 없을 것입니다.

- 독일상사 세창양행 광고

• 새로 들여온 여러 가지 물품(新到各貨) •

서양 천, 각색 염료, 서양 주머니
녹색 염료, 표백한 서양 천, 갖가지 서양 단추
표백한 주머니, 호박, 두꺼운 서양 천
서양 허리띠, 서양 쪽빗, 시계
면(綿)으로 된 고운 천, 램프, 서양 무명 천
들여다보는 풍경, 낙타 천, 유리
서양 실, 성냥, 서양 바늘
오르간

세창양행의 이 광고를 보면 그 무렵 한국의 상거래, 사회상, 경제상황의 일부를 짐작할 수 있다. 〈한성주보〉에 게재된 광고는 많지 않았다. 그리고 한국인이나 한국회사가 게재한 광고는 없었다. 〈한성주보〉는 120회 이상 발행되었을 것으로 추정되나 106호 이후는 찾지 못했다.[8] 〈한성주보〉에 게재된 광고는 모두 11개로서, 〈표 2-4〉와 같다.

〈표 2-4〉〈한성주보〉에 게재된 광고

호 수	일 자	광고가 게재된 쪽 (광고 행수)	광고제목
4	1886. 2. 22	15, 16(24)	德商世昌洋行告白(한문만 사용)
6	1886. 3. 8	16(20)	위와 같음
17	1886. 5. 24	16, 17(24)	위와 같음
18	1886. 5. 31	16, 17(24)	위와 같음
22	1886. 6. 28	14, 15(14)	紺色緋色 其他各色染液 製造及染揚 法 傳授 廣告(국 · 한문 혼용)
22	1886. 6. 28	15(13)	日商廣告(국 · 한문혼용)
22	1886. 6. 28	16, 17(24)	德商世昌洋行告白(한문만 사용)
23	1886. 7. 5	15(20)	同壽館 告白(한문만 사용)
23	1886. 7. 5	16, 17(24)	德商世昌洋行 告白(한문만 사용)
24	1886. 8. 16	16(16)	同壽館 告白(한문만 사용)
호수미상	1886. 3~5월	-(20)	德商世昌洋行 告白(한문만 사용)

세창양행의 광고가 고백으로 되어 있는 것은 이 독일상사가 이미 중국 상하이에 진출해 있었는데, 그 무렵 중국에서는 광고라는 말이 아니라 고백이라는 말을 사용한 때문일 것이다. 물론 고백이라는 표현 외에도 화물이 도착했다는 것을 알리는 말도 사용했다. 비슷한 현상은 일본이나 한국에서도 흔히 발견된다. 이미 언급한 대로 한국에서 광고라는 낱말이 보편화된 것은 세창양행 광고가 나온 뒤 10년이 지나 〈독립신문〉이 창간된 때이다.

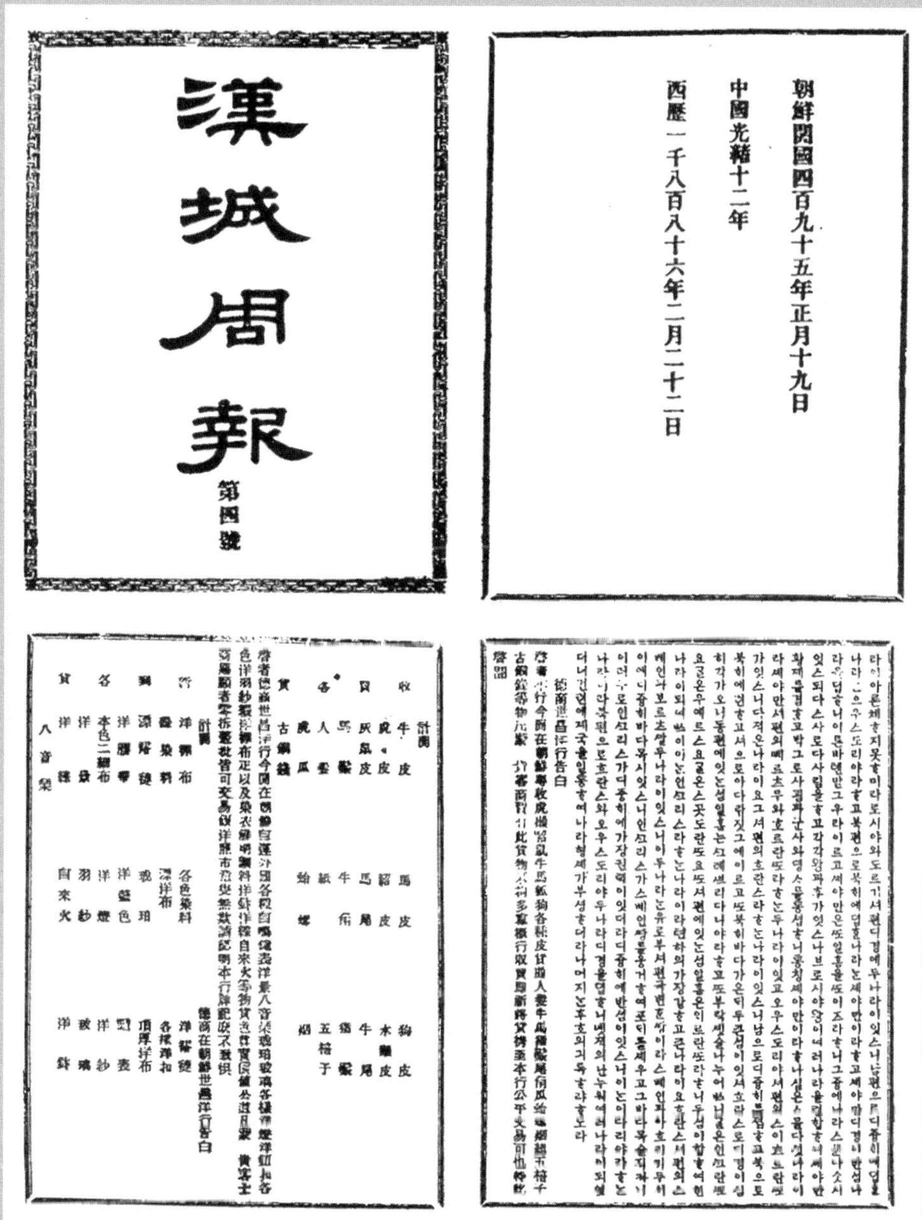

漢城周報

第四號

朝鮮開國四百九十五年正月十九日

中國光緒十二年

西歷一千八百八十六年二月二十二日

〈한성주보〉 제4호 표지와 발행일자 표시된 면, 세창양행 광고가 게재된 2개 면.

3. 매 체

1896년 4월 서재필의 〈독립신문〉이 창간된 뒤에는 〈제국신문〉, 〈황성신문〉, 〈대한매일신보〉 등 일간신문과 함께 여러 잡지가 나왔다. 1905년의 을사보호조약 다음해 1906년 12월 5일에는 실질적으로 조선총독부 영문 기관지이던 *Seoul Press*가 창간되었다. 그리고 신문과 잡지는 광고를 게재하는 매체가 되었다.

간판은 옥외광고의 대표적 매체가 되었다. 서울 시내에 전차가 등장하자, 일본 담배상인들은 재빨리 전차지붕에 광고를 게재했다. 전신주에도 광고를 붙이기 시작했다. 우편제도가 도입되자 우편을 이용한 광고가 시작되었다. 악대를 이용한 퍼레이드도 등장했다. 이렇듯 1886년 〈한성주보〉에 첫 광고가 게재되고 난 뒤 한일합병까지 4반 세기 동안 갖가지 매체들이 등장했다. 물론 가장 중요한 매체는 신문이었다.

신 문 〈한성순보〉에 뒤이어 〈한성주보〉가 발행되었으나 이 주간신문 역시 1888년 6월에는 폐간되었다. 서재필의 〈독립신문〉이 창간된 것은 1896년 4월 7일이었고, 뒤이어 〈제국신문〉, 〈횡성신문〉, 〈대한매일신보〉 등이 창간되었다. 이 시기 신문의 상황은 다음과 같다.

① 〈한성주보〉

1886년 1월 25일 〈한성순보〉 복간 형식으로 창간, 1888년 6월 6일(음) 경영난으로 없어짐.

주간, 국한문혼용, 한지책자형(24×17㎝), 18면(광고는 14면 이하에 게재), 4호활자 1단제, 1단은 16행, 1행은 40자.

② 〈독닙신문〉(1896년 5월 2일자부터 〈독립신문〉으로 변경)

1896년 4월 7일 창간, 1899년 12월 4일 종간. 주 3회간(뒤에 변동이 있었음).

순 한글(4면은 영문), 평판중형(35×23㎝) 4면, 1면 3단, 1단 35행, 1행 20자(행수와 글자수는 변동이 있었음).

1897년 1월 5일자로 국영문판 분리. 뒤에 크기와 체재, 발간회수, 한문주석 사용 등 변화가 있었음. 국영문판 4면 발행 시의 광고는 제 3면에 게재, 국영문판 분리한 뒤 국문판의 광고는 제 4면에 게재, 영문판은 제 1, 4면에 게재.

③ 〈매일신문〉

1898년 4월 9일에 〈협성회회보〉를 개제, 창간한 대한제국 최초의 일간신문, 1899년 4월 14일 〈상무총보〉로 개제, 동년 5월경 폐간.

순 한글, 4면, 2단제, 4호 활자 사용, 제4면은 광고.

④ 〈뎨국신문〉(帝國新聞)

1898년 8월 10일 창간, 1903년 7월 7일부터 〈제국신문〉으로 고침. 1910년 8월 2일 폐간. 일간신문, 순 한글(뒤에 관보는 한자로 게재), 2단(뒤에 3단, 6단제로 바뀜).

⑤ 〈황성신문〉

1898년 9월 5일 창간, 〈대한황성신문〉의 판권을 이양받은 신문, 1910년 8월 28일 종간.

일간신문, 국한문혼용, 소형판(23×31㎝), 4호활자, 3단제, 1단 32행, 1행 17자(뒤에 34.5×25cm 크기, 4면, 4단제로 바뀜).

신문계보: 〈경성신문〉(1898.3.2) → 〈대한황성신문〉(1898.4.6) → 〈황성신문〉(1898.9.5) → 〈한성신문〉(1910.8.30).

⑥ 〈대한매일신보〉

1904년 7월 18일 창간, 1910년 8월 28일 종간. 일간신문, 순 한글(뒤에 국한문 혼용) 및 영문, 1905년 8월에 국영문판 분리, 1907년 5월에는 다시 순 한글판 분리.

26.5×40cm 크기(뒤에, 30.5×46cm 크기로 바뀜). 처음에는 6면으로 국영문 각각 4단, 1·3면은 국문, 2·4·5·6면은 영문, 2·6면은 광고, 국영문판에는 3·4면이 광고, 1면에도 일부 광고를 실었음.

신문계보: 〈대한매일신보〉(1904.7.18) → 〈매일신보〉(每日申報) (1910.8.30) → 〈매일신보〉(每日新報) (1938.4.29) → 〈서울신문〉(1945.11.23).

(자료 : 한국 신문연구소, 〈한국 신문백년〉; 〈대한매일신보〉 영인본)

⑦ Seoul Press

1906.12.5 일간으로 창간. (1905.6.3에 영국인 하지, Hodge가 발행하던 *Seoul Press Weekly*를 매입해서 일간으로 전환)

이토 히로부미〔伊藤博文〕의 전 공보비서 도오모도〔頭本元貞〕 발행인. 1973. 5.30 폐간. 실질적으로 조선총독부 영문 기관지.

간단히 적은 위 기록을 통해서도 알 수 있듯이 개화기 신문은 그 무렵 정치상황 만큼이나 변동이 있었다. 판형, 크기, 단수 등도 변동이 있었다. 1910년 8월 29일 한일합병에 뒤이어 일간신문은 〈대한매일신보〉를 〈매일신보〉로 바꾼 뒤, 조선총독부 기관지로 만들어 유일한 국문 일간지로 남게 되었다.

신문광고 신문에 광고가 계속적으로 게재되기 시작한 것은 사실상 1896년 4월 7일 서재필의 〈독립신문〉이 창간된 뒤였다. 국문보다는 영문광고가 많았는데 〈독립신문〉 영문판 1면 일부와 4면은 전체가 광고였다. 19세기 말에도 한국 사람은 아직 광고의 효용을 모르고 있었다. 1896~1900년 기간 〈독립신문〉(국문판)과 〈황성신문〉에 게재된 광고의 총 지면에 대한 비율은 20%에도 못 미쳤으며 상품광고는 주로 약품과 책이었다. 1900년 이후의 〈황성신문〉과 1904년에 창간된 〈대한매일신보〉의 경우는 광고비중이 신문지면의 45~50%를 차지했다.

광고료 개화기 신문의 광고요금은 신문마다 달랐다. 그 한 가지 이유는 크기가 다른 데 있었을 것이다. 그리고 〈독립신문〉과 〈대한매일신보〉는 영문판을 발행했기 때문에 광고료가 다를 수밖에 없었을 것이다.

광고요금은 게재빈도와 광고의 양에 따르는 할인제도를 기준했다. 영어의 Frequency & Volume Discount 제도였다. 몇 신문이 발표한 광고료를 보면 다음과 같다.

① 〈독립신문〉

• 광고료		
1개월	1인치당	$1.20
3개월	1인치당	$1.15(월 광고료)
6개월	1인치당	$1.10(월 광고료)
1년	1인치당	$1.00(월 광고료)
1면 게재 시에는 10% 추가		

자료: 1896.10.3 영문판 사설란. 이듬해부터 국문판과 영문판이 분리됨에 따라 발표한 것이며, 영문판 광고료이다.

1단 전단(全段)	$120(연간)
1/2단	$ 80(연간)
1/3단	$ 50(연간)
1/4단	$ 30(연간)

자료: 1897.1.5 영문판 1면.

단위: 원

기 간	28행(1단)	14행(1/2단)	7행(1/4단)
1년	40	20	16
6개월	24	12	10
1개월	5	3	2
1주일(6일)	1.5	1	0.75
1회	0.5	0.3	0.2

자료: 1899.6.2일호에 기사처럼 서술식으로 보도한 것을 표로 한 것이다.

② 〈대한매일신보〉(大韓每日申報)

4호 활자 14자 기준
매일 매 영척(英尺=인치)에 신화(新貨)25전. 매일 매행에 6전에 상당함. 2주일에 2원 50전. 매일 매행에 4.5전에 상당함. 1개월에 5원. 매일 매행에 4.1전에 상당함. 그 기간에 장단과 자행(字行)의 다소를 의하여 증감이 유함. 대한인마다 이 신보(申報)를 부득불 열독하실 터이오니 광고 출보(出報) 하실 첨군자는 내림, 면의하시옵.
자료: 〈대한매일신보〉 1905.8.16.

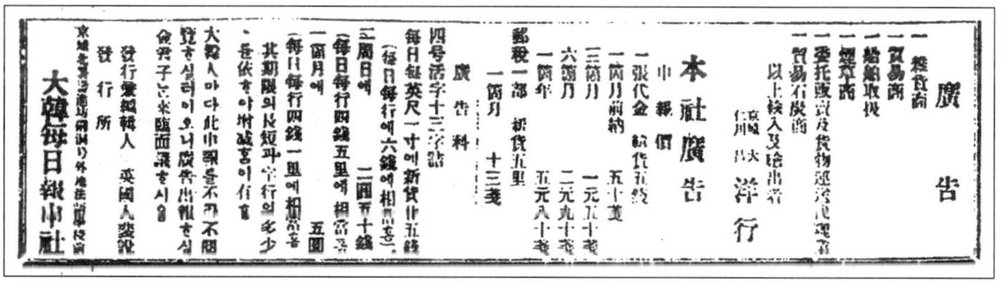
廣告
本社廣告
洋行
廣告料
大韓每日申報社

〈대한매일신보〉 1905.8.15에 게재된 광고료. 본사광고(本社廣告)에는 구독료와 광고료가 게재되어 있다.

③ 〈황성신문〉 1902.1.8.

본사고백: 광고비는 본 신문 발행하는 4호 활자로 매행 엽(葉) 3전을 취하는데 행의 다소와 장단에 가감이 유하오니 왕(往) 면담하시압.

④ 〈제국신문〉 1906.4.20. 제호 밑

4호 활자 매일 매행 신화 6전이되 기한의 장단과 행의 다소로 증감함.

신문광고 거래는 업종별 구분이 없이 발표된 요금표에 의한 거래였을 것으로 추정된다. 이와 관련해서 《한국사론》(韓國史論) 2권 345쪽에 실린 신용하(愼鏞夏)의 "〈독립신문〉 창간과 그 계몽적 역할"이란 논문에 따르면, 1898년 1월 현재 〈독립신문〉의 광고수입은 연간 600원으로 되어 있다. 이 자료는 주한 일본 공사관 기록 중 1898년 1월 15일자 기밀 제3호에 의한 것이다. 〈독립신문〉 수입내역은 〈표 2-5〉와 같다.

따라서 신문사 수입 가운데서 광고수입이 차지하는 비율은 11% 정도로 낮았다. 국문과 영문이 따로 발행된 1897년의 경우에도 국문판에는 아직 광고가 적었다. 이에 비해 영문판은 1면에도 광고가 있었으며 4면은 모두 광고로서 지면으로서도 비율이 높았다. 〈표 2-6〉에 나오듯이 1897년 1월~3월 기간의 독립신문 영문판 광고수입을 저자가 추정한 바, 호당 $3.90이며 1주에 3회 발행을 기준하면 1개월에 12호이고 광고수입은 약 $47가 된다. 따라서 연간 기준으로는 $600에 가까운 영문판 광고수입이 있었을 것이다. 그 결과 신용하가 인용한 일본 공사관 기밀자료는 거의 정확했음을 알 수 있다. 이 무렵 원화와 달러의 환율은 거의 1대 1이었다.

〈표 2-5〉 독립신문 세입예산

일금 2,444원	한문(韓文) 신문지대
일금 2,200원	영문 신문지대
일금 600원	광고료
일금 600원	전보수입
일금 700원	그리스도신문 인쇄 청부대(請負代)
일금 200원	명함 기타 인쇄 수입
총계 5,655원	

〈표 2-6〉 1897년 1월~3월 *The Independent* 광고수입 추정

신용하가 1974년 12월에 발표한 " 〈독립신문〉의 창간과 그 계몽적 역할"이란 논문(《한국사론》 2, 345쪽)에서 인용한 자료에 의하면 1898년 1월 현재 〈독립신문〉의 연간 광고수입은 600원으로 되어 있다. 따라서 이 광고수입은 1897년 국·영문판이 분리된 해의 수입을 가리킨 것인데, 이해의 국문판 〈독립신문〉의 광고는 그리 많지 않다. 이에 비해 영문인 *The Independent*지의 4면은 모두 광고이고 1면도 반은 광고이다. 따라서 일단 *The Independent*의 광고량만을 추정 계산했다. 자료는 1976년 5월 20일 간 한국문화개발사의 영인본을 썼다. 이 추정에서 기준한 것은 다음과 같다.

① 광고료 : 1897년 1월 5일자 동지 1면에 발표한 요금

1 Column Per Year(1단, 연간요금)	$125
1/2 Column Per Year(1/2단, 연간요금)	80
1/3 Column Per Year(1/3단, 연간요금)	50
1/4 Column Per Year(1/4단, 연간요금)	30

1면 게재 시는 10% 추가

② 월간, 주간, 1회당 요금은 발표되어 있지 않으므로 연 52주, 매주 화, 목, 토요일 3회 발행기준, 연간 발행일수는 156회이다. 따라서 1회당 광고료 계산은 다음과 같다.

1단	($125÷156)	$0.80
1/2단	($80÷156)	$0.51
1/3단	($50÷156)	$0.32
1/4단	($30÷156)	$0.19
1/6단	(요금표에는 이 크기 표시는 없음)	$0.16

물론, 이 기준은 연간 계약요금에 해당하므로 최저 요율이 된다.

③ 광고 크기와 요금 기준

1단	22.3㎝	$0.80
1/2단	9.0~12.0㎝	$0.51
1/3단	6.5~8.0㎝	$0.32
1/4단	4.0~5.5㎝	$0.19
1/6단	4.0이하	$0.16

이러한 기준을 임의로 정한 것은 자료에 나타난 광고의 크기가 일정치 않고 약간의 차이가 있기 때문이다.

④ 표본 : 매주 요일이 다른 날짜를 선정했는데 화·목·토의 순이며, 1·2월은 4회, 3월은 5회를 조사했다.
표에 나타난 것은 다음과 같은 뜻이다.

〔보기〕 1/3-화-1 1월 5일자, 화요일, 제1호
10.5-1-51 광고크기는 1단 10.5㎝
1면 게재, 광고료는 $0.51

합계에서는 1면 게재분 광고료에 대해서는 10% 추가 계산했다.

〔보기〕 1월 5일분 중 1면광고료 합계는 $0.99이므로 10%인 $0.099를 반올림하여 $0.10을 더해서 $0.99+ $0.10 =$1.09로 계산했다.

월별 및 1일 평균 광고수입은 다음과 같다.

	합계	1일 평균
1897년 1월(4일분)	$17.10	$4.28
2월(4일분)	$15.77	$3.94
3월(5일분)	$17.68	$3.54
	$50.55	$3.89

이 당시의 미 달러와 원화 가치는 거의 같았다.

〈표 2-7〉 *The Independent* 광고수입 추정, 1897년 1~3월

광고주명	1/5-화-1	1/14-목-5	1/23-토-9	1/26-화-10	2/4-목-14	2/13-토-18	2/16-화-19	2/25-목-23	3/6-토-27	3/9-화-28	3/18-목-32	3/27-토-36	3/30-화-37
E.Meyer	10.5-1-51	10.5-1-51	10.5-1-51	10.5-1-51	10.5-1-51	-	-	-	-	-	10.5-1-51	-	10.5-1-51
J.Gailland Jeune	3.0-1-16	3.0-1-16	3.0-1-16	3.0-1-16	3.0-1-16	3.0-1-16	3.0-1-16	3.0-1-16	3.0-1-16	3.0-1-16	3.0-1-16	3.0-1-16	3.0-1-16
J.Giacinti	6.5-1-32	6.5-1-32	6.5-1-32	6.5-1-32	6.5-1-32	7.0-1-32	7.0-1-32	7.0-1-32	7.5-1-32	7.5-1-32	7.5-1-32	7.5-1-32	7.5-1-32
F.H.Morsel	10.5-4-51	10.5-4-51	10.5-4-51	7.0-4-32	7.5-4-32	7.5-4-32	7.0-4-32	7.0-4-32	7.0-4-32	7.0-4-32	7.0-4-32	7.0-4-32	7.0-4-32
Jusik Co.	5.5-4-19	5.5-4-19	5.5-4-19	4.0-4-19	4.5-4-19	4.5-4-19	4.5-4-19	5.0-4-19	-	-	-	-	-
Seoul Grocery	5.0-4-19	5.0-4-19	5.0-4-19	5.0-4-19	6.0-4-19	-	-	-	-	-	-	-	-
A.Goschalki	9.0-4-51	9.0-4-51	9.0-4-51	7.0-4-32	7.0-4-32	7.5-4-32	7.5-4-32	7.5-4-32	7.5-4-32	7.5-4-32	7.5-4-32	7.5-4-32	7.5-4-32
First Nat' l Bank Japan(Daiichi Ginko)	11.5-4-51	7.0-4-32	7.0-4-32	10.0-4-51	8.0-4-32	8.0-4-32	8.0-4-32	8.0-4-32	8.0-4-32	8.0-4-32	8.0-4-32	8.0-4-32	8.0-4-32
Holme, Ringer & Co.	11.0-4-51	11.0-4-51	11.0-4-51	11.0-4-51	11.0-4-51	11.0-4-51	11.0-4-51	11.5-4-51	11.5-4-51	11.5-4-51	11.5-4-51	11.5-4-51	11.5-4-51
S.S.Hyenik	9.5-4-51	-	-	-	-	-	-	-	-	-	-	-	-
U.S.Legation	-	6.5-1-32	-	-	-	-	-	-	-	-	-	-	-
Suzuki	-	5.5-3-19	5.5-3-19	5.5-3-19	5.5-3-19	5.5-3-19	5.5-3-19	5.5-3-19	5.0-4-19	5.0-4-19	5.0-4-19	5.0-4-19	5.0-4-19
$10 Reward	-	5.0-4-19	5.0-4-19	-	-	-	-	-	-	-	-	-	-
Korean Repository	-	9.0-4-51	9.0-4-51	9.0-4-51	9.0-4-51	9.0-4-51	9.0-4-51	9.0-4-51	9.0-4-51	-	5.5-4-19	5.5-4-19	5.5-4-19
Kumamoto & Co.	-	-	-	10.0-4-51	10.0-4-51	10.5-4-51	-	-	-	-	-	-	-
Crown Oil	-	-	-	-	-	10.5-1-51	10.5-1-51	10.5-1-51	10.5-1-51	10.5-1-51	-	10.5-1-51	-
Notice-C.C.Vinton	-	-	-	-	-	-	5.0-4-19	-	-	-	-	-	-
Imun Hoisha	-	-	-	-	-	-	5.0-4-19	-	-	-	-	-	-
Sales or Rent	-	-	-	-	-	-	-	4.5-4-19	4.5-4-19	4.5-4-19	4.5-4-19	4.5-4-19	4.5-4-19
Drug Store	-	-	-	-	-	-	-	5.0-4-19	-	-	-	-	-
Kameya	-	-	-	-	-	-	-	-	5.5-4-19	5.5-4-19	-	-	-
Tailors	-	-	-	-	-	-	-	-	-	5.0-4-19	4.5-4-19	4.5-4-19	4.5-4-19
Rikitake Tailor	-	-	-	-	-	-	-	-	-	4.5-4-19	4.5-4-19	4.5-4-19	4.5-4-19
합 계	$4.02	4.53	$4.21	$4.34	$4.15	$3.96	$3.83	$3.83	$3.64	$3.51	$3.51	$3.51	$3.51

발행부수 개화기 신문발행부수에 관한 기록은 여러 곳에 언급되어 있다. 다음은 1896년 4월 9일 *The Independent*(〈독립신문〉 영문 페이지) 둘째 단의 기사.

> Among Koreans the best praise is the rapidity with which the first issue was sold, and not merely so, for many doubtless bought from idle curiosity, but the number of permanent subscribers enrolled at first sight bids fair to compel us to increase our issue from 2,000 to 3,000 immediately.

김도태의 《서재필박사 자서전》[10]에 의하면 "그 영자신문은 의외로 구독자가 늘어 미국·영국·러시아·중국 등에 상당한 부수가 발송되었으니, 이것은 당시 그들이 우리나라 일에 관심을 많이 가지고 그 내용을 알아보기 위해서였던 것이다. 정음판(正音版, 한글판을 말함—저자) 〈독립신문〉도 처음에는 매일 300부밖에 인쇄하지 못하던 것이 후에는 500부가 되고, 나중에는 3,000부까지 발행하게 되었다."

이러한 추정에 대해서 신용하의 "독립신문의 창간과 그 계몽적 역할"에는 다음과 같이 씌어 있다.[11]

> 좀더 정확한 발행부수를 계산해 보면, 1898년 1월 현재 국문판 〈독립신문〉의 대금 수입이 연 2,444원이고(주한일본공사관기록 1898년 1월 15일조 기밀 제3호 "〈독립신문〉 매수 건" 참조), 연간구독료는 2원 60전이므로 1898년 1월 현재의 국문판 〈독립신문〉의 정기구독자수는 940명이 된다. 여기에 가두판매분과 무료지를 합한 것이 1898년 1월 현재의 국문판 〈독립신문〉의 발행부수가 된다. 한편 영문판 *The Independent*의 대금수입은 1,100원이고, 연간구독료는 6원이므로 정기구독자수는 약 183명이다. 여기에 무료지를 합한 것이 1898년 1월 현재의 발행부수라고 볼 수 있다.
>
> 즉 국문판과 영문판을 합하여, 1898년 1월 현재의 〈독립신문〉의 정기 구독자수는 1,123명이었다. 여기에 가두판매분과 무료지를 가산하면 1898년 1월 현재의 〈독립신문〉의 발행부수는 약 1,500부 정도라고 추산할 수 있을 것이다. 또한 1898년 1월의 독립협회의 등록된 회원 수는 1,000명 내외였으나, 1898년 11월 현재의 회원수가 4,173명으로 급증한 것을 고려하면 〈독립신문〉의 발행부수가 1898년 1월의 약 1,500부로부터 11월에 최고 3,000부까지 급증했으리라는 것은 충분히 상상할 수 있는 일일 것이다.

1898년 7월 26일자 〈독립신문〉의 "신문 모르는 배성"에는 "경성 인구 20만여 가구에 신문 넷이 팔리는 장수가 불과 이천오백 장…"이라 쓰여 있다.

1898년 4월 9일자 〈매일신문〉 창간호 논설에는 "지금 이 회보가 거의 천여 장이 나아가니 우리 회보 보시는 이들에게 감사함을 치하하는 중 일주일에 한 번씩 나는 것을 기다리기에 매우 지리한지라…"라 하여 "〈협성회보〉"(協成會報)가 한국 최초의 일간신문인 "〈매일신문〉"으로 바뀌기 전 부수를 짐작케 하고 있다.

1901년 6월 1일자 〈제국신문〉은 논설에서 "세 군데 신문이 날마다 팔리는 수효가 불과 몇 천 장이 못되나니…"라고 보도하고 있다.

〈황성신문〉에는 여러 번에 걸쳐 발행부수에 관한 기사가 나오고 있다.[12)]

- 1899년 1월 12일자 사설: 금 아한(我韓: 지금 우리 한국)의 신문사가 불과 사 오 개처(4.5箇處)로되 전국에 신문지를 열람하는 자를 계(計)하건데 비록 삼천 인에 불과하니…
- 1899년 9월 1일 창간 1주년의 사설: 신문 발행하는 장수가 매일 근(僅, 겨우) 삼천 장
- 1903년 2월 5일자 3쪽 사고기사: 매일 내외국 간포지지(刊佈之紙, 발간, 배포되는 신문)가 위(爲) 삼천여 장 이오 매삭(每朔, 매달) 신문가금여광고료(新聞價金與廣告料, 신문 판매대금과 광고료) 수입은 병위(竝爲, 합쳐서) 일천오십(1,050)여 원이오…
- 1904년 3월 25일자 논설: 신문의분별각호(新聞宜分別各號): 제국신문은 우 이(又以) 순국문 발행 고로 열독자 불과 시민 부녀 등 약(略) 천인이기(而已)요…
- 1906년 5월 26일 논설: 이천만 인중(人衆)에 구독자는 근 불과 삼천여 인
- 1908년 8월 8일 〈황성신문〉 "제국사(帝國社) 기념일" 기사: 우금까지 전국의 신문 기관이 3, 4종에 불과하고 발행의 수가 수 삼천 매에 불과하니
- 1908년 12월 1일 논설 백천군(白川郡의 개명기관): 지약본보 하야난 창립의 기(期)가 십여성상(十餘星霜)을 경과하얏스나 우금까지 발수(發售, 발매)의 수가 삼천여 매에 불과하니…

〈대한매일신보〉 1910년 6월 14일 1면 사설에는 신문부수에 대해 다음과 같은 부분이 있다.

> … 주지가 정직하고 논술이 격절(激切)하여 첨군자의 애독을 피(被)하여 발매수가 만여 매에 지하였는데 호수가 1,408호에 달하였도다… (글을 맞춤법에 따라 고쳤음)

같은 날짜 제 3면 오광덕의 〈대한매일신보〉 연설단이라는 제호 다음에는 아래와 같은 글이 있다.

> 본보를 창립한 지 수년 만에 간신히 방매(放賣) 하난 수효가 이천 매에 불과하던 신문을 일 년간에 구람(購覽, 구독열람) 이 만여 매에 달케 하던 이장훈(李章薰) 씨가 또 집필하엿스니 …

따라서 1910년 6월의 〈대한매일신보〉의 사설 가운데 나타나듯이 이 신문의 부수가 만 부를 넘었다고 하고 기타 황성신문, 제국신문의 합계를 3천여 부로 볼 때 1910년 한일합병 무렵의 총 발행부수는 1만 3천부 정도였을 것으로 추정된다. 이 숫자는 다음에 나오는 일본의 경영 신문, 잡지부수에 비하면 절반에도 미치지 못한다.

잡 지 한국학 자료총서 제 1집 〈한국잡지 개관 및 호별 목차집〉에 따르면, 1895~1910년 기간에 창간된 잡지는 모두 44종이었다.[13] 이 가운데, 통권 12호 이상을 발행한 잡지는 불과 15개지에 지나지 않았다. 그 잡지는 〈표 2-8〉과 같다. 김근수(金根洙) 는 잡지의 특징을 다음과 같이 8가지로 들고 있다.[14]

1. 대부분이 기관지로서 영리 본위의 잡지가 아니었다.
2. 대부분이 국권 만회를 위한 잡지요, 자유와 민권 운동 옹호, 신장을 위한 계몽지의 구국적 잡지였다.
3. 대부분이 강의식, 교과서식 잡지였다.
4. 용어는 한문, 한문에 토를 단 이른바 구결체문이 많고 국한문 또는 드물게 순국문이었다.
5. 내보(內報), 외보(外報) 등 시사에 관한 기사가 많은 지면을 차지하였다.
6. 창작 논문보다는 외국인〔중국의 양계초(梁啓超)[15]〕 등의 논지를 번역한 것이거나 번안한 것이 지배적이었다.
7. 5호 잡지라 일컬을 정도로 활자는 5활자를 썼다.
8. 잡지의 총면수는 50~60면 내외의 얄팍한 잡지였다.

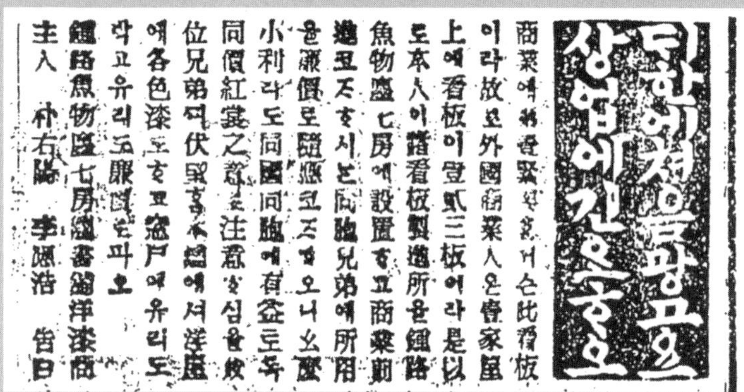

상업에 긴요홈

商業에 [illegible] 緊要ᄒᆞᆫ 거슨 此看板
이라 故로 外國商業人은 每家屋
上에 看板이 壹貳三板에라 是以
로 本人이 諸看板製造所을 鐘路
魚物廛 七房에 設置ᄒᆞ고 商業前
進코ᄌᆞᄒᆞ시ᄂᆞᆫ 同胞兄弟에 所用
을 廉價로 隨應코ᄌᆞᄒᆞ오니 [illegible]
小利라도 同國同胞에 有益토록
同價紅裳之[illegible]로 注意ᄒᆞ심을 [illegible]
位兄弟ᄭᅴ 伏望ᄒᆞ며 本[illegible]에셔 洋[illegible]
에 各色漆도 ᄒᆞ고 窓戶에 유리도
막고 유리도 販賣ᄒᆞᄂᆞᆫ 파오
鐘路魚物廛七房[illegible]洋漆商
主人 朴右[illegible] 李[illegible]浩 告白

① 1900년 무렵의 전차와 광고. 두 전차 모두 전차지붕에 담배 광고가 있다. 오른쪽 사진 자료: 〈주간조선〉 1991.10.20. 30쪽.

② 〈대한매일신보〉 1909.3.31에 게재된 서울 종로 도서포양칠상 광고.

③ 1910년 무렵에 남대문로 입구에 있던 제생당대약방(濟生堂大藥房)의 퍼레이드.

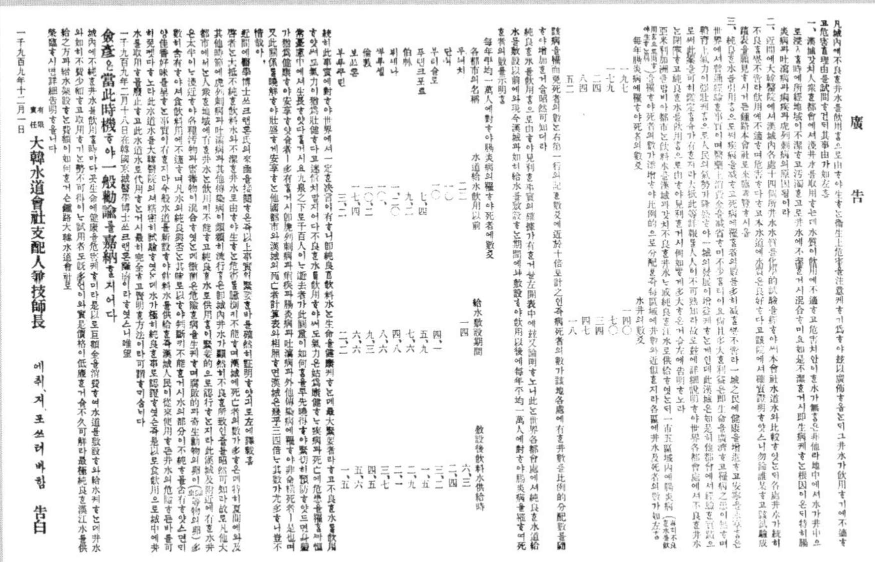

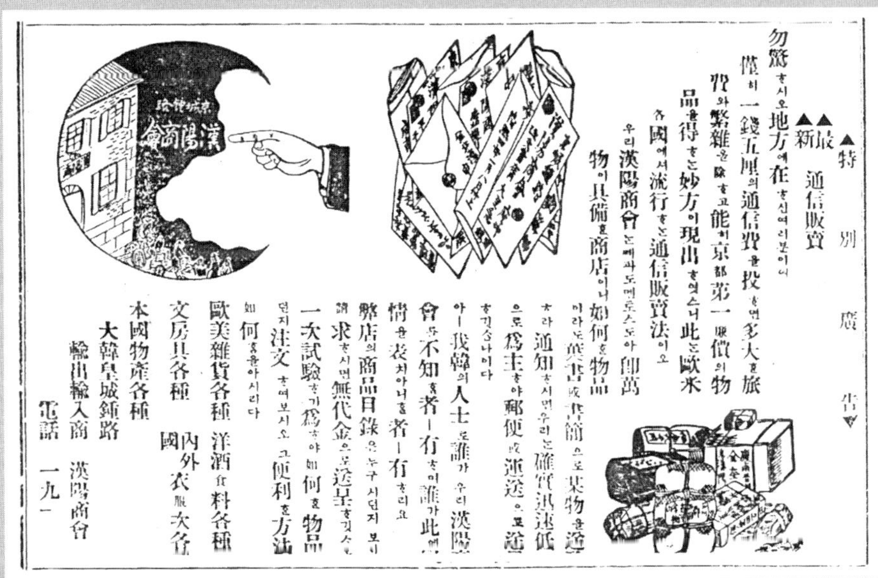

① / ②

① 서울에서 수도 설치를 권유하는 전단. 〈대한매일신보〉 1909.12.7.

② 우편제도가 생기자 통신판매 광고가 등장했다. 〈대한매일신보〉.1910.2.15.

〈표 2-8〉 12호 이상 발행한 잡지, 1895~1910

	창간연월	이름	종간연월	통권수	광고게재 여부
①	1896.11	대조선독립협회회보	1897. 8	18	게재하지 않음
②	1906.	조양보	1907.12	12	게재함
③	1906. 7	대한자강회월보	1907. 7	13	게재함
④	1906. 1	태극학보	1908.11	26	게재함
⑤	1906.12	서우(西友學會月報)	1908. 8	14	게재함
⑥	1907. 5	법정학회	1909. 4	24	게재하지 않음
⑦	1908. 2	대동학회월보	1909. 9	20	미상
⑧	1908. 4	대한협회회보	1909. 3	12	게재함
⑨	1908. 6	서북학회월보	1910. 1	19	게재함
⑩	1908. 8	기호흥학회월보	1909. 7	12	게재함
⑪	1908.11	소년	1911. 5	23	게재함
⑫	1908.11	법학협회잡지	1910. 5	19	게재함
⑬	1909. 3	대한흥학보	1910. 5	13	게재함
⑭	1909. 4	교남교육잡지	1910. 5	12	게재함
⑮	1910. 8	천도교회월보	1937. 5	295	게재함

그 밖의 매체 신문, 잡지 외에도 여러 가지 매체가 등장했다. 1884년 한국 최초의 우정국(우편국)이 설립되고 우편제도가 시작되자 우편을 이용한 물건을 주문, 판매하는 통신판매광고가 나왔다. 신문에 전단을 넣어 광고하는 사례도 증가했다. 1910년대 중반에는 치열한 담배 판매전이 벌어졌다. 갖가지 방법을 동원한 판매촉진이 성행했다. 이미 언급한 대로 전차지붕에도 광고가 등장했다. 종로에는 간판을 제조하는 상점이, 신문에 "대한에 처음 광고요, 상업에 긴요하오"라는 계몽적인 헤드라인을 사용한 "도서포양칠상"(圖書舖洋漆商)이 광고를 게재하였다. 전신주가 생기자 거기에도 광고가 나붙게 되었다.

4. 광고회사

을사보호조약 이듬해인 1906년에는 통신과 광고대행업을 겸영하는 일본전보통신사(日本電報通信社, 현재는 덴츠〔電通〕)가 서울에 지국을 창설했다. 1906년에 창립된 덴츠는 처음에는 광고대행만을 하다가 통신업을 겸하게 된 회사였다. 덴츠는 한국 최초의 광고대행사가 되었고, 광복 전 일본에서 들어오는 광고를 지배하고 있었다.

덴츠는 1906년 4월 3일 서울 충무로(광복 전 이름은 아사히 마찌〔京城 旭町〕)에 지국을 창립했다. 1911년에는 《조선신사명감》(朝鮮紳士名鑑)을 발행했는데, 이 책에는 덴츠의 사진과 업무에 관한 내용뿐만 아니라 한일합병 무렵 한국사회를 연구하는 데 도움이 될 만한 귀중한 자료가 있다. 덴츠는 광복 이전, 그리고 이후에도 한국 광고에 큰 영향을 미쳤다. 다만 이 회사가 한국에서 한 일에 관한 자료가 책으로 발행된 것은 없다.

1910년 한일합병 한 달 전인 7월 7일 〈대한매일신보〉에는 한성광고사(漢城廣告舍)라는 한국인 경영 광고회사 자체 광고가 게재되었다. 이 첫 광고에는 "제 신문 잡지 광고 취급"이라는 카피가 있다. 그런데 이 회사는 그 뒤에 업종을 바꾸다가 드디어 없어진 듯한데, 정확한 이유는 알 수 없으나 한일합병 후 국문신문은 총독부 기관지 〈매일신보〉만이 남게 되어 다른 신문이 없어진 때문인 듯하다.

광고대행업이 생기자 광고 취급을 사칭하는 일도 생긴 것 같은데 1910년 4월 8일자 〈대한매일신보〉에는 다음과 같은 기사가 잡보란(사회면)에 있다.

> 이야우촉(李也又促). 각 신문사 광고 취급인 이성택은 신문사 인장을 위조한 사건으로 북부 경찰서에 피촉(被促)하였는데 경찰서에서 순사를 각 신문사에 파송하여 위조에 관한 증거물을 청구하였더라.

이 기사만으로 단정할 수는 없으나 우선 신문사 광고 취급인이 있었음을 알 수 있다. 그리고 도장을 위조했다는 것은 광고 게재 및 대금 지불과 관련이 있음을 짐작할 수 있어서 신문사 광고대행업이 있었음을 알 수 있다.

한성광고사 외에 한국인이 경영하는 광고회사가 있었는가에 대한 자료는 아직 발견되지 않고 있으나 앞서 인용한 "이야우촉" 신문기사는 다른 광고대행 업체가 있었을 가능성을 시사한다. 이 무렵의 광고대행업이란 신문 광고지면 브로커의 범위를 벗어나지는 못했을 것이다. 그것은 20세기 초의 일본 광고대행업이 지면 브로커의 단계였고 나아가서는 미국에서조차 이른바 풀 서비스 광고대행은 아직 시작단계였기 때문이다. 여하튼 이미 1910년대에 광고대행업이 있었던 것은 사실이다. 따라서 광고주, 매체, 광고대행업이 세 가지 다리가 일단은 갖춰진 단계였음을 알 수 있다.

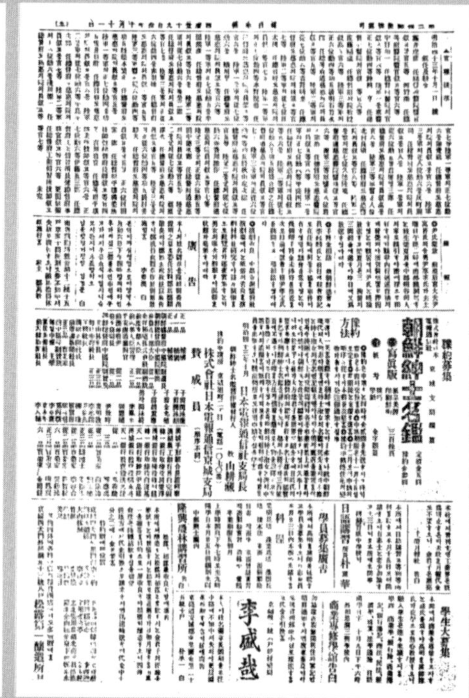

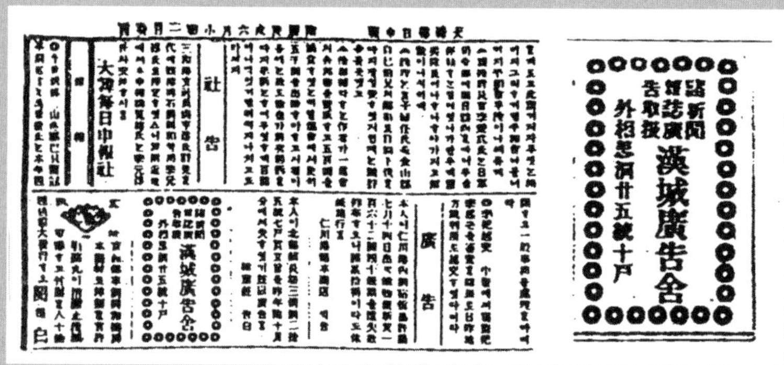

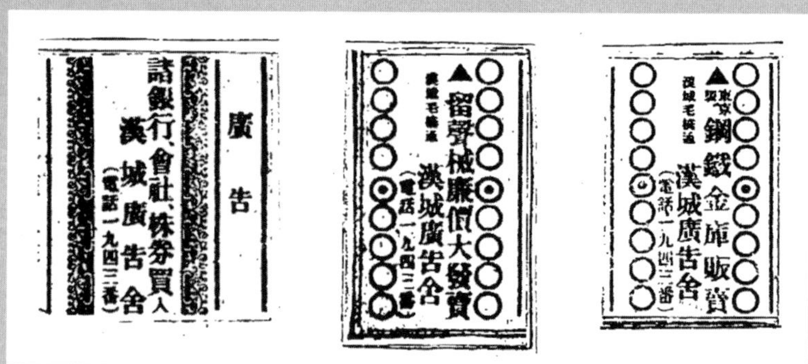

① | ②
③
④

① 《조선신사명감》 표지의 제호.

② 1910.10.11. 〈매일신보〉(每日申報)에는 일본정보통신사가 발행하는 《조선신사명감》(朝鮮紳士名鑑) 예약모집광고가 게재되어 있다. 1면이 7단이던 무렵 2단 전체를 예약광고로 했다.

③ 〈대한매일신보〉 1910.7.7. 사고(社告) 아래 단에 게재한 한성광고사(漢城廣告舍) 광고와 확대한 광고.

④ 한성광고사의 업종 변경을 보여 주는 광고. (왼쪽부터) 〈매일신보〉 1911.6.27, 1911.7.6, 1911.7.12.

5. 크리에이티브

한국 신문 최초의 '세창양행' 순 한문광고가 게재된 1886년에서 1910년에 이르는 이 25년 기간에는 한국 광고 크리에이티브에 현저한 변화가 일어났다. 기술발달에 따르는 변화 요인을 제외하면 20세기 한국 광고 표현의 씨앗이 모두 갖추어졌다.

아직 광고는 카피와 일러스트레이션만을 가지고 레이아웃을 하던 시기였다. 그리고 극히 일부 외국제품 외에는 사진도 사용되지 않았으며 물감으로 인쇄한 듯한 색도 외에 컬러는 없었다. 카피는 크게 볼 때 문어체에서 구어체로 옮겨 가는 과정이었는데 몇몇 광고에서 이러한 것이 드러난다.

1896년 4월 7일 〈독립신문〉 창간호 3면은 광고면이었으며 사고를 포함해서 9개의 광고가 있었다. 그 가운데 4개는 영어였다. 따라서 국문으로 된 광고는 5개였는데, 카피의 문체를 보기로 한다.

① 1896.4.7 〈독립신문〉 창간호

주지회사: … 물건이 만히 잇더라

사민필지: … 종노 책전에서 사시압 …

가메야회사: 갑도 외누리 업더라

안창회사: 술과 각색 담배가 만히 잇더라

한영자뎐, 한영문법: … 영국 말을 자세히 배호랴 하면 이 책이 잇어야 할 거시니라 … 활판소에 와 사라

3년이 지난 1899년 7월 12일자 〈독립신문〉에 게재된 3개 광고의 경우를 보면 다음과 같이 어미가 높임으로 바뀌었음을 알 수 있다. 그리고 다시 1910년에 이르자 완전히 높임말로 바뀐 것을 알 수 있다. 즉 언문일치가 된 것이다.

② 1899.7.12. 〈독립신문〉

히이로 담배: … 일전보다 갑절을 사 가심을 천만이나 바라옵나이다.

자전거 광고: … 만히 차져와 사 가심을 바라나이다.

③ 1910.12.16. 〈대한매일신보〉

최신 통신판매: 우편 혹은 우송으로 송(送) 하겠삽나이다

송정(送呈) 하겟사오
여하함을 아시리이다
(옛 글자는 바꾸었으나 원문은 되도록 그대로 실었다.)

카피의 변화보다 눈에 띄게 달라진 것은 일러스트레이션의 변화이다. 일러스터레이션을 일찍부터 사용한 회사는 세창양행이었다. 1897년 5월 1일자 〈독립신문〉에 게재한 이 회사 광고에는 관(冠)이 등장했다. 같은 날, 일본 구마모도 회사의 인조사향 광고에는 왕관 모양이 나타났다. 1897년 3월 30일자 세창양행 광고에는 거북에 탄 토끼, 학에 올라타고 있는 E. M. & Co. 라고 적힌 배너 같은 것을 든 사람이 나타난다. 물론 이 영문은 세창양행의 영문 이름인 Edward Meyer & Company의 머리글자를 딴 것이다. 토끼와 거북은 우리나라 옛 이야기에도 나오는 말이다. 즉 세창양행의 이 일러스트레이션은 한국문화를 고려한 일종의 현지화였을 것이다.

20세기에 접어들자 일러스트레이션은 한결 세련되게 바뀌었는데 1906년 1월 30일자 〈대한매일신보〉에 게재된 세 가지 담배광고는 사진에 가까울 만큼 정교한 것이다. 더 조사가 필요하겠지만 담배광고와 같은 날에 게재된 연유깡통은 사진으로 보인다. 아직 한국 광고에서 사진이 사용되는 일은 드물던 시기였으나 외국의 경우는 기술이 앞서 있어서 사진을 사용한 것으로 보인다. 1907년 8월 16일, 1907년 9월 10일, 1907년 9월 17일자 〈대한매일신보〉에 게재된 천연당(天然堂) 사진관의 광고에서도 일러스트레이션의 변화를 볼 수 있다. 활자만을 사용한 8월 16일자 광고는 9월에 사진관 이름을 검정 바탕에 흰 글자로 했으며, 특별 염가 불변색이라는 특징을 두드러지게 내세웠다. 그리고 아직 남녀 구별이 심하던 시기라 부인은 따로 여자 사진사가 촬영한다는 것을 말하고 있다.

레이아웃도 다양해지는데 다시 천연당 사진의 경우, 8월 16일자에 실린 광고는 세로로 된 기사 위에 광고는 가로로 놓아 눈길을 끌도록 했다. 9월 17일자 사진관 광고 아래에는 학생모집 광고가 있는데 글자로만 된 조잡한 느낌이 들지만 중요하다고 생각한 학과의 제목은 큰 글자로 했음을 알 수 있다. 레이아웃에 대한 의식은 훨씬 달라진 것이다.

개화기 크리에이티브의 변화를 잘 나타내는 광고는 앞에 언급한 통신판매광고일 것이다. 서울에 있는 한양상회(漢陽商會)의 광고를 자세히 보기로 한다.

④ 〈특별광고〉

최신 통신 판매

물경하시오(勿驚). 지방에 재(在)하신 여러분이여.

근(僅)히 1전 5리의 통신비를 투(投)하여 다대한 여

비와 번잡을 제하고 능히 경도(京都) 제일 염가의 물

품을 득하는 묘방(妙方)이 현출(現出)하였으니 차(此)난 구미

각국에서 유행하는 통신판매법이오.

우리 한양상회는 데파도멘토스토아(Department Store) 즉 만

물이 구비한 상점이니 여하한 물품

이라도 엽서 혹 서한으로 모물(某物)을 송(送)○○

하라 통지하시면 우리는 확실, 신속 저○○

으로 위주하야 우편 혹 운송으로 송○○

하겟삼나이다…

(옛글자는 현재 것으로 했으며 되도록 원문을 살렸다.)

통신판매라는 것이 무엇인지를 모르던 무렵이니 우선 이 새로운 판매방법을 설명하고 지방에서라도 엽서나 편지로 주문하면 우편이나 다른 방법으로 물건을 보낸다는 것을 자세히 설명하고 있다. 광고에 나오는 세 가지 일러스트레이션은 설명할 필요도 없을 만큼 분명하다. 즉 편지를 종로에 있는 한양상회로 보내면 갖가지 주문에 따라 포장해서 보낸다는 것이다. 특히 한양상회와 위치표시는 멋진 일러스트레이션이다.

개화기 광고로 독특한 카피는 서울 남대문로에 본사가 있던 제생당(濟生堂)의 대표제품인 청심보명단(淸心保命丹) 광고이다. 우선 신문 1면의 3분의 1쯤 크기인데 광고지면의 절반은 브랜드 로고로 했다. 그 위에 일종의 슬로건 같은 문구가 있다. 그리고 개량원조의 사신이 광고 양쪽에 있으며 역시 양쪽에 손가락 컷을 두어 카피에 눈길을 끌도록 했다. 7개 구절로 된 카피는 맨 첫 줄 위에 동그라미를 두었다. 물론 과대, 과장이 있으며 또한 글에도 한문글이 수두룩하게 들어 있다. 그러나 1909년 11월 14일 〈대한매일신보〉에 게재된 이 광고는 시대성을 고려하면 떡어난 창의성을 갖춘 광고이다. (옛글자는 지금 것으로 바꾸었으나 되도록 원문을 살렸다.) 이 광고의 전문을 보기로 한다.

⑤ **廣告(참 조흔걸)**

- 여행(旅行) 할 때나, 집에 잇
  슬 때에, 항상(恒常) 몸에 진
  일 약(藥) 은, 청심보명(淸心保命) 단
  맛게 또 어디 잇나
  참 그럿치
- 연년(年年) 이 동절(冬節) 이면 담(痰) 뱃
  고 기침하는 사람이 오
  직 만흔가, 그것은 우리
  나라 토질(土疾) 일세, 다른
  해는 그만 두고 작년(昨年) 겨울만 하야도, 그 약(藥) 먹
  고 효험(効驗) 본 사람이 만여(萬餘)
  명(名) 에 달(達) 하엿다네.
  응 약(藥) 이야 참 조치
- 그 뿐인가 금년(今年) 괴질(怪疾) 에
  효험(効驗) 못 본 사람이 또 어디
  잇나. 백발백중(白發百中) 이지
  약(藥) 은 참 영약(靈藥) 이야
- 소화불량(消化不良) 이며 주취(酒醉) 에
  수토불복(水土不服) 이며 구열악취(口熱惡臭)
  와 중서중한(中暑中寒) 이며 선(船)
  거현운(車 眩暈) 에는 무엇시 조
  흔가. 이 약(藥) 처름 신기(神奇)
  한 약(藥) 이 또 업지
  참 세계(世界) 에 제일(第一) 이로곤
- 무병(無病) 한 사람이라도 항상(恒常)
  장복(長服) 하면 장위(腸胃) 가 건전(健全) 하
  고 심신(心身) 이 상쾌(爽快) 한 것
  응-그릿구 말구
- 그 약은 어디서 파난가
  처처에 다 있지
- 제생당 본포는 어디인가
  서울 남대문 근방이지
  광고(廣告)

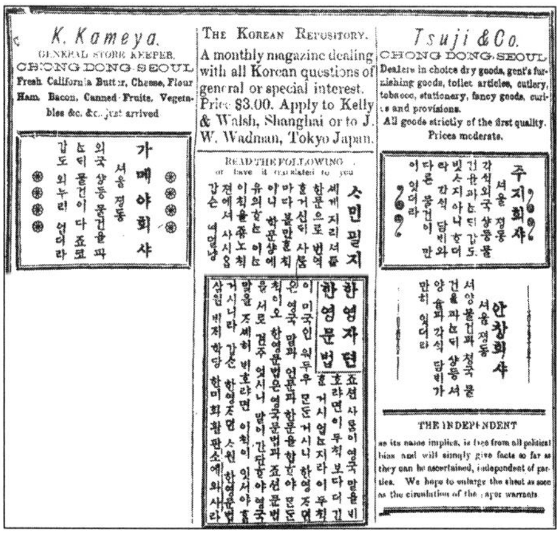

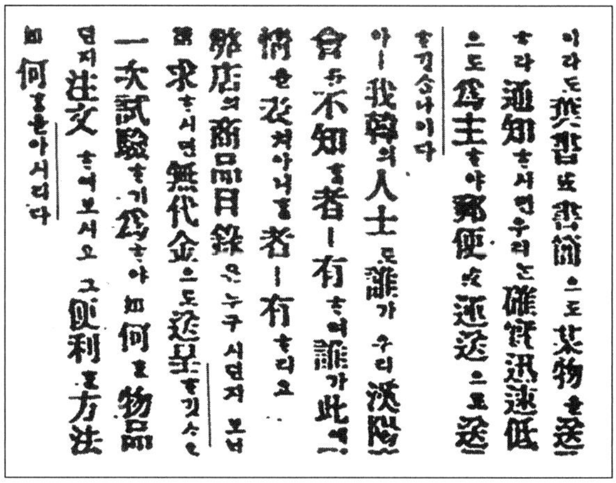

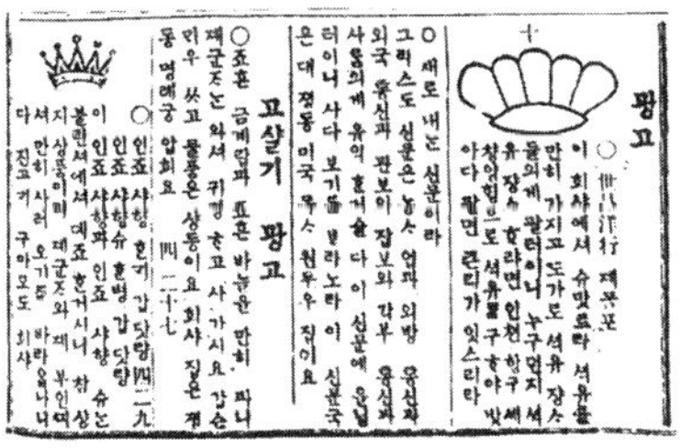

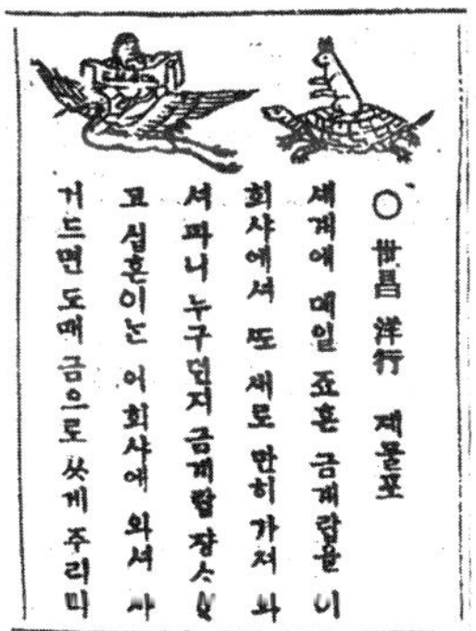

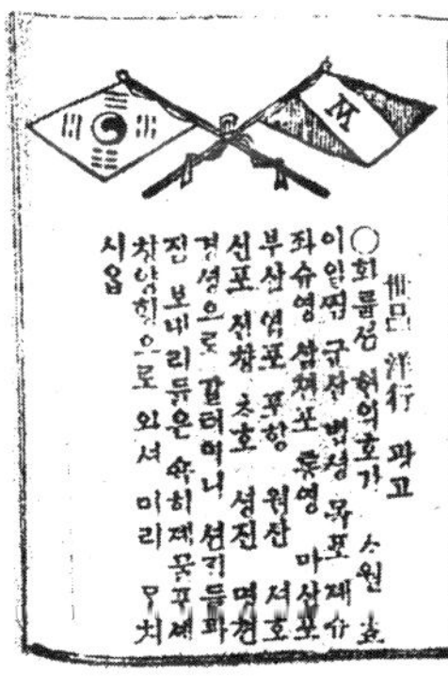

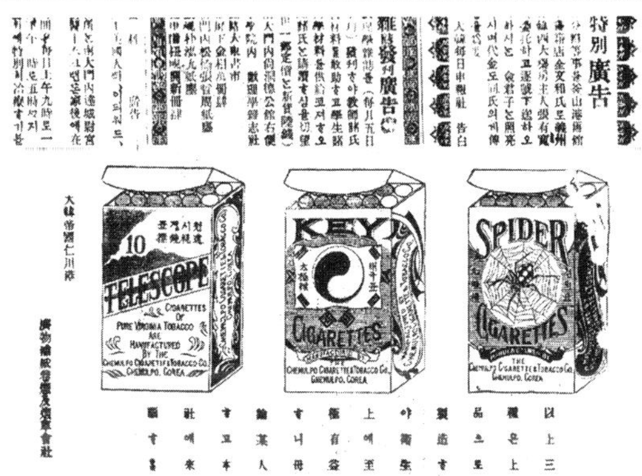

①	
②	③

① 〈독립신문〉 1896.4.7. 광고면 및 1910.12.16. 〈매일신보〉에 게재된 한양상회 통신판매광고의 일부.

② 〈독립신문〉 1897.5.1에는 세창양행의 광고와 일본 구마모도 회사의 왕관 모양의 일러스트레이션을 사용한 광고가 있다. 같은 신문 1897.3.30에는 세창양행의 사기(社旗) 그림이 있고, 1897.5.17에는 토끼와 거북 그림이 있는 세창양행 광고가 있다.

③ 1906.1.30. 〈대한매일신보〉에 게재된 제물포(인천) 담배회사의 세 가지 담배. 같은 날 이 신문에 게재된 미국 연유깡통 광고.

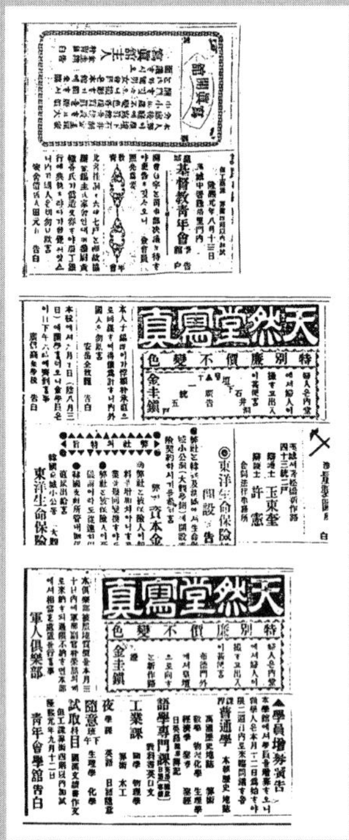

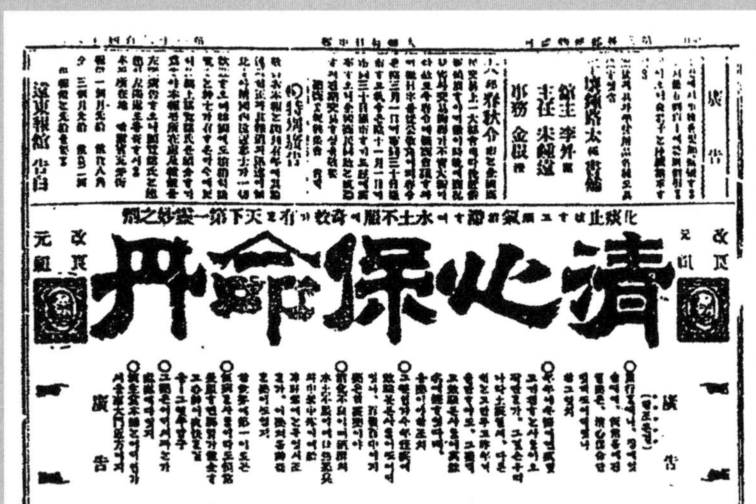

①│②
③

① 1907년 8월에서 9월에 걸쳐 〈대한매일신보〉에 게재된 천연당사진관 광고. 1907.8.16(위), 1907.9.10(가운데), 1907.9.17(아래).

② 〈대한매일신보〉 1910.2.16에 게재된 한양상회 "최신 통신판매" 광고는 1면의 반 가까운 크기이며, 카피와 일러스트레이션이 꼭 들어맞게 한 세련미가 있는 광고이다.

③ 〈대한매일신보〉 1909.11.14.에 게재된 독특한 카피와 레이아웃의 제생당 광고.

6. 그 밖의 일들

개화기 대중매체를 통한 광고라고는 모르던 한국 시장에 신문을 비롯한 각종 매체가 등장하고 시장 경쟁이 생기게 되자 광고는 여러 가지 면에서 다양해지게 되었다.

다양해지는 광고 1910년 1월 1일에는 백화점을 자칭한 한양상회가 〈대한매일신보〉에 전면 기업광고를 게재했다. 아마도 이 광고는 한국 최초의 기업 PR광고일 것이다. 1909년 6월부터 4개월 동안 미국 시애틀에서 개최된 박람회 출품을 위해 한미흥업주식회사(韓美興業株式會社)가 1908년 12월부터 1909년 5월 기간에 벌인 캠페인은 대대적인 것으로, 매일같이 〈대한매일신보〉에 반 페이지쯤 크기의 광고를 연재했다.

광고규격이 커졌을 뿐 아니라 광고방법도 다양해졌다. 한양상회는 특별광고라는 헤드라인으로 1909년 11월 1일에서 20일 기간에 경품을 제공하는 광고를 했다. 옥호서림(玉虎書林)이라는 회사는 특허 능목한 모자 판매광고를 했다. 미국 스탠더드 석유회사의 솔(松)표 석유광고는 타사 제품과 비교하는 비교광고를 했다.

광고 계몽 및 비판 20세기에 들어서면서 광고가 부쩍 늘어나게 되자 광고에 대한 계몽기사와 함께 비판기사도 신문에 나타나게 되었다. 대표적인 계몽기사는 1899년 6월 2일자 〈독립신문〉에 게재된 자사 광고료 발표를 비롯한 3분의 2 페이지 크기의 기사였다. 이 기사에서는 광고를 증기에 비유해서 이 증기 덕분에 기관차나 선박이 수천 리, 수만 리 육지와 바다를 오간다는 설명을 했다.[16]

1900년 5월 10일자 〈제국신문〉은 2페이지에 걸쳐서 긴 해설기사를 싣고 있는데, 1면 마지막 부분에는 다음과 같은 기사가 있다.[17]

> 광고하는 것으로 말하더라도 세상에 무슨 일이든지 남을 알게 하지 아니하고 사람더러 찾아오라든지 구하여 가라든지 하는 것은 보옥(寶玉)을 독 속에 감추어 둔 모양이라. 누가 능히 알고 사가리오. 그런고로 외국 통리군자(通理君子)들이 신문에 광고하는 법과 계방하는 법을 내어 아무는 의술에 고명하고 아무는 무슨 기술이 연숙하고 아무는 아무 물건을 많이 팔고 아무는 무슨 사업을 시작한다 하고 광포하여 사람마다 보고 듣지 않은 자가 없어서 귀에 젖고 눈에 익게 되면 자연히 아무가 세상에 있는 줄도 알고 아무 물건이 아무 사람에게 있는 줄도 알아서 자연히 그리고 취향하는 것이라…

광고에 대한 비판기사는 황성신문에 자주 나타나고 있다. 그 가운데 일부는 다음과 같다.

• 광고에 대한 기사[18] •

제국신문 1898. 10. 18 논설. 상도의 광고(가제목)
제국신문 1900. 5. 10 논설
황성신문 1899. 7. 8 논설 신문광고(가제목)
황성신문 1901. 2. 7 논설 광고 언득불취(焉得不取)
황성신문 1901. 3. 29 논설 광고 면목 하택언(面目何擇焉)
황성신문 1901. 5. 31 논설 부랑광고 가발일탄(浮浪廣告可發一嘆)
황성신문 1901. 8. 22 논설 광고 중 공혹유태어공중자(恐或有胎於公衆者)
황성신문 1902. 6. 20 논설 경고 광고지인(廣告之人)
황성신문 1902. 9. 4 독자의 비판 관련 기사 십걸(十傑) 투표 모집
황성신문 1902. 11. 18 논설 논 광고 상풍(傷風)

광고의 남용과 아울러 광고를 강요하는 사례도 있었다. 개화기 일본어 신문으로 조선총독부 기관지였던 〈경성일보〉 등 4개 신문에 연명광고를 실어 광고 권유자가 있으나 신문사로 직접 와서 신청하라고 한 〈경성일보〉 1909년 11월 7일자 자체 광고에서 짐작할 수 있다. 한편 1905년 을사보호조약 뒤에 통감부(統監府) 공보 54호(1908. 5. 16)로 공포한 "신문잡지 취체에 관한 건" 제1조에도 광고 강요를 금지하는 부분이 있다.

> 제1조 구독의 신청 없는 신문지 잡지를 배부하거나 또는 게재의 신청 없는 광고를 신문지 잡지에 게재하고 기(其. 그) 대금 광고료를 청구하거나 혹은 청구케 하거나 또는 억지로 신문지 잡지에 광고 게재의 신청을 요구하거나 혹은 요구시킬 수 없다.

그 밖에도 같은 달에 제정된 보안법, 1907년 7월 24일자로 제정된 "광무(光武)신문지법", 1907년 7월 법률 제1호로 제정된 신문지법, 1909년 2월 법률 6호인 출판법 등도 직접 광고와 관련되지는 않더라도 표현을 규제하는 법규가 있었다.

관보(官報) 관보 발행은 1894년 갑오경장의 일환으로 일본의 본을 따서 시작되는데 1908년 1월에는 관보에 광고를 게재하는 데 관련된 규정이 제정되었다.

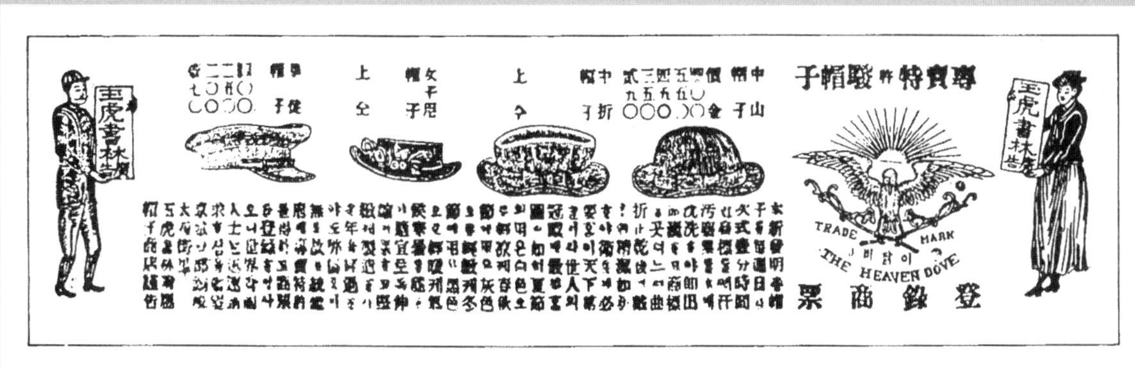

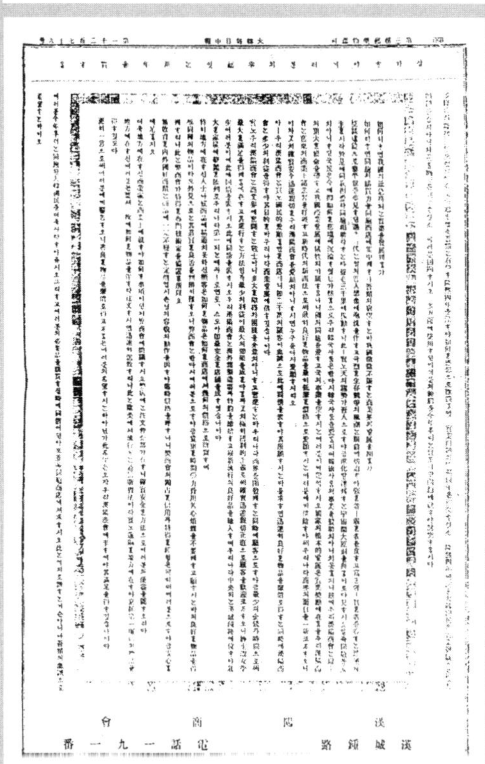

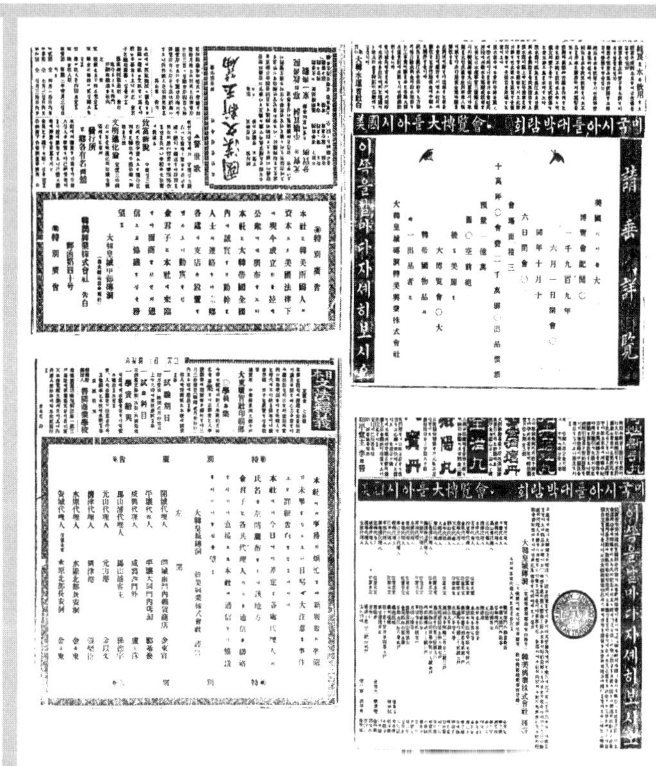

①
② ③

① 옥호서림 모자광고, 〈대한매일신보〉 1909.7.2.

② 1910년 1월 1일자 〈대한매일신보〉에 게재된 "한양상회"의 전면 기업 PR광고. 헤드라인은 "여하히 하면 아국의 최급무(最急務)되난 실업을 발전케 할까"이다.

③ 시애틀 박람회 참가 권유 관련 광고 시리즈. 〈대한매일신보〉 1908.12.8(좌상), 1909.2.26(좌하), 1909.3.19(우상), 1909.5.1(우하).

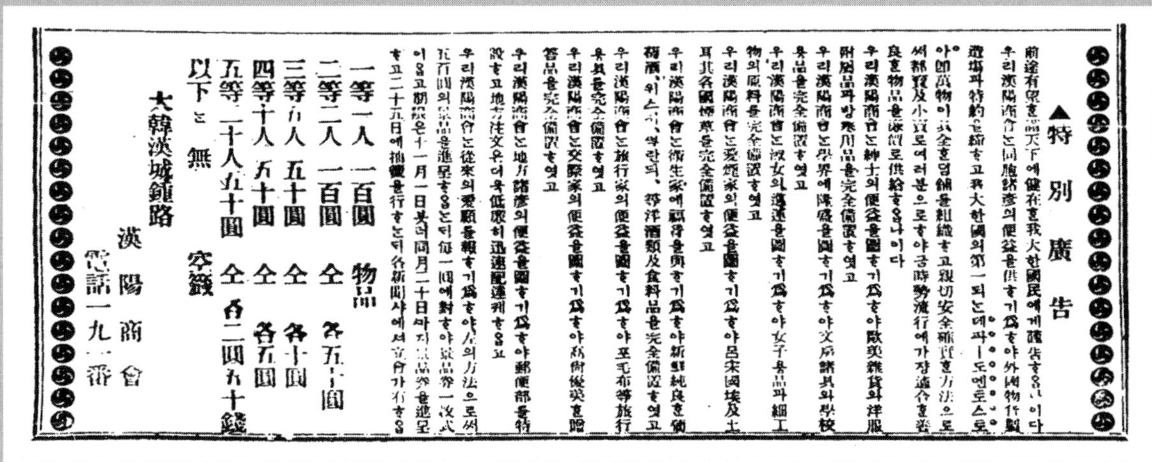

▲特別廣告

一等一人 一百圓 物品
二等二人 一百圓 仝 各五十圓
三等五人 五十圓 仝 各十圓
四等十人 五十圓 仝 各五圓
五等二十人 五十圓 仝 各二圓五十錢
以下는 無 空籤

大韓漢城鍾路 漢陽商會 電話一九一番

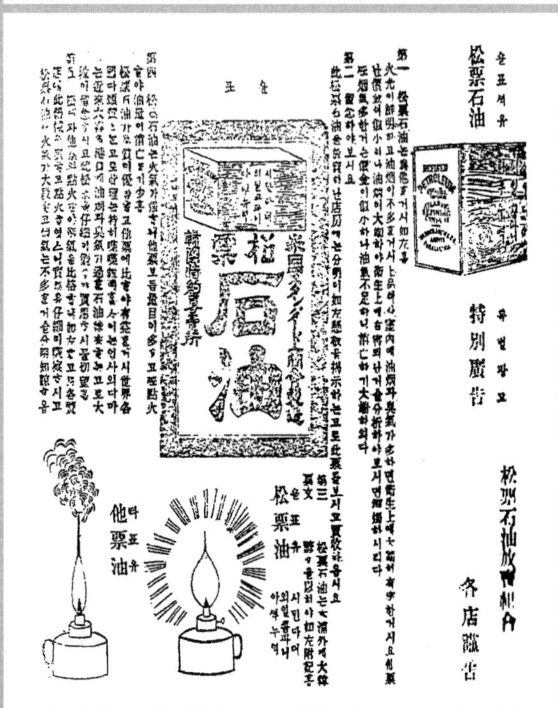

松栗石油 特別廣告

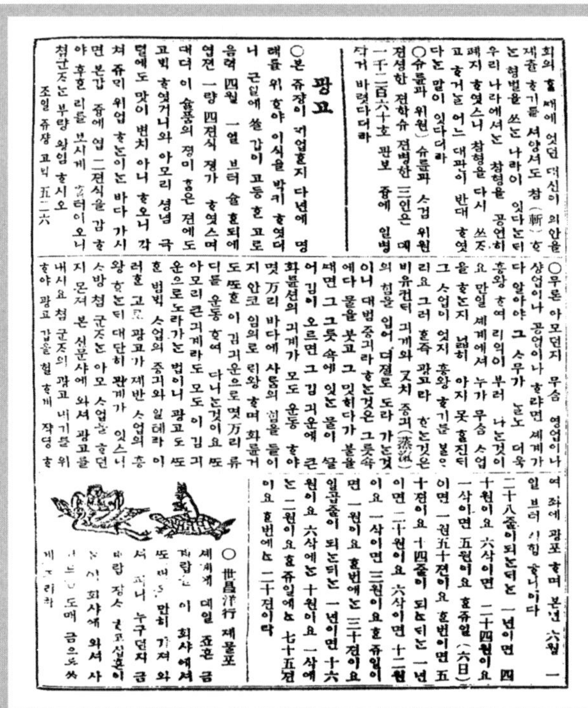

광고

①
② | ③

① 한양상회의 경품광고는 제목이 특별광고이다. 1~5등까지 상품금액이 나와 있다. 〈대한매일신보〉 1909.11.16.

② 솔표석유의 자사제품과 타사제품을 비교한 광고. 〈황성신문〉 1903.9.23.

③ 광고를 증기에 비유한 기사. 〈독립신문〉 1899.6.2.

大韓帝國 光武四年五月十日木曜日 (一)

第三卷 뎨국신문 百二號

光武二年八月八日農商工部認可 (미일츌판)

론셜

(前號續)혹이 ᄀᆞᆯ아되 세상사ᄅᆞᆷ에 일은 본바 현명ᄒᆞᆫ 분슈되보 가량 션비의 셔덕이던지 샹고의 물건이던지 공상의 기예가 세상에 들어나기를 샤양을 깁히 감추어 둔것과 갓허셔 그 명ᄌᆞ는 말ᄒᆞ지 안터라도 남이 ᄌᆞ연히 알고 칭찬도 ᄒᆞ고 찻기도 ᄒᆞ고 구ᄒᆞ기도 ᄒᆞ거늘 잇지 공교ᄒᆞᆫ 저조와 리치밧ᄭᅴ 일을 힝ᄒᆞ야 저물을 허비ᄒᆞ여가며 신문에 광고도ᄒᆞ며 ᄉᆞ처에 계방도ᄒᆞ여가며 내가 의술이 고명ᄒᆞ니 차ᄌᆞ오

(二)

더라도 세상에 무삼일이던지 남을 알게ᄒᆞ지 안니ᄒᆞ고 사ᄅᆞᆷ더러 ᄎᆞᄌᆞ오라던지 구ᄒᆞ여 가라던지 ᄒᆞᄂᆞᆫ것은 보옥을 독속에 감추어둔 모양이라 누가 능히 알고사가리오 그런고로 외국 통리군ᄌᆞ들이 신문에 광고ᄒᆞᄂᆞᆫ법과 계방ᄒᆞᄂᆞᆫ법을 니여 아모ᄂᆞᆫ 의술이 고명ᄒᆞ고 아모ᄂᆞᆫ 무삼기술이 련숙ᄒᆞ고 아모ᄂᆞᆫ 아모물건을 반이 잘ᄒᆞ고 아모ᄂᆞᆫ 무삼 ᄉᆞ업을 시작ᄒᆞᆫ다ᄒᆞ고 광포ᄒᆞ야 사ᄅᆞᆷ마다 보고 듯지 아니ᄒᆞᆫ자가 업셔셔 귀에 젓고 눈에 닉게드면 ᄌᆞ연이 아모가 세상에 잇ᄂᆞᆫ줄도알고 아모물건이 아모사ᄅᆞᆷ에게 잇ᄂᆞᆫ줄도 알어셔 ᄌᆞ연이 그리로 츄향ᄒᆞᄂᆞᆫ것이라 가량 소다광고나 히이로 계방ᄒᆞᆫ것으로 말ᄒᆞᆯ지라도 남보기에 허황믹낭ᄒᆞᆫ듯ᄒᆞ여 그러ᄒᆞ되 소다나 히이로를 당초에 누가알니오 그 광고ᄒᆞᄂᆞᆫ 사ᄅᆞᆷ들의 쥬의를 츄상ᄒᆞᆫ거ᄃᆡ 당초에 소다나 히이로를 대한전국 인민의 귀에젓고 눈에닉어셔 그불건을 사셔쓰기 시작만ᄒᆞ게드면 사셔쓰ᄂᆞᆫ 사ᄅᆞᆷ이야 일인에게 사던지 청인에게 사던지 사기만 만히ᄒᆞ면 ᄌᆞ연히 소다ᄂᆞᆫ 그 소다회샤에셔 나올터이오 히이로ᄂᆞᆫ 권연회샤에셔

① 천연당 사진관에는 2층 벽에 큰 간판이 있고 앞에도 두 개의 간판이 보인다.

② 성은당 약방(盛恩堂葯房) 간판이 붙은 집.

③ 광고 계몽기사. 〈제국신문〉 1900.5.10.

개화와 함께 증가한 옥외광고는 이 시대 말에는 상당히 보급되었는데, 천연당 사진관(天然堂 寫眞館)의 간판은 퍽 클 뿐더러 벽돌건물 2층 옆 벽면에 붙어 있다. 또한 성은당(盛恩堂) 약방이라는 간판을 보면 주인이 기독교인이었던 듯 문 옆에 십자가가 보인다.

시종무관장 민영환(閔泳煥)의 자결과 "곡"(哭) 광고-의견광고 1905년 11월 17일 을사보호조약이 체결되고 난 3일 뒤인 20일에는 〈황성신문〉 장지연(張志淵)의 유명한 "시일야방성대곡"(是日也放聲大哭) 기사가 게재되었다. 그리고 11월 30일에는 시종무관장(侍從武官長) 민영환이 자결했다. 12월에 접어들자 이 사건에 관한 기사는 말할 것도 없고 민충정공(閔忠正公)의 죽음을 애도하는 신문광고들이 게재되었다. 그 가운데는 최남선(崔南善) 형제의 애도광고도 들어 있다. 이 애도광고는 일종의 의견광고라고 보아야 할 것이다.

한미전기회사 1898년에 미국인 콜브란은 한성(漢城)전기회사 설립 허가를 받아 전차, 전화, 전등, 수도사업에 착수하게 되었다. 뒤에 한미전기회사가 된 이 회사는 큰 광고주로 등장하게 되었다. 1904년 7월 18일 〈대한매일신보〉가 한글과 영문 일간지로 발행을 시작하자 창간일부터 광고를 내기 시작했다. 매일 1/2 페이지 크기의 광고를 게재했는데 동대문에서 서대문 간의 전차, 종로에서 용산 간의 전차, 전등, 그리고 동대문에 세운 "활동사진 전람소" 광고를 영문과 한글로 실었다. 1905년 8월부터 〈대한매일신보〉가 국한문판과 영문판을 분리해서 발행하자 이해 8월에서 12월 말까지 매일 계속해서 철로부(鐵路部)라 부르던 전차와 전등 광고를 1/3 페이지 크기로 계속 게재했다. 한미전기회사는 인천에 있던 담배회사와 함께 대광고주였다.

그것은 1907년 2월 말의 한미전기회사 연종서(年終書), 즉 연말 결산서에서 드러나는데 광고비(廣告費)가 807원(圓)이며 구성비는 4부(分)로 되어 있다. 다시 말해서 총지출의 4%를 광고비로 썼다는 것이다. 한편 광고수입도 있었는데 652원 50전으로 총수입의 2%였다. 이 수입은 아마도 전차에 게재한 광고수입일 것이다.

개화기 전기와 관련된 일들은 흥미롭고 아울러 그 당시 한국사회의 일단을 짐작케 해 준다. 1909년 현재 시행되었던 한미전기회사의 전등 1개 당 1개월 전기요금은 10촉광(燭光)에 1환 16전, 16촉광에 2환 50전, 32촉광에 4환 등이었다. 당시 쌀

한 말 값이 1환 80전, 쇠고기 한 근이 40전이던 시대이므로 32촉짜리 전등 한 달 사용료는 쌀 두 말 값보다 비쌌으니 전기란 대단한 사치품이었다. 이런 사정 때문에 1901년부터 전등이 보급되었으나 1909년 6월 현재 전기 사용 상황을 보면 493호에 전등 수가 8,093등에 불과했다. 그런데 이 가운데 관공서와 은행, 기업체와 일본인 상가 등이 태반이었다.[19)]

1893년 시카고 박람회 개화기 광고와 관련된 일로서 특기할 것은 한국의 외국 박람회 참가였다. 1881년 일본에 간 신사유람단(紳士遊覽團) 가운데 박정양(朴定陽)과 민영목 등은 도쿄에서 열린 제2회 내국권업박람회(內國勸業 博覽會)를 참관했다. 그리고 1883년에는 민영익(閔泳翊) 전권대사를 대표로 한 조선보빙사(朝鮮報聘使) 13명이 당시 보스턴 박람회를 관람했다. 그러다가 1893년 5월 1일부터 10월 3일까지 개최된 시카고 만국박람회(World Columbian Exposition, Chicago, 1893)에 한국이 참가하게 되었다. 이때 한국이 출품한 것은 모두 25통에 달했고 83개의 화물이었다.[20)]

이렇게 해서 한국은 국제적인 박람회에 처음으로 참여하게 되었고 극히 일부이기는 하나 박람회란 어떤 것인가를 알게 되었다.

일본인 발행 신문, 잡지 일본인 발행 신문, 잡지가 부쩍 늘어난 것은 1905년 을사보호조약이 체결되어 한국이 일본의 보호국이 된 뒤이다. 물론 그 이전에도 일본인은 한국에 와 있었고 상거래도 있었다. 1906년 제1차 통감부(統監府) 통계연보에 따르면 1905년 현재 한국 인구상황은 다음과 같았다.[21)]

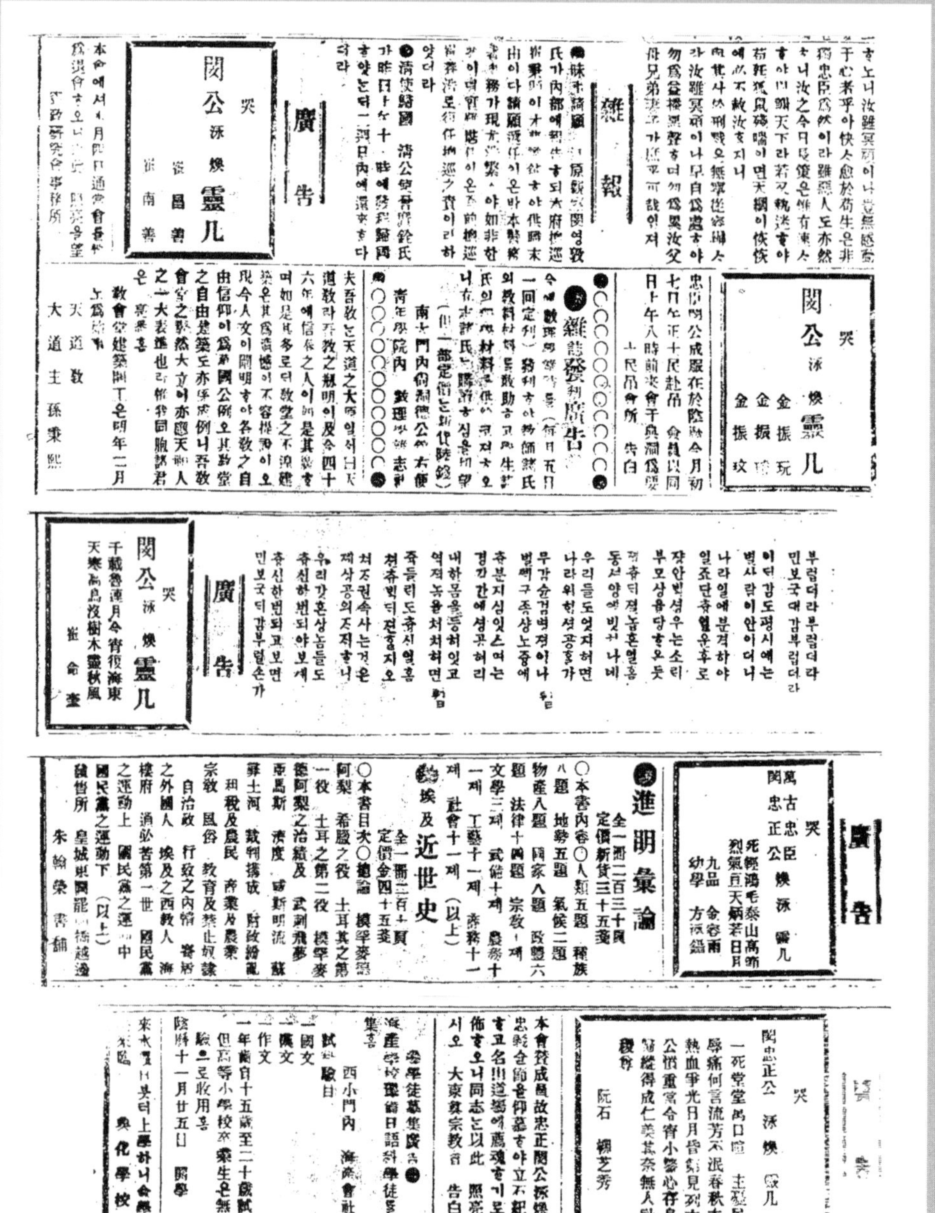

哭 閔公泳煥靈几 崔昌善 崔南善

哭 閔公泳煥靈几 金振玩 金振○ 金振玟

廣告

부럽더라부럽더라
민보국대감부럽더라
이더감도평시에는
벼사람이안이더니
나라일에분격하야
일조단충열운후로
쟝안빅셩우는소리
부모상을당ᄒᆞᆫ듯
동서양에빗나네
우리들도엇지하면
나라위해셩공ᄒᆞᆯ가
무감슌검벼졍이나
벌써구죵상노중에
츙분지심잇스며는
경각간에셩공허리
내하몸을등허잇고
역적놈을처처허면
죽들리도츙신일홈
쳔츄빅되젼ᄒᆞᆯ지오
쳐조권속사는거슨
재산공의조지ᄒᆞᆯ니
우리갓흔샹놈들도
츙신하번되야보세
츙신한번되고보면
민보국되감부럽손가

哭 閔公泳煥靈几 千載魯連月今宵伋海東 天寒孤鳥沒樹木靈秋風 崔命奎

廣告

哭 萬古忠臣 閔忠正公泳煥靈几 死輕鴻毛泰山高節 烈氣亘天炳若日月 九品 金春雨 幼學 方○鎰

進明彙論

埃及近世史

哭 閔忠正公泳煥靈几

1905년 12월 3~10일 기간에 〈대한매일신보〉에 게재된 민충정공 죽음을 애도하는 곡 광고. 위의 두 광고는 12월 3일, 그 아래는 12월 5일, 다시 12월 7일, 맨 아래는 12월 10일의 광고. 위에서 셋째 단에는 애도의 글이 있다.

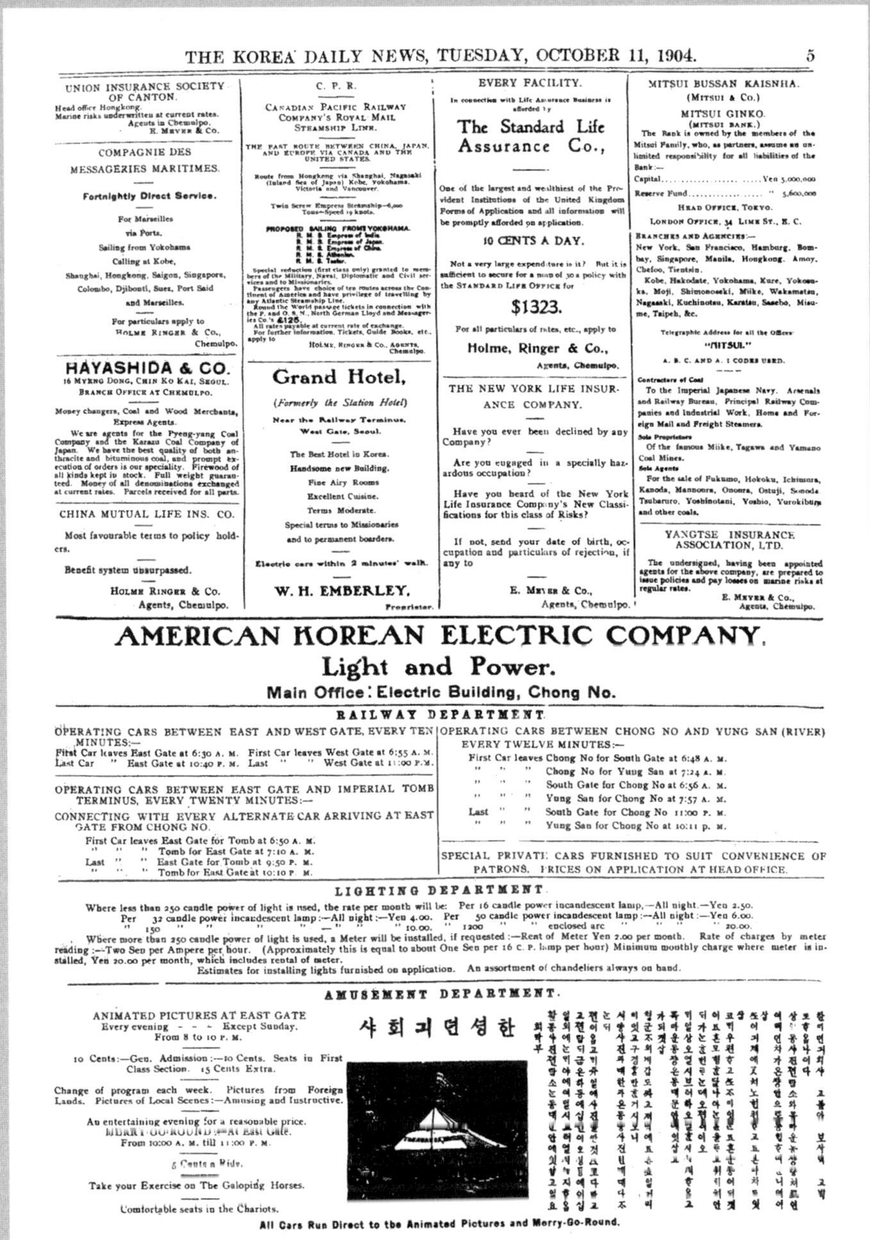

THE KOREA DAILY NEWS, TUESDAY, OCTOBER 11, 1904. 5

UNION INSURANCE SOCIETY OF CANTON.

Head office Hongkong.
Marine risks underwritten at current rates.
Agents in Chemulpo.
E. MEYER & Co.

COMPAGNIE DES MESSAGERIES MARITIMES.

Fortnightly Direct Service.

For Marseilles
via Ports.
Sailing from Yokohama
Calling at Kobe,
Shanghai, Hongkong, Saigon, Singapore,
Colombo, Djibouti, Suez, Port Said
and Marseilles.

For particulars apply to
HOLME RINGER & Co.,
Chemulpo.

HAYASHIDA & CO.

16 MYENG DONG, CHIN KO KAI, SEOUL.
BRANCH OFFICE AT CHEMULPO.

Money changers, Coal and Wood Merchants, Express Agents.

We are agents for the Pyeng-yang Coal Company and the Karazu Coal Company of Japan. We have the best quality of both anthracite and bituminous coal, and prompt execution of orders is our speciality. Firewood of all kinds kept in stock. Full weight guaranteed. Money of all denominations exchanged at current rates. Parcels received for all parts.

CHINA MUTUAL LIFE INS. CO.

Most favourable terms to policy holders.

Benefit system unsurpassed.

HOLME RINGER & Co.
Agents, Chemulpo.

C. P. R.

CANADIAN PACIFIC RAILWAY COMPANY'S ROYAL MAIL STEAMSHIP LINE.

THE FAST ROUTE BETWEEN CHINA, JAPAN, AND EUROPE VIA CANADA AND THE UNITED STATES.

Route from Hongkong via Shanghai, Nagasaki (Inland Sea of Japan) Kobe, Yokohama, Victoria and Vancouver.

Twin Screw Empress Steamship—6,000 Tons—Speed 19 knots.

PROPOSED SAILING FROM YOKOHAMA.
R. M. S. Empress of India.
R. M. S. Empress of Japan.
R. M. S. Empress of China.
R. M. S. Athenian.
R. M. S. Tartar.

Special reduction (first class only) granted to members of the Military, Naval, Diplomatic and Civil services and to Missionaries.
Passengers have choice of ten routes across the Continent of America and have privilege of travelling by any Atlantic Steamship Line.
Round the World passage tickets in connection with the P. and O. S. N., North German Lloyd and Messageries Co.'s £125.
All rates payable at current rate of exchange.
For further information, Tickets, Guide Books, etc., apply to
HOLME, RINGER & Co., AGENTS, Chemulpo.

Grand Hotel,

(Formerly the Station Hotel)

Near the Railway Terminus,
West Gate, Seoul.

The Best Hotel in Korea.
Handsome new Building.
Fine Airy Rooms
Excellent Cuisine.
Terms Moderate.
Special terms to Missionaries
and to permanent boarders.

Electric cars within 2 minutes' walk.

W. H. EMBERLEY,
Proprietor.

EVERY FACILITY.

In connection with Life Assurance Business is afforded by

The Standard Life Assurance Co.,

One of the largest and wealthiest of the Provident Institutions of the United Kingdom Forms of Application and all information will be promptly afforded on application.

10 CENTS A DAY.

Not a very large expenditure is it? But it is sufficient to secure for a man of 30 a policy with the STANDARD LIFE OFFICE for

$1323.

For all particulars of rates, etc., apply to

Holme, Ringer & Co.,
Agents, Chemulpo.

THE NEW YORK LIFE INSURANCE COMPANY.

Have you ever been declined by any Company?

Are you engaged in a specially hazardous occupation?

Have you heard of the New York Life Insurance Company's New Classifications for this class of Risks?

If not, send your date of birth, occupation and particulars of rejection, if any to

E. MEYER & Co.,
Agents, Chemulpo.

MITSUI BUSSAN KAISNHA.
(MITSUI & Co.)

MITSUI GINKO.
(MITSUI BANK.)

The Bank is owned by the members of the Mitsui Family, who, as partners, assume an unlimited responsibility for all liabilities of the Bank:—

Capital.......................Yen 5,000,000
Reserve Fund................... " 5,600,000

HEAD OFFICE, TOKYO.
LONDON OFFICE, 34 LIME ST., E. C.

BRANCHES AND AGENCIES:—
New York, San Francisco, Hamburg, Bombay, Singapore, Manila, Hongkong, Amoy, Chefoo, Tientsin.
Kobe, Hakodate, Yokohama, Kure, Yokosuka, Moji, Shimonoseki, Miike, Wakamatsu, Nagasaki, Kuchinotsu, Karatsu, Sasebo, Misume, Taipeh, &c.

Telegraphic Address for all the Offices
"MITSUI."
A. B. C. AND A. 1 CODES USED.

Contractors of Coal
To the Imperial Japanese Navy. Arsenals and Railway Bureau, Principal Railway Companies and Industrial Work, Home and Foreign Mail and Freight Steamers.
Sole Proprietors
Of the famous Miike, Tagawa and Yamano Coal Mines.
Sole Agents
For the sale of Fukumo, Hokoku, Ichimura, Kanoda, Mannoura, Onoura, Ostuji, Sonoda Tsubaruro, Yoshinotani, Yoshio, Yurokiburg and other coals.

YANGTSE INSURANCE ASSOCIATION, LTD.

The undersigned, having been appointed agents for the above company, are prepared to issue policies and pay losses on marine risks at regular rates.

E. MEYER & Co.,
Agents, Chemulpo.

AMERICAN KOREAN ELECTRIC COMPANY.

Light and Power.

Main Office: Electric Building, Chong No.

RAILWAY DEPARTMENT.

OPERATING CARS BETWEEN EAST AND WEST GATE, EVERY TEN MINUTES:—
First Car leaves East Gate at 6:30 A. M. First Car leaves West Gate at 6:55 A. M.
Last Car " East Gate at 10:40 P. M. Last " " West Gate at 11:00 P. M.

OPERATING CARS BETWEEN EAST GATE AND IMPERIAL TOMB TERMINUS, EVERY TWENTY MINUTES:—
CONNECTING WITH EVERY ALTERNATE CAR ARRIVING AT EAST GATE FROM CHONG NO.
First Car leaves East Gate for Tomb at 6:50 A. M.
" " " Tomb for East Gate at 7:10 A. M.
Last " " East Gate for Tomb at 9:50 P. M.
" " " Tomb for East Gate at 10:10 P. M.

OPERATING CARS BETWEEN CHONG NO AND YUNG SAN (RIVER) EVERY TWELVE MINUTES:—
First Car leaves Chong No for South Gate at 6:48 A. M.
" " " Chong No for Yung San at 7:24 A. M.
" " " South Gate for Chong No at 6:56 A. M.
" " " Yung San for Chong No at 7:57 A. M.
Last " " South Gate for Chong No 11:00 P. M.
" " " Yung San for Chong No at 10:11 P. M.

SPECIAL PRIVATE CARS FURNISHED TO SUIT CONVENIENCE OF PATRONS. PRICES ON APPLICATION AT HEAD OFFICE.

LIGHTING DEPARTMENT.

Where less than 250 candle power of light is used, the rate per month will be: Per 16 candle power incandescent lamp,—All night.—Yen 2.50.
Per 32 candle power incandescent lamp:—All night:—Yen 4.00. Per 50 candle power incandescent lamp:—All night:—Yen 6.00.
" 150 " " " " — " " " 10.00. " 1200 " " enclosed arc " " " " 20.00.

Where more than 250 candle power of light is used, a Meter will be installed, if requested:—Rent of Meter Yen 2.00 per month. Rate of charges by meter reading:—Two Sen per Ampere per hour. (Approximately this is equal to about One Sen per 16 C. P. lamp per hour) Minimum monthly charge where meter is installed, Yen 20.00 per month, which includes rental of meter.
Estimates for installing lights furnished on application. An assortment of chandeliers always on hand.

AMUSEMENT DEPARTMENT.

ANIMATED PICTURES AT EAST GATE
Every evening - - - Except Sunday.
From 8 to 10 P. M.

10 Cents:—Gen. Admission:—10 Cents. Seats in First Class Section. 15 Cents Extra.

Change of program each week. Pictures from Foreign Lands. Pictures of Local Scenes:—Amusing and Instructive.

An entertaining evening for a reasonable price.
MERRY-GO-ROUND At East Gate.
From 10:00 A. M. till 11:00 P. M.

5 Cents a Ride.

Take your Exercise on The Galoping Horses.

Comfortable seats in the Chariots.

샤회긔뎐셩한

All Cars Run Direct to the Animated Pictures and Merry-Go-Round.

1904년 10월 11일 국·영문 일간지인 〈대한매일신보〉(*Korea Daily News*)에 게재된 한성전기회사의 국문과 영문광고는 1/2 페이지 크기이며 전차, 전기, 활동사진 선람소를 광고하고 있다.

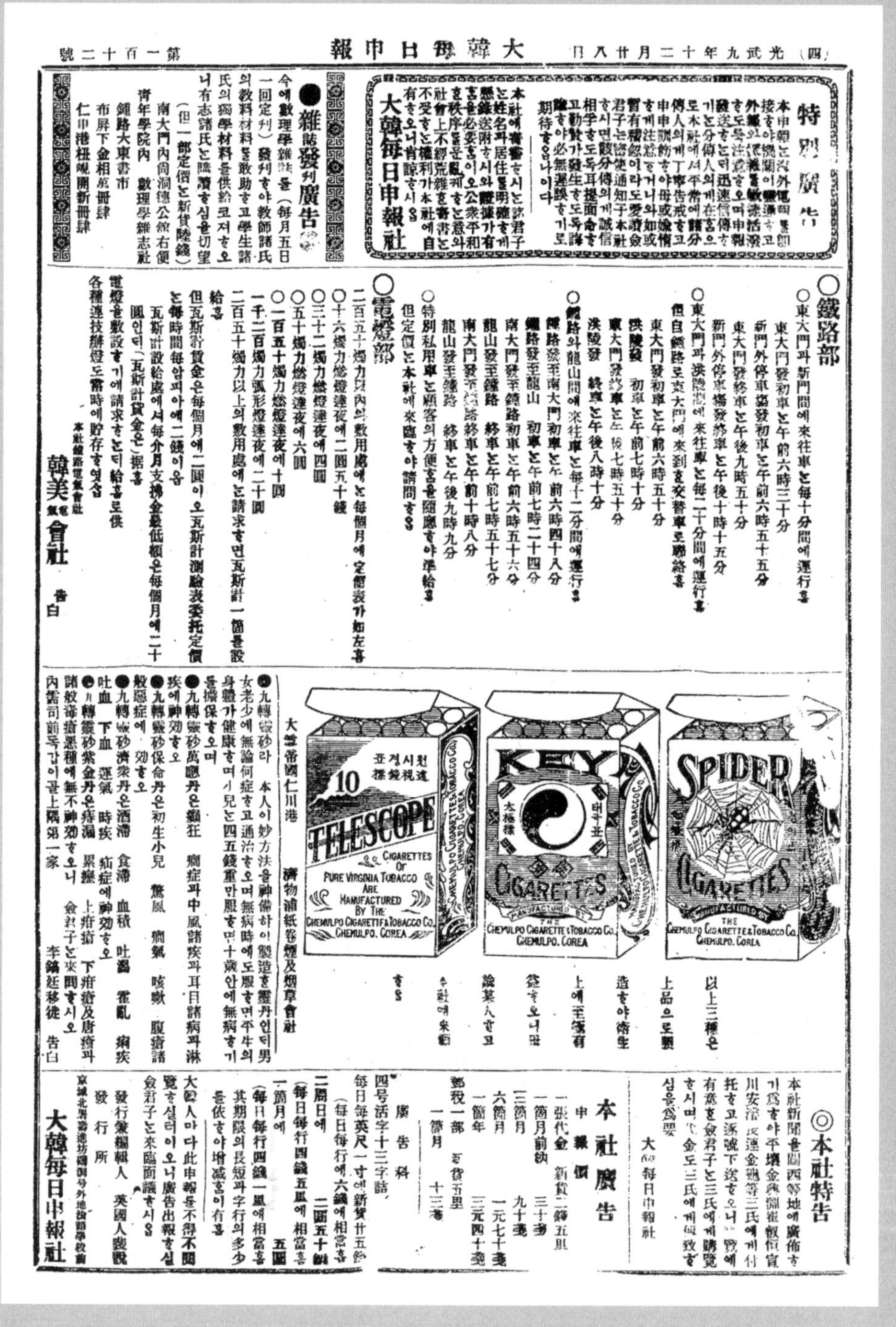

1905년 12월 28일자 〈대한매일신보〉 국한문판에는 한미전기회사(韓美電氣會社)의 1/3 페이지 크기 광고가 있는데 철로부와 전등부로 나뉘어 있다.

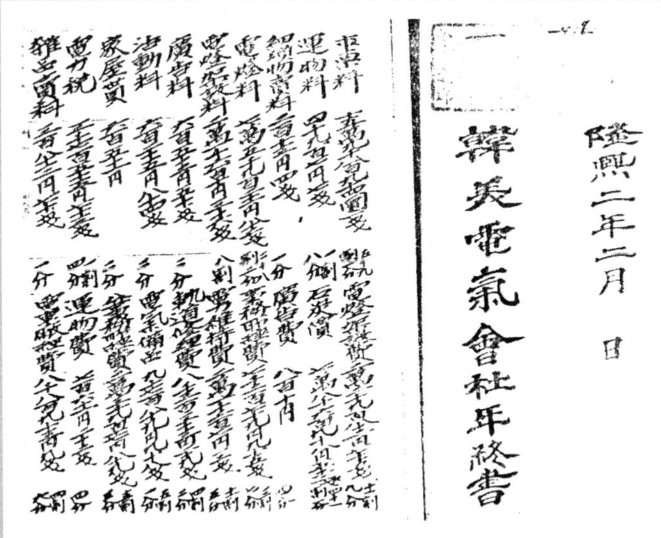
隆熙二年二月 日

韓美電氣會社年終書

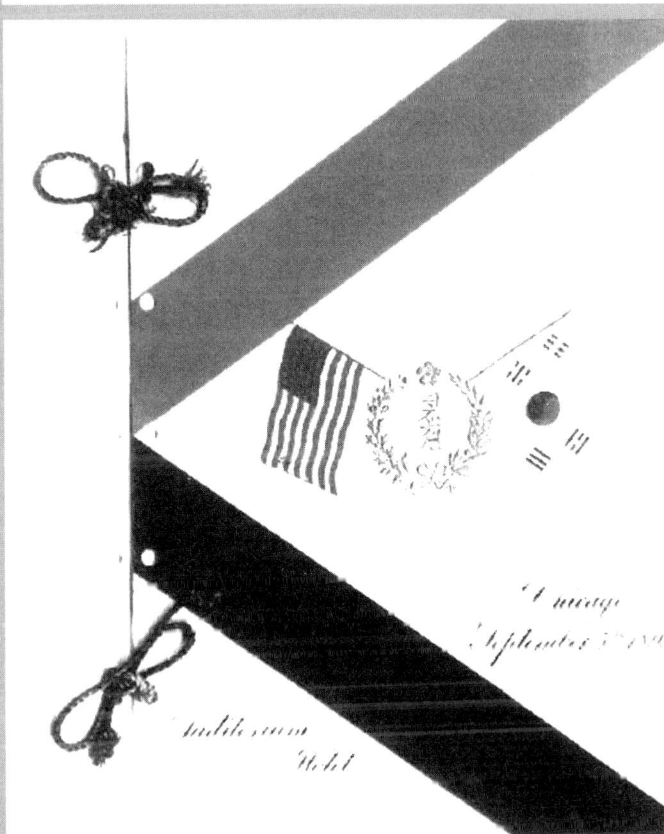

①
②

① 1908년 한미전기회사의 연종서 (연말결산)에는 광고료(廣告料) 수입(위)과 광고비(廣告費) 지출이 나와 있다(광고료와 광고비의 옆줄은 필자가 그은 것이다). (자료: 〈전력문화〉 1994년 11. 12월호. 서울: 한국전력공사.)

② 1893년 9월 5일자의 박람회 초청장. 태극기와 성조기 밑에는 "대조선"이란 글이 있다. (자료: 김영나. "박람회라는 전시공간: 1893 시카고 만국박람회와 조선관 전시". 〈서양미술사학회보〉 제13호. 2006.6. 91쪽.)

〈표 2-9〉 1905년 말 한국 인구, 가구

단위: 1,000

국별	가구	인구
한국	2,333	9,782
일본	22	82
기타외국	1.2	4.3
합계	2,356	9,868

자료: 제1차 통감부 통계연보. 1906. 14쪽.

〈표 2-10〉 연도별 일본인 경영 정기간행물 추세, 1904~1909

연 도	간행물의 수	연간 총 발행부수
1904	11	3,112,800
1905	14	3,874,953
1906	27	6,678,434
1907	34(신문지-30, 잡지-4)	11,282,618
1908	32(신문지-29, 잡지-3)	10,964,340
1909	34(신문지-30, 잡지-4)	11,962,379

자료: 제1차 통감부 통계연보(1906). 76쪽 및 해당연도 조선총독부 통계연보의 신문지급잡지(新聞紙及雜紙) 항목.

〈표 2-9〉에서 알 수 있듯이 1905년 말 현재 한국 거주 일본인 인구는 약 8만 2천 명이었다. 그런데 이미 1882년에는 부산의 일본 상법회의소(商法會議所, 지금의 상공회의소)가 발행하는 〈조선신보〉(朝鮮新報)가 책자 형태로 발간되고 있었다. 창간호는 없으나 5호에서 12호까지가 보존되어 있는데 창간호는 1881년 12월 10일에 부산에서 순간(旬刊)으로 발행된 것으로 보고 있다.[22)]

이 〈조선신보〉 9호(일본 메이지 15년. 1882. 4. 15)에는 처음으로 2페이지에 광고가 게재되는데 광고주는 대마도(對馬島, 쓰시마)의 삼산회생당(三山回生堂)이라는 일본인 회사이며 광고한 제품은 천금단(千金丹)과 그 밖의 여러 약품이었다. 이 무렵에는 일본에서도 광고량과 빈도에 따르는 할인 요금제를 채택하고 있었던 것이 광고요금표에 나타나 있다.

다만 이미 언급한 대로 본격적인 일본인이 경영하는 신문, 잡지의 진출은 1905년 을사보호조약 이후이다. 그 상황을 보면 1907년부터 신문의 수와 부수가 부쩍 증가한 것을 알 수 있다. 그 내역은 〈표 2-10〉에서 나타난다.[23)]

〈표 2-11〉 일본인 경영 신문 및 잡지, 1909

발행지	간행물명	간행	창설연월	연간발행부수	1일평균발행부수
서울	경성일보(京城日報)	일간	1904년 8월	2,170,000	7,230
"	대한일보(大韓日報)	"	1902년 3월	1,178,000	3,930
"	조선일일신문(朝鮮日日新聞)	"	1907년 3월	1,240,000	4,130
"	경성신문(京城新聞)	"	1908년 1월	480,500	1,600
"	Seoul Press 영문(英文)	"	1907년 3월	100,400	330
"	조선일출신문(朝鮮日出新聞)	"	1908년 5월	620,000	2,070
"	동양일보(東洋日報)	"	1909년 6월	336,000	-
부산	조선시보(朝鮮時報)	"	1900년 2월	660,000	2,200
	부산일보(釜山日報)	"	1902년 3월	557,289	1,920
인천	조선신문(朝鮮新聞)	"	1908년 12월	1,623,960	5,410
평양	평양일보(平壤日報)	"	1906년 11월	398,567	1,330
"	평양신문(平壤新聞)	"	1909년 9월	72,269	-
진남포	진남포신문(鎭南浦新聞)	"	1907년 5월	81,182	270
원산	원산일보(元山日報)	"	1909년 2월	169,340	-
"	원산매일신문(元山每日新聞)	"	1909년 1월	475,841	-
대구	대구신문(大邱新聞)	"	1905년 3월	161,044	540
신의주	신의주시보(新義州時報)	"	1906년 12월	264,000	880
목포	목포신문(木浦新聞)	"	1907년 9월	239,970	800
"	전남신보(全南新報)	"	1909년 4월	14,139	-
광주	광주신보(光州新報)	"	1909년 4월	771	-
마산	마산신보(馬山新報)	"	1908년 10월	34,600	120
군산	군산일보(群山日報)	"	1908년 4월	184,704	620
전주	전주일보(全州日報)	"	1906년 1월	184,480	620
대전	삼남신보(三南新報)	"	1909년 8월	16,400	-
합계	24개지				34,000
함흥	함흥신문(咸興新聞)	격일(隔日)	1909년 3월	57,110	-
"	함흥민우신문(咸興民友新聞)	"	1908년 11월	16,294	-
청진	북한신문(北韓新聞)	"	1908년 8월	361,530	-
개성	개성신문(開城新聞)	"	1909년 2월	12,000	-
서울	한국가정신문(韓國家庭新聞)	주간(週刊)	1909년 3월	18,500	-
"	법정신문(法政新聞)	월4회(月4回)	1909년 7월	85,500	-
"	부지조선(富之朝鮮)	월3회(月3回)	1907년 3월	18,000	-
"	조선(朝鮮)	월간(月刊)	1908년 3월	24,000	-
"	한국철도운송(韓國鐵道運送)	"	1909년 1월	12,000	-
부산	만한실업(滿韓實業)	"	1905년 4월	73,360	-
합계	10개 잡지				

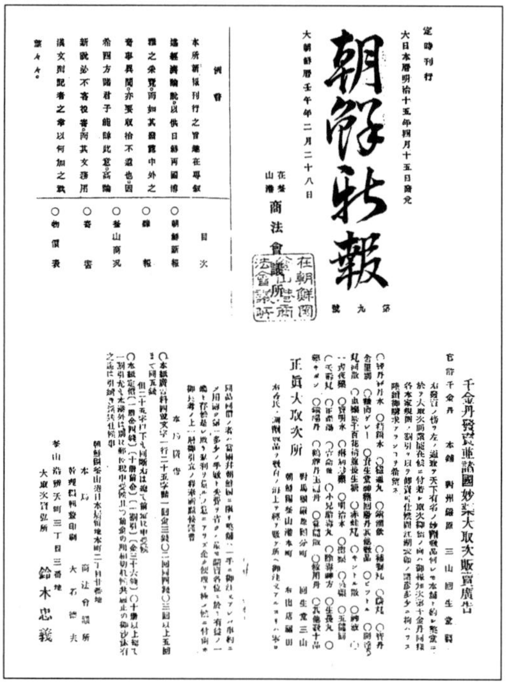

朝鮮新報

第九號

大朝鮮曆壬午年二月二十八日

在釜山港 商法會議所

千金丹發賣並諸國妙薬大取次販賣廣告

〈조선신보〉 제9호 표지 1882년 4월 15일 (음력 壬午年 2월 28일) 및 천금단(千金丹) 광고. 아래 단 왼쪽 끝 부분에는 본국광고(本局廣告) 다음에 광고료가 나와 있다.

〈표 2-11〉에서 알 수 있듯이 일본어 신문은 거의 모든 한국 내 주요 도시에서 발행되고 있었다. 따라서 그 수도 한국 신문과는 비교가 되지 않을 만큼 많았다. 여러 신문 가운데서 1904년 8월에 창간한 〈경성일보〉(京城日報)는 서울에서 발행되는 일본총독부 일본어 기간지로서, 가장 큰 신문이었다. 1904년에 영국인 배설(裵說, Ernest T. Bethell)이 창간한 〈대한매일신보〉(大韓每日申報)는 1910년 한일합병 뒤에는 〈매일신보〉(每日申報)로 제호를 바꾸고 역시 총독부 국문 기관지가 되었다. 〈매일신보〉는 1938년에 〈매일신보〉(每日新報)로 제호를 바꾸었고, 1940년 8월 조선, 동아일보가 강제 폐간되고 난 뒤에는 유일한 국문 일간지로서 1945년 광복까지 발행을 계속했다. 그리고 광복 후에는 제호를 〈서울신문〉으로 바꾸었다. 1907년에 창간된 영자지 *Seoul Press*는 표면상 민간신문이었으나 사실상 역시 총독부 영자 기관지 구실을 하였다.

7. 맺는 말

1876년 개항 10년 뒤인 1886년에 첫 광고가 게재되고 난 뒤 1910년 한일합병까지 25년 기간에 한국 광고는 정착했다. 개항 이후 신문명을 소개하는 각종 서적, 여러 가지 교육기관, 제약, 담배, 새로운 서양 물건들의 광고가 나타났다. 신문이 주이기는 했으나 잡지, 전주, 전차, 간판 등 매체와 함께 퍼레이드도 매체로 이용되었다. 통신과 광고대행 겸영인 일본 전보통신사와 한성광고사가 광고대행을 시작했다.

신문광고 요금은 서구식 빈도와 광고량에 따라 단가를 할인하는 합리적 제도였다. 광고하는 방법도 다양해졌다. 경품광고, 통신광고, 전단 등이 이용되었다. 광고 크리에이티브는 활자뿐이었던 광고에 일러스트레이션을 사용하여 갖가지 디자인, 레이아웃을 구축했다. 카피에 대한 인식이 싹트게 되었다. 광고에 대한 계몽적 기사가 있는가 하면 광고에 대한 비판 기사도 나타났다. 통틀어 볼 때 광고가 한 사회제도로 자리 잡게 되었다.

※ 각주

1) 조기준(1977). 《한국자본주의의 성립사론》. 서울: 대왕사. 277~299쪽.
2) 조기준(1970). 《한국근대경제발달사》. 서울: 고대민족문화연구소. 770~771쪽.
3) 이광린(1981). 《한국사강좌》 근대 편. 서울: 일조각. 242, 244, 403, 404쪽.
4) 위의 책. 529~533쪽.
5) 김근수(1973). 《한국잡지개관 및 호별목차집》. 서울: 중앙대학교 영신아카데미 한국학연구소. 14~15쪽.
6) 홍현오(1972). 《한국약업사》. 서울: 한독약품공업사. 12~15쪽.
7) 신인섭. "광고란 낱말에 대한 일고찰". 〈신문연구〉(1983년 12월호 통권 36). 149쪽.
8) 번역문은 〈한성순보〉, 〈한성주보〉 번역판(1983). 서울: 관훈클럽 신영연구기금. 738쪽. 이 번역에는 한국에서 사가는 물건과 수입하는 물건의 이름이 한자 그대로이다. 그래서 필자는 물건 이름 풀이를 시도했는데 1984년 11월에 대만에 있는 광고대행사 Gaynor Associate International 의 회장 Dennis K. Chin(진개. 秦凱)과 역시 대만의 보인(輔仁) 대학 광고학과 교수인 유의지(劉毅志) 두 분의 도움을 받아 풀이를 했다. 이들에 의하면 세창양행의 이 광고는 19세기 후반 상하이에서 사용하던 말이라고 한다.

9) 위의 책 해제(解題).

10) 김도태(1981). 《서재필박사 자서전》. 을유문화사. 245쪽.

11) 신용하(1975). 《한국사론 2》. 서울대학교국사학과. 342, 343쪽.

12) 정진석. 《한국언론사연구》(1983). 서울: 일조각. 40쪽에서 재구성.

13) 김근수. 《한국잡지개관 및 호별목차집》(1973). 영신아카데미 한국학연구소. 14, 15쪽.

14) 김근수. 《한국잡지사》(1980). 청록사. 19쪽.

15) 중국 청조 말에서 중화민국 초기의 석학이며 사상가.

16) 〈독립신문〉 1899.6.2. 이 계몽기사에는 광고료를 서술식으로 발표하고 있는데 게재 기간의 장단과 광고량에 따르는 광고료가 자세히 나와 있다.

17) 〈제국신문〉 1900.5.10. 기사에는 광고에 대한 비판을 설명하고 그 비판이 잘못 되었음을 해설한 장문의 기사이다. 제국신문의 1일 발행 면수는 4면이었다.

18) 이 기사들은 관훈클럽·신영연구기금이 발행한 계훈모 편 《한국언론연표 1881~1945》에서 찾은 것이며 완전한 검색이 아닐 수도 있다.

19) 〈전력문화〉 1994년 11~12월호 표 3. 서울: 한국전력공사.

20) 김영나. "박람회라는 전시공간: 1893년 시카고 만국박람회와 조선관 전시". 2000년 6월(제13호). 〈서양미술사학회보〉. 86, 87쪽.

21) 통감부. 《통계연보 1906》. 14쪽

22) 〈조선신보〉 영인본은 1984년 6월에 한국고서동우회가 500부 한정판을 발행했다. 당시 이 단체의 주소는 서울특별시 종로구 서린동 73이었다.

23) 통감부 《통계연보 1906》. 76쪽.

제 3 장

무단정치시대

1910~1920

1. 개 관

1910년 8월 29일 한일합병으로 대한제국은 사라지고 일본은 드디어 한국을 합병해서 식민지로 만들었다. 그리고 1919년 3·1 독립운동이 일어날 때까지 10년간의 무단정치가 시작되었다. 각 도에 도지사는 있었으나 경찰권은 각 도 헌병 책임자에게 있었으므로 헌병정치였다.

일본 천황 직속으로 현역 육군대장이 조선 총독이 되었고 실질적으로 3권을 모두 쥐고 있었다. 결사, 집회, 출판의 자유는 사라졌다.

1912년부터 시작한 토지조사 사업은 소유권이 불분명한 토지를 동양척식(東洋拓植) 주식회사로 넘겼고 이 회사는 이런 땅을 일본인에게 싼 값에 팔아서 일본인의 진출을 도왔다. 이른바 토지수탈이었다. 회사령, 산림령, 어업령, 광업령 등 각종 법령의 제정을 통해 일본은 한국에 대한 경제적 지배를 강화했다.

1906년에 경부선, 경의선이 완전히 개통되고 1914년까지는 경원선과 호남선이 개통되어 한반도를 남북, 동북, 서남으로 잇는 수송망이 완공되었다.

1915년 조선 총독부 통계연보 가운데 공장항목을 보면 1911년에 한국에 있던 공장의 수는 252개이고 자본금은 1,062만 원이었는데 1914년에는 공장의 수가 654개로 늘었고 자본금은 1,737만 원으로 증가했다. 그런데 그 내역을 보면 1914년의 경우 일본인 소유가 465개, 한국인 소유는 175개, 그리고 나머지가 기타 외국인 소유였다.

〈표 3-1〉 수입품 가격

단위: 원

	1911			1917		
	일 본	외 국	계	일 본	외 국	계
Condensed Milk	1,438	132,530	133,968	-	150,964	150,964
청주	797,954	-	797,954	867,780	1,094	868,874
맥주 및 흑맥주	318,474	4,631	323,105	471,933	5,543	477,476
모자	137,046	4,410	141,456	168,959	1,466	170,425
장화 및 단화	41,169	3,624	44,793	-	-	-
자전거 및 부품	45,462	51,881	97,343	284,577	243	317,890
각종 담배	381,267	513,675	894,942	-	-	627,379
화장비누	71,479	6,387	77,866	196,152	7,649	203,800
賣藥	105,515	679	106,194	235,738	337	236,075

자료: 《조선 총독부통계연보》 1911년 및 1917년, '무역' 항에서 발췌.

자본금은 일본인이 1,570만 원, 한국인은 겨우 75만 원이었다. 생산품 가격의 합계는 3,275만 원 가운데 일본인 소유 공장이 2,856만 원으로 87%를 차지했으며 한국인 소유는 겨우 233만 원이었다. 경제면에서 이미 한국은 일본이 지배하는 시장이 되었다.[1]

역시 조선 총독부의 통계연보에서 추려낸 몇몇 수입품 자료를 보면 1911년과 1917년 사이에 한국이 일본제품의 소비시장으로 변해 가는 것이 드러난다. 연유, 청주, 맥주, 구두, 모자, 자전거, 각종 담배, 비누, 의약품 등이 수입되었다.

이 기간에 한국의 수출은 1,886만 원에서 8,377만 원으로, 수입은 5,409만 원에서 10,229만 원으로 급격히 증가했다.[2]

이렇게 수입된 일본제품의 판매를 위해 신문, 잡지 및 기타 매체에 광고를 하게 된 것은 당연했다. 다만 전매제도 도입으로 1910년대 말에는 담배광고가 사라졌다. 총독부 일본어 기관지인 〈경성일보〉 1913년 업종별 광고비를 보면, 제약과 화장품의 비중이 약 25%였으나 1918년에는 약 35%가 되었다.

우리말 신문은 〈대한매일신보〉(大韓每日申報)의 제호를 〈매일신보〉(每日申報)로 바꾸어 총독부 국문 기관지로 만든 것이 유일한 일간지였다. 격일간으로 진주에서 발행되는 〈경남일보〉가 있었고 그 밖에 잡지 6개가 전부였다. 그리고 외국인 발행 잡지가 2개 있었다. 한편 일본인 발행 신문은 일간 19개, 일간통신 3개, 주간, 월간지가 10개 있었다. 1917년에도 큰 차이는 없었고 일본어 잡지의 수가 37개로 증가했다.

2. 매 체

이 시기를 무단정치라고 부르는 것은 그 무렵의 가장 중요한 언론매체이던 신문, 잡지의 추세에서 나타난다. 크게 볼 때 1911~1917년의 7년 기간에 신문, 잡지의 추세에는 두드러진 변화가 없었다. 가장 중요한 매체인 일간신문의 수는 일본어 신문 19개가 그대로 남아 있었고 한국어 일간신문은 총독부 기관지 〈매일신보〉뿐이었다. 1917년 한국인 경영 잡지는 월간 8개, 계간 3개, 합계 11개로서 1911년에 비해 5개가 늘었을 뿐이었다. 한편 일본인 경영 잡지는 10개에서 34개로 증가했다. 1911년에 2개이던 외국인 경영 잡지가 1917년에는 7개가 되었으나 모두 종교 간행물이었다.

한국인과 일본인 사이에 소득과 수입의 차이가 있었음을 전제로 하더라도 일간신문이 한국인 경영 1개에 비해 일본인 경영이 19개라는 것은 무단정치의 가혹한 언론정책이라고밖에 볼 수가 없다. 특히 1914년 한국 총인구 1,593만 명 가운데 일본인 인구수는 29만 1천 명으로, 비율로는 겨우 1.8%에 이르는 상황이었음을 볼 때 무단정치 시기의 언론 정책이 얼마나 가혹했는가를 짐작할 수 있다.

무단정치 10년 기간에 기술발달에 따라 신문규격과 활자에는 큰 변화가 있었다. 간단히 말하자면 크기와 활자가 각각이던 것이 1920년 조선, 동아일보가 창간된 무렵에는 지금 신문과 크기는 같으나 단수가 상하 12단으로 되었는데 1910년 한일합병 때 7단이던 신문이, 뒤에 9단, 10단으로 달라졌다.

광고 계산단위도 본문 활자 1행(行, 줄)이 기준이 되었는데 〈대한매일신보〉의 경우 발행인이 영국인이어서 서양제도에 따라 광고의 지면 계산단위를 단(段, *Column*) 인치(*Inch*)로 했다. (인치를 행으로 환산한 것을 광고요금에 밝혔다.)

신문광고 광고료는 1913년 무렵에 이미 그 당시 일본 신문광고 거래 관례와 같아졌다. 즉 광고량(광고 지면의 크기)과 게재 빈도에 따라 공표한 광고요금표대로 할인을 인정하는 것이 아니라 기준은 대략 광고량에 따르되 광고주별로 비밀거래단가를 제정하는 것이었다. 즉 발표한 광고요금과 실제 거래단가에 차이가 생긴 것이었다. 또한 그 무렵 가장 광고를 많이 내던 의약품과 화장품에 대해서는 일괄적으로 낮은 단가를 적용했다. 이런 관례는 그 뒤 줄곧 한국 신문광고 거래 관례가 되었다. 이러한 신문광고 거래 변동 상황은 다음 '매일신보 광고료 변천표'를 자세히 살피면 나타난다. 1912년 1월 1일 현재의 요금 발표에는 "행수의 다소와 시기의 장단을 수하여(따라서) 할인함"이라는 구절이 있어서 게재하는 광고량과 빈도에 따라 단가를 할인하는 제도가 있었음을 짐작할 수 있다. 광고료 발표에서 이 말이 사라지는 것은 1913년 이후이다.

〈표 3-2〉 신문 및 잡지 발행상황(1911)

일본인 경영			
신문잡지명	발행지	발행종류(연발행일수)	창간연월
경성일보	서 울	일간(300)	1906.8
경성신보	서 울	일간(300)	1908.12
Seoul Press(영어)	서 울	일간(300)	1907.3
조선신문	인 천	일간(305)	1908.12
삼각일보	대 전	일간(303)	1909.8
전주신보	전 주	일간(308)	1906.1
군산일보	군 산	일간(168)	1908.4
목포신문	목 포	일간(304)	1909.8
광주신보	광 주	일간(300)	1909.5
대구신문	대 구	일간(300)	1905.3
부산일보	부 산	일간(292)	1907.10
조선시보	부 산	일간(194)	1892.7
마산신보	마 산	일간(299)	1908.10
평양일보	평 양	일간(295)	1906.11
평양신보	평 양	일간(295)	1909.8
진남포신보	진남포	일간(280)	1907.5
압강일보	신의주	일간(300)	1906.10
원산매일신문	원 산	일간(300)	1909.1
북한신보	청 진	일간(290)	1908.8
일본전보통신	서 울	일간(297)	1906.4
경성통신	서 울	일간(297)	1908.11
조선통신	서 울	일간(300)	1909.12
함흥민유신문	함 흥	주3회(152)	1908.12
개성신문	개 성	주간(53)	1909.2
함북실업	나 남	주간(52)	1910.10
조선실업신문	서 울	주간(22)	1909.3
법정신문	서 울	월2회간(-)	1909.7
조선급만주(朝鮮及滿洲)	서 울	월간(12)	1908.3
조선지운수(朝鮮之運輸)	서 울	월간(12)	1909.11
만한지실업(滿韓之實業)	서 울	월간(12)	1905.1
신반도	서 울	월간(12)	1905.3
대도(大道)	부 산	월간(12)	1910.10
일간신문 19개지, 일간통신 3개사, 주 · 월간 등 10개지			

한국인 경영			
신문잡지명	발행지	발행종류(연발행일수)	창간연월
매일신보	서 울	일간(300)	1906.2
경남일보	진 주	격일간(132)	1909.10
경향잡지	서 울	주간(53)	1907.10
상공일보	서 울	월간(10)	1909.11
교남교육회잡지	서 울	월간(-)	1909.4
천도교월보	서 울	월간(12)	1911.8
중외의약신보	서 울	월간(12)	1909.8
보중(普中)친목회보	서 울	연2회	1910.4
일간 · 격월간신문 2개지, 주 · 월간 등 6개지			

외국인 경영			
신문잡지명	발행지	발행종류(연발행일수)	창간연월
회무기문(會務紀聞)	서 울	월간(12)	1908.7
야소교 회보	서 울	주간(48)	1910.2

자료: 조선총독부, 《통계연보》 1911년, 841~842쪽.

〈표 3-3〉 신문 및 잡지 발행상황(1917)

일본인 경영

신문잡지명	발행지	발행종류(연발행일수)	창간연월
경성일보	서 울	일간(352)	1906.8
Seoul Press	서 울	일간(300)	1907.3
조선신문	인 천	일간(352)	1908.12
호남일보	대 전	일간(281)	1909.8
전북일일신문	진 주	일간(297)	1905.12
군산일보(국/일문)	군 산	일간(299)	1908.4
목포신보	목 포	일간(296)	1908.6
광주일보	광 주	일간(297)	1909.5
조선민보	대 구	일간(306)	1905.8
부산일보	부 산	일간(348)	1907.10
조선시보	부 산	일간(348)	1892.7
남선일보	마 산	일간(300)	1908.10
서선일보	진남포	일간(300)	1907.6
압강일보	신의주	일간(300)	1906.12
원산매일신문	원 산	일간(295)	1909.1
함남신보	함 남	일간(298)	1908.12
북선일보	청 진	일간(294)	1908.8
일본전보통신	서 울	일간(298)	1906.4
경성통신	서 울	일간(300)	1908.2
경성신문	서 울	주간(45)	1909.2
개성신보(국/일문)	개 성	주간(30)	1908.6
조선급만주(朝鮮及滿洲)	서 울	월간(12)	1908.2
백양	서 울	월간(12)	1914.3
우리의 가정(국문)	서 울	월간(12)	1913.11
신앙ノ友	서 울	월간(12)	1915.9
조선청년(일/영문)	서 울	월간(12)	1914.12
승우(勝友)	서 울	월간(12)	1910.4
조선철도청년(일/영문)	서 울	월간(12)	1910.8
조선철도청년	서 울	월간(12)	1907.11
조선교육연구회잡지	서 울	월간(12)	1915.10
조선기독교시보	서 울	월간(12)	1915.7
기독교월보(국문)	서 울	월간(12)	1915.1
경성상업회의소월보(국/일문)	서 울	월간(12)	1907.5
우전기독교보	서 울	월간(12)	1913.3
경성약보(국/일문)	서 울	월간(12)	1914.3
가정약보	서 울	월간(8)	1917.5
인천청년	인 천	월간(12)	1915.11
조선교보(朝鮮敎報)	인 천	월간(12)	1915.11
인천 불교청년 회보	인 천	월간(12)	1916.5
인천 상업회의소 월보	인 천	월간(12)	1908.11
조선 농업보(국/일문)	수 원	월간(12)	1906.12
조선 흥농원보(興農園報)	소지원	월간(12)	1912.6
대전 실업(實業)협회 월보	대 전	월간(12)	1916.8
목포 상업회의소 월보	목 포	월간(12)	1909.7
대구 상업회의소 월보	대 구	격월간(6)	1916.12
조선 성공회보	부 산	월간(12)	1912.10
통영 수산회보	통 영	월간(8)	1917.5
진남포 상업회의소 월보	진남포	월간(12)	1913.10
평양 상업회의소 월보	평 양	월간(12)	1916.10
원산 상업회의소 월보	원 산	월간(-)	1913.12
조선 인삼약보	서 울	임시	1917.9
이문회지(以文會誌)	서 울	연4회	1912.10
조선 수산조합 보(報)	부 산	임시(5)	1906.7
일간신문 19개지, 일간통신 2개사, 주 · 월간 등 34개지			

한국인 경영

신문잡지명	발행지	발행종류(연발행일수)	창간연월
매일신보(每日申報)	서 울	일간(300)	1906.2
경학원(經學院)잡지	서 울	월4회(48)	1913.12
청춘	서 울	월간(12)	1914.11
지기금지(至氣今至)	서 울	월간(12)	1911.3
법학계	서 울	월간(12)	1915.10
동서 의학보	서 울	월간(12)	1916.8
천교도 월보	서 울	월간(12)	1910.8
불교 진흥회 월보	서 울	월간(12)	1915.2
중외의약신보(中外醫藥申報)	서 울	월간(12)	1912.2
조선문예	서 울	사계(4)	1917.6
발축집(發丑集)	서 울	사계(4)	1911.11
구악종보(龜岳宗報)	서 울	사계(4)	1914.2
일간신문 1개지, 주 · 월간 등 11개지			

외국인 경영

신문잡지명	발행지	발행종류(연발행일수)	창간연월
경향잡지	서 울	주간(52)	1907.10
기독 신보(申報)	서 울	주간(48)	1915.12
구세신문	서 울	월간(12)	1909.3
중앙청년회 회보	서 울	월간(12)	1914.11
기독교 월보	서 울	월간(12)	1915.1
교회 지남(指南)	고양군	월간(12)	1916.7
시조(時兆) 월보	고양군	월간(12)	1910.10

자료: 조선 총독부, 《통계연보》 1917년, 919~921쪽. 창간연월은 정확치 않은 것이 있으나, 이 연보에 따라 서기로 바꾸어 기록했음. 간행물의 정확한 창간년월일에 관한 자료는 계훈모 편, 《한국언론연표》(관훈클럽 신영연구기금 간), 231쪽 참조.

〈표 3-4〉〈매일신보〉 면당 단수, 행수 변천, 1910~1919년

연 도	1일 발행 면수	면당 단수	단당 행수	행당 활자수(활자 호수)
1910년 8월	4	7	–	14자(4호활자)
1911년 1월 1일	4	7	–	16자(5호활자)
1912년 9월 1일	4	9	105	16자(5호활자)
1918년 6월 10일	4	10	105	15자(5호활자)
1918년 9월 10일	4	11	120	15자(5호활자)
1919년 7월 1일	4	12	122	14자(5호활자)

자료: 1) 1910 및 1911년은 제호 아래.
2) 1912 및 1918년 6월 변동에 대한 것은 1918년 6월 4일자 3면 사고에 해당하는 박스 기사.
3) 1918년 9월의 변동에 대한 것은 1918년 9월 4일자 1면 박스 기사.
4) 1919년 7월의 변동에 대한 것은 1919년 6월 28일자 1면 박스 기사.

〈표 3-5〉〈매일신보〉 광고료 변천

1910. 8.30	4호 활자 13자 매일 1寸에 신화 25전, 2주일 1寸에 2원 25전, 1개월 1寸에 5원, 1행~4행 爲1寸, 단 시기 장단과 행수 다소를 의하여 증감함이 有함.
1910. 9. 3	매일 1寸에 25전. 1행~4행 爲1寸
1910.10. 1	4호 활자 13자철(13字喆) 1행 1회 15전. 시기 장단을 인하여 증감함이 유함.
1910.10.15	4호 활자 13자철 1행 1회 35전. 시기 장단을 인하여 증감함이 유함.
1910.10.22	4호 활자 1행 13자철 1회 금35전. 단 행수와 시기의 장단을 隨하여 할인함(특별 광고는 不在 此限함).
1912. 1. 1	5호 활자 18자철 금50전. 단 5호 이외의 활자를 사용하는 時는 皆(모두) 此(이)를 준하여 계산하되 행수의 다소와 시기의 장단을 隨하여 할인함(특별광고는 不在 此限함).
1912. 9. 1	1912.1.1과 다름없으나 〈특별광고는 1행 1원〉 으로 바뀜.
1913. 4.30	광고료 인상 광고. 내(來) 5월 1일부터 광고요금을 좌기와 如히 개정하오니 첨군자(僉君子)는 조량(照亮)하시압. 광고료(주의, 광고는 모두 5호 활자를 표준으로 함). 5호 활자 16자철 1행 금60전. 4호 활자 11자철 1행 금90전. 2호 활자 8자철 1행 금1원20전. 특별광고 1행 금1원 20전(할인이 無함).
1914. 1.10	광고요금 개정. 아(我) 매일신보는 강호제군이 지실(知悉)하시는 바와 如히 발행부수가 거익증가(去益增加)하여 부득이 광고요금을 개정할 기운에 際會하고로 來2월1일부터 광고요금을 좌기와 如히 개정하오니 僉君子는 照亮하시압. 광고료: 5호 활자 1행 65전. 2호 활자 1행 1원 30전. 특별광고: 5호 활자 1行 1원 20전(할인이 無함).
1916.12. 1	5호 활자 1행 16자철 75전, 2호 활자 1행 1원 50전(단 특별광고 1행 1원 20전).
1918. 7.20	5호 활자 15자철 1행 1원, 2호 활자 1행 2원.
1920. 1. 5	5호 활자 14자철 1행 1원 10전, 특별광고 동1행 2원 20전, 2호 활자 7자철 1행 2원 20전.

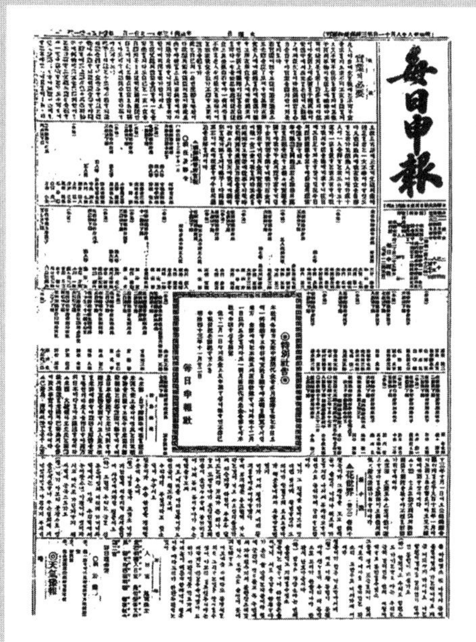

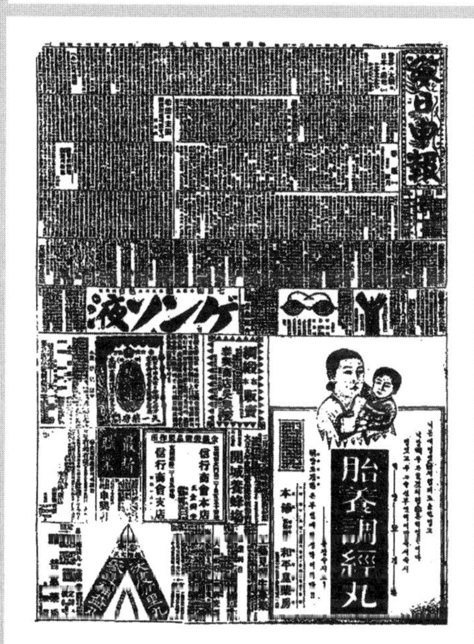

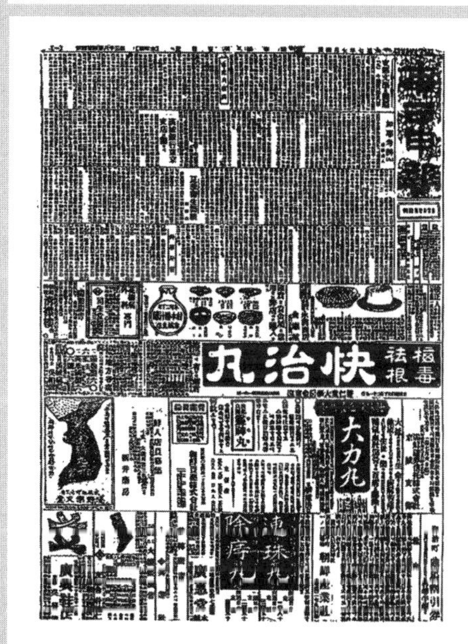

①	②
③	④

① 〈매일신보〉 1910.11.21 제호 밑에 구독료와 광고료가 표기되어 있다. 1면은 7단.
② 〈매일신보〉 1912.9.6 1면은 9단으로 되어 있다.
③ 〈매일신보〉 1918.7.4 1면은 10단이다. 1면인데도 광고가 6단을 차지하고 있다.
④ 〈매일신보〉 1920.1.24 1면은 12단이다. 그리고 1면인데도 기사는 겨우 4단이고 8단은 광고이다.

〈표 3-6〉〈매일신보〉 지면에 대비한 광고지면 비율, 1911~1920

연도	광고 비율(%)	조사 대상 기간
1911	46	10.3(화)~8(일)
1912	49	9.12(화)~11(일)
1913	39	8.26(화)~31(일)
1914	39	6.16(화)~21(일)
1915	34	7.1(수)~7(수)
1916	39	5.16(화)~21(일)
1917	40	4.24(화)~29(일)
1918	31	3.1(금)~7(목)
1919	49	2.3(월)~9(일)
1920	52	1.12(월)~18(일)

자료: 매년 1주일분씩임의 표본 추출에 의한 필자의 조사.
정확한 비율이라고 할 수는 없다.

신문광고료는 제호 밑에 구독료와 함께 표기되었다. 〈매일신보〉 광고 단가의 변동을 보면, 1913년 4월 30일에 신문 1단 1행 5호 활자 한 줄(16자)에 60전이던 것이 1920년 1월 5일에는 5호 활자 한 줄(14자)에 1원 10전으로 올라 거의 갑절 가깝게 인상했다. 그러나 실제 이 발표된 요금이 지켜졌는지는 알 수가 없다. 그런데 이런 일본식 광고료 단가 기준에는 논의의 여지가 있다.

예컨대 〈매일신보〉 면당, 단, 행수 변천 표를 보면 1918년 9월 10일에는 1면이 11단이고 1단은 120행으로 되어 있다. 따라서 신문 1면은 1,320단/행(11단×120행)이 된다. 그런데 1919년 7월 1일에는 신문 1면이 12단이 되고 1단은 122행이므로 신문 1면은 1,464 단/행(12단×122행)이라는 계산이 된다. 따라서 달라진 것은, 같은 규격의 신문 지면을 잘게 쪼개어 팔므로 실질적으로 광고료가 인상된다는 것이다.

이러한 신문 지면과 단수, 행수 변화는 다음에 보는 1910~1920년 사이의 4개 신문 1면 사진에서 드러난다.

〈매일신보〉의 경우 신문지면에 대비한 광고지면 비율은 1918년 31%로 가장 낮고, 1919년 52%로 가장 높다.

경성일보의 광고량 일제시대 신문 관련 각종 자료는 일본전보통신사의 신문총람(新聞總覽)에 자세히 나와 있다.[3)]

조선 총독부 일본어 기관지인 〈경성일보〉(京城日報)의 광고량 변동 상황은 〈표 3-7〉과 같다. 업종 구분은 13가지로 했는데, 1913~1918년 기간에 업종의 명칭이 바뀌

〈표 3-7〉〈경성일보〉 업종별 광고량, 1913 및 1918년

단위: 행(行)-윗줄은 1913년, 아래 줄은 1918년 분임

업종	현내*	동경	오사카	합계(구성비)
매약	9.181	84,059	25,3631	18,603(12.7)
(賣藥)	8,300	110,748	92,149	211,197(18.4)
화장품	829	95,724	19,026	115,579(12.4)
(化粧品)	127	143,430	46,369	189,926(16.5)
서직	8,244	63,570	1,207	73,021(7.8)
(書籍)	16,120	109,842	1,363	127,325(11.1)
오복**	12,493	4,400	884	17,777(1.9)
(吳服)	11,362	5,340	2,468	19,170(1.7)
법인***	38,647	22,538	5,092	66,277(7.1)
(法人)	38,855	16,199	8,615	63,669(5.5)
결산	4,782	567	105	5,454(-)
(決算)	3,659	1,434	570	5,663(-)
관서	7,053	52	5	7,110(-)
(官署)	6,675	108	0	6,783(-)
등기	2,673	0	0	2,673(-)
(登記)	7,837	9	0	7,846(-)
학교	1,579	1,162	110	2,891(-)
(學校)	1,168	2,109	158	3,345(-)
병원	24,071	560	10	24,641(2.6)
(病院)	26,376	18	0	26,395(2.3)
잡품	208,329	63,429	31,367	303,125(32.4)
(雜品)	157,412	85,171	55,940	293,523(25.6)
출범	48,076	4,681	14,281	67,038(7.2)
(出帆)	20,947	1,920	14,809	37,676(3.3)
잡건	126,511	3,537	1,381	131,429(14.0)
(雜件)	136,616	9,456	9,589	155,657(13.6)
합계	492,468	344,279	98,831	935,578(100.0)
(合計)	430,454	485,784	232.026	1,148,264(100.0)
합계 대비	-14.4%	+40.9%	+134.9%	+22.7%****
구성비(%)	52.6	36.8	10.6	100.0
	37.5	42.3	20.2	100.0

主: 자료는 《신문총람》(新聞總覽) 1914년 588쪽 및 1919년 825쪽. 동경: 전보통신사.
* 현내(縣內)는 이 경우 한국 국내를 뜻한다. 현(縣)은 일본 행정 단위이며 한국에 비유하면 도에 해당한다.
** 오복(吳服)은 일본 여자들의 전통 외복을 만드는 천의 뜻이다. 1918년에는 '직물'(織物)로 바꿨다.
*** 법인은 1918년에 '회사'(會社)로 바꿨다.
**** 합계의 대비는 저자가 한 것이다.

어서 서적(書籍)은 도서(圖書), 의복을 뜻하는 오복(吳服)은 직물(織物), 법인(法人)은 회사(會社)로 되었다.

이 6년 기간의 〈경성일보〉 광고량을 보면 전체는 22.7%가 증가했으나 한국 내에서 나오는 광고는 오히려 14.4%나 줄었다. 반면 동경과 오사카에서 들어오는 광고는 각각 40.9%, 134.7%나 늘었다. 오사카의 광고는 매약과 화장품 모두 엄청난 증가를 드러내고 있다. 달리 보면 한국에 대한 일본의 경제 지배가 강화되고 있음을 반영하고 있다고 볼 수 있다.

광고가 많은 업종은 매약(賣藥)이라고 부른 의약품과 화장품으로서, 1913년에는 이 두 업종의 광고가 25.1%였고 1918년에는 34.9%로 증가했다.

그 밖의 매체 광고 신문, 잡지의 발행상황에 대한 표를 통해 알 수 있듯이 한국인 경영 잡지의 수는 보잘 것이 없었다. 따라서 광고가 없던 것은 아니나 대수롭지 않았다. 이미 1913년에는 도로 취체(단속의 뜻) 규칙이 제정되었으므로 이것으로 미루어 보건대 상당한 옥외광고가 있었음을 짐작할 수가 있다.

그것은 1917년 3월 14일자 〈매일신보〉에 기획기사 같은 1면 특집이 있는데, 이 가운데 포함된 4개 회사건물에 큰 간판이 붙어 있음을 보아 간판광고가 성했음을 알 수 있다.

또한 1910년 9월 27일자 〈매일신보〉 광고 특집부록에 "경성 종로 간판 제조점 주 이정근"(京城鍾路看板製造店 主 李貞根)이라는 광고가 있음을 통해서도 알 수 있다. 이 광고는 다음과 같이 되어 있다.

• 본점에서 각종 광고판을 제조함 •
광고판 각색 미술 자형
미술광고판 미술 인형
단 미술사(美術師)를 청래(請來)도 하시옵
외방에는 운송부로 대금 인환함

경성종로간판제조점
주 이정근

1920년 이후에는 전선주에 붙이는 광고에 대한 신문기사가 더러 나타나고 있으므로 1910~1920년 기간에도 전선주를 이용한 광고가 있었을 것이다.

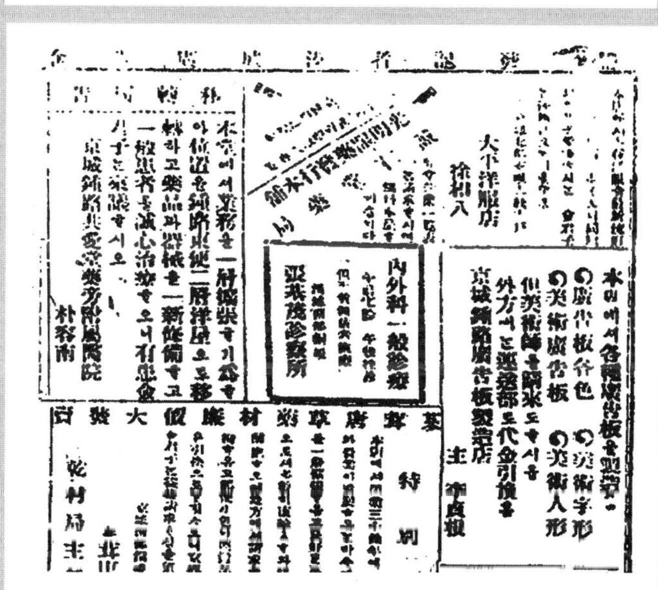

① ① 〈매일신보〉 1917.3.14. 기획기사 특집.

② ② 〈매일신보〉 1910.9.27. 한성광고사가 모집한 광고 특집부록 안에 게재된 "경성(서울) 종로 광고판 제조점"(京城鍾路廣告板製造店).

3. 광고회사

1906년에는 일본전보통신사(日本電報通信社, 현재의 덴츠〔電通〕)가 서울〔일제시대에는 경성(京城)〕에 지사를 설립하고 통신과 광고대행 업무를 시작했다.

다른 광고대행사는 1910년 한일합병 한 달 전에 한국인 경영으로 추정되는 한성광고사(漢城廣告舍)가 광고대행 업무를 시작했다.

일본전보통신사에 관해서는 여러 자료가 있으나 1911년 5월에 발행한 《조선신사명감》(朝鮮紳士名鑑)에 자세한 내용이 있다. 이 명감 목차 다음 부분에는 자사 소개가 있는데, 그림에서 보는 바와 같다.

2페이지에 걸친 소개기사에는 통신의 그림이 있다. 통신지면의 종류는 대개 갱지(更紙)로, 크기는 현재의 A4용지보다 조금 작은 16절지(切紙)의 절반 크기인 32절지에 인쇄해서 구독 기관에 배부했다. 통신 그림 밑에 있는 기록에 따르면, 일본전보통신사 경성지사 설립은 1906년(메이지〔明治〕 39년) 4월 3일이었다. 주소는 욱정(旭町, 아사히마치) 2정목〔정목(丁目), 우리의 '가'(街)에 해당〕 132번지인데, 지금 회현동이 있는 곳이다. 여기는 해방 전에 일본인 중심상가인 혼마치〔本町〕였고 주변에는 중앙우편국, 한국은행(조선은행), 신세계백화점(미츠코시백화점〔三越百貨店〕) 등이 있었다. 물론 이 밖에도 지금은 한국은행 소공동지점이 된 상업은행과 롯데 영플라자가 된 쵸지야〔丁子屋〕 백화점이 있었다. 명동은 메이지 마치〔明治町〕라고 불렸다. 따라서 충무로 일대에서 남대문로를 따라 명동까지는 일본인이 지배한 지역이었으며, 그래서 일본전보통신사도 이 지역에 자리 잡고 있었음을 짐작할 수 있다.

지국장은 마키야마〔牧山耕藏〕였다. 〈조선신사명감〉에 나오는 자사 소개에는 본사의 조직, 지국의 사업, 통신의 일간, 그리고 광고의 취차(廣告의 取次)가 있다. 광고의 취차란 취급과 거래의 뜻으로, 이 부분을 옮기면 다음과 같다.

• 광고의 취차 •

일본전보통신사 경성지국은 이미 일간통신을 발행함과 동시에 광고부를 설립해서 널리 광고 게재 수요에 따라 일본 본사, 지국과 특약을 맺은 내외 각 신문사에 대한 광고 게재 취급도 개시했다. 전보통신사가 취급하는 광고는 늘 좋은 위치를 선정해서 가장 이롭고 또한 광고료도 저렴한 것은 재론할 필요가 없다.

이 통신사가 어떤 광고를 대행했으며 어떤 거래 조건이었는지 등에 관해서는 아직 연구된 적이 없으나 아마도 그 무렵 일본에서 하던 거래 관례에 따랐을 것이다.

전보통신 외에도 경성통신(京城通信), 조선통신(朝鮮通信)이 있었다. 그런데 이 통신사들이 광고 취급을 했는지는 알 수 없다.[4)]

또 다른 광고대행사는 "한성광고사"(漢城廣告舍)이다. 이 광고대행사의 첫 광고는 1910년 7월 7일 〈대한매일신보〉에 나타난다. 1단이며 눈길을 끌기 위해 동그라미로 테두리를 두른 광고인데 "제신문 잡지광고 취급"(諸新聞雜誌廣告取扱)이라는 말밖에 다른 말은 없다. 물론 이것은 신문, 잡지의 광고를 대행한다는 뜻이다. 한일합병 뒤인 1911년 6월과 7월에는 세 번에 걸친 광고가 〈매일신보〉에 게재되는데, 〈대한매일신보〉가 한일합병 뒤에 〈매일신보〉로 바뀐 것이다. 그런데 새로운 업종이 광고에 나타나는데, 1911년 6월 27일자에는 "제은행 회사, 주권 매입", 7월 6일자에는 "유성기 염가 대발매"라는 제목의 광고가 게재된다. 여기서 유성기란 축음기이다. 7월 12일에는 "동경 제강철 금고 판매"라는 내용이다. 광고 모양은 여전히 1단에 테두리를 두른 것이다. 전화번호는 변동이 없고 1911년 7월 6일자 광고의 경우 주소가 "한성 모교동"(毛橋洞)인데, 모교동은 지금의 무교동이다.

한성광고사는 한국인 경영인 것이 거의 분명한데, 그것은 한성광고사의 이름이 들어간 1910년 9월 27일자 〈매일신보〉 부록(광고)을 보면 약 50개 광고주 가운데 하나인 이발기 광고 외에 일본인 회사는 하나도 없기 때문이다. 그리고 그 이름이 "한성"으로 되어 있는데, 1910년에는 이미 서울의 이름을 일본이 경성으로 바꾼 뒤였으므로 일본인이었다면 한성이라는 이름을 쓰지 않았을 것이다. 또한 광고사에서 "사"라는 글자에 "社"를 쓴 것이 아니라 "舍"를 쓴 것은 일본식이 아니기 때문이다.

위에서도 언급한 대로 1910년 한일합병에서 한 달쯤 뒤에 〈매일신보〉에는 4페이지에 걸친 광고 부록을 싣는데, 광고주의 수는 약 50개사이다. 그리고 이 부록의 오른쪽 위에는 "발기자 한성광고사"라는 글이 있는데 이것이 한성광고사가 모집해서 부록으로 〈매일신보〉에 게재한 광고임을 알 수 있다. 그 뒤에는 같은 해 11월 29일호에도 특집이 있었는데 이런 특집부록을 수집할 수 있다는 것은 발기자인 한성광고사가 광고대행을 했음을 증명하고 있다. 1911년 이후 이 광고대행사의 이름은 다시 신문에서 찾지 못했다. 아마도 광고대행 사업을 그만두었을 것으로 짐작되는데, 그것은 이미 언급한 광고에 나타난 업종 변화를 통해 알 수 있다.

〈대한매일신보〉 1910년 4월 8일자 잡보란(雜報欄)에는 이성탁이라는 사람이 신문사 도장을 위조해서 경찰에 잡혀간 기사가 있어, 그 무렵 신문사 광고대행 업무가 있었음을 짐작할 수 있다. (이 책 제2장 "4. 광고회사" 부분 참조)

4. 크리에이티브

무단정치 10년 기간에는 갖가지 광고 방법과 다양한 표현이 나타났다. 이러한 변화에는 다음과 같은 요인이 있다고 볼 수 있을 것이다.

첫째, 신년 축하광고가 일종의 제도처럼 되었다, 1911년만 해도 불과 몇 개이던 신년 축하광고가 그 뒤 새해 초에는 수일 동안 게재되었다. 이것은 물론 신문사 수입 증가 방법이기도 했다. 더러는 폐해가 있기도 했다.

둘째, 주로 일러스트레이션인 광고가 두드러져 글로 쓴 카피 중심이던 광고에서 디자인이 중요한 요소로 대두하게 되었다. 때로 사진도 광고에 등장했다.

셋째, 광고에 사용하는 글자체에 변화가 일어나서 다양한 자체(字體)가 등장하게 되었다.

넷째, 테두리의 이용이 대담해졌다. 테두리에 문양(紋樣)을 넣거나 문양을 달리하는 광고들이 나타났다. 물론 눈길을 끌기 위한 한 가지 방법이었다.

다섯째, 담배시장 경쟁이 치열해졌는데 일제담배 상호간, 그리고 일제담배와 영미(英美) 담배회사 제품 간의 경쟁이었다. 다만 이 치열한 광고전은 1914년 이후 사라졌다.

여섯째, 축하광고는 신문사 윤전기 도입, 3000호 기념 등의 경우에도 나왔는데, 이 역시 유교의 사농공상 의식에 바탕을 둔 것이라고 보아야 할 것이다. 여하튼 1913년 7월 중순 〈매일신보〉에 윤전기가 도입되었을 때는 수일에 걸친 축하광고가 게재되었다.

일본에서 들어오는 일제제품 광고의 크리에이티브가 앞선 것은 사실이었으나 한국 광고에도 변화는 일어나고 있었다.

색다른 광고 방법도 대두하게 되었다. 티저광고, 기획광고, 속달우편 이용광고, 광고문 현상광고, 판촉광고, 미인사진을 이용한 화장품광고, 기사 중 광고, 변형광고 등이었다.

이렇게 해서 이 10년 동안 크리에이티브에는 그 후의 변화가 이미 싹트고 있었다.

朝鮮紳士名鑑

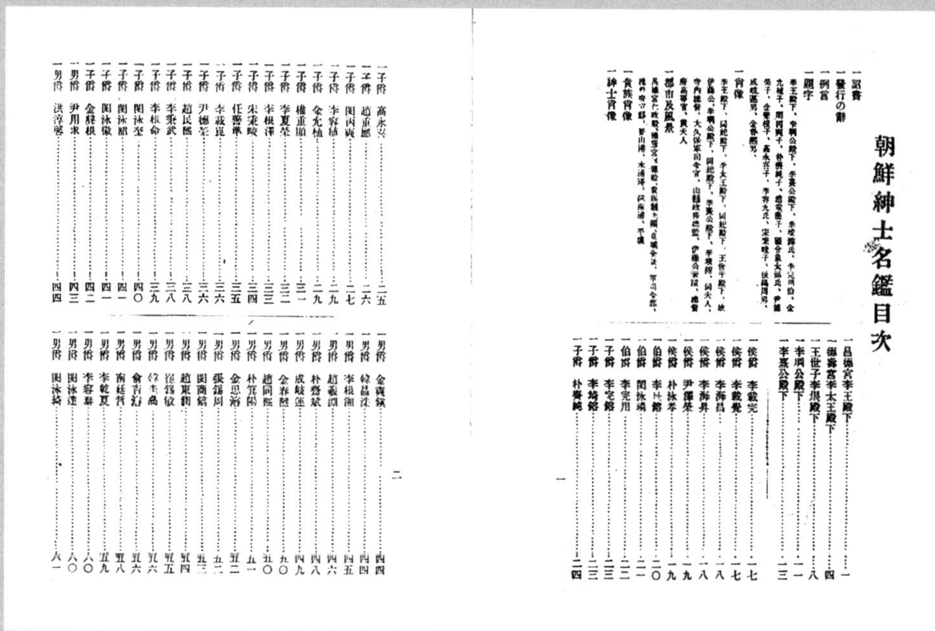
朝鮮紳士名鑑目次

一詔書
一發行の辭
一例言
一題字
一肖像
一都市及風景
一貴族肖像
一紳士肖像
一昌德宮李王殿下……一
一德壽宮李太王殿下……四
一王世子李垠殿下……八
一李堈公殿下……一一
一李熹公殿下……一三
一侯爵　李載完……一七
一侯爵　李載覺……一七
一侯爵　李海昌……一八
一侯爵　李海昇……一八
一侯爵　尹澤榮……一九
一侯爵　朴泳孝……一九
一伯爵　李址鎔……二〇
一伯爵　閔泳璘……二一
一伯爵　李完用……二二
一子爵　李完鎔……二三
一子爵　李埼鎔……二三
一子爵　朴齊純……二四

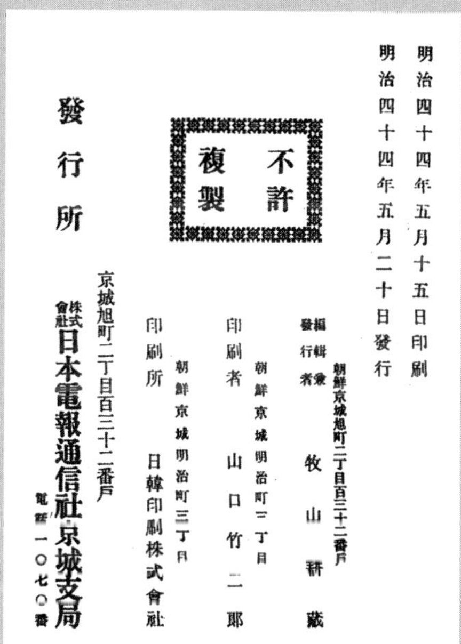

明治四十四年五月十五日印刷
明治四十四年五月二十日發行

不許複製

編輯兼發行者　朝鮮京城旭町二丁目百三十二番戶　牧山耕藏
印刷者　朝鮮京城明治町三丁目　山口竹二郎
印刷所　朝鮮京城明治町三丁目　日韓印刷株式會社

發行所　京城旭町二丁目百三十二番戶　株式會社日本電報通信社京城支局　電話一〇七〇番

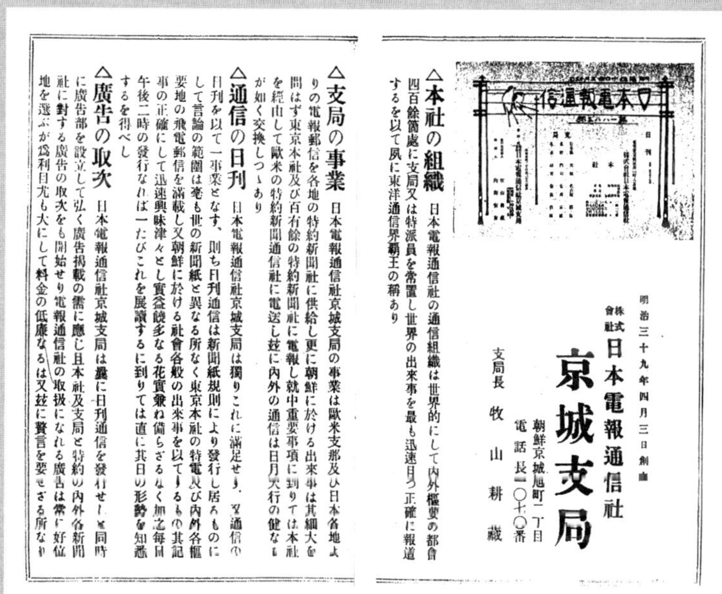

明治三十九年四月三日創立
株式會社日本電報通信社
京城支局
朝鮮京城旭町二丁目
電話長一〇七〇番
支局長　牧山耕藏

△本社の組織　日本電報通信社の通信組織は世界的にして內外樞要の都會四百餘箇處に支局又は特派員を常置し世界の出來事を最も迅速且つ正確に報道するを以て夙に東洋通信界霸王の稱あり

△支局の事業　日本電報通信社京城支局の事業は歐米支那及び日本各地よりの電報郵信を各地の特約新聞社に供給し更に朝鮮に於ける出來事は其細大を問はず東京本社及び百有餘の特約新聞社に電報し就中重要事項に到りては本社を經由して歐米の特約新聞通信社に電送し茲に內外の通信は日月並行の健なるが如く交換しつゝあり

△通信の日刊　日本電報通信社京城支局は獨りこれに滿足せず、又通信の日刊を以て一事業となす、則ち日刊通信は新聞紙規則により發行し居るものにして言論の範圍は毫も世の新聞紙と異なる所なく東京本社の特電及び內外各樞要地の飛電郵信を滿載し又朝鮮に於ける社會各般の出來事を以てするもの其記事の正確にして迅速興味津々とし實益饒多なる花實兼ね備らざるなく加之毎日午後二時の發行なれば一たびこれを展讀するに到りては直に其日の形勢を知悉するを得べし

△廣告の取次　日本電報通信社京城支局は嚮に日刊通信を發行せしと同時に廣告部を設立して弘く廣告掲載の需に應じ且本社及支局と特約の內外各新聞社に對する廣告の取次をも開始せり電報通信社の取扱になれる廣告は常に好位地を選ぶが爲利目尤も大にして料金の低廉なるは又茲に贅言を要せざる所なり

①, ②《조선신사명감》 표지와 목차의 일부.
③ 판권 페이지. 명치44년(1911년) 5월 20일 발행으로 되어 있다.
④ 전보통신의 그림, 그리고 창립, 조직, 사업 등이 나와 있는 페이지

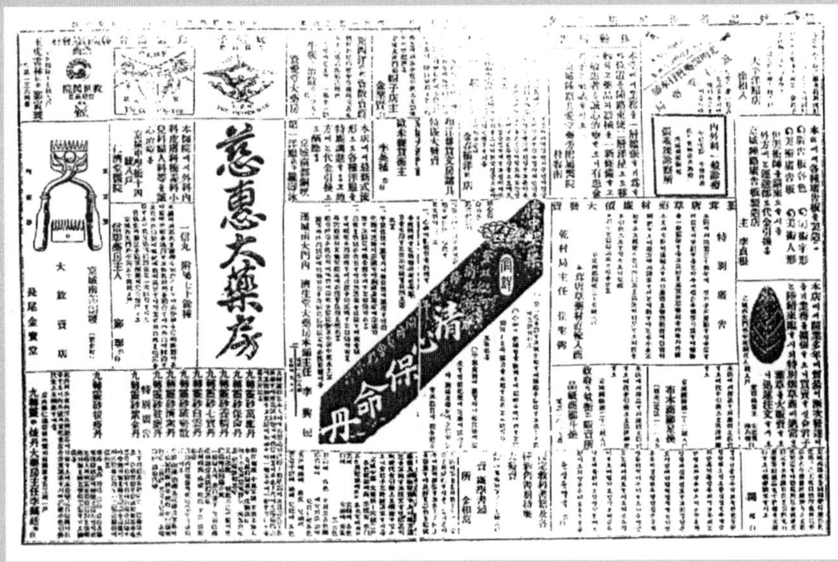

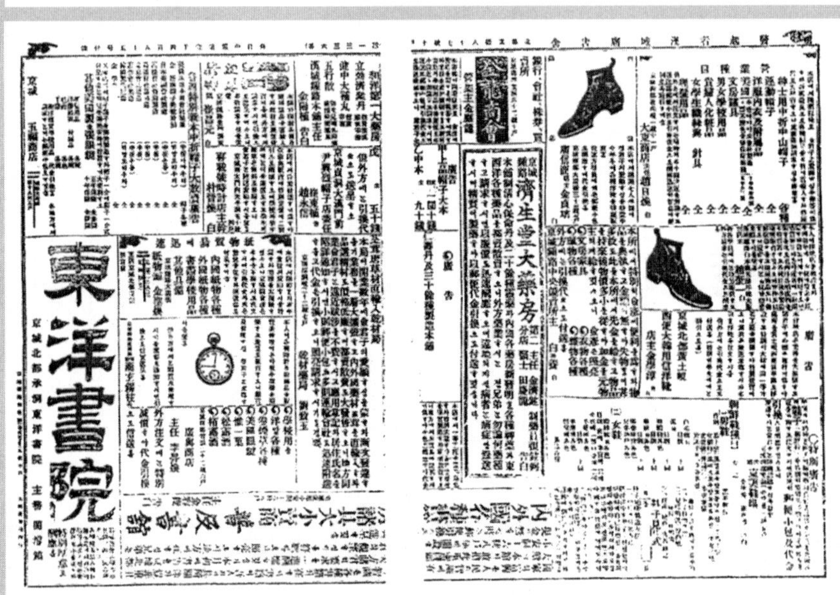

①　① 1910.9.27일자 〈매일신보〉에 게재된 광고 부록 페이지.

②　② 오른쪽 위에 손가락 표시 옆에는 발기 한성광고사(發起 漢城廣告舍)라고 표기되어 있다.

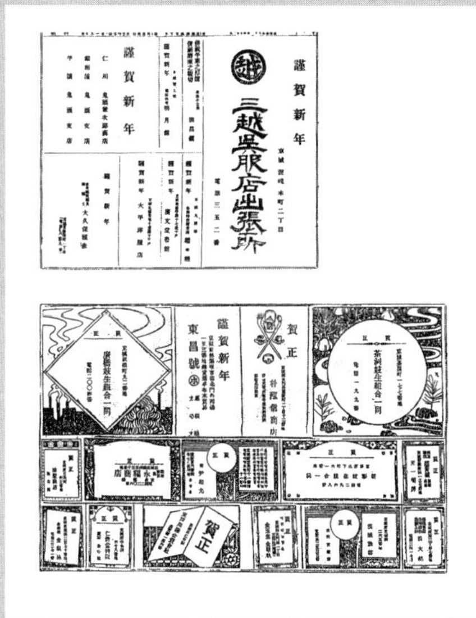

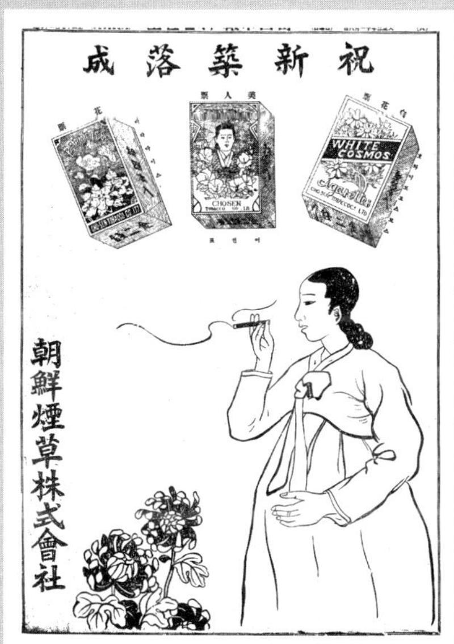

①	②
③	④

① 1911.1.1일자 〈매일신보〉와 1917년 정초의 같은 신문 신년 축하광고에는 현저한 그래픽디자인의 차이가 드러나고 있다. 1917년에는 서울 다동(茶洞)과 광교(廣橋) 기생조합의 광고가 게재되어 있어 사회 변화를 드러내고 있다.

② 〈매일신보〉 1914.10.25. 신축 낙성 기념 전면광고. 판매점 조합이 게재한 광고.

③ 〈매일신보〉 1914.11.8일자에 게재된 조선연초주식회사 전면광고에는 담배를 든 한복 차림 여성의 대담한 그림이 있다.

④ 1914.3.3과 3.4일자 〈매일신보〉에 게재된 동서연초의 티저 광고.

① 1914.6.5일자 〈매일신보〉에 게재된 동아연초의 경품광고.

② 1914.5.21일자 〈매일신보〉에 게재된 동아연초 광고.

③ 1914.4.3일자 〈매일신보〉에 게재된 영미연초(BAT: British American Tobacco) 경품광고는 모두 한글로 썼다.

④ 1914.5.8일자 〈매일신보〉에 게재된 영미연초 경품광고.

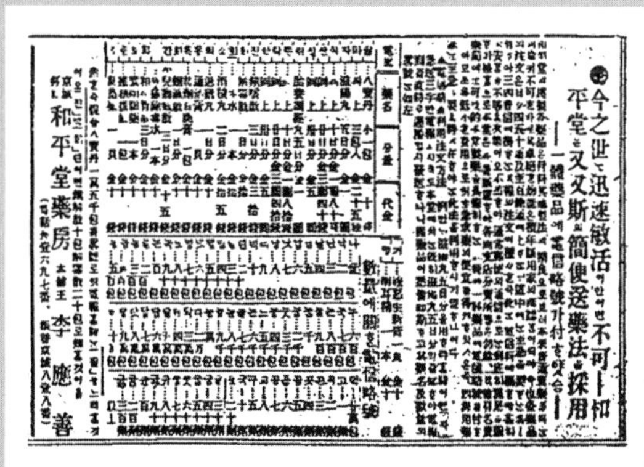

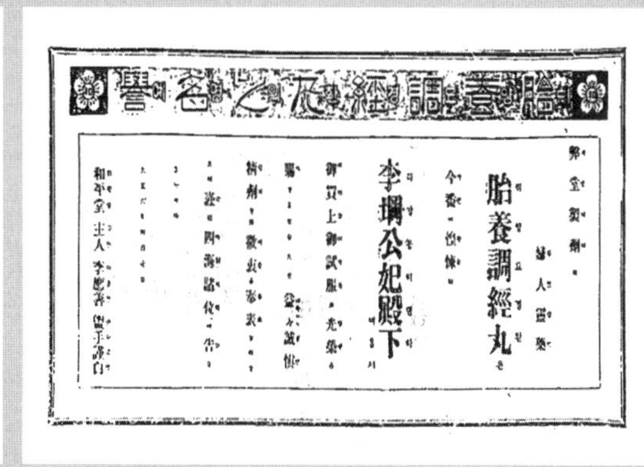

①	②
③	④
⑤	

① 1917.2.24일자 〈매일신보〉에 게재된 화평당의 우편주문 광고.

② 1917.4.7일자 〈매일신보〉에 게재된 왕족 이강공비에게 증정한 태양조경환(胎養調經丸) 광고.

③ 1920.6월 〈매일신보〉에 게재된 미인 이용 클럽 화장품 광고와 미츠와 비누 광고.

④ 일본 맥주 광고. 작은 지면을 이용해서 브랜드를 내세우고 있다. 오른쪽은 사쿠라 맥주.

⑤ 1911.3.5일자 〈매일신보〉에 개제된 인단(仁丹) 간판광고는 유럽 귀족의 모양을 한 로고를 볼 수 있다.

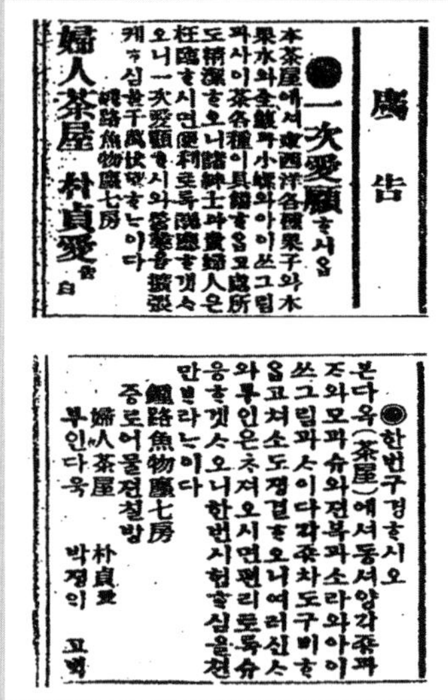

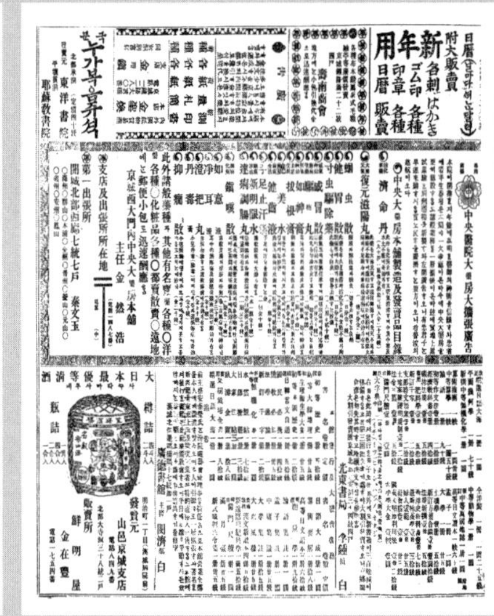

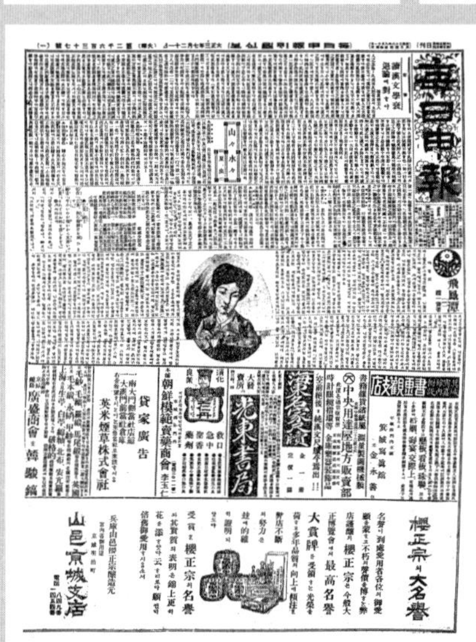

①|②
③|

① 1911.6.10(한글)과 1911.6.20(한문 섞음)일자 〈매일신보〉에 게재된 부인다옥 박정애의 광고. 1910년대 초에 여자가 다방을 경영했다는 놀라운 사실을 보여 준다. 한글뿐인 광고와 한문이 섞인 광고를 이용한 이유는 한문을 모르는 여성을 염두에 뒀기 때문일 것이다.

② 1911.2.17일자 〈매일신보〉에 게재된 일본 정종(正宗) 청주 광고는 그 뒤에 일본술의 대명사처럼 되었다. 이날 광고 중에는 동양서원의 누가복음 주석 책 광고도 있다.

③ 1914.7.21일자 〈매일신보〉에 게재된 사쿠라 정종(櫻正宗) 수상 선전 광고.

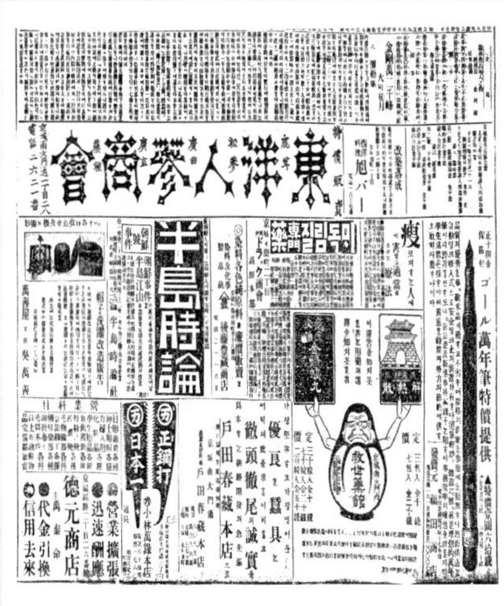

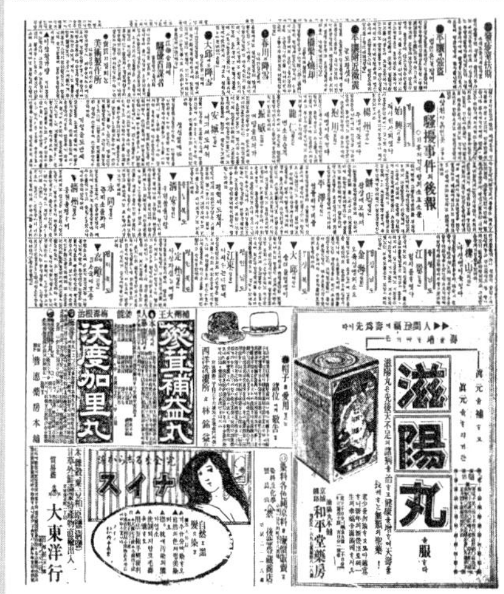

①	②
③	④

① 1919.4.12일자 〈매일신보〉에 게재된 동양인삼상회(東洋人蔘商會)는 독특한 글자체를 사용하고 있다.

② 1919.4.3일자 〈매일신보〉에 게재된 화평당 자양환(滋養丸) 광고에는 패키지 사진이 있다. 3·1독립운동을 "소요사건"(騷擾事件)이라고 해서 보도한 기사에는 시흥, 양주, 포천, 용인 등 지방에서 일어난 사건을 간단히 보도하고 있는데 양주에서는 "두 명이 죽었다", 포천에서는 "세 명이 죽었다"는 기사가 있다.

③ 1916.8.16일자 〈매일신보〉에는 일본 "아지노모도"(味の素) 광고가 전면으로 게재되어 있다. 아지노모도는 광복 후 한국에서 미원(味元), 미풍(味豊)이 되었다.

④ 1916.8.2일자 〈매일신보〉에 게재된 부인용 중장탕(中將湯) 광고가 있다. 신문 1/2페이지를 이용한 일종의 변형광고이며 동시에 상체를 벗은 그림을 대담하게 보여 주고 있다.

輪轉機增設記念

祝輪轉機增設

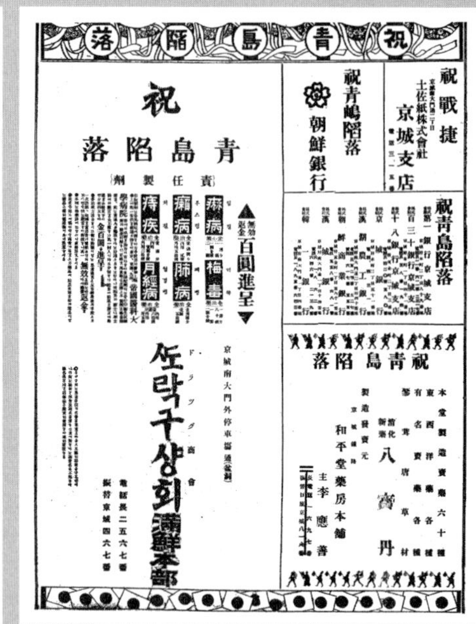

祝青島陥落

祝戰捷

京城支店

祝青嶋陥落

朝鮮銀行

祝

青島陥落

百圓進呈

또락구상회

滿鮮本部

八寶丹

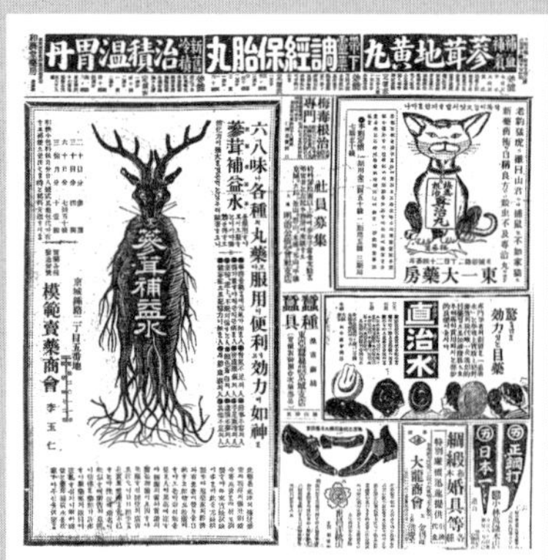

蔘茸地黃丸

參茸補益水

東一大藥房

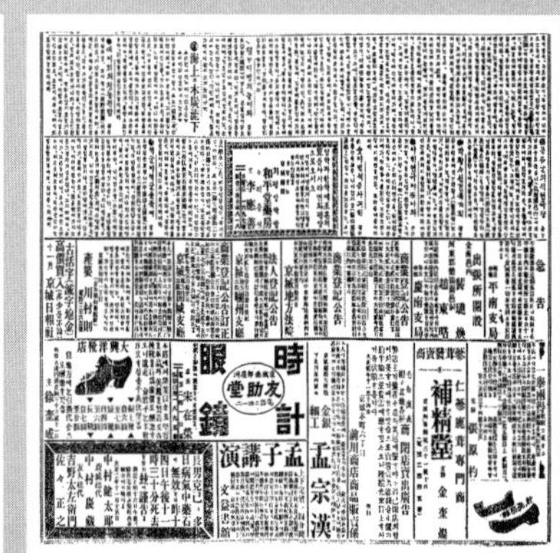

時計

眼鏡

孟子講演

補精堂

大輸送開始

三通商會

鐵北商店

①	②	
③	④	⑤

① 1913.7.19일자 〈매일신보〉는 윤전기를 도입하면서 "윤전기 증설 기념"이란 특집기사를 싣고 그 밑에는 축하광고를 게재했다.

② 1914.9.27일자 〈매일신보〉. 제1차 세계대전 때 독일에 선전포고를 한 일본군이 청도(靑島)를 점령하자 축하광고가 신문에 게재되었다.

③ 1919.3.8일자 〈매일신보〉에 게재된 삼용보익수(蔘茸補益水) 광고는 사슴뿔과 인삼 그림을 일러스트레이션으로 이용하고 있다.

④ 1914.11.16일자 〈매일신보〉에는 화평당(和平堂)의 기사 중 광고가 있다.

⑤ 1914.9.24 제1차 세계대전 개시로 유럽에서 들어오던 화장품 수입이 중단되자 때를 놓치지 않고 일본 화장품 "구락브"(Club)는 재빠르게 이 시기를 이용한 광고를 게재했다. 이날 광고의 헤드라인은 "대수송개시"(大輸送開始)이며, 그 위의 까만 동그라미 안에 클럽 치약, 클럽 백분, 클럽 물분이 표시되어 있다.

5. 그 밖의 일

무단정치 10년 기간에는 뒷날 한국 광고에 영향을 미친 일들이 있었다. 1915년 9월에서 10월에 걸쳐 50일 동안 경복궁에서 개최된 최초의 박람회인 "조선물산공진회"와 축하 신문광고 게재, 광고에 영향을 미치는 조항이 들어 있는 법규 제정, 〈매일신보〉 3000호 기념특집과 축하광고 게재, 제1차 세계대전 시 중국 청도에서 독일군을 물리친 때를 이용한 구라브의 광고캠페인 등이었다.

조선물산공진회(朝鮮物産共進會) 광고와 관련된 일은 아니었으나 1915년 9월 11일부터 50일 동안 경복궁에서 개최된 "조선물산공진회"(朝鮮物産共進會)는 광고에도 많은 영향을 끼쳤을 것이다. 이 대대적인 행사는 그 이름이 드러내듯이 1910년에 일본이 한국을 합병해서 5년 사이에 이룬 업적을 선전하려는 데 목적이 있었으며 한국에서 개최된 최초의 대규모 박람회였다. 그 규모가 대대적이었음은 경복궁 전체를 박람회장으로 사용한 데서도 드러나고 있다.

1915년 9월 3일자 〈매일신보〉에는 회장 조감도가 보도되었고 9월 11일에는 같은 신문에 평면도가 보도되었다. 이 행사를 위해 유일한 국문 일간지이던 〈매일신보〉는 연일 대대적인 보도를 했으며 특집은 물론 부록도 발행했다. 수많은 기업들은 계속해서 이 신문에 축하광고를 게재했다. 조선 총독이 직접 개막을 했음을 물론이었다.

1915년 10월 17일자 〈매일신보〉에 보도된 참관자의 수는 약 116만 4천 명이었는데 주간에 772,745명, 야간에 391,638명이었다. 당연하지만 주간 입장자가 야간보다 많았으나 야간 입장자가 주간의 절반이었다는 것은 놀라운 일이었다. 이 숫자는 예상했던 인원의 3배였다. 조선 총독부 통계자료에 의하면 1914년 조선 인구는 일본인과 기타 외국인을 포함해서 1,593만 명이었으므로 총인구의 7.5%가 참관한 셈이었다.

이 박람회에 참가해서 출품한 기업들을 북돋기 위해 대규모 시상이 이루어졌다. 10월 17일에 〈매일신보〉 호외발표에 의하면 심사한 출품은 25,373점이고 6,965명의 수상자가 있었다. 그 밖에 29명의 공로수상자도 있었다.

조선 총독부가 주최하기는 했으나 한국 최초의 박람회인 이 공진회는 광고, 판촉

측면에서도 대단한 행사였을 것인데 그것은 회장 내외의 건축물을 제외하더라도 회장 입구인 광화문으로 가는 길가의 장식과 특히 당시로서는 휘황찬란했을 회장 야경사진에서도 짐작할 수 있다. 또한 〈매일신보〉에 보도된 가정 박물관(가테이하꾸, '家庭博'라고 일본 가타가나로 썼음)의 탑과 야간의 전등장식에서도 규모를 알 수 있다. 이 보도기사 밑에는 5개의 한국 회사 축하광고가 있다. 〈매일신보〉 1915년 4월 14일자에는 공진회 포스터 사진이 있는데 "성황을 미리 고하며 손님을 부르는 공진회의 광고그림"이라는 캡션이 있다. 아울러 영문으로도 'The Chosen Industrial Exhibition'이라는 카피가 포스터에 들어 있다.

법 규 무단정치 시대에 광고라는 말이 들어간 광고 관련 법규는 없다. 그러나 한 가지 규칙이 있었는데 모두 광고에 해당되는 조항이 들어 있었다. 1912년 3월 총독부령 40호로 제정되어 4월부터 시행에 들어간 "경찰범처벌규칙"(警察犯處罰規則)은 2개 조(條) 87개 항(項)으로 되어 있는데 15, 16항은 다음과 같다.

> 제 15항 신청한 바 없는 광고를 하여 그 대표(代料, 대금을 말함)를 청구하거나 또는 광고의 신청을 구하는 자
> 제 16항 과대 또는 허위의 광고를 하여 부정의 이(利)를 도모하는 자

광고의 강요나 허위광고를 규제하는 조항이다. 이 밖에도 이 규칙에는 신문구독 강요, 인쇄매체를 통한 허위사실 유포 등도 금지하는 조항이 있다. 그런데 과대광고, 특히 약 광고의 과대에 대해서는 느슨했다. 그 이유는 약광고는 으레 과대, 과장이 따른다고 보던 당시 광고관 때문이었다(이러한 상황은 영국, 미국, 일본 할 것 없이 초기 신문광고의 공통점이었다). 이 규칙 67항, 69항에는 타인의 가옥이나 공작물에 전단 같은 것을 무허가로 붙이거나 혹은 부착한 광고물을 함부로 철거하거나 훼손하는 것을 금하고 있다.

따라서 이 법규는 광고에 대한 포괄적 규제라고 볼 수 있다.

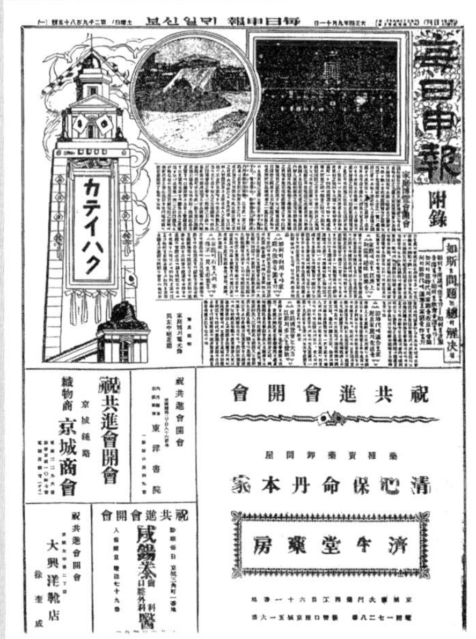

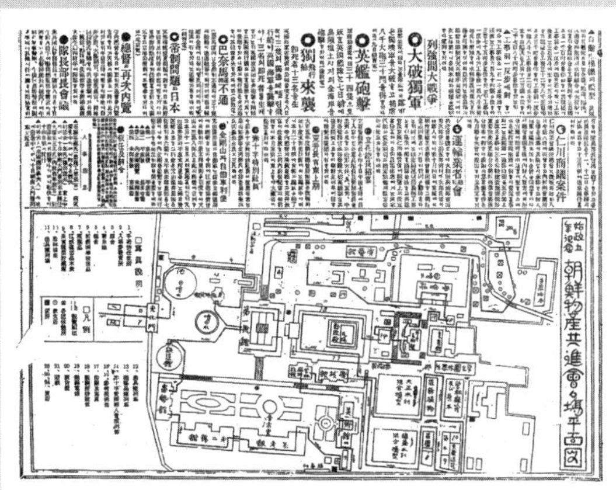

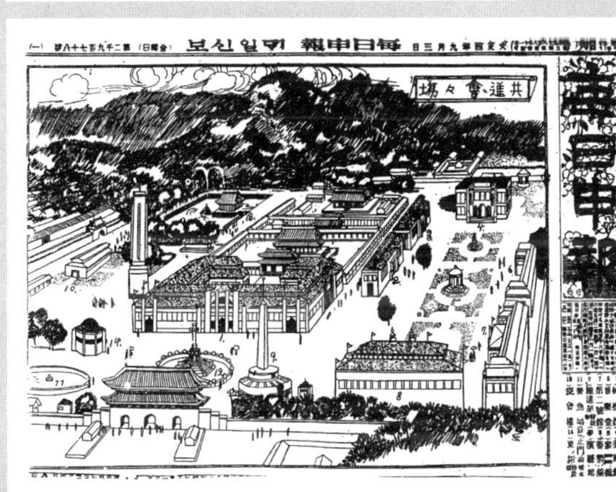

① 1915.4.14일자 〈매일신보〉에 보도된 공진회 포스터 사진.

② 1915.9.11일자 〈매일신보〉 부록에는 가정박람회의 뜻으로 일본 가테이하쿠로 쓴 탑이 있고 밑에는 5개 광고가 있다. 그림 오른쪽에는 야경이 보인다.

③ 1915.9.11일자 〈매일신보〉. 공진회 평면도에는 회장 내 건물에 대한 설명이 있다.

④ 1915.9.3일자 〈매일신보〉. 공진회 회장이라는 제목이 있는 조감도.

開場宣言

大共進會

▲山縣事務總長式辭

號外

始政五年記念朝鮮物產共進會出品物審查發表

審查點數二萬五千三百七十三點

受賞者數六千九百六十五名

外功勞賞者二十九名

審查概評

▲第一部 農業

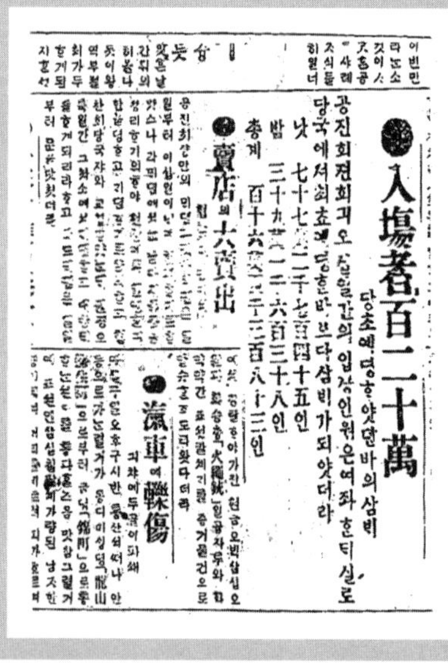

入場者百二十萬

당초에 뎡하얏던바의 삼비

공진회젼회긔간의 입장인원은 여좌히 실로 당국에서 최초에 뎡한바보다 삼비가 되얏더라

낫 七十七萬二千七百四十五인

밤 三十九萬二千六百三十八인

총계 百十六萬五千三百八十三인

賣店의 大賣出

汽車에 轢傷

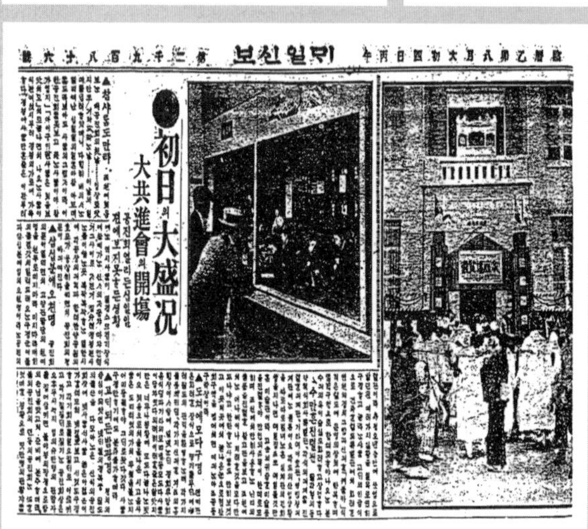

매일신보

初日의 大盛況

大共進會의 開場

매일신보

彩光의 龍宮

初日夜의 大共進會

日曜의 好天氣

第二日의 共進會場

①|②|③

④|⑤

① 1915.9.12일자 〈매일신보〉. 개회선언(開會宣言)이라는 기사 밑에는 장식이 달린 광화문과 광화문에 이르는 도로변에 있는 장식이 보인다.

② 1915.10.17일자 〈매일신보〉 호외에는 심사발표(審査發表)가 있다.

③ 1915.10.21일자 〈매일신보〉에 보도된 입장자 수. 120만이라는 기사에는 낮과 밤의 입장자 수를 발표했다.

④ 1915.9.12일자 〈매일신보〉에는 두 개의 사진과 함께 "초일의 대성황"(初日의 大盛況)이라는 기사가 있다.

⑤ 1915.9.13일자 〈매일신보〉에는 3개의 야경 사진(석탑, 광화문, 가정박물관 건물)이 있다.
그 밑에는 "채광의 용궁"(彩光의 龍宮)이라는 큰 제목의 기사가 있다.

매일신보 3000호 기념특집 1916년 3월 5일 〈매일신보〉는 3000호 발행 기념특집을 발행했다. 이 특집사설은 "광고의 이용"이었다. 이 사설 가운데는 다음과 같은 대목이 있다.

> 제군이 광고를 이용함은 가령 증기기관에서 그 발동력의 원인된 증기를 축적함과 동하니(같으니) 일차 차를(이를) 축적하였거든 제군은 차를 발동케 하기 위하여 그 운전기를 좌우지하면 족한지라…

이것은 1899년 6월 2일자 〈독립신문〉에 게재된 광고의 역할을 해설하고 장려하는 글과 비슷한 것으로서 흥미 있는 기사다. 그리고 같은 날짜 신문에는 한국인 사업가들의 광고에 대한 견해를 면담 형식으로 다루었는데 약품, 구두, 시계 상점들의 주인의 말로서 "신문과 상인의 관계"라는 제목의 글이었다.

매일신보 윤전기 증설 1913년 7월 15일자 〈매일신보〉는 "윤전기 증설 기념" 특집을 발행했다. 이 윤전기는 선박에 실려 들어온 외제라는 뜻의 박래품(舶來品)으로서, 수만 매를 삽시간에 인쇄해낸다는 "기적적인 기계"였다. 당시로서는 놀라운 일로서, "윤전기 증설"이라는 제목의 글의 마지막 부분에 "13도 전지(全地, 한국 모든 곳) 2천만 생령(生靈)에게 축하며 하(賀)치 아니하리오"라는 말로 끝맺고 있다. 유일한 국문 일간신문으로 조선 총독부 기관지라는 것을 고려하면, 총독부의 선전도구 구실을 하는데 더 없는 도움이 되었을 것이다.

윤전기 사진까지를 실은 〈매일신보〉 기사 밑에는 여러 축하광고가 있었고 그 뒤 며칠 동안 축하광고는 계속 게재되었다.

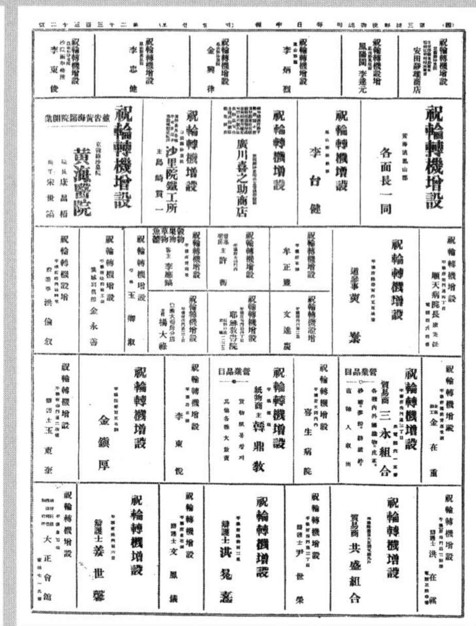

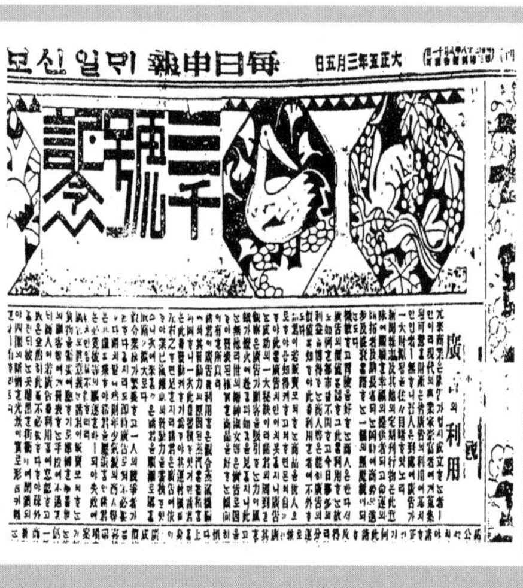

①	②
③	④

① 1916.3.5일자 〈매일신보〉 3000호 "신문과 상인의 관계" 기사에는 한국 상인들의 기고가 있다.

② 1913.7.19일자 〈매일신보〉 4면은 전면이 윤전기 증설 축하광고이다.

③ 1916.3.5일자 〈매일신보〉 3000호 기념 기사의 사설 제목은 "광고의 이용"이다.

④ 1913.7.23일자 〈매일신보〉에도 윤전기 증설 축하광고가 계속되고 있다.

전쟁과 광고 1914년 제1차 세계대전이 일어나고 일본은 연합군 편에서 독일에 대항하여 싸우게 되었다. 독일은 중국 청도에 진출해 있었다. 같은 해 9월 말에는 일본군이 청도에서 독일군을 물리쳤다. 이 기회를 놓치지 않고 일본의 치약, 화장품 메이커인 구라브(클럽, Club)는 대대적인 광고전을 펼쳤다. "전쟁은 일본군이 가장 강하다. 치약은 구라브가 가장 좋다"는 헤드라인에 일본 해군 깃발을 그린 광고, 또한 "연합군대첩"(聯合軍大捷)이라는 헤드라인 광고에는 까만 동그라미에 "구라브 치약, 구라브 백분, 구라브 세면분" 광고를 게재했다.

전쟁과 관련된 광고가 한국에서 발행되는 신문에 게재되는 첫 사례였을 것이다. 이렇게 해서 유럽 전체가 전쟁에 휩싸여 유럽 여러 나라가 아시아 시장을 돌볼 겨를이 없어진 기간에 일본제품의 중국, 동남아 지역 진출이 시작되었다.

① | ②

① 1914.9. 27일자 〈매일신보〉에 게재된 구라브 광고 헤드라인은 "연합군 대첩"이다.
② 1914년 9월 말 〈매일신보〉에 게재된 구라브 광고에는 "전쟁은 일본군이 가장 강하다 …"는 헤드라인과 일본 해군 깃발이 있다.

※ 각주

1) 조선 총독부 통계연보 1914년. 〈공장〉. 168, 169쪽.
2) 조선 총독부 통계연보 1917년. 〈무역〉 항에서 발췌.
3) 덴츠 100년사(電通100年史) 2001년 자료 편. 83쪽에 의하면 1909년에 《신문명감》(新聞名鑑)을 발행했고 1910년에는 이름을 《신문총람》(新聞總覽)으로 바꾸었다.
4) 조선 총독부 통계연보 1914년(대정, 大正 3년). 〈교육〉 727쪽 신문급(及) 잡지〔구분〕.

제 4 장

광고성장 및 쇠퇴기

1920~1945

1. 개 관

최호진의 《한국경제사》에 의하면 통감부(統監府) 정치가 시작되어 1918년 토지조사 사업이 완결된 시기가 일제하 한국 경제의 제1단계이고, 제1차 세계대전이 끝난 다음 해인 1919년에서 만주사변이 발발하는 1931년까지가 제2단계로서, 식민지 수탈이 본격화된 시기이다. 그 이후 1945년까지를 제3기로 구분하고 있는데 이 시기는 1929년에 시작된 세계경제공황의 여파 및 전쟁의 부담을 식민지에 전가시키기 위해 수탈을 강화한 단계로 보고 있다. 1921, 1930 및 1936년의 산업별 생산액은 〈표 4-1〉과 같다.

〈표 4-1〉 산업별 생산액

단위: 1, 000원, 괄호 안은 %

연 도	농산물	공산물	광산물	임산물	수산물	합 계
1921	957,138 (73.6)	200,535 (15.4)	15,537 (1.2)	56,905 (4.3)	71,360 (5.5)	1,301,484 (100)
1930	724,227 (61.6)	280,963 (23.9)	24,654 (2.1)	63,360 (5.4)	82,882 (7.0)	1,176,086 (100)
1936	1,203,911 (51.7)	728,683 (31.3)	110,429 (4.8)	110,429 (4.8)	164,003 (7.1)	2,325,091 (100)

〈표 4-2〉 1930년대 공업발전 상황

금액: 1,000원

	공장 수	종업원 수	생산액
1936년	5,927	188,250	730,806
1939년	6,952	270,139	1,498,277
1943년	14,856	549,751	2,050,000

〈표 4-3〉 신문, 통신, 잡지 상황, 1929 · 1934 · 1939

	한국인 경영		일본인 경영	
연도	일간	기타간	일간	기타간
1929	5	5	32	18
1934	5	10	33	20
1939	3	10	31	28

자료: 정진석(1983). 《한국언론사연구》. 서울: 일조각. 127쪽.

〈표 4-1〉에 나타나듯이 1921~1936년의 15년 동안에 농산물은 약 26%, 임산물은 107%, 수산물은 130%가 성장한 데 비해 공산물과 광산물은 각각 263%, 610%라는 놀라운 성장을 나타냈다. 반면, 산업별 비중으로는 농산물이 1921년의 73.6%에서 51.7%로 하락했으며, 공산물은 2배 이상으로 상승했다. 이러한 추세는 그 뒤에도 계속되었는데 1936, 1939 및 1943년의 공업발전상황을 보면 그러한 것이 나타난다(〈표 4-2〉). 따라서 1936년에서 1943년에 이르는 7년 동안에 공업생산은 금액 기준으로 약 3배 정도 증가했다.

1931~1937년 기간의 공업생산액의 내용을 업종별로 보면 〈표 4-4〉와 같다. 이 기간에 공업생산액은 3.5배 증가했으며 이러한 공업 성장은 국내에서 발행하던 국문신문 〈동아일보〉, 〈조선일보〉 및 〈매일신보〉의 국내 광고량과 면수 증가에도 나타나게 되었다.

〈표 4-5〉에도 나타나듯이 1931~1939년 기간에 3개의 국문신문의 경우만 보아도 총 광고 게재량은 행수 기준으로 2~3배로 증가했다. 자료가 남아 있는 〈동아일보〉 수익구성 추이표에 의하면, 제 9기 결산기(1930. 9. 30)의 광고수입은 10만 7,476원(圓)이었으나 제 17기(1938. 9. 30)에는 27만 9,514원으로 늘어났다. 1930년대는 광고의 전성기였다. 다만, 1941년 태평양 전쟁의 발발과 더불어 신문은 면수, 광고량 모두 줄어들어 1943년에는 〈경성일보〉가 조석간 6면, 〈每日新報〉(〈每日申報〉를 개칭)도 역시 6면으로 줄게 된다. 물론 1940년에는 〈동아일보〉, 〈조선일보〉가 이미 강제 폐간을 당하게 된다. 1929~1939년에 이르는 기간의 신문, 통신, 잡지의 간별 상황은 〈표 4-3〉과 같다.

〈표 4-3〉에 포함된 것은 이른바 신문지법에 의해 발행하는 정기간행물로서, 사전

에 원고검열을 받지 않아도 되었다. 출판법에 의한 정기간행물은 이에 반해 사전에 원고검열을 받고 출판하는 것이었다. 출판법에 의한 잡지간행물은 상당수에 이르렀다. 그런데 이 두 가지 법에 따라 간행된 잡지에 관해 김근수의 《한국잡지사》를 보면 1920~1929년 기간에 창간된 잡지의 수는 168개이며 1930~1936년 기간에 창간된 잡지의 수는 153개이다.

〈표 4-4〉 공업생산액의 내용

금액: 1,000원

	1931년	1933년	1935년	1937년	대 비
총액	275,151	384,822	643,987	967,364	352
방직	24,439	38,731	71,164	122,742	502
금속	16,170	29,238	21,338	42,283	261
기계기구	2,309	3,010	6,619	10,504	455
요업	7,291	8,730	14,997	21,253	291
화학	31,913	51,992	117,983	267,178	837
제재 · 목재	6,381	9,951	14,393	26,334	413
인쇄 · 제본	8,381	9,549	12,169	15,529	185
식료품	156,480	201,330	325,727	393,490	250
가스 · 전기	16,129	10,987	39,803	40,076	248
기타	4,221	5,114	10,162	12,779	303
가공임 · 수리	1,500	16,190	8,632	12,186	812

자료 : 최호진. 《한국경제사》. 292쪽에서 재구성.
주: * 1931=100

〈표 4-5〉 일간신문 1일 발행 면수 및 광고량

광고량 단위: 행

	1931		1939		대비: %
신문	발행면수	광고량(한국내)	발행면수	광고량(한국내)	광고량(한국내)
조선일보	8	990,056(416,084)	12	3,443,805(1,262,649)	+247(+203)
동아일보	8	881,668(329,646)	12	2,399,694(752,482)	+172(+138)
매일신보	4	1,270,321(535,333)	12	2,260,057(1,014,461)	+78(+89)
경성일보	12	3,001,643(864,393)	14	4,437,487(1,003,011)*	+48(+16)

자료: 일본전보통신사. 〈신문총람〉 1932 및 1940.
*표는 1938년분임.

물론 이 가운데는 정규적인 광고매체로 이용된 것도 있고, 오늘날의 사보에 해당하는 것도 많았다. 여하튼 1920~1929년 기간에 창간된 168개지 가운데서 12호 이상을 발행한 것은 불과 36개였으며, 1930~1936년 기간의 153개지 가운데서는 30개만이 12호 이상을 발행했으므로 광고매체로서 잡지의 위치는 불안정한 것이었다. 예외가 있었다면 〈신동아〉, 〈조광〉처럼 〈동아일보〉, 〈조선일보〉 같은 신문사에서 발행하는 잡지로서, 〈조광〉 1938년 6월호에는 33건의 광고가 게재되었다. 그러나 370면에 이르는 총 발행 면수에 비하면 10%에도 미달하는 것이었다.

1930년대에 들어서서 신문이 하루 조석간 8면에서 10면, 또는 12면으로 늘어날 무렵에는 전면광고도 많이 나타날 만큼 광고량은 증가했다. 아울러 광고기법, 표현 등도 눈부신 발전이 있었다. 광고에 대한 연구도 상당했는데, 광복 전에 가장 영향을 끼쳤으리라고 생각되는 〈조선일보〉 연재 "광고에 대한 일반상식 해설"은 1932년 2~5월 사이에 14회에 걸쳐 게재되었다.

일본 경찰 조사자료에 의하면 1937년의 한국 내 한국어, 일본어신문의 총 발행부수는 약 48만 4천 부였는데, 이때의 〈조선일보〉는 59,394부를 발행하고 있었다. 이 광고 해설기사가 게재된 것은 1932년이었으므로 이보다 부수는 약간 적었겠으나, 14회에 걸친 이 해설기사의 영향은 컸으리라 짐작된다. 이밖에도 〈조선일보〉는 1937년 5월에 광고강좌를 주최했고 그 내용을 연재했다. 또한 〈동아일보〉는 1938년에 전국 상업학교 학생 상대로 광고 콘테스트를 주최했고 "매출을 증진하는 광고 쓰는 방법"이라는 기사를 연재하기도 했다. 당시의 연희전문학교 상과에는 강의과목으로 광고가 있었다. 그 밖에도 신문과 광고에 관련된 잡지기사도 많았다. 그러나 1940년 이후 광고는 쇠퇴하게 된다.

이 시기 가장 주요한 매체이던 신문광고에 관한 자료는 일본전보통신사(日本電報通信社)가 발행한 신문총람(新聞總覽)에 포함된 각 신문의 월별, 업종별 광고량이 있다. 이 자료에는 광고주의 지역별 구분을 현내(縣內, 현은 일본의 행정 단위로서 한국의 도에 해당한다. 따라서 현내는 한국 내의 뜻), 도쿄(東京), 오사카(大阪)의 3개 지역으로 나누었다. 그러나 광고주별 광고량 관련 자료는 없다.

시대에 따라 새로 나오는 제품이 있어서 광고주도 달라지는 것은 사실이나 신문총람에 나오는 〈동아일보〉의 1923년과 1938년의 업종별 광고량을 보면 약품이 약 30%에서 50%로 증가하고, 그 다음으로 화장품은 약 9%에서 13%로 늘었다. 조사를 한 것은 아니지만, 자주 신문에 광고를 게재한 한국 광고주 가운데는 조선매약(朝鮮賣藥)의 영신환(靈神丸), 화평당(和平堂)의 태양조경환(胎養調經丸), 평화당(平和堂)의 백보환(百補丸), 그리고 고약의 대명사처럼 된 조고약(趙膏藥, '됴고약'이라고도 썼음) 등이 있다. 유한양행은 꾸준한 대광고주인데, 1927년 12월에 개업한 이후에 등장한다. 그 밖에 한국 광고주로 자주 신문에 광고한 기업으로는 백화점인 화신(和信)과 경성방직(京城紡織)이 있었다. 또한 업종상 지속적인 광고가 필요하던 극장 중에는 단성사(團成社)가 있었다.

이미 1920년대 중반에 이르면 일본 제품 광고량이 한국 제품 광고량을 능가하게 되었다. 그 결과 조미료의 대명사이던 아지노모도〔味の素〕, 모리나가〔森永〕 캐러멜, 라이온 치약, 레또 화장품, 클럽 화장품, 시세이도〔資生堂〕 화장품, 아까다마〔赤玉〕 포트와인, 인단(仁丹), 와카모도 어린이 영양제 등 많은 광고가 신문 지면에 나타났다. 1920년대 후반 미국 포드와 제너럴모터즈가 일본에 공장을 세운 뒤에는 한국에서도 대대적인 자동차 판매광고와 판촉전을 벌였다.

〈동아일보〉 수익 구성에 의하면 1930년 9월 30일 제9기(이 무렵 〈동아일보〉의 결산은 10월에서 이듬해 9월 말까지임)의 광고수입은 10만 7,476원(圓)이었으나 1937년 9월 30일 제17기에는 27만 9,514원으로 늘어났다. 즉 8년 사이에 광고수입이 2.6배나 증가했다. 1930년대는 광고의 전성기였다. 다만 1941년 태평양 전쟁의 발발과 더불어 신문은 발행 면수, 광고량 모두가 급격히 줄어들어 1943년에는 조선총독부 일본어 기관지인 〈경성일보〉(京城日報)와 조선어 기관지인 〈매일신보〉(每日申報를 每日新報로 고침)도 조석간 6면으로 반감하기에 이르렀다. 한편 신문통폐합 방침에 따라 〈조선일보〉와 〈동아일보〉는 이미 1940년 8월 10일 강제 폐간되었다. 그 결과 〈매일신보〉만이 조선어 일간신문으로 남게 되어 1910년에 시작된 무단정치 시대로 역행하게 되었다. 1945년 일본의 패전과 한국 광복의 해에는 모든 신문이 타블로이드 2면으로 줄어들었다. 광고의 운명도 비슷했다.

2. 매 체

1919년의 3·1운동과 한일합병 후 10년간의 무단정치의 종료, 그리고 문화정치로의 전환에 따라 1920년 봄에는 〈조선일보〉와 〈동아일보〉가 창간되었다. 1924년 3월에는 최남선(崔南善)이 사장인 〈시대일보〉(時代日報)가 창간되었으나 곧 재정난으로 경영진이 바뀌고 제호가 〈중외일보〉(中外日報)로 변경되었다가 1931년에는 〈중앙일보〉로 변경되고 또 다시 〈조선중앙일보〉로 바뀌었다. 그리고 1936년에는 완전히 폐간되었다. 지방신문으로 〈경남일보〉가 있었으나 미미했다. 따라서 1920~1940년의 20년 기간 실질적으로 가장 중요한 광고매체는 〈조선일보〉와 〈동아일보〉였다. 반면 재정이 넉넉한 일본어신문의 수는 30개가 넘게 발행되었다.

〈동아일보〉 창간호인 1920년 4월 1일자 신문은 8면인데 그 3면에는 신문지 구독료와 함께 광고료를 게재했다(아래 그림 참조). 48명의 사원 가운데 사진부와 광고부에 일본인 촉탁이 1명씩 있는 것으로 미루어 보아 이 부문에 대해서는 일본인의 전문 지식을 빌려야 했던 듯하다.

1920년 창간 때에 하루 4면 발행으로 시작한 〈동아일보〉와 〈조선일보〉는 1930년대 초에 이르자 하루 8면으로 증면했고 다시 1930년대 후반에는 12면을 조석간으로 발행할 만큼 광고가 늘었다. 같은 상황은 일본어신문인 〈경성일보〉와 조선어 신문인 〈매일신보〉의 경우도 마찬가지였다.

이 4대 신문의 광고량 대비를 보면 〈조선일보〉와 〈동아일보〉의 증가량이 두드러졌는데 한국 내 광고 성장은 전체 광고량 증가보다 낮아서 일본에서 들어오는 광고 성장이 높았음을 나타내고 있다.

조선 · 동아일보의 창간과 신문광고

1920년에 창간한 〈조선일보〉와 〈동아일보〉의 광고제도는 일본신문의 제도와 거의 같았는데 다른 것이라고는 광고요금이었다.

신문의 체재는 1면이 아래 위로 12단이고 1행(行)은 그 당시의 5호 활자로 14자였으며 신문 제호(題號) 밑에 나와 있는 1행당 광고료는 1원(圓)이었다. 신문 1면의 크기는 지금 우리나라 일간신문과 거의 같았다. 그런데 1행이란 실제 인쇄된 행(줄)과는 달랐는데 신문에 따라 행수(行數)를 계산하는 자가 있었다(일본 광고회사 전보통신사(電報通信社)가 매년 발행하던 《신문총람》(新聞總覽) 1926년판에 의하면 〈동아일보〉의 1단 행수는 128행이었다).

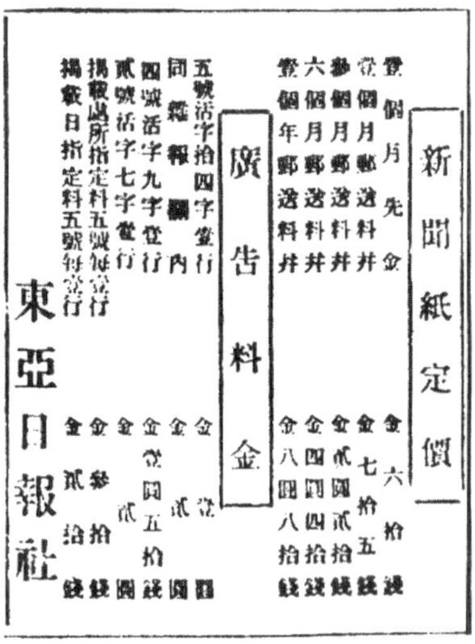
新聞紙定價
壹個月先金 六拾錢
壹個月郵送料幷 金七拾五錢
參個月郵送料幷 金貳圓貳拾錢
六個月郵送料幷 金四圓四拾錢
壹個年郵送料幷 金八圓八拾錢
廣告料金
五號活字拾四字壹行 金壹圓
同 [illegible]報欄內 金貳圓
四號活字九字壹行 金壹圓五拾錢
貳號活字七字壹行 金貳圓
揭載場所指定料五號每壹行 金參拾錢
揭載日指定料五號每壹行 金貳拾錢
東亞日報社

〈동아일보〉 창간호에 발표된 광고요금.

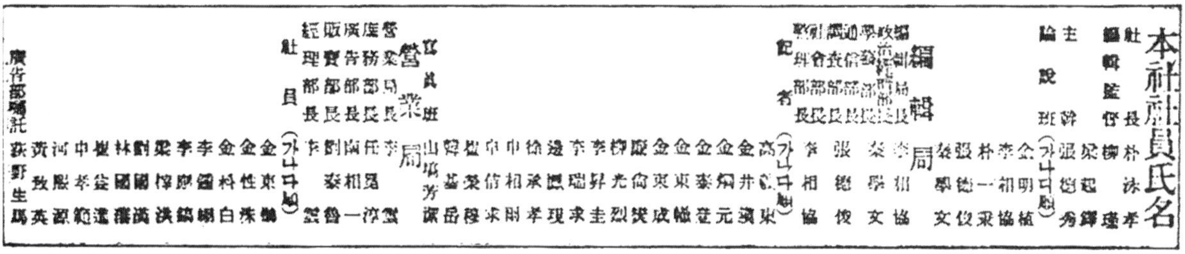
本社社員氏名

〈동아일보〉 1920.4.1. 창간호에 실린 사원명단. 사진 및 광고부에 일본인 이름이 있다.

1920년 4월 14일부터는 〈동아일보〉의 제호 밑에 구독료와 함께 광고료가 매일 게재되었다. 신문의 면체재, 광고요금을 신문제호 밑에 표시한 일, 그리고 단일 광고요금 제도를 쓴 것 따위는 〈조선일보〉의 경우도 다를 바 없었다. 신문광고료는 발표된 대로 지켜지지는 않았다.

이와 관련해서 김을한은 《한국신문사화》에서 다음과 같이 쓰고 있다.[1)]

> 해방 전의 한국신문은 그 옛날 〈독립신문〉이나 〈대한매일신보〉는 말할 것도 없고, 1919년 3·1 독립운동 이후에 탄생한 〈동아일보〉, 〈조선일보〉에 이르기까지 모든 신문이 이른바 상업 베이스의 신문이 아니라 민족의 독립과 자유를 위한다는 숭고한 목적에서 발행된 것인 만큼 신문의 경영에 대해서는 전혀 관심이 없었고 또 무지하였다. 마차나 자전거의 두 바퀴 모양으로 신문사를 경영하자면, 편집과 영업의 두 기관이 있어야 하고 영업에는 무엇보다도 광고가 필요한데, 우리나라 신문은 처음부터 광고에는 그다지 관심이 없는 것 같았다. …
>
> 더구나 신문의 경영자나 신문기자마저 이른바 '사회의 목탁'과 '무관(無冠)의 제왕(帝王)'을 자처하여, 좋은 논설과 좋은 기사를 쓰는 데는 열심이었지만 신문 경영에 관해서는 별로 신경을 쓰지 않았으니, 가뜩이나 판매부수와 광고가 적어서 경영이 곤란한 신문사가 더욱더 해나가기가 어려워질 것은 오히려 당연한 일이라고 할 것이다. …
>
> 덴츠(電通, 전보통신사)는 일본의 대표적 광고 대리업체로, 처음 서울(그때는 경성)에 와 있던 지국을 통해서 하나 둘씩 조그만 광고를 한국신문에 내기 시작했는데 그 광고료는 말할 수 없이 서렴한 것이었다. 보통 5호 1행에 30전(그때 돈으로)은 받아야 할 것을 오랫동안 20전밖에 주지를 않았으니 광고 중개업자로는 그 마진(중간이익)을 너무 많이 먹은 것이었다. 그러나 초창기의 한국신문은 4면에 불과한 지면도, 이는 때는 기사가 모자라서 쩔쩔매던 때였으므로, 크고 자고 간에 그저 광고의 지형(紙型)만 주는 것이 고마워서 광고료야 많든 적든, 그것을 따질 겨를도 없이 기꺼이 일본 광고를 내어 왔던 것이다.

〈표 4-6〉 광복 전 〈동아일보〉 광고량

단위: 행

〈동아일보〉				
연 도	국 내(%)	동 경(%)	대 판(%)	계
1923	419,634(63.9)	139,961(21.3)	97,253(14.8)	656,848
1924	326,117(51.2)	261,188(41.0)	50,177(7.8)	637,482
1925	302,672(40.3)	300,265(39.9)	149,028(19.8)	751,965
1926	325,593(44.8)	242,160(33.3)	159,107(21.9)	726,860*
1927	453,976(47.9)	278,930(29.5)	213,904(22.6)	946,810
1928	352,202(35.9)	327,685(33.4)	300,119(30.6)	980,006
1929	415,558(38.9)	322,651(30.2)	330,281(30.9)	1,068,490
1930	299,034(44.4)	189,649(28.1)	185,252(27.5)	673,935**
1931	319,646(36.2)	318,752(36.2)	243,270(27.6)	881,668
1932	452,292(43.4)	346,091(33.2)	244,691(23.4)	1,043,074
1933	533,647(42.0)	412,297(32.4)	325,156(25.6)	1,271,100
1934	564,479(33.2)	704,993(41.5)	431,007(25.3)	1,700,479
1935	752,668(36.9)	786,577(38.5)	502,779(24.6)	2,042,024
1936	694,817(41.1)	616,093(36.4)	379,522(22.5)	1,690,432***
1937	380,694(49.3)	212,566(27.5)	179,216(23.2)	772,476***
1938	841,088(38.4)	816,477(37.3)	533,546(24.3)	2,191,111
1939	752,482(31.4)	978,419(40.8)	668,793(27.9)	2,399,694
1940	501,584(35.4)	526,263(37.1)	388,857(27.4)	1,416,704****

자료: 일본 전보통신사. 〈신문총람〉. 이 연감에 의하면 당시 일본의 식민지였던 한국 국내광고는 '현내'(縣内)라는 구분으로 되어 있는데 이것은 일본의 행정구분에 따른 표현이다. 자료가 표시되어 있는 페이지는 다음과 같다. 단당(段當) 행수 계산 기준은 여러 차례의 변동이 있었다.

주: * 제2차 무기정간(1926.3.6~4.21)으로 인한 광고 감소.
** 제3차 무기정간(1930.4.16~9.1)으로 인한 광고 감소.
*** 손기정 선수 베를린 올림픽 마라톤 우승과 관련한 일장기 말소사건으로 1936.8.29~1937.6.1 기간. 제4차 무기정간으로 인한 광고 감소.
**** 1940.8.10 강제 폐간됨.

연 도	동아일보(쪽)	조선일보(쪽)	연 도	동아일보(쪽)	조선일보(쪽)
1923	91	–	1932	172	173
1924	115	–	1933	172	173
1925	151	–	1934	172	173
1926	200	201	1935	169	170
1927	186	187	1936	169	170
1928	190	191	1937	162	163
1929	182	183	1938	164	165
1930	178	179	1939	163	164
1931	178	179	1940	144	145

하몽(何夢) 이상협 씨는 일찍이 〈매일신보〉에 있다가 3·1운동 후 김성수 씨와 더불어 〈동아일보〉를 창간하고 〈조선일보〉를 중흥시킨 후 〈중외일보〉까지 창간하여 우리나라 신문계에 불멸의 공적을 남겼는바, 그는 또 신문기자로서뿐만 아니라 신문에 관한 일은 무엇이든 가장 잘 아는 이로도 유명하였다. 따라서 한국신문에 나는 일본 광고의 요금이 너무나 싼 것을 발견한 그는 즉시 동경으로 가서 직접 덴츠 사장을 만나서 담판하는 한편, 광고주들을 일일이 찾아다니면서 교섭한 결과, 그들도 지금까지의 광고료가 너무나 저렴했던 것을 인정하고 조금씩 그 요금을 올려 주게 되었다. 그리하여 1928년경에는 5호 1행에 1원씩을 받게 되었으며, 이 때문에 〈동아〉의 송진우 사장도 1년에 한 번씩은 동경으로 가서 광고료를 올리는 데 전력을 경주하였던 것이다.

광고를 얻기 위한 이 당시의 상황은 최준의 《한국신문사》 18장의 "동경 의존의 광고"에도 반영되어 있다.[2)]

광고수입은 신문경영에서 신문판매대와 아울러 2대 주초적(柱礎的)인 재원이다. 따라서 광고면 수입의 다과는 직접 그 신문의 경영 발전에 커다란 위치를 차지하였다. 그러나 일제 정책 아래 우리 겨레는 독자적인 온갖 산업이 극도로 거부를 받아 생산 없는 소비만을 강요당하여 식민지적 특수성을 여지없이 감수치 않을 수 없었다. 그러므로 한민족에게 있어서 별반 커다란 광고가 있을 리가 없었다. 그렇다고 신문구독료만 가지고 속수무책한 경영만을 할 수도 없었음은 두말할 것도 없다. 이리하여 일본의 생산광고주와 직접 연결하여 광고수입 증수의 길을 이상협이 한 번 터놓은 이후로는 민간각지(各紙)는 오로지 광고 모집을 위주로 한 지국을 동경·대판 등지에 설치하여 광고주 탐방에 열중케 되었다. 그리하여 서로 경쟁적으로 얻어 들인 광고가 지상에 나타날 때에는 대개 레토크림, 구라브 치마(齒磨), 봉조(鳳鳥) 메루, 골드·메루 류의 화장품이 아니면 리베루·아이후·중장탕(中將湯)·와세돈구(球)·인단 등 약품의 거대한 지형의 광고를 동경 일문지(日文紙)에 비하면 실로 헐값으로 맡아다가 게재함으로써 그나마 지면을 채우고 또한 신문경영의 한 모퉁이를 충당하였다.

전기와 같은 동경·대판 등지의 광고가 민간지뿐 아니라 한국 내에서 발행되는 일본지를 합하여 모두 같은 운명에 처하여 있던 것으로 전광고의 7할을 동경·대판 등지의 광고에 의존하였다. 그 후 각사에서는 광고 증모를 꾀하는 방법으로 일본의 광고주들을 한국에 초빙하여 금강산 등의 명승지 안내를 비롯하여 여러 가지 방법으로 고객의 환심을 끄는 데 분망할 지경이었다. …

광복 전 한국에서 발행되던 국문, 일문지의 광고량을 기록한 자료는 그 당시 일본 최대의 광고대행사였던 덴츠가 발행한 《신문총람》에 자세히 나와 있는데 동경, 대판 국내로 구분된 광고량(행수)의 일부를 보면 〈표 4-7〉에서 〈표 4-12〉와 같다.

초기 자료가 갖추어진 〈동아일보〉 광고에 대한 내용을 살펴보면 동경과 대판에서 들어오던 광고량은 늘어나고, 반대로 국내광고는 줄어드는 것을 알 수 있다. 예외가 없는 것은 아니나 표에서도 나타나듯이 1923년 이후 일본 광고는 줄곧 늘어났음을 알 수 있다. 같은 자료를 통해 1923년과 1938년의 2개년 간 〈동아일보〉에 게재된 광고를 업종별로 보면 〈표 4-8〉과 같다.

1923년에서 1938년에 이르는 기간에 광고업종별 구분기준에도 변동이 있은 것은 사실이나, 가장 증가한 업종은 약품이었음이 나타난다.

〈표 4-7〉 〈동아일보〉 연도별 광고량

연 도	일본광고의 비율(%)	국내광고의 비율(%)
1923	36.1	63.9
1925	59.7	40.3
1931	63.8	36.2
1933	58.0	42.0
1934	66.8	33.2
1937	50.7	49.3
1938	61.6	38.4

〈표 4-8〉 〈동아일보〉 업종별 광고량

업 종	1923년(%)	업 종	1938년(%)
매 약	30.2	약 품	50.2
화장품	9.4	화장품	12.6
도 서	9.7	도 서	4.3
직 물	0.3	복장품	1.7
식료품	0.3	식료품	5.9
잡 품	24.2	잡 품	3.4
잡 건	18.5	잡 건	8.4
기 타	4.1	연 예	5.5
		기 기	5.4
		기 타	2.6

〈표 4-9〉 광복 전 〈동아일보〉의 행당 광고료

연 도	광고 행수	광고수입	행당 평균수령 광고료
1923	656,848	107,126원	0.16원
1924	637,482	83,438원	0.13원
1925	751,965	102,441원	0.14원

〈표 4-10〉 광복 전 〈조선일보〉 광고량

단위: 행

〈조선일보〉

연 도	국 내(%)	동 경(%)	대 판(%)	계
1923	–	–	–	–
1924	–	–	–	–
1925	–	–	–	–
1926	397,338(50.8)	228,854(29.3)	155,403(19.9)	781,595
1927	342,341(43.0)	270,660(34.0)	182,255(23.0)	795,256
1928	255,491(43.7)	244,539(41.8)	84,316(14.4)	584,346*
1929	437,901(52.5)	244,930(29.4)	150,839(18.1)	833,670
1930	481,603(45.0)	365,868(34.2)	222,119(20.8)	1,069,590
1931	416,084(42.0)	364,737(36.8)	209,235(21.1)	990,056
1932	294,556(49.8)	192,303(32.5)	105,040(17.7)	591,899**
1933	336,136(52.9)	199,403(31.4)	100,308(15.8)	635,847
1934	444,677(30.6)	611,792(42.1)	395,851(27.3)	1,452,320
1935	732,390(32.7)	908,322(40.6)	597,865(26.7)	2,238,577
1936	970,880(36.6)	1,003,472(37.8)	680,543(25.6)	2,654,895
1937	1,302,431(41.2)	1,121,248(35.5)	734,502(23.3)	3,158,181
1938	1,305,758(37.7)	1,257,114(36.3)	900,957(26.0)	3,463,829
1939	1,262,649(36.7)	1,289,879(37.5)	891,277(25.9)	3,443,805
1940	887,842(44.9)	636,962(32.2)	454,272(22.9)	1,979,076***

자료: 〈표 4-6〉과 동일.
주: * 제4차 정간(1928.5.9~9.19)으로 인한 광고 감소.
** 운영난으로 임시 휴간(1932.8.1~11.22).
*** 1940.8.10 강제 폐간됨

〈표 4-11〉 〈매일신보〉* 광고량

단위: 행

연 도	국 내	동 경	대 판	합 계	연 도	국 내	동 경	대 판	합 계
1918	–	–	–	450,000	1932	–	–	–	–
1923	338,970	171,588	91,544**	602,102	1933	–	–	–	–
1924	423,792	369,802	60,458	854,052	1934	449,083	654,982	189,552	1,293,617
1925	419,617	262,750	138,560	820,927	1935	694,196	542,845	218,287	1,455,328
1926	324,139	200,498	154,716	745,353	1936	899,128	542,574	358,246	1,799,948
1927	370,248	200,675	192,202	763,125	1937	–	–	–	–
1928	397,596	241,714	201,412	840,722	1938	1,056,120	714,412	535,350	2,305,882
1929	369,704	264,269	223,361	857,334	1939	1,014,461	848,206	397,390	2,260,057
1930	–	–	–	–	1940	–	–	–	–
1931	535,333	540,831	194,157	1,270,321	1941	1,339,798	710,653	457,180	2,507,631

자료: 일본 전보통신사 〈신문총람〉.
주: * 1938년 4월 〈매일신보〉로 게재. ** 원문에는 90.544행이나 91.544행이 맞음.

〈표 4-12〉〈경성일보〉 광고량

단위: 행

연 도	국 내	동 경	대 판	합 계	연 도	국 내	동 경	대 판	합 계
1913	492,468	344,279	98,831	935,578	1928	865,610	1,105,818	781,700	3,373,583
1914	477,952	361,724	159,871	999,547	1929	831,328	1,092,859	739,473	2,710,901
1915	502,397	313,947	157,014	973,358	1930	–	–	890,371	2,814,558
1916	489,017	335,219	139,653	964,891	1931	864,393	1,372,879	–	–
1917	373,138	431,773	155,361	960,272	1932	–	–	764,371	3,001,643
1918	430,454	485,784	232,026	1,148,264	1933	–	–	–	–
1919	529,708	677,130	258,203	1,465,041	1934	897,424	1,689,996	–	–
1920	547,641	671,762	365,762	1,585,165	1935	981,460	1,793,830	784,156	3,371,576
1921	523,702	809,085	424,221	1,757,008	1936	–	–	817,044	3,592,334
1922	567,237	991,797	523,510	2,082,544	1937	–	–	–	–
1923	710,223	703,109	283,491	1,696,823	1938	1,003,011	2,328,053	–	–
1924	661,641	937,863	700,435	2,299,940	1939	–	–	1,106,423	4,437,487
1925	676,058	952,523	614,744	2,243,325	1940	–	–	–	–
1926	732,083	952,067	630,511	2,315,661	1941	1,250,744	1,341,139	–	–
1927	834,090	1,003,204	631,798	2,469,092					

자료: 일본 전보통신사. 《신문총람》.

〈표 4-13〉〈동아일보〉 수익구성 추이표

기 간	신문판매수익		신문광고수익		잡수익		합계	
	금액	%	금액	%	금액	%	금액	%
1922.9.30	172,559.46	65	84,335.77	32	7,651.59	3	264,546.52	100
1923.9.30	184,721.45	62	107,126.65	36	4,413.31	2	296,261.41	100
1924.9.30	172,978.85	65	83,438.44	32	7,579.61	3	263,996.90	100
1925.9.30	192,019.03	64	102,441.51	34	5,984.53	2	300,445.97	100
1926.9.30	215,900.73	67	98,981.99	31	6,894.24	2	321,777.01	100
1927.9.30	225,159.24	61	143,269.65	38	2,165.03	1	370,593.97	100
1928.9.30	226,315.30	59	139,251.91	37	15,194.34	4	380,762.05	100
1929.9.30	237,155.56	59	153,948.62	39	8,797.53	2	399,901.71	100
1930.9.30*	150,096.49	56	107,476.00	40	9,573.37	4	267,145.36	100
1931.9.30	261,211.48	67	127,263.87	32	3,617.61	1	392,093.06	100
1932.9.30	301,164.64	67	146,617.56	32	6,006.30	1	453,789.00	100
1933.9.30	337,012.42	61	200,865.77	37	13,190.91	2	551,069.10	100
1934.9.30	303,380.64	54	246,539.95	44	10,111.99	2	560,032.52	100
1935.9.30	326,529.65	54	264,644.99	44	9,602.69	2	600,777.33	100
1936.9.30	324,967.62	53	277,715.46	45	13,025.49	2	615,708.57	100
1937.9.30**	151,049.79	59	73,948.73	29	30,221.26	12	255,219.78	100
1938.9.30	326,473.15	53	279,514.76	45	15,426.94	2	621,414.85	100

* 제3차 무기정간(1930.4.16~9.1).

** 손기정 선수 유니폼의 일장기 말소사건으로 1936년 8월 말에서 1937년 6월 기간 무기정간.

신문광고 거래 관례 1920~1930년대 한국신문광고 상황을 이해하려면 그 무렵 일본의 신문광고 거래 실상을 살필 필요가 있다. 결론부터 앞세우면, 신문에 따라 정도의 차이는 있겠으나 공표단가와 거래단가의 차이는 일본 신문광고의 관행이었다. 그것은 다음에 인용하는 여러 자료에서 분명하게 나타난다. 〈동아일보〉가 발표한 1행당 광고요금과 실 수령액 사이에는 상당한 차이가 있었다. 1920~1925년 기간 〈동아일보〉의 발표된 광고료는 1행당 1원이었다.[3] 그런데 1923~1925년의 〈동아일보〉 총 광고행수와 광고수입을 대비하면 〈표 4-9〉와 같다.[4]

일제시대의 신문광고 거래에 관해서는 일본의 광고 전문지 선전회의를 발행하는 선전회의사(宣傳會議社)가 1978년에 발행한 〈소화광고증언사〉(昭和廣告證言史)에 자세히 나와 있다. 소화란 1926~1988년 기간 일본 천황의 연호(年號)이다. 이 책에서 일부 인용한 내용이 다음에 나오는데 유력한 광고회사 전보통신사(電報通信社, 지금은 덴츠〔電通〕) 및 쇼로키〔正路喜〕사에서 영업 담당으로 있던 두 사람(이노우에〔井上〕 및 하라다〔原田〕)의 생생한 증언에서 잘 드러나고 있다.

물론, 일본광고의 경우 광고대행사에 지불하는 수수료가 있었고, 또한 〈동아일보〉 결산기는 전년 10월 1일부터 이듬해 9월 말까지였으므로 수령광고료에는 약간의 차이가 있을 수 있다. 발표된 광고료와 수령요금의 차이의 원인을 찾으려면 광고수입 의존도가 높던 이 무렵 일본의 신문광고 거래관례를 살필 필요가 있다. 결론부터 앞세우면, 이러한 광고 관례는 비단 한국뿐 아니라 일본에서도 흔히 있던 것으로 보이는데, 《일본 광고발달사》 상권에는 다음과 같은 인용문이 실려 있다.[5]

> 광고료가 1행 60전의 규정이므로 신문 1단을 110행으로 쳐서 66원을 받는 것이라고 생각하면 큰 잘못으로서, 극히 작은 광고에 대해서도 우선 1할은 반드시 할인한다. 이 할인율이 2할, 3할로 되는 것은 괜찮은 편이고, 동경에서 1행당 60전을 표방하는 신문으로서 그 광고가 의약품, 화장품이면 1단 66원인 규정인데도 겨우 10원을 받고도 실어주는 신문사가 2, 3사는 있다. 심한 경우에는 단돈 5원을 받고서도 기꺼이(?) 접수하는 사가 한둘 있다. 1단 5원이라면 1행당 4전 5리강(厘强)에 해당된다. 그런데도 규정은 60전이라고 내세우고 있다. 그런데 의약품과 화장품은 큰 광고를 내기는 하나, 각종 광고 중에서 가장 저렴한 것으로 정해져 있다.

위에 인용한 내용은 이전에 동경 〈아사히신문〉〔朝日新聞〕의 사회부장이 1914년에 한 말이다. 이러한 광고요금표상의 광고단가와 실제 거래단가의 차이를 일본에서는

'모치당카'〔持單價〕라고 했는데, 그 뜻인즉 각 광고주별로 가지고 있는 단가라는 것이다. 이런 관습이 고쳐지는 데는 그 뒤에도 상당한 기간이 걸렸다. 지금과 같이 많이 자주 사면 싸진다는 평범한 상거래 원칙이 확립된 것은 1960년 2월 9일 일본의 가장 유력한 신문인 〈아사히신문〉이 체감요금제를 공표한 때부터였다.[6] 또 다른 일본의 자료도 광복 전에서 1955년 무렵까지 신문을 둘러싼 광고거래 상황이 얼마나 전근대적이었는지를 보여주고 있다.[7]

① 이노우에[井上]와의 대담(이노우에는 1923년 일본의 전보통신사에 입사, 전통영화사 사장을 역임, 1964년 은퇴, 1977년 사망함 — 저자)

질문 어디에 배속되었습니까?

井上 영업부에 들어간 뒤 2년 만에(1925년) 외교(외교란 오늘날 광고회사의 AE에 해당한다 — 저자) 쪽으로 돌리더군요. 당시 영업부 전체가 20명 정도로서 외교담당은 10명쯤이었죠. 1935년에는 외교담당만도 50~60명으로 늘어났습니다만, 외교원이란 창피한 이야기입니다만, 대학을 나온 똑똑한 사람은 적었지요. 일하는 방식도 각자 제멋대로였습니다.

질문 출입 광고주 회사 할당이라든지 담당구역이 있었습니까?

井上 그런 것은 없었습니다. 어딜 가도 괜찮았습니다. 저는 매일 긴자〔銀座〕 1丁目에서부터 닥치는 대로, 눈에 드는 회사를 찾아가서 광고를 얻어냈습니다. 전통(덴츠, 전보통신사)의 외교원끼리 서로 마주칠 때가 있는데, 힘센 친구가 이기게 되고 말더군요.

질문 광고회사의 마진은 몇 할이었습니까?

井上 신문사에 지불하는 가격의 1할 또는 1할 5부, 지방지의 경우는 2할 5부나 되었지요. 광고주의 예산이 제시되어 있기 때문에 신문사와 교섭해서 지면을 얼마나 싸게 사는가 하는 것이 외교원의 솜씨여서 그 외교력 여하에 따라 1할 내지 1할 5부씩이나 마진이 달라집니다.

② 하라다[原田]와의 대담(하라다는 1925년 쇼로키[正路喜] 사라는 동경의 광고대행사에 입사해서 줄곧 외교원으로 일하다가 1961년 이 회사가 도산할 때 사장이었다 — 저자)

질문 매체의 마진은 몇 %였습니까?

原田 일반적으로 (신문사가) 받는 값의 15%였습니다. 다만 〈朝日〉, 〈每日〉, 〈時

事〉, 〈國民〉, 〈報知〉, 〈讀賣〉 등 일류지를 제외하면 중앙지조차도 2할쯤 되는 데도 있었지요. 지방지는 Net거래란 것이 있어서 Net가격에 대해 1할 5부 또는 2할의 마진을 더 받아내는 방법을 썼습니다. 이것은 마진을 얼마 붙이든, 이쪽의 자유입니다. … 1955년경이었죠. TV나 라디오가 출현해서 광고대행사 내근(內勤) 도 종래와 같이 광고원고의 정리, 발송 등 단순한 일만이 아니라 기획, 조사 따위 담당자도 필요하게 되니까 외교원만 많은 수입을 차지하는 것은 말이 안 된다는 항의가 나왔습니다. 물론 전후에는 (외교원에 대한) 커미션율을 차차 줄여 왔습니다. 마지막에는 이익의 2할쯤이 되었던가 합니다.

덴츠〔電通〕는 말할 것도 없지만 쇼로키〔正路喜〕도 쟁쟁한 일본의 광고대행사였다. 이들 광고대행사의 광고거래 상황을 보면, 신문광고료가 제대로 지켜지지 않던 당시의 형편이 역력히 나타나고 있다. 이로 미루어 보면 당시 일본의 식민지이던 한국의 신문광고료가 제대로 지켜졌을 리 없고, 또한 이러한 광고거래가 광고 전 일본의 광고 관례였다.

조선 · 동아일보 및 한국에서 발행된 신문의 광고 1950년 6 · 25 한국전쟁을 겪으면서 〈조선일보〉의 기록은 없어졌으나 〈동아일보〉의 기록은 남아 있다. 〈동아일보〉의 1921년 10월 1일부터 1938년 9월 30일까지 17년간의 결산을 보면, 광고수입의 비율은 최하 31%에서 최고 45%에 이르고 있다.[8] 1990년대에 이르러서도 의약품광고에 기타 영업광고보다 싼 요율을 적용하는 일부 한국의 신문광고 요금제는 광고 전 일본식민지이던 무렵의 관례에서 비롯된 것이다.

광고 전 신문광고 관례의 후진성 또는 불합리성은 신문광고 행수 계산에도 있었다. 우선 〈동아일보〉의 면당 단수 변경상황을 보면 1920년 4월 1일(창간) 12단, 1933년 4월 1일 13단, 1937년 10월 1일 14단이다.[9]

광복 전후 일본 신문들의 단수 변경 상황을 보면 1914년 8단에서 9단으로 변경, 1917년 10단, 1918년 11단, 1919년 12단(태반의 유력지가 12단제 채용, 1면은 1,752행), 1928년 4월 13단(유력지 4사가 채용, 1면은 2,015행), 1937년 8월 14단(1면은 2,254행), 1940년 1월 15단, 1944년 5월 16단, 1948년 17단, 1949년 18단, 1951년 15단(현행 제도) 등이다.[10] 이러한 면당 단수 변경의 이유의 하나는 "요금체계의 변경이나 단가 인상의 발표 없이 실질적인 인상을 한 것도 이 무렵의 특징 중 하나로

〈표 4-14〉〈조선일보〉 광고료 변천

1921년 3월 5일 제호 밑에 표시	5호 활자 한 줄(14자)에 1원 20전. 잡보 기사 중일 경우에는 2원, 4호 활자 한 줄(9자)에 1원 70전, 2호 활자 한 줄(7자)에 2원 40전. 특별광고는 2배.
1925년 3월 25일 제호 밑에 표시	5호 활자 한 줄(14자)에 1원 20전. 잡보 기사 중일 경우에는 2원, 4호 활자 한 줄(9자)에 1원 80전, 2호 활자 한 줄(7자)에 2원 40전. 게재 지정료는 5호 한 줄에 30전 추가.
1930년 3월 5일 제호 밑에 표시	5호 활자 한 줄(14자)에 1원 20전. 잡보 기사 중일 경우에는 2원, 4호 활자 한 줄(9자)에 1원 80전, 2호 활자 한 줄(7자)에 2원 40전. 게재 지정료 5호 한 줄에 30전 추가.
1935년 3월 5일 제호 밑에 표시	5호 활자 한 줄(14자)에 1원 20전. 잡보 기사 중일 경우에는 2원, 4호 활자 한 줄에 1원 80전, 2호 활자 한 줄에 2원 40전. 게재 지정료 5호 한 줄에 30전 추가.
1940년 3월 5일	제호 밑에 표기하지 않음.

주: 잡보(雜報)는 사회면 기사.

〈표 4-15〉 주요 신문광고료 변천

	1926년 판	1930년 판	1932년 판	1940년 판
경성일보 (일본어)	조간 4면, 석간 6면 1면 12단, 1단 140행	조간 8면, 석간 4면 1면 12단, 1단 140행	조간 8면, 석간 4면 1면 12단, 1단 140행	조간 8면, 석간 6면 1면 14단, 1단 163행
	광고료(행당) 조간 1면 40전, 2 · 3면 50전, 4면 30전 석간1 · 3 · 4 · 6면 30전, 2 · 5면 50전	광고료(행당) 보통면 1원 30전	광고료(행당) 보통면 1원 30전	광고료(행당) 보통면 1원 50전 특별면 3원
조선일보	조석간 6면 1면 12단, 1단 135행	석간 8면 1면 12단, 1단 135행	석간 8면 1면 13단, 1단 142행	조간 4면, 석간 6면 1면 14단, 1단 165행
		광고료(행당) 보통면 1원 특별면 2원	광고료(행당) 보통면 1원 20전 특별면 2원 지정료 40전	광고료(행당) 보통면 1원 80전 특별면 3원 60전
동아일보	석간 6면 1면 12단, 1단 128행	석간 8면 1면 12단, 1단 140행	석간 8면 1면 12단, 1단 140행	조간 4면, 석간 8면 1면 14단, 1단 163행
	광고료(행당) 보통면 1원 특별면 2원 지정료 30전	광고료(행당) 보통면 1원 20전 특별면 2원 지정료 30전	광고료(행당) 보통면 1원 20전 특별면 2원 지정료 30전	광고료(행당) 보통면 1원 50전 특별면 3원
매일신보 (국문)	조간 4면 1면 12단, 1단 135행	석간 4면 1면 12단, 1단 140행	석간 8면 (매일신보는 1933년판 분임) 1면 13단, 1단 147행	조간 4면, 석간 8면 1면 15단,1단 163행
	광고료(행당) 1면 30전, 2 · 3면 35전, 4면 25전 임시 1원 10전	광고료(행당) 보통면 40전 특별면 1원 10전	광고료(행면) 보통면 40전 특별면 1원 10전	광고료(행당) 보통면 1원 50전 특별면 3원

서, 그것은 페이지당 단수 변경에 의한 방법이었다."[11] 이러한 면당 단수 변경과 함께 면당 광고 행수도 증가시킨 것이 나타난다.

1919년 12段制 1면은 1,752행, 따라서 1단은 146행.
1928년 4월 13段制 1면은 2,015행, 따라서 1단은 155행.
1937년 8월 14段制 1면은 2,254행, 따라서 1단은 161행.

〈조선일보〉와 〈동아일보〉가 창간된 1920년에 일본신문은 12단제였고 〈동아〉, 〈조선〉도 12단제였다. 일본의 신문단수가 13단제로 바뀌고 5년이 지난 1933년 4월 1일에 〈동아일보〉도 13단제로 바뀌었으며, 14단제로 변경된 것은 일본과 시차가 2개월이었다. 앞에서 본 대로 일본광고에 대한 의존도를 고려할 때, 일본의 광고 관례를 따르지 않을 수가 없었을 것이다. 일본신문의 광고단가 기준이 1단 1cm제로 바뀐 것은 1942년 2월 1일부터였다. 그러나 이때는 이미 〈조선〉, 〈동아〉의 양지가 폐간되고 난 뒤였고, 광복 후 한국에서 단(段), cm제가 실시되기까지에는 20여 년이 지나야 했다. 1921년에서 1940년에 이르는 기간의 〈조선일보〉 제호에 나타난 광고료를 보면 〈표 4-14〉와 같았다. 제호 표기방식과 함께 광고료 변화가 나타난다.

신문 발행부수 신문 발행부수에 관한 자료는 조선총독부 자료인 〈조선에서의 출판물 개요(일본어)〉와 〈조선 출판 경찰 개요(일본어)〉에 자세히 나와 있다. 정진석의 《한국 언론사 연구》에 의하면 민족지와 한국 내에서 발행되는 두 개의 일본어신문의 발행부수 상황은 〈표 4-16〉과 같다.

〈표 4-16〉에서 드러나듯이 1929년에서 1939년 사이에는 〈조선일보〉와 〈동아일보〉의 부수 합계는 약 6만 1천부에서 88%나 증가한 11만 5천부가 되었다. 특히 〈조선일보〉의 부수 증가는 이 기간에 2.5배로 늘었다. 1929년 한국인 가구수는 351.8만이었고 1939년에는 412.4만으로 증가했다.

따라서 100가구당 1.7부에서 2.8부로 늘었다. 이에 비해 일본인의 경우는 1929년 12만 7천 가구이던 것이 1939년에는 16만 1천 가구로 증가했다. 〈경성일보〉와 〈조선신문〉 2개 일간지만의 합계는 같은 기간에 4만 4천 7백부에서 8만 6천 7백부로 증가해서 2가구당 1부라는 보급률을 보이고 있다. 이 두 신문 외에도 여러 지방지가 있었으므로 일본인의 신문 보급률은 이보다 더 높았을 것이다.

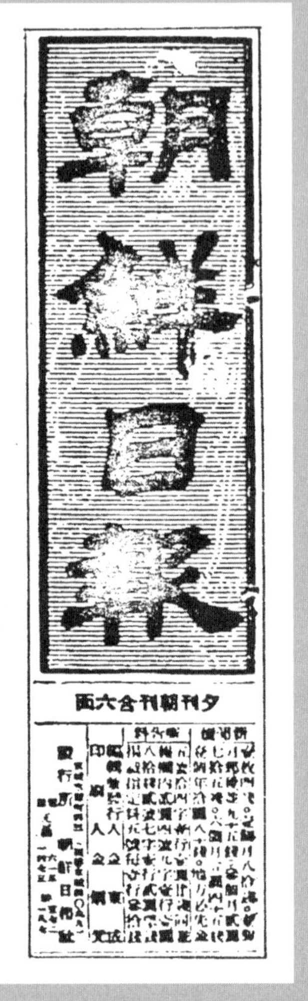

① | ② | ③

① 1920.4.14. 〈동아일보〉 제호 밑에 구독료와 광고료가 표시되어 있다.
② 1921.3.5. 〈조선일보〉 제호. 광고료는 제호 밑 중앙에 표시되어 있다.
③ 1925.3.25. 〈조선일보〉 제호. 광고료는 제호 밑 둘째 칸에 표시되어 있다.

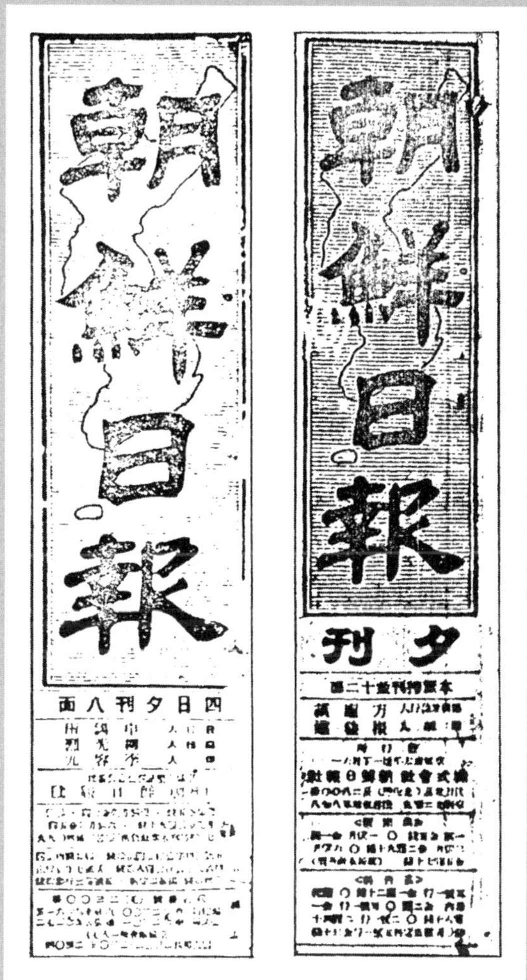

① | ② | ③

① 1927.3.1. 〈동아일보〉 제호. 광고료는 제호 밑 신문가(구독료) 다음에 세로로 표시되어 있다.
② 1930.3.25. 〈조선일보〉 제호. 가로쓰기로 바뀌었고 광고료는 중앙에 표시되어 있다.
③ 1940.3.6. 〈조선일보〉 제호. 제호 밑에 광고가 게재됨에 따라 광고료 표시가 없어졌다.

〈표 4-16〉 민족지와 일본어신문 발행부수, 1929 및 1939

		1929	1939
동아일보	국내	30,772(100)	45,821(149)
	해외	7,030(100)	10,156(144)
	계	37,802(100)	55,977(148)
조선일보	국내	21,477(100)	51,799(241)
	해외	2,009(100)	7,595(378)
	계	23,486(100)	59,394(253)
동아 · 조선 합계	국내	52,249(100)	97,620(187)
	해외	9,039(100)	17,751(196)
	계	61,288(100)	115,371(188)
경성일보	일본인	23,315(100)	39,093(168)
	한국인	2,086(100)	15,795(757)
	해외	951(100)	7,088(745)
	계	26,352(100)	61,976(231)
조선신문	일본인	16,090(100)	17,282(107)
	한국인	1,153(100)	5,417(469)
	해외	1,194(100)	2,084(175)
	계	18,437(100)	24,783(134)

주: 정진석(1983). 《한국언론사연구》 자료에서 저자가 구성.

잡 지 김근수의 《한국잡지사》에 의하면 1920년에서 1945년 기간에 발행된 잡지의 총수는 380종에 이르고 있다. 물론 이 수 가운데는 사보, 교내보, 여성지, 전문지, 일반교양지 등 갖가지가 포함된 것이다. 그 내역은 〈표 4-17〉과 같다.[12)]

일제의 문화정치는 1931년의 만주침공과 친일정권 수립, 그리고 1937년의 중국 침공에 따라 군국주의 체제로 전환하게 된다. 그리고 1937년 이후 잡지 발행은 급격히 줄어들게 된다. 이 표를 보면 알 수 있듯이 1920년에서 1945년까지 25년 사이에 380종의 각종 잡지가 출판되었으나 그 가운데 겨우 80개만이 12호(1년)를 넘었고 다시 3년 이상 계속 발행된 잡지의 수는 겨우 51개밖에 되지 않았다. 따라서 광고매체로서 잡지의 가치는 약했던 것이 드러난다. 1920년에 창간된 〈개벽〉(開闢)은 권말 부분에 광고료를 발표한 것이 있으나 1931년 11월에 창간한 〈신동아〉(新東亞)나 1935년 11월에 조선일보 자매지로 창간한 〈조광〉(朝光)의 경우는 본사에 문의하라는 언급밖에 없었다. 〈조광〉 1938년 11월호의 경우를 보면, 총 발행 380페이지 가운데 겨우 30페이지가 광고였다. 즉 1930년대 잡지경영에서 광고수입은 극히 적었음을 알 수 있다.

〈표 4-17〉 잡지 추세, 1920~1945

	발행 잡지 수	통권 12호 이상 발행한 잡지 수	통권 36호 이상 발행한 잡지 수
1920~1929	168	36	26
1930~1936	153	30	18
1937~1945	59	14	7
계	380	80	51

사보·회보·판촉지 잡지로 등록된 간행물 가운데는 〈삼성당약보〉(三星堂藥報), 〈화평당약보〉(和平堂藥報), 〈조선약업월보〉(朝鮮藥業月報), 〈경성약업월보〉(京城藥業月報), 〈조선한약조합월보〉(朝鮮漢藥組合月報), 〈황금당약보〉(黃金堂藥報) 등 주로 제약회사나 조합의 판촉지나 회보가 많았다. 잡지 가운데는 한국에서 의약 전문지의 효시로 1912년에 군의(軍醫) 장기무(張基戊)가 창간한 〈중외의약신보〉(中外醫藥申報)가 있었다. 이 전문지는 창간 후 재정난 때문에 제약으로 성공한 화평당 약방 주인 이응선(李應善)이 경영을 도왔다. 그러다가 뒤에는 발행인이 조선매약으로 바뀌었다.[13]

그리고 서울의 여러 극장은 관객 유치를 위해 경쟁이나 하듯이 판촉지를 발행했다. 대개 지금의 A4보다 작은 이른바 16절지 크기로 표지에는 그림이 있고 상영할 영화를 미리 소개하는 내용이었다. 판촉지를 발행한 극장 가운데는 단성사도 있었는데 *Dan Sung Weekly No.* 290이라는 표기가 있는 1928년 12월 21일자를 보면 2색도로 인쇄한 표지가 있다. 따라서 이미 1923년부터 이런 판촉지를 발행했음을 알 수 있다. 그 내용 가운데는 단성사 개관 10주년을 맞는 주인 박승필(朴承弼)의 인사말이 있고 아울러 단성사 영화구락부 창립 기념식 순서가 나와 있다. 이것은 그 당시 영화관람이란 상류 사교활동의 일부였음을 짐작케 한다. 이런 영화관 판촉지에는 광고도 게재되었는데 단성사의 이 전단에는 화신백화점의 광고가 있다. 그림에 있는 조선극장과 동아구락부의 판촉 전단도 비슷한 형식이었다.

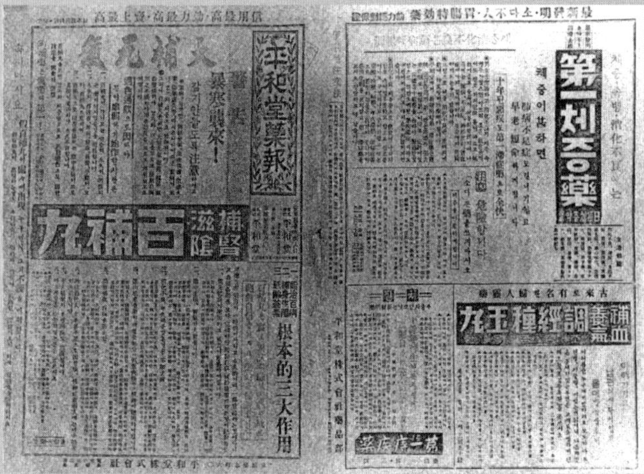
平和堂藥報
百補丸
滋補 陰腎
根本的三大作用
第一체증藥
補血 調經種玉丸

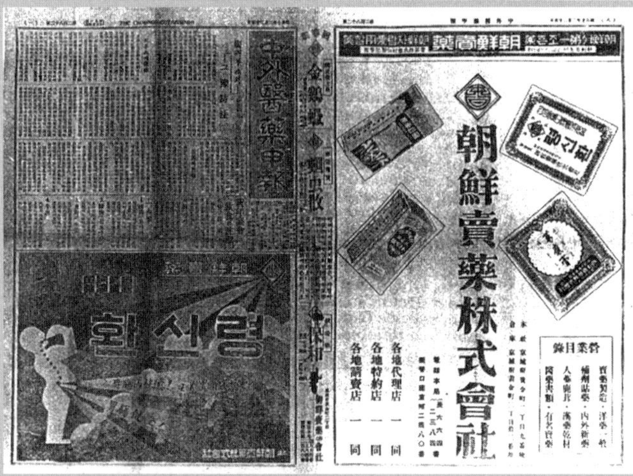
中外醫藥申報
朝鮮賣藥株式會社
營業目錄

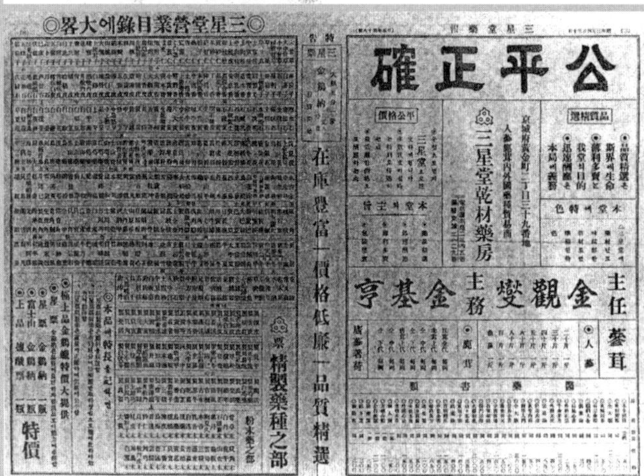
◎三星堂營業目錄에大略◎
公平正確
三星堂乾材藥房
主任 金觀燮
主務 金基亨
在庫豊富 價格低廉 品質精選
精製藥種之部

① 평화당약보. 일자 미상.
② 1935.2.22 〈중외의약신보〉 표지와 8면.
③ 삼성당약보. 일자 미상.

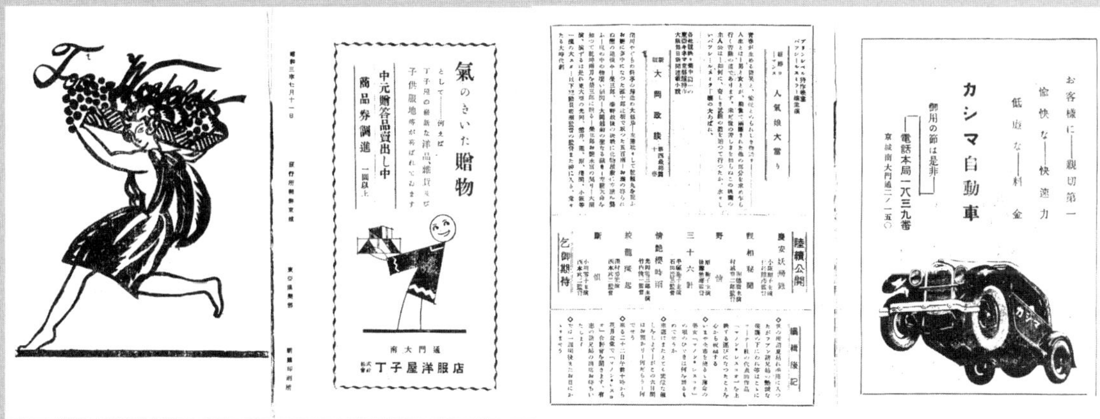

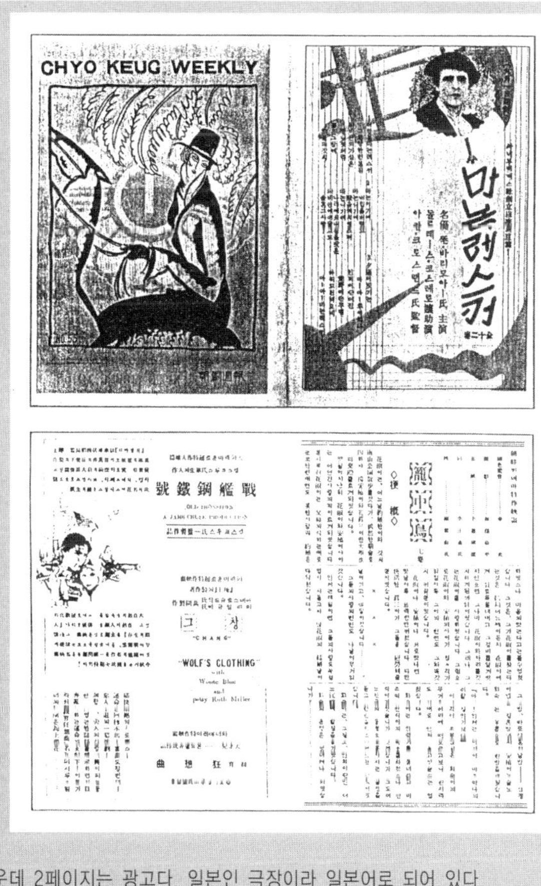

① 1928.7.11 동아구락부 프로그램 소개 전단. 4페이지 가운데 2페이지는 광고다. 일본인 극장이라 일본어로 되어 있다.

② 1928.12.21 단성사 소개 전단 제290호 표지와 10주년 기념사가 있는 면.

④ 1928.8.23 조선극장(조극, Cho Keug Weekly) 프로그램 소개 전단, 표지는 2색도이며 10페이지로 되어 있다.

옥외광고 도시화의 진전에 따라 1930년대 중반의 서울은 13만 8,683가구, 인구는 70만 명에 가까운 67만 7천 명이 되었다. 당연히 도시화는 옥외광고, 특히 간판의 증가를 가져오게 되었다. 간판 외에도 전차 안의 광고, 광고탑, 네온사인, 전주 광고, 애드벌룬 등 갖가지 옥외광고물이 등장했다. 아울러 1920년대 말 무렵부터는 장충단 공원에서 운동회가 열리고 광화문에서 장충단까지 의장(意匠) 퍼레이드가 있었다. 이렇게 해서 1930년대는 각종 옥외광고의 전성기를 이루었다. 반면 간판의 남용에 대한 비판의 소리도 높아지고 또한 당국의 규제도 생기게 되었다.

〈조선일보〉는 서울 북부에 산재한 한국인 상점들의 연합해서 구성한 중앙번영회가 주최하는 우수간판 선발 행사를 후원했다. 그리고 1926년 2월 20일자에 투표결과를 발표했다. 1위는 2,010표를 받은 한영공사(漢英公司), 2, 3위는 사우(四友) 양화점과 동아부인상회(東亞婦人商會)가 각각 선정되었다.

시상식 상황은 기사로 보도했다. 행사 참여를 권유하는 기사가 있었음은 말할 것도 없었다. 기사제목은 "2월 중 과제는 우수간판 선발, 돈 많이 낸 것이 제일이 아니라 눈에 잘 띄어 광고가 잘 되는 것, 솔선 투표하라, 차(此) 성거(盛擧)에"라는 것으로 좋은 간판을 통한 사업 번영에 그 목적이 있었다. 그리고 상을 받은 세 간판 사진을 신문에 보도했다.

간판 외에도 경기구(輕氣球, Balloon)도 광고에 이용되었는데, 1931년 5월 6일자 〈조선일보〉에는 "본사 누상에 경기구, 첨단적 광고 풍경, 항공 선전 효력 100%"라는 기사가 실렸다. 같은 〈조선일보〉 1926년 2월 19일자 기사에는 전차를 이용한 광고료 징수에 관한 기사가 있는데 "전차 한 대에 20여 간의 광고란을 설치하고 그 한 간을 10일간을 사용하는 데 25원씩의 광고료를 징수"한다는 내용이 있어서 전차광고가 있었음을 알 수 있다. 역시 같은 신문 1932년 5월 9일자에는 장충단 운동장에서 서울 시민 운동회가 있는데, 이 행사에는 31개 상점, 1,000명이 참가하는 "천자만홍 의장행렬"(千紫萬紅意匠行列)과 더불어 대대적 판촉 퍼레이드를 겸한 행사였다. 1929년 9월에 경복궁에서 개최된 조선박람회에는 여러 일본 기업이 참가했는데 그 가운데 대광고주이던 일본 조미료 아지노모도〔味の素〕의 멋진 전등광고가 있었다.

그 밖에도 1920~1930년대에는 갖가지 전등, 깃발, 옥상 광고물들로 즐비한 서울 명동의 일본인 상가 광경 사진이 있어서 그 무렵의 옥외광고 상황을 짐작케 해 주고 있다. 남대문로에는 레토 크림의 대형 입간판이 옥상에 우뚝 서 있는데 건물높이로 보아 6층 정도 될 만큼 높았다.

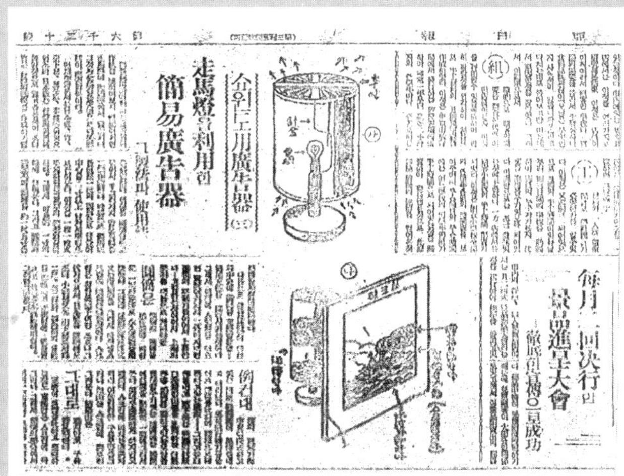
쇼윈도用廣告器
走馬燈을利用한
簡易廣告器
每月一回次行의

① ② / ③ ④

① 옥외광고물로 화려하게 장식한 서울 명동 일본인 거리[자료: 이경재(1993). 《서울 정도 600년 다큐멘터리》. 서울신문사].

② 남대문로에 우뚝 서 있는 일본 레또 크림 광고탑. 길 건너 왼쪽 3층 건물은 옛 상업은행 본점인데 지금은 한국은행 소공동 지점 건물이 들어섰다. 광고탑 오른쪽 건물은 전에 중앙우체국이었다. 지금도 중앙우체국 위치는 같다.

③ 1929년 9월 경복궁에서 개최된 박람회장의 아지노모도 전등광고[자료: 조선총독부 철도국. 〈조선의 인상〉 팸플릿. 1938. 제공: 곽명희]

④ 1938.5.29일자 〈동아일보〉에 게재된 쇼윈도용 광고기(廣告器) 연재기사.

1930년대 광고 전성기에는 〈조선일보〉와 〈동아일보〉가 모두 여러 차례에 걸쳐 새로운 광고물에 관한 소개 기사를 게재했는데 그 가운데는 "쇼윈도용 광고기"라는 연재기사도 있었다. 그림 설명을 곁들인 이러한 기사는 신문의 산업면에 보도되었다.

한편 옥외광고에 대한 비판도 만만치 않았다. 그리고 비판받아야 할 만한 이유도 있었다. 1926년 11월 11일자 〈조선일보〉에는 11개의 입간판이 서울 남대문을 가리고 우뚝 서 있는 사진이 게재되었다. 이 사진 설명은 "부협의 간판에 얼골 더럽힌 남대문"이라 되어 있다. 부협(府協)이란 그 당시에 서울시를 경성부(京城府)라 했고 시의회를 부협의회(府協議會)라고 하던 데서 생긴 줄인 말이었다. 한국인 이름보다 일본인 이름이 두드러지게 많다.

또 다른 사진은 서울 광화문 네거리에 있는 비각(碑閣)을 둘러싼 입간판의 숲이었다. 적어도 25개의 입간판이 보이는데 한국인 이름이 많으나 넉 자로 된 일본인 이름도 있다. 역시 "경성부회의원"(京城府會議員) 출마를 위한 것이다. 이 두 가지 모두 선거전을 위한 것으로, 그 무렵 서울의회 의원 출마를 하려면 이른바 사회 지도층이었을 것인데 이러한 몰염치한 일을 하고 있었다. 아마도 총독부 당국도 단속해야 될 대상이 지도급 인사인 만큼 손을 놓고 있었을 것이다. 1926년 11월 12일 〈동아일보〉에는 "추악한 광고진렬장"(醜惡한 廣告陳列場)이라는 제목으로 H. S. Crolly라는 외국인이 〈동아일보〉에 기고한 글을 옮겨 실었다. 그 첫 부분은 다음과 같다.

> 주필 족하(主筆 足下)
> 저 웅대한 남대문이 조명배(釣名輩)의 추한 간판으로 더럽혀진 것을 볼 때에 서울에 내유(來遊)하는 객의 감상이 어떠하리까. 만일 이 부협의원(府協議員) 후보자들이 진실로 부의 이익을 염원에 둔다고 하면 그들은 결코 이 소중한 역사적 고적을 더럽히는 일을 할 생념(生念)도 아니할 것이외다…

글의 내용으로 보아 조선일보에 보도된 남대문 앞 추한 시의회 의원 출마 간판을 가리킨 것이 분명하다. 물론 그 무렵에 남대문은 보물로 지정된 것은 아니었으나 아무리 보아도 정치 지망자들의 과욕의 노출이었던 것은 틀림없었다. 같은 맥락에서 연도는 불명이나, 비각에 즐비한 정치꾼의 간판도 지탄의 대상이 될 만했다. 〈동아일보〉는 같은 해 11월 13일자에 "사적(史蹟)의 보존에 대하여"라는 사설을 실었다.

광고 가운데서도 간판에 대한 규제가 강화된 것은 1935년 2월 7일자 〈조선일보〉 기사를 통해 알 수 있다. "광고물을 통제. 간판, 진렬창, 선전 인촌(燐寸, 성냥)

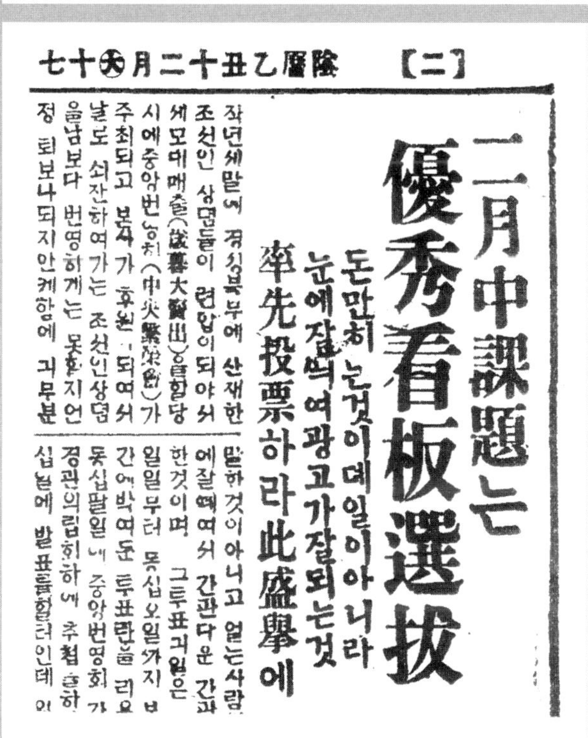

【二】 陰曆乙丑十二月

二月中課題는 優秀看板選拔

돈만허는것이데일이아니라 눈에잘띄여광고가잘되는것

率先投票하라此盛擧에

同志糾合코자 宣言發表

雨

水

사진은

本紙讀者懸賞 當選者三氏發表

漢英公司投票一千餘枚

◇當選者氏名

◇百票以上得票한 看板優秀한市內商店

◇漢英公司副賞品

① 1926.11.11일자 〈조선일보〉에 게재된 남대문 앞 선거용 간판 사진.

② 신거간판으로 둘러싸인 비각. 일사 비상 [사료: 《사진으로 보는 독립운동》. 서울: 서문당. 171쪽].

③, ④ 〈조선일보〉 우수간판 선발에 관한 기사와 1926.2.20 당선 발표 보도기사.

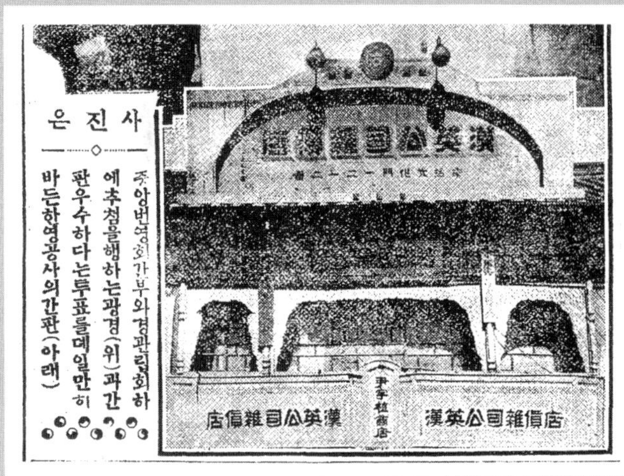

〈조선일보〉 우수 간판상에서 수상한 간판 3개 사진.

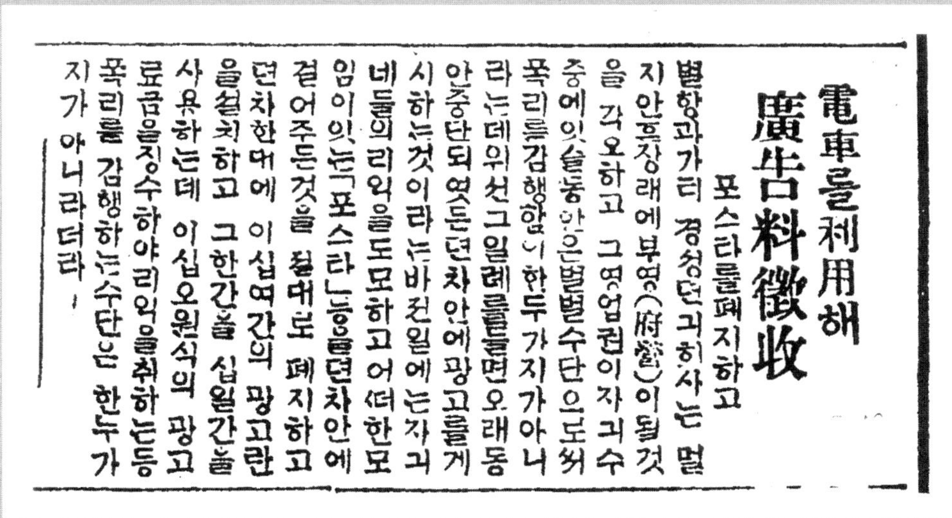

電車를利用해 廣告料徵收

포스타를폐지하고

별항과가티 경성뎐긔회사는 멀지안흔장래에부영(府營)이될것을 각오하고 그영업권이자긔수중에잇슬동안은별별수단으로써폭리를감행한니한두 가지가아니라는데위선그일레를들면오래동안중단되엿든뎐차안에광고를게시하는것이라는바뎐일에는자긔네들의리익을도모하고어떠한모임이잇는「포스타」등을뎐차안에걸어주든것을 될대로 폐지하고뎐차한대에 이십여간의 광고란을설치하고 그한간에 십원간에사용하는데 이십오원식의 광고료금을징수하야리익을취하는등폭리를 감행하는수단은 한두가지가 아니라더라

本社樓上에輕氣球

尖端的廣告風景

航空宣傳効力百%

太極旗

少年職工懷中에

京城市民거의總動員

三十一店千名參加

千紫萬紅意匠行列

◇怪奇、雄大、精巧、端雅◇

各等의入賞者發表

① 1926.2.19 전차광고에 관한 〈조선일보〉 기사.

② 1931.5.6 애드발룬(Ad Balloon) 광고에 관한 〈조선일보〉 기사.

③ 1932.5.9 장충단 체육대회와 관련한 〈조선일보〉 기사. "31점 1,000명 참가. 전사반용 의상행렬"이란 머리기사가 있다.

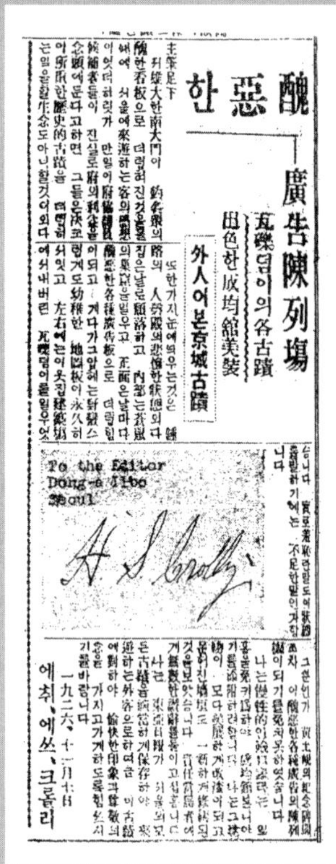

醜惡한 廣告陳列場

瓦礫더미의 各古蹟

出色한 反均館美裝

外人이 본 京城古蹟

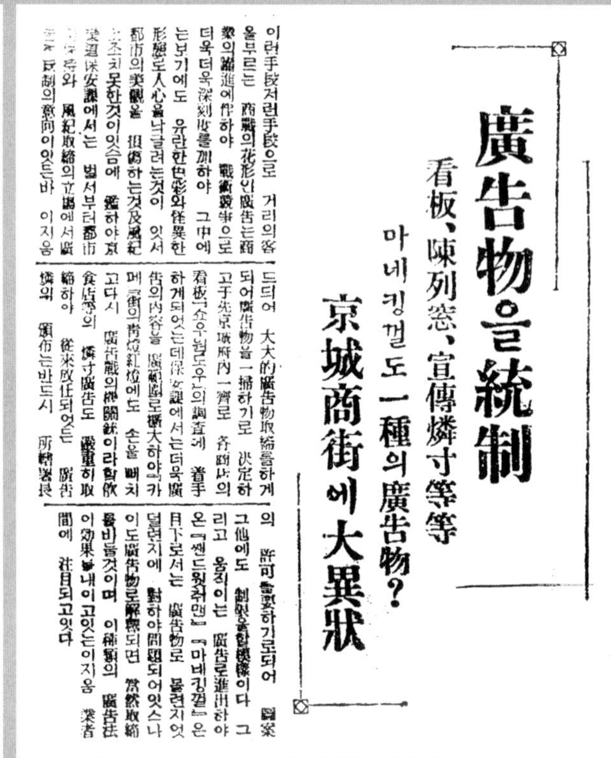

廣告物을 統制

看板、陳列窓、宣傳燐寸等等

마네킹껄도 一種의 廣告物?

京城商街에 大異狀

鐵道沿岸廣告板

徹底히 取締

風致와 美觀을 傷한다고

不遠間 取締規則發表

廣告術取締

京畿道令으로

① ② ③

① 1926.11.12 〈동아일보〉 기사 "추악한 광고 진열장 …"

② 1935.2.7 〈조선일보〉 "광고물을 통제 …"

③ 1935.2.9 〈조선일보〉 기사 "철도 연안 광고판 철저히 취체 …"

등. 마네킹 껄(Girl)도 일종의 광고물? 경성 상가에 대이상(大異常)"이라는 제목의 보도가 있었다. 이틀 뒤 같은 신문에는 "철도 연안 광고판 철저히 취체(取締, 단속)" 라는 보도가 다시 있었다.

1922년 5월 경기도는 "광고물 취체 규칙"을 제정해서 시행했다. 다만 4개조로 된 간단한 것이었다. 그 결과 1935년에는 다시 강화된 규칙을 경기도가 제정하기에 이르렀다.

전화번호부, 전차광고, 우편광고, 비행기 이용 삐라 산포 전화 보급이 늘어나고 전화번호부가 생기자 1920년부터는 전화번호부에 광고를 게재하게 되었다. 1921년 3월 10일자 〈조선일보〉에는 다음과 같은 기사가 있다.

전화번호부와 광고.
경성 우편국에서는 작년도 중 전화번호부에 광고의 게재를 시(試)하였는데 본년도 역(시) 경X가입자의 신제(申提, 신청제의)에 응하여 인속(引續, '계속'의 일본식 표현)하여 광고의 게재를 한다더라.
한편 우편을 이용한 광고, 즉 DM광고도 성했던 듯한데 〈조선일보〉 1925년 1월 17일자 기사에 따르면 전년인 1924년에 서울우체국에서 취급한 광고우편의 수는 11만 9천 3백 개로서 이것을 전년도와 대비하면 35.6%나 증가한 것이었다. 또한 시내 전차광고를 둘러싼 비난 기사가 역시 같은 신문기사에(1926. 2. 19) 있는데, 포스터를 걸던 것을 그만두고 전차 한 대에 20여 개의 광고 칸을 설치해서 10일간에 25원의 광고료를 받았다는 내용이다. 1927년 초 한국에서 라디오 방송이 시작되고 한 달 수신료가 1원으로 결정되자 이 사실을 알리기 위해 항공기를 이용한 전단(삐라) 배포를 했다는 기사도 〈조선일보〉(1927. 10. 1)에 나와 있어서 이미 1920년대에는 신문, 잡지 옥외광고(간판) 등 이외에도 갖가지 광고매체가 이용되고 있었음을 알 수 있다.

3. 광고회사

이미 언급한 대로 한국에서 광고대행 업무를 처음으로 시작한 회사는 일본전보통신사였으며 1906년이었다. 그런데 이 회사 외에도 몇몇 일본 광고회사가 1920~1945년 기간에 한국에서 광고대행 업무를 했는데 기록에 남아 있는 것은 제국통신사(帝國通信社), 만년사(萬年社)와 태평양광고취급사(太平洋廣告取扱社)이다. 그리고 1921년에 창립했다가 1년이 지나 폐업한 백영사(百榮社)는 유일한 한국인 경영 광고대행사였다.

당연한 일이지만 광고대행사의 이름이 나오는 광고는 드물다. 현재까지 밝혀진 자료를 보면 일본전보통신사의 이름이 나오는 광고는 〈동아일보〉 1922년 7월 30일과 9월 25일, 1923년 5월 22일, 1924년 10월 13일과 12월 14일, 1925년 1월 12일과 5월 20일, 1926년 8월 27일로 총 8회이다. 그리고 1929년 10월 26일 〈조선일보〉에는 "전보통신사 주최 전국 대표 미인 본사 특선"이라는 전면광고가 있다.

이 밖에 광고와 관련해서 덴츠의 이름이 더러 나오기도 한다. 1937년 5월 16일 〈조선일보〉는 광고강좌를 주최하는데 이보다 앞서 5월 13일자 사고에는 4명의 연사 가운데 광영진삼(光永眞三) 부장의 이름이 있다(사정으로 석정〔石井衛太〕 이사가 대신 왔다). 석정 이사의 강연 내용은 6월 초에 〈조선일보〉에 연재되었다. 1940년 8월 10일 〈조선일보〉와 〈동아일보〉가 강제 폐간된 뒤 8월 21일에는 전보통신사 지방과장 길전수웅(吉田秀雄)이 서울에 도착한 것에 대한 기사가 〈매일신보〉 1940년 8월 22일자 인사란에 나온다.

제국통신사도 통신과 광고대행 업무를 겸영했는데 1923년 5월 27일 〈동아일보〉에는 "축 제국통신 경성지사 개설"(祝帝國通信社京城 支社開設)이라는 전면광고가 있다. 12개의 일본 광고를 엮어 〈동아일보〉에 게재한 것으로 보아 제국통신사도 한국에서 광고활동을 한 것을 알 수 있다. 그런데 이 회사는 1929년에 경영 부진으로 파산했다.[14)]

그 밖에 1928년 무렵에 〈동아일보〉, 〈조선일보〉 등에 제네럴모터스의 시보레 자동차 광고가 많이 게재되는데 이 광고는 일본 광고대행사인 만년사가 대행한 것이다. 대판에서 1890년대 창립한 만년사는 1927년 8월 이후 제네럴모터스의 일본광고를 대행하게 되었다. 이 회사가 일본식민지이던 한국 내의 광고를 대행하게 된 것은 당연할 것이다.

한편 제네럴모터스와 같이 1920년대 후반에 일본에 진출한 포드 자동차는 Japan Advertiser지 계열인 태평양광고취급사가 대행했다. 이 광고대행사는 B. W. 프라이셔가 대표였다.[15]

그러나 광복 전 한국에서 광고시장을 지배한 것은 전보통신사인 것이 여러 자료에서 드러나고 있다. 일본정부의 방침에 따라 전보통신사가 통신업무를 연합(聯合)통신사에게 이양하고, 연합으로부터 광고대행 업무를 인수해서 광고대행 전업회사가 된 것은 1936년 5월 1일이었다.[16]

한국인이 경영한 것이 분명한 광고대행사는 백영사(百榮社)였다. 서울 낙원동 256번지에 있던 이 광고대행사는 1921년 10월 13일에 〈동아일보〉에 첫 광고를 게재했다. 그 뒤 11월 16일, 12월 13일에도 자사광고를 〈동아일보〉에 게재하는데 역시 창의성이 돋보이는 광고였다. 거의 모두 한문으로 된 첫 광고는 다음과 같다.

헤드라인

광고는 선선의 쇄(廣告는 典廛의 鎖)

열쇠 왼쪽 작은 글자

제위(諸位)의 편의(便宜)를 도웁기 위하야 이 아
래에 것도 겸영(兼營)하노이다.

열쇠 왼쪽 큰 글자

문안도안작제광고서화판각목패조각(文案圖案作製廣告書畵板刻木牌彫刻)
간판점식회화간판동판연판펭키도간판기타(看板店飾繪畵看板銅板鉛版페인트 칠看板其他)

열쇠 오른쪽

광고(廣告)를 내시기 전에 폐사(弊社)에 문의(問議)하시면 가장 효과(效果) 있
는 광고(廣告)를 내실 수 있습니다.
신문잡지광고대리(新聞雜誌廣告代理)
경성낙원동(京城 樂園洞) 256
광고대리업(廣告代理業) 백영사(百榮社)

1921년에 게재한 두 개의 다른 광고도 디자인과 레이아웃이 다를 뿐 내용은 비슷

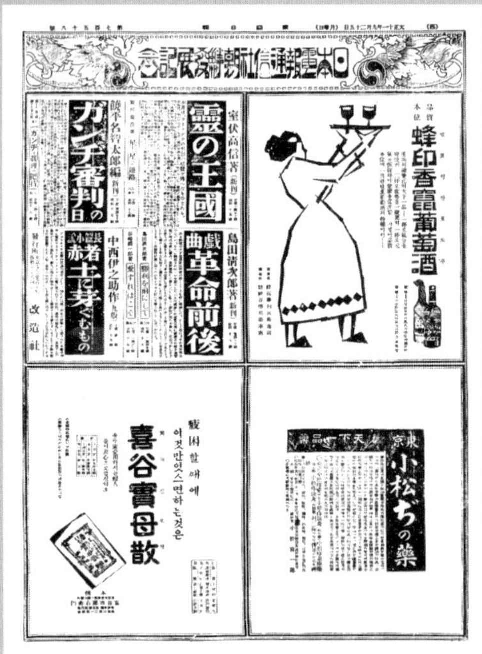

日本電報通信社朝鮮發展記念

靈の王國

戯曲 革命前後

ガンヂー審判の日

蜂印香竄葡萄酒

喜谷實母散

東京 小松ちの藥

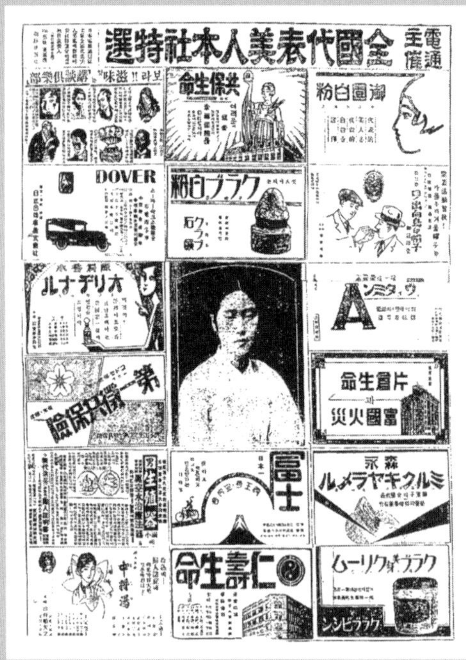

電通主催 全國代表美人本社特選

DOVER

クラブ白粉

片倉生命 과 富國火災

富士

仁壽生命

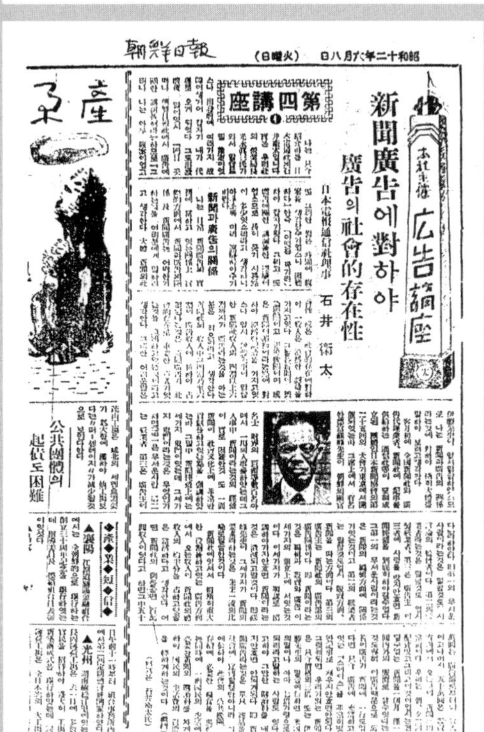

朝鮮日報 昭和十二年六月八日 (火曜日)

本社主催 広告講座

第四講座

新聞廣告에 對하야

廣告의 社會的存在性

日本電報通信社理事 石井衛太

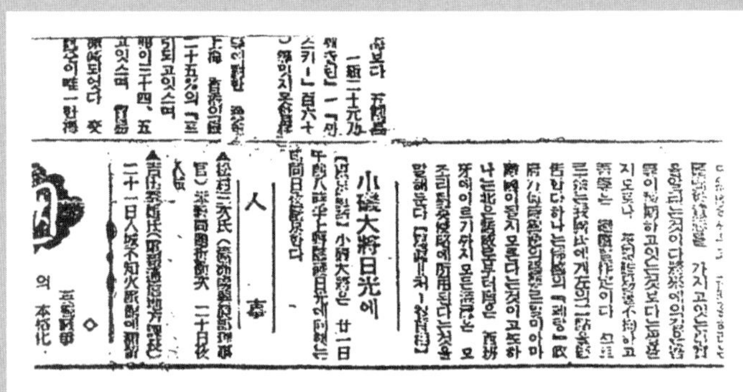

小磯大將日光에

人事

①	②
③	④

① "일본전보통신사 조선발전 기념"이라는 헤드라인이 들어간 1922.9.25일자 〈동아일보〉에 게재된 전면광고.

② 1929.10.26일자 〈조선일보〉의 전국 대표 미인 본사 특선 전면광고.

③ 1937.6.8일자 〈조선일보〉 "광고강좌"에 게재된 덴츠 이시이[石井] 이사 사진과 강좌 내용.

④ 1940.8.22(석간 1면)일자 〈매일신보〉(每日新報) 인사(人事)란의 덴츠 지방과장 내한 기사.

祝帝國通信京城支社開設

新쪼ー드自動車의披露

헨리ー쪼ー드

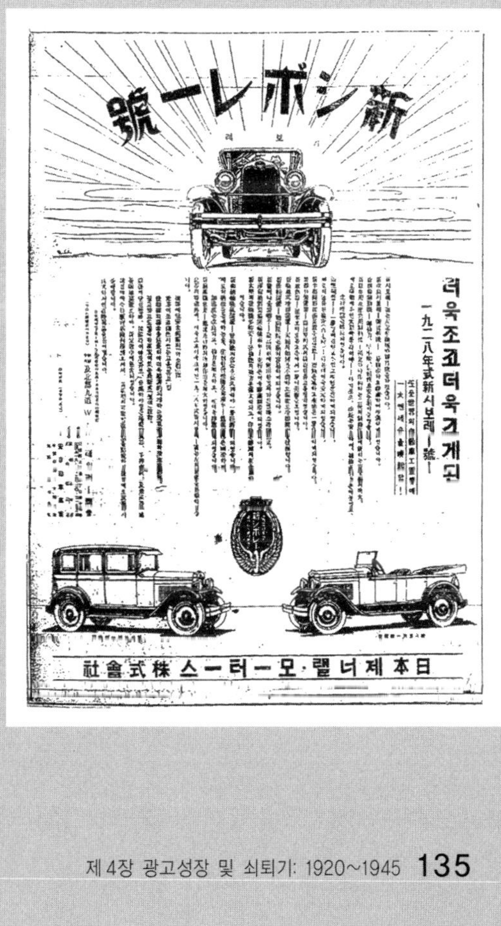

新シボレー號

더욱조코더욱크게된

一九二八年式新시보레ー號

日本제너랠·모ー러ー스株式會社

①|②
③

① 1923.5.27일자 〈동아일보〉에 게재된 제국통신사 경성지사 개설 전면광고.
② 1928.2.23일자 〈동아일보〉에 게재된 포드 자동차 전면광고.
③ 1928.3.31일자 〈동아일보〉에 게재된 시보레 자동차 전면광고.

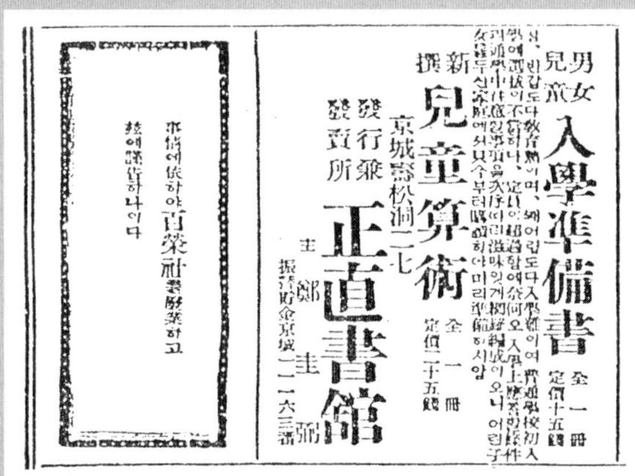

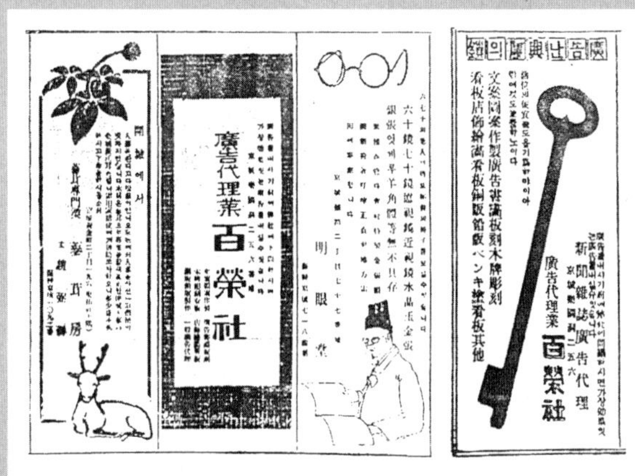

① | ②
③ | ④

① 1921.12.13일자 〈동아일보〉에 게재한 광고 6개는 백영사 작품일 것으로 짐작된다. 백영사 광고도 들어 있다.

② 〈삼천리〉(三千里) 잡지 1941년 1월호에 게재한 일만광고사(日滿廣告社) 광고.

③ 1922.10.2일자 〈동아일보〉에 게재한 백영사 폐업 광고.

④ 1921.10.13일자 〈동아일보〉에 게재한 백영사의 자사광고(열쇠 그림),
1921.11.16일자 〈동아일보〉에 게재한 안경점과 삼용산점 두 광고 사이에는 백영사 광고도 있다.
이 광고는 백영사가 제작한 것임이 틀림없다.

하다. 백영사가 광고대행업을 한 것은 이 광고에도 밝히 표시되어 있다. 이 광고를 통해 백영사가 광고문안(카피)과 도안(디자인) 외에도 동판, 연판, 간판, 간판 페인트 칠 등 거의 모든 일을 도맡아 했음을 알 수 있다.

도에 나오는 광고 외에도 수많은 광고를 제작한 것이 〈동아일보〉 지면에 남아 있는데 백영사의 광고가 들어 있는 것도 있다. 1921년 12월 13일자 〈동아일보〉 1면에는 12단 가운데 7단이 광고로, 백영사가 제작한 것이 거의 틀림없는 광고가 6개 있는데 이 광고는 다른 광고와 확연히 구별이 된다. 이는 또한 백영사의 광고가 들어 있기 때문이기도 하다.

백영사의 사무소가 한국인이 자리 잡고 있는 낙원동이라는 것 외에도 제작을 대행한 것이 분명한 여러 광고가 모두 한국회사인 것으로 미루어 이 회사가 한국인 경영인 것은 거의 틀림없다. 그런데 영업을 시작한 지 한 해 뒤인 1922년 10월 2일에는 〈동아일보〉에 "사정(事情)에 의(依)하야 백영사(百榮社)를 폐업하고 자(玆)에 근고(謹告)하나이다"라는 간단하면서도 깔끔한 광고를 내고 폐업했으며 백영사는 1년을 넘기지 못한 채 광고대행을 끝낸다.

일제시대 월간 잡지이던 〈삼천리〉(三千里) 1941년 1월호에는 1페이지짜리 신년축하광고가 있는데 일만광고사(日滿廣告社) 제작품으로 서울 서대문정(町) 2정목(丁目)에 위치한 광고회사다. 즉 서대문로 2가인 셈이다. 자세한 업무 내용은 없으나 "지상(紙上)으로 선전을 사시려면"이라는 카피로 보아 일본식민지나 다름없던 만주(현재는 중국 동북 3성)에서 광고 취급 활동을 하지 않았을까 하는 생각이 든다. 다만 이 회사에 대한 자세한 기록은 없다.

4. 크리에이티브

개 관 비록 일본식민지이기는 했으나 1919년 3·1 독립운동 다음 한국에서는 무단정치가 끝나고 문화정치로 전환했다. 그 뒤 1937년에 중일전쟁의 발발과 국민총동원령이 내려 전쟁의 그림자가 다가오기 전까지는 광고의 전성기였고 크리에이티브에도 많은 변화가 일어났다.

우선 가장 중요한 매체이던 신문이 하루 4면에서 8면, 그리고 1930년대에는 조석간 12면으로 늘어나서 광고의 스페이스가 넓어졌다. 달리 보면 10여 년 사이에 신

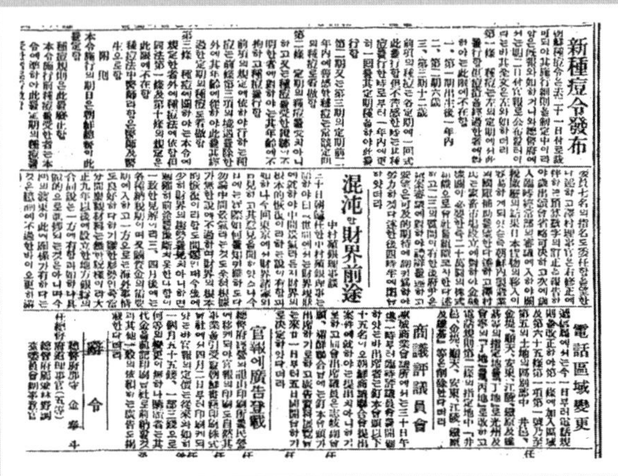

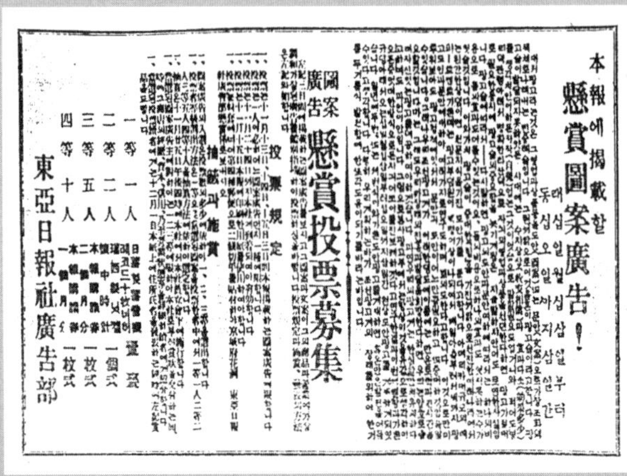

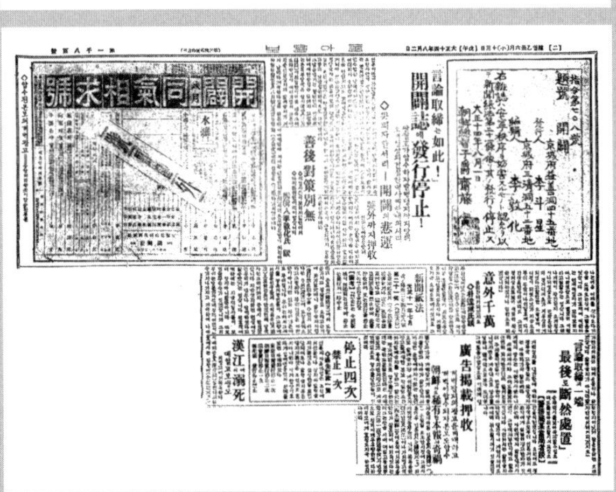

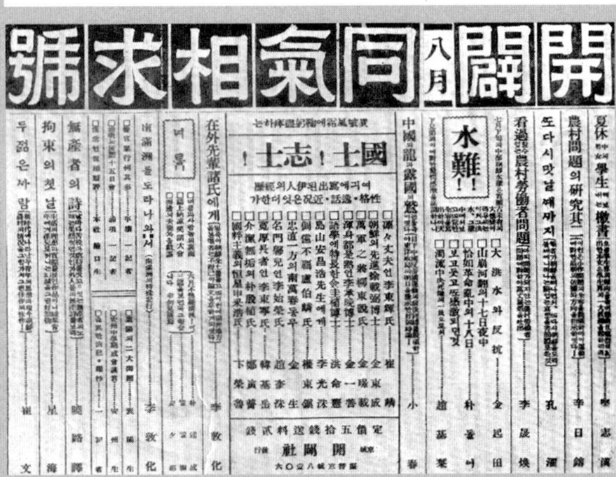

① | ②
③ | ④

① 1925.4.1일자 〈동아일보〉 "상의평의원회"(商議評議員會) 기사에는 광고자료전람회에 관한 보도가 있다. 아울러 관보에도 광고를 게재하게 된다는 기사도 있다.

② 1926.11.3일자 〈동아일보〉 사고로 발표한 현상도안광고(懸賞圖案廣告)에 대한 설명

③, ④ 1925.8.2일자 〈동아일보〉에는 개벽 잡지 발행정지에 대한 조선총독부 지령, 문제가 된 광고, 그 밖의 관련 기사들이 실려 있다.

문 지면이 3배나 증가했다.

산업 발전에서 앞섰고 경쟁이 치열해진 일본제품 판매시장 상황이 식민지 조선에 옮겨짐에 따라 광고에도 경쟁이 생겼고 그 결과 크리에이티브의 수준 향상에 영향을 미치게 되었다.

1926년에 〈동아일보〉가 주최한 현상도안광고(懸賞圖案廣告) 콘테스트는 그 무렵 사회 지도층이던 신문 독자층에게 광고 디자인에 대한 관심을 불러일으키는 데 지대한 공헌을 했을 것이다. 1932년에 14회에 걸쳐 〈조선일보〉에 연재된 광고에 대한 일반상식 해설기사 역시 사회에 미친 영향이 컸을 것이다. 1937년 5월 16일 〈조선일보〉가 주최한 한국 최초의 광고강좌, 또한 1938년에 〈동아일보〉가 시작한 전국 상업학교생도 대상 포스터, 신문도안광고 콘테스트는 광고 디자인에 직접적 영향을 미쳤을 것인데, 그 이유는 이 상이 그 당시 이름 있는 화신(和信) 백화점 갤러리에 전시되었고, 또한 수상작은 신문에 소개되었기 때문이다. 이 밖에도 〈조선일보〉가 후원한 서울 북부시장 조합의 우수간판 투표 선정, 여러 잡지에 게재된 간판과 전시 관련 기사들은 광고 전반에 대한 인식을 향상시키는 데 이바지했을 것이다. 1920년대 후반에 시작된 장충단 시민 운동회의 일부가 된 상점 퍼레이드는 그 당시 수준으로는 대대적인 판촉행사인데, 역시 넓은 의미의 광고에 대한 인식 향상에 공헌했을 것이다. 1925년 4월 1일자 〈동아일보〉에는 상의평의원회(商議評議員會) 라는 기사가 있는데, 그 내용에는 오늘날의 서울 상공회의소가 주최한 광고자료전람회가 이달 하순에 있다는 보도가 있다.

1920년에서 1930년대에 걸친 약 20 년 기간에는 카피가 구어체로 바뀌었고, 짧은 선전문구 같은 카피가 나타났다. 시리즈 광고도 등장했다. 카피 중심이던 광고는 차차 디자인을 중시하는 광고로 바뀌어 갔다. 유한양행은 1930년대에 들어서자 대대적인 기업광고캠페인을 시작했다. 기사식(記事式) 광고와 변형(變形) 광고는 이미 1920년대에 나타났다. 문화정치의 일환으로 지방의회가 생기고 의원선거가 실시되자 천편일률적이기는 했으나 당선 축하광고가 신문에 게재되어, 말하자면 정치광고도 시작되었다. 남대문 앞과 광화문 네거리 비각 앞에 세운 서울 시의원선거 입간판 광고는 언론의 호된 비난을 받기도 했다. 일본광고는 현지화에 앞장섰으며 한국인 소비자들에게 호소하기 위해 한국적 일러스트레이션과 카피를 쓰게 되었다. 이를 테면 Act Local이 이미 1920년대에서 1930년대에 한국에서 시작된 셈이었다. 포도주와 여성용품광고에는 섹시한 표현이 등장했다.

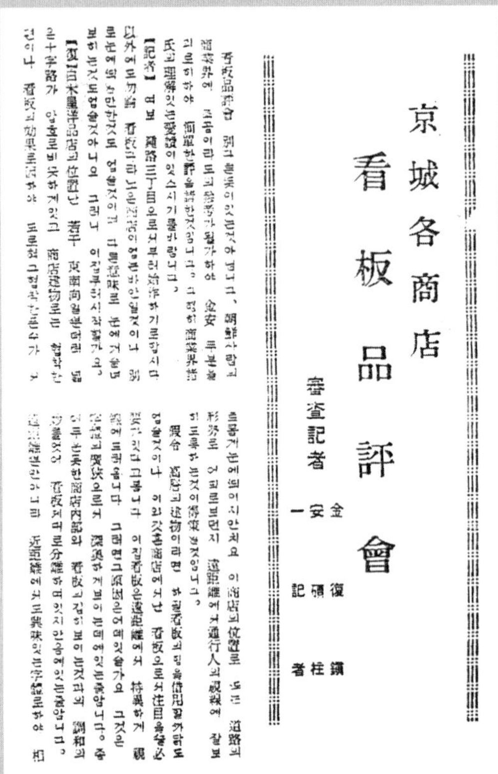

京城各商店 看板品評會

審査記者 金復鎭 安碩柱 一記者

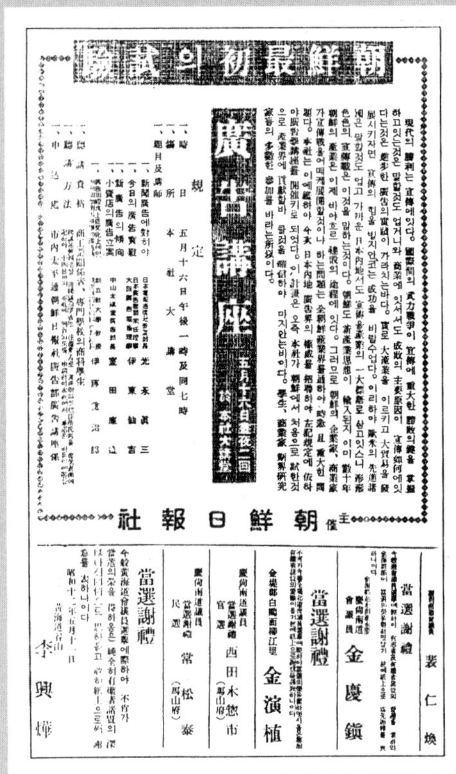

朝鮮最初의試驗

廣告講座

主催 朝鮮日報社

當選謝禮

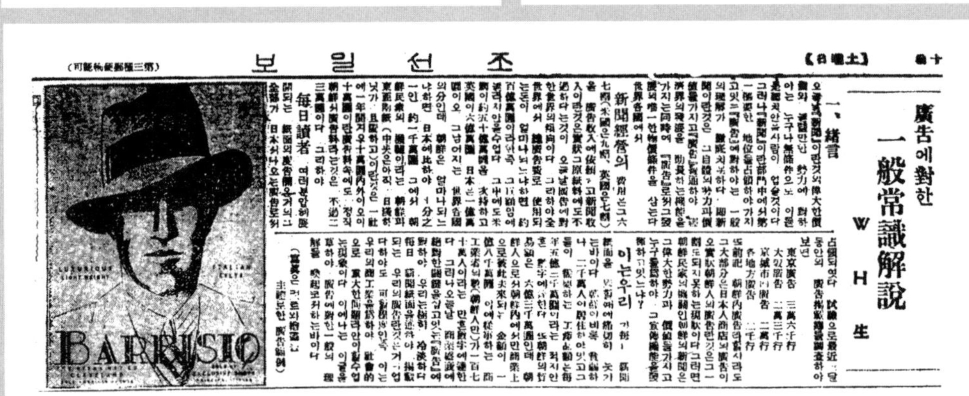

조선일보

廣告에對한 一般常識解說

WH生

①|② ③

① 1927년 12월호 〈별건곤〉(別乾坤) 잡지에는 "경성 각 상점 간판 품평회" 기사가 있다.

② 1937.5.16의 광고강좌(廣告講座)에 관한 〈조선일보〉 사고. 이 사고 밑에는 각도 도의원 당선사례 광고가 있다.

③ 1932.2.20일자 〈조선일보〉에 게재된 "광고에 대한 일반상식 해설"은 1932.5.4까지 14회에 걸쳐 연재되었다.

①
②

① 1937.7.19일자 〈동아일보〉가 주최한 "전 조선 상업학교 생도 상업미술전람회 제1회 포스터, 신문광고 도안 대모집" 전면광고. 같은 해 종로 네거리에 있던 화신 백화점 갤러리에서 상미전 〈商美展〉 개최를 알리는 9월 22일자 〈동아일보〉 사고. 이 행사는 1940년 8월 동아일보 강제 폐간 때까지 3회 실시되었다. (다만 폐간으로 3회는 제대로 시행하지 못했다.)

② 1938.5.3일자 〈매일신보〉 주최 부민(시민) 위안 대운동과 광고의장〈廣告意匠〉 대행진 사고. 이 행사는 1938년 5월부터 〈매일신보〉가 조선총독부 일본어 기관지인 〈경성일보〉와 공동 경영 아래 있다가 독립경영으로 분리되면서 제호도 〈매일신보〉(每日申報)를 "每日新報"로 고치면서 주최한 행사이다.

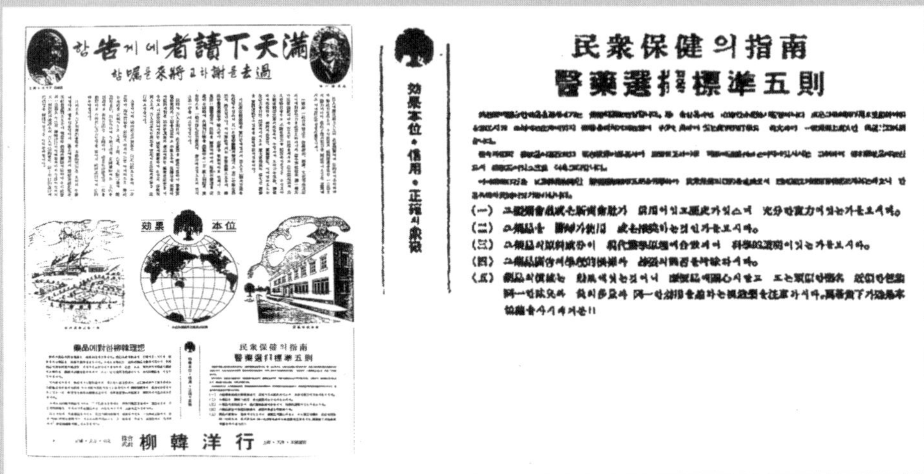

① 1938년 10월 말 〈조선일보〉, 〈동아일보〉에 게재한 유한양행의 전면 기업광고.
이 광고 일부인 "민중보건의 지남, 의약 선택 표준 5칙", 이 5칙의 네 번째는 "그 약품광고의 학리적(學理的) 근거와 과장의 여부를 음미하시라"는 말이 있다.
② 확대한 사진.

朝鮮日報

夕刊

社說 廢刊辭

廢刊에際하여

方應謨

官吏制度 改革案要綱全文

第二十六次 重慶爆擊

橫說竪說

社告

八月十日

東亞日報社

東亞日報社支分局一同

1940.8.11 〈조선일보〉 폐간 사설과 발행인의 인사 및 〈동아일보〉 폐간 사고.

1941년 일본의 진주만 공격으로 전쟁이 본격화되자 전쟁의 그림자는 광고에도 직접 반영되어 기업이 광고료를 내서 전쟁 슬로건이 들어간 광고를 신문에 게재하는 헌납광고(獻納廣告)가 생겼다.

유력한 종합잡지 〈개벽〉(開闢)의 서재필, 이승만, 김규식, 이시영 등 해외에 있는 독립투사, 지사들에 관한 기사를 내용으로 다룬 1925년 8월호 광고가 〈동아일보〉에 게재되자 조선총독부는 광고신문지법(光武新聞紙法)을 적용해서 발행정지 명령을 내렸고 이런 사실은 다시 대대적인 기사로 보도되었다. 조선총독부 문화정치의 한계를 드러낸 사건이었다. 아마도 광고에 대한 단속의 첫 사례였을 것인데, 광고의 내용이 조선 독립과 관련된 경우에는 가차 없이 법의 제재를 받았다.

특히 의약품의 경우 흔한 과대와 과장광고에 대해서 단속이 느슨했던 시기였으나 유한양행은 광고의 진실성을 선도하는 광고 정화문제를 제기했다.

이 시기의 비극적인 종말은 1940년 8월 10일 〈조선일보〉와 〈동아일보〉의 강제 폐간이었다. 그 결과 조선총독부 기관지인 〈매일신보〉만이 유일한 조선어 일간신문이 되어 1945년 8월 15일 일본 패전까지 계속 발간되었고, 이 신문은 광복 이후 〈서울신문〉이 되었다.

〈표 4-18〉 조선매약과 화평당의 광고캠페인, 1922년 4월 〈동아일보〉

일자	조선매약	화평당	일자	조선매약	화평당
4/3	-	태양조경환	4/18	-	태양조경환
4/5	영신환	-	4/19	-	자양환
4/6	-	태양조경환	4/20	영신환	-
4/7	-	자양환	4/21	영신환	-
4/9	-	태양조경환	4/23	영신환	-
4/12	영신환	-	4/25	-	태양조경환
4/13	-	태양조경환	4/27	영신환	-
4/14	영신환	-	4/28	-	자양환
4/15	-	자양환	4/30	영신환	-
4/16	영신환	-	계	9회	10회

한문 위주, 카피에 변화, 시리즈 광고 광고의 글은 여전히 한문 위주였다. 그러나 카피에는 변화가 일어나고 있었다. 가장 많은 광고를 하던 제약회사 광고에 이런 변화가 나타나게 되었다. 1922년 4월에 〈동아일보〉에 게재된 화평당(和平堂)의 태양조경환(胎養調經丸)과 자양환(滋養丸), 그리고 조선매약(朝鮮賣藥)의 영신환(靈神丸) 세 제품의 광고를 보면 1920년대 초 광고표현의 변화를 볼 수 있다.

태양조경환은 여성용이었고 자양환은 보음보양(補陰補陽)의 의약품이고 영신환(靈神丸)은 소환신약(消化神藥)이므로 직접 경쟁 제품은 아니었다. 다만 두 제약회사의 기업 간 경쟁은 있었을 수가 있다. 이렇게 해서 1922년 4월 한 달 사이에 두 제약회사는 19회 광고를 〈동아일보〉에 게재했다. 그리고 두 회사 모두 작은 광고를 자주 게재하는 전술을 썼다.

제품 로고를 두드러지게 제시했고 카피는 짧은 명령형을 사용했다. 그리고 여성용 약품인 태양조경환은 주로 한글을 썼는데 한문은 모르나 한글을 아는 여자들이 대상이기 때문이었다. 2~3일마다 다른 광고를 만들었을 터이니 대단한 속도이고 또한 단발광고가 아니고 시리즈로 전개했음을 알 수 있다. 사진은 당시 흔하지 않았으므로 대개 일러스트레이션으로 했다. 몇몇 광고의 카피는 다음과 같다.

계절 래! 가정에 신변에 준비하시오. (영신환)
금일은 일요 꽃들은 한창. 어데를 가시던지 소화신약 영신환 잊지 마시오! (영신환)
〈투렁크〉 속에－조선매약주식회사제 소화신약 영신환은 다시 업시 긴하다!
인생의 지락은 건강에 재하다. (자양환)
보음보양 자양환 복용하는 이는 최초의 승리자!

꼿—너는 너 혼자 곱다고 자랑 말아라 인생의 지락은 건강과 자녀에 잇다. (태양조경환)

꼿 고흠을 부러워! 할 것 업습니다! 부인영약 태양조경환 잡수신 부인의 화려한 안색 —긔묘한 자녀—그것을 구경하고서는—

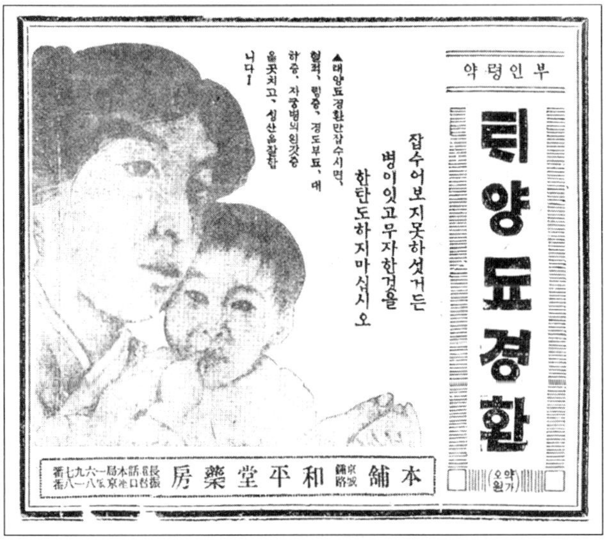

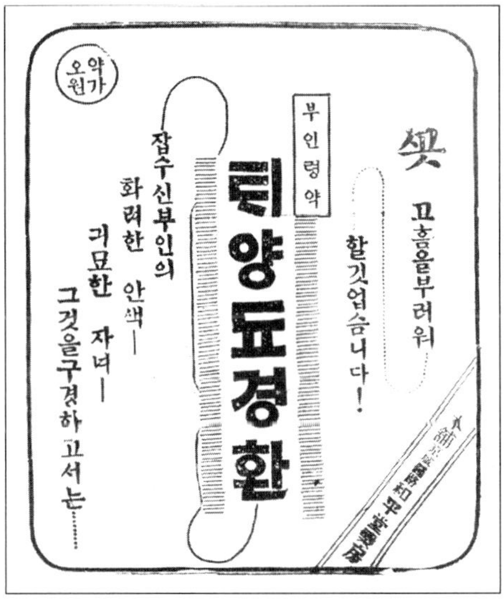

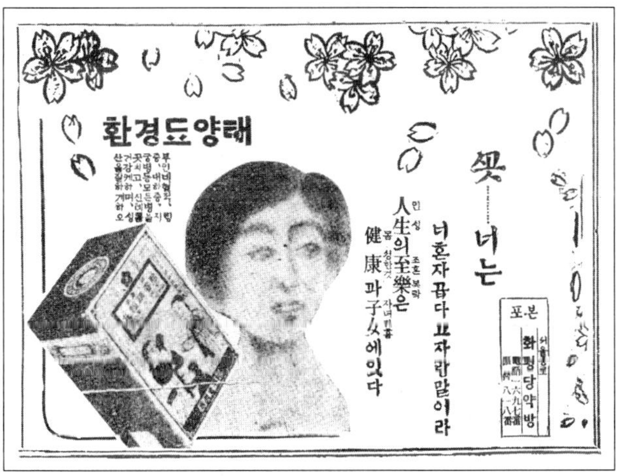

태양됴경환(태양조경환).
여성을 대상으로 했기 때문인지 한글을 사용하고 있다.
(〈동아일보〉 1922.4.9, 1922.4.18, 1922.4.25)

동아일보의 두 광고 행사 1925년 11월 13일자에 게재된 이른바 현상도안광고는 모두 45개 광고를 같은 크기로 해서 신문 1면과 반 페이지에 게재했다. 그리고 투표용지를 따로 실었고 아울러 투표 규정, 추첨과 시상에 관한 안내도 자세히 실었다. 이 현상광고는 일종의 소비자가 뽑은 인기상이었다. 이해 12월 10일자 〈동아일보〉에는 전면에 1, 2, 3등으로 선정된 경성방직, 동아부인백화점, 그리고 조선매약을 지면에 소개하는 PR기사를 실었다. 이렇게 해서 한국 최초의 광고상은 신문사가 주최한 독자 인기상이 되었다.

1938년에는 역시 〈동아일보〉가 "제 1회 조선 상업학교 생도 상업미술전람회 포스터 신문광고 도안 대모집"을 주최했다. 일제시대에 상업학교에서 광고를 가르쳤을 것으로 추정되며 또한 학생들의 연구 서클이 있었던 것으로 추측된다. 그런 이유로 포스터와 신문도안광고 모집대상을 상업학교 생도들로 삼았을 것이다. 신문 1면에는 4개 광고주의 광고가 게재되었다. 7월 19일자에 게재된 광고주는 보험회사인 조선생명, 경성전기(京城電氣), 화평당약방의 태양조경환, 조선매약의 영신환(령신환)이었다. 경전만은 광고제작과 관련한 세부사항을 적고 있다. 이 상은 말하자면 크리에티브상이었다. 소정의 상이 있는 외에 수상작은 신문에 보도되었고 또한 당시 한국인 경영인 화신 백화점 갤러리에서 전시도 있었다. 제 1회 전시는 9월 28일에서 10월 5일까지 8일간이었는데 특별히 진렬한 것으로는 동양오프세트 인쇄회사의 "포스터가 되기까지"와 동아일보사의 "신문광고가 게재되기까지"가 있었다. 이 행사는 1940년까지 3회밖에 실시하지 못했는데, 1940년 8월 〈동아일보〉는 〈조선일보〉와 함께 강제 폐간되었기 때문이다.

〈동아일보〉가 주최한 한국 최초의 광고 콘테스트. 1925년 11월 13일 〈동아일보〉에는 두 면에 걸쳐 이 행사에 참여한 광고주의 광고가 게재되었으며 11월 30일에는 수상작 발표, 12월 10일에는 1, 2, 3등 소개기사와 광고가 전면으로 게재되었다. 아마도 12월 10일 기사는 "기사식 광고"였을 것이다.

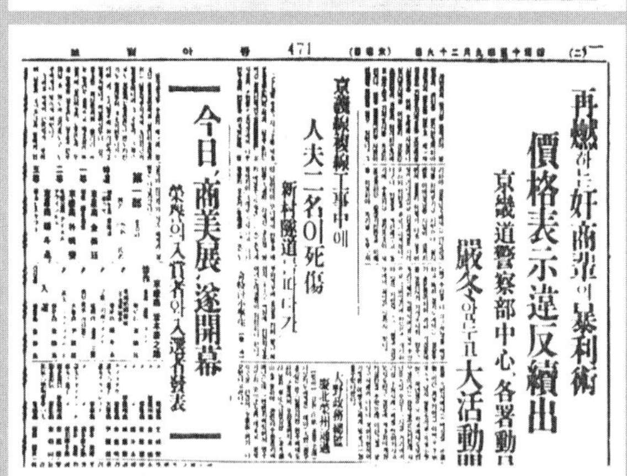

①	②
③	④

① 〈동아일보〉가 주최한 상업학교 학생 대상 포스터, 신문광고 도안 모집 제2회(1939.7.10).

② 상미전 개막 기사(1938.9.22). 수상작 소개(1938.10.1).

③ 제3회(1940.7.16) 모집에 게재한 과제광고. 과제 광고는 몇 차례에 걸쳐 게재되었다.

④ 위는 1등 수상작인 태양조경환, 아래는 2등 깃고류 간장 광고.

유한양행의 광고 1927년 12월 8일 〈조선일보〉 1면에는 신문 반 페이지 크기의 신기한 광고가 게재되었다. 지면이 텅 빈 듯한 유한양행(柳韓洋行)의 티저광고였다. 이튿날은 유한양행과 유호미리(柳胡美利) 여의사의 의원 설립을 알리는 후속 광고가 나왔다. 10일에는 "명10일 개업!!! 참관 대환영!!(明 10日開業!!! 參觀大歡迎!!)" 광고가 뒤를 이었다. 〈동아일보〉에도 같은 광고가 실렸다. 〈동아일보〉, 〈조선일보〉 창간 이후 한국광고주가 이런 대담하고 신기한 광고를 한 적은 없었다. 유한양행은 올바른 광고를 통해 사업도 성공했고 한국광고 발전에서도 이정표를 세웠다. 특히 기업광고를 통한 기업의 사회적 책임 문제를 이미 1930년대 후반에 제창한 것은 놀라운 일이었다.[17)]

1937년 8월에는 "민중 보건운동의 제창!"(民衆保健運動의 提唱!)이라는 광고를 통해 유한양행이 두 가지 책자를 만들어 무료로 배부한다는 것을 설명했다. 1938년 6월에는 "유한보건 지상병원"(柳韓保健紙上病院) 광고를 통해 서신으로 서울 시내 유명한 의사들에게 자문을 받을 수 있도록 했다. 한 달 전인 5월에는 "만천하 독자 제현에게 고함!"(滿天下讀者諸賢에게 告함)이라는 광고를 통해 유한양행이 지향하는 바를 어떻게 실천해 왔는가를 설명했다.

유한의 광고는 표현 기술면에서도 상당한 연구를 했다. 1930년대 중반부터는 광고에 테두리를 만들었는데 자사 상표인 버드나무로 만든 테두리였다. 1936년 6월 9일자 〈조선일보〉에는 호사다마(好事多魔)라는 헤드라인 광고가 있다. 그 가운데 일부를 옮기면 다음과 같다.

> 그 중에 특히 광고에 대하여는 공정 비과장의 과학적 이론으로서 내용을 소개할 뿐 아니라 일정한 형식 즉 일정한 외곽(外廓, 테두리)과 판형(版形)을 전용하여 우리의 신용성을 상징하는 광고의 형식을 취하여 온 바 …

또한 그 무렵 유일한 영문 일간지이던 *Seoul Press*에는 꾸준히 광고를 게재했고 그 가운데 일부는 국문으로 옮겨 조선, 동아일보에 게재했다. "News Service"는 "스피드 시대에 민쾌(敏快)한 유한 봉사!", "The Penalty of Leadership"은 "선구의 책벌"(先驅의 責罰), "Friendly Confidence"는 "우의적 신용"(友誼的信用)으로 옮겼다. 그 밖에도 1936년 11월 22일자 *Seoul Press*에는 "Seasons Greeting"이라는 광고가 있는데 크리스마스 씰 판매를 돕자는 판촉광고이다. 아마도 한국 최초의 일일 것인데 이것 역시 기업의 사회적 책임을 위한 일 가운데 하나였다. 기업정신을 고취한 광고 가운데는 "Valuable Services"라는 영문광고도 있었다.[18)]

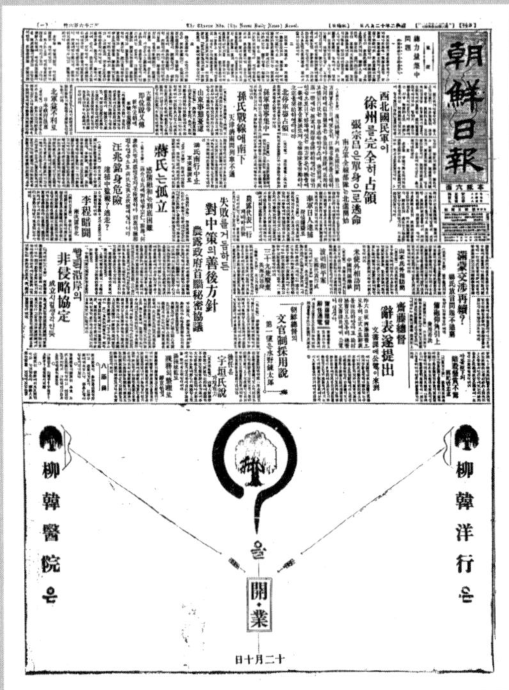

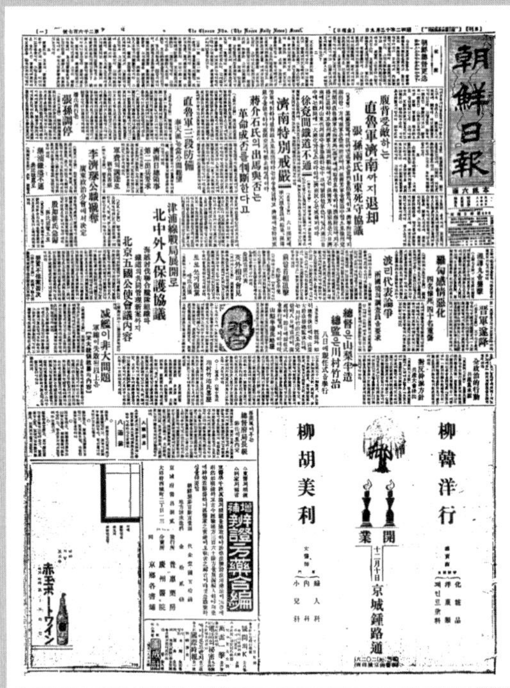

1927년 12월 8일, 9일, 10일에 연속해서 〈조선일보〉에 게재한 유한양행 개업광고 3개는 티저다. 같은 광고는 〈동아일보〉에도 게재되었다.

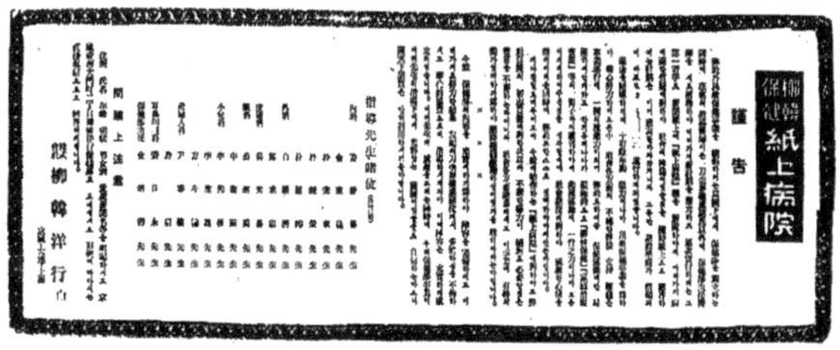

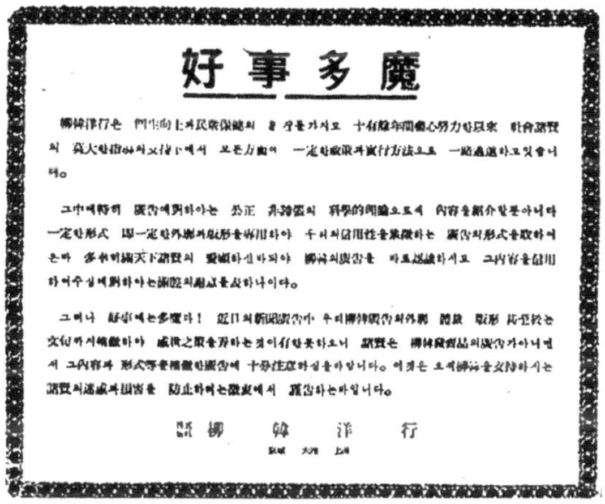

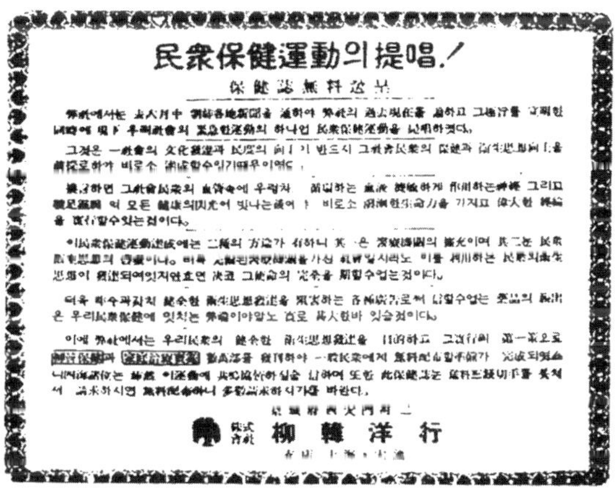

①	④
② ③	⑤
	⑥
	⑦

1930년대 후반의 유한양행 기업 PR광고 헤드라인

① 유쾌한 유한봉사!(愉快한 柳韓奉仕)

② 우의적 신용(友誼的信用).

③ 선구의 책벌(先驅의 責罰).

④ 지상병원(紙上病院).

⑤ 만천하 독자 제현에게 고함! (滿天下 讀者에게 告함!).

⑥ 호사다마(好事多魔).

⑦ 민중 보건 운동의 제창(民衆保健運動의 提唱!).

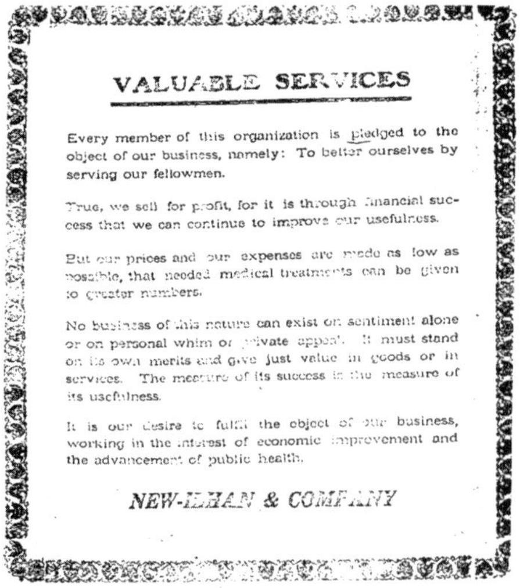

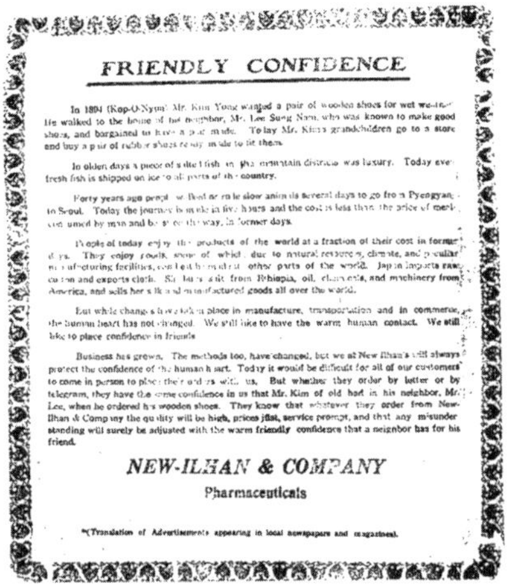

①	④
②	⑤
③	

영문일간지 *Seoul Press*에 게재된 유한양행 기업광고.

① News Service는 앞 페이지에 있는 "경쾌한 유한봉사"

② 크리스마스 실 판매를 위한 광고인데 유한양행이 광고료를 지불했다.

③ Valuable Service는 "소중한 서비스"

④ The Penalty of Leadership은 앞 페이지에 있는 "선구의 책벌"

⑤ Friendly Confidence는 앞 페이지에 있는 "우의적 신용"

기사식(記事式) 광고와 변형광고 기사식 광고와 변형광고라는 말이 언제 생겼는지 모르나 이런 광고는 이미 1920년대 신문에서 찾을 수 있다. 1925년 〈동아일보〉에도 변형광고는 자주 나타난다. 이해 4월 13일의 "동아일보(東亞日報)와 협력(協力)하야 민중적국민보건(民衆的國民保健)의 운동(運動)!!"이라는 헤드라인의 일본 인단과 같은 "가오루" 광고, 이보다 2년 전 같은 신문에 게재된 "호시"라는 위장약 광고는 모두 신문 1면을 세로 반으로 나눈 변형광고이다. 1926년 9월 16일 〈동아일보〉에 실린 4개 광고 가운데 "오리지나루"(영어로는 Original) 광고 역시 변형광고이며 1933년 8월 9일 〈매일신보〉에 있는 삿뽀로, 아사히 맥주광고, 그리고 그 왼쪽의 인단광고 등 모두 변형광고이다.

기사식 광고도 이따금 나오는데 1925년 5월 19일, 27일, 그리고 6월 2일 〈동아일보〉에 게재된 일본의 레토 화장품 광고는 시리즈로 기사식 광고를 이용하고 있다. 치마저고리 차림의 한국여성을 그림으로 다룬 이 광고는 신문 2단(段) 전단 크기의 광고이다. "아름다워지는 화장법"이라는 제목은 마치 신문기사처럼 되어 있다. 그리고 중간에 문장을 단락으로 나누고 있다.

광고와 섹스 광고에 섹스를 이용한 것은 오랜 일이다. 다만 한국에서 신문에 섹시한 광고표현이 나타나는 것은 1920년대 이후였다. 그리고 제품은 주로 여성용품과 포트와인이었다. 광복 전 일찍부터 많은 광고를 해서 와인 하면 여성과 달콤한 맛을 연상하게 만든 것은 아마도 아까다마(赤玉, 적옥) 포트와인이었을 것이다. 원래 포르투갈에서 시작된 달콤한 포트와인은 작은 광고를 자주 게재하는 전술을 이용했다. 섹시한 나체의 여성 일러스트레이션을 위주로 하고 브랜드 이름에 짤막한 카피를 곁들인 아까다마, 즉 빨간 구슬 상표였다. 1920~1930년대라는 시대적 배경을 고려한다면 이 일련의 광고가 획기적인 표현이었음은 틀림없다. 여성 보건용 제품인 중장탕(中將湯) 역시 때로는 나체 일러스트레이션을 사용했다. 독특한 크리에이티브가 돋보이는 스모가 치약도 섹시한 광고를 했는데 거울을 들여다보는 상체를 벗은 여성의 그림이 있다. 카피가 멋진데, "그만 하면 머리의 윤택이나 얼골 빗갈은 더 말할 수 업시 어엽브나 그러나 다만 치아가…."로 여운을 남기고, 브랜드 이름 위에는 "검은 니가 흰 니가 되는"이라는 슬로건 같은 카피를 더 했다.

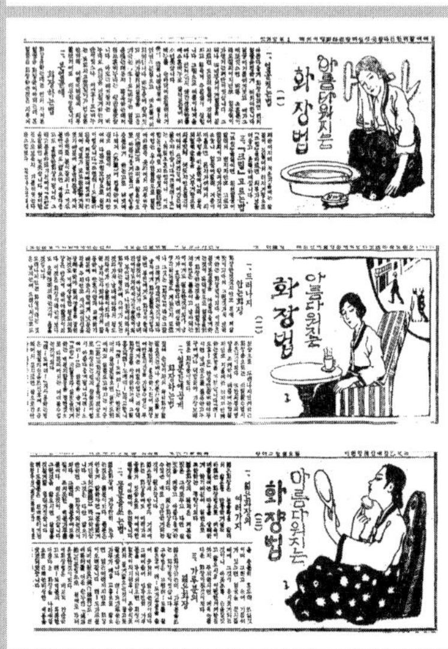

①	②	③
④	⑤	

① 1923.12.2일자 〈동아일보〉. 호시 위장약(胃腸藥).

② 1925.4.13일자 〈동아일보〉. 가오루(인단).

③ 1926.9.16일자 〈동아일보〉. 원료향수(原料香水) 오리지나루(Original).

④ 1933.8.9일자 〈매일신보〉. 삿뽀로, 아사히 맥주와 인단.

⑤ 1925.5. 19, 5.27 및 6.2 〈동아일보〉에 1,2,3으로 연재된 화장품의 기사식. 광고는 소구대상이 여성임을 고려해서 한글로 썼다.

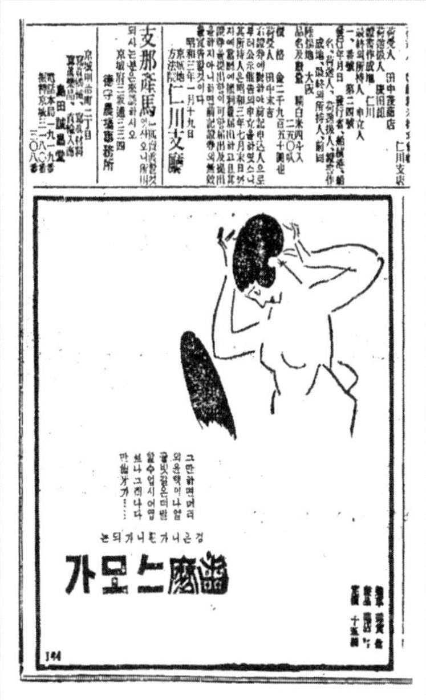

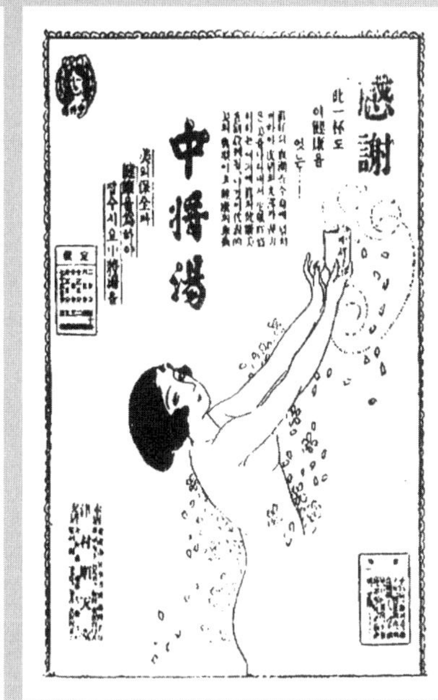

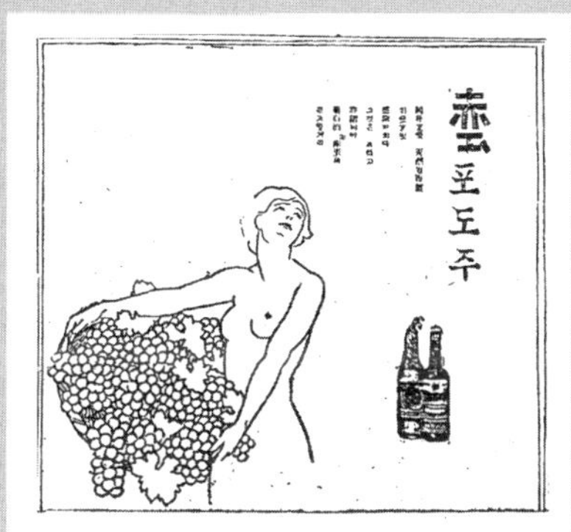

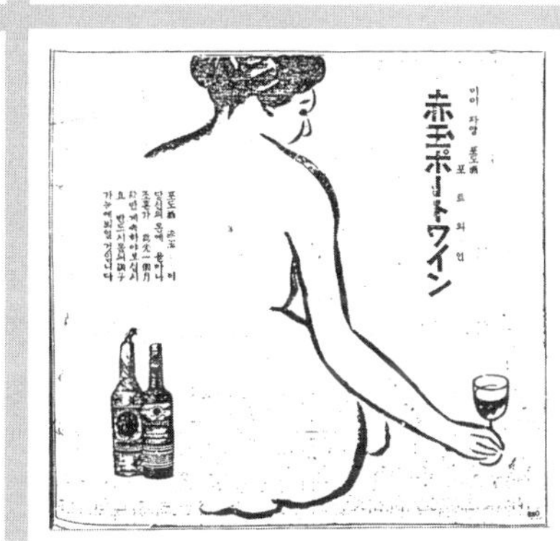

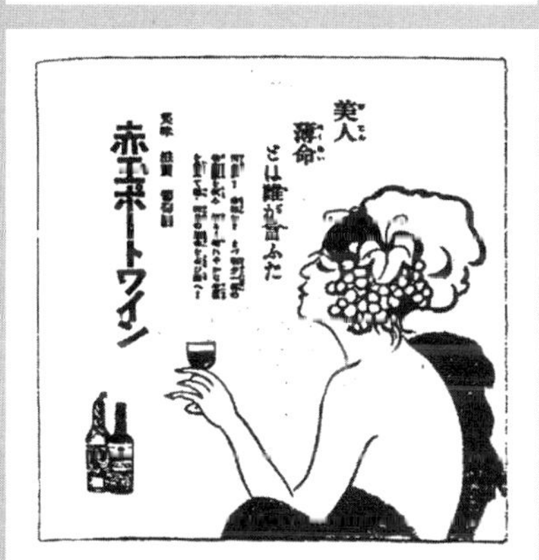

①	②	③
	④	⑤
	⑥	⑦

① 1928.2.12일자 〈동아일보〉. 옷을 벗고 거울을 보고 있는 여인
② 1923.7.2일자 〈동아일보〉. 만도린을 들고 왼쪽 상체를 벗은 여인의 금학향유(金鶴香油).
③ 1920년대 초 중장탕(中將湯).
④ 1923.4.20일자 〈매일신보〉. 포도 광주리를 안은 여인
⑤ 1927.5.21일자 〈매일신보〉. 와인산을 든 여인 뒷모습
⑥ 1925년 상체가 나체인 와인잔 든 여인.
⑦ 1925.4.8일자 〈동아일보〉. 술잔 6개를 든 여인

담배 피는 사람을 위한 치약 "스모가"와 아까다마(赤玉) 포트와인 아마도 1920년대에서 1930년대에 자주 광고를 한 일본제품으로서, 적은 예산을 써서 디자인과 카피가 두드러진 광고를 한 브랜드는 담배 피는 사람을 대상으로 설정한 "스모가"와 "아까다마" 포트와인이었을 것이다. 1930년대 초 아까다마 포트와인 광고는 유머러스한 일러스트레이션과 톡톡 쏘는 듯한 유머를 담은 소형 광고캠페인을 전개했다. "밋는 자는 모다 구함을 밧으리라. 여러분 아까다마 포-트와인을 잡수십시오"라는 카피와 구세군을 연상시키는 일러스트레이션, "인제는 또 한 살씩 나이를 더 먹엇네나. 아니 나는 아까다마 포-트와인의 덕택으로 또 한 살 젊어젓다네", "집집마다 해 그린 기(일본 국기) 집마다 아까다마 포-트와인", "참 체격 조-타. 아까다마 포-트와인을 먹었다지. 음. 에-라 갑종합격" 등 광고의 카피를 보면 멋진 일러스트레이션과 해학 또한 그 무렵 시대성과 멋진 앙상블을 이루고 있다.

1928년의 스모가 광고는 대단한 캠페인이었다. 아직 포지셔닝이란 말이 나오려면 반세기쯤 기다려야 하던 시절이었으나 스모가(아마도 영어의 Smoker에서 만든 말일 것이다)라는 브랜드는 담배 피는 사람만을 위한 치약이라는 포지셔닝 설정을 했다. 역시 독특한 흡연가의 일러스트레이션과 "끽연가의 치마(齒磨, 치약) 스모가"라는 슬로건과 브랜드명의 로고체에다 유머가 섞인 카피가 있다.

꾯
모닝. 그것은 0일부터 담배
냄새를 스모가로 깨끗
하게 청소(淸掃) 한---입에서
나오는 인사입니다!

담배 자시는 분의
치마 스모가
그의 용모는
담배를 먹는
것 같은데도
치아는 희다.
가로대 이것
을 티에 옥(玉) 이
라고 할까!

카피에 해악이 넘치고 있다. 물론 광고카피 본래의 아이디어도 좋았지만 누군가가 이 일본어를 한국어로 번역했을 것인데 그 옮긴 솜씨도 뛰어났다고 할 것이다.

광고의 현지화 및 크리에이티브에 미친 영향 광고의 현지화는 이미 1920년대 일본 광고주들이 한국에서 실천하고 있었다. 어떻게 보면 당연한 일이었다. 현지화를 선도한 것은 비누, 여성 화장품, 그리고 조미료인 아지노모도(味の素)였다. 1920년대 후반부터 현지화에 앞장 선 것은 구라부(Club) 비누와 자매품인 가데이(가정의 뜻) 비누였다. 가데이 석감(石鹼, 비누)이라는 브랜드 이름을 돋보이게 하면서 일러스트레이션은 한복 차림의 한국 부인을 그렸다. 아름다워지는 화장법 캠페인이라고 할 레토 백분광고는 화장대 앞에 앉은 여성을 그렸는데 한복 차림의 여성이다. 역시 화장품 백색미안수 광고도 두 여자가 그려져 있는데, 앞에 있는 여자는 한복 차림으로 되어 있다.

1920년대 중반 이후 가장 큰 광고주 중 하나였을 조미료 아지노모도는 디자인과 카피 모두를 현지화했는데 1930년대에 들어선 뒤로는 아지노모도(味の素)라는 한문 브랜드명과 로고 옆에 한글로 "아지노모도"를 달았다. 그리고 치마저고리를 입은 한국 가정주부 차림의 여성을 썼다. 1930년대에 접어들자 이미 제품이 어떤 것인지는 인지된 터라 지속광고로서 디자인 중심으로 간단히 상기시키는 메시지면 충분했다. 1937년 12월 15일 〈조선일보〉에는 색동저고리 차림에 단발머리를 한 소녀 그림이 있는데 아마도 현지화의 대표적인 광고로서 카피와 디자인이 완전히 한국화된 것이었다.

할머니도
엄마도 울아버지도
언니도 어밈도
말햇습니다.
아지노모도는
모든 음식을
맛나게 해 준다구요!

1930년대에 접어들자 크리에이티브는 훨씬 향상되었다. 아마도 〈조선일보〉와 〈동아일보〉가 주최한 여러 광고 관련 행사를 하고 나서는 기사로 다루어 전파하게 된 일이 영향을 미쳤을 것이다. 또한 한국보다 시장 경쟁이 치열했고 따라서 앞선 여러 일본광고가 우리 말 신문에 게재된 일도 자극제가 되었을 것이다. 이미 1922년에도 제생당약방 대력환(大力丸)이라는 약품은 "광고의장 모집"(廣告意匠募集)을 했다. 소련의 판토크린이 1937년 5월 31일자 〈조선일보〉에 발표한 도안 현상발표를 보면, 소련에 있는 사슴뿔인 녹용을 소재로 한 광고 도안 당선자 3명의 이름이 있는데 두 사람은 한국인이고 한 사람은 일본인이었다. 1940년 9월 13일자 〈매일신보〉에는 어린이 영양제인 와카모도 조선 출장소가 "광고문안계 모집" 광고를 게재했다. 이것은 광고주들이 광고문안, 즉 카피의 중요성을 이해한 것을 반영하는 일이었다.

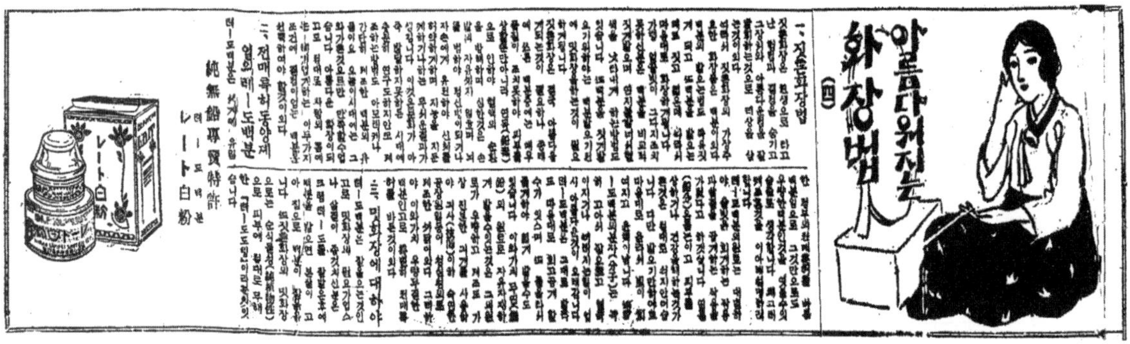

① 1925.6.9일자 〈동아일보〉. 아름다워지는 화장법 광고는 2단인데 기사식으로 되어 있다.

② 1927.4.20일자 〈동아일보〉. 백색 미안수.

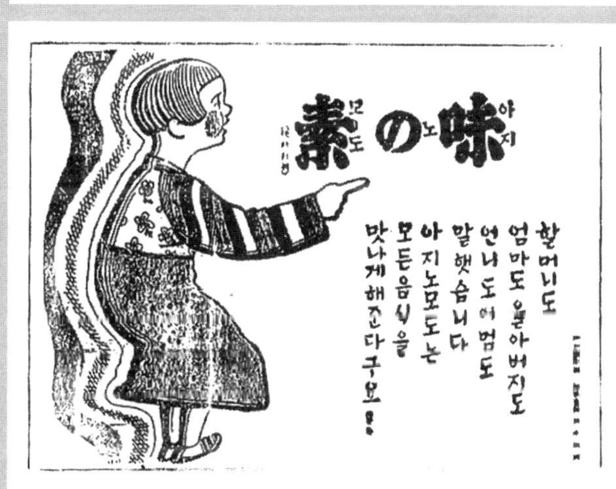

①	②
	③

① 1926.9.16일자 〈동아일보〉. 기데이(가정) 비누

② 아지노모도의 현지화. 한복차림의 주부.

③ 1937.12.15일자 〈조선일보〉. 색동저고리 차림의 여자 어린이.

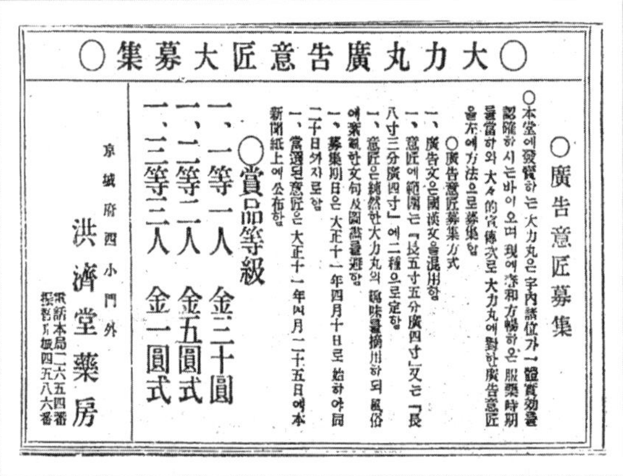

○大力丸廣告意匠大募集○

○廣告意匠募集

○本堂에發賣하는大力丸은宇內諸位가一體實効를認識하시는바이오며現에淸和方暢한服藥時期를當하와大々的宣傳次로大力丸에對한廣告意匠을左에方法으로募集함

○廣告意匠募集方式

一、廣告文은國漢文을混用함

一、意匠에範圍는「長五寸五分廣四寸」又는「長八寸三分廣四寸」에二種으로定함

一、意匠은純然한大力丸의趣味를擷用하되風俗에案해한文句及圖畫를避함

一、募集期日은大正十一年四月十日로始하야同二十日까지로함

一、當選된意匠은大正十一年四月二十五日에本新聞紙上에公布함

○賞品等級

一、一等一人 金三十圓

一、二等二人 金五圓式

一、三等三人 金一圓式

京城府西小門外

洪濟堂藥房

電話本局二六五四番

振替京城四五八六番

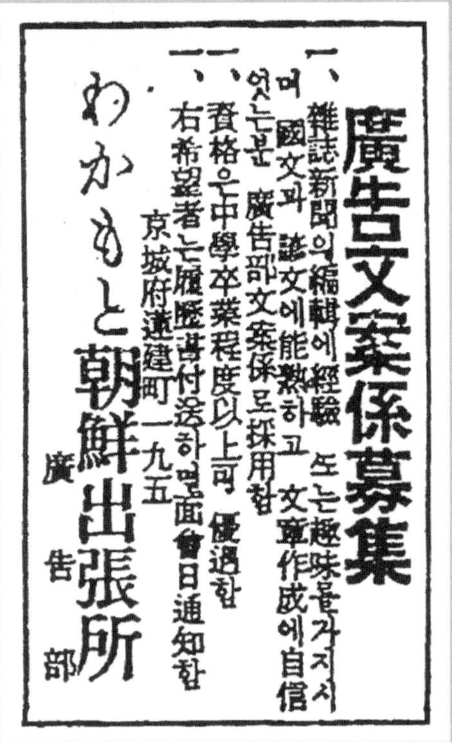

廣告文案係募集

一、雜誌新聞의編輯에經驗또는趣味를가지시며國文과諺文에能熟하고文章作成에自信잇는분 廣告部文案係로採用함

一、資格은中學卒業程度以上可 優遇함

一、右希望者는履歷書付送하면面會日通知함

京城府[illegible]町一九五

わかもと朝鮮出張所

廣告部

① 1922.4.10일자 〈동아일보〉. 대력환 광고의 의장(디자인) 대모집.

② 1937.5.31일자 〈조선일보〉. 판토크린 도안 현상 발표.

③ 1940.9.13일자 〈매일신보〉. 광고문안계 모집.

FORD와 GENERAL MOTORS(GM)의 각축전 아마도 한국신문 최초의 자동차 광고였을 미국의 포드광고는 1927년 5월 28일 〈동아일보〉에 실린 전람주간(展覽週間)이었을 것이다. 동대문, 종로, 을지로, 의주로, 남대문로를 걸쳐 가면서 포드 자동차 대리점을 소개하는 "선전행렬(宣傳行列)", 즉 시가행진 광고였다. 아울러 포드 자동차 전시도 있었다. 일단 대리점을 소개하고 영화상영, 자동차 전시를 통해 알리고 난 뒤 이듬해 1928년 2월 23일 〈동아일보〉에는 전면광고를 게재했다. 고작해야 하루 6면을 발행하던 시절에 전면광고를 실었으니 대단한 일이었다.

2단으로 짜인 이 광고의 헤드라인은 "신(新) 포드 자동차의 피로(披露), 헨리 포드 술(述)"이다. 포드 자동차 설립자의 사진과 함께 그의 서명이 두드러지게 나와 있다. Ford의 "F"를 우리말로는 그림에서 보듯이 "ㅍ" 자에 동그라미를 달았다. 영문에서 직역인지, 혹은 일본어에서 중역(重譯)인지는 알 수 없으나 당당한 내용인 것은 틀림없다.

> "회고컨대 19유여년전(有餘年前) 최초의 T형 포드 자동차를 제조 발매할 때 나는 여러분께 다음과 같은 말을 하였습니다.
>
> 포드회사는 일반 민중적 자동차를 이제 제공합니다. 그것은 가족용으로나 또는 개인용으로나 가장 적당하고 운전과 수선이 매우 간단합니다. 나는 여러분께 다음과 같은 기계공학상 가장 간단한 고안에 의하여 가장 최상급의 재료를 가지고 가장 우수한 기사가 제작한 것입니다. 그러나 가격이 지렴(至廉, 매우 싸서) 상당한 수입이 있는 분이면 누구나 사실 수가 있습니다."

첫 광고가 이렇게 나가고 난 다음 날인 2월 24일에는 다시 "신(新) 포드차의 가격은 매우 저렴"이라는 헤드라인으로 역시 전면광고가 같은 신문에 게재되었다. 동시에 이날, 다른 면에는 말하자면 대리점의 소재지와 이름을 발표했다.

서울에 3개, 그리고 평양, 부산, 대구, 광주, 김천, 진주, 마산, 신의주, 대전, 해주, 원산, 함흥, 제주도, 사천, 청진의 15개 도시였다. 그러나 대리점은 거의 일본인 상회나 상점이었고 이름으로 미루어 한국인 경영으로 보이는 곳은 2, 3개사뿐이었으니 자동차 수입, 판매는 완전히 일본인이 지배하고 있었다.

그리고 "25일부터 27일까지 서울 남대문통(通, "통"은 우리말의 "로", 路) 2정목(丁目, 정목은 우리말로 "가", 街에 해당) 232번지 주식회사 쌔일(Sale) 상회 판매소에서 진렬 공개. 일반 내림을 환영. 매일 오전 9개 개장. 입장 무료"라 했다.

일반 공개를 시작하는 25일에는 다시 세 번째 전면광고가 나왔다. "이제 신 포드 자동차가 나왔습니다"라는 헤드라인이었다. 그리고 세단의 큰 사진과 함께 다섯 가지 승용차와 트럭을 작은 그림으로 광고했다.

아마도 서울에서 내로라하는 사람들도 연 사흘 계속해서 나오는 포드 자동차 전면광고를 보고는 놀라지 않을 수가 없었을 것이다. 실로 경이적인 런칭 캠페인(*Launching Campaign*)이었다.

그런데 광고주는 일본 포드였다. 아직 자동차를 생산하지 못하던 일본은 미국 자동차를 팔고 있었다. 일제 자동차가 아주 없었던 것은 아니었으나 미국의 포드와 GM과는 경쟁이 되지 못했고 두 미국 회사가 독차지하고 있었다.

1924년에는 포드, 1925년에는 GM이 일본에 진출했다. 다만 일본에서 본격적인 자동차 공업이 발전하게 된 것은 1931년 상공부가 자동차 공업육성 방침을 세우고, 1932년 자동차와 부품 수입관세를 올리고, 다시 1936년 자동차 제조사업을 허가제로 하며 포드와 GM에 대해 생산 규제 조치를 한 뒤였다.

GM의 시보레가 포드에 질세라 대대적인 광고캠페인을 벌이는 것은 한 달 남짓 뒤였다. 일본 전보통신사의 《일본 광고발달사》(상권)에 의하면 포드 광고대행은 일본의 영자신문 *Japan Advertiser* 계열인 태평양광고취급사(太平洋廣告取扱社)라는 광고회사였다. 1928년 3월 8일 "지도자 되는 책임!"이라는 헤드라인의 광고가 1면 4분의 1 크기로 〈동아일보〉에 게재되었다. 제품광고라기보다 기업광고에 가까운 내용으로 캐딜락과 시보레를 포함한 9가지 자동차 상표를 보여 주었다. 첫 광고가 나간 두 주쯤 뒤에는 "1928년식 신 시보레 근일 출현합니다"는 신제품 예고광고가 같은 신문에 게재되었다. 다시 3주쯤 지나자 "1928년식 시보레호의 타는데 새로운 맛"이라는 헤드라인 광고가 〈동아일보〉에 게재되었다. 좀더 자동차에 관한 정보를 많이 제공했으며 아마도 한국 최초였을 월부판매 편의 제공을 광고했다.

이렇게 해서 1920년대 초에서 1930년대 전반까지는 자동차 광고가 새로운 업종으로 등장하게 되었다. 포드나 GM이나 모두 광고형식은 영자신문에 쓰는 세로가 길고 가로가 좁은 모양을 사용했다.

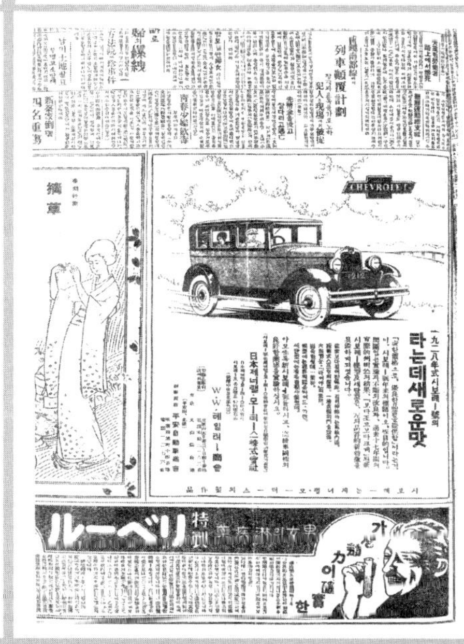

① ② ③ ④

① 1928.3.8일자 〈동아일보〉에 게재된 GM의 "지도자 되는 책임!"

② 1928.4.10일자 〈동아일보〉에 게재된 "과연!! 진가 유감없이 발휘되다"라는 포드 자동차 광고.

③ 1928.5.3일자 〈동아일보〉에 게재된 "중요한 성명. 구 T형 포드차 애용가 제위께 대하여"

④ 1928.4.17일자 〈동아일보〉에 게재된 "1928년식 시보레호의 타는데 새로운 맛"

5. 그 밖의 일

안내광고 현재의 안내광고가 시작된 것은 1921년인데 처음에는 소개란(紹介欄)이라고 불렀다. 1921년 2월 24일 〈동아일보〉는 "동아소개란 신설"(東亞紹介欄新設)이라는 사고를 통해 "저렴한 요금 간단한 절차로 가장 유효한 신문의 이용법"(低廉한 料金 簡單한 節次로 가장 有效한 新聞의 利用法)인 동아소개란 광고가 무엇이며 어떤 종류가 있고 또한 요금은 얼마인가를 소개했다. 동아소개란이 처음 게재된 것은 1921년 3월 1일이었다. 초기에는 안내광고 이용자가 많지 않았으나 13년 뒤인 1934년 2월 1일자 〈조선일보〉 안내광고에 해당하는 독자이용란(讀者利用欄)이라는 제목 다음에 30건에 가까운 안내광고가 게재되기에 이르렀다.

> 1920년대에는 동아일보와 조선일보에 광고를 계몽하는 광고들이 게재되었는데 대개 작은 빈 광고란을 이용했다. "주의(注意) 광고를 보신 후 당장에는 필요가 없을지라도 후일 소용될 듯한 것은 떼여서보관하시요. 매우 긴요한 때가 만소. (1922. 5. 5 〈동아일보〉)", "本報(본보)의 광고를 보시고 광고주에게 주문 혹 교섭할 시는 동아일보 광고 보신 일을 명기(明記)하시오(1922. 5. 26 〈동아일보〉)", 또는 "광고도 기사이오니 주의해 보시옵(1926. 6. 12 〈조선일보〉)", 그리고 "廣告도 긔사이오니 자세히 보시고 필요하신 때에 보시게 오리여 두시옵소서(1926. 5. 31 〈동아일보〉)" 등이 그 예이다.

광고에 대한 일반상식 해설, 광고 강좌 〈조선일보〉는 1932년 2월 20일부터 5월 4일까지 기간에 14회에 걸쳐 "광고에 대한 일반상식 해설"(一般常識解說)을 연재했는데 이것은 광복 전 광고에 관해 쓴 글로서는 가장 많은 분량이고 포괄적이며 현실적인 동시에 매우 전문적인 내용이다. 다만 필자의 펜네임이 활해(活海) 혹은 영어로 WH생으로 되어 있어서 실명은 현재까지 밝혀지지 않았다. 14회에 걸친 내용의 제목은 다음과 같은데 퍽 포괄적임을 알 수 있다〔전문은 신인섭(1986), 《한국 광고사》, 나남, '부록'에 나와 있다〕.

1937년 5월 16일 〈조선일보〉 강당에서 있은 "조선 최초의 광고강좌"(朝鮮最初의 廣告講座)는 획기적인 행사였다. 강사로 초대된 네 사람은 당시 일본 광고계의 저명인사였다. 이 강좌내용은 그 뒤 〈조선일보〉 지면에 다시 보도되었다. 따라서 이 행사가 미친 영향은 컸을 것임을 짐작할 수 있다.

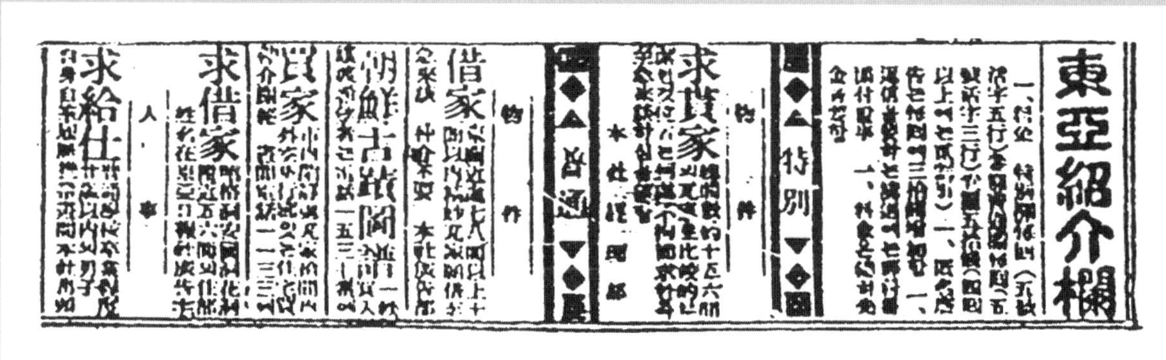

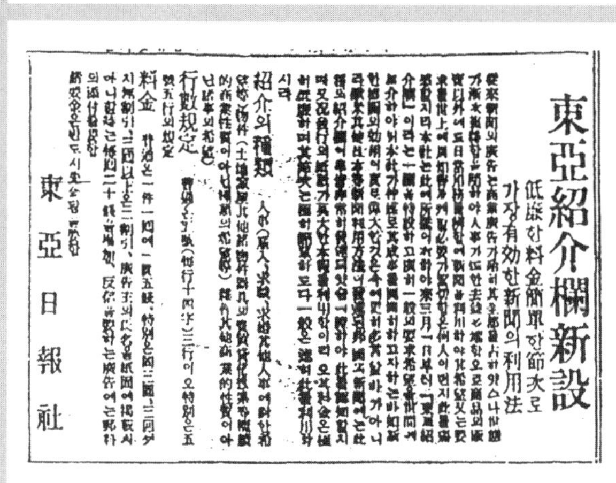

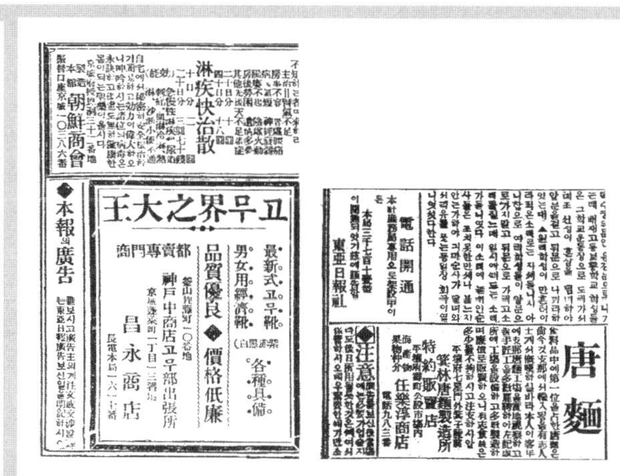

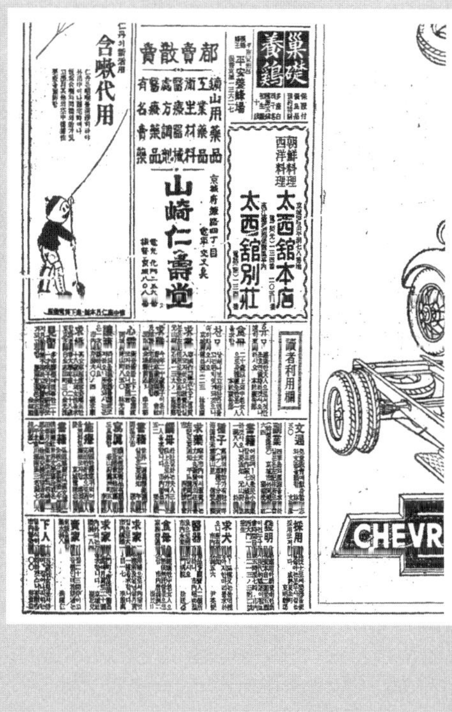

	①	
②		③
	④	

① 1921년 3월 1일자 〈동아일보〉에 게재된 소개란.

② 1921년 2월 24일 〈동아일보〉에 게재된 동아소개란 (안내광고) 신설 광고.

③ 1922년 5월 5일 및 5월 26일 〈동아일보〉에 게재된 광고 게공 자사광고. 1단 광고는 "주의"(注意), 2단 광고는 "본보의 광고"(本報의 廣告)라는 제목이다.

④ 1934년 2월 1일자 〈조선일보〉에 게재된 "독자 이용란" (안내광고)

廣告에對한 一般常識解說 (十二)

活海生

第一講座 ①

經濟上、文化上 廣告의使命!

伊藤重治郎

広告講座

朝鮮最初의試驗

廣告講座

主催 朝鮮日報社

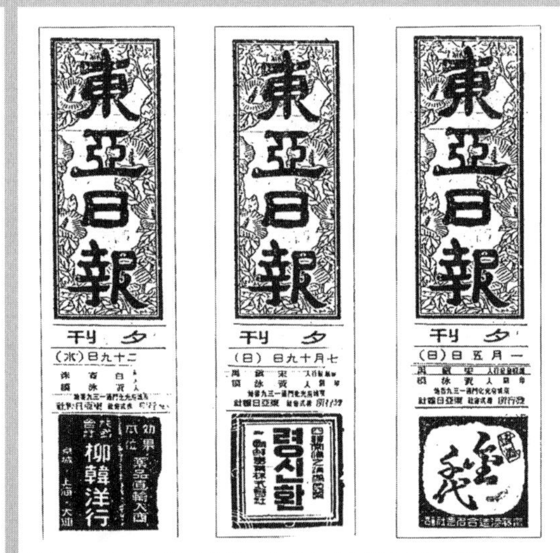

東亞日報 夕刊

東亞日報 夕刊

東亞日報 夕刊

① ② ① "광고에 대한 일반상식 해설" 연재 12회. 〈조선일보〉 1932년 5월 1일.
③ ④ 저자의 이름은 펜네임인 "活海"로 되어 있다.

②, ③ "조선 최초의 시험"이라는 제목이 붙은 "광고강좌"(廣告講座)에 대한 〈조선일보〉 1937년 5월 13일자 사고 및 강의 내용을 발표한 제 1강좌 소개 기사. 제목은 "경제상, 문화상 광고의 사명!"이다.

④ 〈동아일보〉 1936.1.5, 7.19, 9.29일자 제호 밑에는 제하광고(題下廣告)가 있다.

〈표 4-19〉 활해(活海) 또는 빼생이라는 펜네임으로
1932년 조선일보에 연재된 "광고에 대한 일반상식 해설" 기사

일자(회수)	제목
2.20(1)	서언
2.21(2)	신문광고가 없는 원인
2.24(3)	신문광고가 필요한 이유
2.25(4)	광고의 방법
2.26(5)	광고의 방법-신문 선택
2.27(6)	계속
3.1(7)	광고의 방법-광고의 형상
3.2(8)	계속
4.24(9)	광고의 방법-광고문안(카피)
4.26(10)	광고의 방법-광고의장(디자인)
4.29(11)	광고의 방법-광고배치(레이아웃)
5.1(12)	계속
5.3(13)	슬로건, 효능서, 설명서
5.4(14)	애듭-특별한 제목 없음

개벽잡지 광고수난 월간 잡지 〈개벽〉(開闢)은 1925년 8월호에 애국지사 특집을 발행했다. 그리고 8월 1일자 〈동아일보〉에 8월호 광고를 실었다. 이 특집에는 이승만, 서재필, 안창호, 이시영, 김규식 등에 관한 기사가 실려 있었다. 총독부는 즉시 이 잡지 판매를 금지하고 아울러 이 광고를 게재한 〈동아일보〉도 압수했다. 결국 〈개벽〉 잡지는 이 사건으로 발행정지 처분을 받았다. 8월 2일자 〈동아일보〉는 이 사건을 보도했는데 "광고 게재 압수"라는 헤드라인 다음에 "개벽잡지 광고를 게재하고 개벽이 압수되자 본보도 압수, 조선에도 희유한 본보의 기화"라는 기사를 게재했다. 3·1운동 이후 문화정치로 전환하기는 했으나 "문화정치"에도 한도가 분명히 있음을 반영한 사건이었다.

1930년대 후반에는 제하(題下) 광고가 시작되었다. 제한된 지면 때문에 제하광고는 내개 회사이름이나 브랜드 이름 광고에 제한되었다.

정치광고 1919년 3·1운동에 따라 일본의 조선 통치방식이 문화정치로 바뀌게 되자 지방자치의 일환으로 시 의원선거가 실시되었으며 정치광고가 등장하게 되었다. 1923년 11월 22일 〈동아일보〉에는 "경성부(서울시) 협의원(京城府協議員)"을 비롯해 인천, 대구, 개성, 신의주 등 한국 여러 도시 협의원 당선사례 광고가 게재되는데 그야말로 천편일률로서 당선자의 이름이 다를 뿐 광고크기나 내용은 그림에서 보는

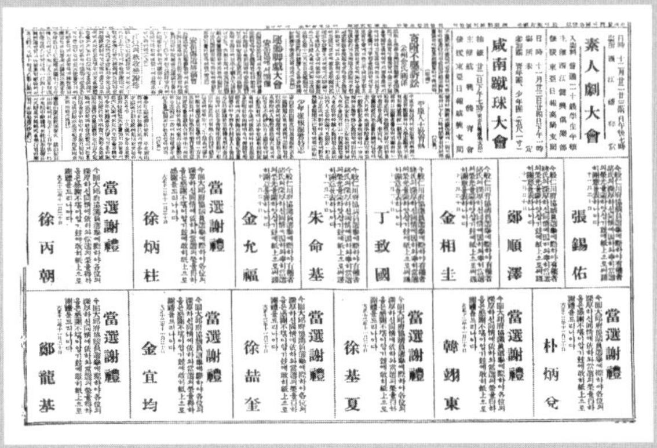

當選謝禮

今般開城郡松都面協議員選擧에際하야有權者諸氏의深厚하신同情에因하야幸히當選의光榮을蒙하얏사기玆에紙上으로써謝意를表하나이다

久野傳次郎 金興祚 朴鳳鎭 宮崎金藏 孔聖學 金正浩 崔進永 崔漢永 金諧鏞 孫鳳祥 林炅植

當選謝禮 藤原秀吉

當選謝禮 本田保太

當選謝禮 多田榮吉

當選謝禮 岡本茂

高木德彌

①|②
③

1923년 11월 22일자 〈동아일보〉에 게재된 지방 협의회원(의회)의 당선사례 광고.

① 8명의 서울 협의원(協議員) 당선자 사례 광고.

② 같은 날 이 신문에는 윗줄(오른쪽 6개 광고)에 있는 6명의 인천시 당선자 광고 내용이 꼭 같고 또한 윗줄(왼쪽 2개 광고)과 아랫줄(6개 광고)에 있는 대구시 당선자 광고내용이 꼭 같다.

③ 개성 송도면(開城 松都面) 당선사례 광고는 일본인도 섞인 11명의 이름이 있다. 그 밑에는 신의주(新義州)시 당선자 사례 광고이다.

대로 꼭 같았다. 이렇게 해서 한국에서 선거(정치)광고가 등장하게 되었다. 3년 뒤 1926년에 다시 경성부 협의원선거에서도 당선사례 광고가 게재되는데 1923년의 광고나 거의 다름없는 것이었다.

> 금반(今般) 경성부 협의원선거에 제(際)하야 유권자
> 제씨의 심후(深厚)하신 동정에 인(因)하와 행(幸)히 당선
> 에 영광을 몽(蒙)하얏삽기 자(玆)에 지상으루써 근(謹)
> 히 사의를 표(表)하나이다. — 〈동아일보〉 1923년 11월 22일자

이러한 정치광고는 그 뒤에도 계속되었는데 1937년 5월 13일자 〈조선일보〉에 게재된 당선사례 광고를 보면 일부 표현에 조금 다른 것이 있으나 큰 흐름에는 변화가 없었다. 앞서 제2절 매체에서 서울의 남대문과 비각에 세운 선거간판에서도 언급했지만 사회 지도층에 있는 경성(서울)의회 회원 출마자들의 몰염치한 선거전도 있었다.

광고 관련 서적, 교육 일제시대에 우리말로 된 광고 전문서적은 없었다. 그러나 이미 언급한 〈조선일보〉와 〈동아일보〉 및 〈매일신보〉의 신문기사, 그리고 여러 잡지에는 상당한 광고 관련 기사가 있었다. 그런데 〈동아일보〉 기자이던 김동성(金東成)은 한국 최초로 쓴 〈신문학〉(新聞學) 가운데 광고에 관해 다음과 같이 쓰고 있다.[19]

> 31. 광고부장: 신문의 매수에 의하야 광고요금의 차이가 유하니 광고부장은 광고모집에 각 방면으로 노력하야 실로 신문의 생명을 공급한다.
>
> 114. 광고: 신문의 발달에 따라 광고가 증가하나니 상인은 일반 독자가 광고문에 대하야도 잡보(사회면 기사)와 동일한 흥미를 지하는(가지는) 고로 대 상점과 각 회사에사 신문지를 이용하야 신문사 자체와 광고주가 공히 이익을 규점한다. 그래서 신문의 유지비에서 3분지의 2 혹은 4분지 3이 광고수입이오 신문 판매로는 근히(겨우) 3분지 1 혹은 4분지 1이니 독자가 1전에 신문 일매를 구독한다 하면 기(그) 신문의 실가는 3전 내지 4전인데 그 차액은 광고주의 지출이다.
>
> 116. 신문의 목적: 5개조의 목적이 신문 발간의 근본 정신이니 (1) 보도 (2) 사건 해석과 시하 문제의 논평 (3) 유익한 고시와 근면 (4) 호독물(好讀物 좋은 읽을거리) 제공 (5) 광고의 매개이다. 그럼으로 기사와 광고와의 관계는 신문의 생활 기능이 되

> 나니 독자의 계급가 수효를 따라 광고의 가치를 정하고 또는 판매부수가 기사 자체에 의뢰하여 판매부수가 증가할사록 광고요금이 고(高) 하야 신문사의 수입이 증가하나니 수입이 증가할사록 신문 지면은 발전될 것이오 감수됨을 따라 독자도 감소되는 관계가 유함으로 광고와 판매와 기사 내용이 상호 연결이 된다.
>
> 119. 부정광고: 신문은 광고의 매개물로 사회에 충성을 진할(盡, 다할) 의무가 있나니 사기적 투기사업의 위험한 매약, 부정한 의사, 기타 인류사회에 불이익할 광고를 선전함은 부지중 독자에게 해를 여(與) 한다. 차등(此等, 이러한) 광고를 게재하는 이유는 누구던지 요금만 지출하면 지면을 판매하고 광고 내용은 광고부의 조사할 바 아니라 칭탁(稱託) 하나 차(此) 를 감(鑑) 한 신문에서는 게재를 거절하야 수십만 원의 손실을 생(生) 한다.

이상의 내용으로 보아 기사와 판매부수, 광고수입의 관계를 명확히 설명했으며 신문 발행부수와 광고요금, 신문사 수입에서 광고가 차지하는 비중, 나아가서는 그 관련에 대해서 언급하고 있는데 이미 1924년의 일이었다. 또한 부정광고에 대한 책임 문제까지도 제기하고 있다.

1938에는 임경일(林耕一)의 〈신문〉(新聞)이 출판되었는데 그는 〈신문사의 경영〉에서 신문사 광고부의 조직과 업무에 관해 자세한 설명을 하고 있는데 1930년대 후반 한국신문사의 광고 관련 사항을 이해하는 데 가장 좋은 자료의 하나이다. 〈신문사의 경영〉, 〈광고 취급인의 자격〉, 〈신문광고를 이용하라〉, 〈광고 정화 문제〉 등이 주요한 광고 관련 내용이다. 그리고 신문사 발행부수와 관련된 일도 적고 있다.[20]

〈조선일보〉 자매지인 〈조광〉(朝光) 1937년 3월 호에는 "진품 수집가 비장실 역방"(珍品蒐集家秘藏室歷訪)이라는 기사가 있는데 기사제목은 "인쇄예술의 정화를 모은 연전 상과의 포스타실 방문기"로 되어 있다. 임병혁(林炳赫) 교수와의 대담 가운데 "우리 학교 상과에 광고과가 있는데 말하자면 광고과가 있는 이상 광고에는 포스타가 중요한 지위를 가지고 있는 까닭이지요"라는 부분이 있다. 또한 《연세대학교사》에도 다음과 같은 기록이 있어서 1930년대 중반에 전문학교에서 광고를 가르치고 있었음을 증명하고 있다.[21]

> 또다시 1935년 4월에는 학칙 제 7조 각 학과의 학과목, 학과과정, 매주 교수 시간수에 관한 규정을 개정하여 인가 받았다. 상과는 종래의 학과목 중 사자 및 주간 시간이 없어졌으 … 선택 과목으로 상업 분야는 … 광고론(2) … 이 있으며 …

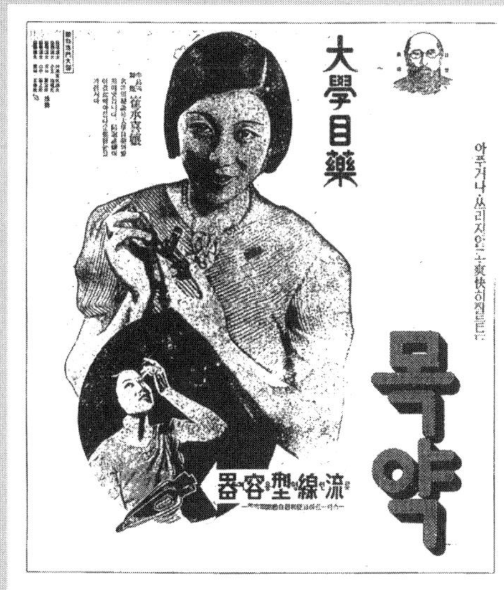

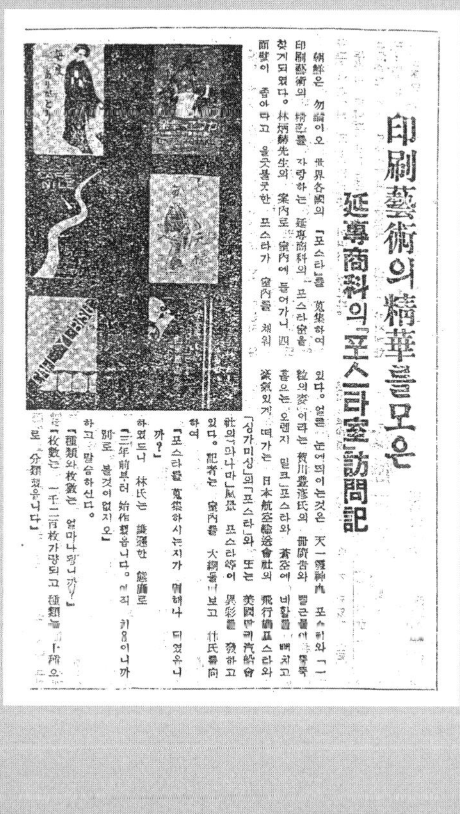

印刷藝術의 精華를 모은

延專商科의 「포스타室」 訪問記

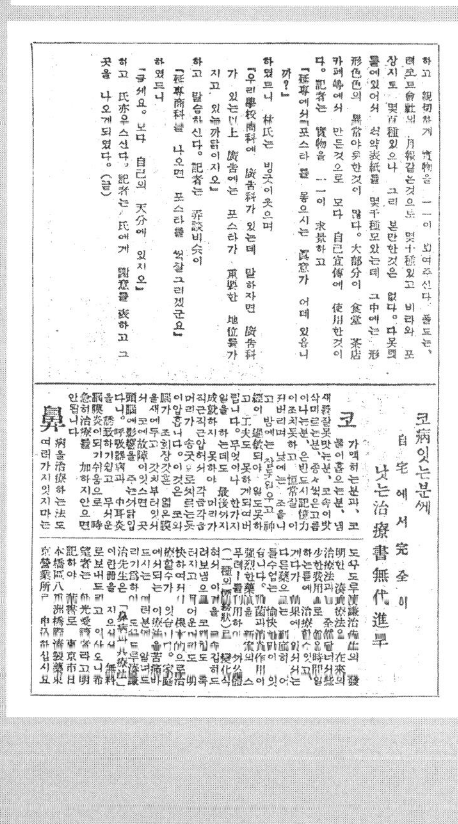

코病잇는분께

自宅에서 完全히 낫는 治療書 無代進呈

① 1937.12.14일자 〈동아일보〉. 최승희를 모델로 한 일본 안약 대학목약 광고.

②, ③ 〈조광〉(朝光) 1937년 3월호 46, 48쪽에 있는 연희전문 임벽혁 교수와 면담 기사.

같은 자료에서 교수에 관한 기록 사항을 보면 임병혁은 1933~1940년 기간 그 당시 연희 전문학교에 재직했으며 미국 시라큐스(Syracuse) 대학에서 석사학위를 받은 사람이었다.

1930년대 후반에 이르자 한국 여성이 신문광고에 모델로 등장하는 일이 일어났다. 한국이 낳은 세계적 무용가 최승희(崔承喜)는 일본 안약인 대학목약(大學目藥)의 모델로 등장했는데 이 광고는 〈동아일보〉 1937년 12월 14일에 게재되었다〔최승희는 광복 뒤에 남편 안막(安漠)과 함께 월북했다가 뒤에 숙청되었다〕. 1940년 1월 9일 〈매일신보〉에는 김소영(金素英)이라는 여자 얼굴을 모델로 한 일본 여성용 코롱 광고가 게재되었다. 이 밖에도 여성들이 모델로 등장하는데 사진이 일러스트레이션을 대치하게 되었다. 또한 신문 제호 밑에 게재되는 제하광고가 등장했다. 이렇게 되자 신문 제목 밑에 게재되던 신문사 주소, 구독, 광고 관련 기사가 사라지게 되었다.

광고와 관련된 기사가 신문과 잡지에 나타나는 것은 1920년대 후반부터인데 현재까지 찾은 것은 다음과 같다. 물론 이 밖에도 잡지에 게재된 광고 관련 기사는 더 있을 것이다.

별건곤(別乾坤), 1927, 신년호, 경성 각 상점 간판 품평회
별건곤(別乾坤), 1927. 2, 상점 진렬 장식 품평회
별건곤(別乾坤), 1927. 7, 〈중외일보〉(中外日報) 하희원 광고부장의 글 "신문광고부원이 그 자리를 떠난다면"
동광(東光), 1931. 12, 조선 신문계 종횡담
신동아(新東亞), 1932. 6, 1932년식 광고전술
개벽(開闢), 1935. 1, 신년 특대호 신문만담
개벽(開闢), 1935. 3, 김동인〔金東仁, 아호는 금동(琴童)〕 "상구독고 현민간신문"(孀嫗獨孤現民間新聞)
조광(朝光), 1937. 12, 서울 종로의 옛 시전(市廛)

광고 자료 전람회, 광고화(廣告畵) 전람회, 사교협회, "선전과 실행" 사설 1920년대 초에는 광고에 대한 관심이 증가하게 되는데 서울 상공회의소는 1923년 4월 중순에 약 1주일간 광고 자료 전시를 위해 각종 광고물을 수집 중이라는 기사가 있다.[22] 같은 해 〈조선일보〉는 5월 7일자 "선전과 실행"(宣傳과 實行)이라는 사설에서 실행이 따르지 않는 선전, 광고에 대해 주의를 환기하는 장문의 기사를 썼는데 광복 전 1920

년대 초반에 신문이 사설에서 선전, 광고 문제를 다룬 것은 매우 드문 일이었다.

1924년에는 "광고화 전람회"라는 제목의 신문기사가 있는데 서울의 서대문 밖에 있는 "광고술 보급회"(廣告術普及會)라는 단체가 광고문안과 도안향상을 위해 전시회를 계획 중이라는 것이다.[23)]

서울 시내에서 발행하는 4개 국문신문인 〈조선일보〉, 〈동아일보〉, 〈시대일보〉, 〈매일신보〉 광고부원으로 조직된 "사교협회"(社交協會)가 특별회원을 모집해서 이 회원사에 대해서는 의장료(意匠料, 디자인료)를 따로 받지 않는다는 기사도 있어서 광고 디자인에 관한 관심의 일단을 엿볼 수 있다. 이 사교협회는 1926년 2월16일에 윷놀이 대회를 주최하기도 했다.[24)]

전쟁과 광고 1937년 일본의 중국침공, 그리고 4년 뒤 1941년 12월의 진주만 기습에서 시작된 태평양 전쟁으로 식민지 조선도 전쟁에 휘말리게 되었다. 신문 지면이 줄어들고 광고에 대한 갖가지 규제가 생긴 것은 물론이고 일본에서 시작된 "헌납광고"(獻納廣告)라는 것이 한국에서도 생겼다. 기업이 광고료를 내고 광고 내용은 전쟁과 관련된 정부시책을 선전하는 광고였다. 1944년 1월 4일자 〈매일신보〉에는 꼭 같은 크기의 광고 6개가 게재되었는데 광고주는 모두 민간기업이었다. 그 가운데 헌납광고 하나의 내용을 보면 섬뜩한 느낌을 줄 만큼 격렬한 내용이 있었다.

> 적귀축 미영 격멸(敵鬼畜米英擊滅)
> 학도 출정 만만세(學徒出征萬萬歲)

짐승과 같은 적 미국과 영국을 격멸하자, 한국인 대학생이 군에 입대하는 것에 대해 만세를 부르자는 내용이다. 이 밖에도 공습에 대한 대비가 되어 있는가, 쌀 공출은 천황을 위해 농사를 짓는 농민의 정신이라는 것, 몸을 바쳐 증산하자는 등 갖가지 전쟁 선전문구가 담긴 광고였다. 늘 일본어를 사용한다는 뜻의 국어(일본어) 상용에 순응한 때문인지 이 여섯 개 헌납광고는 모두 일본어로 되어 있었다. 일본의 패망이 가까워지자 광고는 더욱 작아지고 일반 광고에도 전쟁 선전문구가 들어가게 되었다. "멸사봉공(滅私奉公), 승리할 때까지는 각 직장에서 일체 멸사봉공하여 복구 증산에 힘씁시다"는 구리부 그림광고, "정신감투(挺身敢鬪), 담당한 직장을 끝까지 지켜서 생산 사명을 완수"라는 구라브 치약(齒磨) 광고, "반도(조선반도)의 장

1944년과 1945년 〈매일신보〉에 게재된 여러 영업광고에는 전쟁과 관련된 카피나 그림이 들어 있다.

정은 용약군문(勇躍軍門)에, 대화(大和, '야마도'라고 읽는데 일본을 지칭한다) 일치(一致) 적을 격멸"이라는 신문 1단 전단 크기 광고는 1943년에 조선인에게도 징병제를 실시한 지 1주년을 기념해서 1944년 9월 10일자 〈매일신보〉에 전주(全州) 지방 여러 단체의 이름이 들어간 전쟁 선전광고이다. 이날 〈매일신보〉 광고 가운데는 족두리를 쓴 한국 여성 그림이 있는 유키 크림의 작은 광고와 함께 조선징용문답(朝鮮徵用問答)이라는 책 광고, 그리고 한국인으로 전사한 다케야마(武山) 대위를 미화한 책 광고도 실려 있다. 몇 개 안 되는 광고조차 전쟁 일색이 되었다.

일본이 패망한 것은 1945년 8월 15일이었다.

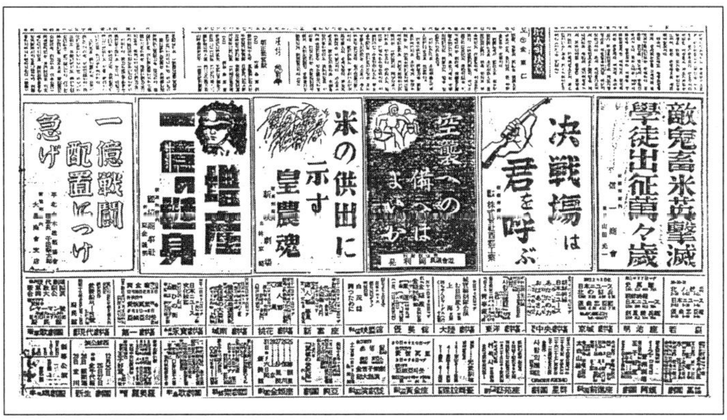

① 1944. 1. 4일자 〈매일신보〉에 게재된 6개 "헌납광고"

② 1944. 9. 10일자 〈매일신보〉 "대화 일치 적을 격멸"(大和一致敵을 擊滅). "대화"(大和)라는 말은 일본을 뜻하며 "야마도"라고 읽는다.

• 일본 광고회사 덴츠[電通, 전보통신사] •

지금은 일본 최대의 광고회사가 된 일본전보통신사가 덴츠(Dentsu, 電通) 라는 현재 이름으로 사명을 바꾼 것은 1955년이었다. 1901년 창립 당시는 광고회사로서 이름이 일본광고주식회사이다. 서울지사를 창설한 것은 을사보호조약 체결 다음 해인 1906년 (메이지 39년) 4월 30일이었다. 통신과 광고대행 업무를 겸영하는 선례는 프랑스에서 시작되었다. 덴츠는 이 선례를 따라 한국에서 통신업무와 광고대행 업무를 겸영(兼營) 했다. 1936년에는 일본정부 방침에 따라 통신업무는 동맹통신(同盟通信) 에 이양하고 광고대행 전업회사가 되었다.

덴츠는 1909년 신문총람(新聞總覽) 을 발행하기 시작했다〔첫해에는 신문명감(新聞名鑑) 이라 불렀다〕. 신문총람은 광복 전 한국에서 발행되는 우리말, 일본어, 영어 간행물들에 관해 매우 귀중한 자료이다. 예컨대 〈동아일보〉나 〈조선일보〉의 사원, 설비 등에 관한 자세한 자료가 있다. 그리고 이 신문의 광고량이 월별, 업종별, 광고 출처(지역) 별로 자세히 나와 있다.

덴츠가 한국에서 한 광고 관련 활동은 여러 곳에 남아 있다. 다만 정리된 자료로 된 것은 없다. 한일합병 이듬해인 1911년에는 《조선신사명감》(朝鮮紳士名鑑) 을 발행했는데 이 책은 한일합병 무렵 한국에서 내로라하던 사람들에 관한 귀중한 자료이다.
1922년 7월 30일에는 〈동아일보〉에 "일본전보통신사 조선 발전 기념"이라는 제목의 전면광고를 게재하는데 11개 광고를 모은 것이다. 그 뒤에도 몇 차례 전면광고를 〈동아일보〉 에 게재했다. 1937년 5월에 〈조선일보〉가 광고강좌를 할 때 초청된 네 사람 가운데 한 사람은 덴츠의 이사였다.

광복 이후에도 덴츠의 영향은 계속되었는데 오리콤의 전신인 합동광고 창설 초기에 통신과 광고대행 업무 경영 비즈니스 모델은 덴츠에서 따온 것이었다. 1967년에 합동통신사 광고기획실이 한국 광고비 조사를 시작한 것도 덴츠의 도움이 있었다. 그 밖에도 덴츠의 영향은 많았다.

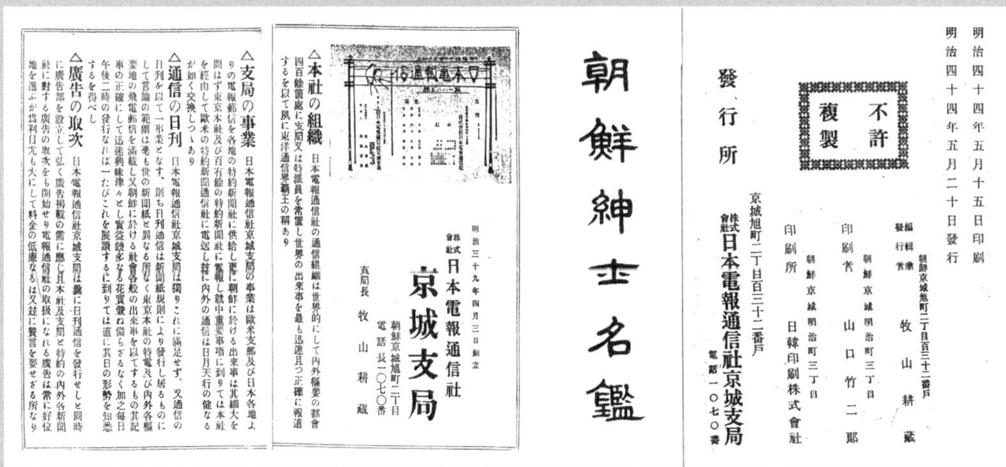

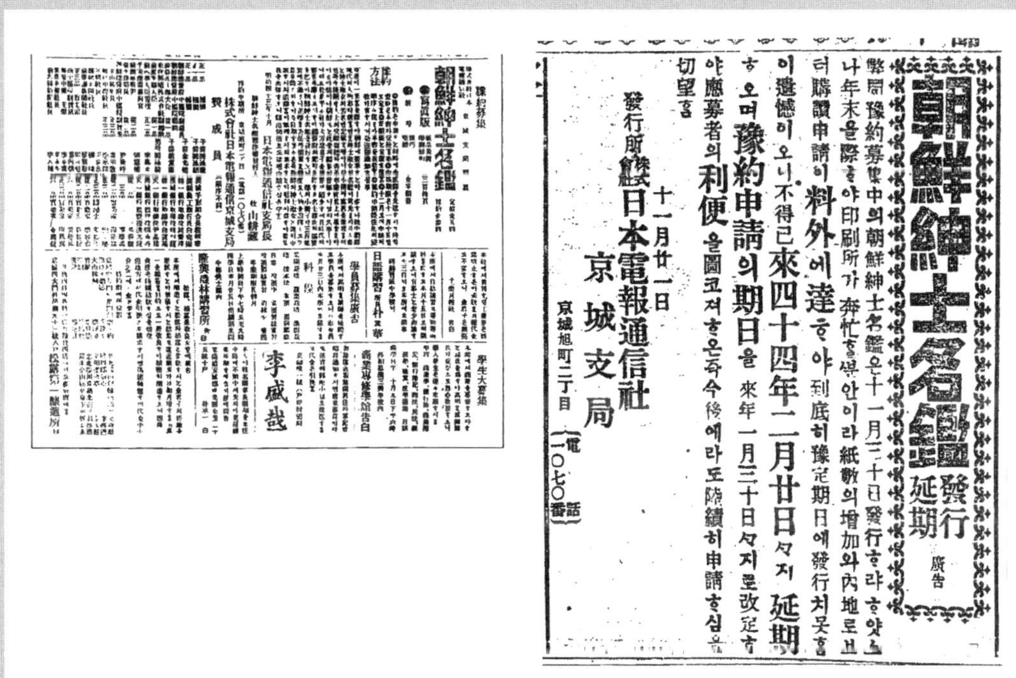

①
②

① 일본전보통신사 경성지국이 1911년에 발행한 《조선신사명감》(朝鮮紳士名鑑) 오른쪽에 판권란이 있고 가운데는 책 표지의 제호, 왼쪽에는 책에 있는 이 통신사의 조직(組織), 지국의 사업, 통신 일간, 광고 취차(대리라는 뜻) 등 자사활동을 설명하고 있다.

② 1910년 10월 11일자 〈매일신보〉(每日申報)에 게재된 《조선신사명감》 예약모집(豫約募集) 광고(왼쪽)와 같은 신문 11월 21일에 게재된 발행 연기 광고.

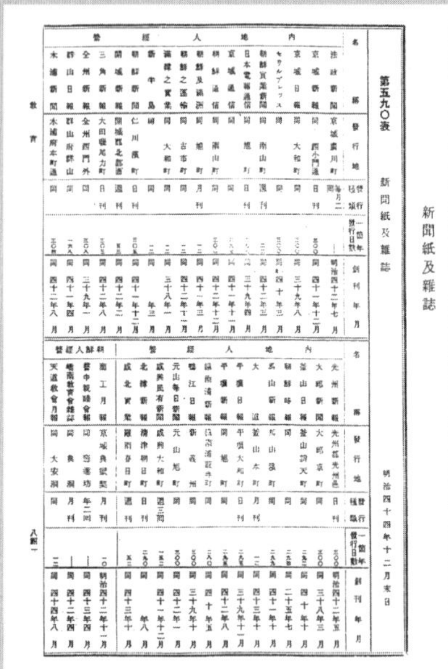

新聞紙及雜誌

第五九〇表

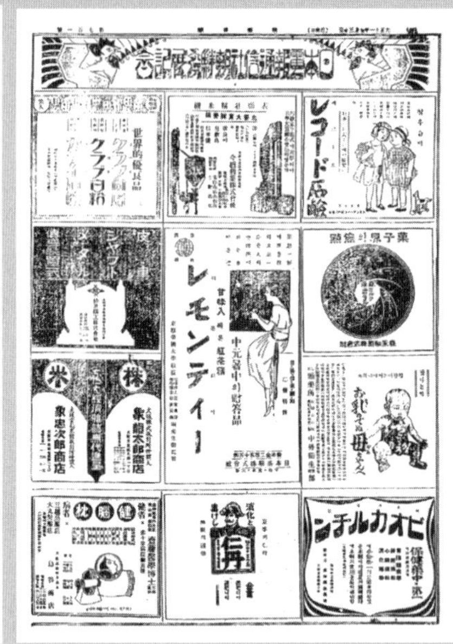

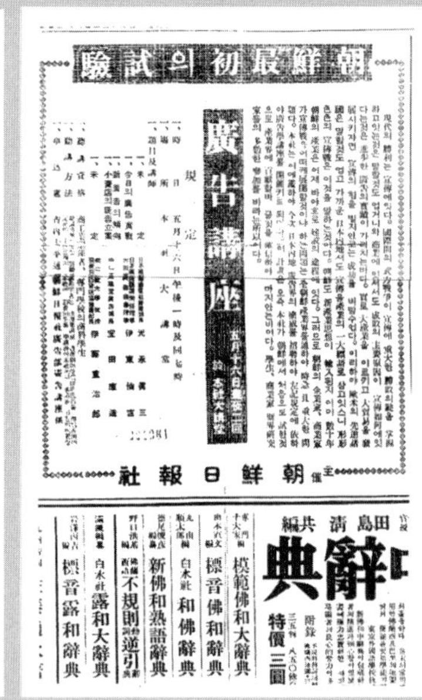

朝鮮最初의試驗

廣告講座

朝鮮日報社

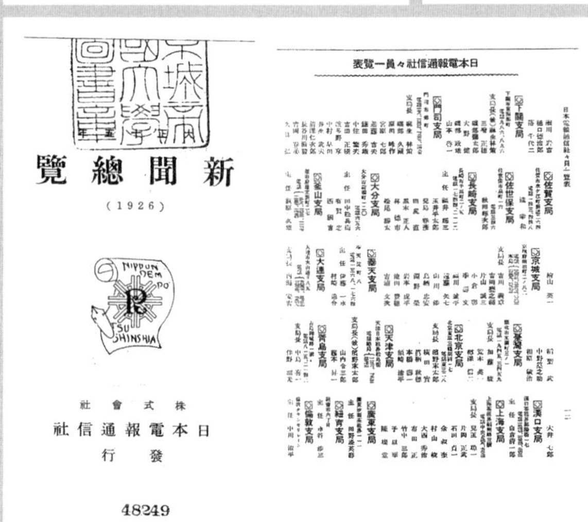

新聞總覽

(1926)

株式會社

日本電報通信社

發行

48249

日本電報通信社々員一覽表

①	②	③
④		

① 1911년 조선총독부 통계연보에 수록된 신문지 및 잡지(新聞紙及雜誌)항에는 전보통신사 이름이 있다.

② 1922년 7월 30일 〈동아일보〉에 게재된 전면광고에는 "일본전보통신사 조선발전기념"이라는 헤드라인이 있다.

③ 1937년 5월 13일자 〈조선일보〉에 게재된 광고강좌(廣告講座) 내용 사고 중에는 네 사람의 연사 중에 덴츠에서 오는 사람의 이름이 있다.

④ 1926년 〈신문총람〉(新聞總覽) 표지와 경성(京城: 서울) 및 부산(釜山) 지국 주소와 사원이름이 있는 면.

6. 광복 전 광고, 언론계 인사들의 광고에 관한 증언

주로 1930년대에 한국에서 광고에 직접 또는 간접적으로 관련되었던 김승문(金勝文), 장상홍(張祥洪), 김광섭(金光涉), 김을한(金乙漢), 김소운(金素雲), 조용만(趙容萬), 서항석(徐恒錫), 강한인(姜漢仁) 여덟 사람의 증언을 담는다. 이들의 증언 내용은 길이와 깊이에 차이는 있으나, 1930년대에서 광복까지 기간의 한국신문의 광고실황을 낱낱이 드러내고 있다. 광복 전 한국에서 가장 주된 광고매체이던 신문 광고요금, 거래상황, 광고카피뿐만 아니라, 나아가서는 그 무렵 일본의 광고주와 대행사, 그리고 매체간의 상황도 짐작케 하는 중요한 내용들이다.

광복 이후 1970년대 초까지의 한국신문광고 거래상황의 뿌리를 밝힘으로써 시사하는 바가 크다. 서항석, 김소운, 조용만, 김을한 네 사람의 증언은 제일기획이 발행한 1979년 《광고연감》에서 전재했음을 밝혀 둔다. 김승문, 장상홍, 강한인 세 분과는 저자가 직접 면담, 녹음한 것에 의했고, 김광섭의 증언내용은 면담기록에 의했다.

① 김승문(金勝文)

1900년 7월 17일 평안남도 덕천군 성양면 금성리 출생, 1918년 평양고등보통학교 입학, 1920년 독립운동에 관련한 때문에 투옥, 1922년에 출옥, 뒤에 일본 입명관(立命館, 리츠메이칸) 대학 졸업, 1928년 〈동아일보〉 입사, 1966년 7월 동사(同社) 상무이사로서 퇴사(〈동아일보〉 입사 후의 경력에 관해서는 《동아일보 社史》 1, 2권 참조).

• 대담일자: 1979년 1월 8일 •

— 그러시겠지요. 1900 몇 년이셨죠? 김 선생님이 〈동아일보〉에 맨 처음 들어가셔서 광고를 맡으신 것이?

▸1928년 9월입니다. 처음엔 판매부에 있었지요. 그러다가 경리부장이 되었고.

— 1928년에 입사하셨다는 말씀입니까?

▸네. 그래 가지고 폐간될 때까지(1940년) 13년 근무하고, 그 다음엔 해방되어 재입사를 해서 1966년까지 여러 가지 식부를 맡아보다가 그만두었지요.

— 그러면 1928년에 처음 들어가셨을 때에는 광고를 맡으신 것이 아니군요. 광고 업무를 맨 처음 맡으신 것이 어느 해가 됩니까?

▸아니오. 광고 맡은 것이 1937년 3월이지요.[25]

— 1937년 3월에 광고를 맡으시면서 동경(東京)으로 가셨나요?

▸아니오. 맡고 나서 7개월간 서울에 있다가 그 해 10월에 동경(東京)엘 갔습니다.

— 그때에 어떠했습니까? 오래 전 일이고, 벌써 41년 전 이야기입니다만, 〈동아일보〉 광고부장직을 맡으셨을 때의 광고거래라던가 한 것이 어땠는지 기억하시는지요?

▸당시 '광고밭'이 아주 없다시피 하거든, '광고밭'이라고 나는 그러는데, 광고 내는 사람이 화신백화점의 매출광고, 그 다음에 요사이 '부채표 활명수' 내는 동화약방의 매약광고, 평화당의 백보환 광고, 그 다음에 서적상하는 사람의 출판광고.

— 나머지는 일본 광고였군요.

▸그래요. 광고밭이 얼마 많지 않았어요. 그러나 그 당시에 받을 수 있는 것(광고)은 다 받았지.

— 〈동아일보〉를 안 쓰고서 광고할 수는 없었겠죠. 그 당시로 보아서는.

▸그런데 9개월 동안 정간되었다가 복간되면서 내가 동경에 갔으니까(1936년 8월에 베를린 올림픽대회 마라톤에서 승리하여 월계관을 쓰고 수상대에 오른 손기정 선수 사진 중 유니폼에 그려진 일본 국기를 교묘하게 말소한 사건이 있었다. 이 때문에 〈동아일보〉는 1936년 8월 29일부터 1937년 6월 1일까지 제4차 무기정간을 당했다. — 저자 주). 동경에 가보니까 거기는 광고밭의 범위가 넓고, 사업이 번성해서, 말하자면 무진장으로 큰데 거기에 내가 갔으니 지리도 모르지요, 사정도 모르지, 처음 가서 여섯 달 동안은 고생을 했습니다. 그래서 지리를 잘 알고, 광고사정을 잘 아는 사람을 한 달에 30원씩 내 개인돈으로 월급을 주고.

— 큰돈인데요, 그때 30원이면. 그 사람이 누구였습니까? 한국 사람이었어요?

▸크지. 내 포켓 머니(*pocket money*)를 주고, 그 사람을 앞세우고, 그 지리도 잘 알고, 광고사정도 잘 아는 이우섭(李雨燮)이라고 하는 사람인데, 그래 본사에다가 그 사람을 정식으로 채용하자고 신청을 했더니, 경비 절약한다면서 부인하더군. 그래 할 수 없이 내가 내 봉급 가운데서 30원씩 냈지. 그리고 점심 사 먹이고. 그렇게 해서 그 사람을 앞세우고 〈동아일보〉에 게재하기로 되었던 광고예산은 〈조선일보〉, 〈매일신보〉(총독부의 국문기관지)에 보냈으니 그것을 부활시키는 일과 신규로 새 광

고를 개척하는 일에다가 주력을 했습니다. 그렇게 6개월 동안을 했더니 어느 정도 성적이 올랐어.

— 그때에 김 선생님께서 이우섭 씨를 앞세우고 일본의 주요 광고주회사들을 찾아 다니셨겠군요.

▸큰 데는 가야 됩니다. 조그만 데는 안 가도 되지만, 가서 〈동아일보〉가 어떻게 되어서 정간되고, 어떻게 복간되고, 부수가 어떻게 되었는가를 설명해 주어야 되거든요. 그러니까, 그 사람(이우섭 씨)을 보내는 것보다 내 자신이 가서 설명을 해 주어야 되거든. 그런데 그 동경 사람들이 오사카 사람들과 성질이 달라서 기분, 감정의 지배를 많이 받는 사람이어서 기분이 좋으면 광고를 직접 내고, 기분이 나쁘면 아무리 그래도 내지 않고 하는 이런 성질이 있단 말입니다. 그래 기분 좋게 이야기를 하면 끌려 들어와요.

— 그러시면 광고대리점인 덴츠나 그 밖의 대리점도 다니셨어요?

▸그 당시의 대리점 여러 군데를 다녔어요. 아무래도 덴츠가 제일 컸고, 홍보당(弘報堂), 박보당(博報堂), 풍국통신사(豊國通信社), 대동통신사(大同通信社) 등 조그만 데라고 무시하지 않고 전부 성실하게 가서 출입을 했는데, 그러면 그만큼 수확이 나오거든요. 그런데 대체로 거래로 말하자면 지금 숫자는 자세히 기억나지는 않지만, 8할가량은 덴츠예요.

— 혹시 금액으로 한 달에 얼마나 되었는지 기억 못하시겠지요?

▸금액으로 짐작할 수 있습니다. 그 당시에 동아일보사의 한 달 월급 전체가 한 4만 원쯤 되었거든.[26] 그 월급은 동경서 내가 벌어 댔거든.

— 그러니까 4~5만 원 봉급을 매달 동경서 보냈다는 말이군요. 지난번 만나 뵈었을 때 말씀하셨는데요. 뒤에 덴츠 사장이 된 요시다 히데오〔吉田秀雄〕라는 분이 덴츠의 지방과장을 했다고 하셨죠. 그러면 그 당시 덴츠가 한국이 내는 광고는 모두 지방과에서 다루었습니까?

▸그렇습니다. 외교(이 무렵 일본의 광고대행사 영업담당사원을 일본에서는 '外交'라고 불렀다. 외교는 광고주를 설득해서 광고예산을 얻어내는 일을 했다)가 가서 〈동아일보〉의 광고를 얻어 오게 되면, 몇 행인데 단가는 얼마이다 하는 것을 적어서 지방과장한테 돌립니다. 그러면 지방과장이 이 신문사 지국장을 만나서 가령 30원에 받았으면 25원밖에 드릴 수 없으니 이걸 실어 주시오 하고 이렇게 나오거든요.

— 그 당시 어떠했습니까. 일본말로 요시다 히데오〔吉田秀雄〕라는 그 사람은 일

본 광고업계에서는 상당히 이름 있는 사람인데[27] 가끔 만나셨는지요?

▸매일같이 만나서 밥 먹고, 차 마시고, 가까이 지냈어요. 1946년이겠구만, 해방된 다음 봄에 금시계 둘을 보냈습니다. 옛날에 알던 기념으로 보내니 차라고. 가까이 지냈어요.

— 요시다는 한국엔 와 보지 못했지요?

▸와 보지 못했는데, 동경대학 출신으로서 사람이 의리에 강하고, 인정도 있고, 또 두뇌가 명석하고, 판단이 빠르고, 그래서 지방과장으로서 명지방과장인데, 그냥 일을 지레 끼고서 끌고 나오는 법이 없어요. 즉결로 처리해 나가는데, 그래 결국은, 덴츠의 사장까지 되었지요(《韓國言論年表》. 1881~1945, 869쪽 기록에 의하면 1940년 8월 22일자 매일신보(每日新報) 석간 1면에 전보통신사(電報通信社) 지방과장 길전수웅(吉田秀雄) 입성 기사가 있다. 따라서 이 부분에 관한 김승문(金勝文) 씨의 말과는 다르다—저자 주).

— 일본에 가서 계신 지는 얼마나 되었어요?

▸한 2년 반 되었을까.

— 그러면 그 당시에 동경지국장이라고 하셨습니까, 또는 지사장이라고 하셨습니까?

▸지국장이라고 했고, 주로 하시는 일은 광고섭외였지요. 기자는 따로 와 있었으니까.

— 그리고 혹시 그 당시에 광고 1단 1행에 얼마나 받았다던가 그런 기억 안 나시죠?

▸내가 〈동아일보〉에 광고부장으로 들어갔을 때 보니까 1단을 120행으로 했더군. 그러다가 그것을 나 있을 때 163행까지 올렸어.

— 그러니까 글자가 작아졌다는 이야기군요.

▸작아졌다는 이야기고, 면적이 좁아졌다는 이야기지. 120으로 쪼개던 것을 163으로 쪼갰으니까. 광고료가 올라가는 거와 마찬가지지. 하여튼 약 광고 등 싼 것은 15전, 18전, 25전. 그러니까 일정하게 꼭 정해서 받지 않고, 광고주 따라서 많이 내는 사람들, 가령 동화약품이나 화신 같은 데는 조금 싸고, 이따금 가다가 한 번씩 내는 데는 조금 더 받고.

— 제가 지난번 김 선생님 뵌 뒤에 〈개벽〉지를 읽어보았어요. 〈개벽〉을 보았더니 작가 김동인 씨가 한국 민간신문에 대해 이야기하는 가운데 그 당시 한국 광고주들한테는 광고료를 비싸게 받고 일본 광고주들한테는 싸게 받았다는 말이 나와 있던데요. 혹시 …

▸그건 그렇지 않아요.

— 그렇지 않군요. 저로서는 이렇게 생각을 해 보았어요. 〈동아일보〉 축쇄판 같은 것을 보게 되면, 그 당시에(1928년경) 영업광고란 것은 한국의 광고는 별로 없고, 일본의 광고가 많던데요. 그러니까 일본 광고주, 한국 광고주 이렇게 가를 것 없이 광고를 많이 내는 사람들한테는 값을 싸게 할 수밖에 없지 않을까요?

▸같은 일본 광고주라고 해도 한 달에 나오는 양이 적은 데하고 양이 많은 데하고는 좀 차이가 있었어요. 그래 광고주가 쉰 군데가 있다고 하면 광고주 따라 전부 요금이 달라.

— 그러면 A라는 사람이 있고 B라는 사람이 있는데 광고료가 다르면 무슨 문제가 일어나진 않습니까?

▸다 이해합니다. 영업상 비밀로 부치고 서로 이야기도 하지 않지만, 말하자면 '크라브'라는 화장품이 있는데 이런 데는 광고요금이 싸거든. 그러나 서적광고 같은 것, 단행본으로 광고 내는 것, 한 번 내고 그만두는 것, 이런 것은 비싸고. 그래 광고료가 천차만별이야.

— 그 당시에 인쇄한 광고요금표 같은 것이 있었어요?

▸그건 곤란하지.

— 그러니까, 말로 우리 광고요금은 얼마요, 그러니 이만큼 내시오 했군요.

▸(광고) 대리점에다가는 처음에 가서 광고료는 1행당 얼마를 받아 주어야겠다고 부탁을 하지. 그러면 사장이 외교들한테 〈동아일보〉는 이 정도로 받아 주라고 지시를 하지.

— 그때에 (일본의 광고대행사인 덴츠의) 길전수웅(吉田秀雄) 씨가 지방과장을 했고[28] 사장이 미츠나가 호시로〔光永星郎〕라는 사람이었을 텐데요. 그 사람도 가끔 만났어요?

▸자주 만났어. 그 사람은 한국하고 연고가 많은 사람인데, 무슨 이야기인고 하니, 김옥균 선생의 서생을 했어. 문하생 노릇을 했단 말이지요.

— 그러면 김옥균 선생이 연배이셨나요? 혹시 그런 것까지는 자세히 기억하지 못하세요?

▸그래. 그때 미츠나가를 만나면은 김옥균 선생 이야기가 화제에 많이 오르곤 했거든. 그래서 김옥균 선생이 일본 계실 때 이야기도 미츠나가한테 많이 듣기도 했어. 그 다음에 자세히 이야기하는 사람은 '도오야마 미쓰루'〔頭山滿〕라고. 그 사람도

내가 만나서 이야기 들었거든. (김옥균 선생이) 고생 많이 했더구만.

— 그 미츠나가 호시로〔光永星郞〕라는 덴츠 사장은 한국에 온 일이 없습니까?

▸없어요.[29] 없지마는 언론관계자들 하고는 친해.

— 그리고 그 당시 김 선생님이(〈동아일보〉 광고부장으로서는) 한국에서 7개월밖에 계시질 않았는데, 그 무렵 한국 광고업계랄까 그런 데에서 무슨 모임 같은 것이 없었습니까?

▸없었어.

— 〈조선일보〉 광고부장하고 서로 왔다갔다 한다든지 그런 것도 없었어요?

▸없었어. 그저 개인끼리 만나든지, 차를 한다든지 하기는 했지만, 공적으로 단합을 해서 광고료를 올리자고 의논한다는 일은 없었어요.

— 그 당시에 광고주 측에서 많이 활약하시던 분들이 계십니까? 화신 같은 데에서 광고를 냈다고 하면 광고과장이든지 주임 같은 분이 있었겠지요?

▸화신의 김갑린 씨라는 이가 지금 생존해 계신데, 중풍 걸려서 말도 잘 못하고, 생존은 해 계셔.

— 그리고, 광고를 내려고 하면 누군가가 광고문장을 써야 될 것이고, 또 누군가가 그림을 그렸어야 될 거 아닙니까?

▸그 당시 어쨌는가 하면, 광고주가, 말하자면, 그냥 원고만 적어 주면 그걸 가지고 와서 지형을 만들고 동판을 만들고 하는 것은 전부 신문사에서 했어.

— 그러면 신문사에 그림 그리는 사람도 있었어요?

▸있었지. 한국 사람이었고.

— 말하자면, 그 사람이 광고주한테서 글을 이렇게 이렇게 써 주시오 하는 요청을 받게 되면 그것을 받아다가…

▸대개 그림을 그려서 갖다 보이거든. 보이고 좋다고 그러면 문장을 써 넣고.

— 하니까 광고주 쪽에서 누군가가 글을 쓰기는 썼겠군요.

▸광고주 가운데서, 한두 사람이 있어야 되는 거니까 (신문사와) 상대해야 되지 않겠어.

— 그 당시에 일본회사로서 한국지사를 두고, 그 지사에서 광고활동을 하던 그런 사람 혹시 기억나는 분이 계세요?

▸없지요. 그 당시 여기(한국) 와 있던 일본 사람들, 광고를 내고 하던 사람들을 10년 전에 내가 일본 가서 만났거든. 그 사람들 그때에 이미 70, 80되었어요. 그러

니까 다 고인이 되었지.

— 그러면 해방 이후로 넘어옵시다. 해방 이후 12월에 〈동아일보〉로 돌아오신 건데, 광고업계에 직접 참가하시거나 그러시지는 않았습니까?

▶그러니까 그때에는 영업국의 책임을 맡아보게 되니까 광고하고 판매 양쪽을 다 책임졌지요. 광고부장 따로 두고 판매부장 따로 두었는데 그 당시 광고부장이 조성룡 씨, 판매부장인 정균철이라는 분은 납치되어(6·25 사변시에) 가고 없어.

— 해방된 후에 광고가 좀 있긴 있었습니까?

▶있긴 무얼 있어. 그 혼란통에, 개무상태(皆無狀態)야. 전혀 없었어요. 처음엔 타블로이드판 요만한 걸 가지고 했으니까, 종이가 없었어. 그러니까 광고가 많이 들어와도 실을 면적이 없었어.

— 그러면 광고수입이란 것도 전혀 없었겠군요.

▶전혀 없는 건 아니지만 미미했어.

— 그러다가 광고가 더러 생기기 시작한 것이 어느 해쯤 되었을까요?

▶해방되어 가지고 5년, 1950년쯤 해서 광고가 조금씩 나오기 시작했어요.

— 그러니까 1945~1948년경까지는 광고가 거의 없었다는 이야기가 되겠군요.

▶해방되고 한 10년 동안은 광고가 그렇게 풍부하질 못했을 게야. 그러니까 해방되고 나서 10년. 1955년인데 휴전(한국동란)이 1953년이었으니까 휴전되고 한 1, 2년 지나고 나서야 광고가 생기기 시작했다는 이야기지.

— 해방 전으로 잠깐 돌아가서, 1928년에 김 선생님이 〈동아일보〉에 맨 처음 들어가셨을 때 발행부수가 얼마나 되었습니까?

▶한 3만 부 되더군.[30] 그 뒤에 차츰차츰 늘어났지.

— 폐간될 때까지(1940년 8월) 얼마나 늘었습니까?

▶폐간될 때로 말하면 한 7, 8만 부 되었지.[31]

② 장상홍(張祥洪)

1916년 9월 13일 경상남도 진주시 출생, 1934년 진주고등학교 졸업, 1937년에 일본 동경영양(東京營養) 학교 졸업 후 1938년에 일본 와카모도 입사, 1944년까지 서울지사 광고주임 근무, 1954년 〈한국일보〉 광고고문, 서울약품(원기소 본포) 상무, 1957년 〈연합신문〉 기획이사, 1959년 〈부산일보〉, MBC 기획상무(서울지사), 1964년 〈서울신문〉 상무이사.

• 대담일자: 1978년 12월 15일 •

(첫 번 대담에서는 장상홍 씨와 일본에서의 생활과 와카모도사(社)에 들어가기까지의 경위를 들었다. 이 부분은 한국 광고와는 직접 상관이 적으므로 생략했다. 또한 해방 이후 다시 광고계로 돌아오는 부분에 관한 이야기도 생략했다.— 저자 주)

— 와카모도에서 실제 하시던 일은 무엡니까?

▸처음에 들어가서는 일본 대판(大阪, 오사카)의 광고대행업자로 있던 '세다'가 계좌를 통해서 한국에 부쳐오는 일본말 광고의 번역이 제 일이었습니다.

— 와카모도에서 (광고) 원고를 보낸 것이 아닙니까?

▸와카모도에서 원고를 작성해 가지고 지형을 만듭니다. 그런데 그 당시 일본의 광고대행업이란 것이 항구를 끼고 있는 대판(大阪)이 중심이었습니다. 그래서 굵직하고 큰 것은 대판에 있었습니다. 제가 알기로는 이때 (일본의) 식민지였던 한국, 대만, 만주에 광고를 보내는 큰 스케일의 일은 이 '세다'라는 사람이 맡아서 했답니다.

— 그러면, 지형을 보내오면 장 선생님이 번역해서 다시 그 당시 (한국의) 문인들한테 글을 주어서 다듬게 했다는 말인데 그 당시 어떤 분들께 부탁해서 광고를 완성케 했습니까?

▸그 당시 주로 제가 광고문을 쓰다가 보니까 한국말 어휘가 부족해서 문장이 엉뚱하게 되었어요. 더욱이 주인은 일본사람이고 제가 직접 광고담당 주임이니까…. 제가 잘못 번역한 것도, 일본사람들은 한국말로서는 잘된 것으로 알고 해서, 몇 달 동안은 제가 직접 해서 보냈습니다. 그런데 나중에 그 글을 보니까 엉망이고, 말이 안 되는 어휘가 막 들어가기도 했습니다. 그리고 일본말이 한국말로는 꼭 맞게 번역이 안 되는 문구로 '앗사리'라든지, '다치마치'라든지 '앗파레'라든지 … 이런 말은 한국말에 꼭 맞는 게 없었어요. 그러니까 앞뒤의 말을 가지고 내가 적당히 번역을 해서 썼습니다. 그러는 동안에 한국의 그 당시 문인들이 우리나라에서 차츰차츰 살아 나가기가 힘들어졌고, 총독부의 방침이 국어 상용(일본어를 말함)이라 해 가지고 일본말로서 쓰는 것은 환영하면서도 한국말로 쓰는 작가들을 굉장히 괴롭히고 있던 때이니까, 상당히 유명했던 작가들도 생활이 곤란했던 시절이었습니다. 여하튼 작가도 먹고는 살아야 하는데, 살 길이 막연해지니까 그동안 좀 견디기 어려운 사람들은 일본말로 써서라도 밥벌이를 했고 일본 사람들이 친일하는 작가를 만들려고 우리 작가들을 끌어대 가지고 '일본말로 써라' 그랬습니다. 그 당시 일본사람들이 내

는 무슨 〈록기〉라는 월간지 같은 것이 있었어요. 거기서 일을 하는 사람은 거기 나갔고, 붓대를 꺾고 그냥 놀고 있는 사람들 중에 어려운 사람은 노동판에 접어들거나 혹은 낙향해서 땅을 일구어 먹고 살겠다고 농촌으로 내려가는 사람도 있었고…

— 이야기 도중입니다만, 그러면 장 선생님이 실제 모셔다가, 광고번역은 아니지만 광고가 제대로 편 글이 되게 한 분 가운데는 어떤 분들이 계셨어요? 그 당시 작가 중에?

▶그래서 광고번역은 아니고, 광고가 제대로 된 글인가 하고, 그 당시 작가 중에 〈삼천리〉(三千里)를 내고 있는 김동환 씨도 한 번 보도록 했고, 그리고 김동환 씨하고 같이 일하던, 〈순애보〉(殉愛譜)를 쓴 박계주 씨에게도 한 번 보여 보았고, 그리고 지금 대학에서 교수를 지낸, 그 당시에는 신문사에 계셨던 조용만 씨한테도 한 번 보이기도 했습니다.

— 그런 경우에 사례는 대략 얼마씩이나 했습니까?

▶사례보다도, 그이들한테 한 번, 두 번 문장이 어떻습니까 하고 뵈어 오고 해 왔는데, 잘 안 되어서 아무래도 전문적으로 직원을 한 분 채용해야 되겠다 해서 한국말에 능숙한 문필을 하는 분, 광고문장가를 채용한다는 광고를 〈매일신보〉(每日新報), 〈동아일보〉, 〈조선일보〉에 크게 냈어요.

— 대략 어느 해 어느 달인지는 기억 못하시겠죠?

▶그게 1938년인지, 39년인지 확실치 않지만 제가 일을 시작한 지가 2월이었고, 안 되겠다 생각한 것이 4월이었으니까, 여름이었을까?

— 장 선생님이 와카모도로 맨 처음 오신 해가 1938년이거든요. 그러고 직접 하시다가 아무래도 편 글을 만들어야 되겠다고 생각하셨다면 1939년이 되기가 일쑤이겠군요. 모집광고는 장 선생이 직접 만들었습니까? 그리고 무어라 했습니까? 광고 문안가 모집광고라 하셨어요?

▶아닙니다. 한국 문장에 능숙한 문안작성가를 모집한다 이렇게 냈지요. 크게 냈어요. 한 50여 통 왔는데요. 굉장한 대작가도 그 당시 응모를 하셨어요. 방인근 씨 같은 분, 그리고 그 외에도 여러 분이 오셨는데 결국 모집광고를 통해서는 사람 결정을 못 짓고 있는데, 하룻저녁 우리 집을 찾아온 작가가 있었어요. 그이가 〈두꺼비〉라는 소설을 써 가지고 〈조선일보〉에 당선이 되어서(《조선일보 60년사》 656~658쪽에 수록된 광복 전 신춘문예 입선작가, 작품일람에 의하면 현덕이 소설 〈남생이〉가 1938년에 1등으로 당선되었다. — 저자 주) 그 당시 최재서라는 분이 만들었던 《조선작

품연감》이 있었는데 이 작품연감의 제 1집에 수록이 된 소설을 나한테 가지고 와서 보이면서 나는 이 작가다….

— 그게 누구였어요?

▸그 사람이 현덕(玄德)이라고요. 6・25 사변 때에 이북으로 갔어요. 그 당시 제가 스물네 살인가 했는데 사직골에 살고 있었거든요. 하루는 제 집에서 이 분을 만났어요. 그랬는데 굉장히 얌전한 분이 한복을 입고 찾아오셔서. 굉장히 깊은 생각을 가지고 작품을 쓰는 그런 분이었습니다. 자기가 작품을 써 왔고, 앞으로도 쓰려고 하는데 작품을 써 보았자 아무도 고료를 충분히 주고 실어 줄 데도 없고. 여러 해를 고생을 했더니 천상 장 선생님이 하는 일을 거들어 주고 살아갔으면 좋겠다고 그런 말씀을 그이가 하셨다고요.

— 그래 어떻게 되셨나요? 그분을 채용하기로…

▸그랬는데, 여러 번 집에 와서 그런 말씀을 하시는 동안에 제가 그이를 채용하기로 결정을 했죠. 1939년 가을일 겁니다. 채용을 하고. 한 분 더 채용을 할까 했는데, 현덕 씨를 보고 상의를 했더니 이 친구가 어떻겠느냐 하고 굉장히 얼굴이 잘생기고 몸이 좋은 얼굴이 허연, 아주 미남 타입의 사람을 하나 데리고 와 가지고 이 분을 쓰자고 했어요. 그래 당신 작품은 무어요 하고 물었더니 "내 것도 그 〈작품연감〉에 실려 있는데, 시를 주로 씁니다 해요. 그래 당신 작품이 발표된 것은 무업니까고 물었더니 자기가 쓴 것이 "The Last Train"이고 자기는 오장환이라고 했어요. 아, 그 "저무는 역두에서 너를 보냈다"하는 말부터 벌써 참 재미가 있는 말을 썼더군요.

— 현덕 씨가 그 당시 나이가 몇 살이었습니까?

▸저보담 한 7, 8세 위였거나 5, 6세 위였으니 한 30세 가까웠지요. 오장환 씨는 나보다 나이 밑이었거나 비슷했거나 그랬습니다.

— 역시 6・25사변 때에 오장환 씨도 현덕이랑 같이 월북한 쪽이군요.

▸그래서 그이들이 자주 접촉하는 분들 중 나하고도 잘 접촉해서 우선 오장환은 자기 생각이 너무 문장에 나타나기 때문에 다른 데 취직 알선하기로 하고 현덕 씨만 데리고 있어야 되겠다….

— 현덕 씨가 얼마 동안이나 와카모도의 직원으로 있었어요?

▸해방될 때까지 같이 있었고.

— 1940년에 〈조선〉, 〈동아〉가 폐간되지 않았습니까? 그러고 난 뒤에도 물론

〈매일신보〉가 있었죠. 거기에도 광고를 하셨겠군요?

▸ 〈매일신보〉가 있었고요. 그 당시 자기네들이 말하기로는 한 25만 부 나간다고 하던 금융조합연합회에서 나오던 〈반도지광〉(半島之光)[32] 이라는 것이 국문으로 편집이 되어서 나왔어요. 거기에 광고가 좀 들어갔죠.

— 혹시 그 〈반도지광〉(半島之光) 가지고 계세요?

▸제가 그거는 보관 못했죠. 그리고 〈동아일보〉가 그만 폐간이 되면서부터 거기 계시던 양 무엇이라던 분이, 지금 퍼뜩 머리에 떠오르지 않습니다만, 현재 종로경찰서가 있는 건너편 길을 쭉 따라 올라간 거기서 〈춘추〉(春秋)[33] 라는 잡지를 내게 되었습니다. 그래서 그 〈春秋〉라는 잡지를 내기 전부터 양 선생은 내가 소개를 받아서 알고 있었고, 그 양 선생 말씀이 계셔서 거기에 기사식 광고가 양 페이지씩 〈春秋〉에 들어가게 되고. 그리고 〈삼천리〉(三千里) 에도 두 페이지 광고를 냈고, 또 박문서관에서 그 당시 내고 있던 〈신시대〉(新時代) 라는 잡지에도 광고 두 페이지가 들어갔고. 그 외에도 우리나라 말로 된 월간지 같은 데는 안 빠지고 다 광고를 넣었어요.

— 대략 〈삼천리〉(三千里) 에 두 페이지를 낼 때 광고료가 얼마나 되었습니까? 한 번 내는데?

▸두 페이지에 기사형으로 내는 광고로 그때 돈으로 25원 정도 되었다구요. 〈春秋〉도 마찬가지고요. 잡지의 발행부수라든지 그런 것 따지지 않았지요.

— 그 당시 한국사람들끼리 광고하는 분들의 모임 같은 것은 없었지만 〈조선일보〉, 〈동아일보〉의 광고하는 분들과 가끔 만나기라도 했습니까?

▸제가 이따금 나가도 〈조선〉, 〈동아〉의 광고부장이나 만나고 부원들하고의 접촉은 거의 없었죠. 그리고 〈해남일보〉(每日新報) 에는 윤병훈이라고 하는 분이 광고부장을 하고 있었습니다.

— 그 당시 〈조선〉, 〈동아〉에 광고를 내실 때 기준은 1단 1행으로 하셨나요?

▸신문의 광고계산은 제가 모르죠. 선부 '세나'가 하고 있었으니까요. 극비에 속해 있었습니다. '세다'가 커미션을 받아먹고 하고 있었기 때문에. (중략)

— 그 당시 현덕 씨한테는 봉급을 얼마나 주었습니까? 물론 장 선생님보다는 적었겠지만.

▸확실치 않습니다만, 전쟁(2차 대전) 때문에 자꾸 인플레가 일어나서 제가 100원 이상 거의 200원 이상 받지 않았는가 하는 생각이 드는데, 현덕 씨는 제 월급의 반

정도 받았어요. (이하 생략)

③ 김광섭(金光涉)

1912년 11월 4일 황해도 재령 출생, 평양숭실중학 졸업, 1936년 연희전문 상과 졸업, 1936~1937년 〈조선일보〉 광고부 근무, 뒤에 동 사 경제부 기자, 1952년 〈합동통신〉 편집국 차장, 1954년 〈조선일보〉 편집국 차장, 1955년 〈동양통신〉 편집국장, 1960년 〈서울신문〉 편집국장, 1961년 〈경향신문〉 편집국장, 1963년 〈합동통신〉 편집국장, 1965년 〈현대경제일보〉 주필, 1967년 〈합동통신〉 상무, 1972년 동사 전무, 1973년 동 사 부사장, 1976년 공연윤리위원회 위원장.

• 대담일자: 1979년 12월 5일 •

김광섭 선생이 조선일보사 광고부에 취직한 것은 1936년이었다. 2년 남짓한 광고부 근무기간 중 맨 처음 한 해 동안 맡은 일은 일본지사에서 보내오는 일본광고의 번역이었다. 도안은 지형으로 일본에서 보내온 것을 썼으나, 문안은 일본신문에 게재한 것을 우리말로 옮겼다. 광고부는 영업국 소속이었고 부장, 외근, 내근 모두 합쳐야 6, 7명 정도였는데, 그 중에는 일제시대에 화가로서 오늘날의 국전과 같은 미술전에도 출품한 홍우백 씨가 디자이너로 있었다.

첫해 내근을 겪은 뒤에는 외근 직책을 맡았는데, 이 당시 〈조선일보〉에는 네 명이 있었다. 별다른 교육이 있었던 것도 아니고 서울시내에서 광고를 낼 만한 회사를 찾아다니며 광고세일을 했는데 요행이랄까, 맨 처음 만나게 된 광고주가 '판토크린'이란 약을 만들던 회사였다. 광고요금표가 있었던 것도 아니므로, 광고료는 협상해서 정했는데, 신문사 측은 더 받기를 바라고, 광고주는 덜 내겠다고 하여 외근이 이따금 타협선을 제시하는 역할도 했다. 대개 1단 1행 광고료는 10~15전이었던 것으로 기억한다. 사원 월급은 40원 정도였고, 이 밖에 판매 커미션이 있었는데, 그 비율은 기억나지 않으나 여하튼 외근 1년 만에 300원이나 통장에 저축할 수 있었으니 벌이로서는 괜찮았다.

광고대행사는 없었고, 신문사 광고부 외근사원과 광고사 측에서 광고 아이디어를 짜내서 광고카피를 쓰기도 했다. 도안이 필요하면 신문사의 디자이너가 일을 맡아서 해주었으며, 제작에 드는 일체 비용은 신문사가 부담했다. 광고주에 대해 별다른 접대는 없었고, 1년에 한 번쯤 광고부장이 광고주를 모시는 모임이 있었다. 매일 광고지면이 몇 단이라는 것이 게시판에 기록되어 있어서, 맡은 지면을 채우려고 무척 노력을 했으나, 이따금 광고가 부족해서 애먹은 일도 있었다.

④ 김을한(金乙漢)

1906년 서울 출생, 1926년 일본 와세다〔早稻田〕대학 경제과 중퇴, 동년 〈조선일보〉 기자, 1930년 〈매일신보〉 기자, 1935년 만몽일보사(滿蒙日報社) 창립위원, 1950년 〈서울신문〉 동경특파원, 1953년 〈서울신문〉 취체역(取締役: 일본 표현이며 지금의 '이사'에 해당), 1964년 동경 한국문화 사장.

신문에서 광고가 차지하는 비중을 두고 지난날과 오늘의 형편을 비교해 보면 엄청난 격세지감을 느끼게 해준다.

1926년 처음으로 조선일보사에 입사하였을 무렵만 해도 신문하는 사람도 그렇고 기업인도 그렇고 도대체 광고의 효용에 대해 제대로 이해하고 있는 사람이 별로 없었다. 신문사마다 그런대로 광고부서랍시고 하나씩 구색을 갖추었으나 그 기능은 전혀 부실한 것이었다. 신문경영자들도 자금이 모자라면 돈 있는 유지를 찾아 찬조금 좀 얻을 줄이나 알았지 광고를 얻어 경영합리화를 기하겠다는 생각은 애당초 없었다. 그런 중에서도 28세로 〈동아일보〉 편집국장이 된 이상협(李相協)은 특출한 인물로, 특히 광고의 중요성을 가장 먼저 깨달은 선각자이다. 편집일이 주무임에도 광고업무까지 일일이 참견하여 직접 광고주 유치까지 하고 다녔으며 나중에 편집고문자리로 옮겨서도 역시 그랬다. 기삿거리가 부족하여 지면에 공백이 생겼을 때 다른 사람과 달리 그는 사건 대신 광고를 찾았다. 동경에 지사를 설치하여 그쪽의 광고를 유치하는 데 주도적 역할을 했던 것도 그였다.

⑤ 김소운(金素雲)

1907년 부산 출생, 1923년 동경개성(東京開城) 중학 3년 중퇴, 1924년 〈제국통신〉(帝國通信) 경성지사 기자, 1925년 〈조선일보〉 부산지국 기자, 1930년 〈매일신보〉 학예부 기자, 1933년 동경에서 《조선동요선》(朝鮮童謠選) 등 출간. 1949년 대구 달성공원에 한국 최초의 문학비인 '상화시비'(尙火詩碑) 건립.

내가 신문과 처음 인연을 맺기는 1924년 관동대진재로 일본서 귀국, 김모씨의 소개로 〈제국통신〉 경성지사에 견습기자로 입사하면서부터이다. 업무내용은 동경본사에서 하루 네 번 들어오는 전문을 번역해서 원고로 고친 다음, 다시 그것을 등사판 원지(原紙)에다 옮겨 쓰는 일이었다. 오전, 오후 두 차례씩 증권거래소에 전화를 걸어 주식시장의 시세를 받아쓰는 것도 내가 맡은 일 중의 하나였다.

그 후 1929년에 매일신보사로 옮겼는데 그 당시 〈매일신보〉는 12단 8면으로 지면을 확장, 학예란, 아동란, 가정란이 각 1면씩 그것을 3명이 매일같이 메워 나가야 했다.

광고부의 최국현(후에 국회의원)과 광고단수를 두고 일과처럼 싸움을 벌였는데 "오늘은 6단만 부탁하오", "어림없지 4단이 고작이오. 광고가 없는데 난들 어떻게 하겠소", "몰라요. 6단씩 비워둘 터이니 맘대로 하시오." 그러나 용케도 기사와 광고 사이가 공백으로 되어 나온 날은 없었다. 때로는 기사 쪽이, 때로는 광고 쪽이 양보한 때문이었겠지만 가다가는 계약이 지난 묵은 광고로 공백을 메우기 위해 공짜로 밀어 넣은—지금의 뎃포광고—경우도 많았다.

⑥ 조용만(趙容萬)

1909년 서울 출생, 1932년 경성제대 영문과 졸업, 1933년 〈매일신보〉 학예부장, 1947~1953년 〈경향신문〉, Korea Times 주필, 1953년 고려대학교 교수, 1974년 덕성여대 교수.

한일합병 이전에는 신문발행이 곧 정치운동이어서 당시의 신문경영자들의 개거가(대다수가) 매사에 명분만을 앞세워 수지관계를 도외시하였다. 돈이 있으면 펑펑 쓰다가도 돈이 떨어지면 곧 문을 닫는 식이었고 3·1만세 이후 민간신문을 발행하였을 때는 그 유습이 가시지 않아 경영면에서는 대체로 소홀히 하는 경향이었다.

그러나 지금까지도 내 기억에 생생히 남아 있는 언론계의 대선배인 하몽(何蒙) 이상협 선생은 유독 특이한 신문인 중 한 분이셨다. 〈동아일보〉를 비롯한 민간신문의 창시자로서뿐만 아니라 신문화 초창기의 신소설 작가로 크게 활약한 그는 광고를 비롯한 제반 신문경영면에서도 놀라운 수완을 과시하였다. 그는 신문사를 만들고 진용을 짜 나감에 있어 경영면에서의 안식(眼識)이 높아 경영의 합리화를 위해서는 보다 많이 팔리는 것보다 광고수입이 많은 신문을 만들어야만 신문이 큰 손실을 안 보고 좋은 신문을 꾸준히 발간할 수 있다고 항상 주장하였다. 신문에 관한 한 그는 백과사전이었다. 어느 누구도 하몽(何蒙) 앞에서는 편집이나 제작이나 영업이나 광고를 막론하고 함부로 아는 체를 할 수 없었다. 하몽(何蒙)의 해박한 지식에는 일본 사람들도 혀를 내두를 지경이다. 우리의 민간신문들이 한때 일본의 제약회사들의 광고를 큰 수입으로 삼았었는데 이 같은 광고원을 개척한 장본인이 하몽(何蒙)이었으며 이를 본 다른 신문사들이 제약사를 찾아 동경, 대판 등으로 동분서주하였던 것이다. 일본의 광고주들이 이상협 선생의 설득에 한결같이 탄복하였다는 얘기는 지금도 흘러 내려오고 있다.

⑦ 서항석(徐恒錫)

1900년 함남 출생, 1929년 동경제대 문학부 독문과 졸업, 동 년 〈동아일보〉 정치부 기자, 1933년 동사 학예부장, 1948년 〈민주일보〉(民主日報) 편집국장, 그 뒤 국립극장장, 서라벌 예대 교수, 예술원회원 역임.

동경제대 독문과를 마치고 귀국하여 극예술연구회의 창립동인으로 일하다가 생애 처음으로 취직한 곳이 〈동아일보〉 학예부장이다. 그때가 1929년이었으니까 지금으로부터 50년 전 일이다.

지금 분명히 기억은 안 나나 더듬어 보면 그때 광고영업 쪽에서 일하던 면면들이(지금은 대부분이 고인이 되었지만) 한결같이 성격이 호방하고 돈 씀씀이가 컸던 것으로 추억된다. 지금과 달라 그때의 광고료라는 것이 푼전을 넘지 않는 소액 규모들이어서 이른바 잔돈푼을 다루는 직책이면서도 자신들은 언제나 신문사의 살림을 주도하는 당당한 영업부서의 요원이라는 자부심을 갖고 행세를 하였다. 광고를 얻으러 다니면서도 굽실거리는 궁한 자세는 볼 수 없다. 하려면 하고 말겠으면 말라는 식이다. 그들은 월급 외에 리베이트를 타니까 수입은 웬만한 기자보다도 나았다.

학예란에 게재할 신통한 기사가 적을 때는 그 공백을 메우기 위해 광고담당에게 사정해서 채운 적도 더러 있다. 스페어 광고를 언제나 서랍 속에 준비해 둔 것은 아니지만 그래도 〈조선〉, 〈동아〉 두 신문사엔 별로 광고가 모자라 쩔쩔매던 적이 없었던 것으로 기억된다. 가끔씩 광고부에 가면 일문으로 된 광고문안을 깎아 내고 대신 국문 카피를 새겨 넣는 작업광경을 볼 수 있는데 일제에 항거하는 민족지에 일제 상품광고를 내야 하는 아이러니도 느끼게 하였던 지난날의 기억이다.

⑧ 강한인(姜漢仁)

1907년 1월 9일생, 경상남도 하동군 출생, 뒤에 전남 구례로 이사 감, 전주 전북 중학에서 서울의 경기중학으로 전학, 동교 졸업 후 일본 와세다〔早稻田〕대학 영문과 졸업, 1936년 유한양행 입사, 1940년에 동 사 감사, 광복 후 경무대에서 이승만 박사 공보비서로 근무함.

• 대담일자: 1979년 7월 21일(이 면담에는 장상홍 씨도 참석하였음) •

▶우선 디자인 문제인데요. 그 당시는 디자인 전문가라기보다 사원 중에서 손재주가 있는 사람을 시켰지요.

— 그때에는 특별히 디자이너는 없었군요.

▶그때 디자이너는 없었습니다. 대강 그림 그리는 사람은 화가, 무슨 직공들, 인쇄 직공들이 했습니다.

— 학술부에 그 당시 몇 사람이나 있었습니까?

▶초창기에는 몇 사람 없었지요. 2, 3명이었을까요. 그러다가 차차 커갔죠. 도안은 '재주 있어 보이는 사람을' 불러 가지고 해보라고 해서 그렇게 했죠. 그 다음에 본격적으로 나올 때—신문광고는 본격적으로 해야 되니까. 돈이 나가니까—에는 사람을 불러서 가르쳤죠. 가르쳐서 광고를 시작했는데 제가 무어라고 했는가 하면, 1주일이면 광고를 고쳐야 된다. 매주에 헤드라인도 고쳐야 되겠고, 제가 맡으니까 아주 골치가 아프죠. 매일 골치를 냅니다. 힘이 듭니다. 그래서 밤이고 낮이고 무슨 광고를 할까 하는 것뿐이죠. 또 힌트는 힌트대로.

— 강 선생님이 전적으로 광고를 전담하신 것이나 다름없군요.

▶예. 그렇습니다. 전담이죠.

— 신문사와의 거래관계는 어떻게 했습니까? 그 당시 〈동아일보〉, 〈조선일보〉, 〈매일신보〉, 그리고 일본어의 〈경성일보〉 등이 있었을 터인데요.

▶인쇄도안이나 프린트는 문제가 없고, 단지 한 라인(Line=행)에 대해서 얼마냐를 교섭하지요. 〈동아일보〉의 김승문 씨, 〈조선일보〉의 송 광고부장, 〈경성일보〉의 광고부장들과… 김승문 씨는 그 당시 〈동아일보〉에 있었고 저하고도 많이 네고(협상)했죠.

— 가격은 몇 행에 얼마냐 하고…

▸나는 어린 사람이고 회사에서는 깎는 것이 목적이고, 김승문 씨는 저보다는 나이를 많이 자셨습니다. 또 그 당시 광고국장인가 하셨구요(《동아일보社史》 1권, 417쪽에 의하면 김승문 씨는 1937년 11월~1940년 8월 기간 광고부장이었음—저자 주). 그 당시 조그만 회사이지만 광고를 많이 하니까 큰 광고주의 하나죠. 1리(厘, 0.1전)를 가지고 상당히 다투었어요.

— 그 당시, 혹시 광고 1행에 대해서 얼마나 했는지?

▸글쎄, 기억이 안 납니다. 하여간 1리의 돈이 컸던 모양이죠. 크면서도 광고를 많이 냈죠. 4단인지 5단인지 잘 모르겠습니다.

(張: 5단 79행, 5단 80행이 많이 나갔죠.)

— 그러면 신문사별로 가격은 따로따로 했습니까?

▸다 따로따로 했습니다. 〈동아일보〉보다 〈매일신보〉는 싸고, 그리고 〈경성일보〉와 일본어신문이 다 다르고, 그래서 〈경성일보〉 일본인 광고부장까지 만나 가지고 교섭도 하고.

— 그 당시 광고하는 사람들의 무슨 모임 같은 것은 없었습니까? 서로 횡적인 연락이든지.

▸그 당시 한국기업으로서 광고하는 곳은 셋뿐이었어요. 경성방직, 화신, 유한 그리고 또 금강제약이라고.

— 오히려 유한양행이 제일 전문적으로 했겠군요.

▸유한은 약이니까, 약은 광고를 안 하면 안 되니까. 약 20%? 판매고의 20%를 광고에 썼습니다.

— 그리고 그 당시 광고매체로 쓰던 것은 《유한 50년》에 보니까 신문, 잡지 밖에도 전선주 광고니, 야립간판이니 …

▸광고수단이란 것은 모두 동원시켰죠. 단지, 길가에서 깃대 세우는 것만 안 했지. 포스터, 전차 또 … 전차 안에 많이 했습니다. 그 당시 전차가 있었으니까요. 또 약방에 붙이는 삐라, 또 메일(mail).

— 디렉트 메일 말씀이군요.

▸네오톤 사진(포스터를 가리킴—저자 주)을 내보낼 적에 광고 때문에 리스트 쓰는 사람, 이름 쓰는 전문가가 있었죠. 등사판에 주소와 이름 적어 가지고 정기적으로 매일 했죠. 그걸 제일 많이 썼어요. 왜냐? 값이 제일 싸게 먹혀요. 그것은 우체부가 가져다준단 말이야. 공안과(孔眼科)라고 그 당시 공병우 시력표가 있었어요. 그걸

수천 매 만들었고 대만까지 보냈습니다. 그래서 공안과가 유명해졌죠. 또 음악회면 그 프로그램, 하여튼 모든 수단을 다했어요. 그러니까 광고계에 이름이 났죠.

— 그러니까 디렉트 메일 하셨고, 신문, 잡지는 물론 하셨고, 그 밖에 전차광고, 포스터 광고도 하셨고, 그 다음에 무엇 딴 광고는 없었습니까? 전선주에 붙이는 전주(電柱) 광고 따위는 지금도 있는데 …

▶ 약이란 것은 함부로 붙이면 품위가 떨어진다고 해서 주로 약방 같은 데에 붙였고 전주광고는 안 했습니다. 음악회 포스터광고는 했지요. 그래서 지금은 이북으로 갔지만, 나가다 겐지로(일본이름, 본명은 김영길)가 한국에 처음 와서 독창회를 한다는 바람에 우리가 큰 포스터에 광고를 냈지요.

— 그랬구먼요. 그럼 지금 하는 것이나 별 차이가 없었겠네요. 그 당시에 색도인쇄는 없었죠?

▶ 오프셋 인쇄가 있었죠. 동양 옵세트라고 지금 서울시청 앞에 동해당 인쇄소하고 동해옵세트, 이름이 둘 붙은 회사가 있었어요. 이건 일본인 회사입니다. 포스터는 5색, 6색 색도인쇄를 했습니다.

— 광고하실 때에 색도광고 낸 것이 있습니까?

▶ 그 당시 신문에는 색도인쇄가 없었고, 잡지는 있었습니다. 그 당시 의료전문지가 별로 없었죠. 경성의과대학, 전문대학에서 자기 학술발표 잡지는 있었지만, 일반 대중잡지도 별로 적었어요. 〈개벽〉이니 몇 개 있었지만 적었어요. 잡지에는 별로 (광고를) 안 하고 주로 신문이죠. 중앙신문, 국내지방신문, 외국신문.

— 광고에 대해 정부나 당국에서 간섭하든지 규제하든지 하는 것은 없었죠?

▶ 완전 자유죠. 그저 마음대로 이쪽(광고주)에서 할 수 있었겠지요. 광고라는 것이 그 당시 스페이스를 크게 잡지는 못하고 크다는 게 2단 정도이고, 그 당시 몇 회사가 광고를 냈었는데, 아시다시피, 백보환이라고, 한약이지요. 또 이름이 신기신성당이라고 한국사람인데 유한양행 밑에 있었습니다. 그 사람들이 광고를 했는데, 상당히 종전의 규범을 벗어나 가지고 광고를 해요. 어떻게 하느냐 하면, 〈白光〉 같은 잡지 전 페이지에 시골서 온 고맙다는 편지를 실어요. 일종의 복용담, 영어의 이른바 테스티모니얼(*Testimonial*)이죠.

▶ 그것이 지방에서 크게 어필되어 가지고 백보환이 굉장히 팔렸죠. 아주 원색적 광고로 잘 되었는지는 모르지만 우리 스타일하고는 다른 광고죠.

— 아까 말씀하시던 가운데 연간광고비 이야기가 있었는데.

▶약 50만 원 정도, 언제냐 하면 1940년대. 피크에 올라갔죠. 네오톤하고 GU사이드하고, 소위 두 가지가 유한양행의 큰 대종이죠. (《유한 50년》 396쪽에 의하면 성장기인 1936~1940년 기간 광고에 대해 다음과 같이 기록하고 있다. "그리하여 당시의 신문, 잡지, 포스터, 전단 등 모든 광고매체는 다 동원되었으며 광고문은 대상지역에 따라 국어, 중국어, 만주어, 영어 등으로 작성되었다. 국내신문으로는 〈동아일보〉, 〈조선일보〉, 〈매일신보〉, 〈경성일보〉 등이 주요 매체였고, 만주, 중국, 일본 등지의 일간지까지 합쳐 20개지에 월 5만 원 이상의 광고비를 투입하였다. 이러한 광고비로서 유한은 당시 20개 일간지에 월 평균 1개 지당 전5단 광고를 10회 가량 내고 있었다.")

— 여기서 만든 것인가요?

▶네오톤은 원료를 들여다가 새 포장하고, GU사이드는 여기서 찍어서 내고, 원료란 여기서 만들 수 없었고…

— 그 당시 신문 1단이 몇 행이나 되었는지 혹시 그런 기억 전혀 없으시죠?

▶기억이 없네요. 한 행이 얼마였는지도 기억이 안 나네요.

(張: 13전 같은데, 1단은 110행 내지 120행?)

— 해방될 무렵까지에 광고거래 방법이라든지 그 밖에 특별히 달라진 것이 있었습니까?

▶별로 달라진 것이 없었죠. 단지, 단가는 변동되었고.

— 한홍택(韓弘澤) 선생이 유한양행에 계셨다는데 어느 해였습니까?

(張: 한홍택 선생이 그리로 간 것은 소화 15년입니다.)

— 소화 15년이면 1940년. 그러면 강 선생님하고 같이 계셨다는 말씀이군요.

▶예. 그렇죠. 한홍택 씨가 도안 맡고, 내가 광고 맡고.

— 그러면 한홍택 선생님 혼자 도안 일을 했습니까?

〔張: 한홍택 씨가 저희(일본회사 와카모도를 말함 — 저자 주)한테 있다가, 한 1년쯤 있었는데, 저한테는 동경서 바로 광고가 오거든요, 옷 같은 것은 일본옷을 입은 여자 그림이 있어서 그것을 조선옷으로 고쳐 그리는 그런 일을 합니다. 한홍택 씨가 그렇게 하고 있는데, 유한양행에서 그 분 솜씨를 보았지요. 그때 이 강 선생님이 계실 당시에 홍병규 씨가 있었던 모양인데, 상무인가 하셨어요.〕

— 아닐 텐데. (《유한 50년》 540쪽에 의하면 홍병규 씨는 1946~1952년간 감사였음)

(張: 하여간.)

▶한홍택 씨가 어떻게 들어왔는지 그 경과는 잘 모르겠어요. 한홍택 씨가 오기 전에 엄도만이라고 있었어요. 그 양반이 인쇄소직공이라고요, 도안직공. 제약회사

에서는 도안이 많았어요. 레테르도 만들고, 그래서 그 양반을 시키니까 잘 그려요. (중략) 한홍택 씨 그 사람은 무어냐 하면 도안가가 아니라 화가 출신이에요. 그림을 보면 예술그림을 그려서 이른바 광고그림이 아니라, 그래서 여러 가지 이야기해서 광고를 했는데 유톤이라고 부인약이 있었어요. 그 양반이 얼굴그림을 잘 그려요.

(張: 미인화를 그리라고 하며는 한국에서 최고예요.)

— 공안과 시력 테스트 말씀을 하셨는데, 시력 테스트하는 그림을 그려서 그 밑에다 유한양행 광고를 넣었다는 말씀이죠?

▸예, 네오톤 광고.

— 1940년도에는 〈동아일보〉, 〈조선일보〉가 없어졌는데 그 뒤에는 어떻게 하셨어요?

▸일본어신문에 광고도 냈지요. 유한양행이 다른 점은 광고에 대해서는 돈을 아끼지 않았습니다. 광고가 비싸든 싸든 돈을 아끼지 않았습니다. 그것은 창설자인 유일한 선생님 정신이었죠.

※ 각주

1) 김을한(1975). 《한국신문사화》. 탐구당. 265~267쪽.
2) 최준(1977). 《한국신문사》. 일조각. 315~317쪽.
3) 동아일보 창간호에 게재된 광고요금표.
4) 《동아일보 사사(社史)》 I(1975). 동아일보사. 409쪽.
5) 《일본광고발달사》 상권(1976). 電通. 99쪽.
6) 《新聞廣告料金の理論と體系》(1973). 일본신문협회. 77쪽.
7) 《소화광고증언사》(1978). 일본선전회의사. 56~66쪽 발췌.
8) 동아일보 사사 권1(1975). 서울: 동아일보사. 409쪽. 수익 변동은 신문기사 내용 때문에 정간당한 사건과 관련이 있다.
9) 《동아일보 사사(社史)》 I(1975). 동아일보사. 410쪽.
10) 《新聞廣告料金の理論と體系》(1973). 일본신문협회. 67~68쪽.
11) 위의 책.
12) 김근수 한국잡지사(1980). 서울: 청록출판사. 101~107, 164~170, 215~217쪽.
13) 홍현오(1972). 한국약업사. 서울: 한동약품주식회사. 18, 19쪽.
14) 《일본광고발달사》 상권(1976). 동경: 덴츠. 366쪽.
15) 《일본광고발달사》 상권(1976). 동경: 덴츠. 319쪽.
16) 《일본광고발달사》 상권(1976). 동경: 덴츠. 377쪽.

17) 광복 전 유한양행 광고는 신인섭 편집(2000), 유한양행 출판《광고로 본 유한양행》을 참조.

18) 광복 전 유한양행 영문광고는 신인섭 편집(2000), 유한양행 출판《광고로 본 유한양행》184~195쪽을 참조.

19) 김동성(1924).《신문학》(新聞學) 14. 서울: 조선도서주식회사. 250~253쪽.

20) 임경일(1938).《신문》(新聞) 22~26. 경성: 야담사. 95, 117, 121쪽.

21)《연세대학교사》3판(1973). 서울: 연세대학교. 342, 343쪽.

22) 〈조선일보〉 1923. 3. 15.

23) 〈조선일보〉 1924. 8. 12.

24) 〈조선일보〉 1926. 2. 4. 및 2. 8(윷놀이 광고).

25)《동아일보 사사(社史)》1. 417쪽에 의하면 김승문 씨는 1937년 11월~1940년 8월 기간 동경지국장이었다.

26)《동아일보 사사(社史)》 1. 409쪽. 제17기(1937. 10. 1~1938. 9. 30)의 광고수익은 279,514.76원이었다.

27) 요시다 히데오〔吉田秀雄〕는 일본 덴츠〔電通〕 제4대 사장으로서 1928년에 입사, 1947년에 사장 취임, 1963년 사망. 덴츠뿐 아니라 광복 후 일본광고의 근대화 및 국제화의 선도자로 인정받고 있다.

28) 덴츠가 발간한《신문총람》에는 이 당시 한국에서 발행되는 신문은 지방신문으로 다루었고, 따라서 일본광고를 한국신문에 배정하는 업무는 덴츠의 경우 지방과에서 취급하였다.

29)《한국언론연표 1881~1945》, 825쪽에 의하면 광영성랑(光永星郎) 사장은 일본 신문협회 이사장 자격으로 1938년 10월에 서울에 와서 각 신문사를 방문한 것으로 되어 있다. 따라서 여기에 대한 김승문 씨의 기억이 잘못일 수도 있다. 1938년 이전에도 광영성랑 사장은 수차 한국을 방문했다.

30)《동아일보 사사(社史)》1. 285쪽. 또한 이 책 409쪽의 수익구성 추이표에 의하면, 1928. 10. 1~1929. 9. 30 기간의 신문판매 수익은 237,155원이었고, 같은 자료 395쪽에 의하면 부당 월정구독료는 1원이었다. 따라서 지사, 지국의 수당을 제외한 본사수금은 1원 이하였을 것이므로 3만 부란 숫자는 타당한 부수로 추정된다. 또한 〈표 4-16〉 참조.

31)《한국언론연표 1881~1945》에 인용한《조선출판경찰개요 1939년》에 의하면 〈동아일보〉의 발행부수는 55,977부였다.

32) 1943년 10월 5일 경성일보사.《조선연감》517쪽에는 〈半島の光〉지가 '언문(諺文)판'으로서 월 1회간으로 기록되어 있다.

33) 위의 자료 같은 쪽에 '조선인발행계속출판물'란에는 〈춘추〉(발행인: 양재하)가 월 1회 발행이고, 〈신시대〉(발행인: 시원성) 월 1회 발행으로 기록되어 있다.

제5장

광고복구 및 민방 정착기

광복 남북분단
미군정
한국전쟁
4·19와 5·16 혁명

1945~1968

1. 개 관

정치와 경제 1945년 8월 15일 일제 패망과 광복을 맞이한 때부터, 1968년에 이르는 기간은 엄청난 변화가 일어난 시대였다. 광복과 38도선에 의한 국토 분단, 1945~1948년 기간 3년의 미군 군정, 1948년 8월 15일 대한민국 정부 수립과 초대 대통령 이승만 취임, 그리고 북한공산군의 침공으로 1950년 6월 25일에 시작되어 1953년 7월 27일 휴전으로 끝난 3년간의 한국전쟁, 1960년 4·19 학생혁명과 이승만(李承晩) 정권 붕괴, 그리고 민주당 장면(張勉) 정권 수립, 다시 이듬해 1961년 5월 16일 박정희(朴正熙) 소장이 이끄는 군사혁명에 따른 장면 정권 붕괴로 이어갔다.

경제 형편은 한심했다. 1937년 일본의 중국침공에서 비롯된 중일전쟁과 4년 뒤인 1941년 12월 일본의 진주만 기습에서 시작된 태평양전쟁을 거치면서 8년 동안 계속된 전쟁을 겪고 난 1945년 8월의 광복이었다. 광복은 되었으나 극심한 물자 부족과 물가고가 어찌나 심했는가에 관해서는 1949년 4월 1일자 〈동아일보〉에 개재된 다음과 같은 기사에 역력히 반영되어 있다.

> 이래서야 살 수 있나. 물가는 약 800배나 등귀, 봉급은 겨우 90배 올랐을 뿐 … 조선은행에서 조사한 봉급 지수를 보면 지난 2월 물가를 1936년도(중일전쟁이 시작되기 전 해)에 비하면 놀랍게도 물가가 평균 800배, 월급은 그 중 대우가 좋은 교원이 9,400원으로서 164배가 올랐다고 하니 물가에 비하면 5분지 1밖에 아니 되는 셈이다. 그리고 관공리가 그 중 최저로 4,380원에 87배가 올랐을 뿐이다.

1955년 광복 10주년을 맞아 최호진(崔虎鎭)이 한국에서 가장 영향력 있던 〈사상계〉(思想界)에 기고한 "해방 10주년 경제사"에 따르면 통화량은 1945년 8월에 48억 4천만 원이던 것이 2년 뒤인 1947년 12월에는 323억 4천만 원에 이르러 2년 남짓한 사이에 약 7배나 증가했다.[1] 《해방20년사》에는 1947~1953년 기간의 도매물가 지수가 1947년을 100으로 할 때 1953년은 무려 6,466에 이르렀다고 기록되어 있다.[2]

최호진의 글에 의하면 1950년 6·25 한국전쟁은 30억 달러 이상의 물적 손실을 가져왔다. 한국 화폐의 가치가 얼마나 하락했는가를 나타내는 대미 달러의 일반 공정 환율은 1945년 10월에서 한국전쟁 기간인 1950년 11월까지 5년 사이에 1:15원(1945.10), 1:50원(1947.7), 1:450원(1948.10), 1:900원(1949.6), 1:2,500원(1950.11)으로 폭등했다. 다시 말해 불과 5년 동안에 대미 달러 환율이 50배나 올랐다.[3]

아직 한국전쟁 기간 중이던 1953년 2월에는 화폐 평가절하 조치가 있었는데 100원(圓)을 1환(圜)으로 해서 100대 1의 절하 조치가 있었다. 그리고 1962년 6월에는 통화개혁이 있어 10환이 1원으로 바뀌었다.

1954~1962년 기간 GNP 성장률은 평균 4.2%라는 낮은 것이었다. 5개년 경제계획이 처음 시행된 1962년 이후 1968년까지는 평균 10%의 성장률을 나타냈다. 수출은 1954년에 2,400만 달러이던 것이 1964년에는 1억 달러를 넘어섰고 1968년에는 4억 5천만 달러에 이르렀다. 국민 1인당 GNP가 100달러를 넘은 것은 1963년이었고 1968년에도 169달러에 지나지 않았다.

매 체 광복과 함께 한국에 진주한 미군이 당면한 한국(남한)의 언론상황은 한심했다. 한국어로 발행되던 일간지는 조선총독부 기관지인 〈매일신보〉(每日新報)뿐이었다. 4년에 걸친 태평양전쟁으로 이 신문도 하루에 타블로이드 2면 발행이 고작이었다. 라디오 방송은 있었으나 한국인 가정의 보급률은 낮았다. 1945년에서 1948년 한국정부 수립까지 3년 기간의 언론 관련 자료는 기밀 해제된 미 군정시기 문서에 남아 있다.

〈조선일보〉와 〈동아일보〉가 복간한 것은 1945년 말이었는데 역시 타블로이드 2면밖에 발행할 수 없는 형편이었다. 광복에서 1960년 초에 이르는 기간의 신문발행 상황을 보면 심한 변동이 있었는데 그 큰 이유는 6·25 한국전쟁으로 서울이 두 차례나 점령되는 데 있었다. 크게 볼 때 이 시기에는 타블로이드 2면에서 시작한 일간신문이 1970년 이래 배대판(倍大判, 현재 신문의 크기) 8면을 발행하게 되었다.

〈표 5-1〉 국민 1인당 GNP, 1953~1968

연 도	성장률(%)	1인당 GNP($)	비 고
1953	—	67	
1954	5.1	70	한국전쟁 휴전으로 끝남
1956	-1.4	66	KORCAD-TV 개국, 3년 뒤 화재로 소실
1958	5.5	80	부산 MBC 라디오 개국(59)
1960	1.1	79	4·19 학생혁명. 민주당 정권 집권.
1962	2.2	87	5·16 군사혁명(61). MBC서울(라디오) 개국(61)
1964	9.6	102	수출 1억 달러 초과. 민간상업방송(라디오, TV) 개국
1966	12.7	125	
1968	11.3	169	

자료: 《통계로 본 한국의 발자취》(1995). 311, 313쪽. 성장률은 미 달러 기준 불변가격이며 1인당 GNP는 경상가격임.

최초의 민간방송은 기독교방송인 CBS 라디오로 1954년에 개국했다. 그 뒤 1956년에는 라디오보다 앞서 KORCAD 상업TV가 개국했고, 1960년대 중반까지는 민간상업방송이 자리를 잡게 되었다. 물론 광복 전부터 있던 주로 간판인 옥외광고는 계속되었다. 또한 전신주광고도 있었고 전차 내의 광고가 있었다는 자료도 남아 있다. 정확한 자료는 없으나 1960년대 말까지는 극장광고가 유일한 컬러광고를 상영할 수 있는 영상매체로서 활용되었다.

광고비 조사는 1960년 9월에 창간한 한국 최초의 광고전문 월간지인 〈새廣告〉가 이해 10월부터 실시해서 발표했다. 이 잡지는 1961년 6월에 폐간했는데 1961년 1~4월 4개월 기간의 13개 주요 전국, 지방지의 월 평균 광고수입은 약 3억 9천만 환이었다. 계절에 따라 광고비의 증감은 있으나 이 평균에 기준하면 1961년의 신문광고비는 연간 약 47억 환에 달했을 것이다. 〈새廣告〉 자료에 의하면 1961년 1~4월 신문광고의 60%는 국산과 수입한 의약품과 영화광고였다.[4]

민간상업방송이 시작될 무렵에는 방송광고에 대한 규제는 없었고 1963년 1월부터 국영TV가 재정 보충을 위해 광고방송을 시작하면서 일본 민방의 규정을 참고한 광고방송 규정이 생겼다. 1962년에는 광고물 단속법이 제정되었는데 7개조로 된 간단한 것이었다. 그리고 이 법에 따라 옥외광고 관련 규정은 도와 시 등 지방 행정기관에 위임하도록 되었다. 다만 옥외광고 가운데 태반을 차지하는 간판에 대해서는 1960년대 내내 혼선을 자아내는 상황이 되풀이되었다.

1967년 1월에 발족한 합동통신 광고기획실은 일본 최대의 광고회사 덴츠〔電通〕와 업무 제휴를 시작했으나 본격적인 활동에 들어간 것은 1970년대에 들어간 뒤였다. 합동광고(合同廣告)가 된 이 대행사 출범은 한국에 본격적인 광고대행업 시대의 도래를 의미했다.

2. 매 체

개 관 이 23년 기간에 정치, 경제, 사회의 변화 못지않게 매스미디어에도 격심한 변동이 있었다. 이러한 상황은 광복, 국권과 우리말 회복, 6·25 한국전쟁, 1960년 4·19 학생혁명, 이듬해 5·16 군사혁명을 거치는 과정에서 변해 온 정기간행물 등록 상황에 반영되어 있다.

광복 이후 꾸준히 늘어나던 정기간행물의 수가 절정에 이르는 것은 4·19 학생혁명 후 장면(張勉) 정권 때로서 5·16 군사혁명 전이었다.

통신과 일간지의 경우만을 보면 4·19혁명 전인 1959년에는 통신 14개, 일간신문 42개이던 것이 1961년 5월 1일 현재 통신이 308개, 일간신문은 115개로 폭증했다. 아마도 세계 언론사상 보기 드문 현상일 것이다. 5·16 군사혁명 후 1961년 10월에는 통신 11개, 일간지 38개로 정리되었고 전체 정기간행물의 수도 1,567개에서 343개로 줄었다.

1956년에는 최초의 민간상업방송인 KORCAD-TV(흔히 RCA TV, 호출부호 HLKZ)가 서울 종로 보신각 옆에서 개국해서 상업방송은 라디오보다 TV가 앞섰으나 3년 뒤 화재로 사라졌다. 1963년에는 국영이던 현재의 KBS-TV가 재정 보충을 위해 광고방송을 시작했다. 1959년에는 부산 MBC 라디오가 개국했고 1961년 말에 서울 MBC 라디오가 개국했다. 1964년까지는 동아방송 라디오, 동양방송 라디오와 TV가 개국함으로써 1960년대 중반에는 민간 상업방송시대가 정착했다. 1963년에 광고방송을 시작한 KBS-TV는 1969년에 MBC TV가 개국함에 따라 광고방송을 중단했다.

민간상업방송이 생기고 TV광고가 등장하자 TV광고 프로덕션이 속출했다. 주로 극장광고를 제작하던 감독들이 TV광고 제작에 착수하게 되었다. 초기에는 제작시설이 없어 방송국 기자재를 이용했는데 방송국은 광고주의 요구에 부응하여 TV광고 제작시설을 제공했다. 1960년대 초부터 일본에서 사진식자기(寫眞植字機)가 도입되기 시작했는데 사람의 손으로 쓰거나 신문활자를 쓰던 광고문장은 한결 손쉽고 깔끔해졌다. 동시에 상업사진의 전문화, 색분해 기술과 시설도입 등으로 광고제작은 개선되어 갔다.

1956년 광복 후 처음으로 발행된 대한신문연감 자료에 의하면 1955년에는 57개 신문이 170만 부를 발행한 것으로 되어 있다. 이 연감에는 서울에서 발행되던 9개 신문의 발행부수와 광고료가 나와 있어서 1950년대 중반의 신문 발행부수와 광고료를 짐작할 수 있다.[5)]

〈표 5-6〉에도 나와 있듯이 1961년 5·16 군사혁명 이후에는 문화공보부가 정기적으로 조사한 발행부수 숫자가 발표되어 있다.

1945~1961년 기간 〈동아일보〉와 〈조선일보〉의 발행 면수, 단수(段數), 그리고 1단당 글자 수를 나타낸 표에 나와 있듯이, 광복 이후 복간된 〈조선일보〉, 〈동아일

〈표 5-2〉 정기간행물 상황, 1947~1969

연월	통신	일간	주간	월간	기타간	게
1947.9	85(구분 없음)	68	166*	−	319	
1956.8.31	57(구분 없음)	133	133	54	377	
1959.1.1	14	42	100	301	94	551
1961.3.1	276	113	457	444	185	1,475
1961.5.1	308	115	487	464	193	1,567
1961.10.1	11	38	33	178	83	343
1964.8.25	9	35	65	270	106	485
1968.12.31	10	43	93	367	150	663

자료: 《한국 신문연감(韓國新聞年鑑)》(1968). 서울: 한국 신문협회. 《대한신문연감(大韓新聞年鑑)》(1956). 서울: 대한신문연감사. 1955 및 문화공보부.
* 반월간 포함.

〈표 5-3〉 민간상업방송 개국 상황, 1956~1969

방송국	AM	FM	TV	비고
KORCAD	−	−	−	1956.5.12개국, 1959.2.2 화재로 소실
MBC 부산	1959.4.15	−	−	
MBC 서울	1961.12.2	1971.9.19	1969.8.8	
CBS	1954.12.15	−	−	1963.4.12: 방송시간의 30% 광고허용
DBS	1963.4.25	−	−	
TBC	1964.5.9	1966.8.15	1964.12.7	
KBS	−	−	−	1963.1.1-1969.5.1 광고방송 실시

자료: 《한국방송사 별책》(1977). 서울: 한국방송공사. 《중앙일보, 동양방송 10년사》(1975). 서울: 중앙일보·동양방송.

보〉는 겨우 타블로이드 2면을 발행하다가 1948년부터 현재 신문의 크기인 배대판으로 2페이지씩 발행했다. 그러나 6·25 한국전쟁 뒤에는 한때 발행이 중단되었다가 다시 타블로이드로 되었으며 1952년에야 배대판으로 복귀했다. 1일 8면 발행이 된 것은 1958년 이후였다. 이런 상황은 그 밖의 신문의 경우도 비슷했다. 1945년 8·15 광복에서 한국전쟁 휴전 1년 뒤인 1954년까지 기간의 〈조선일보〉 구독료 추세가 표로 나와 있는데 〈표 5-8〉을 보면 알 수 있듯이 이 10년간이 얼마나 심한 격동의 기간이었는가를 짐작할 수 있다. 비슷한 상황은 비단 〈조선일보〉뿐이 아니었다. 〈월정〉(月定) 구독료를 보면 1945년에 9원에서 1950년 2월에는 600원으로 올랐으

〈표 5-4〉 신문, 방송 매체 보급 상황, 1961~1969

신문: 1,000부, 수신기: 1,000대, 인구: 1,000명

시기		1961.9	1963.1	1965.9	1967.11	1969.11
인구		25,766	27,262	29,436	30,131	31,544
매체	신문 부수	747	790	1,096	1,540	2,060
	수신기(라디오)	643	1,286	1,783	2,393	3,242
	수신기(TV)	—	34.8	31.7	73.2	223.7

자료: 1. 《인구는 통계로 본 한국의 발자취》(1995). 통계청. 63쪽.
2. 신문 부수, 라디오 수신기 대수 자료는 해당 연도에 대한 문화공보부 조사 결과 보고인데 1969년 11월 "전국 방송 수신기 보급 실태"와 "전국 신문 보급 실태" 자료. 이 조사는 1961년부터 격년으로 실시되었다.
3. 신문부수에 관한 추가 자료:
(1) 1947년 9월 현재 48만부(25개 신문). 〈신문평론〉 47호(1974.3). 한국 신문연구소. 44쪽.
(2) 1955년 현재 170만부(57개 신문). 《대한신문연감》(1956). 대한신문연감사. 94쪽.
4. 숫자는 100단위에서 반올림함.

〈표 5-5〉 신문 발행부수 및 광고료, 1955

광고료: 원

신문	발행부수	광고료
조선일보	—	보통 50; 기사, 잡보 100; 돌출 80; 제호 하(下) 2000
동아일보	170,000	
서울신문		
경향신문	100,000	
한국일보	65,000	보통물 40; 기사, 잡보 150; 돌출 200; 제호 하 250
평화신문	70,000	
자유신문	50,000	보통물 50; 기사, 잡보 90; 돌출 100; 제호 하 150
연합신문	32,800	보통물 20; 돌출 60; 제호 하 70
국도신문	30,000	보통물 50; 기사, 잡보 70; 돌출 100; 제호 하 70

자료: 《대한신문연감》(1956). 제6부.
주: "기사"는 기사 중에 있는 광고를 말하며 "잡보"는 대개 사회면 기사 중의 광고를 말한다.

〈표 5-6〉〈동아일보〉의 발행 면수 상황, 1945~1961

연월일	면수	1면 단수	1단 글자수	비고
1945.12.1	석2(타)	11	13	1940.8.10 강제폐간 후 속간
1948.10.1.	석2(배대)	17	13	
1950.10.4	석2(타)	12	12	6·25 전란, 부산으로 피난, 서울 수복
1951.1.10	조2(타)	11	12	1·4 후퇴로 부산에서 속간
1952.2.15	조2(배대)	16	11	1953.8.19 환도. 1954.3.1. 일시 4면 발행
1955.1.1.	조4(배대)	16	11	1958.4/5 주 1회 혹은 2회 6면 발행
1958.11.1	조4,석2	16	11	
1958.12.12	조4,석4	16	11	7포인트 활자. 그 뒤 1961.5.21까지 소년판 발행 등 변동 있었음.
1959.6.15	조4,석4	16	12	
1961.5.21				소년판 발행 중지

자료: 《동아일보 사사》.
주: "타"는 타블로이드. "배대"는 배대판(倍大判)을 말한다. 배대판이란 현재 신문 크기이다.

니 광복 후 5년 사이에 67배 가깝게 상승했다. 또한 한국전쟁 발발 후 6월 29일부터 10월 22일까지 거의 4개월 기간은 신문을 발행하지 못하고 있었다. 전쟁 중의 인플레가 얼마나 심했는가는 1952년 4월의 구독료가 10,000원이었음을 보아도 짐작할 수가 있다.

신문광고 신문광고가 신문사 수입에서 차지하는 비중은 6·25 전쟁 기간에 가장 낮은 14%였다. 그리고 이 비율이 30%에 이른 것은 1960년이었으니 전쟁의 참상이 어떠했는가를 보여준다. 광복 전에는 손기정 선수 유니폼에서 일장기(日章旗)를 말소한 사건 때문에 〈동아일보〉가 제4차 정간을 겪은 1937년을 제외하면 광고수입이 전체 수입에서 30% 이하로 떨어진 해는 없었다. 〈동아일보〉의 수익구성 추이 표는 1945년 8·15 광복에서 1960년에 이르는 15년 기간의 한국경제가 얼마나 비참했는가를 드러낸다.

1950년대 중반의 신문광고 1955년 1월분의 〈경향신문〉 축쇄판의 "광고판"에 의한 이 신문의 광고 종류별 건수(件數)는 〈표 5-10〉과 같은데 1월 한 달 동안에 게재된 광고는 신년축하를 포함하면 7가지로 구분하고 기타는 다시 5가지로 세분하고 있나. 선수도는 798건이었다. 그런데 이 숫자에는 신년 축하광고가 265건이나 있었다. 이런 구분이 업계에서 통일된 것인지는 알 수 없다. 영업광고라는 구분이 있기는 하나 이 무렵의 영업광고란 기껏해야 1단 5cm쯤인 작은 것이었다.

〈표 5-7〉〈조선일보〉 면수 변천, 1945~1961

연월일	면 수	비 고
1945.11.23	타 2	속간, 타블로이드, 조간
1947. 1. 5	타 2	일요일 4면
1947. 4.13	타 2	1947.1.5 이전과 같아짐.
1948.10.10	타 4	조간
1948.12. 1	배대 2	타블로이드에서 배대판 2면으로 증면
1950. 6.29	-	6·25 사변으로 발행 중단
1950.10.23	타 2	타블로이드 2면으로 속간
1952. 6.16	배대 2	배대판 2면, 조간
1954. 2. 1	2	주 1회(월요일) 4면, 주 16면
1954.11.11	2	주 2회(월, 목요일) 4면, 주 18면
1955. 3. 1	4	주 5일은 4면, 2일(일, 월요일)만 2면, 주 24면, 조간
1956. 1. 1	4	주 28면
1956. 4. 1	조 2, 석 4	조석간제 광복 후 처음 실시, 다만, 일요일과 공휴일은 석간 4면만 발행
1958.12.28	조 4, 석 4	조, 석간 4면씩
1961. 5.23	조 2, 석 4	용지난으로 조간 2면, 석간 4면으로 변경, 일요일만 조간 4면

자료: 《조선일보 60년사》(1980). 650쪽.

〈표 5-8〉〈조선일보〉 구독료 추세, 1945~1954

	1부당 가격	월정 구독료	비 고
1945.11.23	30전	9圓	속간
1946. 8. 1		25	
1946.11. 1		30	
1947. 1. 1		60	
1947. 6. 1		100	
1948. 6. 1		200	
1948.12. 1		300	
1950. 2. 1		400	
1950. 4. 1		600	1950.6.29~10.22 휴간
1950.10.23	30원		임시정가
1950.12. 1	40원	900	
1951. 2. 1	50원		임시정가
1951. 6.20	200원		임시정가
1952. 4. 1	500원	10,000圓	
1953. 2.17	5원	100	화폐개혁(100 : 1)
1953. 6. 1	10원	150	
1954. 1. 1	10원	200	
1954.10. 1	20원	300	

〈표 5-9〉 〈동아일보〉 수익구성 추이, 1946~1960

금액: 100만원/환(괄호 내 숫자는 구성비%)

연 월(결산기)	판 매	광 고	기 타	합 계	비 고
1946.9~1947.6(23)	6.4 (69)	2.4(26)	0.5(5)	9.3(100)	
1948.7~1949.6(25)	76.0(77)	20.1(20)	2.8(3)	99.0(100)	
1949.7~1952.6(26)	496.1(75)	111.8(17)	55.6(8)	683.6(100)	한국전쟁 기간
1952.7~1953.6(27)	18.3(85)	3.0(14)	0.3(1)	21.6(100)	53.2 통화개혁(환)
1956.7~1957.6(31)	723.4(80)	178.9(20)	4.2(-)	906.5(100)	
1960.7~1961.6(35)	1,385.6(66)	636.5(30)	81.7(4)	2,103.9(100)	

자료: 《동아일보 사사 권2》. 1978. 330쪽.
주: 1) 26기에는 한국전쟁(1950.6.25~1953.7.27) 기간이 포함되어 있다.
2) 1953.2.15에는 통화개혁으로 100환을 1환으로 함.

연 도	판매수익(%)	광고수익(%)	계(%)
1961	127.6(59.4)	87.3(40.6)	214.9(100)
1962	156.6(55.3)	126.6(44.7)	283.2(100)
1963	221.4(61.5)	138.4(38.5)	359.8(100)
1964	308.4(65.7)	160.8(34.3)	469.2(100)
1965	331.6(60.0)	220.9(40.0)	552.5(100)
1966	371.4(54.9)	305.3(45.1)	676.7(100)
1967	267.7(59.9)	178.9(40.1)	446.6(100)
1968	616.4(55.4)	506.2(44.6)	1,112.6(100)
1969	699.5(50.0)	699.9(50.0)	1,399.2(100)
1970	999.5(50.5)	980.7(49.5)	1,980.2(100)

자료: 《동아일보 사사》 3(1985). 524쪽에서 재구성.
1) 1961~1966년은 결산기간이 그해 7월 1일부터 이듬해 6월 30일임.
예: 1961년은 1961.7.1~1962.6.30
2) 1967년은 1967.7.1~1967.12.31 기간임. 3) 1968년 이후는 1.1~12.31 기간임.

〈표 5-10〉

〈경향신문〉 광고 종류별 건수, 1955년 1월

공고 입찰 일반	34
학교 공고 광고	46
심인(尋人) 분실	34
보십 양노 매매	70
연예 프로그램	85
기 타*	264
소 계	533
신년 축하	265
합 계	798

자료: 〈경향신문〉 1955.1 축쇄판.
*기타: 자사 광고 15, 부고 3, 서적 간행물 31.
병원·의약품 96, 영업 기타 광고 119.

〈표 5-11〉 신문광고비, 1961년 1월~4월

월	1,000환(圜)
1	365,367
2	331,593
3	450,535
4	404,507

자료: 〈새광고〉 1961년 2월~5월호
조사자료 월간 〈광고동향〉.
조사대상은 9개 중앙일간지와 4개 지방일간지.

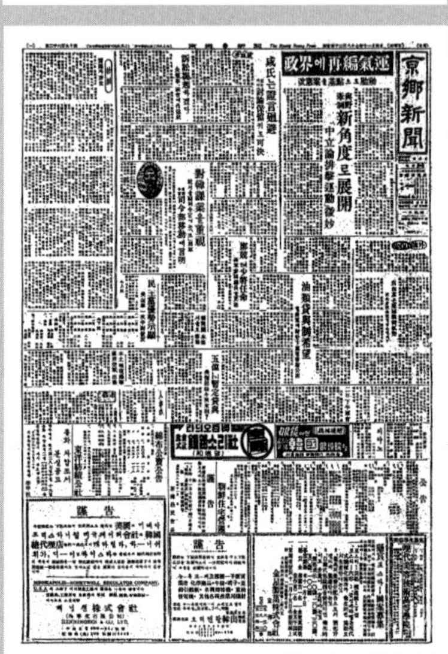

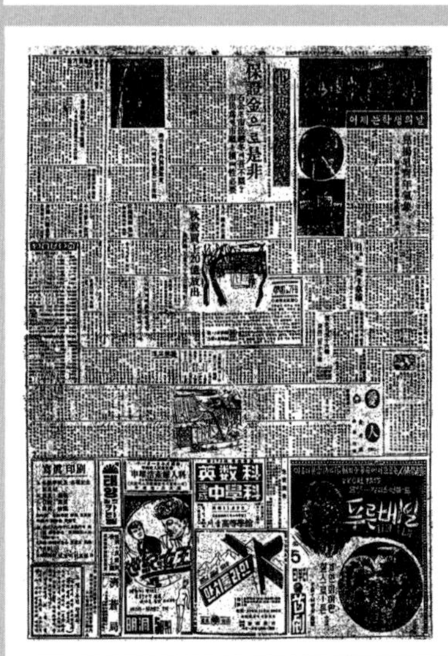

①	②	③
④	⑤	

① 1945.12.1일자 〈동아일보〉 1면. 복간호는 타블로이드 크기이다.

② 복간한 〈동아일보〉 2면에는 화신(和信) 백화점 광고가 있다.

③ 1945.11.23일자 〈조선일보〉 복간호는 타블로이드판이고 광고는 없었다.

④, ⑤ 1949.11.4일자 〈경향신문〉 1면과 2면. 1면은 16단인데 5단이 광고이다. 거의 모두 활자로 짠 광고이다. 2면에는 극장광고가 2개 있는데 사진과 일러스트레이션을 썼다.

〈새廣告〉를 출판한 한국광고사(韓國廣告社) 기획조사부는 주요 신문과 잡지 광고량과 광고비 조사를 실시해서 발표했다. 1961년 1월에서 4월까지 4개월분에 대한 광고비는 〈표 5-11〉과 같은데 2월의 3.3억 환에서 3월에는 4.5억 환에 이르고 있다(1962년 6월에는 '환'을 '원'으로 바꾸고 10환을 1원으로 하는 통화개혁이 있었다). 8개 전국지와 12개 지방지의 총 발행지면에 대비한 광고지면은 1960년 9월에는 34.9%, 10월에는 35.5%였다. 이 무렵 전국일간신문은 하루 평균 8면을 조석간으로 발행하고 있었다. 지방신문은 이보다 발행 면수가 적었다.

업종별 신문광고를 광고량 즉 광고지면의 크기로 기준하면 국산과 수입 의약품이 41.4%로 1위이고 다음이 국산과 수입 영화광고가 21.8%로서 2위였다. 달리 말하자면 약 63%가 의약품과 영화광고였다. 국민 1인당 총생산이 연간 100달러에도 미치지 못하던 한국사회의 일단을 드러내고 있다. 그런데 광고비, 즉 금액으로는 의약품과 영화광고가 차지하는 비율은 45.6%였다.

광고량과 광고비 구성비율을 보면 광고지면 기준으로는 약 81%인 영업광고가 광고비로는 약 60%를 차지하고 있다. 반면 지면상 19%인 임시광고는 광고비 기준으로는 40%를 차지하고 있어 임시광고 단가가 영업광고에 비해 훨씬 비쌌음을 알 수 있다.

〈표 5-12〉 업종별 신문광고량, 1961년 4월

	광고비		광고량	
업종	금액(100만환)	구성비(%)	행수(1,000행)	구성비(%)
영업광고				
국산영화	22.8	5.6	209	7.4
수입영화	43.9	10.8	410	14.4
국산의약	82.7	20.5	836	29.5
수입의약	35.2	8.7	336	11.9
연예	8.0	1.9	66	2.3
화장품	17.4	4.3	162	5.7
도서출판	14.1	3,5	91	3.2
기타*	16.9	4.3	438	6.5
영업광고 소계	241.0	59.0	2,294	80.9
임시광고**	136,3	33.7	501	17.7
기사중광고	27.3	0.7	39	1.4
임시광고/기사중 소계	163.6	40.4	540	19.1
총계	404.5	100.0	2,836	100.0

자료: 〈새광고〉 1961.5월호. 32쪽. 구성비는 저자 계산. 반올림함.
* 운수관광, 주류음료, 의류 섬유품, 기계기구, 가정기구, 잡품, 서비스, 농어산물, 기타의 9개 업종.
** 학원, 병원, 의원, 분실, 심인(尋人)인내, 금융보험, 안내, 법정공고, 개업인사, 성명발표, 추첨, 부고 및 기타가 임시광고에 포함되어 있다.

한국일보 창간과 광고전문지 1954년 6월 9일에 창간한 〈한국일보〉는 광고 발전에 갖가지 공헌을 남겼다. 물론 창립 사주인 장기영(張基永)의 결단에 의한 것임은 말할 나위도 없지만 실제 계기가 된 것은 장상홍(張祥洪) 때문이었다.

이 당시의 상황은 1950년대 중반 이후, 나아가서는 1960년대까지의 한국광고에 직·간접적으로 영향을 끼쳤기 때문에 《한국일보 20년》의 내용 일부를 인용하면 다음과 같다.[6)]

> "광고료에서 용지 값이 나올 수 없을까?" 장기영 사장은 머릿속에서 떠나지 않는 숙제를 풀어야만 했다. 이때 홑바지저고리를 입고 사장실을 찾아온 깡마르고 거무잡잡한 경상도 사나이가 있었다. 1956년 2월 하순의 일이다. 비서는 꺼림칙했으나 사장실로 안내했다. '찾아오는 사람은 고객이다'는 마음가짐은 장기영이 은행시절부터 지녀온 신조이다. '홑바지저고리'는 통성명하자 대뜸 광고는 개발해야 되며 동시에 생산뉴스라고 선언했다. 생산뉴스라는 말이 귓전을 울리자 장기영 사장은 '광고는 특종'이라고 환산했다고 전한다. 이튿날 이른 아침부터 '홑바지저고리'는 충정로의 사장댁을 통근하게 된다. 또 안내 사고(1956. 3. 28)가 나왔다. '본사에 광고상담소 신설'의 제목으로 "폐사는 광고계의 새로운 발전을 위하여 금반(今般) 광고 작성의 권위자를 망라하여 상품 개별의 신실(信實)한 성격표현으로 소비대상을 신복시킬 수 있는 확실한 광고를 작성하는 상담에 응코자 하오니 광고의 대소를 막론하고 상담하여 주시오면 성실 응답하겠습니다"고 전제하고 도안, 문안은 물론 레이아웃 등 광고물이라면 일절 무료로 접수하겠다고 목청을 높였다. 4월 1일부터 매일 하오 2시~5시까지 본사 광고부 내에 '광고상담소'가 신설되어 '홑바지저고리'가 이를 맡고, 새로 도안사 한 사람도 채용했다(7. 3). 〈한국일보〉 속결주의의 발로라 하겠다. …

이 글의 '홑바지저고리'는 장상홍인데, 그가 〈한국일보〉를 찾아오게 된 경위에 관한 내용은 다음과 같다(주 6과 같은 자료, 장상홍에 관한 내용은 제4장 "해방 전 광고인의 증언"을 참조). 이 무렵 부산에서 '디아스타제'를 군납하느라고 쫓아다니던 서울약품의 이광휘의 머리에 아이디어가 떠올랐다. 일제시대에 한국에서 '와카모도'와 '에비오스'라는 영양제가 수없이 팔리지 않았던가. 삼일제약이 광복 후에 '에비오제'를 만들어내고 있지만 '와카모도'의 시장이 남아 있지 않겠는가. 이광휘는 '원기소'라는 상표로 국산화하기로 결심하고 〈국제신보〉에 제품광고를 냈다. 이 광고를 진주에서 읽고 나서 쓴웃음을 지은 사람이 바로 장상홍이었다. 그는 광복 전 '와카모도'의 한국출장소 광고주임을 맡고 있었다. "광고는 교육이다. 소비자에게 이 약은 어째서

먹어야 하고 먹으면 어떻게 되는가를 가르쳐 주면서 납득이 갈 때까지 설명해 줘야 한다"는 편지를 이광휘에게 냈다. 그는 통속 기사광고를 주축으로 하는 '와카모도'식 전법을 피력한 셈이다. 이광휘가 진주로 찾아가서 장상홍을 끌어내어 동업하기로 약정했다. 동경의 국립영양학교를 나온 장상홍이 '홑바지저고리'를 입고 〈한국일보〉 사장실을 찾아온 것이다.

'홑바지저고리'는 충정로의 조반 대화에서 "광고수입을 한 달에 1천만 환으로 올릴 수 있다"고 장담했다. 당시 광고수입이 5백만 환 선에서 제자리걸음을 걷고 있는 안타까운 시절이었다. 장기영 사장은 광고부장을 맡아서 해보도록 권했다. 그러나 장상홍은 독립해서 능력을 발휘해야겠다고 끈덕지게 장 사장의 출자를 설득했다. "광고는 개척하는 법이지 〈한국일보〉 광고부처럼 남의 뒤나 따라가면 백년하청이라"고 '홑바지'는 비수 같은 촌구(寸句)를 연발하면서 드디어 세일즈맨십에 성공했다. … 그는 장 사장으로부터 누계 2천만 환을 얻어내고 대신 '광고상담소'를 신설하여 광고부 고문으로서 하오에만 출근하게 된 것이다. "평생에 장상홍처럼 끈덕진 사람은 처음 봤다"고 장 사장이 한 손을 저으며 술회한 것으로 진한다.

어쨌든 '홑바지'는 서울약품의 광고담당 상무로 앉아 당시 을지로 입구에서 한국약업을 주름잡던 대도매상 백광약품의 조성호로부터 선어음 6천만 환을 빌려 '원기소' 선전에 전국의 매스컴을 동원했다. 반년이 지나자 '원기소'의 한 달 매상고는 3천만 환을 돌파, 1년이 지나면서 6천, 7천만 환으로 뛰어올라 광복 후 품목단위로선 최고 판매기록을 세웠다. 장상홍이 2천만 환을 고스란히 갚았음은 물론이려니와 환도 후 ICA 자금으로 제약시설을 재건한 업계의 상품선전을 '홑바지'가 선주(先走)하여 '살찌는 약', '장수하는 약'의 선례를 만들어냈다. 약업계가 이제는 도약하려고 선전에 안간힘을 쓰고 있을 때 서울약품에 출입하면서 지정한 광고 넓이와 날짜에 전화송고로 틀림없이, 어김없이 대주는 세일즈맨을 유심히 주목하여 그는 그를 장 사장에게 추천했다. 〈조선일보〉 광고부 촉탁 윤농현이 1956년 7월 〈한국일보〉에 입사, 장차 광고부장 → 광고국장 → 부사장의 중책을 맡게 된 동기가 여기서 비롯된다. 그뿐 아니라 '홑바지'는 놀고 있는 회신옥상에 전광뉴스내를 만들어야겠다고 우겨서 장차 〈한국일보〉가 서울 명물의 하나였던 전광뉴스를 탄생시키는 산파 구실을 겸하기도 하고 초로로 접어들자 프랑스 광고대행사 '보뎅'의 한국 대리인을 맡게 됐다.

1956년 7월에 조선일보사에서 한국일보사로 옮긴 윤농현은 한국 광고계에 큰 영향을 미친 일들을 했다. 1957년 8월 15일에 그는 광고국을 설치하고 스스로 광고국장이 되었다. 그는 뒤에 한국광고사를 만들었으며, 광고대행업을 시작했는데, 이 무렵의 상황은 다음과 같다.[7]

> 윤동현을 지렛대로 광고부는 착착 조직되어 사원모집을 광고(5. 31) 했다. 〈한국일보〉와 TV방송국 대리업무를 취급할 남자 외근사원과 여자 내근사원을 모집하되, 자격은 영어를 아는 30살 전후의 남자와 출판업무에 경험이 있는 20~30살의 여자였다. 그는 미국에 있는 국제 광고대행기구에 가입하려고 준비를 서두르고 있었다. 당시 광고부 직원 수는 17명뿐이었다. 늘 검정양복을 상표처럼 입고 있던 윤동현은 장차 지방지의 광고대행도 도맡을 양으로 1957년 8월 15일 본사 내에 광고국을 신설하고 3층 편집국 자리에서 초대 광고국장으로 군림하기 시작했다.

광고국은 본사와 청부계약을 맺고 제판부를 나중의 〈소년한국〉 자리에 따로 신설, 이용우 등이 이를 맡고, 도안사도 따로 10명가량 모집하여 광고대행사로서의 면모를 갖추어 나갔다. 특히 지방신문 중에서 〈국제신보〉, 〈중도일보〉, 〈대구매일신문〉, 〈전북일보〉, 〈전남일보〉 등이 광고부원을 2명씩 차출하여 〈한국일보〉 광고국에서 국제수준의 업무를 익힌 일은 특기할 만하다. 당시만 해도 미국, 일본 같은 선진국의 신문운영은 대체로 광고수입 6에 지대수입 4의 비율을 차지하고 있어 장차 한국에서도 광고분야의 개발이 상당한 비중과 발언권을 갖게 되리라는 전망이 밝았다. 이러한 추세를 꿰뚫어 본 발행인은 10년 후 윤동현을 부사장으로 승진시킴으로써 광고활동의 값어치를 정당하게 평가하기도 했다.

〈한국일보〉는 1957년 11월에 "어떻습니까?"라는 사고를 내서 '바른 광고와 훌륭한 상품'에 대한 독자의 의견투고를 받았다. 1959년 6월 9일 창간 5주년을 기념하는 날에는 '광고윤리요강 및 게재기준'을 사고로 발표했다.

광고윤리강령 및 게재기준을 만든 것 외에도 장기영 〈한국일보〉 사장은 또 다른 혁신을 일으켰는데, 그것은 《한국일보 30년사》 가운데 "광고에도 특종 있다"는 항목에 다음과 같이 기록되어 있다.

> 광고영업이 궤도에 올라서자 장기영 사장은 여태껏 광고업계의 폐습으로 눈총을 받아오던 이른바 '겐토',[8] '뎃포'[9]를 없애기로 작심한다. 나아가 어지러운 광고풍토를 정화하는 데에도 앞장서서 본보기가 될 것을 다짐한다. 그 첫 작품이 1959년 신년호를 만들면서 내놓은 사고(1958. 12. 14)였다. 이른바 명함광고를 포함한 신년 축하광고는 대소

를 막론하고 일절 사절한다는 놀라운 선언이었다. 다만, 지방인사의 신년인사 광고[10]는 예외로 다루었다.

같은 해 8월에는 '제1회 한국광고작품상'을 창설해서 200만 환 현상금을 내걸었다. 광복 이후 최초의 광고상이었으므로 그 전문을 옮기면 다음과 같다.

• 모집요령 •

1. 작품과제 제시 및 전시기간: 1959년 8월 22일부터 9월 22일까지 1면 또는 3면 광고란에 모집요령과 함께 게재 제시함.
2. 작품과제 제시 신문: 〈한국일보〉, 〈대구매일신문〉, 〈부산일보〉, 〈전남일보〉, 〈전북일보〉, 〈중도일보〉(이상 6개지)
3. 작품모집 마감: 1959년 10월 10일(당일부 소인 유효)
4. 작품 제출처: 광화문우체국 사서함 제262호
5. 작품 심사위원: 당사에서 위촉한 사계 권위자 및 부문별 실무담당자
6. 작품 심사구분:
   제1부문(의약품, 화장품, 금융, 보험)
   제2부문(음료기호품, 영화연애, 도서출판, 기타 생산품 일체)
   이상 2개 부문으로 구분하여 심사함.
7. 시 상
   도안상
   · 특선작: 2개 부문 2명 상장 및 상금 각 15만 환씩 계 30만 환
   · 우수작: 2개 부문 2명 상장 및 상금 각 10만 환씩 계 20만 환
   · 가　작: 2개 부문 2명 상장 및 상금 각 5만 환씩 계 10만 환

   문안상
   · 특선작: 2개 부문 2명 상장 및 상금 각 10만 환씩 계 20만 환
   · 우수작: 2개 부문 2명 상장 및 상금 각 5만 환씩 계 10만 환
   · 가　작: 2개 부문 2명 상장 및 상금 각 3만 환씩 계 6만 환

   사진상
   · 특선작: 2개 부문 2명 상장 및 상금 각 15만 환씩 계 30만 환
   · 우수작: 2개 부문 2명 상장 및 상금 각 10만 환씩 계 20만 환
   · 가　작: 2개 부문 2명 상장 및 상금 각 5만 환씩 계 10만 환
8. 입선자 발표: 1959년 10월 22일 작품과제 게시광고를 게재한 각 신문지상.

9. 기타, 응모건수에 제한 없으며, 타를 모방한 작품은 심사대상에서 제외함. 응모작품은 일절 반환치 않으며, 입선작에 대한 판권은 해당 과제상품의 광고주에 귀속함.

이러한 광고작품상과 함께 광고상품에 대한 평을 모집하였다. 광고상에 출품된 작품수는 2,310점이었으며 입선 발표는 1959년 11월 25일에 있었다.

1960년에는 한국 최초의 광고전문지인 〈새廣告〉가 발간되기에 이르렀는데, 중심이 된 것은 역시 윤동현이었다. 창간호는 1960년 9월에 발행되었으며, 광고의 개척 구실을 한 이 전문지는 10호를 낸 뒤 1961년 6월에 폐간되었다. 〈새廣告〉 창간호의 인사말 가운데는 "광고계 최초의 학술지인 〈새廣告〉 발행함으로써 광고의 효과적 선전기술과 상업미술, 그리고 광고의 사회성 및 문화성에 입각한 책임 등 귀중한 문제를 공동연구, 발표"와 같은 대목이 있다. 또한 이 광고전문지의 창간 축하 인사문은 8편인데, 글을 보낸 사람들은 다음과 같았다.

Elmo C. Wilon	IAA(국제광고협회) 회장	Shirley F. Woodel	IAA가 선출한 '올해의 광고인'
Frederic R. Gamble	미국 광고대행사협회 회장	Elizabeth M. Dodge	Alcan Asia 광고부장
Robert T. Lund	Printer's Ink지 발행인	Roy Sanada	Newsweek 태평양지구 광고부장
Allen Reffler	TIME-LIFE 광고부장	金孝祿	고대 상과대학 부속 기업경영연구소장

창간사와 창간축하를 보내준 인사들의 직위에서 나타나듯이, 〈새광고〉는 전세계의 광고를 연구대상으로 삼을 만큼 국제적인 통찰력을 지닌 광고전문지였다. 특히 국제적인 광고기구인 IAA 회장, 미국의 주요한 광고단체인 광고대행사협회장, 이 당시 미국광고계에서 손꼽던 *Printer's Ink*란 광고전문지 발행인들의 축하인사를 받을 만큼 윤동현은 국제적 안목을 지닌 사람이었다.

〈새광고〉는 한국광고비에 대한 조사를 우리나라에서 처음으로 개시했으며 광고대행사가 어떤 것인지를 소개했고, IAA란 어떠한 기구인지를 설명했다. 또한 한국일보광고국장이며 동시에 한국광고사 대표인 윤동현(尹東鉉)은 장상홍과 더불어 1959년에 IAA에 가입한 최초의 한국인이 되었다. 또한 〈새광고〉는 신문, 잡지의 광고량과 함께 1961년 2월호에는 광고비를 발표했는데 1961년 1월의 신문별, 업종별 광고량과 광고비는 〈표 5-14〉에 나와 있다. 전 매체를 대상으로 한 조사는 아니었으나 그 무렵 가장 큰 신문에 대한 광고량과 광고비 조사이므로 1960년대 초의 한국 광고비를 추정할 유일한 자료이다.

① 1967.11월에 〈한국일보〉가 광고에 대한 독자의 감상, 비평을 모집하기 위해 낸 사고

② 1969.6.9일자 〈한국일보〉 창간일에 이 신문에 게재된 광고윤리요강 및 게재 기준

③ 1959.8월에 〈한국일보〉가 주최한 한국 최초의 제1회 광고작품상 모집.
당시로서는 거액인 200만 환의 현상금이 있었다.

④ 1959(단기 4292년) 11.25일자 〈한국일보〉에 게재된 "한국광고작품상" 제1회 입선자 발표.

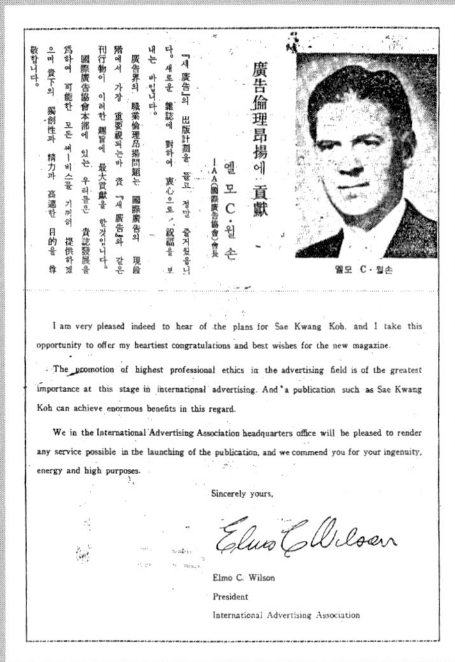

廣告倫理昂揚에 貢獻

엘모 C·윌슨

IAA(國際廣告協會)會長

『새 廣告』의 出版計劃을 듣고 정말 즐거웠읍니다. 새로운 雜誌에 對하여 衷心으로, 祝福을 보내는 바입니다.

廣告界의 職業倫理昂揚問題는 國際廣告의 現段階에서 가장 重要視되는바 貴 『새 廣告』와 같은 刊行物이 이러한 趣旨에 最大貢獻을 할것입니다.

國際廣告協會本部에 있는 우리들은 貴誌發展을 爲하여 可能한 모든 써ー비스를 기꺼히 提供하겠으며 貴下의 獨創性과 精力과 高邁한 目的을 尊敬합니다.

엘모 C·윌슨

I am very pleased indeed to hear of the plans for Sae Kwang Koh, and I take this opportunity to offer my heartiest congratulations and best wishes for the new magazine.

The promotion of highest professional ethics in the advertising field is of the greatest importance at this stage in international advertising. And a publication such as Sae Kwang Koh can achieve enormous benefits in this regard.

We in the International Advertising Association headquarters office will be pleased to render any service possible in the launching of the publication, and we commend you for your ingenuity, energy and high purposes.

Sincerely yours,

Elmo C. Wilson

Elmo C. Wilson
President
International Advertising Association

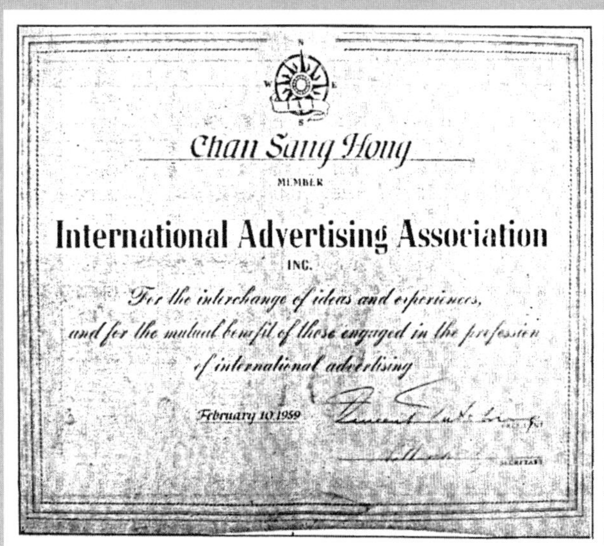

Chan Sang Hong

MEMBER

International Advertising Association

INC.

For the interchange of ideas and experiences, and for the mutual benefit of those engaged in the profession of international advertising

February 10, 1959

① | ②
③

① 〈새광고〉 창간호 표지.

② 〈새광고〉 창간호에 실린 국제광고협회(IAA) 회장의 인사말.

③ 1959년 2월 10일자로 되어 있는 장상홍(張祥洪)의 IAA 회원증.

〈표 5-13〉 신문별 광고량, 1961년 1월분

간 별	신문명	광고량(행)	발행 페이지	광고량 페이지	순 위
조석	동아일보	248,855	236	92.51	3
조석	한국일보	262,065	228	96.36	2
조석	서울신문	248,075	236	101.77	5
조석	조선일보	276,125	236	107.77	1
조석	서울일일신문	241,400	240	88.93	6
조석	경향신문	254,975	240	94.16	4
조석	민국일보	223,165	236	82.69	8
조석	대한일보	221,680	220	76.96	9
조	서울경제신문	95,570	112	35.15	15
조석	매일신문	182,945	220	67.42	10
조석	전남일보	112,485	164	41.58	14
조석	부산일보	234,010	216	86.49	7
조석	영남일보	135,640	184	50.04	11
조석	대전일보	115,395	112	41.56	13
석	전북일보	133,260	124	49.55	12
석	강원일보	41,540	72	15.36	16
	계	3,024,185	3,076	1,128.31	

〈표 5-14〉 업종별 신문광고량 및 구성비, 1961년 1월분

	종 목	行	전체대비%			종 목	行	전체대비%
영업광고	국산영화	321,740	10.63	임시광고	A	학원	37,305	1.2
	수입영화	582,500	19.26			병의원	96,170	3.14
	국산의약품	837,880	27.77			분실	12,740	0.42
	수입의약품	278,940	9.22			尋人案內	13,025	0.43
	연예	35,025	1.15			금융보험	18,530	0.61
	화장품	182,770	6.04			안내	146,370	4.83
	도서 및 출판	78,725	2.60					
	운수관광	320	0.01		B	법정공고	98,960	3.26
	주류음료	80,790	2.67			개업인사	46,925	1.55
	의류섬유	27,065	0.90			성명인사	21,405	0.7
	기계기구	27,620	0.91			추첨	1,560	0.05
	가정기구	14,115	0.46			부고	12,750	0.4
	잡품	21,415	0.70			기타	30	0.0009
	서비스	10,485	0.34					
	농어산물	5,110	0.16			소계	505,770	16.7
	기타	13,960	0.46			기사중 광고	56,800	1.87
	소 계	2,518,415	82.3			총 계	3,024,185	100

업종별 광고량과 광고비를 대비하면 업종별로 차등이 심한 것을 알 수 있다. 이것은 예컨대 임시광고 중 지면의 크기로는 전체의 3.26%인 98,960행밖에 안 되는 법정공고가 광고비로서는 10.6%를 차지하고 있는 사실로 증명이 된다. 이와 반대로 27.77%의 지면을 차지한 국산의약품의 광고비는 20.3%밖에 안 된다는 수치에도 나타나고 있다. 업종별로 신문의 행당 광고단가를 계산하면 1961년의 한국신문의 광고요금 제도를 엿볼 수 있다. 임시광고의 평균 광고료는 영업광고의 광고료보다 2배 이상이 비싸다. 특히 법정공고는 영업광고의 4배에 해당된다.

〈새광고〉의 광고비 추정은 상당히 정확했던 것으로 보이는데, 그 까닭은 〈동아일보〉의 1960년 7월 1일부터 1961년 6월 30일까지 1년간의 광고수입의 월평균과 〈새광고〉의 계산은 비슷하기 때문이다. 그 내용을 검토해 보면 다음과 같다.

〈동아일보〉 1960년 7월 1일~1961년 6월 30일 기간의 광고[11)]

광고수입	636,520,705환
월평균광고수입	53,434,000환

〈새광고〉가 계산한 〈동아일보〉 광고수입[12)]

1961년 1월	54,001,750환
1961년 2월	50,084,400환
1961년 3월	71,015,250환
1961년 4월	54,439,900환
4개월 평균	57,385,325환

〈한국일보〉가 1954년에 창간될 때 광고료가 어떠한 것이었는지 알 수 없으나 1954년 12월 1일자 동지 1면에 발표한 사고에 따르면, 이날부터 인상된 광고료(1행 단가)는 "보통 40환 이상, 임시 70환 이상, 특별 150환 이상"이었다.

이 광고요금에서도 알 수 있듯이, 실지 거래된 단가는 어찌되었든, 발표된 요금은 세분되어 있지는 않았으나 같은 1행인데도 '보통'과 '특별' 사이에는 거의 4대 1의 차이가 있다.

〈표 5-15〉 신문별 광고비 및 구성비, 1961년 1월분

광고비: 환(圜)

신문명	광고비	전체대비%	신문명	광고비	전체대비%
동아일보	54,001,750	14.7	서울경제신문	9,694,000	2.6
한국일보	46,378,000	12.6	매일신문	13,057,900	3.5
서울신문	37,528,000	14.1	전남일보	6,280,700	1.7
조선일보	51,767,270	10.2	영남일보	7,217,875	1.9
서울일일신문	28,993,500	7.9	대전일보	5,400,250	1.4
경향신문	42,171,100	11.5	전북일보	7,462,800	2.0
민국일보	29,442,000	8.0			
대한일보	25,378,000	12.6	계	365,366,745	100

〈표 5-16〉 업종별 신문광고 행당 단가, 1961년 1월분

광고비: 환

업 종	광고량 (행수)	광고비	행당 단가	업 종	광고량 (행수)	광고비	행당 단가
국산영하	321,740	32,235,120	100	학원	37,305	7,227,950	194
수입영화	582,500	60,785,200	104	병의원	96,170	11,604,100	121
국산의약품	837,880	74,405,650	89	분실	12,740	1,943,950	153
수입의약품	278,940	29,184,450	105	심인안내***	13,025	2,965,900	228
연예	35,025	4,016,550	115	금융보험	18,530	3,794,450	205
화장품	182,770	15,826,895	87	안내	146,370	23,120,100	158
도서 및 출판	78,725	8,905,800	113	법정공고	98,960	38,884,800	393
운수관광	320	45,600	143	개업인사	46,925	7,344,300	157
주류음료	80,790	6,598,300	82	성명인사	21,405	9,902,500	463
의류섬유	27,065	1,916,425	71	추첨	1,560	595,200	382
기계기구	27,620	1,968,950	71	부고	12,750	5,084,000	399
가정기구	14,115	823,400	58	기타	30	—	—
잡품	21,415	802,375	37				
서비스	10,485	617,300	59				
농어산물	5,110	229,050	45				
기타*	12,960	1,129,700	87				
영업광고 계	2,518,415	230,401,765	95	임시광고계	505,770	112,407,250	222
				합계	3,024,185	351,959,015	116
				기사중 광고	56,800	13,404,500	236
				총계**	3,080,985	365,366,745	119

주: * 업종별 광고량에는 '기타'가 영업광고에 분류되어 있으나 업종별 광고비에는 임시광고에 분류되어 있다.
** '합계'와 '기사중 광고'의 집계는 총계의 수와 약간 차이가 있다.
*** 사람 찾는 안내.

윤동현(尹東鉉) 등장 1956년 7월에 조선일보사에서 한국일보사로 옮긴 윤동현은 한국 광고계에 큰 업적을 남겼다. 1957년 8월 15일 그는 〈한국일보〉에 광고국을 설치하고 스스로 그 국장이 되었다. 윤동현은 광복 후 한국 최초의 광고대행사를 창설했다. 우선 그 시작은 신문매체 대행이었다. 또한 역시 한국 최초로 광고전문 월간지 〈새廣告〉를 창간했다. 1961년 5·16 군사혁명 한 달 후인 6월호를 마지막으로 이 잡지는 폐간되었으나 〈새廣告〉와 윤동현이 남긴 여러 가지 선구적인 업적은 앞에서 보았듯이 높이 평가 받아야 될 것이다.

민간 상업방송 휴전 이듬해인 1954년 12월 15일에 CBS(기독교) 방송이 창설됨으로써 민방 라디오가 시작되었으나 상업방송은 아니었다. 민간 상업방송은 1956년 5월 12일 KORCAD(호출부호 HLKZ) TV가 개국함으로써 라디오보다 TV가 앞서는 결과가 되었다. 한국에 민간 상업 텔레비전 방송국이 등장하게 된 뒤에는 창립 사장인 황태영(黃泰永)의 숨은 노력이 있었다. 1978년 5월 12일 민방TV 개국 20주년이 되는 날 발간된 《텔레비전 20년》이란 소책자에 의하면 그 경위는 다음과 같다.

> 한국의 텔레비전사를 논함에 있어 제일 먼저 거론될 인물은 한국전기주식회사 사장 황태영 씨다. 1954년 머나먼 바다 건너 미국땅 뉴욕에 간 바 있다. 6·25 사변으로 서울 중앙방송국은 속된 말로 깡그리 잿더미가 되어 재건의 움직임이 활기를 띠고 있을 무렵이다. 180만 달러나 되는 라디오 방송기재를 구입키 위해 미국까지 건너간 것이다. 물론 정부관리인 KBS 직원으로서가 아니다. RCA 총판 책임자로서, 즉 한국전기주식회사 사장의 자격으로 간 것이다. RCA 본사로 AMPEX 본사로 두루 찾아다니며 우리 방송의 라디오 방송기재를 마련하기 위해 넓은 뉴욕 땅을 헤매었다. 일을 마치고 여장을 푼 곳은 뉴욕의 어느 호텔, 기진맥진 소파에 기댄 황태영 씨는 뒤주도 아니요 문갑도 아닌 괴물을 발견했다. 만져도 보고 더듬어 보기도 하고 두들겨 보기도 했다. 스위치를 켜고 보니 사람이 왔다 갔다 하며 웃기도 하고 울기도 하는가 하면 뛰기도 한다. 그나 그뿐이랴. 마치 도원경 같은 아름다운 산야가 눈앞에 펼쳐진다. 방송은 분명 방송이었으나 라디오는 아니다. 텔레비전 방송인 것이다.
>
> 황태영 씨 머릿속엔 이 텔레비전 방송을 우리나라에도 차릴 수 없을까? 텔레비전 개척자 황태영 씨는 라디오 방송기재 도입에 따른 커미션 전부를 텔레비전 방송기재 구입비에 투자함은 물론 부족되는 자금은 외상으로 줄 수 없느냐고 RCA 사장과 담판을 했다. 상혼에 투철한 RCA 사장은 텔레비전 시장으로서의 한국을 평가하고 즉석에서 무

> 려 20만 달러나 되는 텔레비전 기재를 오직 황태영 씨의 신용 하나를 담보로 공급키로 승낙하였다. 단숨에 서울에 돌아온 황태영 씨는 동분서주 텔레비전국 건설에 박차를 가했음은 두말할 필요가 없다. 그러나 텔레비전국을 건설하고 텔레비전 세트를 보급한다는 일은 쉬운 일이 아니었으며, 난관은 한두 가지가 아니었다. 텔레비전국 건설에서 첫 번째 난관은 당국의 방송국 개설 허가였다. 공보실로 체신부로 재무부로 뛰어다녔다. 개척자의 정신을 관리들이 이해할 리 만무했다. 벽에 부딪쳤다. 40대의 투지만만한 황태영 씨는 최후수단으로 마침내 영문타자기 앞에 앉아 키를 두드리기 시작한 것이다. '엑설런시 프레지던트 리', 텔레비전 방송국 건립을 위한 건의문은 영문으로 완성되고 경무대로 우송되었다. 구세주와도 같은 '可'晩(이승만 대통령의 재가를 뜻함 — 저자 주)은 재무부로 공보실로 체신부로 지시가 추상같이 내려가고 마침내 1956년 5월 12일 KORCAD-TV가 전파를 발사했다. 집념은 이루어져 한국 텔레비전 역사의 막은 마침내 올랐다. 텔레비전국 개국으로서 일은 끝난 게 아니다. 인건비와 프로그램 제작비 등의 막대한 자금이 뒤따라야만 했다. 현실은 냉혹했다. 30%의 통관세가 부가되던 텔레비전 세트가 텔레비전국 개국과 동시에 사치품으로 적용되어 180%로 인상되고 보니 타격이 아닐 수 없었다. 월간 300대 정도의 텔레비전 세트 보급으로 인건비를 충당하려는 계획은 수포로 돌아가고 1957년 5월 마침내 텔레비전국 운영권을 개국 1년 만에 한국일보사에 넘기고 말았다. 텔레비전 개척자 황태영 씨의 가슴은 어떠했으며 마음은 어떠했을까? 심혈을 기울이고 전재산을 전력투구한 KORCAD-TV가 1959년 2월 2일 뜻하지 않게 화재로 소멸되고 마니 쓸쓸하기 한이 없었다.

같은 소책자에 중앙대학교 이덕근(李德根) 교수가 기고한 글에 따르면 KORCAD-TV 개국 당시 수입한 미국 RCA TV의 대당 가격은 "8.5인치 19만 환, 14인치 34만 환, 17인치 39만 환, 21인치 41만 환, 24인치 47만 환" 등이었다.

쌀 한 가마니의 값이 18만 환이던 때였으니 텔레비전 값이 엄청나게 비쌌음은 말할 것도 없다.

KORCAD-TV방송국은 개국 1년 뒤인 1957년 5월에 한·미 합작으로 설립된 대한방송주식회사(DBS)가 운영권을 인수하게 되었는데, DBS 대표이사는 한국일보 사장 장기영이 선임되었다. 첫 방송이 있던 1956년 5월 12일에는 서울 시내 22개소에 31대의 TV를 설치하여 시민들이 무료로 시청할 수 있게 했다.

이 무렵의 텔레비전 광고 판매상황에 관해 《텔레비전 20년》 책자에서 그 당시 영업을 맡았던 이경호(李慶鎬)는 다음과 같이 말하고 있다.

휴대용 수상기를 가지고 다니면서 방송시간에 맞추어 광고유치 대상자를 미리 붙들어 놓고 실제로 광고방송 장면을 보이면서 세일즈 활동을 전개하는 것이다. 이 방법도 처음은 別無神通. 역시 집요한 인내와 연속적인 섭외활동의 반복은 점차 효과를 거두었다. 대개의 경우 스포트 광고에서 시작되어 프로그램 광고로 옮겨지면 크게 성공한 것이다. 당시의 주요 광고주를 더듬어 보면, 천도제약, 오레올시계, 수도피아노, 제일모직, 동양전파사, 기쁜소리사, 하이파이사, 정금사, 삼일금방, 유니버설 레코오드, 금성캬라멜, 유한산업, 제일생명 등의 스포트 광고주와 프로그램 광고주는 주로 정책적인 거래처로서 OB맥주, 京電(현 한전), 크라운맥주, 재무부 등 극히 제한되었던 광고주들이다. CM제작은 대부분이 슬라이드 광고로 대개 스폰서와 즉석에서 문안과 화면이 작성됐고, 크게 문제될 바는 없었으나, 역시 스포트 광고 요금에서 시비는 있게 마련이다. 스포트 1회 기본요금이 3,500환, 25회 이상은 회당 3,325환, 50회 이상은 3,150환, 100회 이상은 회당 2,975환이었다. 그러나 당시의 광고여건하에서는 울며 겨자 먹기 식으로 1회당 평균 2,500환에서 3,000환 정도였으며 이와 같은 융통성 없이는 흥정이 어려웠다. CM 슬라이드용 도안 작성에도 애로는 많았다. 당시 도안 담당에 문달부, 김용덕 씨와 의견충돌도 많았고 스폰서와도 시비가 하나 둘이 아니었다. CM시간도 일정치 않았으나 보통 40초이고 긴 것은 1분 이상의 것도 더러 있었다. CM 멘트는 생방송으로 아나운서가 했는데, 광고주의 간섭도 많아 특정 아나운서를 지정하게 되었고 이로 인한 부작용도 생겼다.

KORCAD-TV방송국의 1958년 7월 15일자 광고요금표는 다음과 같았는데, 당시에는 책자로 된 요금표가 아니라 갱지에 등사한 것이었다(이경호 제공).

• 방송요금표 •

1. 안 내

ㄱ. 본방송요금표는 1958년 7월 15일부터 실시합니다.

ㄴ. 방송의 신입(申込)은 3개월, 6개월을 원칙으로 하고 12개월을 한도로 합니다.

ㄷ. 시간요금 및 스포트요금에는 프로 및 스포트의 제작비(局의 시설기재, 인원사용료를 포함한 일체) 및 중계비는 포함되지 않읍니다.

ㄹ. 본 요금규정에 포함되지 않은 것에 대하여는 별도로 제정합니다.

2. 중계 프로 요금

ㄱ. 중계방송 프로의 요금은 기본요금에 20% 증가합니다.

ㄴ. 중계방송 요금이 60분 이내의 프로시에는 60분의 요금으로 하고 60분을 초과시는 60분의 요금에 실제 초과된 시간의 요금을 증수(增收) 합니다.

3. 제작 요금

ㄱ. 제작요금은 별도 제정한 요금표에 의합니다.

기본요금표

단위: 환

시간	기본요금	13회 이상	26회 이상	52회 이상
60분	126,000.—	119,700.—	116,550.—	113,400.—
55	113,400.—	107,730.—	104,895.—	102,060.—
50	107,100.—	101,745.—	99,067.50	96,390.—
45	100,800.—	95,760.—	93,240.—	90,720.—
40	94,500.—	89,775.—	87,412.50	85,050.—
35	88,200.—	83,790.—	81,585.—	79,380.—
30	75,600.—	71,820.—	69,930.—	68,040.—
25	69,300.—	65,835.—	64,102.50	62,370.—
20	63,000.—	59,850.—	58,275.—	56,700.—
15	50,400.—	47,880.—	46,620.—	45,360.—
10	47,250.—	44,887.50	43,706.25	42,575.—
5	44,100.—	41,895.—	40,792.50	39,690.—

스포트 요금

단위: 환

기본요금	25회 이상	50회 이상	100회 이상
3,500.—	3,325.—	3,150.—	2,975.—

▪ 〈예시 1〉 생방송(30분) 드라마 코미디 쇼 극단 기타 등

1회 단가 128,600.—환

내 역	기본요금	75,600.—
	대본원고료	10,000.—
	대본조제비	3,000.—
	무대조제비	10,000.—
	연 출 비	5,000.—
	연 기 료	25,000.—

셀 고안, 효과음악, 상업문 원고 제작, 슬라이드 및 아나운서멘트는 본사에서 봉사 제공합니다.

· 〈예시 2〉 필름방송 15분

1회 단가 115,400.— 환

내 역	기 본 요 금	50,400.—
	자 재 대	
	필름700휘트 외	65,000.—

음악효과, 슬라이드, 상업문 제작, 아나운서멘트는 본사에서 봉사 제공합니다.

· 〈예시 3〉 중계방송 60분 기준

1회 단가 231,200.— 환

내 역	기 본 요 금	151,200.—
	자재운반기타	80,000.—

■ 광고문의 양(잠정)

1. 프로그램 커머셜

각종 프로그램을 제공한 광고주가 제공 프로그램 진행 도중 삽입 실시하는 프로그램 커머셜의 양은 다음과 같이 규정 실시한다.

	제공 프로그램의 시간	광고시간	광고문
1	10분	1분 30초 이내	
2	15분	2분 이내	※CM 카드의 예에
3	20분	2분 30초 이내	준하되 분할 삽입함
4	30분	3분 이내	

주: 필름 광고를 삽입하는 경우일지라도 소요시간 내에 실시해야 한다.

2. 프로그램 커머셜을 제외한 삽입 커머셜을 다음과 같이 구분 실시한다.

제 1종 CM 카드(OP Slide)

급	OP Slide의 매수	광고방송시간	광고문의 양
C	1매	20초 이내	100자 내외
B	2매 이내	40초 이내	200자 내외
A	3매 이내	1분 이내	300자 내외

제 2종 필름 또는 생방송

급	광고방송시간	광고문의 양
C	1분 이내	300자 내외
B	2분 이내	700자 내외
A	3분 이내	1000자 내외

주: 1) 생광고(생방송되는 광고)는 Studio Camera를 사용하되 Slide 또는 OP 2장을 병용할 수 있다.
2) 이상 각종 커머셜의 배음, 상업문은 평문 대화형식 또는 신규 작곡한 Singing Commercial로 실시할 수 있다.
3) 각종 커머셜문은 광고주가 작성한 것을 본국에서 방송용어로 개작 실시한다.

1958년 11월 5일 이후의 주간 기본 편성표는 〈표 5-17〉과 같았다. 주 6일간, 즉 월·화·수·목·토·일요일에만 방송이 있었고, 주말에는 낮 12시부터 1시까지 하는 낮방송이 있었으며, 저녁에는 6시 반부터 9시 반까지 3시간씩 방송이 있었다. 일요일에는 저녁 8시 37~40분, 그 밖의 날에는 저녁 8시 40~43분, 하루 3분씩 광고방송 시간이 기본 편성표에 나타나 있다.

1958년 12월 24일, 25일 크리스마스 축히 프로그램은 다음에 보는 바와 같았는데 비고란에 기록된 숫자에 의하면 양일간의 프로그램 광고수입은 다음과 같았다.

12월 24일(수) 오후	6:30~6:50	X마스 어린이 잔치	100,000환
	7:00~7:30	白花쇼	150,000환
	8:00~9:00	성탄축하 文人카니발	200,000환
		합 계	450,000환
12월 25일(목) 오후	6:30~6:50	노래극 〈베들레헴의 밤〉	100,000환
	7:00~7:20	성탄축하 음악회	130,000환
	7:20~8:00	화이트 X마스	100,000환
	8:00~8:50	드라마 〈생명을 다하여〉	200,000환
	8:50~9:00	특보 성탄절 풍경	100,000환
		합 계	630,000환

이 수치를 보면 당시 이 TV방송국 경영의 일단을 엿볼 수가 있다. 1959년 2월에 KORCAD-TV가 화재로 소실되고 다시 텔레비전 광고방송이 시작된 것은 1963년 1월 국영인 KBS-TV가 상업방송을 개시한 뒤부터였다. 그러나 KBS-TV의 광고판매 실적은 부진했으며, 이러한 형편은 1963년 상반기 광고방송 실적을 보면 알 수 있다.[13]

1964년 12월에는 TBC-TV가 개국하게 되었고, 1969년 8월에는 MBC-TV가 개국했으며, 이와 아울러 KBS-TV는 1969년 5월 1일부터 광고방송을 폐지하게 되었다.

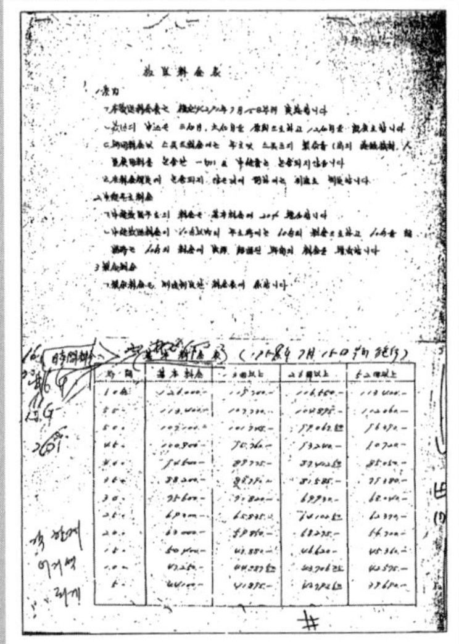

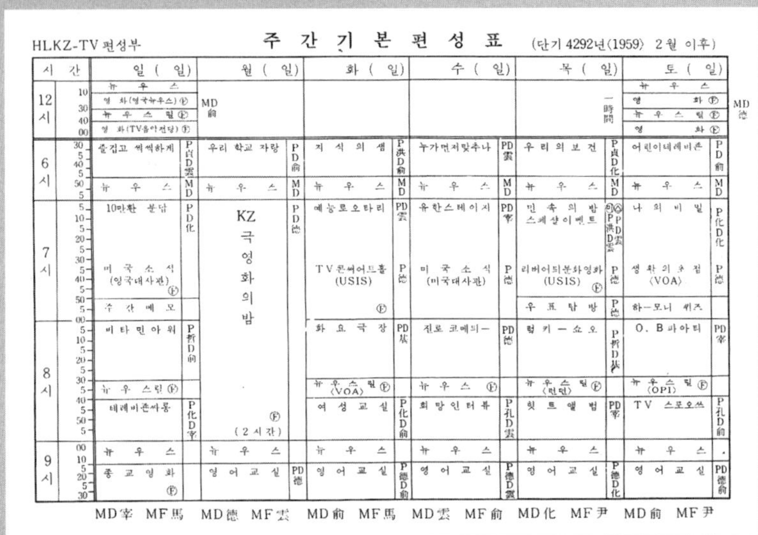

HLKZ-TV 편성부

주간기본편성표 (단기 4292년〈1959〉 2월 이후)

시간	일(일)	월(일)	화(일)	수(일)	목(일)	토(일)
12시 10	뉴우스	MD 俞			一時間	뉴우스 (MD德)
30	영화(영국뉴우스) Ⓕ					영화 Ⓕ
40	뉴우스릴 Ⓕ					뉴우스릴 Ⓕ
00	영화(TV음악전당) Ⓕ					영화 Ⓕ
6시 30	즐겁고 씩씩하게 P白D雲	우리 학교 자랑 PD俞	지식의 샘 P洪D俞	누가먼저맞추나 PD雲	우리의 보건 P貞D化	어린이테레비촌 PD俞
50	뉴우스 MD	뉴우스 MD	뉴우스 MD	뉴우스 MD	뉴우스 MD	뉴우스 MD
7시 5	10만환 분답 PD化	KZ 극영화의 밤 Ⓕ (2시간) PD德	예능로오타리 PD雲	유한스테이지 PD宰	민속의 밤 스페샬이벤트 P洪D雲 PD雲	나의 비밀 P化D化
35	미국소식 (영국대사관) Ⓕ		TV콘써어트홀 (USIS) Ⓕ P德	미국소식 (미국대사관) P德	리버어티문화영화 (USIS) Ⓕ P德	생활의 초점 〈VOA〉 P德
50	주간메모				우표탐방 P德	하-모니 퀴즈
8시 00	비타민아워 P哲D俞		화요극장 PD基	진로 코메듸- PD德	럭키-쇼오 P哲D基	O. B파아티 PD宰
30	뉴우스릴 Ⓕ		뉴우스릴 〈VOA〉 Ⓕ	뉴우스 Ⓕ	뉴우스릴 〈런던〉 Ⓕ	뉴우스릴 〈OPI〉 Ⓕ
40	테레비존싸롱 P化D宰		여성교실 P化D俞	회망인터뷰 P孔D雲	힛트앨범 PD宰	TV 스포오쓰 P孔D俞
9시 00	뉴우스	뉴우스	뉴우스	뉴우스	뉴우스	뉴우스
15	종교영화 Ⓕ	영어교실 PD德	영어교실 P德D俞	영어교실 P德D雲	영어교실 P德D化	영어교실 PD德俞
	MD宰 MF馬	MD德 MF雲	MD俞 MF馬	MD雲 MF俞	MD化 MF尹	MD俞 MF尹

①|②|③ / ④|⑤

① 〈새광고〉 1960.10월호 92쪽. 〈매일신문〉, 〈전북일보〉 광고가 있는 아래 판권란에는 한국광고사가 발행소로 되어 있다.

②, ③ 서울 종로 네거리에 있던 KORCAD-TV(호출부호 HLKZ) 방송국 및 개국식 순서. 방송국은 1959년 2월 화재로 소실되었다.

④ KORCAD-TV 1958년 7월 15일부터 시행한 광고요금표.

⑤ KORCAD-TV 1959년 2월 이후 주간편성표.

〈표 5-17〉 주간기본 편성표: KORCAD-TV 편성부, 1958년 11월 5일 이후

	시 간		일(　일)	월(　일)	화(　일)	수(　일)	목(　일)	토(　일)	
낮	12시	10 —	뉴 스				10 —	뉴 스	
		30 —	영 화				30 —	영 화	
	1시	40 —	뉴스릴				40 —	뉴스릴	
		10 —	영 화				00 —	영 화	
저녁	6시	30 — 5 — 40 — 5 —	어린이극장	즐겁고 씩씩하게	아는 것이 힘	어깨동무 내 동무	누가 먼저 맞추나	어린이 텔레비전	50 10
		50 — 5 — 00 —	뉴 스	뉴 스	뉴 스	뉴 스	뉴 스	뉴 스	
	7시	5 — 10 — 5 — 20 — 5 —	10만환 문답	KZ 극영화의 밤	예능 로타리	TV 콘서트	스페셜 이벤트	나의 비밀	30 40
		30 —	TV안내		TV안내	TV안내	TV안내	TV안내	50
		5 — 40 — 5 —	주부살롱 요리메모		음악영화	주부살롱 (가정위생)	생활의 센스	금주의 영화	00
		50 — 5 — 00 — 5 — 10 — 5 — 20 — 5 —	뉴스릴 〈리버티〉 비타민 아워		화요극장	문화영화 명랑무대	과학영화 민속의 밤	뉴스퀴즈 OB파아티	30 40 43
	8시	30 — 5 — 7 —	주간메모		뉴스릴〈VOA〉	뉴스릴〈리버티〉	뉴스릴〈런던〉	뉴스릴〈OPI〉	
		40 —	광고방송		광고방송	광고방송	광고방송	광고방송	60
		5 — 50 — 5	스타 파레이드	단편영화	오늘의 패션	희망 인터뷰	히트앨범	TV스포츠	10
		5 —	뉴스	뉴스	뉴스	뉴스	뉴스	뉴스	30
	9시	10 — 5 — 20 — 5 — 30 —	종교영화	영어교실	영어교실	영어교실	영어교실	영어교실	

〈표 5-18〉 1958년도 크리스마스 축하특집 방송 프로그램

12월 24일(수)				12월 25일(목)			
시간	방송종목	기획 및 연출	비고	시간	방송종목	기획 및 연충	비고
6:30	X-마스 어린이 잔치 출연 파랑새 노래회	企 최정자 演 최덕수		6:30	노래극 〈베들레헴의 밤〉 출연 새싹 노래회	P 최정자 D 황운철	
6:50	뉴스(〈한국일보〉)			6:50	뉴스(〈한국일보〉)		
7:00	백화 쇼(X-마스 특집)	PD 이평재		7:00	성탄축하음악회 합창 독창 기타	P 최정자 D 이화수	
7:30	성탄영화〈미국의 X-마스〉 (USIS)	P 최덕수		7:20	영화 〈화이트 X-마스〉 (미국 필름)	P 최덕수	
8:00	성탄축하 문인 카니발 출연 영화 연극 문학 음악 무용인 20명	P 이화수 황운철 演 황운철		8:00	드라마 차범석 작 〈생명을 다하여〉 출연 최성진 外 15명	PD 이기하	
				8:50	특보 〈성탄절 풍경〉	촬영 마종훈	
9:00	뉴스			9:00	뉴스		
9:10 9:30	성탄영화 〈동방박사〉 (시청각전도회)	P 최덕수		9:00	성탄영화 〈교주탄생〉 (시청각전도회)	P 최덕수	

〈표 5-19〉 1963년 상반기 광고방송 운영실적

단위: 주당

월 별	광고대상 목표시간(분)	광고계약시간(분)	백분율(%)
1	1,260	1,270	100.18
2	1,260	825	65.28
3	1,260	825	65.28
4	1,260	705	55.85
5	1,260	729	57.85
6	1,260	779	61.82

주: 광고대상 = 전 방송시간의 50%.

〈표 5-20〉 상업방송 개시 상황

방송국	라디오		TV
	AM	FM	
HLKZ TV	-	-	1956. 5. 12**
MBC(부산)	1959. 4.15	-	-
CBS*****	1954.12.15	-	-
KBS	-	-	1963. 1. 1***
DBS	1963. 4.25	-	-
MBC	1961.12. 2	1971. 9.19	1969. 8. 8
TBC	1964. 5. 9	1966. 8.15****	1964.12. 7

자료: * 《한국방송사》, 한국방송공사, 1977, 별책; 《중앙일보·동양방송 10년사》, 중앙일보·동양방송, 1975.
** 1959년 2월 2일 화재로 소실. 《한국방송사》 별책, 81쪽.
*** 1969년 5월 1일에 광고방송 중단. 《한국방송사》 별책, 168쪽.
**** 상업방송 허가는 1967년 11월 12일에 얻었으며, 첫 광고가 방송된 것은 1967년 12월 13일임(《중앙일보·동양방송 10년사》. 208쪽).
***** 1963년 4월 12일부터 30%의 시간 광고방송 개시.

KBS-TV가 광고방송을 하게 된 1963년 무렵에는 이에 따르는 각종 법령과 규정이 제정되었다. 그 가운데서 광고방송과 관련된 부분을 보면 다음과 같다.

• 국영텔레비전 방송사업 운영에 관한 임시조치법 •

(1962. 12. 3. 법률 제 1195호, 시행일 — 1963. 1. 1)

제 1조(사업) ① 국영텔레비전 방송국은 공공방송 이외에 일반의 요청에 의하여 유료 광고방송을 할 수 있다.
② 전항의 규정에 의한 유료 광고방송의 범위 및 광고료에 관하여 필요한 사항은 각령으로 정한다.

• 국영텔레비전 방송사업 운영에 관한 임시조치법 시행령 •

1962. 12. 15. 각령 제 1082 호
개정 1964. 10. 14. 대통령령 제 1958 호
개정 1970. 6. 29. 대통령령 제 5138 호

제 1조 (광고방송의 범위) 국영텔레비전 방송사업 운영에 관한 임시조치법(이하 '법'이라 한다) 제 1조의 규정에 의하여 국영텔레비전 방송국(이하 '局'이라 한다)이 유료 광고 방송을 함에 있어서 다음 각 호의 1에 해당하는 방송은 이를 할 수 없다.

1. 법령에 위반하여 수입 또는 생산된 물품에 관한 것.
2. 미신을 조장하는 것.
3. 사실을 과장 또는 과대평가하는 것
4. 타인 또는 타상품을 배척 또는 중상하는 것.
5. 법령에 위반하여 설립된 단체에 관한 것.
6. 係爭중의 문제에 대한 일반적인 성명.
7. 기타 법령에 위반되거나 공공의 질서와 선량한 풍속에 배치되는 것.

제 2조(광고료) ① 광고료는 전파료와 제작료(局에서 제작하는 광고방송 내용의 제작료를 말한다. 이하 같다)로 구분한다.
② 전항의 전파료는 시간광고 전파료, 스포트광고 전파료, 광고물 고시 광고전파료, 국명고지 동시광고 전파료, 특수광고 전파료, PR 스포트광고 전파료, 시보고시 광고 전파료로 나누되 광고료의 금액은 문화공보부 장관이 재무부 장관과 협의하여 정한다.
③ 전항의 전파료는 광고방송 전에 국영텔레비전 방송사업 특별회계에 납입하여야 한다.
④ 제 2항에서 시간광고 전파료라 함은 음향과 영상을 통한 광고물이 삽입된 일정한 프

로그램이 방송되는 시간수에 따라 징수하는 전파료를 말한다.

⑤ 제 2항에서 스포트광고 전파료라 함은 일정한 방송 프로그램의 전후에 음향 영상을 통한 광고물을 방송하여 징수하는 전파료를 말한다.

⑥ 제 2항에서 광고물 고시 광고전파료라 함은 일정한 프로그램의 전후에 영상만을 통한 광고물을 방송하여 징수하는 전파료를 말한다.

⑦ 제 2항에서 국명고지 동시광고 전파료라 함은 일정한 방송 프로그램의 전후에 국명고지와 함께 영상만을 통한 광고물을 방송하여 징수하는 전파료를 말한다.

⑧ 제 2항에서 특수광고 전파료라 함은 영화예고 기타 이에 준하는 광고물을 방송하여 징수하는 전파료를 말한다.

⑨ 제 2항에서 PR 스포트광고 전파료라 함은 교육사업 · 문화사업 · 사회사업의 고지 또는 선전 등이 목적이나 정부기관 · 국영기업체 · 공공단체의 홍보선전을 목적으로 음향과 영상을 통한 광고물을 방송하여 징수하는 전파료를 말한다.

⑩ 제 2항에서 시보고지(時報告知) 광고전파료라 함은 일정한 방송 프로그램의 전후에 시보고지와 함께 음향과 영상을 통한 광고물을 방송하여 징수하는 전파료를 말한다.

⑪ 제 5항 · 제 6항 · 제 7항 · 제 9항 · 제 10항의 규정에 의한 광고방송의 매회 실시시간의 범위는 문화공보부 장관이 정한다.

제 3조(광고방송 유치업무의 위탁) ① 局은 광고방송의 유치 및 이에 수반되는 업무를 광고업자에게 위탁할 수 있다.

② 전항에서 광고업자라 함은 광고방송의 유치, 방송할 광고물의 제작을 업으로 하는 자로서 문화공보부 장관으로부터 광고업자로 지정된 자를 말한다.

제 4조(광고방송 유치 수수료) 전조의 규정에 의하여 위탁받은 광고업자가 광고방송을 유치한 경우에는 그 광고방송을 실시한 후 제 2조 제 1항의 규정에 의한 광고료의 100분의 5 이상 100분의 20 이내의 범위에서 문화공보부 장관이 정하는 금액의 수수료를 그 광고업자에게 지급한다.

제 5조(광고방송의 의뢰) ① 局에 광고방송을 의뢰하고자 하는 자(제 3조의 규정에 의한 광고업자를 포함한다)는 광고방송 의뢰서를 중앙방송국장(이하 '국장'이라 한다)에게 제출하여야 한다.

② 전항의 광고방송 의뢰서의 서식은 국장이 문화공보부 장관의 승인을 얻어 정한다.

제 6조(광고방송물의 제공) ① 전항의 규정에 의한 광고방송 의뢰자는 방송을 실시할 수 있도록 방송할 광고물을 제작하여 국에 제공하여야 하다.

② 局은 자체업무에 지장이 없는 한 전항의 광고방송물의 제작에 대하여 그 시설과 노무를 제공할 수가 있다.

제 7조(광고물의 심사) 국장이 제 5조의 규정에 의하여 광고방송의 의뢰를 받았을 때

에는 그 광고물의 내용을 심사하여 방송의 가부를 결정한다. 이 경우에 있어서 국장은 의뢰자와 합의하여 그 내용의 일부를 수정하여 방송하게 할 수 있다.

1963년 6월 11일에는 문화공보부 내규로서 사무요강이 제정되었다. 이 사무요강에 따라 방송광고에 관한 세부사항이 결정되었다. 그리고 1967년에는 방송윤리규정이 제정되었고, 이 가운데 광고방송에 관한 세칙이 제정되었다. 이 임시조치법에 나와 있듯이 KBS-TV가 광고방송을 시작할 무렵에는 광고방송 유치업무를 위해 광고업자를 인정했으며, 그 수수료율도 5~20%로 정했다. 아울러 그 무렵에 민간시설이 없음을 고려하여 광고제작을 위해 방송국 시설을 이용할 수 있도록 하였다.

1959년 4월 15일에는 MBC 라디오 부산방송국이 우리나라 최초의 민간 상업라디오 방송을 시작했다. 1962년 10월에는 CBS 라디오방송국이 상업방송인가를 받았고, 1963년 4월에는 DBS 라디오방송국이 탄생했으며, 1964년 5월에는 라디오 서울(RSB, 뒤에 TBC)이 창설되었고, 1966년 8월에는 민간 FM방송이 시작되었다. 이로써 1966년까지는 민간상업 AM, FM 라디오 및 텔레비전 방송이 모두 갖추어지게 되었다. 부산 문화방송이 한국에서 처음으로 민간 상업라디오 방송으로 등장했으나, 이 무렵에는 상당한 경영상의 애로를 겪었다.

《부산 문화방송 10년사》[14]에는 그 상황을 다음과 같이 기록하고 있다.

> 출력이 1 KW밖에 안 되어, 실질상의 명랑한 청취범위는 부산을 중심으로 한 비교적 좁은 지역에 제약되어 있었고, 따라서 아직 상방(商放, 상업방송)에 대한 이해가 부족하던 스폰서들의 광고 신탁은 자연히 일정한 한계 내에 머물러 있게 되어 수입면은 좀처럼 늘어나지 않았다. 또한 생산자와 소비자, 판매자와 구매자를 연결시키는 데 상업방송이 담당하는 매개기능의 효과에 대하여 이렇다 할 경험을 가져보지 못한 스폰서들은, 당장의 시장 확장만을 기대한 나머지 라디오 상업광고의 효과에 많은 의문을 지니고 있기까지 했다. 그리하여 이미 광고를 계약한 스폰서들도 당시의 일반 경제사정에 비추어 방송요금이 고율이라는 이유를 들어 방송중단을 요청해 오는 사례까지 나타났다. 당시로서는 유력한 스폰서이던 시대복장주식회사·조선맥주·조선방직·홍아다이야 등 유력회사들도 계약기간 전에 방송중단을 요구해 왔던 것이다.

광고방송 시간 및 광고요금은 다음과 같았다.[15]

시간등급

	6~7	7~8	8~9	9~12	12~13	13~18	18~19	19~22	22~23	23~24
평일	C	A	B	C	A	C	B	A	C	D
휴일	C	A		B	A	B		A	C	D

일반 CM 요금(주 1회 3개월간 13회 방송)

단위: 환

시 급/시 간	A	B	C	D
40(분)	432,000	324,000	281,000	173,000
35	396,000	297,000	257,000	158,000
30	360,000	270,000	234,000	144,000
25	324,000	243,000	211,000	130,000
20	288,000	216,000	187,000	115,000
15	252,000	189,000	164,000	101,000
10	216,000	162,000	140,000	87,000
5	180,000	135,000	110,000	72,000

횟수 할인료

횟 수	주 1회 이상	주 3회 이상	주 6회 이상
3개월 이상	-(%)	5(%)	10(%)
6개월 이상	5	10	15

스포트 요금

① 스포트(15회 방송)

시 급/시 간	A	B	C
20초	70,000환	50,000환	40,000환
뉴스 및 시보의 직전 직후 20초	75,000환	60,000환	45,000환

② 미니 스포트

10초	25회	80,000환
5초	25회	50,000환

③ 스포트 할인료

횟 수/기 간	월 15회 이상	월 30회 이상	월 60회 이상
1개월(이상)	5%	10%	15%
3개월	15%	20%	25%
6개월	20%	25%	30%

안내요금 1건 20초 3,000환.

상업방송이 시작되던 무렵에는 광고방송을 둘러싸고 여러 가지 웃지 못 할 일들이 일어났다. 《한국방송사》에 나타난 세 편의 글이 이런 상황을 잘 보여주고 있다.

• 주여! 상업방송을 금지시켜 주옵소서 •

기독교방송국의 설립목적은 애당초 기독교의 복음을 전파하는 데 있었다는 것은 누구나 쉽게 짐작하고 있는 일이다. 그래서 그런지 교인이나 교회 목사들은 기독교방송국의 프로그램 형식이나 내용면에까지 상당한 관심을 표명하고 때로는 건의를 하는 사례도 적지 않다. 기독교방송국이 개국한 이래 광고방송을 하는 것을 전제하면서도 실제로는 제공멘트 이외의 CM방송을 일체 금지시켜 왔다. 그러나 문화방송이 개국되고 거기에서 제공멘트 이외의 CM방송을 개시하자 기독교방송국에서도 어쩔 수 없이 방송을 시작하기에 이르렀다. 한번은 드링크 선전에 '음주 전후' 운운하는 짧은 CM이 방송되었다. 그러자 목사들의 빗발 같은 항의가 잇따랐다. 그 후 며칠 안 되어서 십여 명의 목사들이 몰려와서는 기독교의 복음을 전하는 방송국에서 음주 전후라는 용어를 함부로 방송하는 것은 온당하지 못한 처사라고 비난하면서 항의소동을 벌였던 것이다.

그런가 하면 1962년 당시 종교과장직을 맡고 있었던 정인희 목사는 직원들의 아침예배 시간을 통해 다음과 같은 기도를 했다. "주여, 여기는 당신의 복음을 전하는 곳입니다. 여기에서 천박한 상업방송의 CM이 방송되는 것은 당신을 욕되게 하는 일입니다. 그러므로 주여, 여기에서 전파를 타고 나가는 모든 상업방송을 금지시켜 주옵소서. 그렇지 않고서는 …"16)

방송광고를 만드는 것을 얼마나 언짢게 여겼는지를 나타내는 글도 있다.

• CM기피증 •

스폰서가 붙어 있는 프로그램에는 CM이 따르게 마련이다. 그러기에 어떤 프로그램에든 스폰서가 붙으면 곧 CM을 제작해야만 한다. 그런데 1962년 당시에만 하더라도 주로 아나운서가 CM을 만들었는데 당시의 아나운서들은 하나같이 CM제작에는 기피승세를 나타내고 있었다. 프로듀서가 CM을 녹음하기 위해 아나운서를 찾으면 어니톤가 도망치고 없다. 애써 찾아서 CM제작을 끝내 놓고 나면 아나운서들은 어이가 없다는 듯 혹은 쑥스러워서 금방 웃음을 터뜨리고 만다. 그것도 그럴 것이 당시의 아나운서들은 대단한 자부심을 가진 반면에 CM을 장터의 약장수가 약 선전을 하는 것과 같은 것으로 생각하고 있었으니 CM기피는 오히려 당연했을는지 모른다. 그런 CM기피증은 아나운서뿐만 아니라 프로듀서에게도 마찬가지였다. 프로듀서들 역시 상업방송의 PD

로서 가장 자랑스럽게 여겨야 할 스폰서 프로그램을 오히려 타락한 프로그램으로 인식하고 있었으니까. 그러나 지금은 CM에 대한 아나운서나 프로듀서들의 인식도 완전히 바꾸어졌다고 말할 수 있을 것이다. [17]

다음 글을 보면 초창기 TBC 방송의 광고제작과 표현을 둘러싼 상황을 알 수 있다.

• 초기의 CM제작 •

CM은 누가 만드는가. 지금은 각 방송국의 업무부에서 혹은 광고대행업소에서 광고주의 CM을 제작하고 있지만 민간 상업방송국의 개국 초기에는 그 방송국의 제작부에서 CM을 도맡아 제작하는 것이 상례였다. 동양방송의 경우 1964년 5월 9일에 개국을 본 이래 제작부내에 CM제작 담당조를 만들어 놓고 있었다. 허환, 정종훈, 이현식 씨 등이 바로 그 CM제작 담당자들이었다. 그들은 일반 방송 프로그램은 일체 제작하지 않고 오직 CM을 제작하는 것만을 주무로 삼고 있었는데 그 당시에 제작한 몇 가지를 소개하면 다음과 같다.

• '세레피아'라는 신경 안정제의 CM•

이 CM은 당시 상품명을 외쳐 대기만 하던 형식과는 달리 음악을 배음으로 깔면서 조용히 더듬어 가는 형식을 취하였다. 다시 말해서 음악을 배음으로 깔면서 한 사람이 꿈길 속을 헤매듯 중얼거리다가 문득 세레피아를 생각해내는 형식으로 제작하였다.

이것이 당시에는 새로운 CM제작 형식이라 하여 화제가 되었다.

• 다음은 컬러 CM •

이것은 말 자체의 의미가 얼른 전달되지 않는다. 라디오에서 컬러가 있는 CM을 제작한다는 것은 상식 밖의 얘기이기 때문이다. 그러나 여기에서 컬러 CM은 라디오 CM의 소리를 듣고 청취자가 색감을 연상할 수 있도록 제작한 것이었다. 그러니까 어느 페인트의 CM을 제작하면서 그 페인트의 선명한 색깔을 표현하기 위하여 말과 효과와 음악으로 색감을 연상케 하였던 것이다. 이것도 역시 새로운 제작시도라 하여 당시 화제를 불러 모았던 것이다.

• 삼성제약의 '판토'라는 감기약의 CM •

이것은 상품명을 되풀이하여 외침으로써 강박에 의한 반발을 불러일으키도록 제작한 당시의 CM제작 태도와는 대조적으로 멜로디를 붙여 감미로운 흥으로 대중 속을 파고 들도록 제작하였다. 그 결과 뛰노는 아이들이 심심찮게 그 CM을 노래처럼 흥얼거리는

> 모습을 자주 볼 수 있게 되어 그 CM의 성공을 입증해 주고 있다.
> 아무튼 동양방송의 개국 초기에는 광고주가 그들의 취향대로 CM의 원고를 미리 만들어 오는 경우가 많았지만 광고주가 밀리고 있어서 여유가 생겨 그러했는지는 알 수 없으나 제작부 내의 CM담당자들의 손을 거치지 않고는 그대로 제작에 임하지는 않았다. 적어도 방송에 적합한지 그 여부를 따져 수정을 가한 뒤에 제작에 임할 만큼 당시의 CM제작 담당자들은 의욕적 제작태도를 보이고 있었다고 하겠다.[18]

1961년 12월에 창설된 서울 문화방송국 라디오총국 부국장이던 극작가 차범석은 이 당시의 방송광고와 관련해서 다음과 같이 말하고 있다.[19]

> 정확한 개국일자도 정하지 못한 채 막연하게 세월을 보내던 1961년 가을 중역실에서 중대지시가 내려왔다. 개국을 12월 2일로 정했으며 두 달 남짓 남은 기간을 비상근무하라는 것이다. 그 동안 1기생 PD · 성우를 공모, 양성은 했다지만 애당초 나와 함께 일하자던 최창봉 사단이 KBS-TV로 이동해 버린 공백기가 긴데다가 사원들의 사기가 말이 아니었다. 배준호 · 이원희 씨가 조각(組閣)한 스태프가 내거 KBS에서 이동해 왔다. 그리고 나로 하여금 다시 한 번 놀라게 한 사실은 사장실에서 이루어졌다. 처음 보는 김지태 씨는 나더러 'CM과장'을 맡아보라는 것이었다. 나는 처음엔 무슨 뜻인지 몰랐다. 나는 분명히 '연예과장'인데 하고 되묻자 김 사장은 차 과장은 글도 잘 쓴다니까 CM과장을 해낼 수 있을 거라고 재차 말했다. 나는 연예과장을 맡겠다고 버티자 옆에 배석하고 있었던 정환옥 · 김영출 씨 등이 농담 반 진담 반으로 CM과장을 맡으라는 것이었다. 난생 처음으로 듣는 CM과장이 무엇인가 하고 나는 불만이 치솟았다. 다음 날부터 나는 업무부 소속인 CM과장이 되었다.
> 개국 날의 D데이가 다가오자 내게도 일이 바쁘게 날아들었다. 20초짜리 스포트를 써내라는가 하면 프로그램 전CM · 중CM · 후CM을 몇 초 내로 써달라는 등 외무직원들의 청탁이 뻔질나게 들어왔다. 나는 급변한 상황 속에서 떠밀려 가지 않기 위해 정신을 바싹 차리며 CM에 관한 서적을 뒤져가며 그 광고방송 문안을 써주었다. 그러나 그 문안을 쓰면서 나는 쓰게 웃었다. 내가 이런 광고문을 쓰기 위해서 이 회사에 들어온 건 아닌데 하고 허공을 쳐다보았다. 그러나 한 달 후 내게는 또 하나의 전환이 왔었다. 민구 씨가 사표를 냈으니 연예과장을 다시 맡으라는 김 사장의 권고였다. 나는 CM과장이 더 마음에 든다고 오히려 퉁겼다. 김 사장은 작가가 CM과장으로 썩어서야 되느냐는 것이었다. 웃지 못 할 진실이었다.

1963년 1월 1일 KBS-TV의 첫 광고방송에 대해 (前)서울대학교 강현두(康賢斗) 교수는 1979년 3월 31일자 제일기획 사보에 다음과 같이 말하고 있다.

국영텔레비전 KBS가 광고방송을 시작한 것은 1963년 1월 1일 저녁 7시 반으로 기억된다. 근엄한 KBS가, 국민을 계도하는 방송인 국영방송이 이제 광고를 시작하는 것이다. 아나운서들은 목소리를 가다듬고, 점잖고, 예쁘게, 그리고 인격적으로, 그러나 이제부터 상업방송문을 읽어야 하는 것이다. 그래서 사상 첫 광고 프로그램이 퀴즈 프로그램이었고, 그 첫 CM이 무슨 부럼빈인가 하는 드링크제 광고였다. 당시 생방송 시대였기도 하려니와 갑작스럽게 변경된 방송제도 속에서, 불과 이틀 전에 결정된, 전혀 경험 없이 하는 상업프로 제작이 잘 준비되었을 리도 만무하다. 그리하여 우리나라의 텔레비전 광고문화는 어처구니없는 실패담에서 시작하게 되었다. 그 실패의 경험담은 대략 이러하다.

정각 시보를 알리면서 시작된 퀴즈 프로그램 〈우등생 퀴즈〉의 슬라이드를 넘기고 광고 슬라이드와 함께 아나운서 부스의 불이 켜지면서, 큐를 받은 두 여자 아나운서는 부럼빈 드링크제의 광고문을 읽는다. 그러나 한 줄 읽기도 전에 아나운서 A는 웃음을 터뜨렸다. 연출자는 허둥지둥 부스의 마이크를 껐으나 낭패 1, 용기를 내서 다시 한 번 큐. 이번에는 아나운서 B가 웃음을 터뜨린다. 그래서 낭패 2, 결국 어떻게 사상 첫 CM이 끝맺어졌는지 아무도 기억할 수 없지만 연출자는 아마도 슬라이드와 음악만 내보냈으리라, 그것도 새해의 정월 초 하룻밤 저녁 7시 30분 골든아워에. 이렇게 어설프게, 잘 알지도 못하면서 어쩌면 무책임하게, 한국의 텔레비전 광고문화를 열었는데 지금에 와서 생각하니 금석지감이 있다. 한국의 광고사를 위해서 밝혀 둘 조그만 뒷얘기이다.

1961년 12월 서울 문화방송 라디오의 시급구분과 광고요금은 다음과 같다.[20]

시간요금(1961년 12월 2일 현재)

단위: 환

구 분/시 간	A	B	C	D
60(분)	128,000	96,000	64,000	32,000
55	120,000	90,000	60,000	30,000
50	112,000	84,000	56,000	28,000
45	104,000	78,000	52,000	26,000
40	96,000	72,000	48,000	24,000
35	88,000	66,000	44,000	22,000
30	80,000	60,000	40,000	20,000
25	72,000	54,000	36,000	18,000
20	64,000	48,000	32,000	16,000
15	48,000	36,000	24,000	12,000
10	40,000	30,000	20,000	10,000
5	24,000	18,000	12,000	6,000

시간구분(스포트 공통)

<table>
<tr><td></td><td>0</td><td>5</td><td>6</td><td>7</td><td>8</td><td>8:30</td><td>12</td><td>1</td><td>6</td><td>7</td><td>10</td><td>11 12</td></tr>
<tr><td>평일</td><td>심야</td><td>D</td><td>C</td><td>A</td><td>B</td><td>C</td><td>A</td><td>C</td><td>B</td><td>A</td><td>B</td><td>D</td></tr>
<tr><td>휴일</td><td>심야</td><td>D</td><td>C</td><td colspan="2">A</td><td>B</td><td>A</td><td colspan="2">B</td><td>A</td><td>B</td><td>D</td></tr>
<tr><td></td><td>0</td><td>5</td><td>6</td><td>7</td><td></td><td>9</td><td>12</td><td>1</td><td></td><td>7</td><td>10</td><td>11 12</td></tr>
</table>

단, 신년 3일 및 국경일은 휴일 적용.

스포트 요금(30회 방송단위)

단위: 환

시간/구분	A	B	C	D
20초 시보 및 뉴스	200,000	150,000	100,000	50,000
전후 20초	240,000	180,000	120,000	60,000

미니 스포트(30회)

10초	130,000환	단, 시보, 뉴스, 골든아워, 중계방송 전후는 제외함
5초	70,000환	

중계방송 요금

1건	평일	150,000환	단, 회선료는 별도
	토요·휴일	200,000환	

안 내

1건	20초	6,000환	단, 10세 미만 아동 행방 안내는 무료 [요(要) 파출소 증명]

횟수 할인율

주 횟수/방송 횟수	주 1회 이상	주 4회 이상	주 6회 이상
13회 이상(3개월)	-(%)	5(%)	10(%)
26회 이상(6개월)	5	10	15

연속극			재생
	주 2회	10%	15%
	주 3회	15	20
	주 4회	20	25
	주 5회 이상	30	35

스포트 할인율

월 횟수/방송 횟수	주 15회 이상	주 30회 이상	주 60회 이상
60회 이상(1개월)	-(%)	-(%)	5(%)
90회 이상(3개월)	5	10	15
180회 이상(6개월)	10	15	20

〈표 5-21〉 상업방송 기업추세(광고수입 현황)

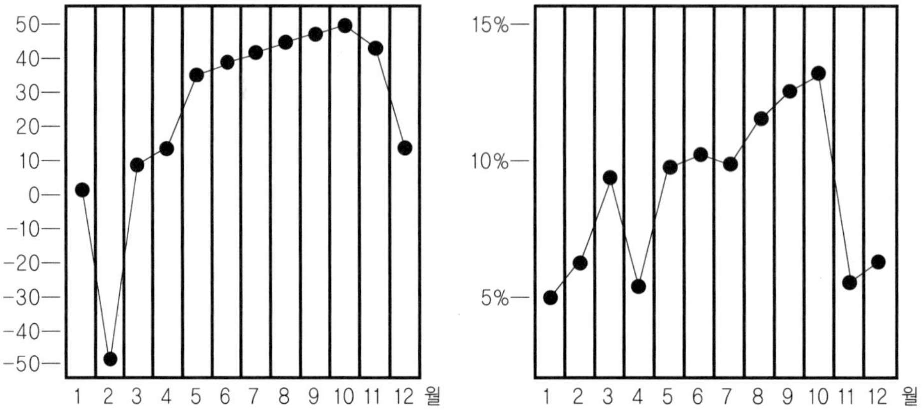

방송연감으로서는 처음인 《방송연감》(1965)에 의하면[21] 민방 초기의 광고수입 상황은 〈표 5-21〉과 같다. 1962년 6월에는 통화개혁이 있었다. 10대 1의 평가절하로서 '환'에서 '원'으로 바뀌었다. 1964~1968년 기간 동양방송의 광고수입은 〈표 5-22〉와 같았다.

광고방송을 하던 KBS-TV 및 DTV(TBC-TV)의 광고요금과 시급구분은 다음과 같다. KBS-TV는 요금 시행일자 표시가 없으나, 1964년이었을 것으로 추정된다.

> 방송기업은 다른 산업의 경기에 대단히 민감하게 영향을 받는다. 왜냐하면 방송기업은 다른 산업의 매개에 의한 하나의 중개기업적인 수입에 의존하기 때문에 어느 다른 산업보다도 기업의 일반적 경기추세에 민감하게 된다.
> 이 표는 1964년도의 방송기업의 경기추세, 즉 광고수입 현황을 모 방송국(라디오)과 KBS-TV를 예로 들어 도시해 본 것이다.
>
> 1. 라디오
> 이 표는 1964년 1월 수입을 기준으로 하여 이에 대한 월별 변동상황을 %로 나타낸 것이다. 2월이 급격하게 하락한 이유는 제약계의 광고중지 때문이다. 위에서 보여주는 바와 같이 최저는 2월, 최고는 10월이고 대체로 10월까지는 계속 상승곡선을 보여주고 있다.
> 2. TV(KBS-TV)
> TV는 연간전파료 총 수입액을 31,561,270원으로 잡고 이에 대한 월 수입액과의 %로

표시하였다. 단, TV는 CM 수입 목표를 한정하고 이 범위 내에서만 광고를 하게 된다. 라디오와 추세가 비슷하나 2월에서 TV는 상승하고 있다는 점과 11월에 들어 하강률이 라디오보다 급격한 점이 다르다. 그 밖에 3월에서부터 10월까지는 계속 상승곡선으로서 라디오와 비슷한 곡선을 보여주고 있다.

〈표 5-22〉 동양방송 광고수입, 1964~1968년

단위: 백만 원

	1964	1965	1966	1967	1968
라디오	52	92	175	241	363
TV	9	107	214	364	619
계	61	199	389	605	982

자료: 《중앙일보 · 동양방송 10년사》, 1975, 330쪽.

KBS-TV 시간전파료

단위: 원

급별/시간(분)	1급	2급	3급	4급
60	18,230	14,580	10,940	9,120
55	16,090	13,510	10,030	8,050
50	15,500	12,400	9,300	7,750
45	14,580	11,660	8,750	7,290
40	13,670	10,940	8,300	6,840
35	11,900	9,250	7,140	5,950
30	10,940	8,750	6,560	5,470
25	10,030	8,020	6,020	5,020
20	8,750	7,000	5,250	4,380
15	7,290	5,830	4,370	3,650
10	6,840	5,470	4,100	3,420
5	6,380	5,100	3,830	3,190

광고물 고시광고 전파료(CM카드)

단위: 원

급별/시간(초)	1급	2급	3급	4급
10	1,230	980	730	610

특수광고 전파료

단위: 원

급별/시간(분)	1급	2급	3급	4급
5	10,750	8,600	6,450	5,370
4	8,600	6,880	5,150	4,300
3	6,450	5,160	3,870	3,220

스폿광고 요금표

단위: 원

급별/시간(초)	1급	2급	3급	4급
20	3,820	3,050	2,290	1,910

국명고지 전파료(ID카드)

단위: 원

급별/시간(초)	1급	2급	3급	4급
10	950	760	570	470

PR 스폿요금

단위: 원

급별/시간(초)	1급	2급	3급	4급
30	1,230	980	730	610

DTV HLCE 광고요금 및 시급구분 시간요금

단위: 원

시간(분)	A	B	C	D
60	27,500	22,000	16,500	13,800
55	25,600	20,500	15,300	12,800
50	23,400	18,700	14,000	11,700
45	22,000	17,600	13,200	11,000
40	20,600	16,500	12,400	10,300
35	18,700	15,000	11,200	9,400
30	16,500	13,200	9,900	8,300
25	15,100	12,100	9,100	7,600
20	13,200	10,600	7,900	6,600
15	11,000	8,800	6,600	5,500
10	10,300	8,200	6,200	5,200
5	9,600	7,700	5,800	4,800

주: 60분 이상은 60분 요율에 준함.

DTV 부산 HLKE 광고요금 및 시급구분 시간요금

단위: 원

시간(분)	A	B	C	D
60	13,800	11,000	8,300	6,900
55	12,800	10,300	7,700	6,400
50	11,700	9,400	7,000	5,900
45	11,000	8,800	6,600	5,500
40	10,300	8,300	6,200	5,200
35	9,400	7,500	5,600	4,700
30	8,300	6,600	5,000	4,200
25	7,600	6,100	4,600	3,800
20	6,600	5,300	4,000	3,300
15	5,500	4,400	3,300	2,800
10	5,200	4,100	3,100	2,600
5	4,800	3,900	2,900	2,400

주: 60분 이상은 60분 요율에 준함.

안내요금

단위: 원

시간(초)	A	B	C	D
30	800	700	500	400

Station Break CM요금

단위: 원

종별	A	B	C	D
스폿(20초)	4,600	3,700	2,800	2,300
CM카드(10초)	1,600	1,300	1,000	800
ID카드(10초)	1,400	1,100	800	700
시보(10초)	2,300	1,900	1,400	1,200

특수광고 요금

단위: 원

시간(초)	A	B	C	D
5	11,000	8,600	6,500	5,400
4	8,600	6,900	5,200	4,300
3	6,500	5,200	3,900	3,200

안내요금

단위: 원

시간(초)	A	B	C	D
30	1,600	1,300	1,000	800

Station Break CM 요금

단위: 원

종 별	A	B	C	D
스폿(20초)	2,300	1,900	1,400	1,200
CM카드(10초)	800	700	500	400
ID카드(10초)	700	600	400	300
시보(10초)	1,200	1,000	700	600

특수광고 요금

단위: 원

시간(초)	A	B	C	D
5	5,500	4,300	3,300	2,700
4	4,400	3,500	2,600	2,200
3	3,300	2,600	2,000	1,600

광고시간 구분

요금/시간	7 8 9 10 11 12 13 14 15 16 17 18 19 20 21 22 23							
월~금		4급		1급	3급	2급	1급	2급
토		4급	3급	2급	3급	1급		2급
일~공휴일	2급	3급		2급	3급	1급		2급
비 고	주간 중계방송의 시간구분도 위에 준함.							

광고료 할인
가. 동일 광고주가 동일 프로그램을 주 1회 이상 계속 방송하는 경우 13회 이상 5/100, 26회 이상 10/100.
나. 동일 광고주가 주 2회 이상 스폿, 광고물 고시, 국명고지 광고, 특수 광고 등의 방송을 계속하는 경우 90회 이상 5/100, 180회 이상 10/100.

급별 시간구분

	7 8 9 10 11 12 13 14 15 16 17 18 19 20 21 22 23 24						
평일	C	D	C	B	A	B	C
토요일	C	D	C		A	B	C
일요일	C				A	B	C

주: 휴일은 일요일에 준함.

할인조항

1. 횟수 할인

국 명	13회 이상(%)	26회 이상(%)
서울 HLCE	5	10
부산 HLKE	5	10

2. 네트워크 요금 할인: 키 스테이션과 동일 내용의 방송을 동일 광고주가 지방국에서 방송할 때 지방국 요금의 10%를 할인한다.
3. 할인 대상: 시간요금, 안내요금, 특수광고요금, 시보요금
4. 스테이션 브레이크 CM 요금은 할인 내용에서 제외된다.

기타 매체 광복 전부터 있던 각종 간판, 전선주광고, 전차광고도 있었다. 그리고 연도는 확실치 않으나 1950년대 중반부터는 극장광고가 영상매체로 있었다. 다만 이 각종 매체는 광고매체로서 제자리를 잡지 못하고 혼란스러운 상태였다. 8·15 광복과 1950년의 6·25 한국전쟁을 겪으면서 옥외광고는 심한 변동이 있었으며 광고물은 거의 사라졌고 얼마 되지 않는 기록이 있을 뿐이다. 그 원인의 하나는 광복

되면서 일본어가 없어져 일본어 간판이 사라졌기 때문이다.

동아만년사(東亞萬年社)라는 회사의 광고는 다음과 같은데 이 기록을 통해 전차 내 광고와 전선주광고가 성행했음을 알 수 있다. 이 광고글에 있는 경성전기주식회사는 뒤에 한국전력이 되었다.

• 전차 내 급(及) 전주 광고 •

금반 폐사에서 경성전기주식회사의 승인을 얻어 전차 내와 전주를 이용하는 광고물을 취급하게 되었아오니 많은 편달과 지원을 바라오며 금후로는 본사나 경성전기주식회사의 양해 없이 첩지(帖紙)나 기타 광고를 무단 게시하신 것을 철회함은 물론 이로 인하야 파손이 있을 때는 복구를 요구하게 되었아오니 OO이 없으시도록 사전에 폐사와 상의하여 주시기를 바라나이다(한문으로 된 것을 한글로 옮겼고 원문을 그대로 썼다).

1946년 2월 17일자 〈조선일보〉에는 금성사(金星社)의 간판 장식 도안광고가 있는데 광복 전 서울 거리 이름인 황금정(黃金町, 일본말로는 코가네마찌, 지금의 을지로) 3가에 있었다.

아마도 광복 후 가장 큰 옥외광고는 1961년 8월에 준공된 유한양행의 한강 철도변 노량진 쪽에 있던 거대한 간판이었을 것이다. 정확한 자료는 없으나 세로 10여 미터에 가로가 수십 미터는 족히 될 만한 크기이고 야간에는 조명을 하는 간판이었다. 이 간판은 1980년에 간판을 세웠던 대지(垈地)가 팔려서 사라졌다.

도심지 퍼레이드도 활용되었다. 1950년대 말에서 1960년대 초로 짐작되는데 럭키는 멋진 치약 모형을 만들어 자동차 위에 싣고 거리를 누볐다.

앞서 언급한 금성사 이름이 나타내듯이 광복 이후 간판의 가장 큰 문제 중 하나는 왜색(倭色) 추방이었다. 한국의 상권을 지배했던 일본이 남긴 일본어 간판은 특히 수도 서울 도처에 남아 있었다. 1949년 3월 10일자 〈조선일보〉에는 "왜색 간판 추방"이라는 헤드라인의 기사가 있을 만큼 심각한 문제의 하나였다.

또한 잃었던 우리말과 한글 되찾기의 여론에 따라 한문간판을 없애고 한글간판으로 대체하는 운동이 일어났다. 그런데 이 운동이 강제성을 띤 사회문제로 되어 〈조선일보〉는 "한글간판을 강요해서는 안 된다"는 사설을 싣기도 했다.

1962년에는 전문 7조로 된 옥외광고물 단속법이 제정·공포되었다.

철도광고는 1948년 10월 1일 교통부 고시 108호 철도광고 업무 취급규정으로 시작되었다. 그러나 광복 이후 혼란기에다 광고를 할 만한 여유가 없어 경부간 급행

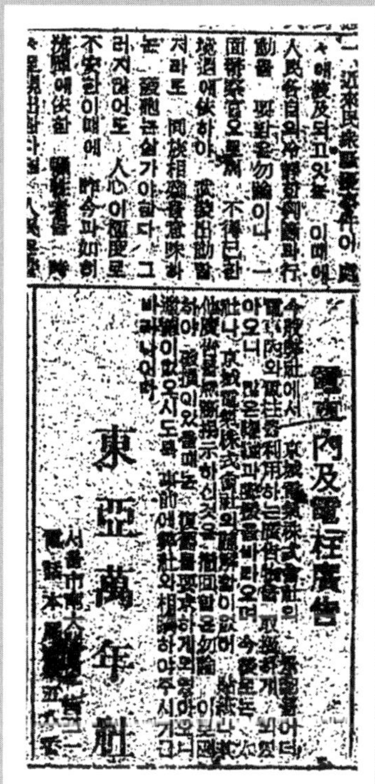

電車內及電柱廣告

東亞萬年社

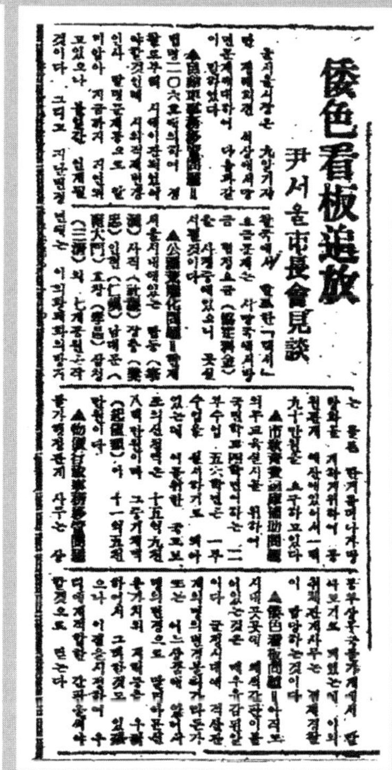

倭色看板追放

尹서울市長會見談

① | ②

① 1946.10.25일자 〈동아일보〉. 동아만년사(東亞萬年社)의 전차 내 급(及, 및) 전주광고(電車內 及 電柱廣告)라는 제목의 광고.

② "왜색 간판 추방" 기사. 1949.3.10일자 〈조선일보〉.

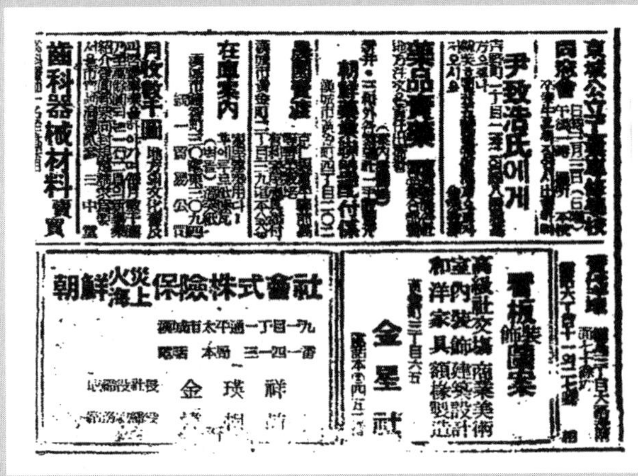
看板裝飾圖案
金星社
朝鮮火災海上保險株式會社

한글看板을强要해서는안된다

① 1950년대 말에서 1960년대 초로 짐작되는 럭키의 퍼레이드. 장소 미상이나 부산역 부근일 것으로 추정된다.

② 금성사(金星社)의 "간판 장식 도안" 광고. 1946.2.17일자 〈조선일보〉.

③ "한글 간판을 강요해서는 안 된다" 사설. 1958.8.5일자 〈조선일보〉.

④ 유한양행의 한강 철도변 대형간판. 자료: 《유한양행 50년》, 서울: 유한양행.

열차에 안내방송 광고가 고작이었다. 그 뒤 1968년 2월 12일 철도청 고시 10호로 철도광고 업무대행이 공식으로 제도화되어 우주사(宇宙社)를 비롯해 몇몇 대행업체가 등록했으나 교통광고에 대한 인식 부족, 매체 자체의 개발 부족 등으로 부진했다. 그러다가 5·16 혁명 이후 경제발전에 따른 열차 고급화와 증가 등에 따라 승객수가 늘어나자 교통광고에 대한 인식이 달라졌다. 1960년대 말 열차를 중심으로 한 교통광고의 종류는 다음과 같이 다양해졌다.

유선 전파매체(객차 내와 대합실 내 방송)
전광매체(대합실 내의 와이드 컬러)
열차 내 포스터
특수 게시장(열차 내 의자 카바)
광고판(철도 연병의 전주, 역 구내, 역명판, 역 광장)

한국에서 전주광고를 전문적으로 시작한 회사는 주식회사 대지문화사(大地文化社)였다. 1961년에 창립된 이 회사는 전주, 전선주광고에서 시작해서 옥외광고 분야로 업무를 확장해 나갔다.

1950~1960년대 가장 대표적인 대중문화와 오락시설이던 극장에는 영화상영 전과 관객교대 시간에 상영하는 광고가 있었다. 한국에서 극장광고에 관한 기록이나 연구는 거의 없는데 1950년대에서 1960년대까지가 전성기였다. 그 뒤 TV 수상기가 급증한 1970년대 초에는 쇠퇴했다.

3. 광고회사

광고회사[22]가 한 기업으로 인정되고 자리를 잡게 된 것은 사실상 1970년대 한국경제가 '한강의 기적'을 이루면서 급성장한 시기였다. 따라서 광복 후 첫 시기인 1945~1968년 기간에는 광고대행업의 태동기였다.

광복 이듬해 1946년 3월 7일자 〈조선일보〉에는 "조선전보통신사"(朝鮮電報通信社) 광고가 게재되어 있는데 업무는 광고대행이었다. "전국 각 신문 잡지사 특약, 광고대리 취급, 광고에 관한 상담(무료)"이라는 카피를 통해 이 통신사가 전국의 여러

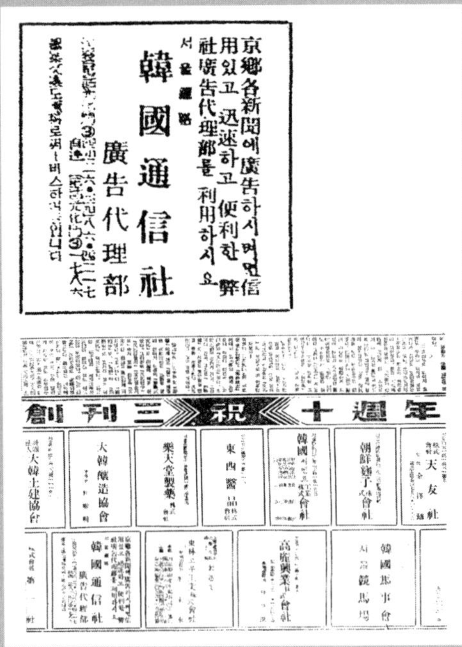

京鄕各新聞에廣告하시려면信用있고迅速하고便利한弊社廣告代理部를利用하시요

서울鍾路

韓國通信社

廣告代理部

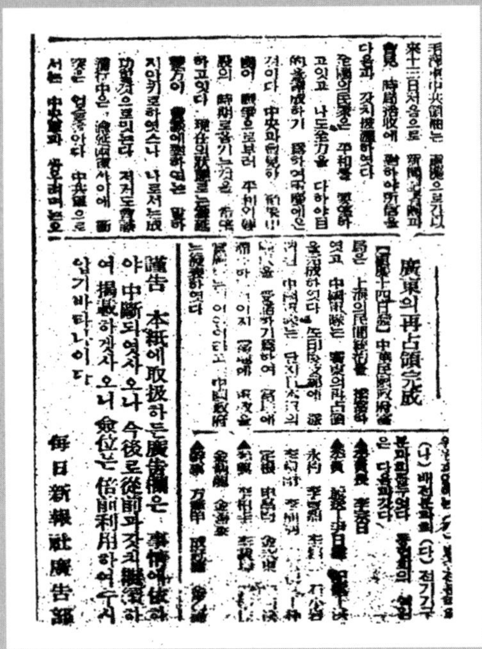

廣東의再占領完成

謹告 本紙에取扱하든廣告欄은事情에依하야中斷되엿사오나今後로從前과갓치繼續하여揭載하겟사오니僉位는倍前利用하여주시압기바라나이다

每日新報社廣告部

①|②
③|

① 1950.4.1일자 〈동아일보〉에 개재된 한국통신사(韓國通信社) 광고에는 광고대리부(廣告代理部)가 있고 광고대행을 하고 있음을 언급하고 있다.

② 1945.9.15일자 〈매일신보〉(每日新報)가 광고를 다시 게재한다는 사고를 광고국 이름으로 게재했다.

③ S/K Associates의 1970년대 초(?) 자체 광고

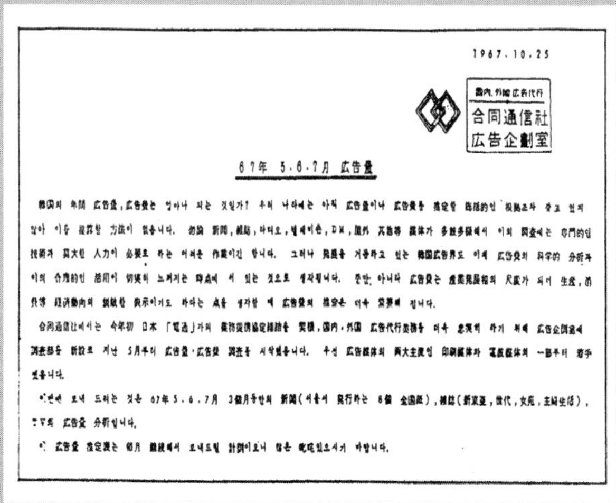

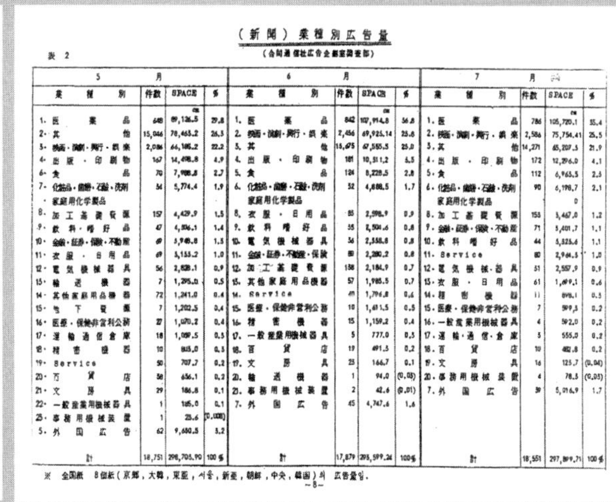

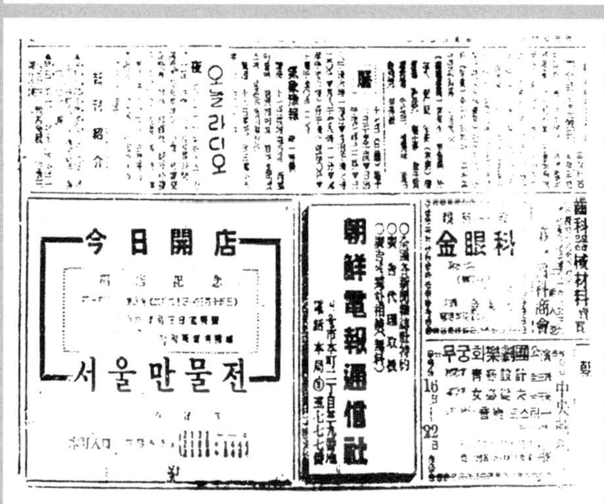

①|②
③|

① 1967.10.25일자로 된 합동통신사 광고기획실 발행 1967년 5, 6, 7월 광고량 조사표지. 이 자료는 광고업계에 무료로 배포했다. 이 첫 보고서는 21쪽으로서 세로 21cm, 가로 30cm 크기의 중질 모조지에 공판(孔版) 인쇄한 것이다. 1967년 10월 25일자인 이 자료 위에는 합동통신사 광고기획실(合同通信社 廣告企劃室)이라고 적혀 있다. 아울러 "일본 덴츠[電通]와의 업무제휴협정 체결"이라는 언급이 있어서 이 조사를 시작한 것이 일본 덴츠의 건의였음을 짐작할 수 있다.

② 1967년 5, 6, 7월 신문광고량. 8개 전국 종합지의 광고량이 24개 업종(외국광고 포함, 5월의 경우)으로 구분하고 광고지면을 cm로 표시했고 아울러 발행지면에 대비한 광고지면을 비율로 표시했다.

③ 1946.2.17 〈조선일보〉에 개재된 조선전보통신사(朝鮮電報通信社) 광고.

신문 잡지사와 계약을 맺고 광고대행 업무를 했으며 또한 광고주의 광고대행을 업무로 하고 있었음을 알 수 있다. 다만 실제 어느 정도 광고대행 업무를 했는가에 대한 구체적인 자료는 없다.

1950년 4월 1일 〈동아일보〉 창간 30주년 기념호에는 서울 종로에 있는 한국통신사가 게재한 광고가 있는데 그 내용을 보면 역시 광고대행을 하는 부서가 있었다.

1960년대 말에 이르자 중소 광고대행업체들이 탄생하게 되었다. 맨 먼저 1957년에 광고대행을 한 곳은 한국일보 내에 있던 한국광고사(韓國廣告社)인데 신문광고대행을 하는 일종의 미디어 렙(Media Rep)이었다. 아울러 1957년 5월부터는 재정 문제의 곤란을 겪던 KORCAD-TV를 한국일보사가 인수함에 따라 한국일보 광고국에서 설립한 한국광고사는 TV광고대행 업무도 맡게 되어 인쇄, 전파매체 광고 시간을 판매하게 되었다. 1958년 5월에는 김용중(金容重)이 한국PR 연구소를 설립했고 이어서 Ad Korea를 창설했다. 그런데 아직 광고회사에 대한 매체 커미션 인정이 제도화되어 있지 않아서 광고주한테서 수수료를 받는 피(*Fee*) 제도 같은 보수방식이었다. 광고회사에 대한 매체의 커미션 인정이 제도화된 것은 1970년대 초에 이른 다음 시기였다.

한편 마이클 오새먼(Michael O'Sammon)이라는 미국인은 1962년에 외국 광고주를 대행하는 작은 대행사 임팩트(IMPACT)를 설립했으나 이듬해에 역시 미국인인 칼 브루스(Karl L. Bruce)가 인수했다. 임팩트는 대한석유공사, 일본항공, 펩시콜라 등 광고를 대행하다가 1972년에 폐업하고 그 사원의 일부가 MBC로 옮겼다가 1974년 MBC 방송이 주도한 연합광고(MBC 애드컴) 창립 때 자리를 옮겼다. 브루스가 설립한 임팩트는 원래 광고대행으로 시작한 회사는 아니었고 *Press Translation of Korea*라는 한국어 신문의 영문번역 회사였다.

임팩트에 있던 미국인 존 스티클러(John C., Stickler)는 1965년에 따로 독립해서 김동선(金東善)과 함께 S/K 어소시에이츠(Associates, 뒤에 S/K International)를 설립했다. S/K는 1970년대 후반에 폐업할 때까지 여러 가지 한국 광고계를 위해 공헌했다. IAA(International Advertising Association, 국제광고협회) 한국지부가 1968년 창립되는 데는 S/K 대표이던 존 스티클러의 협력이 많았다. 또한 스티클러는 세계적인 광고전문 주간지로 시카고에서 발행되는 Advertising Age에 한국 광고 관련 기사를 처음으로 게재하기도 했다.

1974년에 처음으로 신인섭, 김용한과 스티클러가 공저해서 *Advertising in Korea*

〈표 5-23〉 1960년대 광고대행사

금액: 100만 원

대행사	창설연도	추정 사원수	추정 취급액(추정 연도)
조선전보통신사	1946	—	—
한국통신사	1950(?)	—	—
한국광고사	1957	—	—
한국PR연구소	1958	—	—
애드 코리아	1958	12	500(1974)
임팩트(Impact)	1962	—	—
S/K Associates	1965	—	—
합동광고	1966	46	1,300(1973)

자료: 신인섭(1989). *Advertising in Korea*. 서울: 시사영어사. 78~87쪽.

라는 영문 소책자를 출판했는데 이것은 한국광고에 관한 영문서적의 효시였다.

1964년 7월 1일에는 합동통신사 내에 광고국이 신설되어 광고대행 업무를 시작했다. 1966년 3월에는 미국과 일본의 합작 광고회사인 매캔에릭슨 하꾸호도〔McCann Erickson, 博報堂〕의 오시다 코지〔大下浩爾〕 전무를 초청해서 자문을 받았다. 또한 같은 해 6월에는 일본 최대의 광고회사인 덴츠〔電通〕의 시마자키 센리〔島崎千里〕 전무를 서울로 초청해 2주간에 걸쳐 자문을 받았다. 이듬해인 1967년 1월 1일에 합동통신은 일본 덴츠와 3년 기간의 업무제휴 계약을 맺었다. 이것은 한국기업이 외국 광고회사와 맺은 최초의 업무협조 계약이었다.

1967년 3월에는 광고기획실로 기구를 확장하고 초대 실장은 엄갑룡(嚴甲龍)이 취임했다. 광고기획실은 뒤에 합동광고로 이름을 바꾸고 1975년에는 만보사와 합병하고 다시 후에 오리콤으로 이름을 바꾸게 되었다.[23)]

합동통신 광고기획실은 1967년 10월부터 1969년 4월까지 한국 광고량에 대한 조사를 실시했다. 비록 전매체를 대상으로 하지는 못했으나 본격적인 광고량 조사는 이것이 처음이었다. 1960년에 〈새廣告〉가 광고량 조사를 시도한 뒤 다시 본격적으로 조사가 이루어졌다는 점에서 한국광고 발달과정의 중요한 이정표의 하나이다.

이렇게 해서 한국 최초의 종합대행사로 자리매김한 합동광고는 일본의 본을 받 통신과 광고대행 겸영으로 시작했으며 언론사의 배경을 업은 광고대행사가 되었다.

1960년대에 설립된 몇몇 광고대행사들은 그 뒤 모두 사라지고 합동광고의 후신인 오리콤만이 남게 되었다. 이렇게 해서 1960년대는 광고대행업이 태동하는 시대가 되었다.

4. 크리에이티브

이 시기에는 광고 크리에이티브에 엄청난 변화가 일어났다. 가장 중요한 일은 잃었던 나라를 되찾은 것과 우리말을 자유롭게 쓸 수 있으며 우리말로 신문, 잡지를 발행할 자유를 찾은 것이었다. 그리고 전파매체 광고가 등장했다. 다른 각도에서 이 시기를 본다면 없어서 못 팔던 때이며 알리기만 하면 팔렸다.

개관 광복이 된 1945년 8월 15일 한국에는 우리말 신문이라고는 조선총독부 기관지인 〈매일신보〉(每日新報)뿐이었고 하루에 겨우 타블로이드 크기 2면을 발행하고 있었다. 환희와 혼란이 범벅이 된 가운데 광복 후 한 달 동안은 이 신문에도 광고가 없었다. 1945년 9월 15일에는 사고를 내고 광고게재를 재개했다. 이날 〈매일신보〉에는 네 건의 활자광고가 게재되었다.

〈매일신보〉는 1945년 11월 23일에 〈서울신문〉으로 제호를 바꾸었다. 1950년대에는 여러 일간신문, 잡지 등 인쇄매체 외에 상업방송 라디오와 TV가 등장했다. 1956년 5월에는 한국 최초의 상업 TV 방송인 KORCAD-TV가 종로 네거리에서 개국했다. 1959년에는 부산 MBC 라디오가 개국해서 이른바 4매체 시대가 도래했다. 민방이 본격화된 것은 1960년대 중반이었다. 신문 지면은 하루 8면까지 늘었다.

1950년대 말에는 김한용(金漢鏞)이 상업사진 스튜디오를 차렸다. 1960년대 초에는 라디오 광고노래가 전성기를 맞았다. 또한 이 무렵 색분해 기술이 도입되었다. 컬러인쇄가 제 궤도에 올라설 수 있게 되었다. 1964년에는 〈조선일보〉가 "조일광고상"을 시작했고 1965년에는 〈중앙일보〉가 광고상을 제정했다. 두 신문사의 광고상 제정은 크리에이티브 발전에 자극제가 되었다. 그리고 광고는 있으나 그 광고를 만든 사람은 나타나지 않던 시대에서 크리에이터의 이름이 나타나서 "인격을 부여"받게 되었다. 광고 만드는 사람이 한낱 쟁이가 아니라 사람으로 대접을 받는 때로 바뀌었다.

1960년대 후반에는 일본에서 도입한 사진식자기(寫眞植字機) 때문에 신문사 활자를 사용하거나 손으로 그릴 수밖에 없던 글자를 식자기로 쓸 수 있게 되었고 그 결과 활자광고는 훨씬 다양하게 되었다. 그리고 신문지면을 깨끗하게 하는 데 일조했다.

TV광고 제작을 전문으로 하는 프로덕션이 개업하는 것은 1960년대 말 무렵부터였다. 1956년에 개국한 KORCAD-TV의 광고는 모두 슬라이드였다. 그리고 1960년대 초에는 라디오 CM SONG이 전성기를 이루었다. 아무런 규제도 없던 무렵이라 전, 중, 후 CM이 있었다. 기독교의 찬송가처럼 여러 절이 있을 만큼 느긋하던 시절이었다.

광복 이후와 1950년대 크리에이티브 광복 후 유일한 우리말 일간지인 〈매일신보〉(서울신문)에 광고가 부활한 1945년 9월 15일 이후 2~3년간은 일러스트레이션이 없는 것은 아니었으나 여전히 활자광고가 지배적이었다. 태반의 광고는 작았다. 1단 전단(全段) 크기 광고가 나오는 것은 1947년에 접어든 무렵이었다.

하루 2면씩 타블로이드 크기로 발행하던 1945년 10월 27일의 제2면은 12단 가운데 4단은 모두 광고인데 안내광고와 비슷한 50여 개 광고가 있다. 그러나 디자인은 전혀 없는 광고였다. 1947년 7월 15일 〈동아일보〉에는 제목 아래 "빅토리 위스키" 제하 광고가 나올 만큼 광고는 서서히 복구되고 있었다. 이날 〈동아일보〉 1면은 12단인데 그 가운데 4단이 광고이다. 그런데 9개 광고는 모조리 활자만으로 된 광고이다. 일러스트레이션이 들어간 것은 하나뿐이다.

이 시기 광고의 특징 가운데 하나는 일본식 표현이 자주 나타났다는 것이었다. 1947년 12월 6일자 〈동아일보〉에는 신문 전2단(全2段) 크기의 개점 제2주년 경품부 대매출 광고가 있다. 그런데 광고주는 동화(東和) 백화점이고 광고에도 나와 있는 대로 광복 전 미츠코시〔三越, 지금 충무로 신세계 백화점〕 백화점이다. 달리 보면 광복 2년이 지났음에도 불구하고 옛 이름을 알려야 할 만큼 변화란 더디다는 것을 말해 주고 있다. 또 다른 변화는 광복 이후 진주한 미군의 영향으로 영어문구가 상품명이나 광고에 자주 나타나게 된 일이다.

1947년 8월 10일 〈경향신문〉에 게재된 럭키 구락부(俱樂部) 광고에는 "럭키"라는 영어 및 일본 말인 "소인"(素人) 친절 양성함이라는 말이 있는데 초보자라는 말 대신 소인이라는 일본식 표현을 쓰고 있다. 그러니 영어, 일본식 한문이 범벅이 되어 사용되고 있다. 1949년 12월 18일자 〈동아일보〉에 게재된 고려화(高麗花) 광고에는 구명(舊名) 삼파자만(三巴自慢)임을 표기하고 준철병철(樽詰瓶詰)이라는 말이 있는데 이것은 통술, 병술의 뜻이다. 해태 캬라멜의 "캬라멜"이라는 말은 일본식 표현이며 본가(本家)라는 표현도 일본의 영향이다. 일본 굴지의 화장품 회사인 시세이도〔資生堂〕의 광고는 1946년 5월 7일자 〈조선일보〉에 여전히 게재되고 있었다.

이러한 추세는 1950년대 중반까지도 여전히 계속되어 "드디어"라는 뜻의 한자인

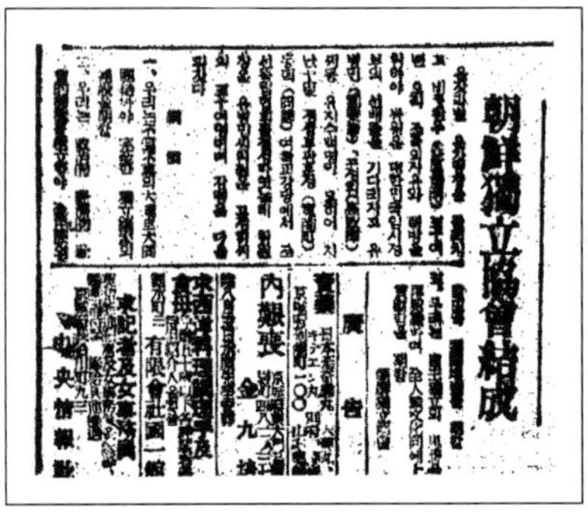

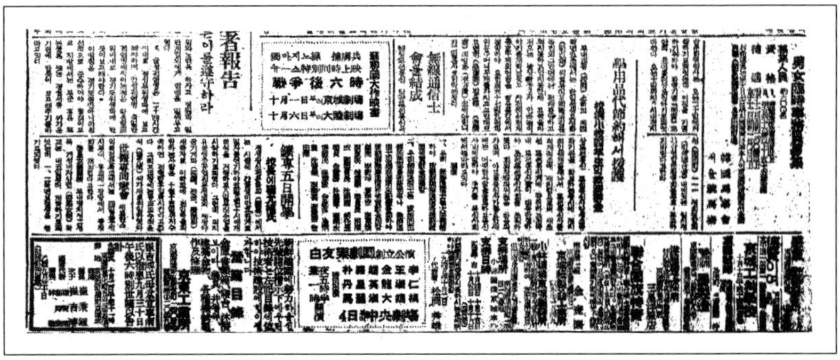

①｜② ① 1945.9.15일자 〈매일신보〉에 광복 후 처음으로 게재된 4개 광고가 〈廣告〉 기사 다음에 있다.
② 1945.10.2일자 〈매일신보〉에는 활자만으로 된 광고 수십 개가 안내광고처럼 가득 차 있다.
우측의 돌출(突出) 및 "전쟁 후 육시"(戰爭後六時)라는 기사중(記事中) 광고도 있다.

"수"(遂)는 자주 사용되었고 한글을 쓰는 것이 드물었다.

1940년대 말에 이르자 수도 악극단이나 동보화장품(東寶化粧品) 등은 신문 전3단이나 전5단 크기의 광고를 게재하게 되었다. 지금은 한국의 글로벌 기업이 된 삼성그룹 창설자 이병철(李秉喆)의 이름이 들어 있는 상호 변경 광고도 있었다.

크게 볼 때 6·25 한국전쟁이 발발할 무렵까지 광고에서는 여전히 일본 영향이 짙게 남아 있었다. 그리고 몹시 쇠퇴한 경제를 반영하듯이 광고의 양이나 크기 따위가 광복 전 1930년대 광고전성기와는 요원한 위치에 있었다.

아마도 1945~1950년 기간의 한국 경제와 광고 크리에이티브를 잘 반영하는 광고는 1946년과 1947년에 게재된 전구광고일 것이다. "극"(極) 표 전구광고의 카피는 아주 간결한데 "수명절대보증"(壽命絶對保證) 뿐이고 이듬해 "성"(星) 표 전구의 카피는 "수명장구절대안전"(壽命長久絶對安全)이었다.

광복 뒤에 생산된 전구의 가장 큰 단점은 전구가 쉽게 끊어진다는 것이었다. 그래서 전구의 가장 중요한 점은 수명이 길다는 것을 보증하는 것이었다. 이러한 시장 상황에서 크리에이티브는 그리 중요하지 않았을 것이다. 광복 이후 1950년대까지의 신문광고 몇몇은 그림과 같다.

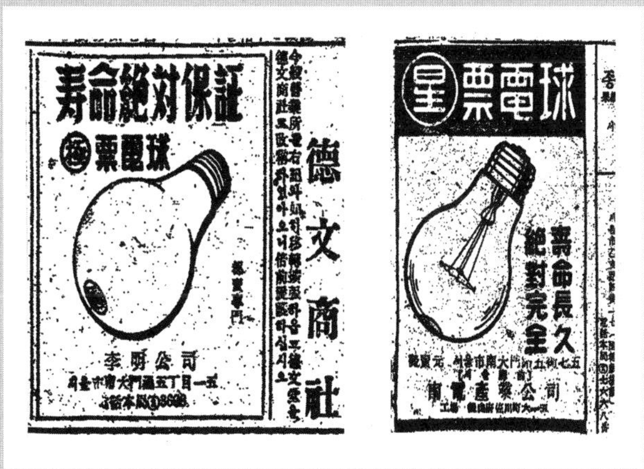

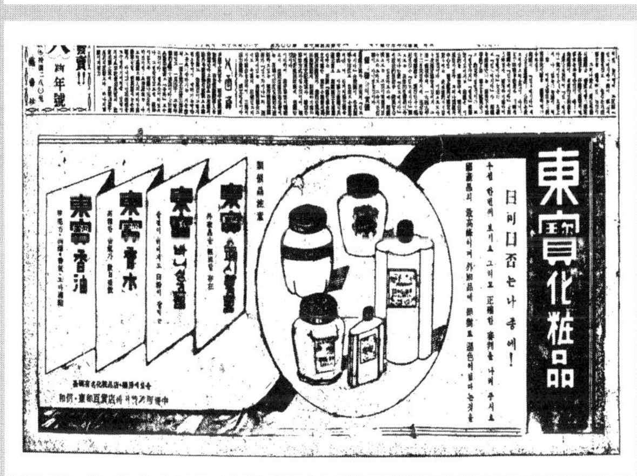

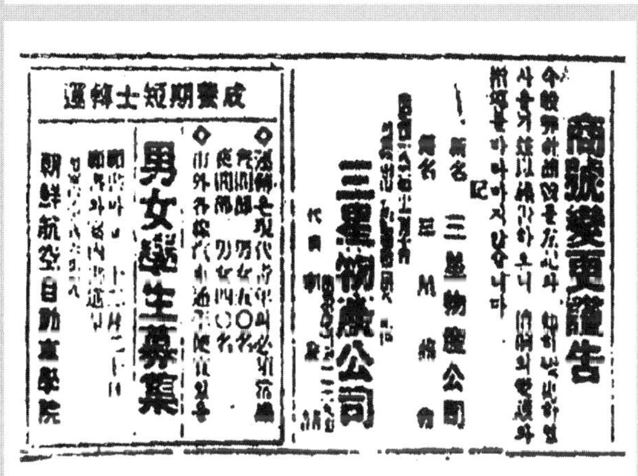

①	②
③	④
⑤	

① 1947.1.15(星) 및 1946.10.9(極) 〈조선일보〉에 게재된 전구광고.

② 1947.12.6일자 〈동아일보〉. 동화백화점의 전2단 광고.

③ 1949.12.29일자 〈조선일보〉. 동보화장품의 전5단 광고는 드문 크기였다.

④ 1950.2.16일자 〈조선일보〉. 수도극장(首都劇場)에서 있는 수도악극단(首都樂劇團) 창립 대공연의 전3단 크기 광고.

⑤ 1949.12.18일자 〈동아일보〉. 삼성상회를 삼성물산공사(三星物産公司)로 상호를 변경한 광고. 창업자 이병철(李秉喆)의 이름이 있다.

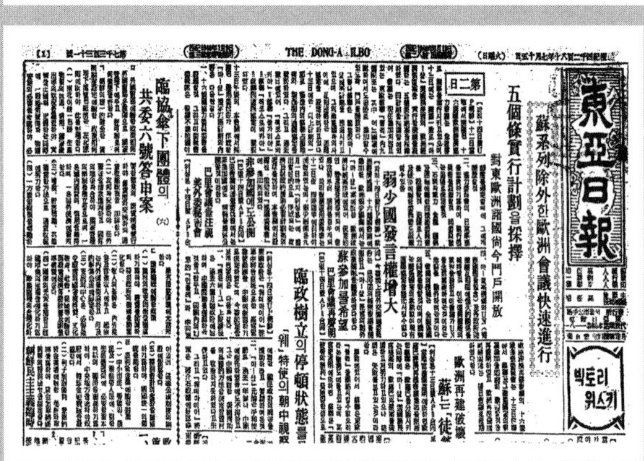

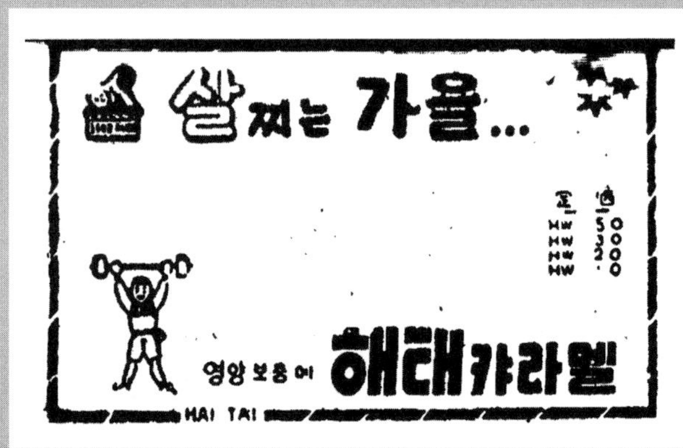

①	②
③	④
⑤	

① 1949.11.14일자 〈동아일보〉. 유한양행의 코푸시럽은 광복 전부터 판매하고 광고하던 제품이다. 1930년대에 만든 버드나무 무늬 테두리를 사용하고 있다.

② 1955.8.11일자 〈경향신문〉. 럭키치약. 헤드라인은 "미제와 꼭 같은 미국 원료 미국 처방으로 제조된"이다.

③ 1947.7.15일자 〈동아일보〉. 신문 제호 밑에 빅토리 위스키 광고가 있다.

④ 1955.10.20일자 〈경향신문〉. 해태캬라멜 광고는 계절에 알맞은 헤드라인과 일러스트레이션이다. "영양 보충에"라는 카피에서 그 무렵의 경제 형편을 짐작할 수 있다.

⑤ 1949.12.18일자 〈동아일보〉. 삼파자만(三巴自慢)이라는 광복 전 이름을 곁들인 고려화(高麗花) 청주 광고에는 준철(樽詰, 통술의 뜻), 병철(瓶詰, 병술의 듯) 같은 일본식 표현이 남아 있다.

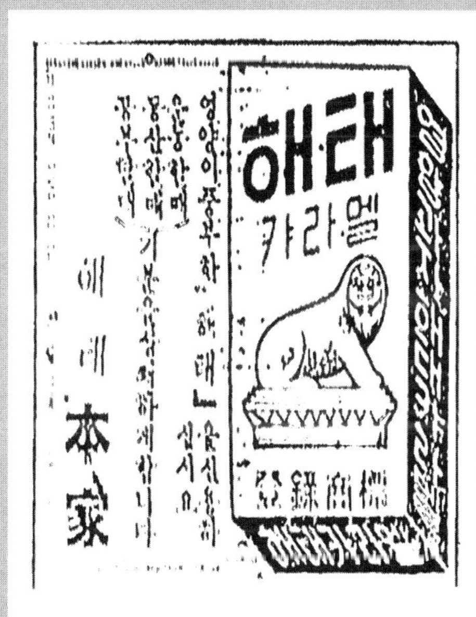

①②
③④

① 1946.2.5일자 〈조선일보〉에 게재된 일본 화장품 시세이도[資生堂] 화장품 광고. 광복된 뒤 6개월이 지났으나 여전히 광고가 게재되었다.

② 1947.8.10일자 〈경향신문〉에 게재된 럭키구락부(俱樂部) 광고에는 영어(럭키)와 일본식 한문(素人)이 섞여 있다.

③ 1949.12.25일자 〈동아일보〉. 동보크림은 광복 전에도 광고를 했다.

④ 1949.11.14일자 〈동아일보〉. 해태캐러멜은 "캬라멜"이라는 일본식 표현을 쓰고 있다.

1960년대 크리에이티브: 제약회사 주도 광복 이후에서 1960년대 말까지도 한국 광고계를 주도한 것은 제약회사였다. 의료보험 제도가 발달한 지금은 다르지만 약과 광고는 밀접한 관계였다. 합동통신 광고기획실이 조사해서 〈합동광고〉(合同廣告) 지에 발표한 광고비 추정자료에는 제약회사와 비제약회사 10대 광고주가 나와 있다. 그런데 1960년대 말 무렵 제약, 비제약을 합쳐 한국의 10대 광고주를 보면 1968년의 경우 비제약회사로서 10대 광고주에 포함된 회사는 해태와 럭키뿐이었다.[24)]

이런 이유로 1960년대 광고 크리에이티브를 주도한 것도 역시 제약회사였다.

1960년대 말에서 그 뒤 1970년대 말까지도 한국 최대의 제약광고주이며 10대 광고주에 들어 있던 동아제약의 주제품은 드링크제인 박카스였다.

1960년대 후반에는 놀라운 경제성장이 계속되었다. 기업의 광고담당자들도 대학 출신이 들어서게 되었고 상업미술 전공인 미대 출신이 큰 광고주 회사에서 일하게 되었다. 광고는 차차 전문교육을 받은 사람들에게 넘어가고 있었다.

조선일보사(조일광고상, 1964)와 중앙일보사(중앙광고대상, 1965)의 광고상 주최는 젊은 광고인들에게 자극을 주었다. 그리고 일본에서 도입한 사진식자기의 급속한 보급은 활자와 디자인, 레이아웃에 더 없는 도움을 제공했다. 상업사진 작가도 정착했다. 1968년에는 Ad Korea의 김용중이 주도한 일본 ACC와 덴츠 및 해외 광고상 수상작 감상이 종로 YMCA빌딩에서 개최되었다.

이러한 몇 가지 광고계 내의 요인은 광고 크리에이티브의 눈부신 향상을 일으켰다. 한국 최초로 3권의 광고학 개론서가 출판된 것은 1964년이었고 대학 경영학 계통에서 광고학 강의를 시작했다.

1962년 박카스 판매를 시작한 동아제약은 대대적인 광고를 했다. 그것은 광고를 캠페인으로 전개한다는 것이었다. 그 배경에 관해서는 《박카스 40년, 그 신화와 광고 이야기》에 다음과 같이 기록되어 있다.[25)]

> 1964년부터 박카스-디 광고가 나오면서 큰 변화가 일어나게 되었다. 헤드라인이 "활력을 마시자"로 바뀌었다. 박카스-디의 "디"란 드링크를 뜻하는데 이 로고체는 강력함을 상징하는 톱니바퀴와 함께 통일된 로고로 자리 잡았다. 그리고 100cc 병이 두드러지게 나타나게 되었다. 헤드라인 글자체도 통일되었고 헤드라인의 뜻이 글자체에도 느껴지게 일러스트로 처리했다. 무엇보다도 전속 여배우 모델을 쓰게 되었는데 1964~1968년의 5년간이었다. 브랜드 이미지(*Brand Image*) 라는 고려가 생긴 것인데 1960년대 중반이라는 시대를 생각하면 무척 앞선 일이었다. 5단 20cm 크기이던 광고는 같은 해

〈표 5-24〉 소화제와 비타민 광고 비교

금액: 1,000원

제품명(회사)	1967	1968	대비(%)	제품명(회사)	1967	1968	대비(%)
소화제				비타민제			
훼스탈(한독약품)	7,497	12,343	+64.6	아로나민(일동제약)	5,271	7,431	+40.9
베스타제(동아제약)	7,393	15,807	+113.8	비오비타(일동제약)	5,256	6,111	+16.3
환타제(동광약품)	4,821	1,354	−72.2	비나폴로(유유산업)	11,061	12,188	+10.2
				비타엠(유유산업)	3,205	3,928	+22.6
				비네몬(유한양행)	6,396	5,435	15.1
				비콤(유한양행)	647	3,462	+435.0

자료: 이종배(1978). 《실전광고론》. 서울: 집현각(集賢閣). 48, 49쪽.

(1964년 —저자) 5월부터 전(全) 5단, 즉 5단 37cm(신문 1면의 3분의 1크기 — 저자)로 커짐으로써 그 당시로서는 가장 큰 사이즈를 이용했음을 알 수 있다. 1964년 1월 10일에 "활력을 마시자!"라는 헤드라인과 로고체, 박카스 톱니바퀴, 100cc들이(入)와 병 등 통일된 표현들이 처음 나타난 뒤 …

큰 광고주 비록 10대 광고주 리스트에는 올라 있지 않으나 큰 광고주 가운데 하나는 화장품 회사인 태평양화학이었다. 태평양화학은 1959년 9월에 프랑스 코티(Coty)와 기술제휴 계약을 체결했다. 코티 분은 주로 한국에 있는 미군PX를 통해 시중에 흘러 들어왔다. 그 당시 코디와의 기술 제휴는 기발하다고 할 만한 일로서, 이를 계기로 대대적인 광고를 했다. 또한 아모레 브랜드명 캠페인도 전개했다. 1964년에 상영된 요한스트라우스의 왈츠에 맞춘 아모레 캠페인은 1960년대 초 한국 영상광고의 수준을 알아보는 데 소중한 자료이다.

1960년대에 가장 중요한 매체이던 신문은 하루에 8면 발행으로 제한되어 있었는데 신문 한 면의 단수(段數)는 아직 15단으로 통일되어 있지 않았다. 제호가 있는 1면에는 5단 이상 크기 광고는 허용되지 않았다. 같은 규제는 사회면이라고 부르던 7면의 경우도 마찬가지였다.

나난 기타 년, 예건대 4년에는 8난 광고가 허용되었다. 따라서 대개의 경우 광고 크리에이터는 이러한 지면 제한을 받고 있었다.

1960년대 말 제약회사들이 광고비를 많이 투자한 주요 제품 종류인 소화제와 비타민제 가운데 광고비를 비교적 많이 쓴 제품을 〈표 5-24〉와 같다.

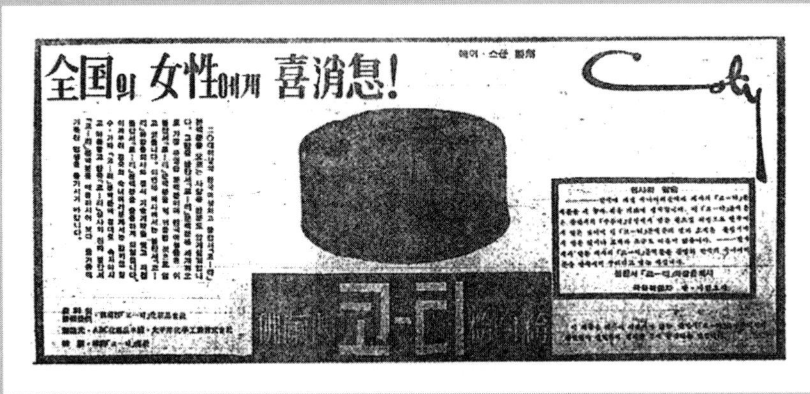

① 1959년 태평양화학이 도입해서 판매한 프랑스코티 분 신문광고.

② 1964년의 애니메이션으로 된 아모레 TV광고.

③ 박카스 신문광고 3개, 여자 배우 모델 사용, "활력을 마시자!"라는 헤드라인, 박카스 D와 톱니바퀴 등 통일된 브랜드 이미지를 만들려고 노력했다. 1964.4.27 광고(위)는 5단 20cm이나 1964.6(가운데) 및 같은 해 7월 광고(아래)는 5단 37cm 크기로 바뀌었는데 이른바 5단통(通) 크기는 그 무렵 큰 광고였다.

라디오와 TV광고 1956년 5월 12일 한국 최초의 민간상업방송국 KORCAD-TV(호출부호 HLKZ)가 서울 종로 네거리 종각 옆에서 개국했다. 이보다 2년 전인 1954년 CBS 라디오가 개국했으나 상업방송은 아니고 종교방송이었다.

따라서 한국에서는 TV가 라디오보다 앞서 광고방송을 시작했다. 1959년에는 부산 MBC 라디오, 2년 뒤인 1961년에는 서울 MBC 라디오, 뒤이어 동아방송, 동양방송 라디오와 TV가 잇따라 개국해서 1960년대 중반까지는 민간방송이 자리를 잡았다.

KORCAD-TV에 방송된 광고 슬라이드는 겨우 20매 정도 남아 있다. KORCAD-TV의 초기 광고 판매에 관해 당시 영업부에 근무한 이경호(李慶鎬)는 다음과 같이 말하고 있다.[26]

• "적자(赤字)를 메꾸어라" •

내가 HLKZ-TV에서 코미디 프로그램의 무대 감독을 맡아 보며 텔레비전 방송에 인연을 맺은 것은 지금도 꿈만 같이 느껴진다…

더욱이 지금 같은 시설은 생각할 수도 없었지만 스투디오라고 손바닥만 한 게 하나에 카메라 2대를 가지고 방송을 하였으니, 방송이 나간다는 게 오히려 신기할 정도였고, 생각해보면 지금도 등골이 오싹해진다…

내가 처음 방문한 곳이 C제약의 C사장이다. 나는 단도직입적으로 C사장 책상 위에 명함을 놓으면서 찾아온 용건을 말했더니 전혀 반응이 없다. 정말 어처구니없었다. 나의 첫 방문처이고, 그래도 여러모로 생각한 끝에 찾아간 곳이 뜻밖에 이 모양이다. 순간적으로 큰 실망감과 좌절감이 치밀면서 나의 자존심이 크게 깎인 듯, 심한 모욕감을 느낀 듯해서 자제심을 억제치 못하고 "C사장님 좀 지나치지 않습니까, 너무 하십니다." 그래도 C사장은 조금도 개의치 않고 잠시 후, "허어 젊은 분이 성미가 급하군. 이래 가지고서 어떻게 세일즈를 하지. 우선 좀 앉으시오." 그런 후에 "세일즈에도 요령이 있소." 하더니 세일즈 방법론 일석을 피력한다. 결국 1주간의 방문 끝에 C사와의 거래가 성취했고 HLKZ-TV가 (화재로) 문을 닫을 때까지 계속되었다. (한문을 한글로 바꾸었을 뿐 나머지는 원문대로이다. – 저자)

생생한 이경호의 증언을 통해 1956년 KORCAD-TV 초기 영업, 광고물, 광고거래, 슬라이드 제작 상태를 알 수 있다.

①	②
③	④

① "물가 안정 바라거든 저축부터 실천하자!!"라는 슬로건 같은 카피의 재무부(財務部) 슬라이드.

② 체신부 제공이라는 스폰서 표시. 영어로도 표기되어 있다.

③ 실내 장식과 사무용 가구 판매회사인 영본상회(永本商會).

④ "영, 왜산 양복지(英倭産洋服地)를 환영해야 옳은가?"라고 애국심에 호소한 한성라사(漢城羅紗).

①	⑤
②	⑥
③	⑦
④	⑧

① "보고 들을 수 있는 광고와 선전은 테레비죤으로"라는 자체 광고. ② "늘어가는 저축에 자라나는 대한민국". ③ 조화(청주) 주식회사의 사명뿐인 광고. ④ "깨지지 않은 유니버셜 레코드"(이 광고는 HLKZ-TV 최초의 광고라고 한다). ⑤ "경축" 테두리. ⑥ 크라운 맥주. ⑦ "전기 올간 KORCAD 영업부"(이 슬라이드의 KORCAD는 방송국 명칭이고 HLKZ는 호출부호이다. 따라서 방송국 영업부에서 부대사업을 했음을 나타낸다). ⑧ 시날코. 120환. 농양맥수수식회사.

온수기, OB BEER, “우리나라 초유의 상업방송(商業放送) 광고는 테레비죤으로”, 절전은 광명(光明), 책, 테레비 극장 등의 슬라이드 광고.

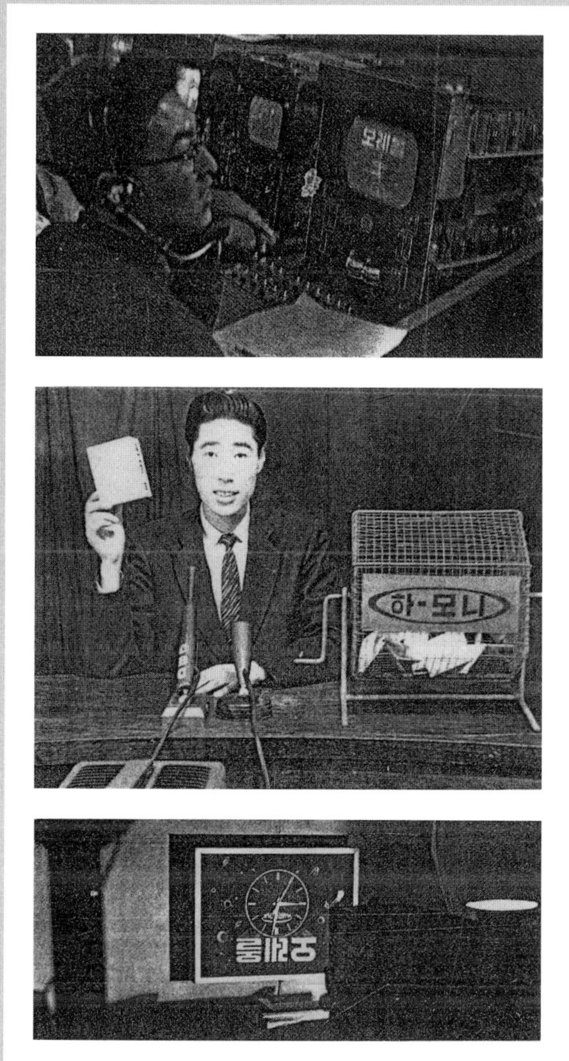

① | ②

① 오레올 시계 광고가 나온 텔레비전 화면과 생방송 광고. "하-모니" 스폰서의 추첨 슬라이드. 프로젝터에 의한 반전 투사(透寫) 장면.

② 1956.5.12 KORCAD-TV 방송을 보려고 운집한 군중.

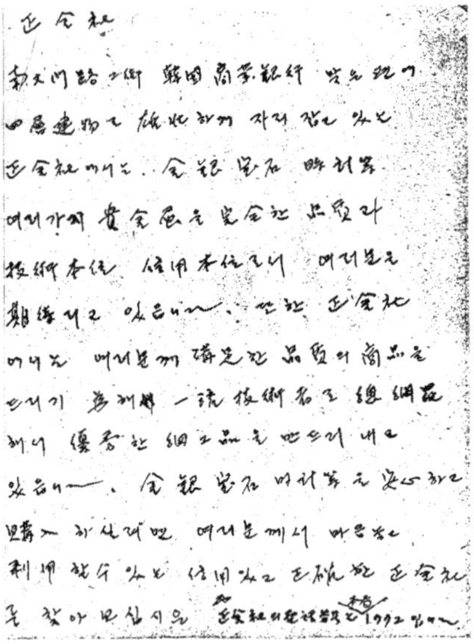

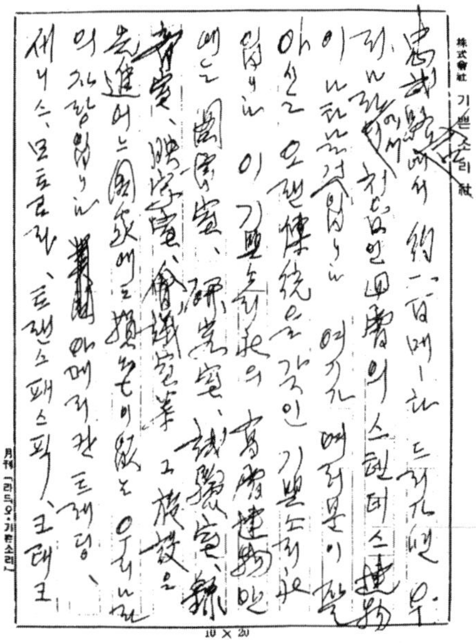

① ② ③

① 정금사와 기쁜소리사 광고 문안(카피)을 쓴 종이.

② 방우회(放友會)가 KORCAD-TV 개국 20주년을 기념해서 출판한 60페이지짜리 소책자 《텔레비전 20년》 표지. 이 책자에는 KORCAD-TV 창설과 관련된 희귀한 자료들이 수록되어 있다. 방우회는 KBS 라디오 편성과장이던 문시형(文時亨)이 설립했다.

③ OB BEER가 스폰서인 프로그램과 "한국은행 저축과 제공"(韓國銀行 貯蓄課 提供) 표시가 있는 프로그램.

라디오 CM SONG 전성시대 1959년 4월 15일 부산 MBC 라디오가 개국한 2년 뒤인 1961년 12월에 드디어 서울 MBC 라디오가 개국했다. 부산 MBC에 방송된 광고는 유명한 우리나라 최초의 CM SONG으로 알려진 진로광고가 남아 있을 뿐 그 밖에는 없다. 그러나 1961년 이후의 광고는 상당히 남아 있다.

1960년대 초는 라디오 CM SONG의 전성시대였다. 정확한 자료는 없으나 수십 편의 CM SONG이 남아 있다.

김소림(金素林)의 〈라디오 CM〉은 라디오 광고에 관한 포괄적인 책이며 이 부문에서는 한국 최초의 서적이다. 그 가운데는 라디오 광고가 많이 수록되어 있으며 표현방식에 따라 구분하고 있다. 수록된 라디오 광고의 총수는 172편으로 스파트 113, 프로그램 광고 39, CM SONG 이 20편이다. 광고 실물은 남아 있지 않으나 카피를 보면 당시의 크리에이티브뿐만이 아니라 방송광고 규제, 한국의 경제, 사회상 등 여러 가지를 짐작할 수 있다.

한독약품 훼스탈 1960년에 생산을 시작해서 1961년부터 대중광고를 시작한 한독약품의 훼스탈 광고는 성공했을 뿐 아니라 한국 사회의 단면을 반영한다는 의미에서도 흥미 있는 광고이다. 그 무렵 대부분의 소화제처럼 "과음 과식에 OOO"이 아니라 다른 소구점을 찾아냈는데 그것이 특히 "고기 먹고 체했을 때 훼스탈"이라는 콘셉트였다. 국민 1인당 연간소득이 11,400원($82)이던 시절에 "고기 먹고 체했을 때"란 그림의 떡 같은 말이었을 것이다. 그런 상황에서 고기를 먹을 수 있는 기회는 드물지만 역으로 흔히 생각하듯이 소화하기가 힘들다는 고기도 거뜬히 소화한다는 데에 착안한 것이다. 남자 나이 40세를 넘으면 얼굴에는 기름기가 돌고 살이 통통 찌고 배는 조금 나온 것이 지위의 상징이라던 시절이었다. 게다가 토실토실 살찐 남녀가 꿈에서나 볼 듯한 진수성찬 양식을 하고 있는 광고는 틀림없이 눈길을 끌었을 것이다. 자세히 보면 부부가 앉는 테이블에는 와인 잔, 촛불 대, 통닭 한 마리, 그 밖에 먹을거리들이 즐비하게 있고 꽃도 한 송이 놓여 있으니 환상적인 식탁이다.

서양인 부부의 모습은 라인 드로잉(*Line Drawing*)으로 처리해서 깔끔하다. 헤드라인은 "훼스탈이 있으면 과음 과식, 특히 고기에 체했을 때에 안심"이라 되어 있다. 광고 크기는 5단 37cm로서 그 당시로서는 가장 크다고 할 광고이다. 때로 7단 37cm 크기도 있었다. 훼스탈 광고는 한국이 처했던 한 시대를 잘 드러내는 것이다〔참고: 이종배(1978). 《실전광고론》. 집현각(集賢閣). 316, 317쪽〕.

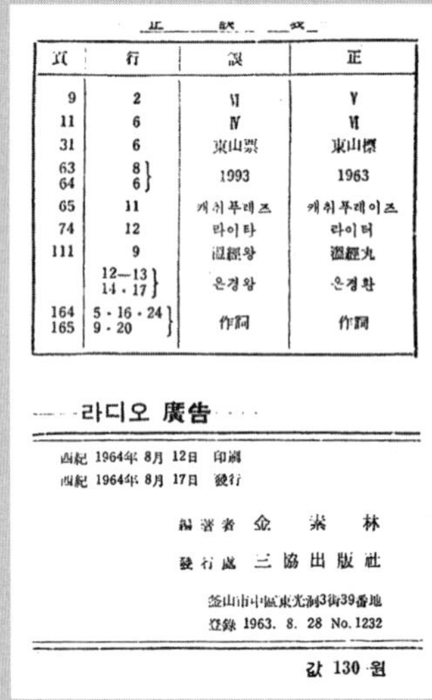

正　誤　表

頁	行	誤	正
9	2	VI	V
11	6	IV	VI
31	6	東山票	東山標
63 64	8 6	1993	1963
65	11	캐취후레즈	캐취후레이즈
74	12	라이타	라이터
111	9	溫經왕	溫經丸
	12—13 14・17	온경왕	온경환
164 165	5・16・24 9・20	作詞	作詞

라디오 廣告

西紀 1964年 8月 12日 印刷
西紀 1964年 8月 17日 發行

編著者 金　素　林
發行處 三協出版社
釜山市中區東光洞3街39番地
登錄 1963. 8. 28 No.1232

값 130 원

①, ② 김소림의 〈라디오 CM〉 표지와 판권란.
③ 훼스탈 광고 3개. 위의 광고는 1962년, 아래 두 광고는 1963년.

5. 그 밖의 일

선거광고는 광복 후 일찍부터 시작되는데 1946년 10월 29일 신문광고란에는 경성(서울) 상공회의소 의원선거 추천이 게재되었다. 그리고 11월 12일에는 당선사례 광고가 전3단 크기로 게재되었다. 정치인 선거는 아니었으나 선거광고는 부활하게 되었다.

본격적인 정치광고는 1956년 5월 16일에 실시된 정부통령 선거였는데 치열한 광고, 성명전이 되었다. 성명서와 기호광고가 흔했다. 대통령 후보는 이승만(李承晩, 자유당), 신익희(申翼熙, 민주당), 조봉암(曺奉岩)으로 3명, 부통령 후보는 이기붕(李起鵬, 자유당), 장면(張勉, 민주당), 윤치영(尹致暎, 무소속), 백성욱(白成郁, 무소속), 이범석(李範奭, 무소속), 이윤영(李允榮, 조민당)으로 6명이었다. 야당 신익희 후보는 유세 도중 사망해서 이승만과 조봉암의 대결이었으나 이승만의 승리로 끝났다. 성명서와 기호를 겸해서 광고하는 형식과 기호만을 광고하는 형식이 사용되었고 기호광고는 세로 3단(段)에 가로 약 5cm 크기를 이용했다. 이때 유명한 민주당의 슬로건 "못 살겠다 갈아 보자"에 대해 자유당은 "구관이 명관이다. 갈아봤자 별 수 없다"로 대항했다.

1957년 8월 11일자 〈뉴욕타임스〉(*New York Times*) 일요 부록 잡지는 16페이지 모두가 한국 PR광고 특집으로 발행되었다. 1948년 8월 15일 대한민국 정부수립 10주년 기념에 때맞춘 이 국가홍보 특집에 들어간 돈은 46,500 달러였다(저자가 〈뉴욕타임스〉 국제광고국에 문의해서 얻은 자료). 1957년 한국의 수출이 2,200만 달러인 사실을 고려하면 이 금액은 대단한 액수였다. 이승만 대통령의 아이디어였을 것이고 그의 승인 없이는 이루어질 수 없었을 것이다. 국가 홍보차원의 광고 특집은 그 뒤에도 계속되었고 한국을 바깥세상에 알리는 수단으로 활용되었다. 국제광고라는 측면에서 보면 최초의 정부 주도의 국제광고였다. 이 특집은 그 뒤 박정희 정권 시대인 1970년대 말까지 계속되었다.

1957년에는 한국 최초로 국제보도연맹의 1958년도 원색 캘린더가 출판되었는데 김한용의 노력이 컸다.

1959년에는 김한용(金漢鏞)이 한국 최초의 상업사진연구소를 차렸다. 1968년에는 한국상업사진작가협회가 창립되었다. 1960년대에는 색분해 기술이 발전해 일반화되기에 이르렀다.[27]

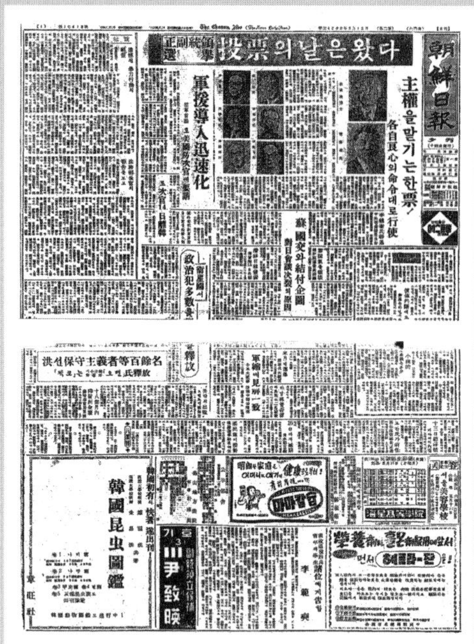

投票의 날은 왔다

主權을 맡기는 한票!

朝鮮日報

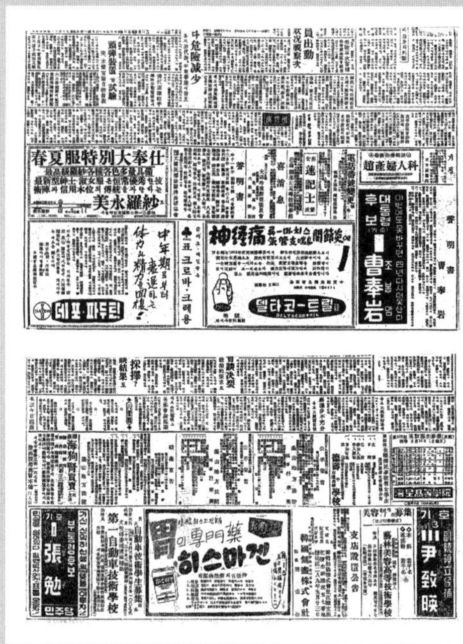

①|②
③

①, ② 1956.5.13~15일 3일간 〈조선일보〉에 게재된 각종 성명서와 후보의 기호. 한문으로 쓴 입후보자 이름에는 한글을 아울러 썼다.

③ 민주당 정·부통령 후보 사진과 스피커를 실은 사진. 그리고 민주당의 슬로건 "못살겠다 갈아보자"가 보인다.

1959년 8월 〈한국일보〉가 창간된 해에 이 신문사는 광고상을 주최했으나 1회로 끝나고 1964년에 〈조선일보〉가 과제광고에 의한 광고상을 제정해 현재에 이르고 있다. 1965년에는 〈중앙일보〉가 창간과 함께 광고상을 제정했다.

1960년 4·19 학생혁명 뒤 장면 총리의 민주당 정권이 들어선 뒤 정부는 민주화 조치의 일환으로 국민 여론조사를 실시했다. 국무원 사무처가 실시한 이 여론조사는 전국 3,000명 표본 대상으로 개인면접으로 실시되었다. 실시기간은 단기 4293년(1960년) 11월 24~30일(7일)이었다. 조사 부문은 정치, 외교, 경제, 군사, 문화, 사회의 6개로 37개 항목이었다. 이 조사 가운데는 라디오 청취와 신문구독에 관한 자료가 포함되어 있어서 신문별 구독수가 나와 있다.

1961년 5·16 군사혁명으로 박정희 정권이 들어서자 홍보에 대한 인식은 훨씬 높아져서 그 기본 자료가 되는 홍보매체 실태조사가 이루어졌다. 1963년 1월 현재로 발표한 공보부 조사국 〈자료 제6집 전국홍보매개체 실태조사 결과 종합분석〉을 보면 라디오보급, 신문보급, 문화시설, 부록으로 전국 구, 시, 군 단위로 라디오와 신문보급 상황 자료가 있어서 그 무렵 매체자료를 제공하고 있다.

1962년에는 전문 7조로 된 옥외광고물 단속법이 제정, 공포되었다.

재정 보전을 위해 국영 KBS-TV가 1963년부터 광고방송을 하게 되자 방송광고와 관련된 규정에 제정되었다. 이해 6월에는 문화공보부 내규로 사무요강이 제정되었다. 이로써 처음으로 방송광고 관련 규정이 생겼다. 그리고 이 규정 가운데는 광고대행을 인정하고 커미션도 지불하는 조항이 있었다. 초기에는 광고 제작시설이 없어서 방송국 시설을 이용할 수 있도록 했다. 1967년에는 방송윤리규정이 제정되고 광고도 이 규정에 포함되었다.

1964년에는 광복 후 처음으로 유붕로(兪鵬老), 김원수(金元銖), 상무달(尙戊達)이 쓴 세 권의 광고개론서가 출판되었다. 1960년대 초부터 대학에서는 경영학 계통에서 광고 강의가 시작되었다. 또한 대학원에서 광고를 다룬 석사논문도 나오게 되었다. 앞에서도 언급했지만 1961년에는 광고전문 월간지 〈새廣告〉가 창간되었다. 비록 단명으로 끝났지만 초기의 이 광고전문지는 수많은 자료와 기록을 남겼다.[28]

1966년에는 주요 제약회사 광고책임자 37명의 모임인 한국의약품 PR구락부가 발족했다. 자세한 기록은 남아 있지 않으나 이 모임은 신문광고 요금, 광고거래, 신문부수 조사기구인 ABC 제도, 그리고 광고주협회로의 발전 문제 등을 다루었으나 그 뒤 사라졌다. 1971년에는 범광고인의 단체인 한국광고연구협의회가 창립되었는

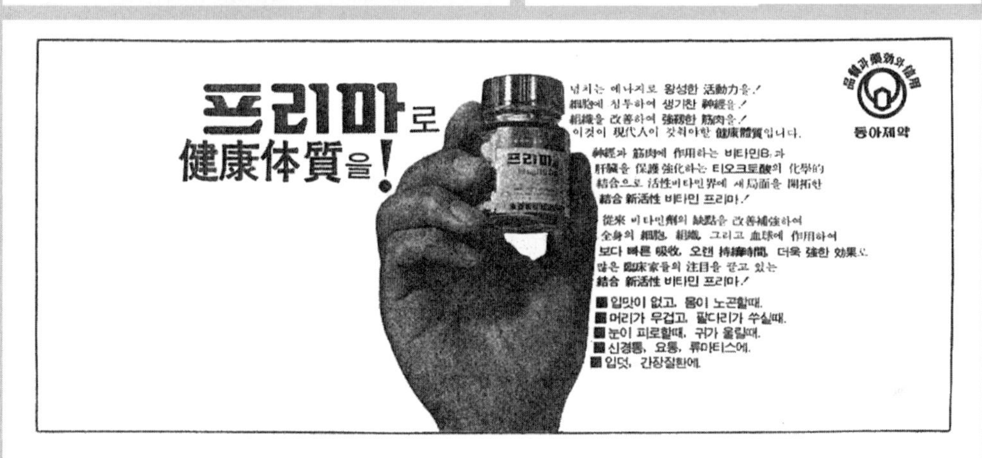

① | ②
③

① 1957년 8월 10일자 *New York Times* 일요판 잡지 부록. 기사식(記事式).
광고특집으로 발행된 10페이지 한국특집 표지의 이승만 대통령 사진.

② 특집 내용 및 30개 주요 한국기업 소개 페이지. 이 특집에 유일한 한국은행 전면광고. 1958년 8월 10일 한복 차림의 여성이 있는 특집 표지와 박정희 대통령 사진이 있는 1971년 4월 18일호 특집 표지.

③ 제1회 조일광고상 수상작. 수상자는 동아제약 디자이너 이효일(李孝一)

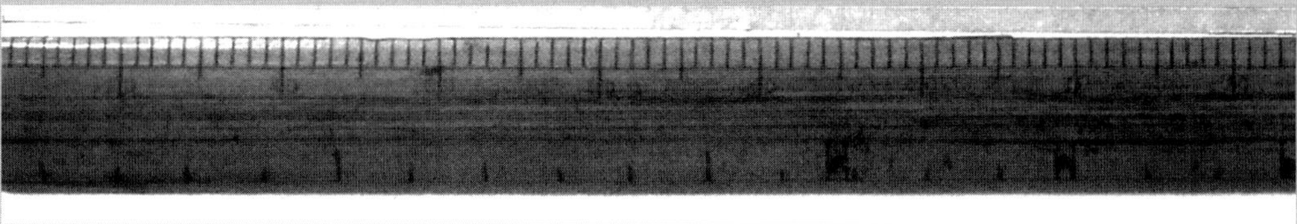

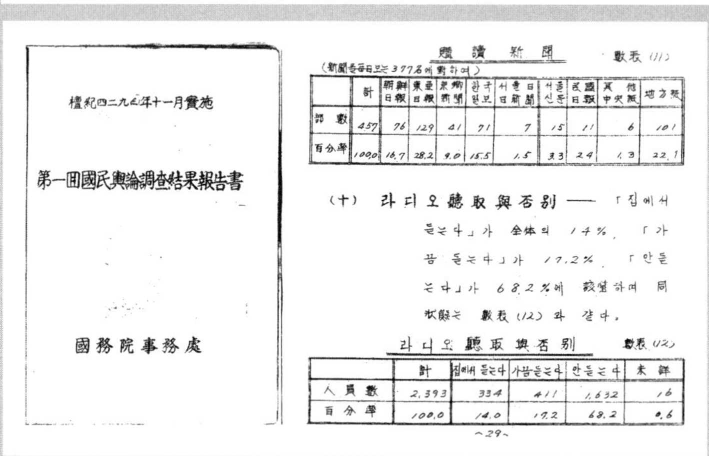

檀紀四二九三年十一月實施

第一回國民輿論調査結果報告書

國務院事務處

購讀新聞 數表(11)

(新聞을每日보는 377名에 對하여)

	計	朝鮮日報	東亞日報	京鄕新聞	한국일보	서울日日新聞	서울신문	民國日報	其他中央紙	地方紙
部數	457	76	129	41	71	7	15	11	6	101
百分率	100.0	16.7	28.2	9.0	15.5	1.5	3.3	2.4	1.3	22.1

(十) 라디오聽取與否別 ── 「집에서 듣는다」가 全体의 14%, 「가끔 듣는다」가 17.2%, 「안듣는다」가 68.2%에 該當하며 同狀態는 數表(12)와 같다.

라디오聽取與否別 數表(12)

	計	집에서 듣는다	가끔듣는다	안듣는다	未詳
人員數	2,393	334	411	1,632	16
百分率	100.0	14.0	17.2	68.2	0.6

~29~

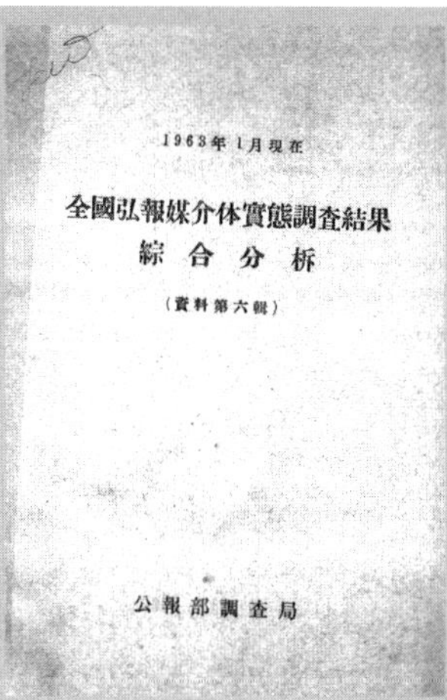

1963年 1月現在

全國弘報媒介体實態調査結果

綜合分析

(資料第六輯)

公報部調査局

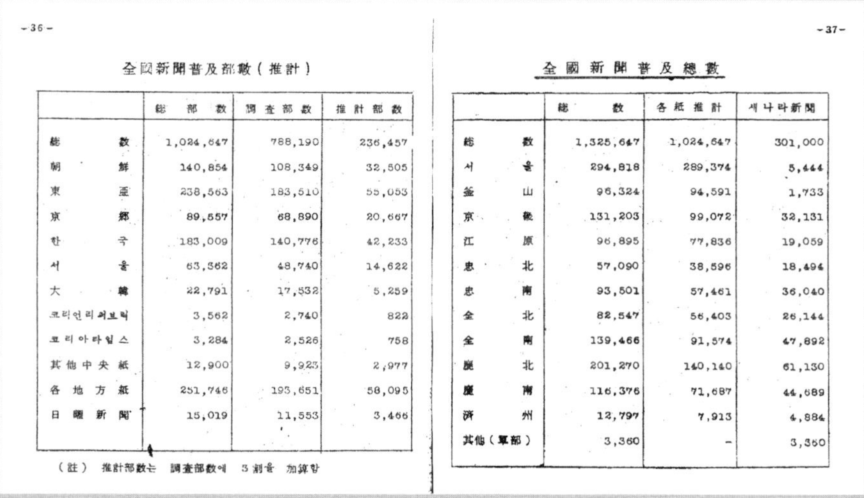

-36-

全國新聞普及部數(推計)

	總部數	調査部數	推計部數
總數	1,024,647	788,190	236,457
朝鮮	140,854	108,349	32,505
東亞	238,563	183,510	55,053
京鄕	89,557	68,890	20,667
한국	183,009	140,776	42,233
서울	63,362	48,740	14,622
大韓	22,791	17,532	5,259
코리언리퍼브릭	3,562	2,740	822
코리아타임스	3,284	2,526	758
其他中央紙	12,900	9,923	2,977
各地方紙	251,746	193,651	58,095
日曜新聞	15,019	11,553	3,466

(註) 推計部數는 調査部數에 3割을 加算함

-37-

全國新聞普及總數

	總數	各紙推計	새나라新聞
總數	1,325,647	1,024,647	301,000
서울	294,818	289,374	5,444
釜山	96,324	94,591	1,733
京畿	131,203	99,072	32,131
江原	96,895	77,836	19,059
忠北	57,090	38,596	18,494
忠南	93,501	57,461	36,040
全北	82,547	56,403	26,144
全南	139,466	91,574	47,892
慶北	201,270	140,140	61,130
慶南	116,376	71,687	44,689
濟州	12,797	7,913	4,884
其他(軍部)	3,360	-	3,360

①	
②	③
④	

① 신문광고 크기를 계산하는 데 사용하던 행수(行數)자. 참 대나무로 만든 것이며 길이는 37cm로서 (인쇄된 신문 가로 크기) 170개 행(行)을 표시하는 눈금이 있으며 cm 눈금도 있다. 사진은 행수자의 일부.

② 국무원 사무처의 단기 4293년 11월 실시한 제1회 국민여론조사 결과 보고서 표지. 오른쪽 페이지에는 구독신문의 수가 나와 있다. 아래에는 라디오 청취 여부 자료가 있다.

③, ④ 공보부 조사국의 1963년 1월 현재 〈전국 홍보매개체 실태조사 결과, 종합분석(사료 제6집)〉 표지와 이 자료 36, 37쪽에 있는 전국 신문 보급부수(추계)에는 신문별 부수가 있고 37쪽에는 지역별 보급 총수가 있다.

제2회 國際 CM Festival

애드·코리아社에서는 지난 3月 25日부터 27日까지 3日間 제 2회 國際 CM Festival을 YMCA 대강당에서 개최했다. 1968년 베니스 國際廣告映畵祭와 同年 全日本 ACCCM Festival 수상작품의 상영과 尾張幸也씨의 강연 등으로 성황을 이루었다.

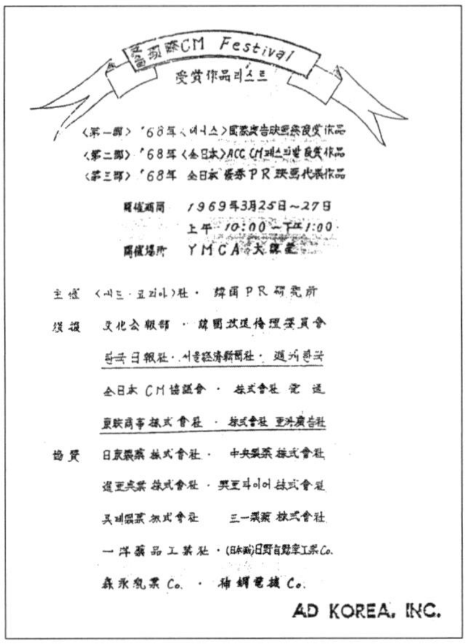

第2回 國際CM Festival
受賞作品리스트

〈第一部〉 '68年〈베니스〉國際廣告映畵祭授賞作品
〈第二部〉 '68年〈全日本〉ACC CM페스티벌授賞作品
〈第三部〉 '68年 全日本優秀PR映畵代表作品

開催期間 1969年3月25日~27日
上午 10:00~下午1:00
開催場所 YMCA大講堂

主催 〈애드·코리아〉社·韓國PR硏究所
後援 文化公報部·韓國放送倫理委員會
한국日報社·서울經濟新聞社·週刊한국
全日本CM協議會·株式會社 電通
東映商事株式會社·株式會社 亞洲廣告社

AD KOREA, INC.

1968년 2회째로 개최된
국제CM Festival 프로그램.
〈合同廣告〉 1969.5월호 22쪽에
보도된 행사 보도기사와 사진.

데 이 단체는 그 뒤 한국광고협의회로 개칭되고 단체 성격의 변화에 따라 현재의 한국광고단체연합회로 이름을 바꾸었다. 1967년 3월 1일부터 미터제 실시에 따라 신문광고 계산 단위가 행(行)에서 단/cm로 바뀌었다. 다만 전반적인 실행은 그 뒤에도 수년이 걸렸다.

1968년에는 국제광고협회(IAA: International Advertising Association) 한국지부가 창립되었다. 9명으로 구성된 대표단이 1968년 26~29일 기간 말레이시아 쿠알라룸퍼에서 개최된 제 6차 아시아광고대회에 참석했다. IAA 한국지부 창설을 통해 한국광고산업이 바깥세상에 알려지는 창구가 생겼다. 1968년 한국 광고비에 관한 자료는 이 지부를 통해 IAA가 출판한 세계 광고비 자료에 발표되어 바깥 세계로 처음 알려지게 되었다. 그 밖에도 IAA 한국지부는 한국을 방문하는 외국 광고전문가를 초빙해서 자주 강연회를 개최했다. 1969년에는 일본 동경(東京)에서 아시아지역 최초로 개최된 IAA 세계광고대회에 한국 대표단이 참석했다.[29] 1968년에는 한국문화영화제작자협회가 발족해서 문화영화 제작자의 단체가 생겼는데 이 회원들 가운데 일부는 TV광고 제작자로 전환했다. 1967년에는 김용중이 서울 YMCA 강당에서 국제CM Festival을 주최했다. 이 행사는 1969년까지 3회 개최되었는데 일본 작품을 포함에 해외 광고작품을 볼 수 있는 유일한 기회를 제공했다.

한국전쟁 기간의 광고 1950년 6월 25일 일요일 새벽 북한군의 침공으로 시작된 한국전쟁이 광고에 미친 영향은 굳이 설명할 필요도 없다. 우선 전쟁이 일어난 뒤 서울은 두 차례 공산군에 점령당했다. 첫째가 북한 인민군, 두 번째는 중공군 참전에 의한 이른바 1·4후퇴 때였다. 그래서 신문에 따라 약간 차이가 있으나 1950년 6월 28일부터 10월 초 서울 수복까지 3개월 남짓한 기간에는 신문이 발행되지 못했다. 그리고 1950년 12월 중·하순에서 1951년 1월 초까지 며칠은 부산에서 신문이 발행되었다.

1950년 9·28 서울 탈환 이후에도 하루 타블로이드 2면을 발행하던 신문에 실린 광고는 거의 전쟁과 관련된 공고였고 활자로만 된 것이었다. 한 면이 12단으로 짜인 〈동아일보〉(1950.10.19) 1면에는 2단에 3건의 광고가 있는데 전쟁 수행 목적으로 징발된 각종 물품신고, 포병과 차량 운전병 모집, 정훈장교 모집이었다. 같은 날 2면에는 9건의 공고가 있는데 이 가운데 7개는 모두 군 관계 광고였다. 수원 임시 발행소에서 발행된 〈조선일보〉(1951.5.20)의 경우, 11단으로 짜인 한 면의 2단에서 6개 광고 가운데 4건이 헤어진 가족을 찾는 광고이다. 또 다른 〈동아일보〉(1951.8.27) 2면에는 4단 크기에 7개 광고가 있는데 군 관련 광고는 아니고 인쇄소, 약국, 한양공대 부설 교원 양성소, 관재청, 분실, 사람 찾는 심인(尋人), 관상 광고인데 모두 활자로만 되어 있다.

6·25 전쟁이 일어난 지 3년째가 되는 해에 〈조선일보〉(1952.1.3)에는 군이나 전쟁과 관련된 광고는 사라지고 각종 영업광고가 등장했다. 8개 영업광고는 서울특별시 수원 연락소의 공고, 학생 모집이 각각 1건이고 한국안경원(韓國眼鏡院)과 화랑(花郎) 위스키, 화랑 포도주 광고는 일러스트레이션을 사용한 광고였다. 1953년에 접어들자 활자로 된 광고는 거의 사라지고 일러스트레이션을 사용한 광고가 지면을 채우게 되었다. 광고의 수와 종류가 늘었음은 말할 것도 없고 광고지면도 증가한 것이 〈서울신문〉(1953.2.22) 지면에 나타난다.

東亞日報

國軍咸興·興南占領

美軍新幕飛行場使用開始

國聯軍沙里院奪還

聯合軍黃州通過

平壤까지不過十九粁

敵平壤서退却開始

韓國復舊에拍車

UN서拒否權抹殺

公告

朝鮮日報

再侵共産軍到處에서敗北의苦배

敵首都攻勢를粉碎

百哩戰線에敵40萬動員

議政府에서一時撤收

共軍은烏合之卒

禁輸案總會通過

九十餘萬을殺傷

産業界混亂憂慮

國務會議서原則的合意

對日媾和條約最終草案全文(五)

韓一印刷公社

濟蒼局

漢陽工科大學

觀相大家

紛失廣告

① ②
③

① 1950.10.19일자 〈동아일보〉. 타블로이드 크기 1면 12단 가운데 2단인 광고는 모두 군 관련 공고인데 국방부 장관 명의의 징발 관련, 포병 사령부, 정훈장교 모집공고이다.

② 1951.5.20일자 〈조선일보〉. 수원에서 임시 발행한 1면에는 사람 찾는 광고가 4건이나 있다.

③ 1951.8.27일자 〈동아일보〉. 2면 광고란에는 활자 뿐이기는 하지만 한일인쇄공사(韓一印刷公社), 제창국(濟蒼局), 관상대가(觀相大家) 등의 영업광고가 있다.

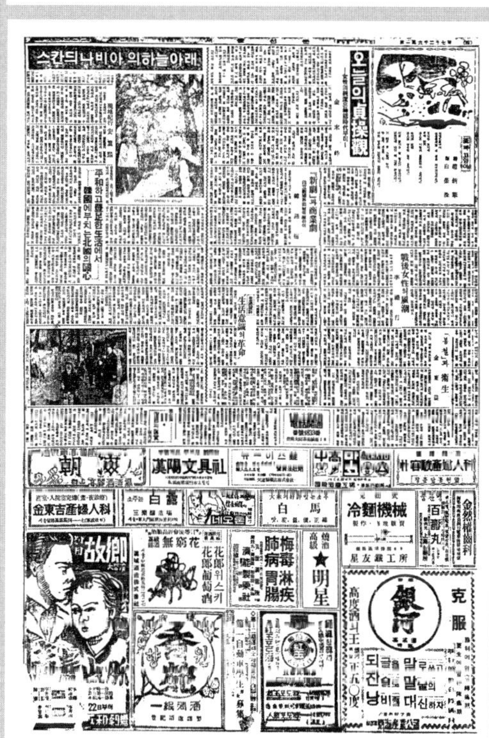

①	②
	③

① 〈조선일보〉 1952.1.3. 2면은 11단 가운데 4단이 광고인데 서울특별시 공고 1건 외에는 모두 영업광고이고 2개는 일러스트레이션을 사용했다.

②, ③ 〈서울신문〉 1953.3.22. 4면 발행이며 신문지면 규격도 현재와 같이 되었다. 한 면이 17단으로 짜여 있는데 3면은 6단, 4면은 7단이 광고이다. 또한 거의 모두 영업광고이며 일러스트레이션을 사용한 것이다.

한국전쟁과 전단(삐라) 전쟁에는 모든 수단과 방법이 동원된다. 그 가운데 하나는 이른바 심리전의 일부라고 할 '삐라', 즉 전단(傳單)이 있다. 한국전쟁도 예외가 아니었다. 한국전쟁 기간 중 이용된 전단에 관한 방대한 기록은 〈한국전쟁기 삐라〉가 있다.[30] 맥아더 문서관(MacArthur Archive)과 미국에서 기밀 해제된 자료를 수집해서 작성한 것인데 전단은 다음과 같이 구분되어 있다.

1) 6·25 한국전쟁 전에 한국군이 북한에 살포한 전단
2) 6·25 한국전쟁 후에 유엔군이 살포한 전단
3) 6·25 한국전쟁 후 북한 인민군과 중공군이 살포한 전단
4) 이북 빨치산과 거제도 포로수용소 친공 포로의 전단
5) 북한군와 중공군의 함화문집(喊話文集)
6) 북한군와 중공군의 적군 와해공작 문건

이 외에도 1949년 여수반란사건 때 반란군에게 뿌린 전단과 한국전쟁 때 지리산 공비 토벌작전에서 한국군이 뿌린 전단도 더러 있다. 전단의 내용은 국한문 혼용, 국영문 혼용, 한글 전용, 한문 전용의 네 가지인데 한문 전용은 물론 중공군을 대상으로 한 것이다. 전단의 크기는 대개 10cm x 17cm였다. 한국전쟁 발발에서 휴전협정 체결기간에 연합군이 살포한 전단의 수는 약 25억 매에 이르렀다.[31]

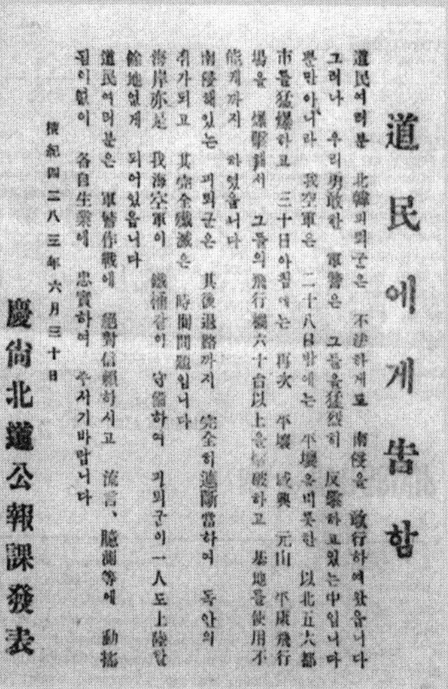

道民에게告함

道民여러분 北韓괴뢰군은 不法하게도 南侵을 敢行하여왔읍니다
그러나 우리勇敢한 軍警은 그들을猛烈히 反擊하고있는中입니다
뿐만아니라 我空軍은 二十八日밤에는 平壤을비롯한 以北五大都
市를猛爆하고 三十日아침에는 再次 平壤 咸興 元山 平康飛行
場을 爆擊해서 그들의飛行機六十台以上을擊破하고 基地를使用不
能케까지 하였읍니다
南侵해있는 괴뢰군은 其後退路까지 完全히遮斷當하여 독안의
쥐가되고 其殲滅은 時間問題입니다
海岸亦是 我海空軍이 鐵桶같이 守備하여 괴뢰군이 一人도上陸할
餘地없게 되어있읍니다
道民여러분은 軍警作戰에 絶對信賴하시고 流言、蜚語等에 動搖
됨이없이 各自生業에 忠實하여 주시기바랍니다

檀紀四二八三年六月三十日

慶尙北道公報課發表

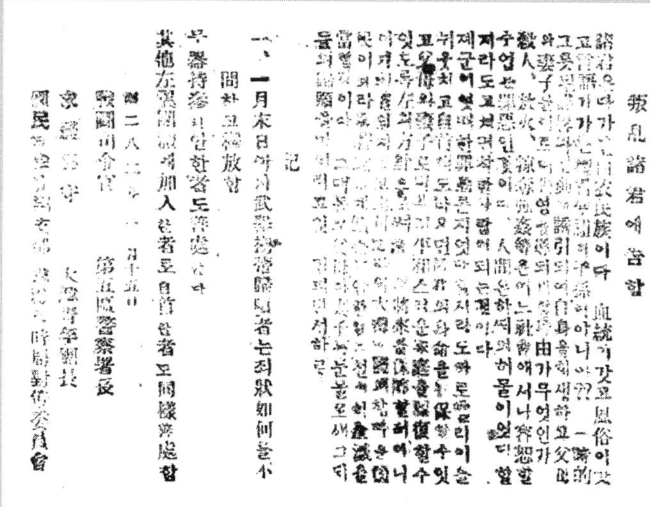

叛乱諸君에 告함

記

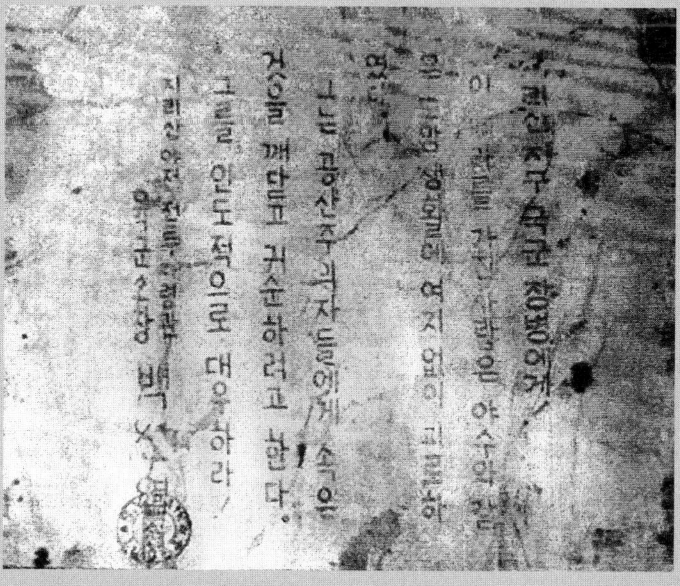

①|②
 |③

① 단기 4283(1950)년 6월 30일 경상북도 공보과 발표로 되어 있는 "도민에게 고함"이라는 제목의 전단. 그 당시 전황과 이 전단 내용은 많이 달라서 역시 전단이 가지는 허구성을 드러내고 있다.

② 단기4282(1949)년 1월 15일 여수반란사건 때 뿌린 전단. 제목은 "반란 제군에 고함"으로 투항을 권유한 내용이다.

③ 지리산 야전 전투사령관 백선엽 소장 명의의 지리산 지구 국군 상병에게 보낸 선난. 귀순자에 대한 인도적 대우를 지시한 것이다. 모두 한글로 되어 있다.

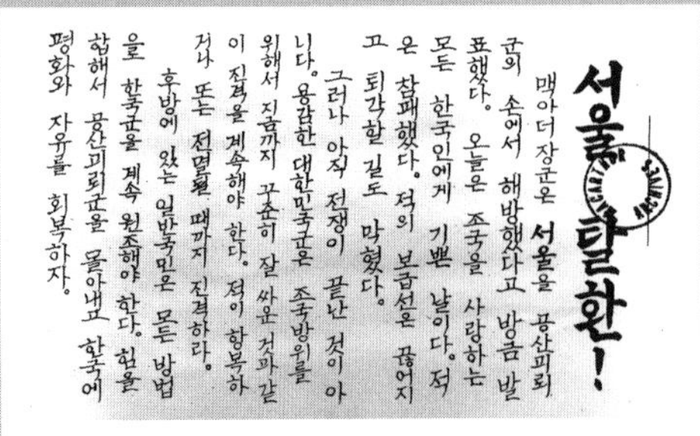

서울 탈환!

맥아더장군은 서울을 공산괴뢰군의 손에서 해방했다고 방금 발표했다. 오늘은 조국을 사랑하는 모든 한국인에게 기쁜 날이다. 적은 참패했다. 적의 보급선은 끊어지고 퇴각할 길도 막혔다.

그러나 아직 전쟁이 끝난 것이 아니다. 용감한 대한민국군은 조국방위를 위해서 지금까지 꾸준히 잘 싸운 것과 같이 진격을 계속해야 한다. 적이 항복하거나 또는 전멸될 때까지 진격하라.

후방에 있는 일반국민은 모든 방법을 한국군을 계속 원조해야 한다. 힘을 합해서 공산괴뢰군을 몰아내고 한국에 평화와 자유를 회복하자.

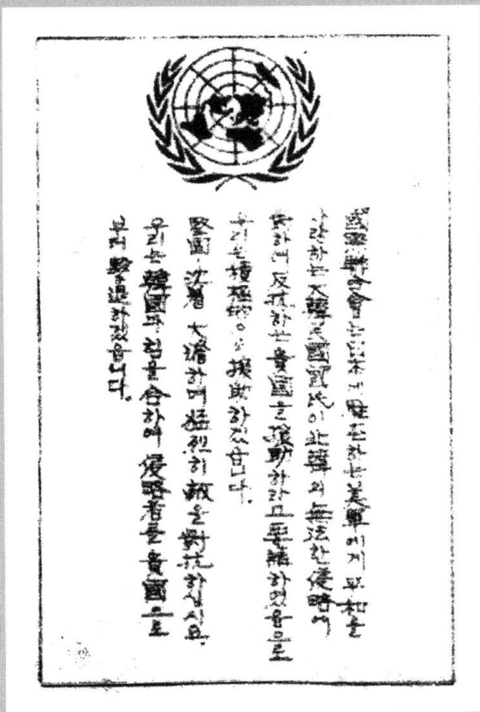

國際聯合會는 日本에 駐屯하는 美軍에게 平和를 사랑하는 大韓民國國民이 北韓의 無法한 侵略에 對하여 反抗하는 貴國을 援助하라고 命令하였음으로 우리는 援助機關을 採用하겠습니다.

堅固 沈着 大膽하며 猛烈히 敵을 對抗하십시요.

우리는 韓國과 힘을 合하여 侵略者를 貴國으로부터 擊退하겠읍니다.

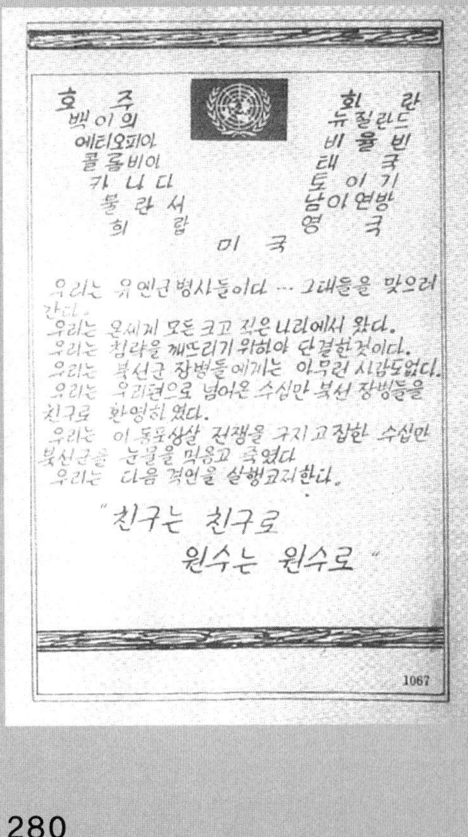

호주 백이의 에티오피아 콜롬비아 카나다 불란서 희랍 화란 뉴질랜드 비률빈 태국 토이기 남아연방 영국 미국

우리는 유엔군병사들이다 … 그대들을 맞으러 간다.
우리는 온세계 모든 크고 작은 나라에서 왔다.
우리는 침략을 깨뜨리기 위하야 단결한것이다.
우리는 북선군 장병들에게는 아무런 사감도없다.
우리는 우리편으로 넘어온 수십만 북선 장병들을 친구로 환영하였다.
우리는 이 동포상살 전쟁을 구지고집한 수십만 북선군은 눈물을 머금고 죽였다
우리는 다음 격언을 실행코저한다.

"친구는 친구로
원수는 원수로"

1067

① 1950년 9월 28일, 서울 수복을 알리는 전단. 글로 된 전단과 그림으로 된 것이 있다.
② 유엔 마크가 있는 전단은 국한문 혼용인데 일본 주둔 미군이 한국을 돕게 되는 것을 알린 내용이다.
③ 역시 유엔 마크가 있는 한글 전단은 UN군의 참전을 알리는 내용이다.

這是保證安全的路票
在韓國的中國士兵們
快快來保全你們的寶貴性命吧!! 下面寫的是,國聯軍總司令麥阿瑟的命令,用英文和韓文寫出來,叫他所指揮的一切軍隊,都要保護你們任何一個士兵,祗要你們走過來國聯軍他們都會保護你們,歡迎你,優待你,並且知你們親善,你們快來吧!

SAFE CONDUCT PASS

SOLDIERS OF THE UN FORCES:
This certificate guarantees good treatment to any enemy soldier desiring to cease fighting. Take this man to your nearest officer and treat him as an honorable prisoner of war.
DOUGLAS MacARTHUR
General of the Army
Commander-in-Chief

대한민국 병사에게
이것은 적의 군인으로서 누구나 항복하기를 원하는 자에게 인도적 대우를 보증하는 증명서이다. 이 사람들을 가까이 있는 당신의 상관에게 데리고 가시오. 이 사람은 명예스러운 포로로 대우하시오.
맥아더장군 명령

북한군 장병들에게!
국제연합군쪽으로 넘어 오시오. 좋은 음식도 주고 치료도 하겠읍니다. 밤 사이에 부대를 떠나있다가 날이 밝으면 국제연합군이나 대한민국군진지로 오시오. 될수만 있으면 길로 오시오. 그렇게 안되면 들판을 걸어오시오. 두손을 들고 오시오. 그래야만 국제연합군과 대한민국군은 당신이 귀순하는지 알것입니다. 귀순할때에는 이 증명서를 가지고 오지 않어도 좋습니다.
살랴면 지금 넘어 오시오

ARCHIVES

안전보장 증명서
SAFE CONDUCT PASS

SOLDIERS OF THE UN FORCES:
This certificate guarantees good treatment to any enemy soldier desiring to cease fighting. Take this man to your nearest officer and treat him as an honorable prisoner of war.
DOUGLAS MacARTHUR
General of the Army
Commander-in-Chief

대한민국 병사에게
이것은 적의 군인으로서 누구나 항복하기를 원하는 자에게 인도적 대우를 보증하는 증명서이다. 이 사람들을 가까이 있는 당신의 상관에게 데리고 가시오. 이 사람은 명예스러운 포로로 대우하시오.
맥아더장군 명령

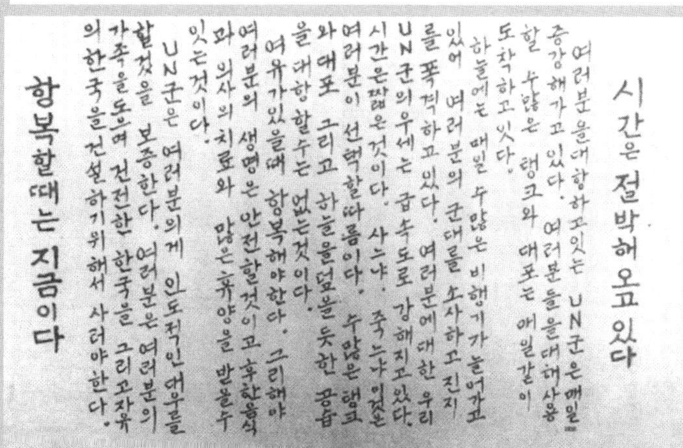

시간은 절박해오고 있다
여러분을 대항하고있는 UN군은 매일 증강해가고 있다. 여러분들을 대해 사용할 수많은 탱크와 대포는 매일같이 도착하고 있다. 하늘에는 매일 수많은 비행기가 날어가고 있어 여러분의 군대를 소사하고 진지를 폭격하고 있다. 여러분에 대한 우리 UN군의 우세는 급속도로 강해지고 있다. 시간은 짧은것이다. 사느냐, 죽느냐 이것은 여러분이 선택할따름이다. 수많은 탱크와 대포 그리고 하늘을 덮을듯한 공습을 대항할수는 없는것이다. 여유가 있을때 항복해야한다. 그리해야 여러분의 생명은 안전할것이고 후한음식과 의사의 치료와 많은 휴양을 받을수 있는것이다. UN군은 여러분의게 인도적인 대우를 할것을 보증한다. 여러분은 여러분의 가족을 도으며 건전한 한국을 그리고 자유의 한국을 건설하기위해서 사러야한다.
항복할때는 지금이다

抗美援朝 保家衛國
喜報
一九五一年 月 日

①
② | ③

① 맥이더문서관 도장이 찍힌 국영문, 영문과 한자 혼용 안전보장 증명서가 있는데 SAFE CONDUCT PASS로서 항복해 오는 적군에 안전을 보장해 주라는 것을 한국군에게 알리는 내용이다. 한문으로 된 전단은 물론 중공군을 대상으로 한 것이다.

② "시간은 절박해 오고 있다"는 전단은 항복을 권유하는 내용이다.

③ 희보(喜報)라는 제목의 1951년 8월 5일자 중국인민지원군 제9병단 사령 정치부 전단인데 참전군인에 대한 표창 내용이다.

※ 각주

1) 〈사상계〉 1955.8. 서울: 사상계사. 197~208쪽.
2) 《해방 20년사》(1965). 서울: 희망출판사. 82쪽.
3) 〈광복 이후 50년간의 경제일지〉(1995). 통계청. 71, 75, 79, 81쪽.
4) 〈새廣告〉 1961.2 5월호. "월간 신문광고 동향".
5) 《대한신문연감》(1955). 서울: 대한신문연감사. 178쪽.
6) 《한국일보 20년사》(1974). 서울: 한국일보사. 150~153쪽.
7) 《한국일보 20년》. 232~233쪽. 텔레비전 방송국은 KORCAD(HLKZ-TV)를 가리키는 것이며, 국제광고대행기구란 IAA(국제광고협회)를 말한다. 윤동현은 장상홍과 함께 1959년에 IAA에 가입했다.
8) 견당(見當)이라고 쓰는 일본말로 원래는 눈어림, 짐작이라는 뜻. 다만, 신문광고에서는 광고요청은 없지만, 일단 실어놓고 광고주를 찾아가서 갖가지 설득, 회유, 억지나 떼를 써서 광고료를 받아내는 것. 1960년대까지 한국 광고계에도 있었던 못된 버릇임.
9) 겐토와 비슷하나 겐토는 어느 정도 가능성이 보이는 데 비해 뎃포란 무신탁(無信託) 광고였음. 대개 광고료는 못 받았음.
10) 신년 축하광고는 대개 신년을 맞아 이름난 인사들의 직함과 이름을 싣는 광고로서 명함모양이었으므로 명함광고라고도 불렀다. 본인의 양해도 없이 싣는 일이 흔히 있어서 빈축을 샀으며, 실은 광고료도 일정하지 않아서 받는 광고료의 일부를 외근사원이 가로채는 일이 왕왕 있었다. 이런 축하광고는 비단 신년 외에도 여러 가지 행사에 이용되어 폐단이 많았다. 신년 축하광고의 시작은 한일합병 후인 1911년이었다.
11) 《동아일보社史 2》(1978). 동아일보사. 332쪽.
12) 〈새광고〉(1961) 1~5. 월간광고 동향.
13) 《한국방송사》(1977). 한국방송공사. 537쪽.
14) 《부산문화방송 10년사》(1969). 부산문화방송. 121쪽.
15) 위의 책. 101~102쪽.
16) 《한국방송사》(1977). 한국방송공사. 767쪽.
17) 위의 책. 868쪽.
18) 위의 책. 809쪽.
19) 《문화경향 사사》(1976). 문화방송·경향신문사. 369~370쪽.
20) 위의 책. 400~401쪽.
21) 문시형 편(1965). 《방송연감》. 한국방송사업협회 방송조사연구실. 629~630쪽.
22) 참조. 신인섭(1994). 《광고대행사》. 제3장. 서울: 웅진출판사 및 In Sup Shin(1989). *Advertising in Korea*. Chapter 4. Seoul: Sisayongosa.
23) 《합동통신 30년》(1975). 서울: 합동통신사. 255~257쪽 및 335쪽 참조.
24) 〈합동광고〉 1970년 4월호(No. 11). 46쪽.
25) 신인섭(2001). 《박카스 40년, 그 신화와 광고 이야기》. 서울: 나남. 117쪽.

26) 《텔레비전 20년》(1976). 서울: 방우회(放友會) 편. 51, 52쪽.

27) 임범택(1978). 《영화. 한국의 그래픽 디자인과 광고 사진》. 12쪽.

28) 한국언론관계 문헌 색인(1978). 대한민국 국회도서관. 26쪽에는 이 잡지와 〈합동광고〉에 관해 간단한 소개가 있다. 또한 김영선(金永善). 《광고문헌해제》(1976). 서울: 서울대학신문연구소. 16~19, 44~62쪽.

29) 신인섭·서범석(1998). 《한국광고사》. 서울: 나남. 280쪽(IAA 한국지부 증서 수여 광경). 1969년 9.24~26 동경에서 개최된 제21차 IAA 세계광고대회는 아시아지역에서 개최된 최초의 행사로서 한국에서도 여러 광고계 인사가 참석했다.

30) 〈한국전쟁기 삐라〉(2000). 한림대학교 아시아문화연구소 자료총서 29.

31) 〈한국전쟁기 삐라〉(2000). 한림대학교 아시아문화연구소 자료총서 29. ii.

제 6 장

"한강의 기적", 광고 급성장, 현대적 광고정착

1968~1980

1. 개 관

1968년에서 1980년에 이르는 10여 년 기간에는 한국경제가 기적적인 성장을 기록한 시기였다. "한강의 기적"이란 말이 생긴 때였다. 국민총생산(GNP)은 1970년에 약 2.8조 원에서 1979년에는 거의 40조 원으로 늘어나 14배나 성장했다. 국민 1인당 기준으로는 87,000원에서 825,000원으로 9.5배나 증가했다. 다만 미 달러로는 이 기간에 253달러에서 1,647달러로 늘어나 6.5배 증가했다.

다만 이 기간은 박정희 정권 시대로서, 뒤에 군사독재라는 말을 들을 만큼 표현의 자유에 통제가 가해진 시대였다. 경제는 정부 주도였다. 언론에 대한 통제를 잘 드러내는 사건이 1974년 크리스마스 직후부터 일어난 이른바 "동아 광고사태"로서, 〈동아일보〉와 자매지, 방송에 영업광고가 사라진 사태가 벌어졌는데 이듬해 봄에 풀리기는 했으나 분명히 정부에 의한 〈동아일보〉 목 조르기였다.

이러한 성장과 더불어 산업별 국민총생산에도 변화가 일어났는데 1969년의 농림어업 구성비는 28.8%에서 10년 뒤에는 18.5%로 하락한 반면 같은 기간에 제조업은 20.3%에서 27.5%로 늘어나 농림어업과 제조업의 구성비가 역전했다. 이 기간에 수출은 6억 달러에서 150억 달러로 25배나 급성장했다. 실로 기적적인 증가였다.

놀라운 경제성장에 힘입어 광고비는 1968년 92억 원에서 1979년에는 2,186억 원이라는 천문학적인 성장을 기록했다. 물론 달러에 대한 환율 변동이 있어서 미 달

〈표 6-1〉 국민총생산(GNP), 1970년대

	GNP		개인당 GNP		수 출	
연 도	성장률(%)	억 원	억($)	천 원	$	억($)
1970	7.6	27,884	81	87	253	8.4
1971	8.0	34,191	95	104	289	10.7
1972	4.6	41,935	107	125	319	16.2
1973	12.6	53,775	135	158	396	32.3
1974	8.0	75,917	188	219	541	44.6
1975	6.1	101,282	209	287	594	50.8
1976	11.9	138,997	287	388	802	77.2
1977	10.1	177,958	368	490	1,011	100.5
1978	9.4	240,627	516	653	1,400	127.1
1979	6.8	397,721	616	825	1,647	150.6

자료: 통계청(1995), 《통계로 본 한국의 발자취》, 313, 315, 323쪽.

러로는 3,270만 달러에서 4억 5,170만 달러로 성장했는데 비율로는 14배 가까운 성장이었다. 따라서 미 달러 기준 경제성장 7배에 비하면 갑절에 이르는 성장이었다. 그 주된 원인은 경제성장에 따라 국민총생산에서 광고비가 차지하는 비율이 늘어난 데 있었다.

2. 매 체

1968년에서 1980년 초에 이르는 이 기간에 인쇄매체에는 잡지의 수가 늘었을 뿐 거의 변동이 없었다. 가장 두드러진 변화는 TV 대수의 급격한 증가였다. 이 10여 년 기간에 TV의 가구당 보급률은 2%선에서 거의 80%에 가깝게 증가했다. TV는 사치품에서 필수품이 되었다. 1969년 민방 MBC-TV가 개국함에 따라 광고방송을 하던 KBS는 광고를 중단했다. 그리고 삼성그룹 계열의 TBC와 MBC의 경쟁시대로 접어들었다.

인쇄매체에서 가장 중요한 일간신문의 수는 43개에서 36개로 줄었다. 일간신문은 조석간 가운데 택일해야 되고 1주 발행일은 6일, 1일 발행 면수는 8면으로 묶여 있었다. 다만 창간기념일 같은 경우에는 증면이 허용되었다. 이러한 규제는 신문협회를 통해 이루어졌다.

경제발전에 알맞은 매체 수급 변화는 없었다. 그 결과 유력지에는 광고지면 공급

부족 현상이 일어나 불과 8면 발행인데 면당 광고단가가 다른 면별 차등 광고요금 제도가 생겼다.

광고의 급성장, 그리고 1965년 〈중앙일보〉의 창간은 신문판매 경쟁시대를 촉진하게 되었다. 신문 '보급'이라는 개념은 사라지고 '판매'로 바뀌게 되었다. 치열한 신문판매 전쟁이 시작되었다. 1960년대 중반까지도 신문사 기구 가운데 판매와 광고업무를 아울러 담당하던 업무국은 판매국과 광고국으로 나뉘는 시대로 바뀌었다.

〈표 6-2〉 정기간행물 추세, 1969~1979

연도	일간	통신	주간	월간	기타간	계
1969.12.31	43	10	94	388	168	703
1970.12.31	44	11	101	405	179	740
1971.12.31	44	7	100	469	232	852
1972.12.31	42	6	100	440	238	827
1973.10.31	37	6	112	485	275	915
1974.10.31	37	6	115	527	294	979
1975.10.31	37	7	114	637	406	1,201
1976.12.31	37	7	114	705	427	1,290
1977.12.31	37	7	117	695	581	1,337
1978.12.31	36	7	119	745	521	1,428
1979.12.31	36	7	121	768	544	1,476

자료: 공보처(1992), 정기간행물 일람표, 656쪽.

〈표 6-3〉 TV 대수 추세, 1968~1979

연 도	대 수	전년 대비 증가율(%)	가구 대비 보급률(%)
1968	118,262	—	2.1
1969	223,695	89.2	3.9
1970	379,564	69.7	6.3
1971	616,392	62.4	10.1
1972	905,363	46.9	14.3
1973	1,282,122	41.6	19.9
1974	1,618,617	26.2	24.2
1975	2,061,072	27.3	30.3
1976	2,809,131	36.3	41.1
1977	3,804,535	35.4	54.3
1978	5,135,496	35.0	70.7
1979	5,967,952	16.2	79.1

자료: 〈한국방송70년사〉(1997), 한국방송공사 · 한국방송협회, 773쪽.
注: 전년 대비 증가율은 지자가 계산했다.

1969년의 경인고속도로와 1970년의 경부고속도로 개통으로 고속도로변 옥외간판 전성시대가 열렸다. 그런데 환경에 대한 고려가 미비하고 경험부족, 게다가 간판의 미적 수준이 낮은 이유도 있어서 1970년대 말에는 심한 옥외광고 규제가 생기게 되었다. 그리고 한때 성황을 이루던 고속도로변 옥외간판은 쇠퇴의 길을 걷게 되었다.

1974년 서울에 지하철 1호선이 개통됨으로써 차내는 물론 정류장과 역 구내에 광고가 등장하게 되었다. 새로운 지하철 광고매체가 생겼다.

1960년대 말까지 절정에 달했던 극장광고는 TV의 폭발적 증가에 따라 차차 쇠퇴의 길로 접어들었다.

신문판매 경쟁 1970년대에 접어들자 신문사 간의 판매경쟁이 표면화되었다. 물론 신문판매 경쟁은 늘 있었으나 신문 업계 내에서나 알고 있었고 일반 대중에게는 신문판매전이란 별로 눈에 띄는 일이 아니었다.

1970년대 초반에 신문판매 부수를 둘러싼 논쟁의 발단이 된 것은 ASI 시장조사회사의 한국지사가 1973년 6월 서울지역에서 1, 170명을 대상으로 실시한 서울매체 바로미터 벤치마크 조사(*The Seoul Media Barometer Benchmark Study*)였다. 이런 조사에 대한 한국 스폰서는 없고 오히려 한국에 진출한 외국회사나 합작회사 스폰서가 많았기 때문에 조사결과는 영문으로 발표되었다. 2차 조사는 1974년에 실시되었다. 이 조사결과가 알려지자 〈조선일보〉는 1974년 5월 25일자 사보 1면 기사에 이 사실을 보도했으며 뒤이어 6월 1일자에도 역시 사보 1면에 계속 기사를 냈다.

같은 조간신문으로 라이벌인 〈한국일보〉는 ASI를 상대로 항의가 있었으며 ASI 지사장이던 김용한(金龍漢)은 경찰의 "사건 조사"까지 받는 곤욕을 치렀다.

1973년 여름에는 일간스포츠가 발행부수를 유인물로 발표했다. 1974년 6월 7일에는 한국일보사가 사고로 50만 독자카드 작성을 발표했다. 1974년 3월호(통권 47) 〈신문평론〉(新聞評論)은 발행부수를 다룬 특집을 냈다. 인쇄매체 부수 조사기구인 ABC를 둘러싼 논의는 흐지부지되고 말았으며 ABC연구회라는 모임도 없어지고 말았다. 이렇게 해서 신문경영상 가장 중요한 광고수입의 바탕이 되는 공정한 신문 발행부수 논의는 일단 중단되었다.

1974년 6월 한국일보사가 사고를 발표한 "한국일보 50만 독자카드 작성, 신문 인구 첫 센서스" 사고에는 이 신문사가 발행하는 여러 간행물의 부수에 관한 언급이 다음과 같이 발표되었다.

• 한국일보	60만 부를 넘으며 …
• Korea Times	5만 부
• 서울경제신문	7만 부
• 소년한국일보	10만 부
• 일간스포츠	25만 부
• 주간한국	15만 부
• 주간여성	15만 부

신문판매 경쟁을 선도한 신문은 1965년에 후발로 창간한 〈중앙일보〉였다. 일간신문 부수 관련 자료는 없으나 1975년의 《중앙일보, 동양방송 10년사》 4편 2장에는 다음과 같은 언급이 있다.

> 중앙일보가 창간된 1965년 당시 국내 일간신문은 서울의 18개지를 비롯하여 전국에 40개지가 있었으며 … 총 발행부수는 약 130만 부로 추정되고 있었다. 자체 조사한 바에 의하면 최고의 발행부수를 가진 A지는 25만 부, C지가 20만 부였는데 중앙일보의 부수 목표는 창간 1년까지 A지를 능가한다는 것이었다. 부수 신장 실적은 창간 1주년 만에 33만 부, 1971년은 45만 부, 1973년도는 50만 부를 돌파 … 1974년은 60만 부를 초과하였고 창간 10주년을 맞는 1975년 9월 평균 70만 부를 돌파하였다.

1974년 3월 5일 중앙일보사는 전년도 1월에서 12월 기간 1년간 총 발행부수를 월별, 서울과 9개 도시 및 해외로 구분해서 발표했는데 12월의 부수는 50만 8,680부였다. 1월의 부수가 43만 8,440부였으므로 부수로는 7만 239부, 비율로는 15% 증가했다. 〈중앙일보〉는 1978년 12월에 이 신문이 100만 부를 돌파했다는 발표를 했다. 그때 이 신문이 발행한 책자 표지는 "中央日報 100萬部 突破"라는 제목이었다. 그리고 1978년 12월 13일자 부수일보를 공개했는데 102만 1,008부였으며 그 가운데 17%인 17만 3,928부가 무가지였다. 이 무렵 신문 1개월 구독료는 900원이었다.

〈조선일보〉는 1979년 2월 1일 이 신문에 삽입된 전단에서 100만 부 발행을 언급하고 같은 해 4월 7일에는 "독자 참여의 기본 조건-신문의 날에 반성해야 할 창피한 판매경쟁"이라는 제목의 사설을 게재했다. 1970년대 마지막 해 신문의 날에 게재된 이 사설은 1970년대 한국 신문판매 경쟁의 실상을 드러냈으며 또한 판매경쟁의 목적 가운데 하나인 광고수입이 얼마나 중요해졌는가를 반영하는 일이기도 했다.

한국신문연구소는 1974년 3월호 〈신문평론〉 49호에서 한국의 신문 발행부수 문제를 특집으로 다루었는데 신문부수를 둘러싼 문제를 이처럼 유력 언론 관련 전문지가 취급한 일은 일찍이 없던 일이었다. 한국ABC연구회는 신인섭이 번역한 《ABC란 무엇인가》 및 《세계의 ABC 1972》를 발행했는데 이 역시 1970년대 신문판매 경쟁의 일부를 반영하는 간행물이었다. ABC연구회를 주도한 사람은 서순일(徐淳一)이었다.

1969년과 1970년의 신문 발행부수 추산에 관한 자료는 이종배(李鐘培)가 써서 1978년 집현전에서 출판한 《실전광고론》(實戰廣告論) 제 4부 "매체전략을 위한 각종 통계자료 및 조사 자료의 활용사례"에 자세히 나와 있다.

〈표 6-4〉 〈중앙일보〉 1973년 1월~12월 기간 월별, 지역별 부수

연무가율 평균 12%

도/월	서 울	경 기	강 원	충 북	충 남	경 북	경 남	전 북	전 남	제 주	국 외	합 계
1	245,190	29,828	16,624	8,474	20,430	38,873	43,462	15,506	15,803	3,501	750	438,441
2	237,479	29,828	16,624	8,474	20,430	38,873	43,462	15,506	15,803	3,501	750	430,730
3	234,922	30,110	16,523	8,210	20,720	39,863	44,225	15,903	17,318	3,184	640	431,618
4	235,814	29,944	16,561	8,462	21,341	41,291	44,655	15,807	17,845	3,192	640	435,552
5	247,864	30,099	17,233	9,012	21,357	41,535	45,335	16,507	17,967	3,192	631	450,732
6	254,577	31,082	16,833	8,632	22,117	41,775	45,360	16,772	18,322	3,192	631	459,293
7	267,350	31,483	16,026	8,753	22,222	40,695	46,496	16,298	18,541	3,237	390	471,491
8	278,541	31,693	15,996	8,714	21,581	40,905	46,158	16,171	19,273	3,267	400	482,699
9	276,351	31,768	17,050	8,843	21,711	41,038	46,325	16,486	19,453	3,267	611	482,903
10	285,785	32,390	15,910	9,040	21,819	41,578	46,902	16,769	19,911	3,267	360	493,731
11	285,895	32,858	16,598	9,392	22,546	43,166	48,939	16,983	21,934	3,297	341	501,949
12	288,193	35,333	16,260	9,785	22,583	43,553	49,706	17,109	22,460	3,397	301	508,680

〈표 6-5〉 〈중앙일보〉 1978.12.12 현재 지역별 부수

구 분	가구수	보급부수	보급률
서 울	1,529,323	500,854	3.05 : 1
인 천	182,469	28,672	6.36 : 1
성 남	64,443	12,000	5.37 : 1
수 원	49,989	13,620	3.67 : 1
안 양	33,528	8,054	4.16 : 1
부 산	557,804	70,245	7.94 : 1
대 구	309,800	42,010	7.37 : 1
대 전	102,065	14,332	7.12 : 1
광 주	123,946	31,160	4.00 : 1
마 산	82,605	17,200	4.80 : 1
전 주	62,442	10,523	5.93 : 1
울 산	65,796	14,034	4.69 : 1
전 국	7,008,423	1,006,261	6.96 : 1

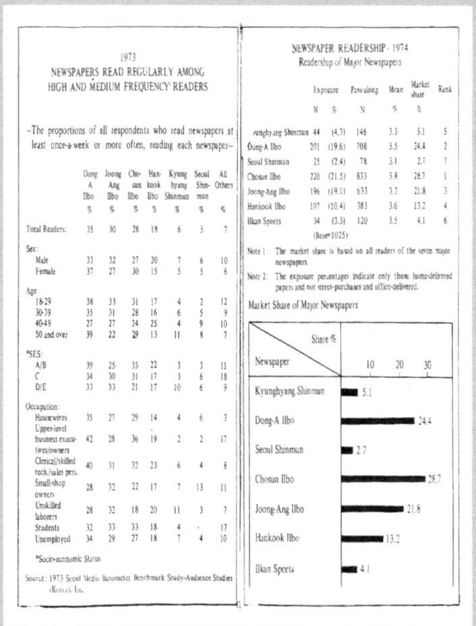

1973
NEWSPAPERS READ REGULARLY AMONG
HIGH AND MEDIUM FREQUENCY READERS

–The proportions of all respondents who read newspapers at least once-a-week or more often, reading each newspaper–

	Dong A Ilbo	Joong Ang Ilbo	Cho-sun Ilbo	Han-kook Ilbo	Kyung hyang Shinmun	Seoul Shin-mun	All Others
	%	%	%	%	%	%	%
Total Readers:	35	30	28	18	6	5	7
Sex:							
Male	33	32	27	20	7	6	10
Female	37	27	30	15	5	5	6
Age:							
18-29	38	33	31	17	4	2	12
30-39	35	31	28	16	6	5	9
40-49	27	27	24	25	4	9	10
50 and over	39	22	29	13	11	8	7
*SES:							
A/B	39	25	35	22	3	3	11
C	34	30	31	17	3	6	18
D/E	33	33	21	17	10	6	9
Occupation:							
Housewives	35	27	29	14	4	6	3
Upper-level business executives/owners	42	28	36	19	2	2	17
Clerical/skilled tech./sales pers.	40	31	32	23	6	4	8
Small-shop owners	28	32	22	17	7	13	11
Unskilled laborers	28	32	18	20	11	3	7
Students	32	33	33	18	4	-	17
Unemployed	34	29	27	18	7	4	10

*Socio-economic Status

Source: 1973 Seoul Media Barometer Benchmark Study-Audience Studies (Korea) Inc.

NEWSPAPER READERSHIP - 1974
Readership of Major Newspapers

	Exposure N	Exposure %	Passalong N	Mean %	Market share %	Rank
Kyunghyang Shinmun	44	(4.3)	146	3.3	5.1	5
Dong-A Ilbo	201	(19.6)	708	3.5	24.4	2
Seoul Shinmun	25	(2.4)	78	3.1	2.7	7
Chosun Ilbo	220	(21.5)	833	3.8	28.7	1
Joong-Ang Ilbo	196	(19.1)	633	3.2	21.8	3
Hankook Ilbo	107	(10.4)	383	3.6	13.2	4
Ilkan Sports	34	(3.3)	120	3.5	4.1	6

(Base=1025)

Note 1: The market share is based on all readers of the seven major newspapers.

Note 2: The exposure percentages indicate only those home-delivered papers and not street-purchases and office-delivered.

Market Share of Major Newspapers

①|② ① ASI가 1973년 6월에 영문으로 발표한 SEOUL MEDIA BAROMETER BENCHMARK STUDY 조사자료 표지.
③|④ ② 1973년 ASI 한국지사가 한국 최초로 실시해서 발표한 자료에는 서울에서 발행되던 전국 종합일간지 6개의 부수가 비율로 표시되어 있고 막대 차드로 나와 있다.

③ 〈조선일보〉 사보 1974.5.25(125호). ASI 자료를 인용한 내용. 헤드라인은 '정상 조선일보 실증'이다.

④ 1974.6.1호에는 "자타가 공인하는 최고"라고 다시 ASI 조사 관련기사를 실었다.

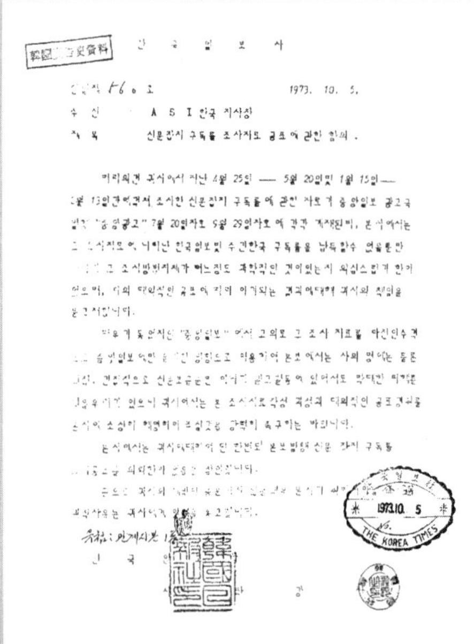

1973. 10. 5.

수 신 A S I 한국 지사장

제 목 신문잡지 구독률 조사자료 공표에 관한 항의.

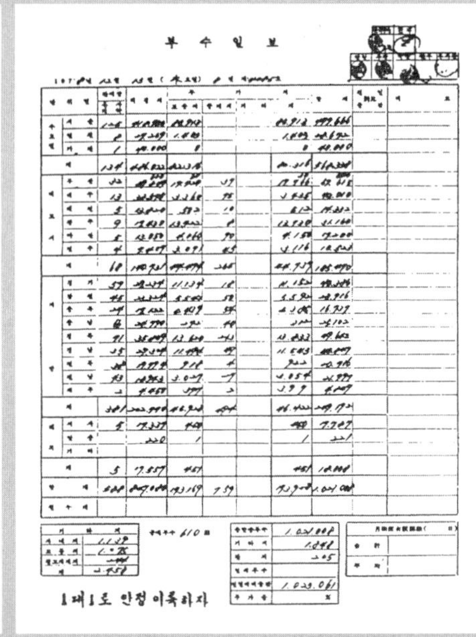

부 수 일 보

1대1로 안정 이룩하자

①	②
③	④

① 1973.10.5일자 〈한국일보〉 사장이 ASI에 보낸 서신.

② 〈중앙일보〉 1978년 12월 13일자 부수일보.

③ 한국ABC연구회가 발행한 《ABC란 무엇인가》 책자.

④ 100만 부 돌파를 발표한 〈중앙일보〉 간행물.

社告

新聞人口 첫 센서스

創刊20돌 成年기념

한국일보 50만 讀者카드作成

1年간 社員확장만 10萬部돌파

海外·街販등을 除外한 국내 固定愛讀者

6개월間 걸쳐 調査 컴퓨터로 分類 정리

廣告主·新聞연구 서비스

◇밤낮 없는 곤돈塔 20年

新聞評論

No.47

新聞·放送매스컴 綜合硏究誌

新聞·週刊誌의 面數減縮 추진

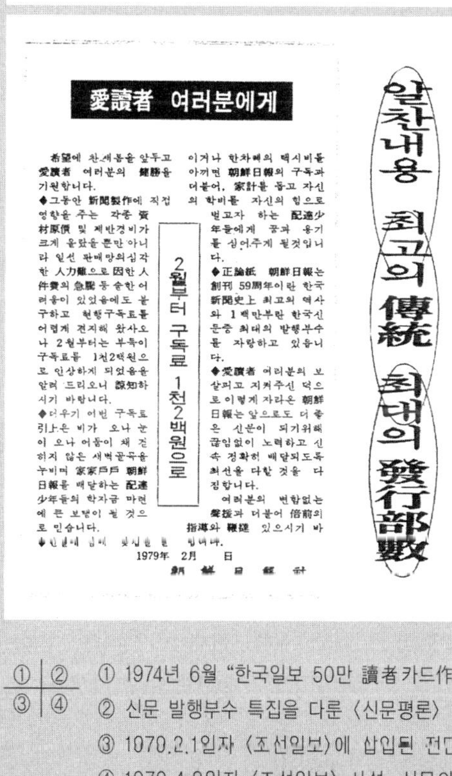

愛讀者 여러분에게

알찬내용 최고의 傳統 최대의 發行部數

2월부터 구독료 1천2백원으로

1979年 2月 日

朝鮮日報社

讀者參與의 기본조건

社說

① ② ③ ④

① 1974년 6월 "한국일보 50만 讀者카드作成"이라는 제목의 사고.

② 신문 발행부수 특집을 다룬 〈신문평론〉 1974년 3월호.

③ 1979.2.1일자 〈조선일보〉에 삽입된 전단의 헤드라인은 "알찬 내용 최고의 전통 최대의 발행부수"이다.

④ 1979.4.8일자 〈조선일보〉 사설. 신문의 날에 실린 이 사설은 신문의 판매 문제를 다룬 드문 사설이다.

신문광고 요금표 광복 이후 언제부터 신문사가 광고요금표를 따로 인쇄해서 발표하기 시작했는지는 확실치 않다. 다만 1965년 신인섭이 현대경제일보사(현재 한국경제신문)와 일요신문사 광고부장으로 있을 때는 신문광고 요금표가 있었다. 그런데 한국 신문의 광고요금표는 거의 지켜지지 않고 이른바 네고를 시작하는 시발점 구실을 했다. 광고요금표는 사세를 드러내는 것으로 간주해 경쟁지와 거의 비슷한 것이 상례였다.

박정희 정권이 집권하던 이 시기의 신문은 조석간 중 택일하고 주6일 발행에 1일 발행 면수는 8면까지로 묶여 있었으며 월정 구독료는 카르텔화되어 동일했다. 다만 광고료는 신문에 따라 달랐다.

〈동아일보〉의 경우 1970년에서 1980년까지 10년 사이에 신문사 수입 가운데 광고의 비중은 1970년의 49.5%에서 이듬해부터는 대개 55%선이었는데 예외는 1975년의 〈동아일보〉 광고사태로 영업광고가 게재되지 못한 해와 1979년에 시작된 제2차 석유위기 때였다. 금액으로는 1970년에 약 10억 원이던 것이 1980년에는 10배 가깝게 증가해 거의 100억 원에 이르게 되었다. 1965년에 창간한 〈중앙일보〉의 경우 성장은 빨랐으나 1974년에야 광고수입 구성비가 50% 가깝게 되었다.

신문광고료 계산 기준은 1970년대 초까지도 단(段)과 행(行)이었다. 인쇄한 신문 1면의 크기는 가로 37cm에 세로 51cm로서 같으나 신문에 따라 1면의 단수가 15단으로 통일되기까지는 16단, 17단 등으로 달랐다. 그러나 신문 1단, 즉 가로 37cm는 170행으로 기준했다. 그래서 〈서울신문〉의 경우는 1971년 광고요금표에 행과 cm를 기준한 광고요금을 표시했다. 1970년대 초 무렵에는 미터제가 정착해서 신문광고 요금 계산 기준은 단/cm로 바뀌었다.

1970년대에는 거의 모든 신문광고 업종구분이 비슷하게 되었다. 또한 업종에 따르는 광고 단가 구분도 비슷해졌다. 신문 면별 지정료도 비슷하게 되었다.

외국광고인 경우 비싼 광고요금을 요구하던 1960년대 낙후된 관습은 사라졌다. 그리고 1970년대 말에는 어떤 형태이든 자주, 많은 광고를 게재하면 광고 단가가 싸진다는 상거래의 상식이 신문광고에도 나타나게 되었다. 그런데 경제발전에 따르는 광고 수요의 증가를 충족하지 못하는 고정화된 신문 발행 면수 때문에 광고의 크기가 8단이 넘는 전면광고인 경우는 8단을 넘는 부분만큼 광고료를 50% 더 받는다는 기이한 현상이 일어나게 되었는데 다시 말하자면 많이 살수록 가격이 비싸진다는 모순이 생기게 되었다. 1978년 1월 1일자 〈조선일보〉 광고요금표 임시광고(臨時廣告) 항을 보면 다음과 같이 되어 있다.

• 임시광고 · 흑백 전면광고 •

① 규격: 17단 x 37cm

② 분류 A: 기사식 광고. 8단까지는 기본요금으로 계산하고 그 이상의 스페이스는 기본요금에 1.5배를 가산함.

- 단가: 1,200만 원

③ 분류 B: 영업광고. 8단까지는 기본요금으로 계산하고, 그 이상의 스페이스는 기본요금에 1.5배를 가산함.

- 단가: 800만 원. 비고: 일반상품 기준

〈표 6-6〉 〈동아일보〉 수익 구성

금액: 억 원

연 도	판매수익(%)	광고수익(%)	계(%)	월정 구독료(원)
1970	10.0(50.5)	9.8(49.5)	19.8(100)	280
1971	9.3(44.9)	11.4(55.1)	20.7(100)	
1972	10.3(48.1)	11.1(51.9)	21.4(100)	350
1973	9.5(42.8)	12.7(57.2)	22.2(100)	
1974	12.7(44.3)	16.0(55.7)	28.7(100)	450
1975*	21.0(63.3)	12.2(36.7)	33.2(100)	600
1976	21.0(44.7)	26.0(55.3)	47.0(100)	
1977	26.4(43.7)	34.0(56.3)	60.4(100)	700
1978	39.7(42.7)	53.2(57.3)	92.9(100)	900
1979	64.9(46.0)	76.3(54.0)	141.1(100)	1,200
1980	90.1(47.7)	98.8(52.3)	188.9(100)	1,500

자료: 《동아일보 사사》 권4(1990). 346, 347에서 구성. 잡수익은 제외했다. 월정 구독료는 같은 자료 340쪽.
주: * 1974.12.26부터 시작되어 1975년 봄까지 계속된 이른바 〈동아일보〉 광고사태 때문에 이 신문에 영업광고가 게재되지 못해서 광고수입이 격감했다.

〈표 6-7〉 〈중앙일보〉 수익 구성 추이, 1965~1974

금액: 억 원

연 도	판매수익(%)	광고수익(%)	계(%)	월정 구독료
1966	2.3(60.5)	1.5(39.5)	3.8(100)	
1967	2.8(53.8)	2.4(46.2)	5.2(100)	180원
1968	3.3(51.6)	3.1(48.4)	6.4(100)	
1969	4.9(50.5)	4.8(49.5)	9.7(100)	220
1970	6.2(48.4)	6.6(51.6)	12.8(100)	280
1971	8.4(51.5)	7.9(48.5)	16.3(100)	
1972	9.5(52.5)	8.6(47.5)	18.1(100)	350
1973	11.8(51.3)	11.2(48.7)	23.0(100)	
1974	16.8(50.9)	16.2(49.1)	33.0(100)	450

자료: 《중앙일보 · 동양방송 10년사》(1975). 330쪽에서 재구성했으며 구성비는 저자가 계산했다. 월정구독료는 카르텔화되어서 모든 전국지가 동일했다.

1971년과 1978년의 신문광고 요금표를 대비하면 이 8년 사이에 광고료에 일어난 변화가 드러난다. 영업광고를 기준할 때 1단 1cm당 단가는 신문에 따라 다르지만 4~8배가 올라 10,000~11,000원이 되었다. 〈동아일보〉, 〈조선일보〉, 〈한국일보〉, 〈서울신문〉의 4개지의 경우 1971년에는 모두 일반 상품 영업광고와 의약품광고 단가에 차등을 두었으나 1978년에는 〈동아일보〉와 〈서울신문〉만이 차등이 있고 나머지 두 신문은 차등이 없어졌다. 단가의 순위는 여전히 특별광고, 부고, 공고, 영업광고의 순으로 남아 있다. 이 4개 신문의 1971년과 1978년 광고료 대비는 〈표 6-8〉과 같다.

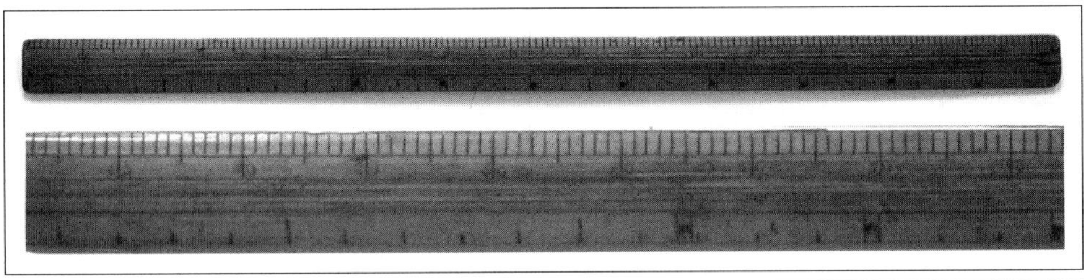

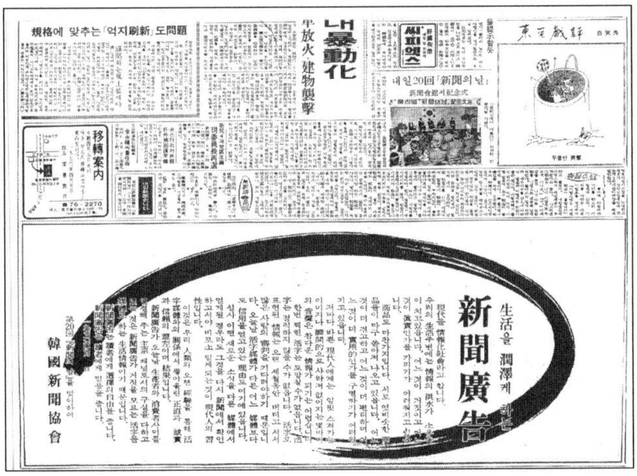

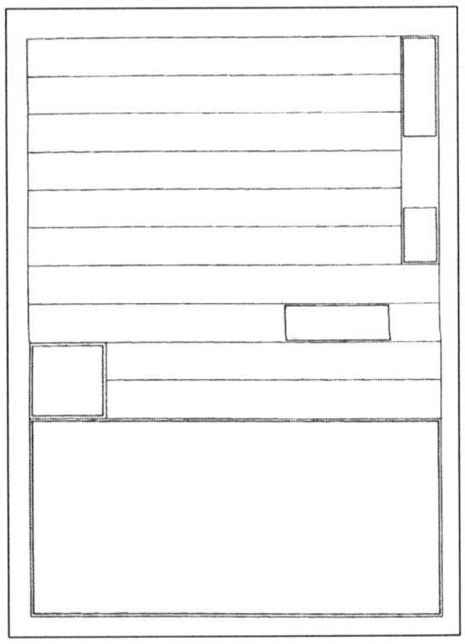

① 1970년대 초 미터제로 바뀌기 전까지 신문광고 계산에 사용하던 행수자(行數尺). 아래 그림은 확대한 행수자. (행수 계산 설명은 〈신문광고요금표〉를 참조).

② 1976년 "신문의 날" 무렵에 신문협회 공동 광고는 전(全) 5단(段)으로서, 신문 1면의 3분의 1 크기이다. 자료: 〈동아일보〉 1976.4.6.

③ 1970년대 일간신문 앞면의 그림. 아래 위가 15단으로 짜여 있고 가로가 37cm이다. 오른쪽 맨 위가 신문 제호, 그 아래가 제호 아래 광고, 가운데가 기사중 광고, 왼쪽이 돌출 광고, 아래 5단이 광고란이다.

〈표 6-8〉 4개 일간신문 광고요금 대비, 1971

기준: 1단 1cm. 흑백광고. 원

업 종	조선일보	동아일보	한국일보*	서울신문
영 업	1,400	2,400	1,400(B)	1,136
의약품/제약	1,200	2,000	1,260(B)	820
학 원	2,000(A) 1,800(B)	3,000(A) 2,600(B)	1,800(B)	1,136
출 판	1,300	1,700	1,400	681
연 예	1,058(본 프로) 1,150(예고)	1,600	1,058(B)	830(본 프로) 920(예고)
공 고	3,000	4,000	3,000	2,272
부 고	3,700	5,000	4,000	—
특별광고(성명서 등)	6,900	6,000	5,000	4,000
안내광고	—	400	600	400
(1 줄/행)	—	600	500	500
	—	800	300	
지정료	1, 2, 7면 비율로 표시	1, 7면, 기타 금액으로 표시	1, 7면, 기타 금액으로 표시	1, 7면, 기타 비율로 표시

자료: 각 신문사 광고요금표. 주: * A. B로 분류한 요금 중 단가가 싼 B를 표시했다.

〈표 6-9〉 4개 일간신문 광고요금 대비, 1978

기준: 1단 1cm. 흑백광고. 원

업종	조선일보*	동아일보**	한국일보	서울신문
영업	10,000	11,000	11,000	10,000
의약품/제약	10,000	10,000	11,000	9,000
학원	11,000	12,000	12,000	—
출판	10,000	10,000	11,000	9,000
연예	10,000	10,000	11,000	9,000
공고	19,000	20,000	21,000	20,000
부고	22,000	22,000	23,000	20,000
특별광고(성명서 등)	27,000	27,000	25,000	22,000
안내광고(한 줄)***	4,500 4,000 3,000	6,000 4,500 4,000	5,500 5,000 3,000	4,000 3,000 2,000
지정료	1, 7면, 기타 금액으로 표시	1, 2, 7면, 기타 금액으로 표시	1, 7면, 기타 비율로 표시	1, 7면 비율로 표시

자료: 각사 광고요금표.
주: * A, B로 분류한 요금 중 단가가 싼 B를 기준했다.
** A, B, C로 분류한 요금 중 중간이 B를 기준했다.
*** 안내광고는 내용에 따라 구분되어 있다. 단가는 모집. 영업. 안내의 순이다.

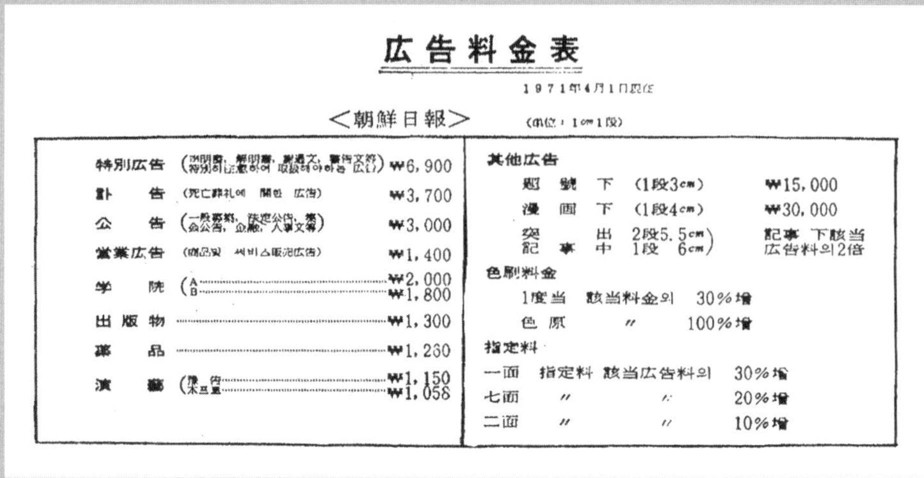

広告料金表

1971年4月1日現在

<朝鮮日報> (単位：1cm 1段)

特別広告	(声明書, 解明書, 謝過文, 警告文等 特別히 注意하여 取扱해야하는 広告)	₩6,900
訃告	(死亡葬礼에 関한 広告)	₩3,700
公告	(一般募集, 株主公告, 等 会公告, 公報, 人事文等)	₩3,000
営業広告	(商品및 서비스販売広告)	₩1,400
学院	A	₩2,000
	B	₩1,800
出版物		₩1,300
薬品		₩1,260
演藝	俳優	₩1,150
	木三皇	₩1,058

其他広告

題號下	(1段3cm)	₩15,000
漫画下	(1段4cm)	₩30,000
突出	2段5.5cm	記事下該当
記事中	1段 6cm	広告料의2倍

色刷料金

1度当	該当料金의	30%増
色原	〃	100%増

指定料

一面	指定料	該当広告料의	30%増
七面	〃	〃	20%増
二面	〃	〃	10%増

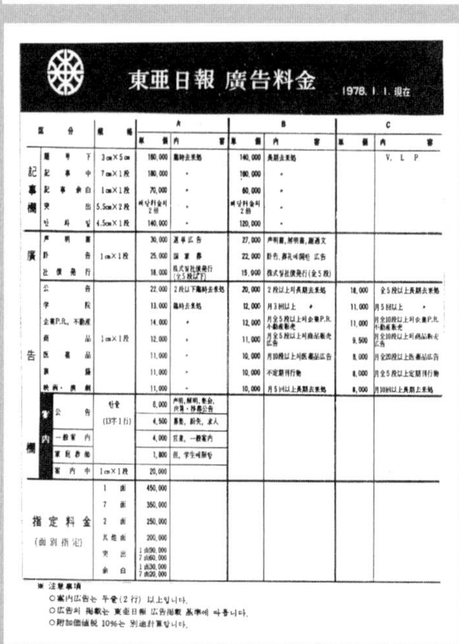

東亜日報 廣告料金

1978. 1. 1. 現在

區分		規格	A 單價	A 內容	B 單價	B 內容	C 單價	C 內容
記事欄	題號下	3cm×5cm	180,000	臨時去来処	140,000	長期去来処		V. L P
	記事中	7cm×1段	180,000	〃	180,000	〃		
	記事余白	1cm×1段	70,000	〃	60,000	〃		
	突出	5.5cm×2段	해당料金의 2倍	〃	해당料金의 2倍	〃		
	만화밑	4.5cm×1段	140,000	〃	120,000	〃		
廣告	声明書	1cm×1段	30,000	選挙広告	27,000	声明書, 解明書, 謝過文		
	訃告		25,000	国家機関	22,000	訃告, 葬礼에関한 広告		
	社債発行		18,000	株式및社債発行(全5段以下)	15,000	株式및社債発行(全5段)		
	公告	1cm×1段	22,000	2段以下臨時去来処	20,000	2段以上의長期去来処	18,000	全5段以上長期去来処
	学院		13,000	臨時去来処	12,000	月3回以上 〃	11,000	月5回以上 〃
	企業P.R., 不動産		14,000	〃	12,000	月全5段以上의企業P.R. 不動産販売	11,000	月全10段以上의企業P.R. 不動産販売
	商品		12,000	〃	11,000	月全5段以上의商品販売広告	9,500	月全10段以上의商品販売広告
	医薬品		11,000	〃	10,000	月10段以上의医薬品広告	8,000	月全20段以上医薬品広告
	書籍		11,000	〃	10,000	不定期刊行物	8,000	月全5段以上定期刊行物
	映画·演劇		11,000	〃	10,000	月5回以上長期去来処	8,000	月10回以上長期去来処
案内欄	公告	한줄 (13字1行)	6,000	声明, 解明, 祭会, 決算·移轉公告				
			4,500	募集, 紛失, 求人				
	一般案内		4,000	営業, 一般案内				
	軍就求職		1,800	但, 学生에限함				
	案内中	1cm×1段	20,000					
指定料金 (面別指定)		1面	450,000					
		7面	350,000					
		2面	250,000					
		其他面	200,000					
		突出	1面90,000 7面60,000					
		余白	1面30,000 7面20,000					

※ 注意事項

○案内広告는 두줄(2行) 以上입니다.

○広告의 掲載는 東亜日報 広告掲載 基準에 따릅니다.

○附加価値税 10%는 別途計算됩니다.

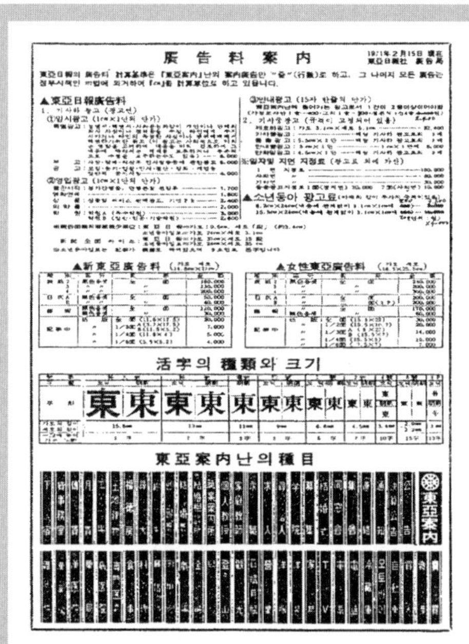

廣告料案内

1971年2月15日 現在 東亞日報社 廣告局

東亞日報의 廣告料 計算基準은 「東亞案內」난의 案內廣告만 "줄"(行數)로 하고, 그 나머지 모든 廣告는 정부시책인 미터법에 의거하여 「cm」를 計算單位로 하고 있읍니다.

▲東亞日報廣告料

1. 기사하 광고 (광고면)

①임시광고 (1cm×1단의 단가)

②영업광고 (1cm×1단의 단가)

③안내광고 (15자 한줄의 단가)

2. 기사중 광고 (규격이 고정되어 있음)

③일자별 지면 지정료 (광고료 외에 가산)

▲소년동아 광고료

▲新東亞廣告料

▲女性東亞廣告料

活字의 種類와 크기

東亞案內난의 種目

東亞案內

① 〈조선일보〉 광고요금표 1971.4.1.

② 〈동아일보〉 광고요금표 1978.1.1.

③ 〈동아일보〉 광고요금표 1971.2.15.

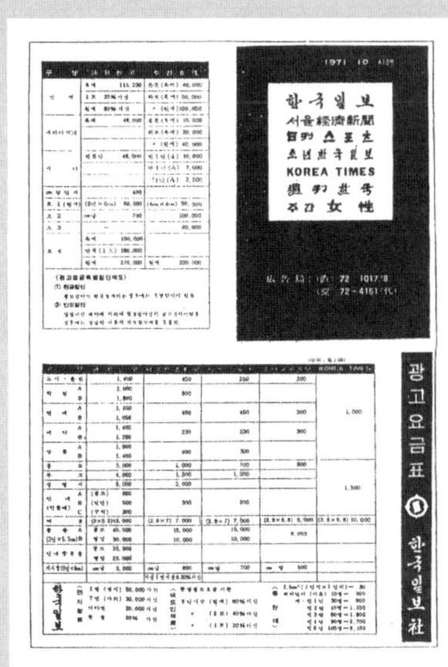

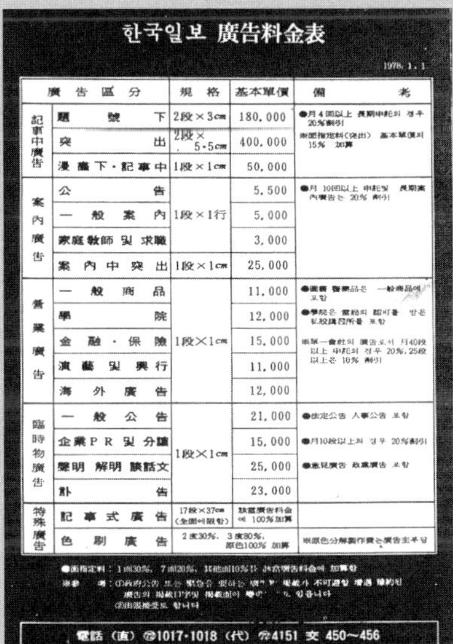

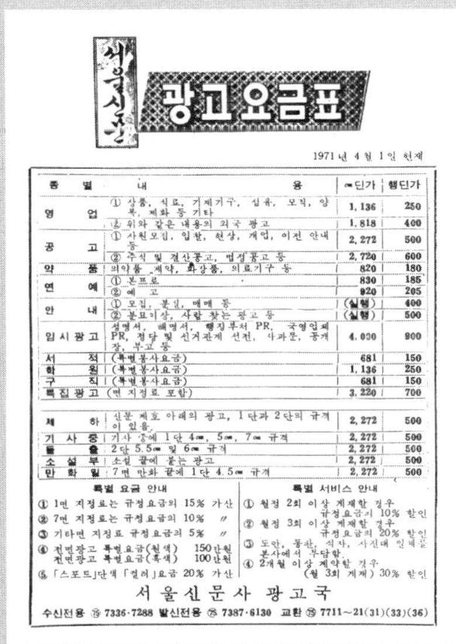

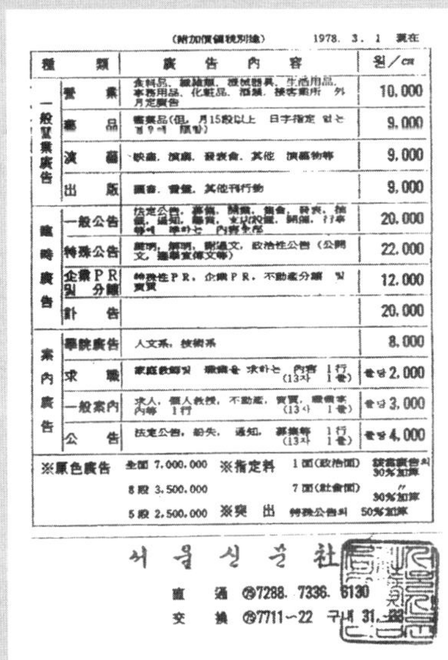

①	②	
③	④	⑤

① 〈조선일보〉 광고요금표 1978.1.1.

② 〈한국일보〉 광고요금표 1971.10 시행.

③ 〈한국일보〉 광고요금표 1970.1.1.

④ 〈서울신문〉 광고요금표 1971.4.1.

⑤ 〈서울신문〉 광고요금표 1978.3.1.

TV의 급성장 1970년대 매체에 일어난 가장 큰 변화는 TV의 급성장이 미친 영향이었다. 1970년대 10년 사이에 TV대수는 약 38만 대에서 627만 대로 폭증해 가구 기준으로는 6.4%에서 78.6%로 증가했다. 1970~1979년 기간에 TV의 광고비 점유율은 14.1%에서 28.9%로 배 이상 늘었다.

TV광고요금이 인상되는 것은 당연했다. 아울러 시급구분에도 변화가 있었다.

MBC-TV의 경우 1971년에서 1978년 사이에 전파료는 30분에 256,500원(A급)에서 720,500원(SA급)으로 인상되었다. 20초 토막(*Spot*) 광고는 1971년 A급이 135,500원이던 것이 1978년(SA급)에는 1,057,700원으로 올라 8배 가깝게 인상되었다. 동시에 시급도 조정되었다. 1971년에는 A에서 E까지 5개 시급으로 나누었던 것이 1978년에는 SA, A, B, C의 4개로 구분하고 1971년에는 평일 저녁 8:00시부터 10:00시까지 2시간이던 A급 시간을 1978년에는 저녁 7:20시부터 10:00시까지 SA급으로 해서 40분을 늘렸다.

한편 프로그램 스폰서인 경우를 보면 1974년 6월에 방송된 MBC 네트워크 일일연속극 〈강남(江南) 가족〉은 1주 6일(월~토) 저녁 8:45~9:10시 방송 기준으로 총 광고료는 월 약 2,900만 원이었다. 4개 광고주가 프로그램 전후에 20초 광고를 한 번씩 하는 경우, 1개사 당 월 광고료는 약 700만 원이었다. 같은 해 TBC-TV(동양방송)의 일일연속극 〈어머니〉는 서울과 부산 2개 방송국을 기준해서 총 광고료는 월 2,200만 원 정도였다. 1974년에는 대개 3~4개 광고주가 스폰서였다.

1979년이 되자 TV광고 수요는 부쩍 증가했는데 그 상황은 MBC와 TBC 두 민방의 일일연속극 광고주를 보면 알 수 있다. 물론 1976년 말부터 TV광고 시간이 총 방송 시간의 100분의 10에서 100분의 8로 줄인 규제가 한 원인이기는 했다. 1974년에는 월 26일, 하루에 20초 광고를 2회 프라임타임(SA급)에 방송할 경우 1개 광고주 회사의 광고료는 1개월에 700만 원 정도이던 것이 1979년에는 월 26일, 하루에 15초 광고 1회 프라임타임에 방송할 경우 1개 광고주 회사당 약 2,100만 원을 내야 되는 상황으로 바뀌었다.

TV광고의 수 1974년과 1978년의 MBC와 TBC-TV광고 개수를 보면 〈표 6-13〉과 같은데 1974년 여름의 평균은 1주당 약 2,000개였으나 1978년에는 2,662개로 증가해 33%나 늘었다. 광고 종류별로는 프로그램 스폰서 광고 1,110개에서 1,579개로 증가했다. 1976년에 규정 변경으로 시간당 스테이션 브레이크(SB) 횟수는 3회로 변동이 없으나 SB 1회에 광고가 5개 이내이던 것이 3개 이내로 줄어듦에 따라 광고 개수는 855개에서 643개로 오히려 줄었다. 예시(豫示)와 국명고시를 모두 ID로 간주하면 1974년에는 불과 35개이던 것이 440개로 폭증했다.

1978년 7월 8일에서 14일까지 7일(1주일)간의 MBC와 TBC 두 민간방송의 1주간 광고의 수를 보면 MBC-TV가 약간 앞서 있으나 큰 차이는 없다.

1970년까지만 해도 민간의 독립된 라디오, TV광고 프로덕션이 아직 넉넉지 못한 때문에 방송국이 광고를 제작했는데 MBC 광고요금표에는 방송광고제작과 관련해서 다음과 같은 기록이 있다.

〈표 6-10〉 MBC-TV광고요금, 1971 및 1978

구분	1971	1978
시간요금(전파료) 30분	256,600원(A급)	720,500원(SA급)
Station Break(스폿) 20초	135,500원(A급)	1,057,700원(SA급)
방송국	서울 부산 대구 광주 전주 대전 제주 울산(8개)	마산 추가(9개)

자료: MBC-TV 광고요금표.

〈표 6-12〉 TV광고의 수, 1974년 여름, 1주간

요일	프로그램 광고	스폿(토막)	ID	계
월~금	750(150x5일)	525(105x5일)	25(5x5일)	1,300(260x5일)
토	160	135	5	300
일	200	195	5	400
계	1,110	855	35	2,000

자료: 신인섭 · 김용하(1975). John Stickler. *Advertising in Korea*, 계명출판사. 97쪽.

〈표 6-13〉 MBC 및 TBC-TV광고의 수, 1978.7.8~14(1주간)

방송국	프로그램	토막 (예시, 국명고시 포함)
MBC	825	530
TBC	754	553
계	1,579	1,083

• CM제작 시행 세칙(라디오 CM) •

1조. 한국연합광고주식회사를 갑이라 칭하고 CM제작을 요청하는 측을 을이라 칭하여 CM제작에 관한 사항은 별정이 없는 한 본 세칙에 의한다.

2조. 갑은 을의 요구에 따라 문안을 작성하고 을과 합의하여 제작에 임한다. 단 을이 작성 제시한 문안이 가필의 여지가 없을 시는 차한에 부재함.

3조. 제작비는 갑이 제정한 요금표에 의한다. 단 전파매체가 아닌 타매체에 사용할 CM의 제작요금은 따로 정한다.

4조. 제작된 작품의 채택 여부는 갑, 을이 합의하여 결정한다. 단 을이 입회하지 않을 시는 갑의 의사에 따른다.

5조. 기히 이미 채택된 CM의 재제작은 동 문안의 것일지라도 신규제작으로 간주한다.

6조. 출연자의 선정은 갑이 하되 을의 의사를 최대한 존중하며 특수한 탤런트의 출연을 요할 시는 협의하여 출연시킬 수 있다.

7조. 제작비의 지불은 작품이 완성됨과 동시에 현금으로 한다.

8조. 2건 이상의 CM을 동시에 제작할 시는 제작비 총액의 20%를 할인한다.

9조. 본 세칙은 1969년 5월 1일부터 시행한다.

(자료: 《MBC 방송요금》. 1972. 20쪽)

〈표 6-11〉 일일연속극 광고 스폰서, 1979년 6월

	MBC-TV(9개국)	TBC-TV(2개국)
프로그램명 (일일연속극)	하얀 민들레	야 곰례야
방송일	월~토(주 6회)	월~토(주 6회)
방송시간	21:35~22:00	21:35~22:00(월~금) 22:05~22:30(토)
시급	SA	SA(토요일 일부는 A)
광고주	럭키, 오리엔트시계, 한국화장품, 종근당, 롯데, 대일유업, 아폴로, 한일약품(8개사)	롯데제과, 농심, 일동제약, 남양분유, 금성사, 해태, 비너스, 태평양화학(8개사)
광고 시간(초)	120	120
광고주당 1회 광고 시간(초)	15	15
광고주당 월평균 광고료	20,860,000(월 26일 방송)	20,804,000원(월 26일 방송)

〈표 6-14〉 MBC-TV[서울국(局)]

	프로그램				토막(스폿) · 예시 · 국명고시				
	평일	토	일	계	구분	평일	토	일	계
SA	131	60	81	272	토막	65	27	18	110
					예시	21	9	6	36
					국명	21	9	6	36
A	128	20	26	176	토막	60	3	8	71
					예시	21	2	4	27
					국명	21	1	4	26
B	105	24	148	277	토막	20	6	39	75
					예시	11	2	13	26
					국명	16	2	13	31
C	66	33	1	100	토막	40	7	3	50
					예시	15	4	2	21
					국명	15	4	2	21
합계	430	137	258	825	토막	19	43	68	306
					예시	68	17	25	110
					국명	75	17	25	114

자료: 신인섭(1980). 《한국 광고발달사》. 일조각. 247쪽.

〈표 6-15〉 TBC-TV[서울국(局)]

	프로그램				토막(스폿) · 예시 · 국명고시				
	평일	토	일	계	구분	평일	토	일	계
SA	127	57	55	239	토막	67	24	22	113
					예시	22	8	7	37
					국명	18	7	4	29
A	143	24	19	186	토막	82	3	3	88
					예시	28	1	1	30
					국명	27	1	1	29
B	69	21	129	219	토막	30	6	49	85
					예시	10	2	13	25
					국명	10	2	15	27
C	65	36	9	110	토막	33	18	-	51
					예시	19	6	-	25
					국명	10	4	-	14
합계	404	138	212	754	토막	212	51	74	337
					예시	79	17	21	117
					국명	85	14	20	99

자료: 신인섭(1980). 《한국 광고발달사》. 일조각. 247쪽.

〈표 6-16〉 라디오 CM제작 요금표, 1969.5.1

금액: 원

항 목	20초까지	21초 이상 40초까지	40초 이상	비고
문안료	1,000	1,200	1,400	문안 작성분에 한함
기획, 연출료	1,000	1,200	1,400	
출연료	A급 2,000	2,200	2,400	
	B급 1,000	1,100	1,200	외부 탤런트는 별도
스튜디오 사용료	600	700	800	
음악, 효과료	300	300	300	특수효과 제작은 별도
복사료(릴 付)	200	200	200	외부 제작분에 한함
녹음 진행비	200	200	200	

자료: MBC 방송 요금. 1972. 19쪽.
주: 지방국 방송만을 위해 제작하는 CM의 요금은 제작비 전액의 30%를 할인한다.

〈표 6-17〉 라디오 CM 및 TV 슬라이드 제작비, 1976.6.10

금액: 원

내 역	구 분	금 액	비 고
기획 연출료	20초까지	5,000	
	40초까지	6,000	
	60초까지	7,000	
성우료(1인당)	40초까지	3,000	
	60초까지	3,500	
스튜디오 사용료	20초까지	2,000	
	40초까지	4,000	
	60초까지	4,500	
음악 효과료	건당	600	
테이프 복사료	〃	500	특수 효과 제작비는 별도
편집료	〃	1,500	광고주 보관용 1본 무료
도안 기획료	〃	3,000	슬라이드 도안만 의뢰할 경우 적용
슬라이드 촬영료	매당	1,500	
도안료	〃	2,500	
슬라이드 복사료	〃	50	
텔롭 및 슈퍼슬라이드	건당	1,500	
출사료	〃	3,000	
정사진료	35mm 장당	1,500	
	120mm 장당	2,000	
만화 및 삽화료	장당	1,000	
진행비	건당	1,000	

1) 지사 및 가맹사 의뢰분은 50%를 할인한다.
2) 외부 성우가 출영했을 경우에는 별도 규정에 의해 지출한다.
3) 지사 및 가맹사 TV 슬라이드 제작 의뢰분은 30%를 할인한다.
(자료: MBC-TV & RADIO 방송요금. 1975. 36쪽.)

이 세칙에서 나타나듯이 아직 "카피"라는 말 대신 "문안"이란 말이 쓰이고 있었다. 또한 문안은 방송국 CM제작부가 만들고 있었음이 나타난다. 출연자(성우)도 방송국 측에 맡기고 있었음을 알 수 있다. 이런 것으로 미루어 1970년대 초 광고 크리에이티브의 수준을 짐작할 수 있다.

1969년 5월 1일 시행으로 된 요금표에 의하면 라디오광고 20초 1편 제작비는 A급 출연자를 사용한 경우에 5,300원이었다.

1976년 6월 10일부로 된 MBC의 라디오 CM 및 TV 슬라이드 제작 요금표를 보면 1970년대 중반까지도 여전히 라디오와 TV 슬라이드 광고제작을 방송국에서 일부 하고 있었음을 알 수 있다. 이런 이유로 1970년대 유력 광고회사에서는 TV CF 제작부서를 따로 두게 되었다.

옥외광고 옥외광고가 전성기를 맞은 것은 1969년 경인고속도로와 한 해 뒤인 1970년에 경부고속도로가 개통된 뒤였다. 고속도로 옥외광고에 제일 먼저 뛰어든 회사는 고속도로 변에 주유소를 설치한 석유회사로서 호남정유(엘지Caltex)와 석유공사(SK정유)였다. 무슨 이유인지는 모르나 초기 고속도로변 옥외광고의 크기는 지면 위에 세로 10m에 가로 20m로 규정되었다. 선례가 있었던 것도, 사전 연구나 준비가 있었던 것도 아니어서 이 규격 외에 다른 형태는 없었다. 그리고 모두 철판에 도장한 것이었다. 초기 규정은 간판 사이의 거리가 2km였으므로 이론적으로는 경부

〈표 6-18〉 전국 옥외광고의 수, 1980년 2월

구분	계	서울	부산	경기	강원	충북	충남	전북	전남	경북	경남	제주
야립광고	713	41	11	169	56	48	60	40	80	103	105	–
옥상광고	3,399	1,091	774	339	84	112	184	97	161	365	162	30
계	4,112	1,132	785	508	140	160	244	137	241	468	268	30

자료: 한국 광고제작연구회.

〈표 6-19〉 옥외광고 현황, 1967~1979

구분	계	1967	1968	1969	1970	1971	1972	1973	1974	1975	1976	1977	1978	1979
야립광고	713	–	–	–	11	27	126	89	100	141	52	151	23	–
옥상광고	3,399	88	141	189	240	310	353	380	591	410	397	188	62	50
계	4,112	88	141	180	151	337	479	409	691	551	449	339	85	50

자료: 한국 광고제작연구회.

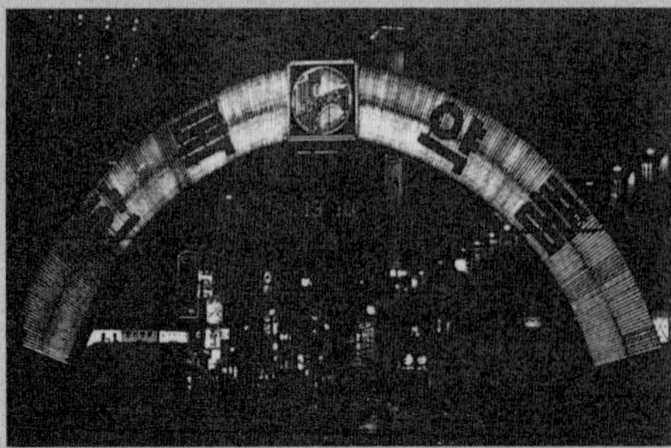

① 명동의 명물이던 한독약품의 아치형 네온광고 [자료: 이종배(李鐘培, 1978), 《실전광고론》(實戰廣告論), 서울: 집현각, 150쪽]

② 아마도 한국 최대의 옥외광고였을 한강철도변 노량진에 있던 유한양행 간판. 1961.8월 착공, 1962.1 완공, 1980년 초 대지 매각으로 철거 (자료: 《유한 50년》, 458~459쪽).

③ 1970년대 고속도로변 옥외광고.

고속도로 420km에는 상행과 하행 도로변에 각각 210개의 옥외광고가 들어설 수 있다는 계산이었다. 1970년대 말에 이르자 고속도로변 옥외광고에 대한 비판이 일기 시작했고 드디어 1970년대 말에는 정비 지시로 나왔으며 일부는 철수하게 되었다.

1980년 초 전국의 주요 옥외간판의 수는 4,112개였고 그 가운데 이른바 야립간판(野立看板)이 712개였다. 전체 옥외광고가 붐을 이룬 것은 1972~1976년 5년 기간으로서 1967~1979년 기간에 세운 4,112개의 64%였다. 옥상광고의 수가 3,389개로서 야립간판보다 훨씬 많았다. 그리고 야립간판 중 54%인 386개는 고속도로변에 세운 것이었고 나머지 202개는 국도변에 있는 것이었다. 지역별로는 서울과 부산에 1,1917개, 즉 47%가 집중되어 있었다.

극장광고 광복 이후 1970년대 초 TV 등록대수가 급증하기까지 가장 인기 있는 대중 오락매체는 극장영화였다. 극장영화는 1973년 TV가 100만 대가 넘을 무렵을 고비로 쇠퇴하게 되었다. 서울극장협회 자료에 따르면 1971년에서 1978년에 이르는

〈표 6-20〉 극장수와 관객, 1969~1978

단위: 극장은 개, 관객은 100만 명

구 분		69	70	71	72	73	74	75	76	77	78
극장수	전국	–	–	–	694	662	626	597	580	558	488
	(서울)	–	–	–	118	117	116	113	107	102	94
관객수	전국*	177.7	170.6	149.7	122.0	118.0	99.9	78.1	69.0	–	–
	(서울)	84.5	80.0	72.9	59.3	59.9	49.4	41.1	35.6	–	–

자료: 서울특별시 극장협회.
주: * 이 관객수는 서울시를 포함한 것이다.

〈표 6-21〉 개봉관 및 월 광고 상영료, 1979년 6월 현재

구 분	서울	부산	대구	대전	광주	인천	계
극장수	10	6	6	5	5	4	36
좌석수	15,466	9,400	7,491	4,462	4,674	1,596	43,089
60초, 매회 상영 극장 당, 편당 월 상영료(만 원)	24	12	10	9	10	6	71

자료: 대영상사.

〈표 6-22〉 지하철 차내 광고료, 1974

크기: cm, 광고료: 1개월 기준, 원

	홍익회		전 홍	
종 류	크 기	광고료	크 기	광고료
천장 걸이	60x30	10,000	60x26	10,000
벽면	51x36	4,000	52x37	5,000
창문 상단	50x26	2,000	50x26	2,500
스티커	지름: 13	600	지름: 10	700

기간에 전국 극장수는 694개에서 488개로 줄었는데 이것은 비율로는 거의 30%의 감소였다. 같은 자료에 의하면 1969년에서 1976년 사이에 극장관객수는 1억 7,770만 명에서 계속 감소하다가 1974년에는 1억 이하로 떨어지고 1976년에는 드디어 6,900만 명으로 격감해 이 8년 사이에 61%나 줄었다.

극장영화는 컬러이며 총천연색(總天然色)이라 불렀다. 컬러광고를 할 수 있는 매체는 극장광고뿐이었다. 1969년에는 문화공보부의 권장으로 한국문화영화제작사협회가 설립되었다. 이 협회자료에 의하면 극장관객이 많던 1970년에 제작된 극장 상영용 광고영화는 689편이었고 프린트(복사) 편수는 10,432편이었다. 그러나 1년 뒤인 1971년에 이 숫자는 제작 376편, 프린트 7,458편으로 많이 줄었다. 1978년에 이르자 제작 편수는 겨우 176편이었다. 광고매체로서 극장영화는 심히 쇠퇴한 형편이었다.

한국에서 극장광고는 관객이 교대하는 시간에 불을 켠 채로 상영하기 때문에 별로 효과적인 방식은 아니었다. 그리고 상영료는 싸서 60초 광고를 영화 상영시간마다 상영하는 조건으로 1개월에 서울 개봉극장의 경우 월 24만 원 정도였다.

교통광고 1974년 8월 15일은 광복절이며 한편 비극적인 날이었다. 이날 경축전에서는 재일교포 문세광(文世光)이 박정희 대통령을 향해 쏜 흉탄이 영부인 육영수 여사에게 맞아 사망했다. 8월 15일은 서울시 지하철 1호선이 개통하는 날이었고 지하철 광고시대가 개막하는 날이기도 했다. 지하철 광고는 홍익회(弘益會)와 전홍(電弘)이 대행하기로 되었다. 이 두 광고대행사의 차내 광고료는 〈표 6-22〉와 같다.

3. 광고비

놀라운 경제성장에 힘입어 이 기간에 광고비는 92억 원에서 2,186억 원으로 24배 가까운 급성장을 나타냈다. 또한 매체별 광고비에도 변화가 일어났는데 그 이유는 TV의 급속한 보급과 이에 따른 TV광고의 폭증 때문이었다. 1968년에는 겨우 11만 8천대로서 가구 대비 2.1% 보급이던 TV가 1979년에는 597만대로 가구 대비 79.1%에 이르렀고 1970년에 전체 광고비의 13.4%를 차지하던 TV광고비는 1979년에 28.9%로 배 이상 증가했다. 반면 신문, 잡지, 라디오는 점유율이 줄었다.

1969년에서 1978년에 이르는 햇수로 10년 사이에는 광고비와 매체별 구성비에 큰 변화가 있었을 뿐 아니라 업종별 광고비 및 10대 광고주에도 변화가 있었다. 비록 자료는 1969년의 12월분뿐이나 5대 광고업종은 의약품, 공고 따위 임시광고, 영화 등 오락, 의복과 일용품, 그리고 식품순이었다. 10년 뒤 이 순서는 식품과 음료,

〈표 6-23〉 광고비, 1970~1979

	광고비	매체별 구성비(%)					
연 도	억 원(100만$)	신 문	잡 지	라디오	T V	기 타	계
1970	127(40.1)	46.8	6.5	20.6	14.1	12.0	100
1972	190(47.7)	35.9	7.7	15.6	24.6	16.2	100
1974	330(68.2)	36.3	5.4	19.3	29.2	9.8	100
1976	935(193.2)	33.7	3.8	15.8	32.5	14.2	100
1977	1,203(248.0)	31.4	3.1	14.5	34.1	17.9	100
1979	2,186(451.4)	34.9	3.7	13.8	28.9	18.7	100

자료: 1. 1970~1974년 광고비는 신인섭 · 서범석(1998). 《한국광고사》. 나남. 346쪽.
2. 그 이후는 제일기획 《광고 연감 1985》. 162쪽 및 같은 연감 2003. 1136쪽.
3. 미 달러 표시는 《통계청의 통계로 본 한국의 발자취》(1995) 354쪽의 환율에 따라 저자가 계산했다.
4. 1968년 분에는 미비한 부분이 있어서 포함하지 않았다.

〈표 6-24〉 5대 업종 광고비, 1969년(12월분) 및 1978년(1년분)

	1969년 12월(1개월)			1978년(1개년)		
순 위	업 종	광고비	구성비	업 종	광고비	구성비
1	의약품	1.06	20.1	식품/음료	296.6	21.3
2	임시광고	1.02	19.3	의약품	148.1	10.7
3	영화, 연극, 흥행, 오락	0.45	8.6	화장품, 세제	132.1	9.5
4	의복, 일용품	0.42	7.0	전기,전자기기	107.3	7.7
5	식품	0.41	7.7	서비스, 오락	106.9	7.7

자료: 1. 1969년 12월 분은 〈합동광고〉 1970년 3월호, 37쪽.
2. 1978년분은 제일기획 〈광고연감 1979〉. 138쪽.

의약품, 화장품과 세제, 가전기기, 그리고 서비스와 오락으로 바뀌었다. 5개 업종 가운데 3개의 새로운 업종이 생긴 것을 알 수 있다.

더욱 놀라운 변화는 10대 광고주에 나타났다. 1969년 10대 광고주 가운데 8개는 제약회사였다. 이른바 비제약은 과자회사인 해태와 치약, 비누 따위를 만들던 럭키(낙희화학)뿐이었다. 1969년의 한국 최대의 광고주는 동아제약이었고 연간 광고비는 약 1억 2,800만 원이었다. 10위이던 럭키의 광고비는 5,200만 원을 조금 넘는 금액이었다.

10대 광고주의 광고비 합계는 고작해야 7억 4천만 원이었다. 10년 뒤에는 10대

〈표 6-25〉 10대 광고주, 1969

순위	광고주	신문		잡지		TV		라디오		계	
		건수	금액	건수	금액	건수	금액	건수	금액	건수	금액
1	동아제과	858	73,110	218	13,862	606	11,586	5,086	29,493	6,768	128,053
2	한일약품	399	45,400	241	14,338	284	6,946	3,706	24,339	4,630	91,024
3	한독약품	862	52,640	236	11,856	535	11,627	1,910	8,234	3,543	84,358
4	유한양행	473	51,644	50	4,509	545	10,965	1,818	14,016	2,886	81,135
5	종근당	289	28,800	82	10,416	598	8,350	3,072	22,933	4,041	70,500
6	해태제과	406	19,501	287	17,720	360	6,816	2,175	19,695	3,228	63,734
7	영진약품	263	30,681	161	13,233	123	3,487	2,243	13,225	2,790	60,628
8	일동약품	226	31,926	76	3,947	410	6,112	3,323	16,299	4,035	58,285
9	한국화이자	260	30,113	144	7,215	275	5,864	1,402	13,994	2,081	57,187
10	낙희화학	94	12,399	44	11,585	444	5,347	5,157	22,829	5,739	52,162

자료: 〈합동광고〉 1970.4월호. 41쪽.

〈표 6-26〉 10대 광고주, 1976~1978

광고비순위			기업명	광고비(억 원)			매출액(억 원)			매출액 대비 광고비 (1978)
78	77	76		78	77	76	78	77	76	
1	1	1	태평양화학	39.9	38.3	48.1	554.9	460.5	350.7	7.19%
2	10	11	삼성전자	33.5	16.0	10.8	1,590.5	706.6	410.0	2.11
3	3	2	대한항공	30.8	22.5	20.0	2,719.8	1,821.6	1,333.6	1.13
4	6	4	금성사	30.1	19.6	14.9	1,706.7	1,035.3	691.6	2.79
5	2	5	해태제과	24.6	24.0	14.6	696.2	615.8	434.6	3.54
6	5	10	롯데제과	24.6	20.7	11.4	608.2	404.6	290.7	4.05
7	11	8	대한전선	23.4	15.6	12.3	1,446.4	846.5	628.7	1.62
8	8	9	제일제당	21.7	17.0	11.5	1,015.1	789.0	679.9	2.13
9	7	7	동아제약	18.9	18.2	12.7	356.5	280.4	199.4	5.31
10	9	6	럭키	18.6	16.4	13.5	1,005.6	673.3	515.9	1.85

자료: 한국능률협회. 《현대경영》 1978.5. 16쪽 및 1979.5. 22쪽. 한국화장품은 1976년 광고비 19.4억 원으로 3위. 1977년은 22.0억 원으로 4위임.

광고주에 남은 제약회사는 동아제약뿐이었다. 그리고 삼성전자, 금성사(엘지전자), 대한전선의 3개 가전제품 회사, 해태, 롯데, 제일제당의 3개 식품회사, 화장품회사인 태평양화학, 대한항공 및 럭키가 10대 광고주에 들었다. 1위인 태평양화학의 1978년 광고비는 약 40억 원, 10위인 럭키가 18.6억 원이었다. 10년이면 강산이 변한다는 말이 들어맞는 변화가 10대 광고주에 일어났다.

1978년부터 제일기획은 한국 광고비에 대한 본격적인 조사를 시작했다. 한국 광고비 조사는 1967년에 합동통신사 광고기획실이 시작해서 1969년까지 계속했다가 중단했다. 그 뒤 신인섭이 1970년, 1972년 및 1974년 광고비를 추정해 왔다. 그 결과 총 광고비, 매체별 광고비와 점유율, 업종별 광고비, 주요 광고주 등 갖가지 기본적인 자료가 공개되기에 이르렀다. 따라서 제일기획의 광고비 조사는 한국 최대의 광고회사가 다시 이 중요한 자료조사를 시작했다는 뜻깊은 일이었다.

4. 광고회사

눈부신 경제발전, 놀라운 광고의 급성장, 시장경쟁의 본격화, 그리고 두 콜라의 진출로 상징되는 국제화의 물결은 광고의 전문화와 광고회사 시대를 가져왔다. 1970년대 초까지도 아직 광고대리점(廣告代理店)이라는 일본식 호칭이 남아 있었다. 이것을 광고대행사(廣告代行社)로 바꾼 사람은 1969년 초 만보사(萬報社) 초대 사장이 된 이재항(李載沆)이었다. 2000년대에는 다시 광고회사로 바뀌었다.

1968년이 광복 이후 광고발전에서 한 시대의 시작을 긋게 되는 것은 국제적인 다국적 기업의 한국 진출에 있다. 1968년에는 코카콜라, 곧 뒤이어 펩시콜라가 한국에 진출했다. 1969년에는 미국 석유회사인 칼텍스(Caltex)가 당시 럭키그룹과 합작으로 한국에 진출해서 호남정유(GS칼텍스)를 창립했다. 그 결과 미국 걸프(Gulf) 석유와 합작인 석유공사의 한국 석유시장 독점시대가 끝났다. 그리고 모두 미국계열인 두 콜라, 두 석유회사가 합작한 기업이 광고회사를 필요로 하게 되었다.

〈한국경제연감〉은 두 콜라의 한국 진출이 미친 영향을 다음과 같이 적고 있다.[1)]

> 코카콜라와 펩시콜라가 각각 1968년과 1969년에 우리나라에 상륙함으로써 국내 청량음료업계는 크게는 상륙품 대 국산 콜라로, 그리고 이는 다시 "코카" 대 "펩시" 및 국내

> 기존업계의 "칠성" 대 "서울"로 각각 판도를 압축하여 경쟁을 벌이고 있는 실정이다. 현재 국내에는 총 68개의 청량음료 메이커가 산재되어 있다. 그러나 이들 대다수의 군소업체들은 성수기 한철을 바라고 영세한 규모로 가동하고 있으나 상륙 "콜라"의 국내 대메이커에 눌려 1969년에 들어서면서 기업체 전반에 걸친 자금난의 중압으로 도산된 기업체가 많아졌다. 즉 1964년에 42개, 1966년에 48개, 1967년에 67개, 1968년에 81개까지 늘어났던 청량음료 메이커 수가 69년에 들어 13개 업체의 도산으로 68개 업체로 줄어든 것이다 …
>
> "코카"와 "펩시"가 상륙하여 치열한 판매경쟁이 벌어졌던 1969년에는 "칠성"의 시장점거율이 대폭 후퇴하긴 하였지만 아직도 전시장의 35% 정도를 점고하고 있어, 적어도 상륙제품 "콜라"보다도 10% 포인트 정도는 각각 앞지르고 있다. 즉 1969년 청량음료업계의 4대 산맥이라 할 수 있는 "칠성", "서울", "코카", "펩시"의 판매기록을 보면 "칠성"이 전술한 바와 같이 약 35%, "서울"이 10.2%, "코카콜라"가 25.5%, "펩시콜라"가 24.3%를 점하고 있고 나머지 5% 정도는 국내 군소 "메이커"가 점거하고 있는 실정이다.

광고 없이는 팔 수 없다고 할 만큼 광고가 중요한 콜라가 한국에 상륙하니 광고회사를 찾는 것은 당연했다. 광고는 광고회사가 하는 것을 상식으로 알고 있는 미국 기업이기 때문이다. 초기 코카콜라 광고는 현대기획(現代企劃)이 맡았고 실무는 이병인(李柄仁)이 했다. 그러다가 1969년에 두산그룹과 동아일보의 합작으로 1969년 1월에 창립한 만보사(萬報社)가 광고대행을 하게 되었고 이병인도 만보사로 옮겼다.[2)]

발행일자가 표기되어 있지 않으나 1974년에 나온 것으로 보이는 Manbosa Advertising Ltd. 라는 영문 팸플릿에 의하면 만보사의 1969년 대행액은 6,726만 원이었다. 1970년에는 1억 5,577만 원, 1973년에는 4억 5,334만 원으로 늘었다. 광고주는 13개사였으나 1970년 1월부터 대행한 코카콜라가 가장 크고 중요한 광고주였다.

일본에서는 미국 광고회사인 매켄에릭슨(McCann-Erickson)과 하쿠호도〔博報堂〕가 합작한 회사가 코카콜라 광고를 대행하고 있었다. 만보사는 코카콜라 광고를 하게 됨으로써 일본의 이 합작 광고회사와 업무 제휴를 하게 되어 국제마케팅과 광고기술을 터득하게 되었다. 만보사가 창립될 무렵만 해도 한국에는 광고회사에 대한 커미션 인정 제도가 없었다. 신문은 그나마 15% 커미션 제도를 인정하는 곳도 있었으나 전파매체에는 커미션제도가 아예 없었다. 만보사의 이재항(李載沆) 사장의 갖은 노력 끝에 겨우 인정받은 것이 프로그램의 경우 8%, 토막(Spot)의 경우 10%였다.

한편 펩시는 그 당시 미국인 칼 L. 브루스(Karl L. Bruce)가 경영하던 IMPACT라는 회사가 대행하게 되었다. 그리고 일본에서 펩시광고를 대행하던 J. 월터 톰슨(J. Walter Thompson)과 제휴하게 되었다. 그런데 IMPACT는 1972년 초에 문을 닫고 광고 업무는 MBC가 인수했으며 1974년에는 MBC가 주도한 연합광고(MBC 애드컴) 창설에 이르게 되었다.

미국 석유회사인 칼텍스(Caltex)는 럭키그룹과 합작으로 1969년 호남정유를 창립하고 한국에 진출해서 이미 한국시장을 독점하고 있던 미국 걸프(Gulf)와 합작한 석유공사에 대항해서 석유시장 경쟁을 벌이게 되었다. 1973년 겨울, 세계 제1차 석유위기가 닥치기까지 석유 판매전은 매우 치열했다. 당연히 광고회사를 찾게 되었는데 럭키그룹에는 이미 그룹 내 광고를 대행하던 부서인 금성사(엘지전자) 선전사업부가 있어서 광고대행은 이 사업부에 맡기기로 했다(금성사 선전부가 사업부로 된 것은 1971년이었다). 그리고 이 사업부가 모체가 되어 1978년 4월에는 럭키그룹 회원사의 하나이던 희성산업이 그룹 내 모든 광고와 홍보를 대행하게 되었다.

이렇게 해서 1968년에서 1970년까지 햇수로 3년 사이에 두 콜라와 미국 Caltex 석유회사의 한국 진출은 광고대행 시대를 열게 되었다. 그리고 이 4개 광고주(두 콜라와 두 석유회사)는 모두 미국 광고회사가 광고를 대행하고 있었다. 따라서 4개 미국 광고회사가 한국에 진출한 것이나 마찬가지였다.

한편 1968년에는 국제광고협회(IAA: International Advertising Association) 한국지부가 창설되었고 이해 6월에 말레이시아 쿠알라룸푸르에서 개최된 제6차 아시아광고회의에 한국이 대표단(9명)을 결성해서 참가하게 되었다. 초대 회장은 〈서울신문〉 광고국장 이윤수(李允秀)였다.

1973년 초에는 삼성그룹이 제일기획을 창설해서 광고대행업에 진출했다. 그리고 이듬해인 1974년에는 삼성그룹 계열의 동양방송(TBC)과 경쟁 관계에 있던 문화방송(MBC)이 주동이 되어 역시 광고대행업에 진출했는데 연합광고를 창설했다.

그 결과 한국의 주요 광고회사는 모두 언론사와 광고주인 기업이 투자한 하우스 에이전시가 주류를 이루게 되었다. 만보사는 1975년에 합동광고와 합병했고 1979년에 사명을 오리콤으로 바꾸었다. 만보사보다 2년 앞서 광고회사 체제로 전환한 합동광고(합동통신사 광고기획실)에 관한 간단한 배경과 그 밖의 사항은 다음과 같다.[3)]

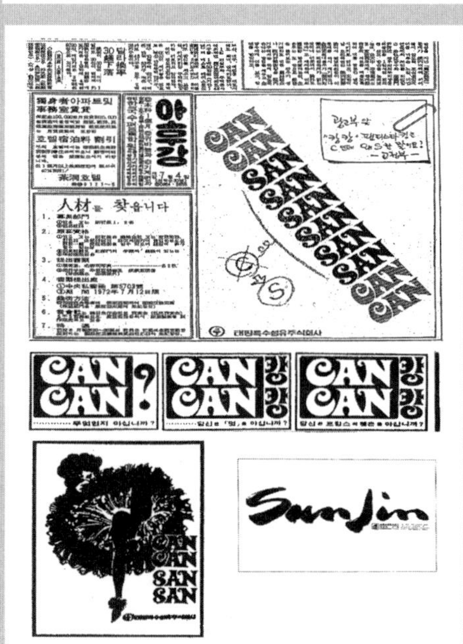

① / ②

① 만보사 창립 초기의 자사 광고.
Korea Times 1973.1.31(영문), 1972(거북선), 불독 티저광고는 1969년에 6월 9, 11, 13일에 게재되었으나 매체 미상, 만보사 영문 팸플릿 내지 첫 페이지.

② 광고회사 선진(宣進)이 제작해서 화제가 되었던 팬티스타킹 CAN CAN, SAN SAN 광고 및 선진 팸플릿 표지.
신문광고는 〈조선일보〉 1972.7.2.

• 만보사(萬報社) •

① 창립: 1969. 1

② 자본금: 6,000만 원

③ 주주: 동아일보 및 OB그룹

④ 제휴회사: 맥켄 에릭슨(McCann Erickson. 미국), 포춘(Fortune. 홍콩)

⑤ 임원 및 간부사원: 사장-이재항, 전무이사-강두순

⑥ 영업: 이병인, 김염제, 한종희

⑦ 매체: 강병광

⑧ 조사: 조성기

⑨ 제작: 이인구, 윤석태

⑩ 취급액(100만 원): 1969 - 67.3
1970 - 155.8
1971 - 274.4
1972 - 417.8

⑪ 주요 광고주: Cathay Pacific 항공사, Coca-Cola, 동일방직, 남영나이론, 한국 타이어, 호남전기, S.C. Johnson, Greyhound 등

⑫ 자료: Manbosa Advertising Ltd. 영문 팸플릿

• 주요 광고주(1975.9 만보사와 합병 이후) •

고려화학	금강스레트	남영나이론	대한전선
동방여운(旅運)	동산토건	동일방직	두산산업
린나이 코리아	백화양조	백병원	삼양사
삼강산업	신도리코	서울우유협동조합	OAK 전자
윤한공업	올림포스 상사	코오롱	대우기계
동화약품	동양고속	동양맥주	한국투자금융
한국 타이어	한국 병유리	한국라바토리	한양투자금융
혜인중기	한국음료 및 4개	코카콜라	보틀러
Cathay Pacific Airways(CPA)		China Airlines	
K Line(Japan)		삼맥Group(Japan)	
Santa Fe(USA)		S.C. Johnson(Korea)	

〈표 6-27〉 합동광고 취급액(거래액)

금액: 1,000원

연도	취급액	연도	취급액
1967	44,200	1972	722,400
1968	74,800	1973	955,700
1969	118,500	1974	1,729,300
1970	111,900	1975	2,500,000
1971	382,400	-	-

합동광고(오리콤) 합동의 광고대행업 태동은 1964년 6월, 광고국과 정리부를 신설한 것에서 비롯된다.

당시 사장 박두병(朴斗秉)과 부사장 이원경(李源京)이 '통신사 운영수단으로서 가장 적절한 부대사업'으로 지목한 것이 광고대행이다. 1966년 초 사장에 취임한 이원경은 외국 광고회사와의 업무제휴를 모색, 이해 3월 15일 일본의 대광고회사인 McCann Erickson-Hakuhodo 부사장 오시다 고지〔大下浩爾〕를 초청했고, 6월 11일에는 역시 일본의 대광고회사의 하나인 덴츠〔電通〕 전무이사 시마자키 센리〔島崎千里〕를 초청, 광고대행 업무를 하는 데 따르는 구체적 업무를 협의했다. '광고기획실'은 마침내 1967년 3월 20일 '우리나라 최초의 광고회사'로 출범하게 된 것이다. 광고기획실 초기의 기구는 세 갈래 구조로 되어 있었다. 즉 엄갑룡(嚴甲龍) 실장 팀의 첫 1년간은 기능면으로 볼 때 자료수집 및 업무연수 단계로 볼 수 있었고 업무국장 김기주(金基柱)가 겸임하던 광고국팀은 광고의 기획제작과는 관련이 없는데도 성격상 광고기획실 소속으로 되어 있었으며 동양맥주팀은 독립된 위치의 'OB선전과' 역할을 한 것이었다.

1967년 1월 1일자로 이원경 사장은 일본의 세계적 대광고회사인 '주식회사 덴츠'와 각서를 통해 업무제휴계약을 맺었다. 서로 광고업무에 관한 정보의 교류와 국내외 광고의 알선 및 기획 제작기술상의 제휴를 규정했다.

합동통신 광고기획실은 1969년 3월 24일 당시 우리나라 유일 최대의 정유회사인 대한석유공사(유공)와 계약액 1억 원의 광고업무 대행계약을 맺음으로써 대광고회사로 급성장하는 지름길로 들어섰다.

오리콤 1979년 5월 1일부로 주식회사 오리콤이 새로 발족했다. 이미 1975년에는 합동통신사 광고기획실과 만보사가 합병했으므로 오리콤의 출범은 업종이 달라지는 것은 아니었다. 오리콤이라는 이름은 Oriental Communications의 준말이었다. 주소는 서울 종로 4개 OB빌딩이었다. 초대 오리콤 사장은 만보사 사장이던 이재항이었다. 오리콤 임원진은 다음과 같았다.

• 오리콤 임원진 •

대표이사 사장	이재항	이사	이원경
전무이사	김석년	이사	민병준
전무이사	민경훈	감사	박용성
이사	박용곤	감사	김희진
이사	정수창		

제일기획 1973년에는 삼성그룹 계열인 제일기획이 창설되었다. 1976년 1월 20일자 제일기획 사보 〈제일기획〉에 보도된 사료 가운데 일부를 인용하면 다음과 같은데, 초기상황이 나타나고 있다.

> 설립시의 기구는 영업국과 제작국에 4개 영업부와 3개 제작부, 그리고 이 밖에 총무부, 매체부, 마케팅부로 구성되었으며 이 외에도 각 분야에서 스카우트한 32명의 창설 멤버가 …
>
> 1973년 1월 31일 제일기획이 삼성 관계회사와 광고대행계약을 체결한 날이다. 이와 함께, 대성산업, 광명인쇄공사, 고려식품 등 비삼성계 회사와도 광고대행계약을 맺어 일반에서 예상하던 '하우스 에이전시'의 관념을 불식시켜 버렸다 … 1973년 5월에 들어서자 클라이언트 유치활동이 활기를 띠었다. 대한석유공사를 비롯하여 롯데제과, 한국농약 등 10여 개 사가 새로운 클라이언트로 입적되었다.
>
> 1973년 11월 19일, 일본 제 2위, 세계 15위인 일본의 광고회사 하쿠호도(博報堂)와 제일기획이 업무제휴협정을 맺었다 …
>
> CF 촬영을 위한 최신식 촬영기를 구입하였다. 컬러CF 모니터를 위한 VTR 기구도 도입하여 장비 확충에 피치를 올렸다. CF 제작요원이 증원되는 등 1974년 후반에는 인원이 모두 76명으로 불어났다 …

새로운 최고경영자 이만우(李萬雨) 대표이사의 경영체제가 시동하였다. "일은 스스로 찾아서 한다"로 시작되는 7개 항의 "일하는 자세"와 사훈이 각 방마다 걸리었고 각 간부 책상머리에는 간부수칙 5항이 부착되었다 …

1975년 목표 45억에의 도전은 조직면에서 재빨리 반영되었다. 영업국이 제 1, 2에 이어 제 3의 3개국으로 늘고, 영업부도 제 1에서 6까지 6개 부서로 확장되었다. 또한 CM 제작부가 국으로 승격되면서 제작부문과 카피부분으로 분리되었으며 카피실이 새로 생겼다.

그래픽 제작부도 3개부로 늘어 제작실적은 1973년의 경우, 월간 평균 그래픽이 32건, CM 17건이던 것이 1974년에는 그래픽이 41건, CM 27건으로 늘더니 1975년에 들어서는 그래픽이 73건, CM 32건의 월 평균 실적을 시현, 그 증가 추세는 놀라웠다. 한편 카피부문에서는 1973년에 2명에 불과했던 카피라이터가 1974년에는 3명, 1975년에는 6명으로 대폭 늘어났다 … 1975년에 들어서자 단연 조사 멤버를 강화하였다. 컴퓨터를 사용, 각종 자료를 상세히 정리 분석하는가 했더니 명쾌한 조사결과가 금상첨화를 이룬다.

제일기획 창립 무렵의 숨 가쁠 만큼 바쁜 창설과정을 알 수 있다. 그 밖에 창립 당시의 상황은 다음과 같다.

① 창립: 1973년 1월 17일
② 자본금: 1억 원(수권). 5,000만 원(불입)
③ 주주: 롯데제과, 삼립식품, 태평양화학, 종근당,
광명인쇄공사, 고려식품, 신세계백화점, 동방생명,
제일모직, 제일제당, 제일복장,
방우영 조선일보 사장(개인),
장기영 한국일보 사장(개인)
④ 사장: 이성수(李聖秀)
⑤ 상근이사: 남상조(南相祖)
⑥ 비상근이사: 유창순 롯데제과 회장
신동관 태평양화학 상무이사
이두석 삼성회장 비서실이사
⑦ 감사: 허영선 삼립식품 전무이사
송세창 삼성회장 비서실장

⑧ 주요 광고주: 삼성전자, 신세계백화점, 동방생명, 제일모직, 제일제당, 제일복장, 대성산업, 광명인쇄공사, 고려식품 등

⑨ 취급액: 20.8억(1974)

(자료: 1976.1.20일자 사보 〈제일기획〉)

연합광고(聯合廣告) 한편 삼성그룹 계열인 동양방송(TBC)과 치열한 경쟁관계에 있던 문화방송(MBC)은 제일기획에 대항할 광고회사 창립을 위해 삼성그룹 계열회사와 경합 관계에 있는 기업들이 참여하는 연합광고(聯合廣告)를 1974년 2월 23일에 창립하게 되었다. MBC는 말할 것도 없고 럭키그룹 계열의 금성사(엘지전자)와 럭키, 제일제당의 조미료 미풍(味豊)과 경쟁제품인 미원(味元, 청정원), 석간신문 〈중앙일보〉의 경쟁지인 〈동아일보〉 등이 주주로 참여했다. 초기 상황은 다음과 같다.

① 창립: 1974년 2월 23일

② 자본금: 1억 원

③ 주주: 문화방송·경향신문(20%), 동아일보(10%), 동아제약(10%), 종근당(10%), 태평양화학(10%), 태광산업(10%), 해태제과(10%), 금성사(엘지전자) (5%), 럭키(5%), 미원판매(청정원, 10%)

④ 사장: 이홍수(李洪洙)

⑤ 상무이사: 이수극(李秀克)

⑥ 이사: 권오철(權五哲), 박종민(朴鍾珉), 우윤근(禹潤根),

⑦ 주요 광고주(1975.12.1 현재): 금성사(엘지전자), 기아산업, 동아제약, 럭키, 미원, 세진레이온, 태광산업, 해태제과, 해태유업, Japan Air Lines, Pepsi Cola, Parker Pen, Pan American World Airways

⑧ 취급액: 14.4억 원(1974)

이렇게 해서 1974년까지는 합동광고, 만보사, 제일기획, 연합광고의 4개 광고회사가 창립되었다. 다만 1975년에 합동광고와 만보사가 합병했고 1979년에는 이름을 오리콤으로 바꾸었으므로 실질적으로는 3개사인 셈이었다. 만보사와 합동광고의 합병에는 만보사의 합작선인 〈동아일보〉가 경쟁 광고회사가 될 수 있는 연합광고 주주가 된 일이 작용했을 것이다.

1970년대 초 한국의 광고대행업의 시작에는 몇 가지 특징이 있다. 첫째, 중립성이다. 서구의 광고계에서 원칙으로 삼고 있는 광고회사 중립성은 아예 고려되지 않

第一企劃

繁榮의 아이디어를 찾는 挑戰

創刊辭

全社員 日語教育

第一毛織「골덴텍스」

第一回 一企劃테니스大會

修習社員募集

합동광고

本社 美國 광고자료 大量도입

맥캔과의 獨占契約 따라

최신 資料통한 社員教育도 계획

'77 국내廣告費 7백82억

最優秀賞 수상

CF그룹 세미나

뜨거운 광고가 나오는 싸늘한 곳

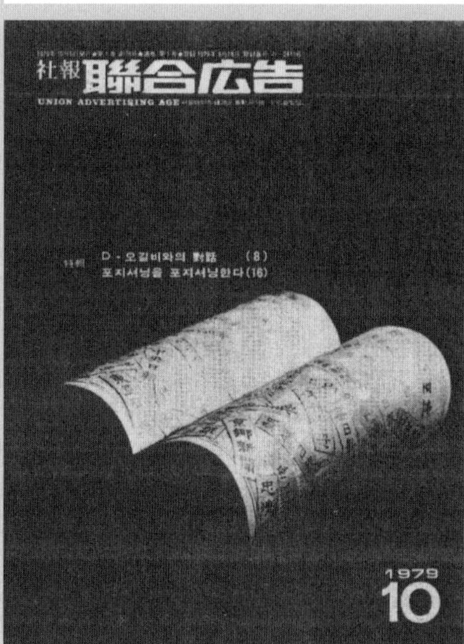

社報 聯合広告

UNION ADVERTISING AGE

D·오길비와의 對話 (8)

포지셔닝을 포지셔닝한다(16)

1979

10

사보 오리콤

合同通信社 廣告企劃室 「오리콤」으로 出帆

80年代向한 새로운 姿勢 確立

拂入資本金5億 서비스體制強化

새로운 廣告時代를 準備하면서

廣告는 누구에게나 꼭 필요한 情報

새 廣告時代 대비해 「오리콤」出帆

本社 社員研修 實施

金專務에 감사패

①	②
③	④

주요 광고회사의 사보

① 제일기획(1979.5.31)

② 합동광고(1978.7.1)

③ 연합광고(1979.10)

④ 오리콤(1979.7.15).

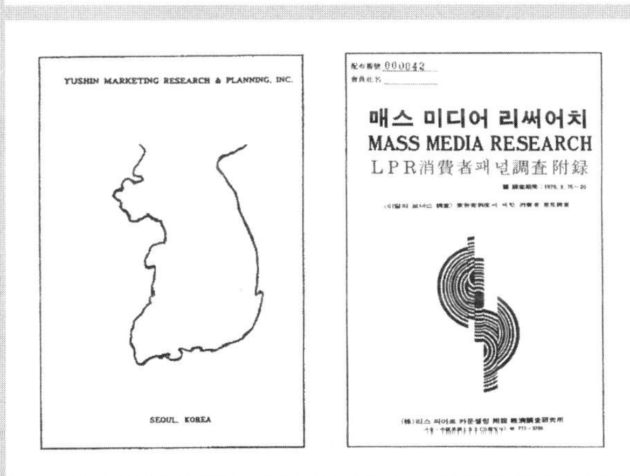

①
②

① 1970년대에 주로 광고회사들이 발행한 간행물. 《광고연감》, *THE POSITIONING ERA*, 《광고대행사란 무엇이며 무슨 일을 어떻게 하는가》, 《기업과 PR론》, 《론 호프씨의 기업 광고에 대한 견해》 등 전문서적 책자.

② Yushin Marketing Research & Planning Inc. 영문 브로슈어 표지 및 리스 파아르 카운셀링 부설 경제조사연구소 발행. 〈매스 미디어 리써어치〉 보고 1976.9.15~20기간.

았다. 서구에서는 광고주, 광고매체, 기타 광고자재 공급업체까지도 광고회사에 투자할 수 없게 되어 있어서 엄격한 중립성이 전제 조건으로 되어 있으나 한국에서는 이 원칙이 없었다. 앞에서 인용한 〈합동통신 30년〉에 나타나는 합동광고의 탄생 배경에서 드러나듯이 크리에이티브(*Creative*)가 광고대행업의 생명이라는 의식은 없었다. 광고회사의 재정적인 신뢰성이 더욱 중요시되었고 주주가 매체인 경우 자사의 (광고)수입에 대한 관심이 더욱 중요했을 것이다. 그리고 주주가 기업인 경우 광고회사 주요 주주인 언론사와의 좋은 관계를 유지한다는 홍보적 측면에 대한 고려가 있었다. 이러한 것은 4개 광고회사 주주를 살펴보면 알 수 있다.

둘째, 매체의 배경이다. 4개사 모두 매체의 배경을 업고 있다. 합동광고는 〈합동통신〉, 만보사는 〈합동통신〉과 〈동아일보〉, 제일기획은 삼성그룹 계열인 〈중앙일보〉와 동양방송(TBC-TV와 라디오), 연합광고는 MBC-TV와 라디오 및 〈경향신문〉이 주주사였다.

셋째, 비전문 경영자다. 4개사 모두 최고경영자는 전문광고인이 아니었다. 합동광고는 〈합동통신〉사장, 만보사는 전직 고위 공무원, 제일기획은 삼성그룹에서 임명한 인사, 연합광고 역시 비(非)광고인이었고 크리에이티브 출신은 아니었다. 그런 의미에서는 일본의 경우와 비슷했다.

넷째, 하우스 에이전시를 말할 수 있다. 따라서 이 시기 광고회사는 모두 일종의 하우스 에이전시(House Agency)의 성격을 띠고 있었다. 그러므로 광고회사 경영자 임명은 그룹 본사에서 했고 따라서 최고경영자의 관심이 임명권자에 있을 것이라는 추정이 가능하다.

달리 보면 한국 광고산업의 한 가지 특징인 하우스 에이전시의 시장 지배는 이미 1970년대 초에 씨가 뿌려졌고 자리가 잡혀 있었다. 그런 의미에서는 전 식민종주국인 일본과는 부분적으로 다르나 공통되는 점이 있었다.

1970년대 초에는 재벌이나 언론사를 배경으로 한 광고회사 외에도 중립적 광고회사들이 설립되었는데 선진(宣進), 극동, 거인(巨人), 패시픽 미디어(Pacific Media), S/K Associates, 나라기획 등이었다. 패시픽 미디어, S/K Associates, 나라기획은 미국인이 일부 주식을 가지고 있었다. 그러나 나라기획을 제외하고 이들은 1970년대에 모두 사라졌다. 합동광고, 오리콤, 제일기획, 연합광고는 모두 사보를 발행해서 광고주와 광고계에 무료로 배부했는데 이것이 한국 광고산업 촉진에 미친 영향은 대단했다.

한국의 광고대행업 발전과정에는 불행한 사건들이 있었다. 가장 사회의 이목을

〈표 6-28〉 3대 광고회사 취급액, 1973~1979

금액: 억 원

연 도	제일기획	오리콤	연합광고	합 계	한국 광고비	한국 광고비 대비 점유율(%)
1973	8.9	9.6	–	18.5	–	–
1974	20.8	17.3	16.0	54.0	430	12.6
1975	40.5	23.9	35.0	99.4	650	15.3
1976	72.6	39.7	56.0	168.2	935	18.0
1977	100.4	57.7	67.0	225.0	1,203	18.7
1978	152.0	95.0	92.0	339.0	1,699	19.9
1979	173.1	129.0	129.0	431.1	2,186	19.7
성장률	832.2%	745.7%	806.3%	798.3%	508.4%	–

1) 취급액은 《제일기획 15년사》 99쪽. 그런데 《오리콤 10년》이란 책자에 있는 오리콤 취급액은 다음과 같다. 따라서 위 표와는 다르다.
1973-5.0억, 1974-11.0억, 1975-22.9억, 1976-46.9억
1977-57.7억, 1978-94.9억, 1979-116.2억
2) 한국 광고비 자료는 제일기획 《2007년 광고연감》. 1038쪽.
3) 오리콤은 1975년에 합동광고와 만보사가 합병하고 1979년에 사명을 변경했으나 편의상 '오리콤'으로 표시했다.

끝었던 사건은 1970년 7월 29일에 창립된 선진에서 일어난 일이었다. 선진은 당시 유명한 코미디언인 곽규석(郭圭錫)이 대표이사로 있었다. 그런데 1973년 말의 세계적인 석유위기 때 부도를 내고 파산했고 곽규석은 일본으로 피신했다. 〈동아일보〉와 〈조선일보〉는 이 사건을 대대적으로 보도했다.[4] 선진은 뛰어난 광고를 제작했는데 그 가운데는 여성 스타킹인 "캉캉, 쌍쌍" 광고가 있다. TV와 인쇄매체 광고 가운데 신문광고가 남아 있다. 선진 파산 후 전무이사인 박영일(朴永一)은 사망했다.

1970년대 10년간은 한국 광고대행업이 자리를 잡은 시기였으며 오리콤, 제일기획, 연합광고의 3대 광고회사의 과점시기이기도 했다. 그것은 《제일기획 15년사》에 나와 있는 이 3대 광고회사 취급액에도 나타난다.

1976년 이후 1979년까지 한국 광고비에 대한 이 3대사의 점유율은 20%에 가까웠나. 그 이유는 매체가 광고회사를 인정하는 국세관례를 몰랐고, 또한 광고회사를 인정한 선례가 없었기 때문이다. 그 결과 매체나 대기업의 배경이 없는 창의성을 가진 광고회사는 매체의 인정을 받지 못해 존립할 수가 없었다.

〈표 6-28〉에 나오는 대로 1974~1979년의 6년 기간에 한국 광고비는 508% 성장한 데 비해 3개 광고회사는 798%나 성장해서 한국 광고비 성장을 훨씬 앞질렀다.

1978년 4월에는 럭키그룹이 그룹 내 광고, 홍보업무를 통합하는 하우스 에이전시를 창립했다. 그 이유는 그룹의 성장에 따라 광고비가 폭증했고 또한 홍보의 필요

도 증가해서 광고, 홍보 업무를 그룹 내 광고비가 많은 회사가 돌려가며 담당하던 제도에 한계가 생겼기 때문이었다. 그래서 유통사업을 하던 기존 희성산업(喜星産業)에 광고, 홍보업무 사업부문을 새로 증설했다. 이 이름은 럭키(한문으로 樂喜)의 희(喜)와 그룹 내 주축기업인 금성사(金星社)의 성(星) 자를 따서 만든 것이었다. 희성산업은 1990년대에 접어들자 엘지 애드(LG AD)로 이름을 바꾸고 외부 광고주의 광고를 대행하는 체제로 바꾸었다.

럭키와 금성사는 한국 굴지의 광고주였다. 그래서 희성산업 초기에 매체로부터는 광고료 할인을 받고 광고주로부터는 10%의 커미션을 받는 일종의 FEE 제도를 채택했다.

앞서 언급한 3대 광고회사가 비록 매체사의 배경을 가지고 있기는 했으나 광고회사 인정제도가 없던 당시에 매체사 커미션을 받는다는 일은 쉽지 않았다.

이러한 상황은《제일기획 15년사》에 다음과 같이 나와 있다.[5)]

> 1973년 1월 17일 업무 개시와 함께 제일기획은 먼저 동양방송(TBC)과 광고대행 업무에 대한 계약을 체결했다. 모두 11조로 구성된 이 계약서는 광고 신탁에 따른 조건을 성실히 이행할 것과 광고 청약 한도액으로 연간 2억 원 이상을 책임질 것, 그리고 지불조건으로는 취급된 광고 요금에 대해 월 500만 원까지는 15일 이내 현금으로 지불할 것 등을 골자로 하고 있었다. 또 수수료 문제와 관련, 매체측은 광고료 수령시 그 총액 중 국내광고의 경우 10%, 외국광고일 경우 15%의 대행 수수료를 제일기획에 지불해야 한다는 국제관례도 아울러 명시하고 있었다. 한편 같은 날짜로 중앙일보와의 대행계약도 체결되어 광고료를 게재일로부터 1개월 이내 현금으로, 수수료는 광고료의 15%선으로 지불한다는 등의 조건들이 합의되었다.
>
> 중앙매스콤에 이어 2월 1일에는 한국일보와 제일기획 간에 광고물 취급에 관한 상호계약이 체결되었다. 모두 5개 항으로 된 이 계약에서 한국일보 측은 광고대금을 광고게재일로부터 10일 이내 현금으로 지불해 줄 것을 요구하는 대신 제일기획은 15%의 수수료를 지불해 줄 것을 제시했다. 이와 함께 광고신탁과 게재 그리고 요금결재 등 광고업무에 관한 제반 사항들이 한국일보 및 그 자매지와의 계약으로 체결되었다. 또한 2월 2일자로는 서울신문과의 광고물 취급에 관한 계약이 체결됨으로써 중앙일간지로는 세 번째로 대행계약이 이뤄지게 되었다. 이어서 5월 29일에는 당시 문화방송의 광고판매대행업체였던 한국연합광고와 9개항의 조건에 합의하고 광고업무에 따른 대행계약을 체결하기에 이르렀다. 양측의 합의내용을 보면 연간 광고 청약 한도액은 1억 5천만 원, 요금지불은 다음 달 15일까지 현금으로 하는 한편 수수료에서는 제일기획이 유

치한 광고비 중 제작비를 제외한 전파료의 10%를 다음 달 방송료 수금시 특별 할인 형식으로 지불해 준다는 것 등을 골자로 하고 있었다.

이 기록에서도 나타나듯이 매체사의 광고회사 인정과 수수료 인정은 상당히 힘든 문제였다. 특히 전파매체의 경우는 만보사 이재항 사장의 노력이 컸던 것으로 알려졌는데 전파료의 경우 10%, 프로그램의 경우는 8%였다. 그것은 프로그램의 경우 프로그램 제작비가 포함되어 있어서 금액이 많았기 때문이었다. 다른 한편으로는 당시 광고회사는 미국과는 달리 프로그램 제작에 아무런 관계도 없었다는 이유도 작용했을 것이다. 이때 결정된 광고회사 대행 수수료는 1981년 한국방송광고공사가 창립되어 광고회사 인정과 수수료 요율을 정할 때 영향을 미쳤다.

1970년대에 활약한 3대 광고회사는 한국 광고산업 발전을 위해 많은 일들을 했다. 사보발행과 무료배부는 한국에서 광고의 중요성과 광고회사의 역할을 인식시키는 데 가장 두드러진 일이었다. 합동광고는 1967년부터 한국 광고비 조사를 실시해서 주요 관련회사나 기관에 무료로 제공했으나 1969년에는 중단했다. 그 뒤에는 1976년부터 제일기획이 한국 광고비 조사를 실시했다. 제일기획은 1979년에 《광고연감》을 발행했으나 1980년분은 정기간행물 등록 문제로 《한국 광고》로 제호를 바꾸었다가 그 뒤부터는 다시 《광고연감》으로 발행했다.

늦게 출발한 럭키그룹의 하우스 에이전시로 출범한 희성산업은 1977년 한국 수출이 100억 달러를 돌파한 뒤 한국의 국제광고를 선도했다. 뒤이어 현대, 삼성, 대우 등 대그룹의 국제광고가 본격화하게 되었다. 희성산업으로 통합되기 전 그룹 광고, 홍보를 맡았던 럭키개발 선전실은 《론 호프씨의 기업광고에 대한 견해》(1977)를 번역, 출판했으며 희성산업은 《기업과 PR》(1979)을 번역, 출판했다. 이러한 간행물은 한국의 대기업들이 국제광고를 본격적으로 시작하고 아울러 국제PR에 눈뜨게 되던 1970년대 말에 중요한 참고자료가 되었다.

독립 광고회사 1970년대에는 매체, 대기업그룹 등이 설립한 광고회사 외에도 여러 광고회사가 있었는데 그 상황은 〈표 6-29〉와 같다.

그런데 이 여러 광고회사는 모두 성공하지 못하고 1970년대 말 무렵까지는 사라졌다. 이 표에는 들어 있지 않으나 또 다른 독립광고 회사이던 극동(極東)도 1970년대에 폐업했다. 1970년대에 설립된 나라기획이 그 뒤 계속해서 활동하고 있는 유일한 광고회사이다.

시장조사 대두 이 시기에는 시장조사회사가 대두했다. 한국에서 시장조사의 창시자는 유일선(Ilson W. New)이었는데 그는 미국인이며 유한양행 창설자 유일한의 아들이었다. 그는 1968년에 충무로에 유신마케팅리서치 회사를 설립했다. 그러나 아직 시기상조여서 2년 뒤에 폐업했다. 이 회사에 있던 김용한(金龍漢)은 뒤에 한국 시장조사의 개척자가 되었다.[6)]

1973년 3월에는 미국에 본사가 있고 일본에도 지사를 두고 있는 ASI(Audience Studies, Inc.) 한국지사가 설립되었다. 지사장은 김용한이었는데 그는 이보다 먼저 S/K Associates 광고회사 조사 책임자였다. ASI는 창립 이후 몇 차례 광고매체 열

〈표 6-29〉 독립 광고회사

광고회사(무순)	창설연도	사원수	추정 취급액(100만 원)
애드 코리아	1958	12	-
S/K International	1968	20	100(1973)
세기광고	1970	30	80(1973)
모던광고	1969	12	80(1973)
Pacific Media	1973	12	12(1974)
거인	1974	-	85(1974)
Culver	1970	-	-
선진	1970	-	-

자료: 신인섭(1989). *Advertising in Korea.* 서울: 시사영어사. pp.78~87.

〈표 6-30〉 시장조사 회사

회사(창설 연도)	사원수	업무내용
• ASI 한국지사(1973)	-	업무 중지
• 리스PR카운셀링(LPR) 부설 경제조사 연구소(1974)	10	소비자 패널 조사, 매체조사
• 종합기획(1975)	7	DM, 정기 광고매체 조사
• 한국 갤럽조사연구소	8	각종 시장조사, 사회여론 조사
• 한국리서치(1978)	10	각종 마케팅조사, 사회조사, 해외 수출입 정보제공
• 한국 마케팅 조사개발원(1978)	8	매체조사, 재품조사, 기타 Ad Hoc 조사
• 한국 행동과학 연구소 제2연구부 (1968)	11	각종 마케팅 조사, 자체 조사
• 제일기획 마케팅조사부	13	시장조사의 기획, 시장분석, 동기조사, 광고통계, 마케팅정보 가공, 라이프스타일 조사, 상품 분석
• 연합광고 마케팅 본부(1974)	8	각종 시장조사, 광고량 집계
• 오리콤 조사부(1979)	8	각종 시장조사, 광고량 집계

자료: 《제일기획 광고연감》(1979).

독에 관한 조사를 실시했으며 그 결과가 알려지자 경쟁 신문사 간에 일종의 설전이 벌어지기도 했다. 1972년에 PR회사로 시작했던 LPR은 뒤에 시장조사로 전환했고 매스미디어리서치를 시작했다. 1974년에는 한국 갤럽(Korea Survey Poll, KSP)이 창립되었는데 1979년에는 Gallup 회원사로 가입했다. 1975년에는 종합기획, 1977년에는 KMR, 1978년에는 한국리서치가 창립되었다. 1975년에는 문시형(文時亨)이 원장으로 있는 한국광보문화연구원이 한국 최초로 《CM 라이브라리》를 발간해서 방송광고 연감을 만들었다. 나아가서 1978년에는 이 《CM 라이브라리》에서 한 발 전진해 《한국광고연감》을 창간했다. 이 연감은 이듬해부터 제일기획이 본격적인 광고연감으로 발전시켰다.

그런데 1978년의 국내시장 및 광고조사비의 합계는 약 5억 원으로서 이해 한국 광고비 약 1,700억 원에 대비하면 0.3%로서 시장조사에 대한 인식이 아주 낮은 것을 반영하고 있다.[7] 광고회사도 조사 담당부서를 두게 되었다. 1980년 현재 한국 내 시장조사 회사 상황은 〈표 6-30〉과 같다. 오리콤, 제일기획, 연합광고의 3대 광고회사 조사부서를 포함한 시장조사 기관은 모두 10개이며 사원수는 80명에 불과하다.

5. 크리에이티브

이 시기는 놀라운 광고비 성장 못지않게 크리에이티브의 황금시대였다. 변화는 광고의 크리에이티브 모든 분야에서 일어났다. 디자인, 카피, TV광고 프로덕션, 광고사진, CM송 등 전 분야에서 놀라운 발전이 있었다. 그리고 그 자극이 된 것은 크리에이티브의 중요성을 경험을 통해 터득한 다국적 광고주의 한국 진출이었다.

우선 1970년대 초까지도 광고의 중심을 이루던 시각디자인에 대한 변화와 관련되는 정시화(鄭時和)의 글을 보기로 한다. 이 글은 한국시각디자인협회가 발행한 1979년 12월호 〈한국의 시각디자인〉 지면에 게재되어 있다.

> 1969년부터 그래픽 디자인 시대의 시작이라고 평가하는 것은 1960년대에 처음으로 정부 주최(상공부)의 상공미전(뒤에 산업디자인전)이 개최되었지만 이 공모전에서 공식적으로 그래픽 디자인 분야의 디자이너로 자격이 결정되기는 1969년이기 때문이다. (3회 특선에 의한 추천작가와 대통령상 수상자). 그래서 이 제도의 규정에 의하여 양승춘, 김영기, 권명광, 김효, 강창균이 이때 처음으로 공식적인 그래픽 디자이너가 되었

TV광고 프로덕션과 창설연도

프로덕션	창립연도	대표
한일프로덕션	1965	배승남(추남)
K 프로덕션	1966	김영일
신영필름	1969	김태우
Q 프로덕션	1969(?)	손정철
서울문화	1971	양종해
비(飛) 프로덕션	1973	김영훈
유 프로덕션	1973	송재홍

던 것이다. 물론 이때 공모전의 수상을 통하지 않고 이 기구를 조직함에 있어 한홍택, 조영재, 김교만, 임인택, 조병덕, 이명구, 김수석, 봉상균, 김명호, 김홍련 등이 또한 공식적인 그래픽 디자이너로 결정되었던 것이다. (이 공모전의 심사위원 및 추천작가의 자격으로). 그러나 이때까지도 그래픽 디자인이란 용어로 사용된 것이 아니고 상업미술이라고 표현되었으나 이것은 제도상의 규제 때문이었다. 그래서 한국의 그래픽 디자인은 1969년부터라고 말할 수 있으며 1979년까지 10년간이 가장 활발했다고 할 수 있다.

이 10년 기간에 광고표현에 큰 변화가 일게 된 원인은 그 밖에도 더 있었다. 연도별로 살펴보면 다음과 같다.

1968년 3월에는 문화공보부의 종용으로 사단법인 한국문화영화제작자협회가 창립총회를 가졌는데 이 단체에는 극장광고를 제작하는 회사도 가입하게 되었다. 비록 TV광고 프로덕션은 아니나 이 무렵까지 중요한 영상매체였던 극장광고 제작업자들의 협회가 탄생했다.

TV, 라디오 광고 제작시설, 프로덕션 대두 1969년에는 문화방송(MBC)이 상업방송으로 개국했고 광고방송의 중요성을 고려하여 TV 및 라디오 광고제작을 위한 전문 스튜디오와 성우까지 확보하게 되었다.[8] 동양방송(TBC)도 1972년 5월에는 "라디오 CM제작과 음향개발을 위하여 제 5스튜디오를 새로 신설"하였다.[9] TV광고가 늘어나자 1970년을 전후하여 개인 프로덕션이 창설되기에 이르렀는데 이 무렵 TV광고 프로덕션을 차린 상황은 표(TV 광고 프로덕션과 창설연도) 같다. 한편 제일기획과 오리콤도 회사 내에 TV 프로덕션 부서를 만들었으나 독립프로덕션의 성장에 따라 그런 부서를 없앴다.

또한 라디오와 TV광고의 녹음 수요도 늘어났으며 주로 외화TV 프로그램을 더빙하던 녹음실도 차차 TV와 라디오광고 녹음을 하게 되었다. 방송국의 시설 외에도 동양녹음실, 현대녹음실, 서울스튜디오 등이 녹음실을 차렸다.

1969년 5월에 창간했다가 11호를 내고 1970년 4월에 폐간된 〈合同廣告〉는 비록 월간이었고 단명에 끝났지만 국내외의 광고와 월평을 실음으로써 광고표현의 중요성을 알리고 향상시키는 데 공헌했다. 1968년에 창립한 한국상업사진작가협회는 1972년에서 1974년까지 3회에 걸쳐 회원전을 가짐으로써 상업사진이 정착했음을 입증했다. 이 회원의 한 사람인 한영수(韓榮洙)의 작품은 정평 있는 *Photographis* 1973년 연감에 수록되었는데 한국 상업사진 작가로서는 처음이었다.

CM SONG 폭증과 다양화 MBC-TV 개국, FM 방송 개시, TV 대수의 급격한 증가, 그리고 급속한 경제성장에 따르는 각종 제품 생산의 증가와 광고비의 급성장은 광고노래에 영향을 미쳤다. 한국광보문화연구원의 자료에는 이 무렵 광고노래 급증에 관해 김영선(金永善)의 다음과 같은 글이 있다.[10]

> 1970년대에 돌입하면서 커머셜 송이 생활음악으로 그 자리를 확보하기 시작했다. 우선 FM 방송들이 개국되면서 광고방송 매체가 많아진 데에 기인한 실태라고 볼 수도 있겠지만 그보다 더 정확한 이유로는 광고주가 커머셜 송이 갖고 있는 속효성, 보편성, 이미지 형성의 속성 및 메시지의 재생효과의 속성을 정확하게 파악할 수 있었던 때문인 것으로 보였다. 커머셜 송은 더 발전될 수 없을 정도로 다양하게 표현되어 갔다. 거의 모든 상품이 커머셜 송을 노래했고 "20세기의 동화"로 정착되기에 이르렀다.

1970년대 중반까지는 광고노래가 아주 다양화되기에 이르렀는데 위의 글에는 다음과 같은 말이 있다.

> 문화방송의 통계에 의하면 1973년도 과자의 3대 메이커인 롯데, 오리온, 해태제과에서 한 해 동안 생산 광고한 신제품이 85개 종에 이르렀다고 한다. 심지어 과자와 아이스크림을 제외하면 하루에 1~2곡 정도의 커머셜 송만 들을 수 있을 정도로 과열한 경쟁을 벌였다. 1973년까지 커머셜 송을 음악적인 특성에서 살펴보면 박지기 더욱 빨라

졌는데 그 이유로는 스폿광고가 많고 방송시간을 고려한 때문이 아닌지 생각된다. 또한 음향효과를 선율과 함께 사용하여 효과를 주며 효과를 증가시키려는 일종의 선동적인 방법이 동원되었다 … 이로써 나타나는 현상이 전혀 한자음(漢字音)을 사용하지 않고 부르기 쉽게, 또 들어서 무리가 없도록 가사를 우리말 가운데에서 찾으려는 한국의 재발견 작업이 이룩된 것이다. 덧붙여 음악적으로는 대중가요를 편승하려는 경향이 소멸해 갔으며 가수로는 전혀 들어본 적이 없는 무명가수를 기용하여 각사의 독자적인 표현수단으로 부각시켜 갔다 …

커머셜 송은 그 특색을 가요와는 거리가 먼 조작된 기계음, 즉 사운드 로고(*Sound Logo*)로 표현해 가기 시작했다. 이를 계기로 요사이 두드러지게 나타난 현상이 가요형식을 갖춘 곡일지라도 끝나는 부분에 기업 특유의 뮤지컬 로고(*Musical Logo*)를 첨부하여 상표를 연상, 확인시켜 주는 방법이 크게 유행되었다. 불과 4마디 안팎의 짧은 커머셜 송, 사운드 로고와 커머셜 송의 접합 등 7~8초 정도로 자극을 주는 방법이 유행되었다.

ACC, CLIO 수상작 소개, 동아일보 광고상, MBC · 경향신문 광고상 광복 후 한국 광고 개척자의 한 사람인 김용중(金容重)은 1968년부터 몇 차례 일본 최대의 광고회사인 덴츠와 협동하여 일본 유일한 방송광고상인 All Japan Radio & Television Commercial(ACC) 수상작과 덴츠 작품을 서울 YMCA 강당에서 소개했다. 1970년 12월 18일에는 IAA 한국지부가 주최한 미국 CLIO 광고상 수상작이 서울 소공동 조선호텔 길 건너 맞은편에 있던 옛 상공회의소 강당에서 소개되었다.

이 두 작품 감상회 가운데 특히 미국 CLIO상은 한국 크리에이터에게는 충격적이었다 할 만큼 자극이 되었다. 외국 방송중계는 말할 것도 없으려니와 VTR(VCR)도 없던 시절이라 외국 방송광고란 볼 수 없었다. CLIO 수상작 감상회는 한국 광고인이 미국 TV광고 수상작을 처음 볼 수 있는 기회였다. 이 감상회 해설은 신인섭(申寅燮)과 이병인(李柄仁)이 했다. ACC와 CLIO 수상작 소개는 이 뒤에도 이어졌다. 1978년에는 드디어 CLIO 수상작에 대한 예비심사가 서울에서도 개최되었다. 1970년대 후반에는 MBC · 경향신문, 그리고 DBS · 동아일보가 주최하는 광고상 제도가 생겼다. 1977년 3월 13일에는 MBC · 경향신문 주최 광고상 시상식이 9:40분부터 MBC-TV 네트워크를 통행 방송되었는데 한국 광고사상 최초의 일이었다.

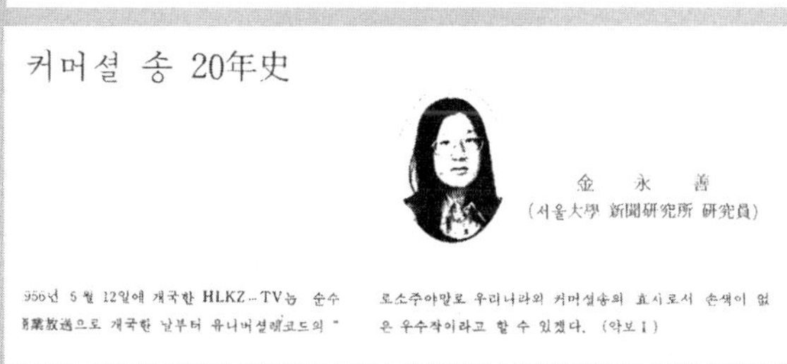

커머셜 송 20年史

金 永 善
(서울大學 新聞研究所 研究員)

956년 5월 12일에 개국한 HLKZ-TV는 순수 商業放送으로 개국한 날부터 유니버설레코드의 "

로소주야말로 우리나라의 커머셜송의 효시로서 손색이 없은 우수작이라고 할 수 있겠다. (악보 I)

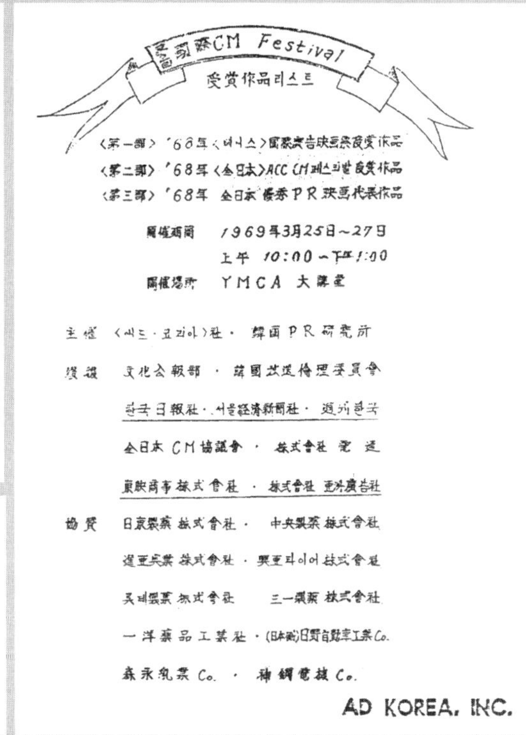

① ③
②

① '호호호 빵' 라디오광고 노래 악보.

② 김영선의 "커머셜 송 20년사".

③ 1969.3.25~27일 서울 YMCA 강당에서 개최된 제2회 국제CM Festival 수상작 감상회 초청장.

제2회 國際 CM Festival

애드·코리아社에서는 지난 3月 25日부터 27日까지 3日間 제2회 國際 CM Festival을 YMCA 대강당에서 개최했다. 1968년 베니스 國際廣告映畵祭와 同年 全日本 ACCCM Festival 수상작품의 상영과 尾張幸也씨의 강연 등으로 성황을 이루었다.

THE AMERICAN TELEVISION AND RADIO COMMERCIALS FESTIVAL

1970年度 CLIO受賞CF를 公開하면서…

国際広告協会(IAA) 韓国支部는 11年의 伝統을 가진 権威있는 美国라디오, 테레비商業放送競演祭에서 各部門別로 CLIO賞을 받은 41個 作品鑑賞会를 마련합니다.

国際広告協会의 취지에 따라 広告Idea와 技術 그리고 情報의 国際的교류의 하나로서, 韓国支部는 IAA本部의 友情어린 支援과 CLIO賞을 마련한 有名한 月刊放送広告誌 発行人인 Wallace A. Ross氏의 特別한 好意에 의해서 이것이 이루워지게 된 것입니다.

国際広告協会 韓国支部는 앞으로 해마다 열리는 이 有名한 Festival을 우리나라 広告界의 発展을 위해서 鑑賞会를 계속 가질 예정입니다.

이 CLIO賞은 1968年부터 国際部門賞을 별도로 마련, 現地語로 된 作品을 出品할 수 있는 새로운 길을 열어 놓고 있읍니다.

41個의 作品들이 45分間, 여러분을 "説得의 世界"로 안내할것임을 확신하면서 無料의 招待를 받아주시면 감사하겠읍니다.

国際広告協会 韓国支部
会長 李 允 秀

1970年度 CLIO受賞CF를 公開!
The American Television and Radio Commercials Festival CF 鑑賞会

① 이 세미나를 보도한 〈합동광고〉 1969.5월(창간)호

② 1970년 12월 18일 CLIO 수상작 상영회 초청장. IAA 한국지부가 주최했다.

③ MBC · 경향신문 광고상 시상식은 1977.3.13 아침에 MBC-TV에 방송되었는데 한국 최초의 일이었다.

두 콜라의 등장 이러한 광고환경의 변화와 함께 실질적으로 광고표현의 새 바람을 불러일으킨 것은 1968년에 한국에 진출한 코카콜라와 뒤이은 펩시콜라 광고였다. 펩시콜라는 보틀러 문제 때문에 코카콜라와 같은 캠페인을 전개하지는 못했다. 코카콜라 광고는 한국 광고계에 일대 센세이션을 불러일으켰는데 그 근본원인은 광고는 전문가에게 맡긴다는 의식이 박혀 있기 때문이었다. 코카콜라는 훌륭한 크리에이티브를 위해서 한국 내 톱 크리에이터를 동원했다. 스틸사진에는 한국 최초의 상업사진 작가인 김한용(金漢鏞), 광고노래 편곡을 위해서는 한국 최초의 뮤지컬인 "살짜기 옵소예" 작곡자인 최창권(崔彰權), 노래에는 떠오르는 스타 조영남(趙英男)을 썼다. 1968년 코카콜라가 한국에 진출할 때 광고 캠페인은 "It's the Real Thing"이었는데 이것은 "산뜻한 그 맛 오직 그것뿐"으로 의역(意譯)했다. 1970년대 한국에서 가장 널리 알려졌고 성공했으며 또한 장수한 캠페인이었다.

석유공사와 호남정유 1973년 겨울의 세계 최초 석유 위기가 있기 전까지는 미국의 걸프(Gulf)와 합작한 국영기업체인 석유공사(石油公社) 및 미국 칼텍스(Caltex)와 한국의 럭키그룹이 합작한 호남정유(GS 칼텍스)가 치열한 시장경쟁을 벌였다. 독점시대에는 거의 광고를 하지 않던 석유공사도 호남정유의 시장진출과 공격적인 광고에 직면하자 광고를 하게 되었다. 그 결과 합동광고를 광고회사로 선정했다. 호남정유는 럭키그룹 내의 금성사 선전사업부를 광고회사로 이용했다. 뒤에는 다시 미국 유니온(Union) 석유와 합작한 경인 에너지가 출범해서 석유제품 광고는 3파전이 되었다.

크리에이티브 변화의 파급 크리에이티브의 변화는 제품, 서비스 광고에만 국한되지 않았다. 1970년대 초부터는 사원모집, 주식상장 등 관청의 공고와 같은 창의성과는 거리가 먼 광고에도 변화가 일어났다. 전에는 "OO할 것", "OO할 사(事)" 따위로 끝나던 사원모집 광고가 "OO합니다"라는 구어체의 높임말로 바뀌었다. 1970년대에 기업의 주식공개가 개시되고 1975년에는 종합상사 제도가 시행되자 그룹이 생기고 그룹을 알리려는 기업광고가 증가하게 되었다. 대담한 크기와 컬러 이용, 그리고 주식모집 광고에도 사진이나 일러스트레이션을 이용했다. 카피, 디자인, 오디오 할 것 없이 새로운 표현들이 속속 나타났다.

1970년대에 들어서자 제약광고의 캠페인이 두드러지게 되었다. 동아제약의 박카

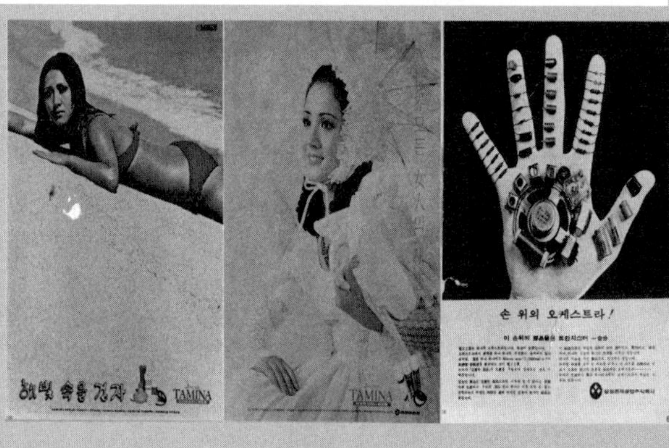

①
②|③

① 1970년대 초 코카콜라 광고 및 1975년 캘린더.
② 1972년 제1회 한국상업사진작가협회 회원전 안내 팸플릿.
③ *Photographes* 1973년판에 수록된 한영수(韓榮洙)의 작품 3개.

① 석유공사 엔진오일.
② 호남정유 엔진오일.
③ 석유공사 엔진오일.
④ 호남정유의 광고. 호남정유의 모터오일 광고는 "청춘의 샘" 캠페인의 일환이었다. 호남정유의 슈프림골드 TV광고는 칼텍스가 제공한 애니메이션을 변화해서 한국화한 것이었다.

① | ②

① 동아제약의 박카스 신문광고 캠페인. 1971년의 왕성한 체력, 1972년 박카스 광고노래 가사 모집광고, 1972년의 여자 모델을 사용한 광고 2개, 1973년의 힘을 내세운 광고 2개(위에서 부터).
② 한독약품 훼스탈의 1971년 사회 명사 증언광고 3개와 1974년 동물을 등장시킨 신문광고 캠페인.

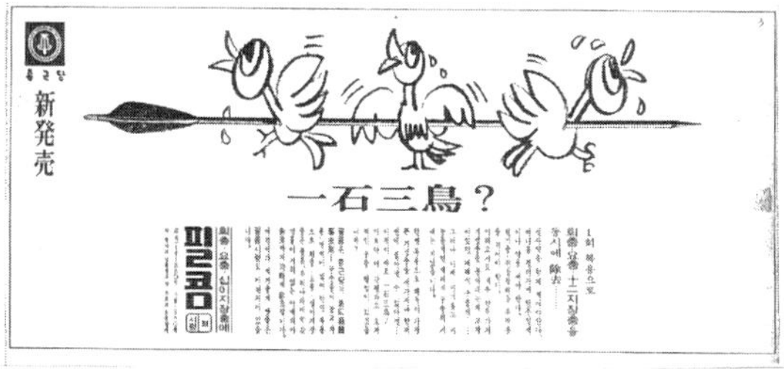

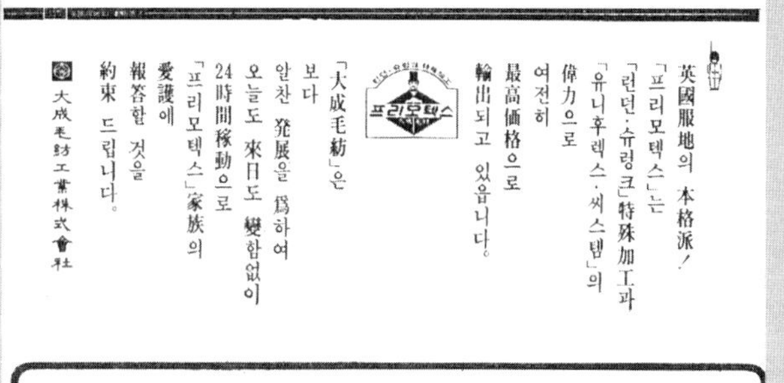

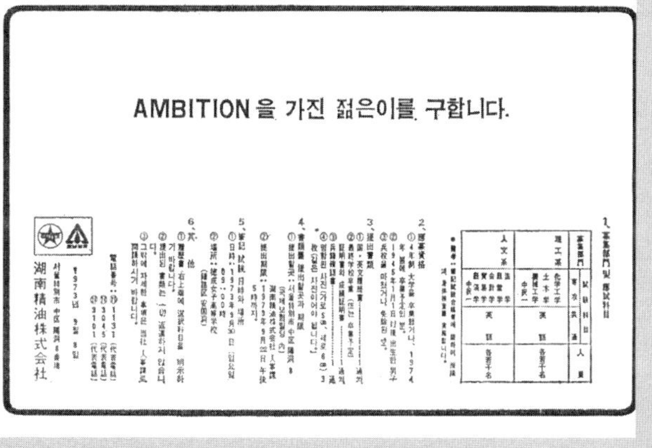

①, ②, ③, ④ 종근당 필콤의 1973년 일석삼조 및 일망타진 신문광고 캠페인.

⑤ 일양약품의 주식상장 광고는 4개 단으로 나누어 각 단에 일러스트레이션을 사용했다. 〈중앙일보〉 1974.6.3.

⑥ 대성모방공업의 기업광고. 프리모텍스 상표를 가운데 눈 시원스러운 레이아웃이 두드러진다. 〈한국일보〉 1973.7.27.

⑦ "AMBITION을 가진 젊은이를 구합니다"라는 헤드라인의 호남정유 사원 모집광고는 1970년대 사원 모집광고의 새로운 틀을 제시했다. 광고 본문은 모두 구어체로 했으며 "…입니다, 합니다"로 바꾸었다. 〈조선일보〉 1973.9.9.

스 광고는 뒤에 금지되기는 했으나 유명한 가수를 동원한 박카스 광고노래, 여성모델의 대담한 등장, 힘을 상징하는 광고 등 일련의 캠페인 광고를 전개했다. 한독약품의 훼스탈은 저명인사의 증언 시리즈와 동물을 등장시킨 캠페인을 전개했다. 종근당의 필콤은 일석이조(一石二鳥)에서 한 발짝 더 나가 일석삼조(一石三鳥), 그리고 일망타진 캠페인을 벌였다. 일간신문이 하루 8면 발행이던 시절이어서 5단 37cm 크기 정도면 큰 광고였다.

가전 3사 전성시대 1970년대는 가전제품 광고의 전성시대였다. 1970년대 후반에는 냉장고 광고의 춘추전국시대여서 금성사, 삼성전자, 대한전선의 3사가 신문 전면 기사식 광고를 하게 되었다. 하루 8면을 발행하던 시기에 신문 전면광고를 게재한다는 것은 기사 지면 관계로 편집과도 관련되는 일이었다. 게다가 광고내용은 비교광고와 같은 것이었다. 나아가서는 신문기사와 같은 형식의 광고가 생소하던 때여서 일부 독자로부터 항의가 생기기도 했으므로 냉장고 판매전이 얼마나 치열했는가를 짐작할 수 있었다. 가전 3사의 이 냉장고 광고는 3월에 집중되었다.

한편 1970년대 말에는 대기업그룹이 형성되는 시기로서 대형 그룹광고가 신문지면에 나타나기 시작했다. 그것도 흑백이 아니라 컬러광고였다. 럭키그룹은 매달 그 달의 대표적인 국경일을 테마로 했으며 삼성전자 소속인 삼성그룹은 각 지방의 대표적인 문화재를 테마로 했다.

서울카피라이터즈 클럽(SCC: Seoul Copywriters' Club) 말할 필요도 없이 광고에는 카피가 있게 마련이다. 그런데 알리기만 하면 팔리던 시대에는 문안(文案)이라 부르던 카피는 그다지 중요하지 않았다. 1970년대 초까지만 해도 대 광고주인 회사 광고부에는 상업미술을 전공한 사람들이 많았다. 그러다가 시장경쟁이 치열해짐에 따라 광고의 중요성이 대두했고 아울러 광고는 디자인뿐 아니라 카피의 중요성이 대두했다. 단발광고가 아니라 캠페인이 필요한 시대로 바뀌어 가고 있었다. 광고 전략이 필요했고 그 전략이 나타난 것이 헤드라인이었다.

1969년에는 김태형(金泰亨)이 〈광고문안〉이라는 광고작품집 팸플릿을 냈다. 1970년 10월에는 〈김태형 광고 연구소 Report 1〉을 냈는데 제목을 "더욱 더 벌 수 있는 광고주에게 드림"이라 했고 부제목을 "헤드라인으로 광고를 진단해 본 소견"이라 했다. 이 두 개의 인쇄물은 광고 실무자가 광고카피를 다룬 최초의 것이었다.[11)]

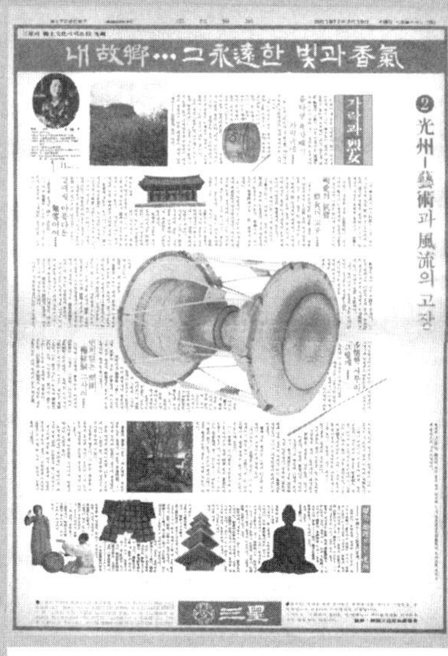

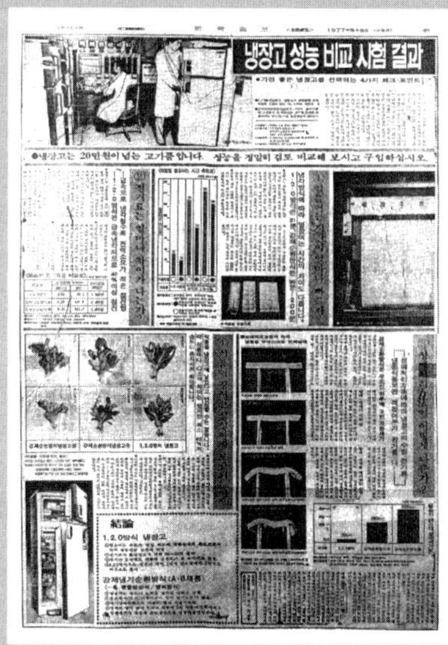

①	②	③
	④	⑤

① 전면 기사식으로 된 금성사 "눈표 냉장고" 〈신아일보〉 1977.3.24.
② 삼성그룹 전면 기업 PR광고 〈조선일보〉 1977.5.19.
③ 전면 기사식으로 된 대한전선 냉장고 〈한국일보〉 1977.3.8.
④ 럭키그룹 전면 기업 PR광고 〈내외경제〉 1978.10.14.
⑤ 서리 없는 냉장고 "삼성 하이콜드" 전면 기사식 광고 〈중앙일보〉 1977.3.28.

1960년대 말에서 1970년대 초까지도 광고, 나아가서는 광고카피에 대한 일반적인 생각이 어떠했는가는 신인섭이 SCC 회장이 되면서 한 첫 인사 중 반영되어 있다.[12)]

> 시인과 광고 카피라이터의 차이란 시인이 사람의 마음의 양식을 위하여 글을 쓰는데, 광고 카피라이터란 대개 사람이 먹을 것, 입을 것, 마실 것, 살 것 등 육신을 위해 글을 쓰는 데에 있습니다. 선비라면 높이고 관리라면 떠받치고 물건을 만들어 파는 사람이나 그런 일을 업신여긴 사회에서는 광고를 깔보았습니다. 광고가 제대로 크지 못했습니다. 글 배운 사람이 광고하는 일을 부끄럽게 여겼습니다. 카피라이터란 낱말조차 없었습니다.

SCC는 창립 이후 〈카피〉라는 회보를 발행했다. 이낙운(李洛雲)은 데이비드 오길비(David Ogilvy)의 *Confessions of An Advertising Man*(《어느 광고인의 고백》) 일부를 번역해서 이 회보에 게재했다. 초대 회장인 신인섭은《광고 카피라이팅》이란 책을 썼는데 당시만 해도 이런 책을 출판하겠다는 출판사가 없어서 한국 광고협의회가 광고를 받아 그 수입으로 이 책을 냈다. 그 뒤 카피라이터들이 쓴 책은 부쩍 늘었다. 이러한 환경 하에서 서울카피라이터즈 클럽이 탄생했다. 창립은 1976년 7월 3일로서 한국일보 빌딩 녹실(綠室)에서 20명이 참석해서 창립총회를 가졌다. 준비가 부족한 탓도 있어 모든 광고 카피라이터가 참석하지는 못했으나 창립 회원들은 한국 광고계에서 많은 활동을 했다. 카피라이터의 활약은 특히 신문과 잡지 등 인쇄매체 광고에서 두드러지게 나타났다.

1976년 3월에 창간한 〈뿌리 깊은 나무〉는 한글만으로 쓴 잡지라는 점뿐만 아니라 그 광고의 독특함 때문에 널리 알려졌다. 그리고 이 잡지광고는 다른 광고에도 많은 영향을 끼쳤는데 긴 헤드라인, 긴 카피, 헤드라인 없는 광고, 일러스트레이션이 없는 광고, 굵은 고딕체 활자 사용, 부고에만 사용하는 굵고 까만 테두리 광고, 카피의 의외성 등에서 크리에이티브의 새 분야를 개척하다시피 했다. 어떤 뜻에서는 광고에서 우리 말, 우리 것의 재발견이기도 했다.

1977년 11월에 방영된 농심라면 TV광고 "형님 먼저, 아우 먼저"는 우리 문화인 장유유서(長幼有序)의 멋진 반전으로, 이 광고제목은 한때 유행어가 되기도 했다. 내용은 맛있는 라면을 형제가 양보하다가 아우가 먼저 먹는다는 간단한 줄거리였다. 광고에 출연한 두 사람은 그 당시 한국 코미디의 대표격인 구봉서, 곽규석이었다.[13)]

1975년 12월부터 세칭 대마초 연예인들에 대한 출연금지 조치가 내려지자 이들 가운데 몇몇 인기가수, 작곡가는 생계를 위해 광고노래 창작으로 정업하게 되었다. 김도향, 윤형주, 강근식 등은 많은 광고노래를 작곡했는데 1977년에서 1979년 기간에 이 세 사람 작품 중 수상작만도 30곡에 이르렀으며 언론사가 주최하는 광고 콘테스트에서 CM SONG은 이들이 거의 모두 휩쓸었다.

1970년대 후반에 더욱 두드러지게 나타난 현상은 오리콤, 연합광고, 제일기획 및 럭키그룹 하우스 에이전시인 희성산업의 4대 광고회사 작품의 진출이었다.

1978년과 1979년 2년간 중앙매스컴과 문화방송·경향신문 주최 광고상 수상작 116개 가운데 67개, 즉 약 58%는 이 4대 광고회사가 차지했다.

CLIO, ACC 수상작 1974년에는 한국에서 제작한 TV, 극장광고가 미국의 CLIO 광고상 및 일본의 유일한 방송광고상 ACC상에 입상했다. 호남정유의 별표 백등유 TV광고는 Special Citation, 일동제약의 아로나민은 ACC의 아시아 극장부문상을 받았다. 그 뒤에는 코오롱의 애니메이션 기업광고 및 중앙개발의 신문광고 등이 CLIO 광고상을 받았다. 이렇게 해서 1970년대 중반 이후에는 한국광고가 바깥세상의 광고상에 출품하는 시대로 바뀌어 갔다.

급성장하는 TV 대수와 늘어나는 TV광고에 대한 비판이 높아지자 1970년대 후반에는 각종 규제가 생겼다. 그 가운데는 TV광고에 방송윤리위원회가 제정한 슬로건이 들어가게 강제된 일도 있었다.

아마도 1970년대는 한국 광고 크리에이티브 전성시대라고 할 수 있을 것이다. 그 원인은 이미 앞에서 열거했지만 밑바탕이 된 것은 "한강의 기적"이라고 알려진 경이적인 경제발전이었다. 그리고 자유경제 제도에 바탕한 광고의 놀라운 성장이었다.

〈표 6-31〉 1977~1979 기간의 수상 CM송 일부

연 도	광고주	제 품	작곡자	수상내용
1977	해태제과	알사탕	김도향	ACC TV부문 수상작
	동아제약	오란씨	윤형주	동아방송 추계 CM Song부문 최우수상
	해태제과	훼미리쥬스	김도향	동아방송 추계 CM Song부문 우수상
	오리온제과	라라크래카	윤형주	동아방송 하계 CM Song부문 최우수상
	삼립식품	호빵	김도향	동아방송 동계 CM Song부문 최우수상
	해태제과	써니텐	김도향	중앙매스콤 광고대상 라디오부문 최우수상
	삼립식품	아이차	윤형주	중앙매스콤 광고대상 TV부문 최우수상
	해태유업	해태조아	윤형주	중앙매스콤 광고대상 라디오부문 우수상
1978	럭키	유니나샴푸	윤형주	문화 · 경향 광고대상 라디오부문 금상
	농심	농심라면	윤형주	문화 · 경향 광고대상 라디오부문 은상
	삼립식품	호빵	김도향	문화 · 경향 광고대상 라디오부문 동상
	롯데제과	보석사탕	윤형주	문화 · 경향 광고대상 TV부문 은상
	삼립식품	다섯친구	김도향	중앙매스콤 광고대상 TV부문 대상
	동산유지	베이비샴푸	김도향	중앙매스콤 광고대상 TV부문 우수상
	농심	농심라면	윤형주	중앙매스콤 광고대상 TV부문 우수상
	롯데칠성	칠성사이다	윤형주	중앙매스콤 광고대상 TV부문 우수상
	금성사	눈표냉장고	김도향	중앙매스콤 광고대상 TV부문 우수상
	동산유지	베이비샴푸	김도향	중앙매스콤 광고대상 라디오부문 대상
	럭키	유니나	윤형주	중앙매스콤 광고대상 라디오부문 우수상
	삼립식품	다섯친구	김도향	중앙매스콤 광고대상 라디오부문 우수상
	반도상사	여름루스룩	김도향	중앙매스콤 광고대상 라디오부문 우수상
	농심	농심라면	윤형주	중앙매스콤 광고대상 라디오부문 인기상
	럭키	데이트비누	윤형주	동아방송 춘계 CM Song부문 최우수상
1979	오뚜기식품	마요네스	윤형주	문화 · 경향 광고대상 라디오부문 금상
	금성사	눈표냉장고	김도향	문화 · 경향 광고대상 라디오부문 동상
	반도상사	mix & Match	김도향	문화 · 경향 광고대상 라디오부문 동상
	삼립식품	아이자	김도향	중앙매스콤 광고대상 TV부문 우수상
	남양유업	요쿠르트	김도향	중앙매스콤 광고대상 TV부문 우수상
	금성사	코스모	김도향	중앙매스콤 광고대상 TV부문 우수상
	해태제과	수정과사탕	강근식	중앙매스콤 광고대상 라디오부문 대상
	롯데제과	칠성사이다	김도향	중앙매스콤 광고대상 라디오부문 우수상
	해태제과	한마음껌	윤형주	중앙매스콤 광고대상 라디오부문 우수상
	금성사	다이나믹스	김도향	중앙매스콤 광고대상 라디오부문 우수상

〈표 6-32〉 1978년 MBC · 경향신문 광고대상

매 체	광고주 회사	제 품	인기부문	제작회사
신 문	삼성그룹	기업광고	금상	제일기획
	동아제약	나이후랑	은상	동아제약
	대한교육보험	기업광고	은상	대한교육보험
	동양맥주	마주앙	동상	합동광고
	종근당	티베랄	동상	종근당
	쌍용그룹	기업광고	동상	쌍용양회
잡 지	태평양화학	탐폰	금상	태평양화학
	우성식품	코카콜라	은상	합동광고
	오리엔트시계공업	기업광고	은상	오리엔트(주)
	유한킴벌리	기업광고	동상	합동광고
	금성전선	기업광고	동상	희성산업
	제일모직	라보떼	동상	제일기획
T V	종근당	기업광고	금상	종근당
	롯데제과	보석사탕	은상	롯데제과
	동양나이론	기업광고	은상	제일기획
	서울미원	미원	동상	서울미원
	대일화학	라이온파스	동상	대일화학
	대농화학	킹벳트	농상	제일기획
라디오	(주)럭키	유니나 샴푸	금상	희성산업
	롯데공업	농심라면	은상	롯데공업
	백화양조	백화수복	은상	백화양조
	한일약품	투벤	동상	한일약품
	유한양행	유노	동상	유한양행
	대한전선	무지개 세탁기	동상	대한전선
CM송	삼립식품	삼립호빵	-	삼립식품

1978년 및 1979년 중앙매스컴과 MBC · 경향신문 광고대상 수상작

	1978		1979		합계	
구부	중앙	MBC · 경향	중앙	MBC · 경향	작품수	%
상의 수*	34	25	32	25	116	100
광고주 제작**	11	16	14	8	49	42.2
광고회사 제작	23	9	18	17	67	57.8

주: * 특별상은 제외함.
** (1979.5 이후).
오리콤, 제일기획, 연합광고, 희성산업 합계.

〈표 6-33〉 1978년 중앙매스컴 광고대상

매 체	광고주 회사	제 품	입상부문	제작회사
신 문	(주)금강	유리섬유	大賞	합동광고
	유한킴벌리	코텍스 뉴후리덤	화장품, 의약	합동광고
	동양맥주	OB맥주	음, 식료품	합동광고
	금성사	눈표 냉장고	기기, 일반상품	희성산업
	대한항공	대한항공	기업광고	합동광고
	제일모직	라보떼	컬러	제일기획
	유한양행	유한락스	장려상	유한양행
	제일제품	아이미	대기상	제일기획
잡 지	피어리스	립스틱 크로스	대상	합동광고
	상아제약	포피 화장품	의약	로타리디자인
	호남식품	환타	음, 식료품	합동광고
	두산산업	파카 크리스탈	의류, 일반상품	합동광고
	오리엔트시계공업	마리난느	전자, 기기	오리엔트
	용인자연농원	용인자연농원	기업, 공공, 서비스	제일기획
	남영나이론	팬티스타킹	장려상	합동광고
	태평양화학	미보라	인기상	태평양화학
T V	삼립식품	다섯친구	대상	삼립식품
	동산유지	베이비샴푸	화장품	제일기획
	동아제약	에리카 C	의약	동아제약
	농심	농심라면	식품	농심
	롯데칠성	칠성사이다	음료	롯데
	금성사	눈표냉장고	전자, 기기	희성산업
	용인자연농원	용인자연농원	의류, 일반상품	제일기획
	부광약품	부광약품	장려상	제일기획
	삼성전자	이코노 TV	인기상	제일기획
라디오	동산유지	베이비샴푸	대상	제일기획
	(주)럭키	유니나샴푸	화장품	희성산업
	동아제약	치옥탄 S	의약	동아제약
	삼립식품	다섯친구	식품	삼립식품
	호남식품	킨 사이다	음료	합동광고
	삼성전자	카세트	전자, 기기	제일기획
	반도상사	루스룩	의류, 일반상품	희성산업
	제일제당	아이미시리즈	장려상	제일기획
	농심	농심라면	인기상	농심

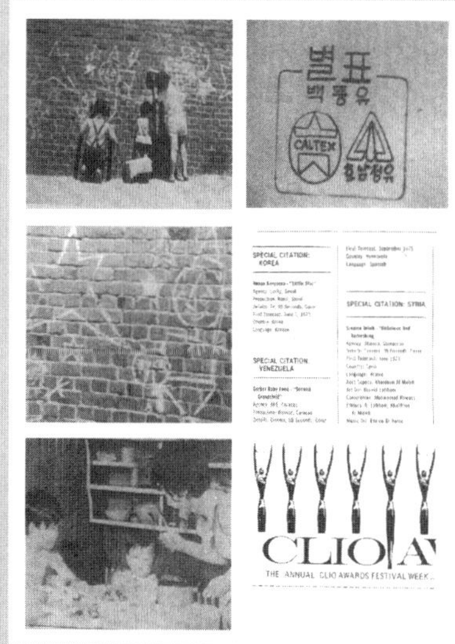

① | ② | ③
④ | ⑤

① 1977년 CLIO 광고상 수상작 코오롱 기업광고.
② 신인섭(1977). 《광고 Copywriting》. 서울: 한국 광고협의회.
③ 1974년 CLIO 광고상 수상작 호남정유 별표 백등유 TV광고 "작은 별".
④ 1974년 일본 ACC 광고상 수상작. 일동제약 "아로나민".
⑤ 서울카피라이터즈 클럽 창립기념 사진. 20명 중 여성 2명이 있다.

① 1977년 CLIO 광고상 수상작 중앙개발 신문광고.

② 김태윤 작품집 -1. 광고문안.

③ 뿌리 깊은 나무 광고 3개. 1976년 3월 창간호의 두 광고. 1979년 5월호 "여자가 어째서 …"는 1980년 서울카피라이터즈클럽 수상작이 되었다.

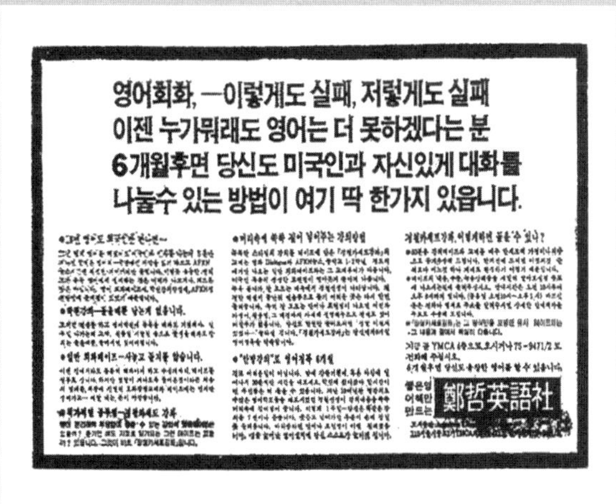

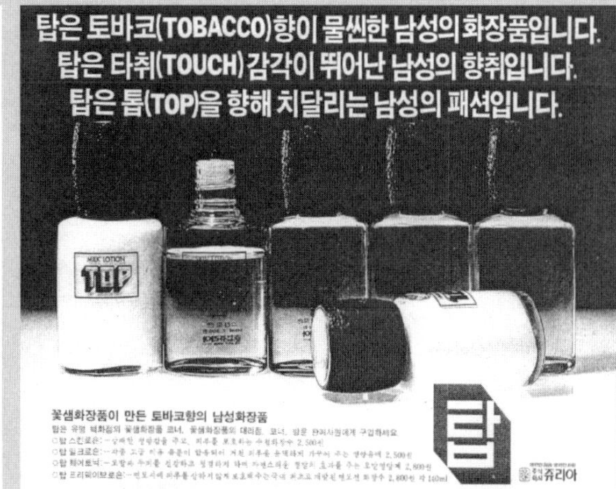

①	②
③	④

① 까만 테두리, 4줄의 긴 헤드라인, 카피만으로 된 정철영어사 광고. 〈조선일보〉 1979.10.11.
② 화장품 광고로서는 이례적이라 할 만큼 긴 카피로 된 쥬리아의 탑 광고. 1979년 9월호 뿌리 깊은 나무.
③ 3줄의 긴 헤드라인, 일러스트레이션이 있으나 카피로 빼곡히 채운 캠브리지 광고. 〈동아일보〉 1977.9.17.
④ 극장광고라고는 느껴지지 않게 까만 테두리를 사용한 대한극장 광고. 〈조선일보〉 1979.10.11.

① | ② / ③

① 농심라면 TV광고. 1977년 11월에 방송된 광고.
"형님 먼저 아우 먼저"로 알려졌고 뒤에 유행어가 되기도 했다.

② 금성사 세탁기 TV광고 "애처 지수 100점", "물을 아껴 씁시다"라는 슬로건이 있다.

③ 하야빗치 보드카 TV광고에는 "과음을 삼갑시다"라는 슬로건이 있다.

6. 그 밖의 일

1970년대 10년 기간에는 수많은 광고와 관련된 일들이 있었다.

국제광고의 증가 한국의 국제광고가 증가하기 시작한 것은 1977년 한국수출이 100억 달러를 넘어선 무렵부터이다. 국제광고를 위한 대금 지불 규제 때문에 정부 부처의 승인을 받게 되어 있어 문화공보부가 국제광고에 연관되어 있었다.[14]

한국에서 국제광고를 본격적으로 시작한 회사는 대한항공이었는데 국제선을 가진 항공사라는 특성 때문이었다. 그래서 대한항공은 1976년부터 미국 광고회사인 오길비 앤드 매더(Ogilvy & Mather)의 서비스를 이용했다. 1970년대 말 한국의 국제광고를 상징하는 일은 1977년 12월 12일자 미국 〈비즈니스 위크〉(*Business Week*)지에 게재된 한국특집(광고)이었다.

말할 것도 없이 한국의 국제광고는 수출과 밀접히 관련되어 있다. 1970년 한국의

〈표 6-34〉 *Business Week* 한국특집, 1977.12.12호 광고내역

광고페이지	광고주	크기	색도
16	대우그룹	1페이지	원색(4-Color)
18	삼성중공업	1, Bleed	4-Color
19	서통	1/2	흑백(b&w)
22	외환은행	1/2	b&w
23	삼성물산	1, Bleed	4-Color
25	국제상사	1	4-Color
27	쌍용그룹	1	4-Color
28	효성그룹	1	b&w
29	상업은행	1/2	b&w
30~31	삼성그룹	2, Bleed	4-Color
32	무역협회	1/3	b&w
33	고오롱	1	4-Color
34	선경	1	4-Color
36	현대그룹	1	b&w
38	삼성전자	1	4-Color
39	수출입은행	1/2	b&w
40	산업은행	1	b&w
42	광성피혁	2/3	4-Color
44	신라호텔	1/2	b&w
45	럭키그룹	1	b&w
46	목산그룹	1	4-Color

〈표 6-35〉 한국의 수출과 국제(수출) 광고비

수출: 억 달러, 국제광고: 만 달러

연 도	수 출	국제 광고비	수출 대비 광고비(%)	대미 수출 구성비(%)
1970	8.3	18.5	0.02	47.3
1971	10.7	53.5	0.05	49.8
1972	16.2	41.7	0.03	46.7
1973	32.2	91.9	0.04	31.7
1974	44.6	159.7	0.03	33.5
1975	50.8	135.0	0.03	30.2
1976	77.1	191.5	0.02	32.3
1977	100.5	249.5	0.02	31.0
1978	127.1	369.8	0.03	31.9
1979	150.6	764.1	0.05	29.1

자료: 수출은 통계청 〈통계로 본 한국의 발자취 1995〉.
수출광고비는 한국은행 조사부. 비율계산은 신인섭.

〈표 6-36〉 미디어 렙 설립 상황

회사설립	연도
Importer	1964
우일문화사(UPA)	1966
KMA	1970
World Marketing	1973
KOACE	1976
세기 미디어	1978
삼아실업	1979
KIAS	1980
TCL	1980
IAC	1980
INTRA MEDIA	1980

수출은 8억 달러를 조금 넘어섰고 1975년에는 50억 달러, 2년 뒤인 1977년에는 드디어 100억 달러를 넘어섰다. 수출 대상은 미국이 약 30~50%를 차지하고 있었다. 따라서 국제광고도 미국시장을 겨냥했고 아직 일반 소비자를 대상으로 하는 광고보다 한국제품 수입업자를 대상으로 했으므로 비즈니스 간행물이 주된 매체였다. 수출 대비 국제광고의 비율은 0.02~0.05였다.

국제광고가 100만 달러를 넘은 것은 1974년이었고 그 뒤 1976년 이후 급격하게 증가했다. 아울러 수출 대비 광고비의 비율도 1977년 이후 증가했다. 되풀이가 되지만 1977년 한국수출이 100억 달러를 넘은 것이 한국의 국제광고 증가에 한 분기점이 되었음을 알 수 있다. 수출 광고의 증가는 한국 광고회사가 국제광고에 관심을 가지게 되는 계기가 되기도 했다.

한국의 국제광고가 증가하자 외국매체의 광고판매를 대행하는 미디어 리프레젠터티브(Media Representative, 미디어렙, Media Rep.)가 서울에 사무소를 설립했다. 〈표 6-36〉에 나타나듯이 태반의 미디어 렙은 1970년대와 1980년에 설립되어 한국의 국제광고가 본격화되기 시작한 시기를 반영하고 있다.

1977년 12월 12일자 *Business Week*지의 한국특집(광고)은 가장 두드러진 것이었는데 전체 32페이지 가운데 21개 한국기업이 게재한 광고가 약 20페이지였다. 기사식으로 된 이 특집에는 한국 굴지의 대기업들이 대거 참여했다.

①
②

① Ogilvy & Mather가 제작한 대한항공 광고, *TIME* 1976.3.22.
② *Business Week* 1977.12월호 한국광고 특집 표지.

그리고 주로 미국의 비즈니스 잡지들의 한국특집이 붐을 이루는 시발점이 되었다. 그 결과 *Fortune*, *Forbes*, *Wall Street Journal* 등이 특집을 발행하게 되었다. 다만 1970년대 한국 국제광고 특집은 한국 기업이 주동한 것이 아니라 국제적인 비즈니스 매체의 권유에 이끌리는 추세였다.

IAA 한국지부 창립 1968년 7월에 창립된 국제광고협회(International Advertising Association, IAA) 한국지부는 1970년대 한국 광고산업 국제화에 지대한 공헌을 했다. 이 지부가 주동이 되어 1968년 6월 말레이시아 쿠알라룸푸르에서 개최된 제6차 아시아광고회의(Asian Advertising Congress)에 9명으로 구성된 한국 대표단이 참석했다. 그 당시 한국의 주요 신문사 광고부장·국장이 참석한 이 회의는 격년으로 아시아 각국에서 개최되는 최대의 광고회의이다. 대표단은 귀국 후 보고서를 작성해서 광고계 모임에서 발표했다.

한국지부 창설증은 아시아 광고회의 기간에 IAA 본부 사무국장이 전달했다. IAA 한국지부는 문화공보부에 등록한 한국 최초의 광고단체다. 초기에 이 지부가 주최한 월례회에는 한국을 방문하는 외국 마케팅, 광고 전문가를 초청해서 연설을 들었다. 지부는 회보를 만들어서 회원과 관계자에게 무료로 배부했다. 또한 국제광고 기준과 관례, 광고대행사 소개 책자, 일본 TV CF 제작 견적서 등 여러 간행물을 번역해서 출판하기도 했다. 지부 회원인 신인섭, 김용한, 존 C. 스티클러(John C. Stickler)는 1973년에 *Advertising in Korea*라는 영문책자를 출판했는데 2년 뒤에는 개정판을 냈다. 이것은 한국광고에 관한 최초의 영문간행물이었다. 지부가 한국 광고비 자료를 뉴욕 본부로 보내 IAA가 출판한 세계 광고비 조사 자료에 한국 광고비가 포함되었다.

IAA 한국지부 초대 회장은 서울신문 광고국장 이윤수였고 초기 사무국 업무는 S/K Associates 광고회사 최칠봉이 맡아서 했다. 매일경제신문 정진기 사장의 호의로 신문사 일부를 사무실로 썼다.

1969년 9월 24~26일 3일간 제21차 IAA 세계광고대회가 아시아 최초로 동경에서 개최되었을 때에는 일행 16명의 광고 관련 인사들이 참석했다. 그 뒤 IAA 세계광고대회는 거의 빠짐없이 한국대표들이 참가하게 되었다.

한국 광고연구협의회-한국 광고협의회-한국 광고단체연합회 1971년 7월에는 한국의 범광고인 단체인 한국 광고연구협의회가 발족했다. 다만 사단법인은 아니었고

①
―
②

① 1968년 6월 26~29일 제6차 아시아광고회의가 끝난 6월 30일에 IAA 본부 사무국장이 한국지부 창설승(Charter)을 수여하고 있다. 장소는 Hotel Malaysia였다.

② 1968.6.26~29 제6차 아시아광고회의 개회식 광경. 한국대표 이윤수는 뒷줄 오른쪽에서 여덟 번째에 앉아 있다. 태극기 앞에는 여학생이 피켓을 들고 있다. 자세히 보면 KOREA가 오른쪽으로 놓여 있는데 SOUTH KOREA로 표시한 피켓에서 SOUTH를 종이로 씌운 때문이다. 그 무렵 해외에서 한국을 South Korea라고 부르는 것은 엄격히 금지되어 있었다. 다만 대개 South Korea로 부르고 있었다.

임의 단체로서 광고주, 매체, 광고회사, 학계 및 기타 관련 인사들의 모임이었다. 초대 회장은 당시 한독약품 광고부장 이종배(李鍾培)였다. 1970년대 초까지만 해도 제약광고가 가장 많았고 또한 실질적으로 광고업계의 중심적 역할을 하고 있었다. 이 단체는 그 뒤에 한국 광고협의회, 한국 광고단체연합회로 이름을 바꾸었다.

이 단체는 광고의 날과 광고윤리강령 제정, 각종 세미나 주최, 회보 발행 등 활발한 활동을 했다. 1984년 한국 최초의 국제광고회의인 14차 아시아광고회의(Asian Advertising Congress)가 서울 힐튼 호텔에서 개최되었을 때는 이 단체가 핵심적 역할을 했다.

한국광보문화연구원 방송인 출신인 문시형(文時亨)이 설립한 한국광보문화연구원은 1975년부터 라디오와 텔레비전 광고 모니터 서비스를 시작했는데 한국 최초의 일이었다. 2년 뒤인 1977년에는 역시 한국 최초로 《CM 라이브러리》를 출판했는데 이 책은 1970년대 후반 한국 방송광고를 연구하는 데 필수적이라 할 만큼 풍부한 자료로 되어 있다. 문시형은 이듬해인 1978년에는 방송광고가 중심이기는 하나 《한국광고연감》을 출판했으며 이 책은 뒤에 광고회사인 제일기획에서 1979년부터 발행해서 현재에 이르고 있다.

한국CF제작협회 1973년에는 이른바 CF 제작회사의 모임인 한국CF 제작협회가 손정철(孫貞哲)의 주도로 발족했다. 1974년 1월 31일에 발행한 회보 1호 〈報〉에 수록된 회원명단에는 53명의 회원이름이 있다. 1970년대 초 TV CF 제작에 종사하던 감독들은 거의 망라한 협회였다. 1975년에 이 협회는 한국 광고협의회와 공동으로 《FILM 코머셜을 만드는 方法》을 출판했는데 일본의 방송광고상 단체인 ACC가 편집한 것을 번역한 내용이다. 이 책은 TV광고제작에 관한 한국 최초의 실무서적이었다.

중앙일보, 동양방송 주최 "세계의 광고 전시" 1975년 9월 창간 10주년을 맞은 〈중앙일보〉는 9월 5일부터 20일까지 덕수궁 국립현대미술관에서 "세계의 광고전시"를 주최했다. 15일간에 걸친 이 역사적 행사는 학술관, 한국관, 표본관, 전파관, 국제관의 5개관으로 구분해서 동서양 광고의 역사와 현재를 살필 수 있게 구성한 회기적인 행사였다. 이 행사를 계기로 당시 서강대학교 유재천(劉載天) 교수는 〈한성주보〉에 게

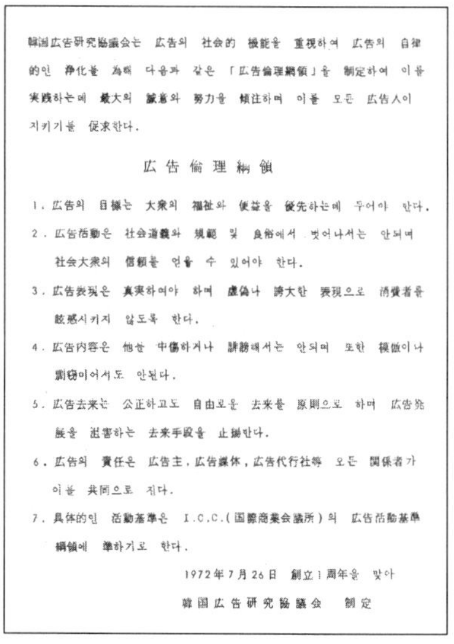

韓国広告研究協議会는 広告의 社会的 機能을 重視하여 広告의 自律的인 浄化를 為해 다음과 같은 「広告倫理綱領」을 制定하여 이를 実践하는데 最大의 誠意와 努力을 傾注하며 이를 모든 広告人이 지키기를 促求한다.

広告倫理綱領

1. 広告의 目標는 大衆의 福祉와 便益을 優先하는데 두어야 한다.
2. 広告活動은 社会道義와 規範 및 良俗에서 벗어나서는 안되며 社会大衆의 信頼를 얻을 수 있어야 한다.
3. 広告表現은 真実하여야 하며 虚偽나 誇大한 表現으로 消費者를 眩惑시키지 않도록 한다.
4. 広告内容은 他를 中傷하거나 誹謗해서는 안되며 또한 模倣이나 剽窃이어서도 안된다.
5. 広告去来는 公正하고도 自由로운 去来를 原則으로 하며 広告発展을 沮害하는 去来手段을 止揚한다.
6. 広告의 責任은 広告主, 広告媒体, 広告代行社等 모든 関係者가 이를 共同으로 진다.
7. 具体的인 活動基準은 I.C.C.(国際商業会議所)의 広告活動基準綱領에 準하기로 한다.

1972年 7月 26日 創立 1周年을 맞아

韓国広告研究協議会 制定

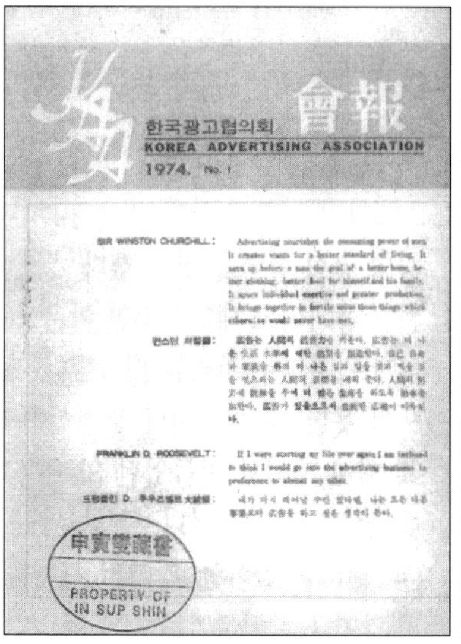

① | ② | ③ ① 1972년 7월 26일 창립 1주년에 제정한 광고윤리강령.
② 한국 광고협의회 회보 제1호 표지. 처칠과 루스벨트의 광고에 대한 어록이 게재되어 있다.
③ 〈중앙일보〉 1975.8.21 기사. 〈한성주보〉에 게재된 한국 최초의 신문광고 발견에 대한 기사이다.

재된 한국 최초의 근대 광고 세창양행의 광고를 발견해서 전시했다. 특히 국제관에는 40여 국가의 광고물들을 수집해서 전시했다.

• 한국 최초의 근대 광고 "덕상세창양행고백"(德商世昌洋行告白) •

1975년 〈중앙일보〉 창간 10주년 행사의 일환으로 덕수궁 현대미술관에서 "세계의 광고 전시"가 개최되었다. 이 전시를 위해 자료 연구를 하던 서강대학 유재천 교수는 한국 최초의 근대 신문광고를 발견했다. 흔히 독립신문에 게재된 광고가 우리나라 근대 광고의 효시라고 알고 있던 학계에 새로운 사실을 발굴하게 되었다. 이 놀라운 발견은 〈중앙일보〉 1975년 8월 21일에 보도되었다.

이렇게 해서 독일 상사 세창양행(世昌洋行)이 1886년 2월 22일자 〈한성주보〉(漢城周報)에 게재한 한국 최초의 근대 광고는 90년 만에 세상에 알려지게 되었다.

이렇듯 1970년대는 말 그대로 경이적이라 할 만큼 광고산업의 각 분야에 걸친 변혁이 일어나고 있었다. 바야흐로 "광고시대"가 오고 있었다. "광고쟁이"란 말은 사라져 가고 "광고인"이란 말이 나다니는 시대로 바뀌고 있었다. 변혁은 광고 실무현장에 국한되지 않았다. 광고에 대한 연구는 바야흐로 새 시대를 맞고 있었다.

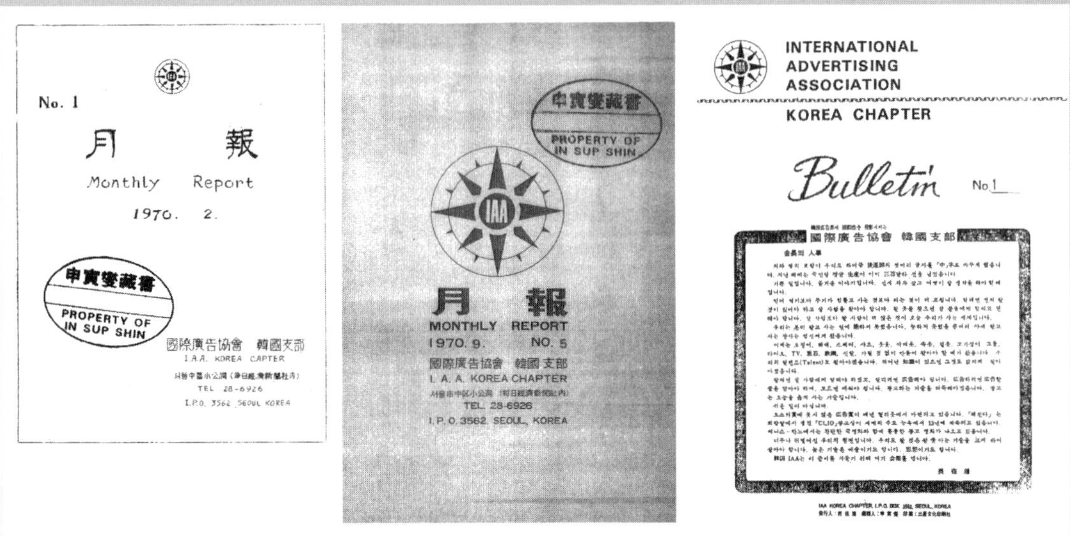

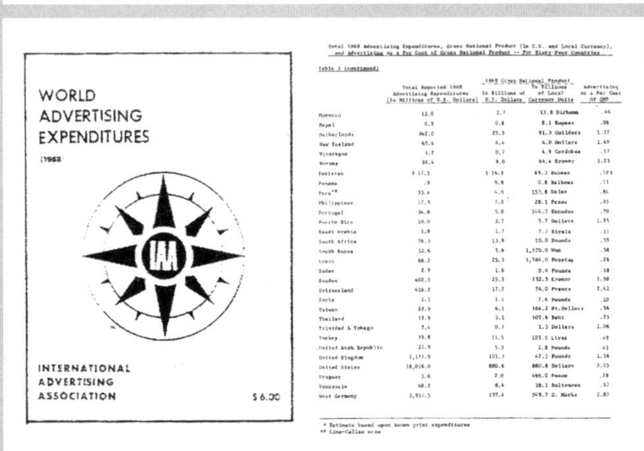

①
②
③

① 1970년 2월에 첫 호를 발행한 IAA 한국지부 회보. 〈월보〉(月報)라 했다. 처음에는 골필(骨筆)로 써서 등사한 것이었다. 뒤에 이름을 Bulletin으로 고치면서 정식 인쇄물로 바꾸었다.

② 한국 광고비가 처음으로 포함된 IAA 세계광고비 조사 자료 표지와 광고비가 표시된 페이지.

③ 1969.9.24~26 동경에서 개최된 제21차 IAA 세계 광고대회에 참석한 한국 대표단 일행 16명.

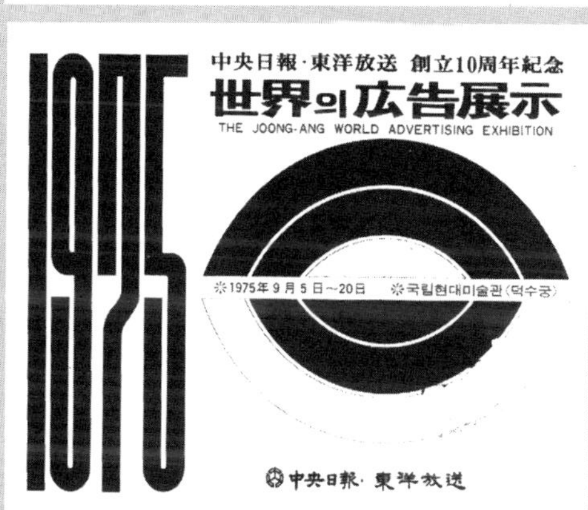

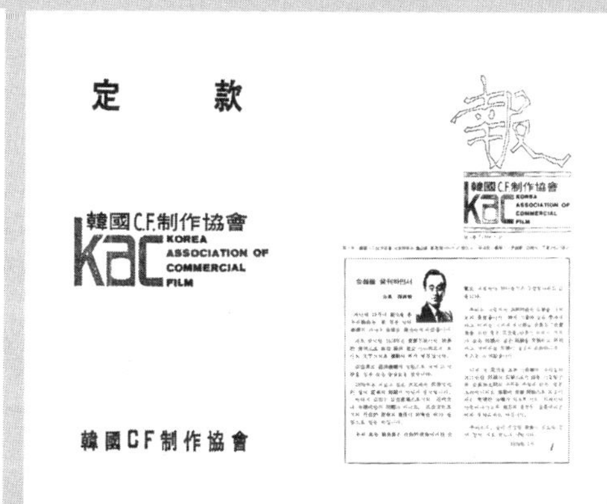

① 〈1077 CM 라이브라리〉

② 〈FILM 코머셜을 만드는 方法〉 표지.

③ 〈중앙일보〉와 동양방송이 주최한 "세계의 광고 전시" 팸플릿.

④ 한국CF제작협회 정관 표지, 〈報〉 제1호. 1974.1.31.

광고에 대한 연구 1976년 김영선(金永善)은 《한국광고 문헌해제》를 출판했다.[15] 이 책에 의하면 광고를 다룬 최초의 석사학위는 1961년 고려대학교 황창규(黃昌奎)의 뒤를 이어 박성규(朴成圭) 두 사람이 받았다. 같은 자료에 의하면 광고 관련 단행본의 효시는 1962년 외무부가 발행한 66쪽짜리 〈상표법〉이었다. 1964년에는 한국 최초의 광고개론이 3권 출판되었는데 유붕로(兪鵬老)의 《신 광고론》, 김용진(金容珍)의 《광

〈표 6-37〉(a) 대학 광고, PR 교육과목

대학교	학과	학년	과목	비고	대학교	학과	학년	과목	비고
경희대	신방	2	광고 · PR론 I	전공필수	중앙대	광고홍보	2	광고학개론	전공필수
		3	광고 · PR론 II	전공필수				홍보학개론	″
								광고홍보원강 I	전공선택
								시장 및 광고조사	″
고려대	신방	-	PR론	전공선택			3	미시광고학	″
								거시광고학	″
								정부홍보론	″
								한국 광고론	″
								광고카피라이팅실습	″
								광고그래픽 및 사진실습	″
								홍보간행물제작실습	″
서강대	신방	3	광고론	전공필수			4	해외홍보론	″
								광고미디어관리론	″
								국제광고론	″
								광고홍보원강	″
								광고효과 분석	″
								광고홍보 특강	″
								광고제작 실습	″
								광고계획 및 캠페인 실습	″
서울대	신문	2	광고론	전공선택	외국어대	홍보	2	홍보학원론(영)	-
			PR론	전공선택				광고론	-
								광고제작실습	-
성균관대	신방	2	광고론	전공선택			3	홍보학원론(독, 불)	-
			PR론	전공선택				PR원론	-
연세대	신방	4	PR론	전공선택				국제 PR실습	-
								홍보학 원강	-
이화여대	신방	3	PR선전론	전공선택	한양대	신문	2	광고론	전공필수
		4	광고제작	전공선택			3	광고제작	전공선택
		4	광고론	전공선택			4	PR론	전공선택
청주대	신방	2	광고론	-	중앙대	신방	3	PR · 광고론	전공선택
			PR론	-					
			광고제작론	-					

자료: 제일기획 《한국광고 '80》. 504~508쪽.

〈표 6-37〉(b) 연도별 광고 관련 단행본

연도	수	연도	수
1962	1	1971	1
1963	0	1972	5
1964	4	1973	4
1965	0	1974	7
1966	1	1975	3
1967	1	1976	5
1968	3	1977	10
1969	2	1978	9
1970	3	1979	23
합계	12	합계	70

주: 광고 문헌해제와 제일기획 광고연감의 광고 문헌 항목에서 집계했다. 단행본 가운데는 10여 페이지 책자도 포함되어 있다. 광고연감은 포함하지 않았다.

고론》, 김원수(金元銖)의 《광고개론》이었다. 1964년에는 김소림(金素林)의 《RADIO CM》이 발행되었는데 1960년대 초의 한국 라디오광고 상황을 아는 데 유용한 자료이다. 광고에 대한 연구가 본격화된 것은 1970년대에 들어선 뒤였다.

1960년대 말에서 1970년대에 걸쳐 김용중(金容重)이 써서 한국능률협회가 발행한 《PR 作戰》 시리즈는 그 당시로서는 가장 광범위한 광고 관련 출판물이었다. 아울러 이 저서는 1960년대 한국 광고를 이해하는 데 귀중한 자료가 되었다.

1968년에는 신문 구독률 조사가 처음으로 실시되었다. 이 조사는 1970년에도 계속되었는데 한국ABC연구회가 주관했으며 당시 숙명여자대학교 황창규(黃昌奎) 교수가 전국 9개 도시에서 6,870 가구를 대상으로 조사했다.

대학에서 광고가 교과목으로 채택된 것은 1960년대 초 상과(商科) 계열에서 시작되었다. 1970년대에 각 대학에 신문 또는 신문방송학과가 개설되면서 광고와 홍보 교육의 중심은 신방계통으로 옮겨갔다.[16)]

제일기획이 발행한 《한국 광고 80》에 수록되어 있는 대학 신문방송학과(주로 서울)의 광고, PR 교육과정은 〈표 6-37〉(a)와 같다. 1974년에는 중앙대학교에서 처음으로 광고·홍보전공학과를 창설했다. 〈표 6-37〉(a)에 나와 있듯이 다양한 광고, 홍보 관련 과목이 들어 있었다. 그런데 중앙대학교 광보학과는 1984년 2학기에 폐과되었다가 1989년 복과되는 기구한 과정을 거쳤다. 중앙대학교는 1981년에 신문방송대학원에 광고, PR 전공과정을 개설했다. 이 밖에도 여러 미술대학에서도 광고

광고 전문 사보

제호	규격, 창간 등
합동광고	1969.5 창간. 1970.5 종간. 월간
제일기획	1975.10 창간. 처음에는 타블로이드판. 1983.6에 4/6배판으로 변경. 월간
연합광고	1975.1.21 4/6배판 공판인쇄 〈매체정보〉로 창간. 1976.3.22에 〈광고정보〉로 게재. 1979.10 46배판 〈연합광고〉 로 게재. 월간.
오리콤	1979.7 A4 크기. 월간
중앙일보	1975.9 타블로이드 〈중앙광고〉 . 1977.4 〈중앙광고정보〉 로 개제. 월간

학 과목이 있었다.

김영선의 광고 문헌해제에 수록된 1961~1979년 기간의 광고 관련 단행본의 수는 82개이다. 〈표 6-37〉(b)를 통해 알 수 있듯이 1960년대 10년의 단행본의 수는 겨우 12인 데 비해 1970년대 10년 동안에는 70권의 책이 발행되었으므로 광고에 대한 연구가 본격화된 것은 1970년대로 볼 수 있다.

광고 관련 석·박사학위 논문에 관해서는 정진석(鄭晉錫)이 1991년에 펴낸 〈한국 언론학 박사, 석사, 학위 논문 총 목록〉에 자세히 나와 있다. 최초의 박사학위 논문은 1971년 상무달의 〈POP 광고의 효과 촉진을 위한 심층적 연구: 4대 도시 서울, 부산, 대구, 대전 소매 약국을 중심으로〉(경북대)였다. 석·박사학위 논문의 수와 내용 범위를 볼 때 1960년대는 광고연구의 태동기였고 1970년대는 발전기라고 할 수 있다. 성숙기는 다음 시기였다. 1960년대에는 국제광고, 기업광고, 공익광고, 광고표현, 어린이, 청소년과 광고, 포스터, 디자인과 포장, 광고사진, 타이포그라피 등은 아직 연구대상에서 빠져 있다. 석사학위 논문의 수는 1960년대 16편, 1970년대에 119편으로 폭증해서 단행본의 추세와 같다.

1978년에 문시형이 펴낸 《한국광고연감》은 이듬해부터 제일기획이 뒤를 이어 갔다.

현실적 이유로 광고에 대한 연구는 학계보다는 현업에서 더욱 활발해졌다.

주로 광고회사가 발행한 사보는 표(광고전문 사보)와 같은데 1970년대 한국 광고 산업 발전과 현대적 광고 정착에 지대한 공헌을 했다.

이 밖에도 경영학, 디자인, 기타 대학 연구기관이 발행하는 학술지에도 광고 관련 논문, 기사들이 게재되었다.

〈표 6-38〉 석 · 박사학위 논문

박사학위논문 : 27

1971	1982	1983	1985	1986	1987	1988	1989	1990	1991
1	1	3	1	3	3	1	9	2	3

석사학위논문 : 900

내 용	1960년대	1970년대	1980년 이후	계
1. 광고일반	2	25	94	121
2. 광고산업				(170)-소계
1) 광고대행사	1	3	38	42
2) 광고전략	1	2	27	30
3) 국제광고	0	7	38	45
4) 기업광고	0	0	27	27
5) 공익광고	0	0	15	15
6) 마케팅 커뮤니케이션	0	3	8	11
3. 매체광고				(144)-소계
1) 신문광고	4	11	34	49
2) 잡지광고	0	2	34	36
3) 방송광고	4	22	33	59
4. 광고표현				(104)-소계
1) 광고표현	0	0	31	31
2) 디자인 · 레이아웃	0	7	29	36
3) 광고모델	0	0	15	15
4) 비교광고	0	0	13	13
5) 간판옥외광고	0	0	9	9
5. 상품광고				(68)-소계
1) POP광고	0	0	15	15
2) 의약 · 화장품 광고	0	5	31	36
3) 특수광고	0	0	17	17
6. 광고효과				(140)-소계
1) 광고효과	3	6	61	70
2) 어린이 · 청소년	0	0	35	35
3) 소비자	0	0	35	35
7. 홍 보				(22)-소계
1) 홍보일반	1	3	8	12
2) PR	0	1	9	10
8. 디자인 · 사진				(131)-소계
1) 디자인 · 포장 · 간판	0	13	57	70
2) 타이포그라피	0	4	25	29
3) 포스터	0	5	17	22
4) 사진	0	0	10	10
합 계	16	119	765	900

자료: 정진석(1992). 《한국 언론학 박사 · 석사학위논문 총목록》, 나남, 119~120, 223~265, 285~293쪽

주: 8항의 '디자인 · 사진' 중 타이포그라피는 29편 모두를 광고 관련으로 보았으나 '사진' 중에는 광고와 관련된 10편만을 포함했다. '사진'의 논문 편수는 31편이다.

광고 규제 동전의 양면처럼 광고의 급속한 발전은 부작용도 낳게 되었다. 텔레비전 광고에 대한 규제가 심했는데 아무런 사전지식과 준비도 없이 시작된 것이 TV광고였기 때문이다. 텔레비전 대수는 1968년에 겨우 12만대로 가구 대비 2.1% 보급이었으나 1979년에는 거의 600만대에 약 80% 보급으로 폭증했기 때문에 그 영향력은 방대해진 것이었다.

1963년부터 국영 KBS-TV가 재정보충을 위해 광고방송을 하게 되자 서둘러서 1962년 12월 15일 각령 1082호로 〈국영 텔레비전 방송사업 운영에 관한 임시조치법 시행령〉이 제정되었다. 같은 해에 문화공보부는 내규로 광고방송 사무요강을 제정했고 1973년에는 이미 제정된 방송법에 따라 방송윤리위원회를 두고 방송광고에 대한 본격적인 규제가 시작되었다. 방송법 시행령에는 광고방송에 대한 규정이 있었다.

주요 규제사항은 1974년의 중CM 폐지, 방송광고 시간을 총 방송시간의 100분의 10으로 제한하고 1976년에는 다시 이 제한을 100분의 8로 했다. 그 결과, 예컨대 저녁 9시 뉴스시간에는 8시 55분 무렵에서 9시 사이에 15초 길이의 광고가 20개쯤 줄줄이 이어지는 현상이 일어났다. 텔레비전 광고에 대한 사전심의는 1976년 7월 1일부터 텔레비전 광고물 심의 요강이 제정되면서 시행되었다.

〈표 6-39〉 TV광고심의 상황, 1976.7~1979.12

구 분 / 업종별	1979년도 합계			누 계(1976.7.1~1979.12.31)		
	심의필	기 각	계	심의필	기 각	계
식 품	772 건	204 건	976 건	2,824 건	533 건	3,357 건
약 품	372	56	428	1,227	195	1,422
주 류	98	36	134	382	66	448
의 류	349	103	452	1,249	225	1,474
전기기기	271	78	349	770	173	943
주택건축	23	1	24	99	7	106
화장품세제	219	85	304	846	201	1,047
가정용품	218	56	284	525	89	614
백화점	51	17	68	253	26	279
서비스오락	150	7	157	544	29	573
금융보험	16	1	17	96	11	107
수송기기	53	5	58	110	12	122
기초재	2	0	2	13	0	13
기계공구	104	20	124	198	27	225
기 타	261	42	303	871	108	979
계	2,959	711	3,670	10,007	1,702	11,709

자료: 신인섭 · 서범석(1998). 《한국광고사》 364쪽. 이 무렵 TV광고 규제와 관련해서는 이 책의 353~364쪽을 참조.

사전심의 제도가 시행된 이후 1976년 7월에서 1979년 12월 기간의 심의 상황은 〈표 6-39〉와 같다. 이 표의 숫자에서 드러나듯이 심의 건수 11,709 가운데 14.5%가 기각되었다. 1979년의 경우는 더욱 심해져서 기각률이 19.4%까지 증가했다. 기각 사유는 "건전 생활화를 위한 광고 방송물 심의 기준 결정"에 위배된 것이 가장 많았다.

건전생활화를 위한 광고 방송물 심의 기준 결정 1979년 3월 29일 제313차 방송광고 심의 소위원회 결정은 "건전생활화를 위한 광고방송물 심의 기준 결정"이었는데 그 내용은 다음과 같다. 이런 결정과 함께 이미 승인된 방송광고도 모두 재심의를 한다는 어이없는 일이 벌어졌다.

가. 상품광고는 국민의 공덕심 함양과 건전생활 기풍을 바탕으로 상품의 사실 공지와 생활 정보를 주 내용으로 표현하도록 하며, 과장, 낭비, 사치를 조장하는 내용은 아니 된다.
나. 광고 모델의 사치스러운 의상, 장신구와 자극적인 동작, 호화스러운 무대, 소도구의 사용은 아니 된다.
다. 시청취자의 정서를 해칠 우려가 있는 소란스러운 광고노래와 효과 음향의 사용은 아니 된다.
라. 주류광고는 반드시 상업문에 과음을 삼가도록 표현하여야 하며 상품명의 연호는 아니 된다.
마. 상품광고에는 반드시 상품 가격을 고지하도록 한다.
바. 낭비, 사치성을 조장할 우려가 있는 외래 상품의 광고, 할인 판매(바겐세일) 및 유흥접객업소(고급 식당, 호텔 등)의 광고는 아니 된다.
사. 기타 건전생활에 극히 유해로운 낭비 사치성의 광고는 아니 된다.

방송윤리위원회는 이 결정을 하고 난 뒤 모든 텔레비전 광고에 삽입할 슬로건을 만들어 권유했는데 사실상 강제였다. 그 리스트는 다음과 같다.

1. 뿌리없는 나무없고 절약없는 저축없다.
2. 버릴문건 고쳐쓰고 절약한돈 저축하자
3. 저축할돈 없나말고 낭비없나 살펴보자
4. 남용하는 풍요보다 절약하는 미덕찾자

〈표 6-40〉 TV광고 사유별 기각 건수, 1979

사유별	1979년도 합계	누계 (1976.7.1~1979.12.31)
1. 과장표현	23 건	88 건
2. 어린이를 직접적으로 광고방송에 이용하는 표현	26	216
3. 책임소재가 불명한 표현	6	61
4. 신체부위의 과잉노출	3	78
5. 비속감, 불쾌감을 주는 표현	39	187
6. 착오를 일으키게 하는 표현	12	57
7. 언어순화에 유해로운 표현	33	123
8. 장발	12	77
9. 배타적 표현	8	28
10. 방송출연정지자의 모델 사용 및 작품 사용	0	7
11. 표절 및 기존 선율을 인용한 광고노래	5	28
12. 자막광고에서 화면 하부 1/4 초과	0	59
13. 주류광고 방송정화에 관한 결정사항에 저촉	5	13
14. 소비성향을 자극하는 표현	64	73
15. 10초미만의 광고방송물로 방송 부적	0	2
16. 시청자의 정서를 불안케 하는 표현	41	143
17. 교육품성을 저해하는 표현	0	2
18. 성직자, 역사적 인물, 유적 등을 광고방송에 이용	3	4
19. 공직자를 광고방송에 이용	0	4
20. 아마추어 선수를 광고방송에 이용	0	5
21. 약품광고에서 광고노래 사용	0	2
22. 외국인을 모델로 사용	2	6
23. 주체성을 저해하는 표현	1	3
24. 관계법규에 저촉되는 표현	6	12
25. 직접 관계없는 인물을 광고방송에 이용	0	1
26. 직접 관계없는 학교명을 광고방송에 이용	0	1
27. 실황중계방송을 광고방송에 이용	1	1
28. 방송금지곡, 방송금지 광고노래 사용	3	3
29. 선정적인 장면	1	4
30. 건전생활화를 위한 광고방송물 심의 기준에 위배	417	417
계	711	1,702

5. 허례허식 낭비말고 간소화로 절약하자
6. 웃음많은 가정마다 알고보니 절약가정
7. 절약하는 우리생활 부강하는 나라살림
8. 엄마아빠 물자절약 집안튼튼 나라튼튼
9. 엄마절약 집안튼튼 아빠절약 나라튼튼
10. 절약에는 가난없고 근면에는 국난없다
11. 사치낭비 몰아내고 지척으로 생활유신
12. 지혜롭게 저축하고 알뜰하게 아껴쓰자

이러한 심의 기준이 결정되고 난 뒤 다시 텔레비전 광고물을 심사한 결과 20% 가까운 기각률이 생겼다는 것은 놀랄 일이 아니었다.

신문광고윤리 강령, 신문광고윤리 실천요강(기준) 1976년 10월에는 신문광고에 대해 신문협회와 신문윤리위원회가 공동으로 "신문광고윤리 실천요강"을 제정하고 1977년 1월부터 주로 안내광고를 중심으로 시후 심의를 시작했다. 어태까지 신문사 자체 심의에 맡겼던 것을 사외 심의하게 된 것은 처음이었다.

1977년 1월에 심의를 시작한 뒤 1979년 3월까지 2년 2개월 동안 기간에 심의에 저촉된 건수는 모두 299건이었으며 연도별 내역은 〈표 6-41〉과 같다. 심의기구와 조직의 규모 때문에 일반 영업광고는 심의대상에서 제외되었다.[17]

신문윤리위원회의 결정 가운데는 1978년 4월에 있었던 삼성조선의 스카우트와 관련된 석유시추선 설계도 사건도 있었다. 13개 일간지가 '주의'를 받은 삼성조선 광고는 우리나라 광고 역사뿐 아니라 언론사상 일찍이 볼 수 없었던 일이었다. 기업이 언론에 대해 "해명하는 정도에 그치지 않고 상대 신문을 과도한 표현으로 비난"하는 광고를 게재했다는 점에서 우선 보기 드문 예였다. 나아가서는 〈동아일보〉를 제외한 6개 전국 종합지, 4개 경제지, 3개 지방지가 동업인 〈동아일보〉를 비난하는 기업의 광고를 게재했다는 점에서도 선례가 없는 일이었다. 신문윤리위원회 수의 제19호(광고)는 한국신문윤리위원회 "결정" 제18호였으며 1979년 11월 30일자였다.[18]

1970년대 후반에 들어서자 소비자보호운동이 활발하게 되었으며 한국여성단체협의회, YWCA, 전국주부교실중앙회, 한국부인회, 주부클럽연합회 등 여성 단체가 중심이 되어 1976년 4월에 '소비자보호단체연합회'가 발족했다. 이 단체는 1978년 3월 16일에 경제기획원으로부터 사단법인 승인을 받았다. 이해 9월에는 〈소비자〉를

1978년 4월 중순 삼성조선에 의한 조선공사 사원 스카우트와 시추선 설계도 도면절취 사건과 관련하여 삼성조선 측이 게재하여 신문윤리위원회의 제재를 받은 광고.

〈표 6-41〉 신문광고윤리 위반 심의 결정내용

	1977.1~1977.3	1977.4~1978.3	1978.4~1979.3
〈결정사항별〉			
주 의	32건	21건	38 건
비공개경고	11	126	35
공개경고	25	8	3
불 문	–	(4)	(15)
합 계	68	155 (불문 4를 포함 159)	76 (불문 15를 포함 91)
〈내용별〉			
미풍양속 저해	37	45	14
과 대	28	61	15
타인의 이익 침해	–	42	–
비과학적	–	7	20
품격저하	–	5	9
미신	–	–	5
책임소재 불명	–	–	–
명예훼손	–	–	13
기 타	3	–	–
합 계	68	155	76

자료: 《한국신문윤리위원회 결정집》 제16·17·18호, "위원회의 업적" 항.
주: 건수는 사(社)별 건수를 합한 것임.

월간으로 발행하기에 이르렀다.[19]

1970년대에 일어난 이 밖의 일들은 더 있다. 〈매일경제신문사〉는 1974년에 한국 광고인대상제도를 창설했는데 광고계 발전을 위해 공헌이 큰 광고인들에게 주는 상이다.

1971년 6월 14일자 미국 시카고에서 발행된 국제적 광고전문지 *Advertising Age*에는 한국의 광고에 관한 기사가 처음으로 게재되었다. "Coke, Pepsi, Oil Men Vie in Korea"라는 제목의 이 글은 당시 S/K Associates 대표이던 John C. Stickler의 기고문이었다. 1979년 3월에는 영자신문인 *Korea Times*에 한국광고특집이 게재되었고 7월에는 홍콩에서 발행되는 *MEDIA*에도 한국광고에 관한 기사가 게재되었는데, 이렇듯 국내외 영자신문, 잡지에 광고 관련 보도가 게재되기에 이르렀다.

1979년 10월 26일 박정희 대통령 시해 사건 뒤 9일간의 국장기간에는 방송에서 영업광고가 중단되었다. 이러한 선례가 없었고 외국관례에 대한 연구도 없어서 영업광고 대신 애도의 광고가 방송되었다. 광고료는 매체사와 광고주가 일부씩 손해를 보는 것으로 결말을 지었다.

동아일보 광고사태 1974년 12월 26일 크리스마스 다음날 〈동아일보〉 8면 가운데 4개 면에는 광고가 사라졌다. 정부에 의한 언론탄압의 새로운 형태임이 분명한 이른바 "동아 광고사태"가 표면화된 것이었다. 물론 그 발단이 된 것은 이해 여름에 일어난 〈동아일보〉 기자들의 자유언론실천을 위한 일련의 움직임이었다. 동아연감에 기록된 관련 기사의 일부를 보면 다음과 같다(일부 낱말은 한문 또는 영문을 추가했다).[20]

> 기자들의 자유언론실천과 이에 상응하는 신문, 방송 등 제작의 자유화 경향에 대한 반응은 광고주를 통한 계약의 무더기 해약으로 나타났다. 12월 20일 갑자기 〈동아일보〉의 오랜 고객이던 대광고주들이 서로 짠 듯 한꺼번에 몰려와 광고 내기를 중단한다고 하면서 광고용 동판(銅板)을 가져간 것을 비롯, 12월 24일에는 20개사가 한꺼번에 광고 해약을 통보, 26일자 동아일보에는 2, 4, 8면에 광고를 싣지 못한 채 백판(白板)으로 인쇄, 독자들은 물론 국내외 여론에 충격을 주었다. 신민당은 즉각 이를 언론탄압을 의도한 경영 압살(壓殺)이라고 성명, 진상조사단을 구성했다. 천주교 정의구현사제단, 민주수호국민협의회, 한국기독교교회협의회 등에서도 규탄 성명을 내면서 동아일보 돕기를 벌였으며 프리덤하우스(Freedom House) 등은 성명을 통해 언론자유 탄압에 대한 시정을 요구했다. 당국의 광고주 압력은 1975년에 들어와 더욱 심해져 1월 10일

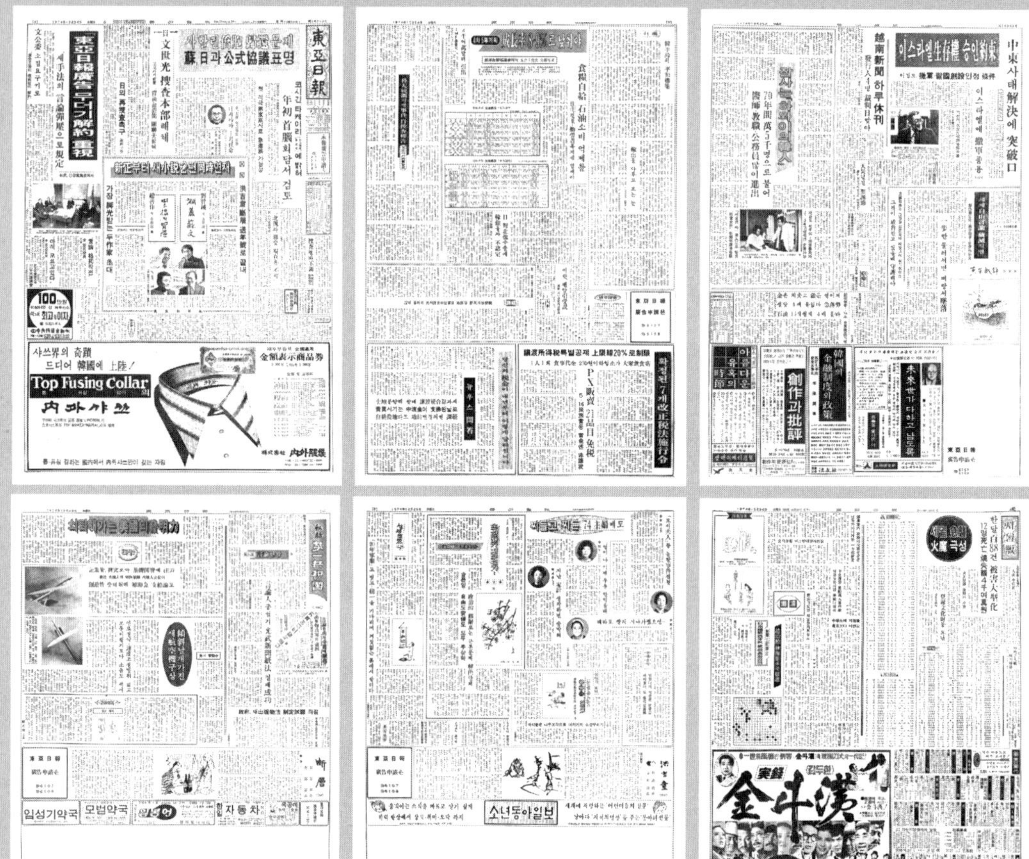

“백지광고”가 드러나기 시작한 1974.12.26 〈동아일보〉 8개 면.

〈표 6-42〉 〈동아일보〉 수익 추이, 1974~1976

연 도	신문판매	신문광고	출판판매	출판광고	방 송	잡수익	계
1974	12.7 (27.9)	16.0 (35.0)	2.8 (6.1)	1.5 (3.3)	8.1 (17.6)	4.6 (10.1)	45.7 (100)
1975	21.0 (45.1)	12.2 (26.1)	3.4 (7.4)	1.1 (2.4)	5.5 (11.7)	3.4 (7.3)	46.6 (100)
1976	21.0 (29.0)	26.0 (35.8)	3.8 (5.3)	2.4 (3.3)	14.9 (20.5)	4.4 (6.1)	72.4 (100)

자료: 《동아일보 사사 권4》(1990). 346, 347쪽.

> 현재 동아방송에서도 33개 광고주가 무더기로 계약을 취소함으로써 신문과 방송은 모두 광고 없이 제작했다. 이에 격분한 각계의 성원은 물론 일반 독자와 청취자가 광고 내기 운동, 동아일보 보급 확대 운동, 성금 모으기 운동 등을 벌여 국내 민주 회복운동과 발을 맞추었다.

동아일보 돕기 운동은 비단 국내뿐 아니라 일본과 미국 동포들 사이에서도 번져 나갔다. 동아일보 광고사태는 전 세계 언론에 보도되었다. 그리고 세계 각처에서 항의와 격려의 서신이 잇따랐다. 국제신문편집인협회(IPI), 국제신문발행인협회(FIEJ), 국제기자연맹(IPJ)을 비롯해 〈뉴욕타임스〉(*New York Times*), 영국의 〈더 타임즈〉(*The Times*), 일본의 〈아사히(朝日)신문〉 등 세계의 저명한 신문들이 사설을 실었다. 특히 미국 프리덤하우스는 소장의 이름으로 "정부의 입김이 서린 새로운 고통을 주는 행위"라는 성명을 발표했다. 동아 광고사태는 한국광고 역사상 유례를 찾기 힘든 의견광고의 홍수를 가져왔다. 두 줄, 석 줄, 때로는 그 이상 크기의 기명 광고들이 쏟아지듯 게재되었다. 1907년 초 국채보상운동(國債報償運動) 때 헌금을 낸 사람의 이름을 신문지상에 발표한 일종의 의견광고가 게재되기는 했어도 이렇듯 대중적인 의견광고 게재는 없었다.

특히 정부 당국을 놀라게 한 것은 1975년 1월 14일자 〈동아일보〉 4면에 실린 두 줄짜리 "일 육군중위"(一陸軍中尉)란 광고였다. 이 때문에 김인호(金仁浩) 광고국장과 두 명의 광고국 직원이 당국에 연행되기도 했다.

1974년 12월 26일에서 1975년 상반기까지 동아 광고사태로 동아일보와 동아방송이 입은 광고수입 손실은 월간 2억 원 정도에 이르렀을 것으로 추정되고 있다.

1974~1976년 〈동아일보〉 수익 추이를 보면 1974년 12월 26일에서 1975년 7월 16일 기업들의 영업광고가 재개된 약 7개월 기간의 신문, 출판, 방송 수익에 미친

社説

自民党改革への暗礁

東亜日報と言論の自由

廣告壓力 즉각시정促求

自由言論守護운동도 支持

本社廣告局長 연행

어젯밤 陸軍保安司서 部長·接受社員도

격려廣告 의뢰軍人 身元조사와 關聯

連行社員 歸社때까지 全社員 농성키로

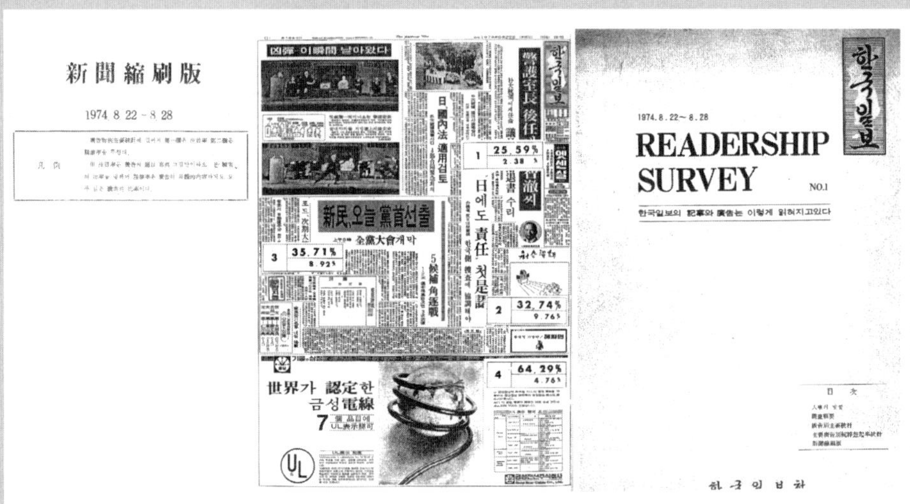

新聞縮刷版

1974 8 22 ~ 8 28

READERSHIP SURVEY NO.1

한국일보의 記事와 廣告는 이렇게 읽혀지고있다

世界가 認定한 금성電線

① 1975.1.14 일본 〈아사히신문〉 사설 “동아일보와 언론의 자유”(아래).
② 문제가 된 1975.1.14 “일육군중위” 격려광고(위, 둘째 단 마지막)와 “본사 광고국장 연행” 기사.
③ 〈한국일보〉 1974.8. READERSHIP SURVEY No.1 표지.

영향이 나타난다. 1975년의 신문 판매 수익은 전년의 12.7억 원에 대비하면 65%나 폭증해 21억 원으로 증가했다. 출판 판매도 2.8억 원에서 3.8억 원으로 증가해 21%가 늘었다. 그러나 1975년의 광고수익은 신문의 경우 16억 원에서 12.2억 원으로 감소했다. 출판광고는 1.5억 원에서 1.1억 원으로 줄었고, 방송(광고)은 8.1억 원에서 5.5억 원으로 각각 감소했다.

동아 광고사태는 워낙 노골적인 정부의 언론탄압이었기 때문에 광고계의 조직적인 반응은 있을 수가 없었다. 다만 몇몇 광고인은 실명으로 의견광고를 게재했다. 특기할 만한 사건을 든다면 당시 호남정유 선전 책임자로 있던 신인섭이 번역해서 제공한 "광고할 자유 없이 광고란 있을 수 없다"(*Freedom Must Advertise, or It Surely Will Lose Itself*)는 미국 광고회사 회장의 유명한 글이 전문 게재된 일이었다. 아울러 신인섭은 1975년 1월에 동아 광고사태에 대한 좌담회에도 참석했는데 소속회사에 미칠 영향 때문에 서강대학교 강사와 IAA 한국지부 이사라는 호칭을 썼다.[21]

1974년에는 〈한국일보〉가 Readership Survey를 실시해서 그 결과를 책자로 만들어 발표했다. 1975년 8월 22일~28일 기간의 이 신문기사와 광고에 대한 주목률과 정독률의 두 가지로 구분해서 조사한 것이다. 주목률이란 "광고의 제목, 사진, 그림만이라도 본 독자", 정독률이란 "광고의 구체적 내용까지도 모두 읽은 독자"의 비율이었다. 이것은 그 뒤 얼마나 계속되었는지 확실치 않으나 신문광고와 관련된 진일보한 조사자료였다.

※ 각주

1) 《1970년 한국경제연감》. 서울: 한국경제인연합회. 290~291쪽.
2) 이병인의 증언에 의한 것이다.
3) 《합동통신 30년》(1975). 서울: 합동통신사. 256~268 및 262~263쪽.
4) 1974. 3. 25 〈동아일보〉 기사 및 1974. 3. 24 〈조선일보〉 사설.
5) 《제일기획 15년사》(1988) 1장 3절.
6) 《김용한 조사인생 30년》(2002).
7) 《제일기획 광고연감》(1979). 371쪽.
8) 《문화방송 · 경향신문 社史》(1976). 421쪽.
9) 《중앙일보 · 동양방송 10년사》(1975). 399쪽.
10) 《1977 CM 라이브러리》(1977). 한국광보문화연구원. 370, 371쪽.
11) 김태형(일명 김태윤)은 〈광고 문안: 김태윤 작품집 1〉이라는 32쪽짜리 인쇄물을 출판했는데 카피를 다룬 간행물로서는 처음이다. Report 1은 10쪽짜리 공판(孔版) 인쇄물로서 9개 광고 헤드라인에 대한 김태형의 의견이 실려 있는데 광고 헤드라인을 다룬 내용이다.
12) 신인섭(2005). 《광고 40년, 나이 77세, 한 일이 무엇인가?》. 서울: 아이티커뮤니케이션즈. 표4(뒤표지).
13) 이 광고는 "《한국영상광고의 역사 DVD》(2007). 경주: 경주대학교 산학협력단"에 수록되어 있다.
14) 한국의 국제광고 발전에 관해서는 다음 책을 참고. 신인섭(2004). 《한국의 국제광고사》. 서울: 한국방송광고공사.
15) 김영선(1976). 《광고 문헌해제》. 서울대학교 신문연구소.
16) 〈이화여자대학교 안내서〉(1963) 60쪽에 신문방송 관련 과목 중에 "광고론"(2학점)이 있었고 담당 교수는 김동철(金東喆)이었다. 〈연세대학교 강의 과목 요람 '62년 1학기. 3-1-8. 20〉 20쪽에 기록된 바에 의하면 이해 경영학과에서 광고론(3학점)이 개설되었다.
17) 신문광고 윤리와 심의 관련 사항은 신인섭 · 서범석(1989). 《한국 광고사》. 366, 367쪽 참조
18) 결정 이유의 일부는 신인섭 · 서범석(1998). 《한국 광고사》. 369, 370쪽 참조.
19) 〈소비자〉 1978. 9 창간호 15쪽.
20) 《동아일보 사사(社史)》 권4(1990). 136쪽.
21) 〈동아일보〉 1975. 1. 14 인터뷰 기사. 1975. 1. 9 "광고할 자유 없이 자유란 있을 수 없다", 동아 광고사태에 관한 기록은 동아자유언론수호투쟁위원회 저(2005). 《자유언론》. 5장. 143~180쪽 참조. 서울: 해담솔.

제7장

언론 통폐합, TV컬러화, 한국방송광고공사 창립

1980~1988

1. 개 관

1979년 10월 26일 박정희 대통령 시해 뒤 "신군부 세력"의 집권에 의한 제5공화국의 등장은 일대 정치변동과 아울러 언론과 광고계에도 심대한 변동을 일으켰다. 1980년 말 언론통폐합으로 언론매체에는 2009년 현재까지도 영향이 계속되는 극심한 변화가 생겼다. 일부 신문의 통폐합과 더불어 민간방송인 동양방송(TBC), 문화방송(MBC) 등은 강제로 공영화되었다. 역사가 증명하듯이 허울 좋은 공영화는 방송을 집권세력의 영향에 놓게 하였다.

공영화된 방송에서도 광고는 계속되었으므로 그 방송광고 시간을 판매하는 무자본특수법인인 한국방송광고공사가 1981년 초에 창립되었다. 이 공사는 방송광고 시간 독점판매, 방송광고 대행사 인정, 광고 대행 커미션율 제정, 공익광고 운영, 광고심의, 방송광고상 제정, 공익자금 운영, 광고연구원 유영 등을 포함해 방대한 권한을 가진 기관이 되었다.

1980년에는 독점금지법, 공정거래법이 제정되었다. 이 두 법은 광고계에도 심각한 영향을 끼치게 되었다. 그 결과 1980년대 초반에는 주로 가전회사의 소비자 보호 캠페인들이 개최되었다. 그리고 금성사(엘지전자)와 삼성전자는 공정거래위원회 명령에 따라 1981년 6월에 "허위, 과장광고"로 시정광고를 게재했는데 한국광고 역사상 최초의 일이었다.

1981년 봄부터 TV 방송은 모두 컬러화되었다. 이른바 색의 혁명이 일게 되었다. 1981년 5월에는 1973년 겨울 1차 석유위기 이후 중단되었던 아침방송이 재개되었다. 또한 이해 1월부터는 줄곧 1일 8면 발행(1주 6일, 조석간 중 택일, 1주 48면 발행)으로 묶여 있던 신문 발행 면수가 12면으로 증가했다.

1982년에는 해방 후 줄곧 계속된 야간통행금지(24:00시에서 04:00시)가 폐지되었다. 또한 중고등학교 학생들의 제복, 두발이 자유화되었다.

1985년 4월 7일 신문의 날에는 이원홍 문화공보부장관이 기념사에서 신문부수 공개 필요성을 언급했다. 이 무렵 장관의 이러한 발언은 중대한 반향을 일으켰으나 신문사의 반대로 흐지부지되고 말았다.

1987년 6월 29일에는 이른바 "6·29선언"이 집권당 대통령 후보 노태우(盧泰愚)에 의해 발표되었고 1988년 이후 개방시대를 예고하는 사건이 되었다.

아울러 이 날에는 네거티브 리스트(*Negative List*)에 포함되어 한국 진출의 길이 막혀 있던 광고대행업이 이 리스트에서 해제된다는 재무부 고시가 나와 외국광고회사의 한국 광고시장 자본 진출의 길이 트이게 되었다.

역시 1987년에는 문화공보부 안에 광고정책과가 창설되었다. 광고에 대한 정부의 인식 변화를 상징하는 일이었다. 또한 이해 대통령 선거에서는 처음으로 TV에 선거광고를 할 수 있게 규정이 바뀌었다. 바야흐로 대통령 선거도 영상시대로 접어들게 되었다. 그리고 광고회사가 앞 다투어 대통령 선거전에 참여하게 되었다.

한편 경제는 순조로운 성장을 했다. 물론 1979년의 제2차 석유위기와 박정희 대통령 서거에 따른 정치혼란 때문에 국내총생산이 2.7% 마이너스 성장을 기록하기도 했으나 그 뒤 곧 회복되어 1983년과 1986년에는 두 자리 성장을 나타내기도 했다. 국내총생산은 1987년에 처음으로 100조 원을 넘어 112조 원이 되었다. 국민1인당 GDP는 1980년 97만 원에서 1987년에는 3배 가까운 265만 원으로 증가했으며 미 달러로는 1,597달러에서 3,218달러로 2배를 넘는 성장을 기록했다.

광고비 이 8년 기간에 광고비(경상가격)는 2,753억 원에서 거의 1조 원 가까운 9,724억 원으로 증가해 3.5배나 늘었고 1984년에는 GNP 대비로 1%선에 이르렀다. 미 달러 기준으로는 이 시기 마지막 해인 1987년에 드디어 10억 달러 선을 넘어섰다. 1985년을 제외하고 광고비는 줄곧 두 자리 성장을 이룩했다.

업종별 광고는 1980~1987년 기간에 큰 변화가 없었다. 1980년에는 식품과 음료

〈표 7-1〉 국내총생산, 1980~1987

	GDP 전년 대비			국민1인당 GDP	
연도	원(조)	$(억)	성장률(%)	원(만)	$
1980	38.1	628	-2.7	97	1,597
1981	47.7	700	6.2	119	1,741
1982	54.7	748	7.6	134	1,834
1983	64.2	827	11.5	156	2,014
1984	73.6	913	8.7	176	2,187
1985	82.1	943	6.5	195	2,242
1986	95.7	1,086	11.6	226	2,568
1987	112.1	1,363	11.5	265	3,218

자료: 통계로 본 한국의 발자취(1995). 통계청. 311, 313쪽.

〈표 7-2〉 광고비, 1980~1987

	광고비		GNP대비	전년 대비 성장률
연도	원(억)	$(억)	비율(%)	(%). 원화 기준
1980	2,753	4.2	0.76	25.9
1981	3,184	4.5	0.74	15.7
1982	4,263	5.7	0.88	33.9
1983	5,563	7.1	0.97	32.6
1984	6,834	8.3	1.06	20.9
1985	7,393	8.3	1.03	8.2
1986	8,185	9.5	0.99	10.7
1987	9,724	12.3	1.00	18.8

자료: 《'92 광고연감》. 제일기획. 644쪽. $표시 광고비는 해당연도 한은 집중 기준 환율에 따라 저자가 환산함.

〈표 7-3〉 매체별 광고비

광고비: 억 원, 구성비: %

	1980		1987		대 비	
매체	광고비	구성비	광고비	구성비	광고비	구성비
신문	989	43.7	3,395	43.2	+243	-0.5
잡지	108	4.8	463	5.9	+329	+1.1
라디오	344	15.2	471	6.0	+37	-9.2
TV	820	36.3	3,535	44.9	+331	+8.6
계	2,261	100.0	7,867	100.0	+248	-

자료: 《'88 광고연감》. 제일기획. 151쪽에서 재구성.

가 1위, 의약품 2위, 화장품과 세제 3위, 서비스와 오락 4위, 유통 5위였다. 1987년에도 1, 2, 3위 순위에는 변동이 없었으나 4위가 가정용품, 그리고 5위가 관공청, 단체였는데 이것은 이해 대통령 선거전에 유례없는 광고전이 있었기 때문일 것이다.

4매체인 신문, 잡지, 라디오, TV광고는 현저한 변화를 나타냈는데 주된 원인은 TV의 컬러방송 개시에 있었다. 그 결과 4매체 평균 성장률이 248%인 데 비해 TV는 331% 성장했고 반면 라디오는 겨우 37% 성장에 머물렀다. 아마도 TV 컬러화의 영향은 잡지광고의 성장에도 영향을 미쳤을 것인데 그것은 329%라는 성장률에서 볼 수 있다. 신문 성장률은 평균을 약간 밑도는 243%였다. 구성비에 변화가 생길 것은 당연했는데 라디오는 9.2%나 급감했고 TV는 8.6%나 점유율이 늘었다.

2. 매 체

1980년 말의 언론통폐합은 모든 언론매체는 물론 광고산업에도 심대한 충격을 주었다. 일간신문은 36개에서 29개로, 통신은 7개에서 2개로 통폐합되었다. 종교방송을 제외한 모든 방송이 공영화되었다. 모든 광고방송시간 판매는 1981년 2월에 창립된 정부기관 한국방송광고공사가 독점 판매하게 되었다.

일간신문은 이른바 "1도(道) 1지(紙)" 제도로 바뀌어서 1개 도에 1개 일간지라는 제도로 바뀌었다. 이것은 마치 일제시대 말기 일본과 그 식민지에서 있었던 "1현(縣) 1지(紙)"를 방불케 하는 것이었다. 일간신문과 공영화 이후 방송 변동 상황은 〈표 7-4, 5, 6〉에서 보는 바와 같다.

일간신문은 통폐합 이후 29개로 줄었고 그 뒤 전두환(全斗煥) 정권이 끝나는 1987년까지 30개로 남아 있었다. 〈표 7-4〉에 나와 있듯이 전체 간행물의 수는 차차 증가했으나 모두 주간, 월간지뿐이었다.

종교방송을 제외한 민간방송은 사라졌다. 삼성그룹 계열사이던 동양방송(TBC) TV와 라디오, 〈동아일보〉 자매사인 동아방송(라디오), 대구 FM, 전일방송, 서해방송은 모두 KBS로 편입되었다. TBC-TV는 KBS 제2TV로 바뀌었다. 1969년 5월부터 광고방송을 중지했던 KBS는 광고방송을 재개했고 이른바 서유럽 같은 블록광고 제도를 도입했으나 광고주들의 기피로 KBS-1TV만이 블록광고를 유지하고 KBS-2TV는 다시 1982년 1월부터 프로그램 스폰서를 허용하는 제도로 복귀했다. 1973년 겨울 제1차 석유위기 이후 중단되었던 TV 아침방송은 1981년 5월부터 재개되었다.

1980년에 통폐합된 TV 방송은 1991년 SBS 방송이 생기고 그 뒤 케이블방송, 위성방송, 광역시 TV, 스카이 TV 등이 늘어났을 뿐 공중파 방송에는 변화가 없었다.

1980년 11월 10일 국무회의에서 컬러방송을 결정했고 12월 1일 KBS-TV 10 : 30 수출의 날 기념방송을 계기로 TV 컬러방송은 시작되었다. 광고는 1981년 4월부터

〈표 7-4〉 정기간행물 등록 현황, 1979~1987

연 도	일 간	통 신	주 간	월 간	기타간	계
1979.12	36	7	121	768	544	1,476
1980.12	29	2	97	659	428	1,215
1981.12	29	2	128	734	522	1,415
1982. 8	29	2	136	780	576	1,523
1983. 9	29	2	142	837	610	1,620
1984.10	30	2	142	946	646	1,665
1985.12	30	2	158	1,027	694	1,911
1986.12	30	2	187	1,150	765	2,134
1987.12	30	2	226	1,298	865	2,412

자료: 정기간행물 일람표, 공보처, 1992

〈표 7-5〉 통합된 KBS의 호칭 변경 내용

구 호칭	신 호칭
TV	
KBS TV	KBS 제1TV
TBC(동양방송) TV	KBS 제2TV
교육 텔레비전(UHF)	KBS 제3TV
라디오	
KBS 제1방송	KBS 라디오 제1방송
KBS 제2방송	KBS 라디오 제2방송
동양라디오(TBC)	KBS 라디오 제3방송
동아방송(DBS)	KBS 라디오 제4방송(라디오 서울)
KBS FM	KBS FM 제1방송
TBC FM	KBS FM 제2방송
한국 FM(대구 BBC)	KBS 대구 FM
전일방송(광주)	KBS 광주 제2방송
서해방송(군산)	KBS 군산방송

〈표 7-6〉 통합, 조정된 언론매체 일람표

	회사명	발행인	창간개국일	비고
중앙지	신아일보	장기봉	1965. 5. 6	경향신문에 흡수 · 통합
	서울신문	문태갑	1945.11.22	석간에서 조간으로 바뀜
	경향신문	정구호	1946.10. 6	주식회사 문화방송 · 경향신문에서 신문과 방송을 분리, 사단법인 경향신문으로 발족
경제지	서울경제	장강재	1960. 8. 1	한국일보에 흡수 · 통합
	일간내외경제	김태동	1973.12.21	코리아헤럴드에 흡수 · 통합
	현대경제	이규행	1964.10.12	조간 한국 경제신문으로 개제
지방지	국제신문	정순민	1947. 9. 1	부산일보에 흡수 · 통합
	부산일보	권오현	1946. 9.10	부산일보를 釜山日報로 개제
	영남일보	이재필	1945.10.11	매일신문에 흡수 · 통합
	매일신문	김원출	1950.10. 1	매일신문에서 대구매일신문으로 개제
	경남일보	김규양	1946. 3. 1	경남매일신문에 흡수 · 통합
	경남매일	이 중	1946. 3. 1	경남매일신문을 경남신문으로 개제
	전남일보	김종태	1952. 2.10	양사를 통합, 새 제호의 광주일보 창간
	전남매일	심상자	1960. 9.26	
통신사	동양통신	김성진	1955. 8.20	양사를 발전적으로 해체, 이를 중심으로 대형
	합동통신	박용곤	1945.12.20	민영통신사 연합통신을 창설
	시사통신	김희종	1951. 5.21	신설연합통신에 흡수
	경제통신	채영묵	1946. 8.15	〃
	산업통신	엄가정	1969.11. 1	〃
	무역통신	김원기	1949. 8.16	무역협회의 기관지로 전환
방송사	동아방송	최 호	1963. 4.25	KBS에 흡수 · 통합
	동양방송	홍두표	1964. 5. 9	〃
	전일방송	김종태	1971. 4.24	〃
	서해방송	문영배	1969.10. 2	〃
	한국FM	이무일	1971. 4.25	〃
	기독교방송	김관석	1954.12.15	복음방송만 전담
	문화방송	이진의	1961.12. 1	지방 21개 방송사(지방국, 가맹국 15)의 소유주식 51%를 인수하여 계열화시킴(부산문화, 부산문화TV, 춘천, 원주, 강릉, 청주, 삼척, 충주, 대전, 대구, 포항, 안동, 울산, 마산, 마산TV, 진주, 전주, 광주, 목포, 여수, 남양)
	한국방송공사	이원홍	1973.3.3	문화방송의 소유주식 65%를 인수함. △ 텔레비전: 제1TV, 제2TV, 제3TV △ 라디오: 제1방송, 제2방송, 제3방송, 제4방송 · FM방송(제1FM, 제2FM, 부산FM, 대구FM) · 사회교육방송(제1방송, 제2방송) · 해외방송 (10개 국어 방송)

新聞·방송·通信 統廢合

한국일보

내년1월부터 新聞增面

國內外뉴스供給 새通信社 곧 설립

취재方式 개선 地方駐在기자 撤收

商業 탈피 公共방송體制로

倫理委 심의機能을 活性化

時代상황 適應위해 改編

한국·美日관계 누가指導者돼도 不變

友邦國 元首 相互訪問 희망

에너지節約 施設資金 特別融資

案內의 말씀

언론통폐합을 보도한 1980.11.15 〈한국일보〉 1면에는 "신문, 방송, 통신 통폐합"이라는 머리기사가 있다.

모두 컬러로 바뀌었다. 컬러TV 대수는 부쩍 늘어났는데 〈KBS 연지〉에 따르면 1981년 총 등록 대수 672만 대 가운데 약 120만 대가 컬러TV였으나 1987년에는 539만 대가 컬러TV였다.[1)]

광고주 1981년에 TV가 일시에 컬러로 바뀐 일은 가전회사뿐 아니라 한국경제에도 일대 축복이었다. 〈표 7-7〉에 나와 있는 대로 1980년에 약 14만 대로 가구 대비 겨우 1.6%이던 컬러TV 대수는 불과 7년 만에 539만 대로 폭증해 가구 대비 약 55% 보급이 되었다. 물론 컬러화의 결정은 1980년의 제2차 석유위기를 겪으며 심히 위축한 경제를 살리려는 정치적 결단이 있었다. 그리고 1981년의 88서울올림픽 결정, 1986년 아시안 게임, 그리고 드디어 1988년 서울올림픽 개최 등이 이러한 컬러TV 대수 증가에 자극제가 된 것은 틀림없다.

TV 컬러화는 1981년 37.9억 달러의 생산액과 22.2억 달러의 수출로 이어졌는데 이것은 전년과 대비할 때 생산액 33%와 수출 11%의 증가로 나타났으므로 한국경제를 소생시키는 엔진역할을 했다고 할 수 있다.

그 결과 가전 3사는 다시 호황을 맞게 되었다. 이러한 추세는 1981년과 1985년 10대 광고주 대비에서도 나타났다.

10대 광고주에 일어난 두드러진 변화는 1981년에 삼성전자와 금성사(LG전자), 이렇게 2개의 회사이던 가전회사가 1985년에는 대우전자의 4위 부상으로 가전 3사가 10대 광고주 리스트에 올랐고 이 3개사가 모두 상위 5위 안에 오른 것이다. 또한 1981년에는 3개 제약회사가 10위권에 있었으나 1985년에는 한국화이자가 탈락해서 제약은 2개사로 줄었다. 아울러 두 식품회사인 농심과 제일제당이 10대 광고주 랭킹에 올라서게 되었다.

〈표 7-7〉 흑백 · 컬러TV 보급 추세 및 컬러TV 생산대수 추세

	TV 보급(가구 대비 보급률 %)		
연도	흑백TV	컬러TV	컬러TV 생산대수
1979	5,967,952(79.1)	-	422,203
1980	6,128,835(81.5)	138,749(1.6)	955,770
1981	5,523,874(70.3)	1,197,908(14.7)	2,246,340
1982	4,820,009(62.1)	2,299,243(27.3)	2,189,549
1983	4,032,842(47.9)	3,173,345(37.9)	3,715,902
1984	3,421,585(38.4)	4,178,730(45.9)	4,305,361
1985	-	4,773,993(52.4)*	3,604,941
1986	-	4,925,413(51.4)**	6,004,981
1987	-	5,390,075(54.7)	-

자료: TV 보급률은 《한국방송 70년사》(1997). 한국방송협회. 734쪽.
TV 생산대수는 《한국통계연감》(1987). 경제기획원 조사통계국.
주: * 1985년 가구수 910만. ** 1986년 가구수 957만.

〈표 7-8〉 10대 광고주, 1981 및 1985

광고비: 억 원

	1981		1985	
순위	광고주	광고비	광고주	광고비
1	태평양화학	73.7	삼성전자	138
2	삼성전자	71.4	금성사	133
3	대한항공	61.6	태평양화학	114
4	금성사	48.3	대우전자	113
5	럭키	46.1	제일제당	91
6	롯데제과	44.1	농심	78
7	삼양식품	43.2	럭키	75
8	동아제약	35.9	유한양행	63
9	한국화이자	34.1	해태제과	61
10	유한양행	33.4	동아제약	60

자료: 《'82 광고연감》. 제일기획. 153쪽 및 《'86 광고연감》. 195쪽.

① 컬러TV광고
② ① 삼성전자 이코노컬러 《조선일보》 1980.7.24).
③ ② 대한전선 ROYAL COLOR 《동아일보》 1980.7.17).
③ 금성사 하이테크 《중앙일보》 1980.7.24).

3. 광고회사 그리고 한국방송광고공사

1980년 이후의 한국 광고를 논할 때에 1981년 초에 창립된 정부기관인 한국방송광고공사(이하 공사)는 떼놓고 이야기할 수가 없다. 특히 1980년 이후의 한국 광고회사 발전은 공사의 시책과 밀접히 관련되어 있다. 물론 공사는 정치의 산물이다. 따라서 3절에서는 광고회사와 공사를 같이 다루기로 한다.

1980년 11월 14일 신문협회와 방송협회의 공동결의라는 형식으로 채택된 "건전언론 육성과 창달을 위한 결의"에 따라 신문, 방송, 통신의 통폐합이 이루어졌다. 같은 해 12월에는 언론기본법이 제정되었다. 또한 1981년 1월 20일에는 한국방송광고공사가 창립되었다. 그리고 이해 2월에는 전문 7조로 된 "광고대행사의 방송광고 대행에 관한 규칙"이 제정되었다. 뒤에 바뀌었으나 이 규칙은 광고회사 발전과 밀접한 관계를 가지는 것이어서 그 전문을 옮기면 다음과 같다.

광고대행사의 방송광고 대행에 관한 규칙

제1조 (목적) 이 규칙은 방송광고 대행 규정 제5조에 의한 광고대행사(이하 대행사라 한다)의 방송광고 대행 업무에 관하여 필요한 사항을 규정함을 목적으로 한다.

제2조 (정의) 이 규칙에서 "대행사"라 함은 본 규칙 제3조에 정하는 바에 따른 요건을 갖추고 기업체의 광고업무를 전문적으로 대행, 취급하는 법인을 말한다.

제3조 (대행사의 자격 부여)

(1) 대행사가 한국방송광고공사(이하 공사라 한다)를 통해 기업체의 방송광고 업무를 대행하고자 할 때에는 다음 각 호의 1에 해당하는 자로 광고 이사회의 의결로 공사와 방송광고 대행 계약을 체결할 수 있는 자격을 부여 받은 자라야 한다.

1. 대행사가 방송매체사 또는 기업체의 어느 한 편에 종속되지 아니하는 자
2. 광고 대행에 필요한 광고 제작 시설 및 조직과 인원을 갖추고 광고 대행 취급고가 전체 매출의 70% 이상인 자
3. 대행사가 과거 3년간 광고료의 납부를 해태하거나 납부하지 아니한 사실이 없는 자
4. 대행사의 자본금이 2억 원 이상으로 연간 총매출 100억 원 이상의 광고 대행 실적과 연간 50억 이상의 방송광고 대행 실적이 있는 자
5. 대행사는 30개 이상의 광고주를 갖고 있는 자로서 대행사 자사 계열 기업의 광고 취급고가 대행사 전체 매출의 70% 이하인 자

한국방송광고공사 현판식

6. 국내 자본에 의한 국내 법인으로 설립된 자

7. 방송광고 대행 규정 제 5조 제 2항에 의한 납부 기한을 준수할 수 있는 자

(2) 외국 기업체의 방송광고 업무를 전문적으로 대행 취급하는 대행사의 자격 부여는 따로 공사 이사회의 의결에 따른다.

제 4조 (지불 및 수수료) 대행사의 방송광고료 납금 및 대행사의 광고 대행 수수료의 요율은 공사의 방송광고 대행 규정 제 5조 제 2항에 따른다.

제 5조 (계약의 취소) 공사 사장은 대행사가 법령 또는 문화공보부 장관의 명령에 위반하거나 기타 광고 유통 질서를 문란시키는 행위를 한 때 및 제3조 각호의 자격 기준에 허위 또는 하자가 발견되었을 때에는 계약을 취소할 수 있다.

제 6조 (계약 갱신) 이 규칙에 의한 광고 대행 계약은 공사의 매사업연도 개시일에 갱신하여 체결한다.

제 7조 (관행 준용) 이 규칙에 명시되지 아니한 사항으로서 대행사의 방송광고 대행에 관하여 필요한 사항은 일반 관행에 준하여 처리한다.

이 규정에 따라 이미 1970년대에 창립되어 방송사의 인정을 받은 연합광고, 오리콤, 제일기획의 3사와 제 3조 2항의 특례로 나라기획이 공사의 방송광고 대행 인정을 받았다. 세계에 유례가 없는 기구인 이 공사가 제정한 대행사 인정 규칙의 핵심

〈표 7-9〉 방송광고 대행 광고회사 인정 추세[2)]

최초 인정 일자	광고회사(계열)	비 고
1981.2.1	제일기획(삼성) 오리콤(두산) 연합광고(비계열) 나라기획(비계열)	나라기획은 외화획득 조건부 인정(4.1)
1984.7.1	대홍기획(롯데) 코래드(해태) 서울광고기획(비계열)	라디오 대행만 인정, TV 대행은 85.7.1 인정
1986.1.1	동방기획(태평양화학)	
1987.2.1	엘지애드(럭키금성) 금강기획(현대) 삼희기획(한국화약)	
1988.1.1	거손(비계열)	

은 제3조 대행사의 자격 부여에 있었다.

방송매체나 기업체의 어느 한편에도 종속되지 아니하는 자라는 것은 광고회사의 중립성을 보장하려는 것이었다. 그러나 공사 창립 이전에 이미 방송사 인정을 받은 3개사의 주식 구성을 보면 종속 관계는 뻔히 알 수 있는 일이었다. 물론 종속이라는 말의 풀이에 따라 달라질 수는 있었다. 특히 3조 1~4항의 연간 총매출액 100억 원 이상의 광고대행 실적이 있어야 한다는 규정은 문제가 있었다. 공사 창립 전년인 1980년 한국 광고비는 2,753억 원이었다. 따라서 공사의 인정을 받기 위한 100억 원 이상 대행액(취급액)은 한국 광고비의 3.6%를 대행해야 된다는 것이었다. 1979년 미국의 사례를 보면 미국 10대 광고회사 가운데 1위이던 영 & 루비컴(Young & Rubicum)의 미국 내 광고 취급액은 11.6억 달러였고 2위인 J. 월터 톰슨(J. Walter Thompson)의 취급액은 7.9억 달러로서 이 두 광고회사의 그해 미국 광고비 487.8억 달러에 대한 점유율은 각각 2.4% 및 1.6%였다.[3)]

따라서 이러한 취급액을 가지려면 대기업 그룹이 아니고는 공사의 인정을 받을 수 없게 되어 있었다. 또한 3조 1~4항의 30개 이상의 광고주를 갖고 있는 자라는 규정 역시 이른바 재벌그룹이 아니고서는 갖추기 힘든 조건이었다.

그 결과 1984년에는 롯데 계열인 대홍기획, 해태 계열인 코래드, 그리고 독립 광고회사로서 서울기획의 3개사가 대행 인정을 받았고, 1986년에는 태평양화학 계열인 동방기획, 1987년에는 럭키금성 계열의 엘지애드, 현대 계열의 금강기획, 한국

〈표 7-10〉 방송광고 대행 수수료 변동

단위: %

	TV		라디오		
시행일	계열	비계열	계열	비계열	비고
1981.2.1	8	8	8	8	1981.2.1에 인정된 4개사(참조 앞의 표)
1984.1.1	7	7	8	8	TV 수수료율 1% 감소
1985.7.1	7	7	8	8	1981.2.1에 인정된 4개사
	5	7	5	8	신규 인정사에 대해서만 적용
1986.1.1	5	7	5	8	1981.2.1. 인정사도 계열/비계열 차별 적용

화약 계열의 삼희기획이 대행 인정을 받아서 공사 방송광고 대행 인정을 받은 광고회사의 수는 11개사가 되었다.

달리 보면 공사의 이러한 대행 인정 규칙은 될수록 대행사를 인정하지 않겠다는 것이나 다름없었는데 그 근본 이유는 공사의 설립 목적 가운데 하나인 언론 공익사업을 지원하기 위해서는 돈이 필요했기 때문이었다. 즉 대행사 인정은 그만큼 대행 커미션 지출이 늘어나며 따라서 이른바 공익자금은 줄어들게 되어 있었다. 그것은 1981~1986년 기간의 방송광고 대행사에 대한 커미션 비율 변동에서 나타난다. 방송광고 대행 수수료 비율에서 짐작할 수 있듯이 방송광고 대행 광고회사의 증가는 그만큼 공익자금 수입의 감소를 의미했으므로 공사로서는 바람직한 일이 아니었다. 그래서 1984년에는 광고비가 많은 TV광고에 대한 커미션을 8%에서 7%로 내렸고 다시 1985년 7월에는 광고회사와 동일 그룹의 계열사 대행액은 7%에서 5%로까지 내리는 기현상을 빚게 되었다.

원래 이 8%라는 비율은 그 당시의 국제관례 15%에 비하면 터무니없이 낮은 것이었으나 1970년대 초반에 만보사, 합동광고, 제일기획, 연합광고의 4개사가 출범한 뒤 광고회사와 방송사 간에 합의한 비율이었다. 방송매체의 대행사 커미션 비율 결정에 관해서는 단편적 자료가 남아 있을 뿐인데 프로그램에 대해서는 8%, 토막광고(스팟, *Spot*)인 경우는 10%였다는 설이 유력하다.

즉 방송매체에 의한 광고회사 대행 인정과 커미션 비율에 대한 명확한 기준이 없었다는 것이다. 이 기준은 그 뒤 〈표 7-11〉과 같이 변동을 겪었다. 그런 의미에서는 대행 커미션 비율 문제를 제외하면 공사 설립과 함께 광고회사 인정과 커미션

〈표 7-11〉 방송광고 대행 광고회사 인정 기준 변화

내용	1981.3.1	1984.3.19	1986.1.1	1987.5.11
총매출 대비				
광고 취급액	70%	80% 이상	-	-
공사와의 거래기간	없음	6개월 이상	-	-
대행실적	연100억 원 방송광고 50억 원	-	-	연50억 원 이상 방송광고중 비계열 30억 원 이상
광고주	30개 이상	-	-	15개 이상
계열사 비중	70% 이하	60% 이하	50% 이하	폐지
자본 귀속	국내 자본, 국내 법인	-	-	-
광고료 지불 보장	기업 또는 금융기관 보증	-	-	-
보증금액	최근 3개월 평균거래액의 400%	-	-	-
광고료 납부 기일	60일	70일	-	80일(7.1)

〈표 7-12〉 방송광고 대행 인정 광고회사, 1988

자본금: 억 원

인정 연도	광고회사	자본금	설립일자	비고
1981	제일기획	4	1973. 1.17	삼성그룹 계열
	오리콤	10	1975. 2.24	두산그룹 계열. 항동광고 창설 기준시는 1967
	연합광고	2	1974. 3. 1	
	나라기획	2	1976. 4.12	
1984	대홍기획	2	1982. 4. 8	롯데그룹 계열
	코래드	3	1981. 7. 1	해태제과 계열
	서울광고	2	1980. 4.14	
1986	동방기획	3.5	1982. 7. 1	태평양화학 계열
	엘지애드	5	1984. 5.30	럭키금성 계열. 희성산업 창설 기준시는 1978년
	삼희기획	3	1983.12.30	한국화약(한화그룹) 계열
	금강기획	2.2	1983.11.5	현대그룹 계열
1988	거손	2	1981. 9.21	

자료: 신인섭(1984). 《광고대행사》. 서울: 웅진출판. 133쪽.

비율이 제도화되었다는 의미는 크다고 하겠다.

취급액에 기준해서 주요 광고회사들의 1981～1986년 기간 성장률을 대비하면 이 6년 사이에 취급액 합계는 729억 원에서 약 5.9배 증가한 4,290억 원으로 늘었다. 또한 1981년의 729억 원은 한국 광고비 3,184억 원의 약 23%였으나 1986년의 취급액 4,290억 원은 이해 한국 광고비 8,185억 원의 52.4%로서 비약적인 성장을 나타냈다.

한국방송광고공사 공사 창립의 근거는 1980년 12월 30일 제정된 법률 3317호이다. 이 공사법에 따라 1981년 1월 20일에 무자본 특수법인으로 공사가 발족했다. 공사법에 있는 창립 당시의 공사 설립목적과 업무는 다음과 같다.

〈표 7-13〉 광고회사 취급액, 1981～1986

금액: 억 원

광고회사(무순)	1981	1982	1983	1984	1985	1986
제일기획[1]	234	331	496	650	692	867
오리콤[2]	210	278	400	556	573	715
연합광고[3]	198	247	298	320	362	437
대홍기획[4]	–	76	216	362	438	613
금강기획[5]	–	–	–	85	123	176
엘지애드[6]	–	–	–	401	352	491
동방기획[7]	–	–	–	176	259	302
서울광고기획	21	35	88	110	143	167
코래드	34	66	143	194	256	337
나라기획[8]	27	41	45	68	90	100
거손[9]	5	19	43	60	66	85
합계	729	1,093	1,729	2,982	3,354	4,290

1) 《제일기획 15년사》(1989). 408쪽.
2) 《오리콤 20년》(1987). 28쪽.
3) 《제일기획 15년사》(1989). 408쪽.
4) 《대홍 10년의 발자취》(1992). 452쪽.
5) 《금강기획 10년의 발자취》(1993). 151쪽.
6) 《성장과 도약 33년-엘지애드 창립 백주년을 맞이하며》(1994). 500쪽.
7) 《종합광고대행사 나라》(1985). 9쪽.
8) 사보 동방기획 브로슈어.
9) 거손 브로슈어 1997.
(자료에 따라 취급액 숫자에 차이가 있어서 되도록 해당 회사 자료에 따랐다.)

•한국방송광고공사 설립 목적과 업무(발췌)•

제 1조(목적) 이 법은 한국방송광고공사(이하 공사라 한다)를 설립하여 공공에 봉사하는 방송광고 체제를 정립하고 언론공익사업을 지원하게 함으로써 건전한 국민생활과 방송문화의 발전 및 언론의 후생복지 증진에 기여함을 목적으로 한다.
제 14조(업무) 공사는 제 1조의 목적을 달성하기 위하여 다음 각 호의 업무를 행한다.

방송광고 대행에 관한 사항
언론기관, 언론 단체, 언론의 지원 등 언론 공익에 관한 사항
방송광고물의 조사 연구에 관한 사항
방송광고 자료, 정보의 국제 교류에 관한 사항
기타 공사의 목적 달성에 필요한 부대사업

공사 설립 이후 1987년까지의 주요 연혁은 다음과 같다.

1981. 1. 20	공사 창립
1981. 2. 1	방송광고 업무 개시
1981. 3. 7	(KBS 광고방송 실시)
1981. 4. 15	월간 〈광고정보〉 창간
1981. 11. 20	한국방송광고대상 제정 및 시행
1984. 12. 7	남한강 종합수련원 1차 개원
1985. 3. 2	프레스센터 완공(태평로). 본사 사옥 이전
1986. 8. 1 88	서울예술단 창단
1986. 11. 14	남한강 종합수련원 완공
1987. 1. 20	광고문화연구소 창립
1987. 12. 3	광고 자료센터 개관

설립 목적 2항에는 "언론기관, 언론단체, 언론의 지원 등 언론 공익에 관한 사항"이라 되어 있다. 언론인 복지와 관련되는 "언론인 자녀 학자금 지원"은 1981~1988년 기간에 총계 125억 원, 수혜 언론인은 38,170명(연인원 128,633명)에 이르렀다. 언론사 종사자의 자녀는 고등학교까지 학자금 지원이 보장되어 있었다. 또한 "언론인 생활자금 및 주택자금" 지침에 따라 1989년 말까지 16,703명에게 총액 167억 원을 생활자금으로 대부하였고 1,127명에게는 83억 8,700만 원을 융자해 주었다. 1981년부터 1988년까지 공익자금으로 해외시찰을 한 언론인은 1,340명에 달했다.[4)]

1988년에 중단된 "언론인 복지후생 증진" 사업에 투입된 자금은 총 공익자금 집행액(1981~1990. 9 기간) 3, 889억 원의 4. 9%인 188억 원이었다.[5)]

공사창립 후 기존 4개 광고회사가 방송광고 대행 인정을 받기는 했으나 그 무렵 광고회사 존속에 대한 우려가 없었던 것은 아니었는데 그것은 다음 글에서 드러나고 있다.[6)]

> 우선 1980년 말 국회에서 언론기본법과 한국방송광고공사 법안이 통과되고 대행사의 취급분 자체에 혼란이 빚어짐으로써 발생한 매출고 및 수익고의 변동, 이에 따른 체제 정비에 대처해야 했다. 광고공사는 운영세칙도 마련하지 못한 상태에서 광고업계에 성급하게 개입하고 나섰다. 전파광고의 경우 직거래와 광고회사를 통하는 것으로 양분, 대행사 취급분을 대상으로 대행 수수료를 크게 낮추겠다고 일방적으로 발표해 버렸다. 당시 방송광고를 총괄 담당하고 있던 대행사로서는 당장 이익부문의 격감을 초래할 미증유의 상황이 도래한 것이었다. 방송광고 중 37~38%가 당시 대행사 몫이었고 그 수준에서 계약고를 고정시키고자 한 것이었다.
>
> 제일기획은 이러한 환경 악화 요인이 겹침에 따라 최악의 경우 방송광고공사에 의해 독점될 방송광고 대행을 전면 포기할 위기에까지 이르렀다. 이는 방송광고 대행을 포기할 때의 영향이 1980년 기준으로 취급고 65%, 매출 26% 그리고 지급이자 79%가 각각 감소하게 된다는 전망에 근거한 것이다.

한국 광고시장 개방 1984년 6월 서울에서 개최된 제14차 아시아광고회의의 성공, 그리고 이 행사의 회장이던 오리콤 사장 김석년의 "IAA Man Of The Year" 상 수상은 예기치 않았던 일로 전개되었다. 물론 그 배경에는 놀라운 한국경제의 지속적인 성장과 이에 따르는 광고성장이 있었다. 1984년 한국 광고비는 6, 834억 원으로 그 해 환율 US$1. 00 = 827원을 기준하면 약 8억 3천만 달러로서 아시아에서는 일본 다음으로 2위의 광고시장이었다. 그러나 한국 광고시장은 완전히 닫혀 있어서 외국 광고회사의 자본 참여는 할 수가 없었다.

광고시장 개방의 요구는 1984년 8월 6일자 미국, 나아가서는 세계적인 광고 전문 주간지인 *Advertising Age*사설에 나타났다. "A 'no' vote for Korea's 'no' list"라는 제목의 이 사설은 'Negative List'에 광고대행업을 포함해서 자국 광고업 보호와 외국 광고회사 진출을 막고 있다는 것이었다. 1984년 12월 4일 한미경제협의회와 한국무역협회가 공동 주최한 오찬 석상에서 주한 미국대사 리처드 L. 워커(Richard L. Walker)는

〈표 7-14〉 한국의 광고회사

광고회사	1984년 취급액($1,000)
제일기획	78,248.7
오리콤	66,991.9
엘지애드	49,400.0
대홍기획	43,591.8
한국연합광고	39,458.4
코래드	30,100.0
동방기획	21,700.0
서울에이전시	13,100.0
금강기획	10,800.0
삼희기획	8,700.0

자료: *Advertising Age* 1985.4.22

Viewpoint: Editorial

A 'no' vote for Korea's 'no' list

It's hard to forget about the U.S. balance of payments problem while wandering through our retail stores and checking out the labels on the merchandise. "Made in USA" has become a phrase rarely seen on such reading matter. Even when the name is that of a familiar American marketer, it turns out that the item being considered for purchase was made, in part or entirely, at an overseas factory.

And so it was more than disconcerting to learn how the South Korean government discriminates against foreign competition. After imposing an advertising tax on outside marketers such as Eastman Kodak Co. and Coca-Cola, it rescinded the tax only in the wake of a great hue and cry.

Now we have some new rules from the Korean Economic Planning Board that would prevent U.S. ad agencies from acquiring equity positions in Korean shops. The weapon is the inclusion of ad agencies on a so-called "negative list" of businesses barred from accepting foreign investment.

The purpose is to protect Korea's $700 million advertising industry, dominated by local agencies with no major international links. This may sound like a good idea in Seoul, but the Koreans should heed the pleas of the American Assn. of Advertising Agencies and J. Walter Thompson Co. and open the doors to North Americans and other outsiders.

On balance, protectionism of this sort can only inhibit the growth of advertising in Korea and contribute to a lessening of Korea's importance in world trade. To claim world-class status as an aggressive marketing nation, Korea must be prepared to make the tradeoffs required of those who do business on a global scale. To do less than that is to send out an unclear signal about Korea's future growth prospects.

Observations

Enter outvision

Dazzling. One of the many awesome sights at the opening of the Summer Olympics in the Los Angeles Coliseum was the way, at a signal, about 80,000 cards were suddenly held aloft to transform the crowd into the flags of 140 nations. The tv people explained that it was all carefully prepared in advance. Computers directed those who set up this card trick to place specific card colors under specific seats. With a full house, every card got flashed. It was worth the effort; the end result was unforgettable. Can we now expect to see the emergence of a new advertising medium called outvision? This computer-driven commercial application of outdoor and television surely will give some future Super Bowl tv audience a lovely reproduction of the Budweiser label.

Advertising Age 1984.8.6 사설 기사

"Trade Dispute in Perspective"(무역 분쟁 전망)이라는 제목의 연설을 했다. 이 연설 가운데 한국 광고시장 개방과 관련된 다음과 같은 부분이 있었다.[7]

> 45세의 나이에 새로운 직업기술을 배워야만 하는 (미국) 인디아나주 캐리 시의 철강공이든, 공장의 일터를 찾아 도시로 나와야만 하는 어느 일본인 농부의 아들이든 또는 정평 있는 어느 광고회사와의 경쟁을 강요당한 서울의 어떤 광고회사 사장이든 간에 국제통상이 빚어내는 제반 영향은 위협적인 것처럼 보입니다 … 그러나 미국을 포함한 성숙한 경제를 가진 나라들은 신생 수출국가들에서 합당한 시장 접근이 곧 이루어지리라는 증거가 없는 가운데 조정이라는 부담을 받아들이기는 점점 더 어려울 것입니다.

거명은 안 했으나 이 연설에서 "서울의 광고회사 사장"이라는 말이 누구를 지칭했는가는 분명했다. 비슷한 발언은 1984년 12월 10일자로 된 "한국 광고산업 진출에 대한 장애"(*Barriers to Entry in the Korean Advertising Industry*)라는 제목의 주한 미국 상공회의소의 공개 보고서에도 언급되었다. "왜 한국의 광고시장은 개방되어야 하는가"라는 항목에는 "한국은 국제광고협회의 금년의 인물상을 수상하였다"는 부분이 있는데 이것은 오리콤의 김석년 사장을 지칭하는 것이다. 한편 이 무렵 한국 광고회사에 대한 *Advertising Age* 보도에는 놀라운 한국 광고시장 규모의 일단을 나타내는 자료들이 있다. 〈표 7-14〉에서 알 수 있듯이 최대의 제일기획 취급액은 8천만 달러에 가까운 것이고 보고된 10개 광고회사 가운데 9개사의 취급액은 1천만 달러를 넘고 있어서 1980년대 중반임을 고려할 때 그 규모는 국제적으로도 상당한 것이었다.[8]

한국측의 반응이 나타나기 시작한 것은 앞에서 언급한 주한 미국 상공회의소의 보고가 한국신문에 대대적으로 보도된 뒤였다. 1985년 9월 17일자 〈조선일보〉는 "광고, 병원, 법률사무소, 관광 등 미 12개 서비스 분야도 개방 요구"라는 기사를 1면 머리기사로 다루었다. 힘겨운 한국 광고시장 개방 반대 캠페인이 벌어졌는데 그 선봉장이 된 사람은 한국 광고협의회 회장 김석년이었다. 그는 그 무렵 한국 국제광고협회(IAA)의 한국지부 회장을 겸하고 있었으며 1986년에는 새로 창설된 광고회사 단체인 한국 광고업협회 회장도 겸하고 있었다. IAA의 기본 방침은 상업광고를 포함한 모든 정보의 자유로운 교환이므로 당연히 광고시장 개방을 주장하는 것이었다. 광고시장 개방에 대한 국내 광고회사의 의견은 한국방송광고공사가 발행하는 1985년 10월호 〈광고정보〉에 게재한 김석년의 글 내용에도 나와 있듯이 찬반이 갈라져 있었다.

그러나 개방 반대로 방침을 굳히고 미국측 주장에 대한 반격에 나섰다.

이런 장문(3 페이지)의 권두언이 정부기관인 한국방송광고공사가 발행하는 광고정보에 게재된 일은 전무후무한 일이었다. 이 글에서 김석년은 광고시장이 개방되면 어떤 문제가 일어날 것인가에 대해 여섯 가지를 들었는데 항목별 요약은 다음과 같다.[9]

개방한다면 어떤 문제가 있나

문제점	요약
첫째, 국내 여건과의 심한 마찰	인쇄매체 부수 조사제도가 없고 한국방송광고공사의 운영도 쌍방적이고 광고산업 발전 형태로 바뀌어야 한다.
둘째, 국내 광고산업에 타격	광고산업에 대한 정책적 배려가 없고 제도적 개선 없이 개방하면 우리나라 정보산업을 외국에 손쉽게 넘겨주는 것이 된다.
셋째, 국내 다른 산업까지 여파	외국상품의 광고자금이 국내판매분에서 충당되는 것이므로 국내자금으로 외국상품을 뿌리내리게 하는 일이며 우리 상품의 국제경쟁 기반까지 약화시키는 결과를 초래. 따라서 무역이 완전 개방된 후에 광고시장을 개방해야 된다.
넷째, 문화와 매스컴에 큰 영향	한국광고가 국제경쟁력을 못 갖춘 상황에서 개방은 문화적 상품을 외국에 양도하고 문화의 생산수단과 지원을 내 놓은 결과로서 문화종속 시대가 생긴다. 그리고 광고재원이 외국 대행사에 넘어가면 동남아 국가처럼 언론에 미치는 영향이 생긴다.
다섯째, 오히려 가중될 외채 부담	광고대행업은 많은 자본이 필요치 않으므로 (외국 광고회사는) 기술과 인력을 위주로 진출할 것이며 이익을 소중한 외화로 송출할 것이어서 현재 심각한 외화부채를 가중시킬 것이다.
여섯째, 별로 기대할 것이 없는 노하우	그들이 제공한다는 노하우는 국내환경이나 문화와는 이질적인 것이며 기대할 것도 그다지 새로운 것이 아니다.

広告·病院·법률사무소·觀光등 美, 12개 서비스分野도 開放요구

駐韓 美商議선 政策批判자료까지 돌려

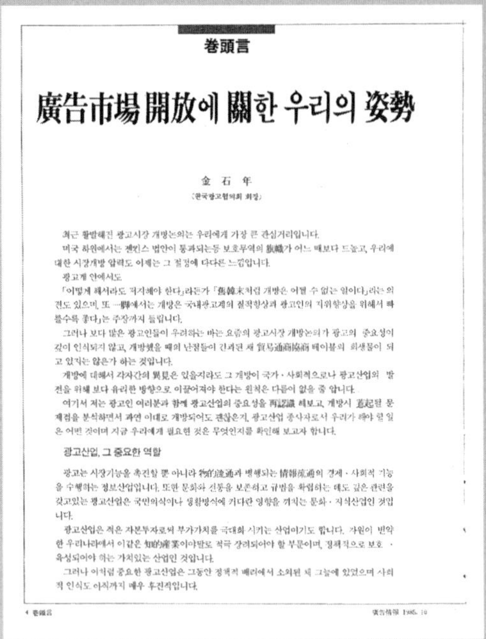

卷頭言

廣告市場開放에 關한 우리의 姿勢

金 石 年
(한국광고협의회 회장)

최근 활발해진 광고시장 개방논의는 우리에게 가장 큰 관심거리입니다.

미국 하원에서는 젠킨스 법안이 통과되는등 보호무역의 旗幟가 어느 때보다 드높고, 우리에 대한 시장개방 압력도 이제는 그 절정에 다다른 느낌입니다.

광고계 안에서도

「어떻게 해서라도 저지해야 한다」라든가 「舊韓末처럼 개방은 어쩔 수 없는 일이다」라는 의견도 있으며, 또 一likely에서는 개방은 국내광고계의 질적향상과 광고인의 지위향상을 위해서 빠를수록 좋다」는 주장까지 들립니다.

그러나 보다 많은 광고인들이 우려하는 바는 요즘의 광고시장 개방논의가 광고의 중요성이 깊이 인식되지 않고, 개방했을 때의 난점들이 간과된 채 貿易通商協商 테이블의 희생물이 되고 있지는 않은가 하는 것입니다.

개방에 대해서 각자간의 異見은 있을지라도 그 개방이 국가·사회적으로나 광고산업의 발전을 위해 보다 유리한 방향으로 이끌어져야 한다는 원칙은 다름이 없을 줄 압니다.

여기서 저는 광고인 여러분과 함께 광고산업의 중요성을 再認識 해보고, 개방시 惹起될 문제점을 분석하면서 과연 이대로 개방되어도 괜찮은지, 광고산업 종사자로서 우리가 해야 할 일은 어떤 것이며 지금 우리에게 필요한 것은 무엇인지를 확인해 보고자 합니다.

광고산업, 그 중요한 역할

광고는 시장기능을 촉진할 뿐 아니라 物的流通과 병행되는 情報流通의 경제·사회적 기능을 수행하는 정보산업입니다. 또한 문화와 전통을 보존하고 규범을 확립하는 데도 깊은 관련을 갖고있는 광고산업은 국민의식이나 생활방식에 커다란 영향을 끼치는 문화·지식산업인 것입니다.

광고산업은 적은 자본투자로써 부가가치를 극대화 시키는 산업이기도 합니다. 자원이 빈약한 우리나라에서 이같은 知的產業이야말로 적극 장려되어야 할 부문이며, 정책적으로 보호·육성되어야 하는 가치있는 산업인 것입니다.

그러나 이처럼 중요한 광고산업은 그동안 정책적 배려에서 소외된 채 그늘에 있었으며 사회적 인식도 아직까지 매우 후진적입니다.

4 卷頭言 廣告情報 1985. 10

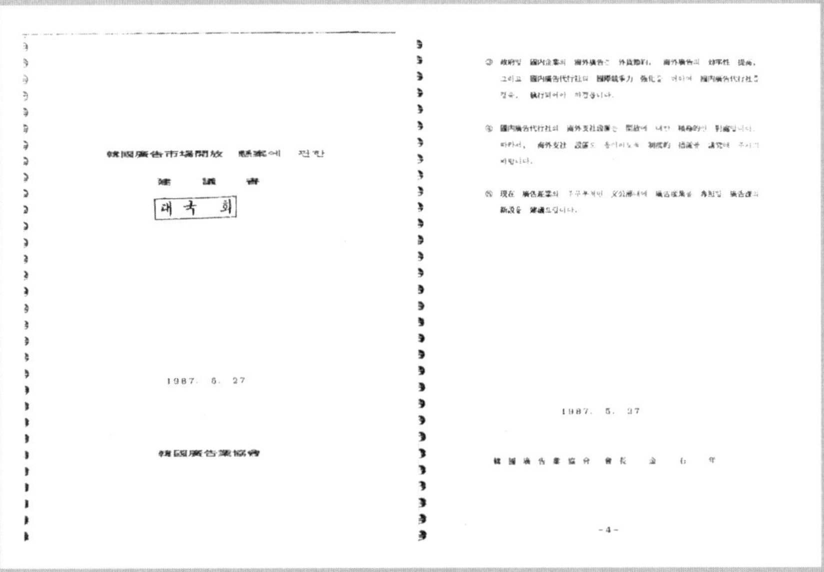

韓國廣告市場開放 懸案에 관한
建議書
대국회

1987. 5. 27

韓國廣告業協會

1987. 5. 27

韓國廣告業協會 會長 金石年

-4-

①|② ① 1985.9.17일자 시장개방에 대한 〈조선일보〉 1면 머리기사.
③ ② "광고시장 개방에 관한 우리의 자세"라는 한국 광고협의회 회장의 광고정보 1985.10월호 권두언
③ 1987.5.27일자 한국광고업협회의 "한국 광고시장 개방 현안에 관한 건의서" (대 국회).

정부의 광고시장 개방 정책 결정권을 가지고 있던 경제기획원의 판단은 달랐다. 경제기획원은 한국 광고단체와 미 상공회의소 양측 주장을 검토했다. 경제기획원 측이 관심을 둔 것은 한국측 주장의 다섯 번째 "심각한 외화부채를 가중시킬 것"이라는 대목이었다. 미국측 주장에 따르면 광고시장 개방의 결과 미국 광고회사가 광고시장의 20%를 차지하게 되더라도 연간 "한국의 시장으로부터 매년 미화 50만 달러를 초과하여 송금되리라고는 예상되지 않습니다"는 것이었다.[10] (1985년 한국수출은 약 303억 달러였다.) 결국 광고시장 개방 문제는 1987년 6월 29일 관보 10674호 재무부 고시 제87~89호로 광고대행업을 네거티브 리스트(*Negative List*)에서 해제함으로써 외국 광고회사의 한국 광고시장 진입의 길을 트는 것으로 결론이 났다. 광고시장이 완전히 개방된 것은 1991년이었다.

광고시장 개방 반대에 앞섰던 김석년은 1990년대 광고회사 선련을 창립하고 미국 레오 버넷과 합작했다.

4. 크리에이티브

1980년대 전반에는 크리에이티브에 커다란 변화가 일어났다. 그 원인은 몇 가지로 나누어 볼 수 있다.

첫째는 1981년부터 시행된 TV방송의 컬러화였다. 색에 가장 민감한 제품 예컨대 화장품이나 의류제품 광고는 새로운 시대를 맞게 되었다.

TV광고 제작이라는 입장에서 보면 흑백TV는 일종의 "독재"였다. 컬러에 비하면 흑백TV는 혼자서 광고를 만드는 독무대나 다름없었다. 컬러TV가 등장하자 TV광고 제작은 분업화할 수밖에 없게 되었다. 촬영, 조명, 메이크업, 의상, 세트 디자인 등이 전문화되었다. 따라서 분업화된 전문가가 필요하게 되었다. 그리고 과거에는 그리 중요시되지 않던 PPM(*Pre-Production Meeting*)이 필수가 되었다. 1970년대 흑백시대 TV광고 한 편 제작비는 탤런트 개런티를 제외하면 대개 400만 원 안팎이었다. 그러던 것이 TV 컬러화 이후 1980년대에는 2,500만 원이나 들게 되었다. 역시 탤런트 비용을 제외한 금액이었다. 게다가 TV광고료도 올랐다.

또한 컬러화와 함께 TV광고 제작이 광고회사 제작의 일부이던 것에서 독립 영상 광고 프로덕션으로 분리되기 시작했다. 원래 광고회사에서 마케팅의 일환으로서의 광고, 그리고 광고계획의 일부인 크리에이티브 훈련을 받은 감독들로서 주로 제일기획과 오리콤에서 일하던 사람들이 독립 프로덕션을 차렸다.

세종문화의 윤석태, 플러스 필름의 이기태, 송 프로덕션의 송재완, 제일프로덕션의 윤문영, 포커스의 이지송 등이 그런 사례였다.

선진국과는 달리 한국의 TV 컬러화는 일시에 이루어졌기 때문에 준비가 덜 된 프로덕션에는 혼선이 일어났는데 그 상황은 당시 선우(宣友) 프로덕션의 강한영 감독의 다음 글에 잘 나와 있다.

> 서둘러서 세미나를 쫓아다니고-기재를 준비한다, 라보 책임자를 만나 수십 배 까다로워진 컬러 프로세스를 문의하는 등 전쟁터의 피난민처럼 바빠지기 시작했다. 여기서 웅성 저기서 쑥덕, 엇갈리는 견해, 의견, 비관론자, 어떻게 되겠지 하는 배짱 좋은 낙관론, 다 제 나름대로 억측, 추측이 난무하기 시작했다. 촬영은 이래야 되고 색도는 어떻고 텔레비전 브라운관의 특성 때문에 적색 피사체는 피해야 되고, 초콜릿색과 오렌지, 녹색은 실제 촬영 시에는 다른 색으로 제품을 만들어야 하고 스킨 톤은 이렇고, 충무로 조명기재는 몽땅 쓰레기통에 넣어야 한다는 사람, 마스터와 듀프는 알겠는데 인터미디에이트는 뭐냐는 웃지 못할 질문을 던지는 친구 … 뭔가 채 정리되지 못하고 준비도 되지 못한 상태에서 뚜껑은 열렸다. (〈광고정보〉 1981년 12월호. 62쪽. 선우 프로덕션 강한영 대표)

둘째로는 1982년의 야간통행금지 해제, 중학교와 고등학교 학생들의 두발과 교복 자유화는 도시 거리의 풍경을 바꾸어 놓을 만큼 사회적 영향을 미치게 되었다. 한결 자유로운 분위기를 자아내게 되었다.

셋째로는 1980년대 중반이 되자 제일기획, 오리콤, 연합광고 3사의 광고 대행시장 과점이 무너지고 해태, 롯데, 태평양, 한국화약, 럭키그룹 등이 세운 광고회사가 속출하게 되었고 진정 광고대행의 시대가 왔다. 말할 것도 없이 크리에이티브를 포함한 모든 광고에 치열한 경쟁이 생기게 되었다.

마지막으로 일간신문 1일 발행 면수가 8에서 12페이지로 늘었다. 광고지면이 커질 수 있는 요건이 조성되었다.

이 밖에도 1986년의 아시안게임, 1988년의 다가오는 서울올림픽, 그리고 뜨거운 이슈가 되고 있던 광고시장 개방에 따르는 외국 광고회사의 시장 진입 또한 외국 탤런트 사용 금지의 해제 등 광고 크리에이티브에 긍정적 영향을 미칠 요인들이 생기고 있었다.

1981년에 시작된 한국방송광고공사 주최의 한국방송광고대상의 TV와 라디오 최우수상을 보면 서양 가치지향적인 광고와 한국 가치지향적인 추세가 보인다. 예컨대 1982년 TV 최우수작인 '해태 치클껌'은 치클이 멕시코에서 생산된다는 데 착안하여 극히 서양(멕시코) 지향적인 표현으로 되어 있다. 이와는 대조적으로 1983년 TV 최우수작인 선경의 '장인정신'은 극히 한국적 가치지향이 강했다.

선경그룹은 인쇄매체 광고에서도 한국적 가치를 추구하는 일련의 광고를 실시했다. "옛 조상들이 보여준 창조정신"에서는 세계 최초의 강우량 측정기인 측우대(測雨臺), "잠자고 있는 민족의 슬기를 일깨웁시다"에서는 해시계를 큰 사진으로 썼다.

비슷한 것은 1983년 라디오부문 대상을 받은 대우전자의 기업PR 광고에서도 나타났다. 개구리 울음소리, 시냇물 흐르는 소리, 새벽 닭 우는 소리, 매미소리, 어망 끌어올리는 소리, 크낙새 나무 쪼는 소리, 열차 달리는 기적소리, 절구질 소리, 베틀놀이, 변사소리, 목탁소리, 까치소리, 귀뚜라미 소리 등 한국적 소재를 통해 잊힌 한국의 소리를 찾았고 한국적 가치를 추구했는데, 카피를 쓴 이인구는 제작의도를 다음과 같이 설명하고 있다.[11]

> '우리의 소리를 찾아서'는 기업의 모습과 이념을 내세우는 기존의 기업의 PR 패턴에서 탈피하여 새로운 방향을 찾아보려는 의욕에서 출발했다. 주제는 라디오매체의 특성을 감안, '소리'에 착안했다. 표현소재는 현대를 살아가는 각박한 생활 속에서 한 모금의 샘물 같은 자연의 소리, 근대화에 밀려 우리 생활 속에서 잊혀졌거나 점점 멀어져 가는 우리의 삶의 소리, 전통의 소리 같은 것을 다각적으로 모아 시리즈로 엮었다. '우리의 소리'는 소비자들로 하여금 잊혀졌던 우리의 고향, 전통 같은 것을 잠시라도 생각하게 하고 주의를 되새기게 함으로써 '우리'를 찾는 대우전자의 호의를 조성하여 기업이미지를 제고시키고자 하는 의도로 제작, 운영되고 있다.

이 일련의 광고 가운데서도 매우 한국적이라고 생각되는 작품의 카피를 옮기면 다음과 같다.[12]

> '목탁소리'
> 목탁소리에선 깊은 산속의 여울 물소리가 난다. 목탁소리에선 안자의 그윽한 향불냄새가 난다. 부처님 앞에 주름진 손을 합장하시던 우리 할머님. 그 할머님이 남기고 가신 염주알을 굴리며 나는 지금 목탁소릴 듣는다. 우리의 소리를 찾아서, 대우전자 제공입니다.

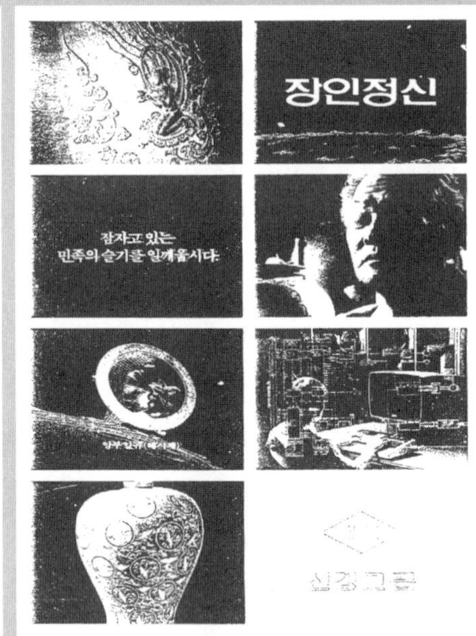

①	②
③	

① 1982년 한국방송광고 대상에서 TV부문 대상 수상작 '해태 치클껌'.

② 1983년 한국방송광고 TV부문 최우수상 수상작 선경 기업PR TV광고 '장인정신'.

③ 1982년 한국방송광고 대상에서 라디오 부문 대상 수상작 '유한킴벌리 뽀삐 화장지' CM송.

'절구질 소리'
사람들의 마음까지 넉넉해지는 가을, 그리고 풍년 —. 절구에 찹쌀을 찧는 시누올케의 호흡이 저렇게 잘 맞을 수가 없다. 까다롭던 시어머니의 이맛살도 펴지는 풍년 어느 날 절구질 소리, 대우전자 제공입니다.

아마도 한국 광고사에서 유례를 찾아보기 힘들 만큼 사회적인 반응을 불러일으킨 광고는 1984년 5월 스승의 날에 신문 5단 크기, 흑백의 쌍용그룹 '도시락광고'였다. 이 광고에 대한 수많은 신문, 잡지 기사 가운데서 몇몇을 옮기면 다음과 같다.

보리밥에 짠 무김치 몇 쪽, 밥 위에 얹힌 스테인리스 젓가락. 이런 도시락 그림 두 개. 광고문은 '오늘은 속이 불편하구나'. 첫눈에 무슨 약광고인가 싶었다. 벌겋게 김칫국물이 밴 그 옛날 도시락보 생각이 떠올라, 곁들여진 글도 읽게 되었다. 어제 날짜 신문 다섯 개에 실린 일면 광고다.

읽어보니 스승의 날에 맞춘 기업광고다. 속이 불편하다는 구실로 못 싸온 제자에게 넘겨진 도시락. 이런 사랑도 체험으로 배우며 눈물겹게 자란 전후 세대가, 여러 분야에서 이세는 보람 있는 일을 맡고 있다는 내용이다. 쉰을 바라보게 된 중년층이, 청소년 시절의 스승의 은혜를 회고하는, 가슴 찡한 글귀이다. 기회로 삼아, 특정 기업을 두둔할 뜻은 없다. 다만, 광고가 이렇게 달라진 사례에서, 눈길이 머물게 된 사실을 말하고 싶다. 광고 제작의 형식-기술의 내면 성숙성은 광고의도의 간접 파급 효과도 짚어보게 한다. 쉰을 바라보는 계층이 이런 도시락을 가지고 다니던 시절은, 40년대 중반에서 50년대 중반까지다. 물에 젖는 한지(韓紙)처럼 가슴을 적셔주는 3년 전쟁도 일깨워 준다. 뿐만 아니다. 다른 국면도 시사한다. 풍요롭지 못하던 시절, 그때의 사제 간의 사랑도 보여준다. 아름다운 것은 예나 지금이나 같다는 것도 일러준다. 우리가 어떤 세월을 살아와서 오늘에 이르렀고, 지금의 각계각층 일꾼들이 어떤 교육풍토에서 성장했으며, 또 어떤 인간관계가 감동적인가 하는 것까지, 젊은 세대에게 설명해 줄 만한 꺼리로 읽게 된다. 고약광고 시절부터만 치더라도 신문광고 70년이 넘는다. 광고의 질적 변모를 통해 사회성장을 가늠해 볼 수 있다면, 본보기가 되겠다. 한 꺼풀만 벗기면 속이 들여다보이는 것에서부터 벗길 것도 없이 직접 노출된 광고들. 광고의 바다에 헤엄을 치다 보면, 한나절도 못 가는 풀꽃 같은 유아독존식엔 입맛이 떫지 않을 수 없다. 광고에 '학'자를 붙이는 이유도 알 만하다. 오랜 광고식상에 입맛이 새로워 한 마디 한다. (〈조선일보〉 1984. 5. 16, "만물상"(萬物相))

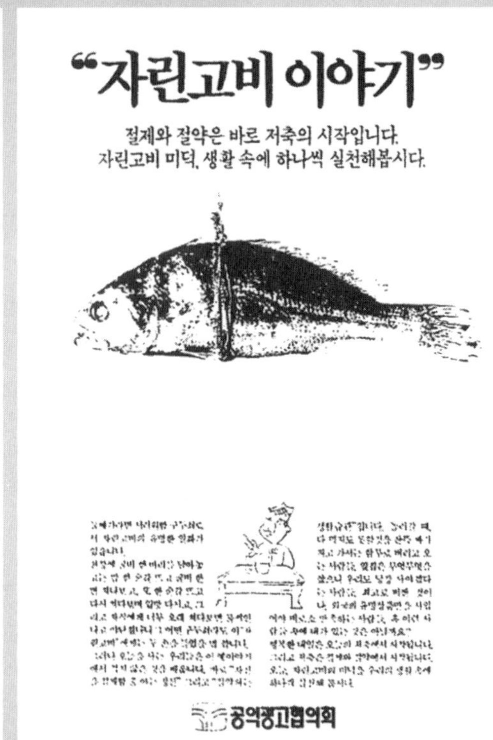

①	②
③	④

① 제 14차 아시아 광고회의가 개최된 서울 힐튼호텔 현관에 붙은 제 14차 아시아 광고회의 배너, 심벌.
② 제 14차 아시아 광고회의가 개최된 서울 힐튼호텔 회의장 내부.
③ 도시락 광고 및 〈조선일보〉, 〈동아일보〉 기사. 1984년 5월 스승의 날에 전국 일간신문에 게재된 도시락 광고. 그리고 같은 해 9월에 게재된 “둘째 사위는 어디에 있습니까?” 추석광고는 임진각에서 북녘을 향해 제사를 올리기 때문에 같은 자리에 없는 사위에 대한 이야기로 되어 있다.
④ 초기 공익광고, “자린고비”.

'아! 대한민국'의 들뜬 조국송(祖國頌)보다 지난 스승의 날 도하 각지(各紙)에 실린 어느 기업체의 광고문구가 더욱 가슴을 친다. "참으로 어려웠던 시절, 그날도 선생님은 어김없이 두 개의 도시락을 가져오셨습니다. 여느 때는 그 중 한 개를 선생님이 드시고 나머지를 우리에게 내놓고 하셨는데 그 날은 두 개의 도시락 모두를 우리에게 주시고는 '오늘은 속이 불편하구나' 하시며 교실 밖으로 나가셨습니다. 찬 물 한 주발로 빈속을 채우시고는 어린 마음들을 달래시려고 그 후 그렇게나 자주 속이 안 좋으셨다는 걸 깨닫게 된 것은 긴 세월이 지난 뒤였습니다 …." 이 어찌 6·25 세대의 '자학적인 노스탤지어'로만 돌릴 수 있을 것인가. (〈동아일보〉 1984. 5. 25, "오늘과 내일")

요즘 신문광고에 때 아닌 꽁보리밥이 등장했던 일이 있었다. 찌그러진 알루미늄 도시락에 가로놓인 젓가락하며, 짠 무 몇 조각. 그야말로 궁기(窮氣)가 넘치는 도시락이었다. 그러나 정작 눈길을 끄는 것은 캐치프레이즈 한 마디, "오늘은 속이 불편하구나…." 분명히 약광고는 아니었다. 어느 기업이 '스승의 날'을 맞아 어떤 에피소드와 함께 이미지 광고를 시도한 것이다. 그러니까 학교 선생님이 자신의 도시락을 점심도 싸오지 못한 가난한 아이에게 넘겨주는 인정가화(人情佳話)를 회상 형식을 빌려 그렇게 콩트로 엮었다. … (〈중앙일보〉 1984. 5. 31, "분수대")

지난 5월 중순의 '스승의 날'에, 도하 각 신문의 1면에는 색다른 광고가 실려 관심을 모은 일이 있다. 보리밥 도시락이 크게 그려진 위에 "오늘은 속이 불편하구나"라는 엉뚱한 머리글이 적힌 기업광고. 잔글씨로 된 문안을 끝까지 따라 읽어보아도 특정한 상품을 광고하자는 의도는 보이지 않는다. 다만, 어렵던 시절의 훌륭한 스승상을 돌아보는 향수를 불러일으킴으로써, 소홀히 지나칠 뻔하였던 스승의 날을 새삼 되새기게 하던 것이다. (〈한국일보〉 1984. 6. 12, "메아리")

도시락광고가 게재된 지 거의 2년이 지난 1986년 4월 20일자 〈이코노미스트〉에는 이것이 광고에 미친 영향에 관해 "쌍용의 기업광고가 충격으로 받아들여지고" 있다는 말과 함께 다음과 같은 글을 실었다.

1984년 5월 스승의 날에 선보인 쌍용의 기업광고는 이제까지의 정형을 무시한 새로운 기법으로 큰 반향을 일으켰다. "오늘은 속이 불편하구나"라는 제목의 이 광고는 40대 중반 이상의 사람들은 누구나 경험했던 어려웠던 시절의 아름다운 추억을 잔잔하게 펼쳐 나간 이단적 광고로 꼽히고 있다. … 이 광고가 기대 이상의 신선한 충격을 던져주자 쌍용은 이에 힘입어 더욱 과감한 기업광고를 시도했다. 망향의 아픔을 그린 '둘째 사위' 광고에 이어 2세 교육의 어려움을 풀어 나간 '벗어던진 우산'과 '행복해서 못 살겠다지

> 만' 등이 쌍용의 기업광고로 정착했다. … 쌍용의 기업광고는 상품광고의 제작에도 많은 영향을 미쳤다. 이제까지는 상품광고의 표현기법이 기업광고를 앞서고 있었다. 그러나 쌍용의 기업광고 이후 한국적 정감을 표현하는 상품광고가 눈에 띄고 있다. 녹십자의 헤파박스 광고, 기아산업 봉고차의 "아직도 두 자리가 남았구나" 등의 광고가 표현전략에서 일대 수정을 가했음을 볼 수 있다.

이 광고는 몇 가지 측면에서 생각해 볼 수 있다. 한국적 소재와 아이디어의 가능성을 보여주었다. 그리고 카피의 힘을 제시했다. 이 광고는 5단 크기이고 흑백이었다. 1984년 일간신문의 1일 발행면수는 12면이었다. 따라서 광고가 큰 것은 아니었다. 기업광고의 영향이 어떤 것인가를 보여준 것이 또 다른 측면이었다. 무엇보다 중요한 것은 광고의 잠재적 영향력을 증명해 준 일이었다. 나아가서는 광고가 때로는 기사 못지않은 힘을 발휘함을 드러냈다. 그리고 광고가 미치는 사회적 영향을 나타냈다. 다만 이러한 한국적 가치지향 광고보다는 그 수나 양에서 서양적인 광고가 많았음은 사실이었다. 특히 아이스크림, 스낵류, 패션, 화장품, 청량음료 등 분야에서는 서구 지향적 광고가 지배적이었음은 말할 나위도 없었다.

5. 그 밖의 일들

공정거래법, 소비자보호법 1980년에는 공정거래법과 소비자보호법이 제정되었다. 이 두 법은 광고와도 밀접한 관련을 가지고 있으며 한국에서 소비자보호운동이 활발해지는 계기가 되었다. 독점규제 및 공정거래에 관한 법률 시행령이 공포된 것은 1981년 4월 1일이었다. 그리고 이해 7월에는 금성사(엘지전자)와 삼성전자의 냉장고광고 때문에 시정광고 제1호를 게재하게 되었다.[13] 1982년에는 "표시, 광고에 관한 공정거래 지침"이 제정되었다.

광고연감 제일기획은 1980년에 《한국 광고》를 발행했고 이듬해에는 《광고연감》으로 제호를 바꾸어 한국 광고의 연감을 발행하게 되었다. 그리고 그 공로로 1981년 한국방송광고공사 특별상을 받았다. 말할 것도 없이 광고연감의 발행은 중요한 의의를 지니는데 그것은 이 연감이 나옴으로써 광고계 전반에 일어난 일들이 한 권의 기록으로 남게 되기 때문이다.

공익광고 한국방송광고공사가 창립된 해인 1981년에 시작해서 현재까지 계속하고 있는 중요한 사업의 하나는 공익광고가 있다. 공익광고는 공사가 한 여러 일 가운데서 가장 공익성과 사회적인 의의를 지닌 일로서 이제는 완전히 정착했다. 학문적 측면에서는 논의의 여지도 있으나 원래 제2차 세계대전 기간 중인 1942년 미국에서 시작해서 세계적으로 퍼져 나간 공익광고(PSA: *Public Service Advertising*)는 이제 세계 여러 나라에서 실시하는 일종의 사회제도처럼 되었다.

아시아광고회의 1984년 6월 18~21일 4일간 제14차 아시아광고회의(Asian Advertising Congress, 이해부터 AdAsia라는 애칭 제정)가 서울 힐튼호텔에서 개최되었다. 21개국에서 820명이 등록했고 그 밖에 연사, 집행요원을 합하면 1,000여 명이 참가한 이 회의는 한국 최초의 국제적 광고회의였다. 대회의 성공으로 이 회의 회장인 오리콤 김석년 사장은 같은 해 동경에서 개최된 IAA 세계대회에서 'IAA Man of the Year'상을 받았다. 그러나 이 회의의 성공은 한국 광고시장 개방 압력이 대두되는 계기가 되었다.[14] 1982~1987년 기간에는 광고 관련 논문으로 학위를 받은 논문이 12편이나 나왔다. 이것은 1971년 첫 박사학위 논문이 있은 뒤에 일어날 일로서 광고에 대한 관심도를 반영하는 것이었다.[15]

1986년은 〈한성주보〉에 첫 신문광고가 게재된 지 100년이 되는 해였다. 이해 2월부터는 여러 신문에 근대광고 100주년과 관련된 기사가 게재되었다. 일련의 행사가 뒤이어졌다. 5월 18일에는 교육TV(KBS-3TV)가 문화강좌의 일환으로 한국 광고의 역사를 다루었다. 8월 12일부터 1주일 동안 서울 태평로에 있는 프레스 센터 전시실에서는 100주년 기념 광고전시회가 한국 광고협의회(현재는 한국 광고단체연합회) 주최로 열렸다. 2월에는 윤병덕이 엮은 《광고용어사전》, 7월에는 코래드가 엮은 《광고대사전》이 출판되었다. 12월 4일에는 MBC-TV가 2부로 구성된 "한국 광고 100주년"이라는 다큐멘터리를 방영했다.

12월에는 한국컴퓨터그래픽협회가 세미나와 전시회를 개최했는데 컴퓨터그래픽(CG: *Computer Graphic*) 시대 도입을 상징하는 일이었고 그 뒤 CG는 광고표현에 큰 영향을 미쳤다.

1986년 10월에는 한국 광고업협회가 창립되었는데 광고회사의 단체였다. 광고회사의 주류가 대기업그룹 소유로 되어 있는 하우스 에이전시라는 특성 때문에 외국에서는 광고주협회 설립이 앞서는 것과는 다른 양상을 보인 것이 한국의 경우였다.

《광고대사전》, 《한국 광고발달사》 표지.

12월에는 광고기자들 모임인 광기회(廣記會)가 창립 모임을 가졌는데 광기회는 그 뒤 매년 광고계 10대 뉴스를 선정, 발표하고 있다.

1987년에는 당시 집권당인 민정당 대통령 후보의 6·29선언이 있었고 또한 역사상 가장 치열한 대통령 선거전이 벌여졌으며 광고회사들이 선거광고전 참여가 본격화된 해였다. 노태우 후보는 12월 3일 서울 프레스센터에서 개최된 광고인 송년의 밤 행사에 참석했다. 당연히 목적은 선거전에 있었으나 광고인 모임에 대통령 후보가 참석하는 첫 사례였다.

이보다 앞서 11월 26일에는 문화공보부 매체국에 광고정책과가 신설되었다. 외국과는 달리 광고담당 정부 조직이 상공, 통상 계통이 아닌 공보 계통에 설치되는 것은 한국의 특수한 상황을 들어내는 일이었다. 이것은 1980년대 말 무렵에야 중앙정부 기구 가운데 1개 주무과(主務課)가 생겼다는 한국 사회의 광고관의 일단을 반영한 일이었다. 12월 말에는 한국 광고영화제작사협회가 창립되었다.

1980년대 한국 광고 발전에서 특기할 일은 신인섭(申寅燮)의 《한국 광고발달사》(韓國廣告發達史) 출판일 것이다. 일조각(一潮閣)이 발행한 이 한 권의 책은 거의 관심 밖이었던 한국광고의 역사를 발굴해서 한국광고에 대한 관심을 불러일으켰으며 광고 관련 서적에 한국광고의 역사가 포함되는 계기를 제공했다.

※ 각주

1) 〈KBS 연지 1983〉. 21쪽 및 〈KBS 연지 1989〉. 69쪽.
2) 〈표 7-9〉, 〈표 7-10〉 자료는 《한국방송광고공사 20년사》(2000)에서 구성함.
3) 신인섭·신기혁(2004). 《국제광고와 PR》. 서울: 커뮤니케이션북스. 117쪽. 미국 광고비는 *Advertising Age* 연례 광고회사 특집 자료.
4) 《한국방송광고공사 10년사》(1991). 244~246쪽.
5) 《한국방송광고공사 10년사》(1991). 214쪽.
6) 《제일기획 15년사》(1988). 136쪽.
7) 국영문으로 배포된 워커 대사의 연설문에서 발췌.
8) *Advertising Age*의 외국 광고회사 특집 자료는 이 잡지가 각 광고회사에 보내서 받는 것이므로 출처는 각 광고회사이다.
9) 광고시장 개방에 관련된 자세한 내용은 신인섭·서범석(1998). 《한국광고사》. 서울: 나남. 428~436쪽에 나와 있다.
10) 신인섭·서범석(1998). 《한국광고사》. 435쪽. 주한 미 상공회의소의 광고시장 개방에 대한 보고서를 인용한 부분.
11) 〈광고정보〉. 1983. 12. 56쪽.
12) 〈광고정보〉. 1983. 12. 56~57쪽.
13) 《공정거래백서》(1984). 공정거래실. 191~192쪽.
14) 제4차 아시아광고회의에 관한 자세한 자료는 한국방송광고공사가 발행한 월간 〈광고정보〉 1984년 7월호에 있다. 아울러 한국광고협의회(한국광고단체연합회)가 발행한 The 14th *Asian Advertising Congress Book*라는 영문 책에도 수록되어 있다.
15) 정진석(1992). 《한국언론학 박사, 석사 학위 논문 총목록》. 서울: 나남. 119~120쪽.

제 8 장

개방시대

1988~1998

1. 개 관

1988년에서 10년은 한 시대를 이루는 중요한 일들이 일어났다.

첫째, 민주화, 자유화를 갈구하는 국내정치 상황이었다. 1961년 5·16 군사혁명에서 1979년까지 18년간의 박정희 정권과 그 뒤 1987년까지 7년간의 전두환 정권을 합친 25년 동안의 군사 통치에 싫증을 느끼게 되었다.

둘째, 1988년 서울올림픽 개최라는 역사적인 일이었다. 한국의 경우 올림픽이란 단순한 국제 스포츠 행사가 아니었다. 올림픽 개최는 표현과 언론의 자유, 그리고 개방을 요구했다. 서울올림픽의 주최국인 한국은 자유화, 개방화의 길로 나가지 않을 수 없게 되었다.

셋째, 이러한 국내외 상황 때문에 당시 집권당인 민정당 노태우 대통령 후보는 1987년 "6·29선언"을 하게 되었고 이 선언이 한 약속인 표현의 자유 회복은 돌이킬 수 없는 것이 되었다. 그리고 군사정권 시대와의 고별과 민주화 시대의 도래를 가져오게 되었다.

넷째, 1997년을 전환점으로 해서 한국경제는 두 자리 혹은 높은 한 자리 성장시대와는 완전히 결별하게 되었다. 한국은 1인당 국내총생산(GDP)이 10,000달러를 넘은 OECD 회원국이 되었으며 저성장 시대에 접어들게 되었다. 공교롭게 1997년 겨울에 닥친 아시아 금융위기(속칭 IMF위기)로 한국은 국제통화기금(IMF)의 구제

금융을 받게 되었고 일대 구조조정을 겪게 되었다.

마지막으로 1995년에 상용화가 시작된 인터넷은 언론뿐 아니라 한국 정치, 경제, 사회, 문화 전체에 심대한 영향을 미치는 매체로 등장하기 시작했다. 전자신문사의 《인터넷 연감 2000》 자료에 의하면 1994년 말에 약 14만 명이던 인터넷 이용자는 불과 4년 후인 1997년 말 이미 12배가 늘어 163만 명에 이르고 있었다. 한편 통계청의 〈한국의 사회 지표 2007〉에 의하면 이동전화 가입자가 1995년에 100만 명을 넘었고 1997년에는 683만 명에 이르렀다.

개방시대 1988년에는 노태우 정권이 들어섰다. 5년 뒤 1993년에는 문민정부의 기치를 든 김영삼 정권 시대가 열렸다. 정치적으로는 국내외에 굵직한 사건들이 있었다.

1987년 12월의 대통령 선거전을 앞두고 여당인 민정당(民正黨) 노태우 대통령 후보가 6월에 발표한 이른바 6·29선언에서부터 한국에는 급격한 변화가 일게 되었다. 그것은 한마디로 개방으로 나아가는 길이었다. 이른바 3김(金), 즉 김영삼, 김대중, 김종필이 다시 정치에 복귀해서 12월의 대통령 선거전은 치열한 4파전이 되었다. 그전의 대선과는 달리 후보마다 홍보, 광고전문가를 고용했고 모든 마케팅기법이 동원되었다. 수많은 여론조사를 실시했고 선거전에 이용되었다. 제품의 이미지를 만들듯이 후보들은 이미지를 창출하는 데 열의를 기울였다. 여당 후보인 노태우는 항상 웃음 머금은 표정과 사진을 썼다. 군사정권과의 결별 그리고 "보통사람" 노태우의 이미지를 부각했다. 한편 갖가지 의견광고들이 신문지상에 게재되었다.

1988년은 인류의 축제인 올림픽이 서울에서 개최되는 해였다. 1987년 가을에는 말썽 많던 '언론기본법'이 폐기되어 언론자유화의 물꼬를 텄다. 1987년 말에 30개이던 일간신문의 수는 5년 뒤인 1992년에는 드디어 100개를 넘었다. 전체 정기간행물의 수도 1987~1997년 기간에 2,421개에서 7,490개로 늘었다.[1] 아울러 1일 발행면수도 자유화되었다.

방송에도 변화가 일어나 1990년 4~6월 사이에 평화방송, 불교방송, 교통방송이 FM 라디오 방송을 시작했다. 1991년에는 3월에 SBS AM 라디오, 그리고 12월에는 드디어 민간방송인 SBS-TV 방송국이 개국했다. 10년 전 공영으로 일원화된 방송은 다시 공민영 이원화로 돌아왔다.

1990년에는 갤럽에 뒤이어 1991년에는 MSK가 TV시청률 조사에 착수해서 갤럽과 경합하다가 결국은 MSK로 낙착되었다. 조사지역은 일단 서울에만 국한되었다.

1989년 11월 9일에는 동서 냉전의 상징이던 베를린 장벽이 무너지고 소련 공산주의는 붕괴했다. 72년 전인 1917년 볼셰비키 혁명으로 등장했던 공산주의 소련은 역사의 유물로 남게 되었다. 1990년 노태우 대통령은 러시아를 방문했고 한국은 러시아와 국교를 맺었다. 1991년에는 고르바초프 러시아 대통령이 한국을 방문했다. 또한 이 해에 남북한은 동시에 유엔에 가입했다. 1992년에는 한국이 중국과 수교했다.

한편 경제는 1988년에 137조 원이던 GDP가 1997년에는 491조 원으로 성장했고 1인당 GNP는 88년에 324만 원(4,435달러)에서 1997년에는 1,063만 원(11,176 달러)으로 증가해서 미 달러로는 1만 달러 시대에 들어섰다.[2)]

일련의 자유화 조치가 이루어졌다. 1988년에는 해외여행이 자유화되었다. 시장개방의 상징처럼 되어 있던 외제 담배시장이 역시 자유화되었다. 세탁기 등 56개 품목의 제품 수입이 자유화되었다.

1991년 봄, 두산전자의 페놀 유출은 환경 문제에 일대 전환을 가져왔다. 수질, 토질, 공기, 식품 할 것 없이 오염 문제가 중요한 이슈로 대두했다. 두산전자의 페놀 유출 사건은 그 피해의 범위가 넓었을 뿐 아니라 사람이 마시는 물이 오염되었기 때문에 충격은 더욱 컸다. 그리고 두산그룹은 톡톡히 대가를 치렀다. 그리고 이른바 그린 마케팅(*Green Marketing*) 시대가 도래했다. 소주나 컴퓨터 이름에도 '그린'이란 말이 붙는 일까지 생겼고 〈조선일보〉가 주도한 '쓰레기를 줄입시다' 스티커는 1993년경부터 전국 방방곡곡에 눈에 띄었다. 마케팅은 판매와 애프터서비스뿐 아니라 상품의 포장, 그리고 폐기까지 생각해야 되는 시대로 접어들게 되었다.

1992년에는 황영조 선수가 바르셀로나 올림픽에서 마라톤 우승의 영예를 받았다. 1936년 손기정이 베를린 올림픽에서 우승한 지 56년만의 개가였다.

광고비의 성장도 두드러졌다. 1988년 서울올림픽의 해에 1조 원을 넘고 1997년에는 5조 4천억 원이 되었다. 그리고 1990년대 중반에는 한국이 세계 10대 광고비 보유국에 들어 있었다.

1988년 이후 방송매체 광고대행 기준의 완화로 10여 개 사(社)이던 광고대행사가 1990년 말에는 64개 사, 1996년 말에 180여 개 사로 늘어났다. 아울러 방송매체 대행사 수수료도 상향조정되고 또 그룹계열, 비계열(非系列) 광고주에 대한 차등 대행 커미션 비율도 없어졌다.[3)]

1993년 문민정부의 기치를 들고 나온 김영삼 정권 5년 기간에도 굵직한 일들이 일어났다. 1995년 8월 15일을 기해 일제시대의 조선총독부, 광복 이후에는 중앙청,

①~④ 3김과 노태우의 1987년 12월 10~13일 기간 신문에 게재된 선거 광고.

⑤ 서울올림픽 영문 일간지, *The Seoul Olympian* 1988.9.15일호

⑥ 1991년 개국 당시 SBS 여의도 방송국.

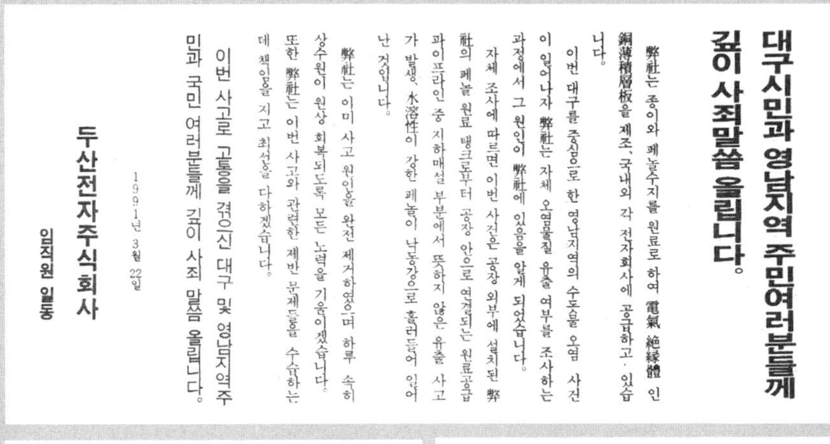

대구시민과 영남지역 주민여러분들께 깊이 사죄말씀 올립니다.

弊社는 종이와 페놀수지를 원료로 하여 電氣 絶緣體인 銅薄積層板을 제조, 국내외 각 전자회사에 공급하고 있습니다.

이번 대구를 중심으로 한 영남지역의 수돗물 오염 사건이 일어나자 弊社는 자체 오염물질 유출 여부를 조사하는 과정에서 그 원인이 弊社에 있음을 알게 되었습니다.

자체 조사에 따르면 이번 사건은 공장 외부에 설치된 弊社의 페놀 원료 탱크로부터 공장 안으로 연결되는 원료공급 파이프라인 중 지하매설 부분에서 뜻하지 않은 유출 사고가 발생, 水溶性이 강한 페놀이 낙동강으로 흘러들어 일어난 것입니다.

弊社는 이미 사고 원인을 완전 제거하였으며 하루 속히 상수원이 원상 회복되도록 모든 노력을 기울이겠습니다. 또한 弊社는 이번 사고와 관련한 제반 문제들을 수습하는 데 책임을 지고 최선을 다하겠습니다.

이번 사고로 고통을 겪으신 대구 및 영남지역주민과 국민 여러분들께 깊이 사죄 말씀 올립니다.

1991년 3월 22일

두산전자주식회사

임직원 일동

(1) 16版 第21580號

"용서못할 反사회적 犯罪"

盧대통령 「洛東江오염」 철저搜査 지시

「斗山」에 오염除去費 부담케

10일이상 조업정지 처분도

金주기경 "예수는 몸도 바쳤는데…"

「金모으기」 첫날 표정

신자기증 「聖物」 십자가까지 내놔

전국농협 창구마다 「애국」 줄이어

①
②|③

①, ② 두산전자의 페놀 유출 사고는 "용서 못할 반사회적 범죄"라는 헤드라인의 기사 〈조선일보〉 1991.3.22 및 같은 날짜 사과광고.

③ "금 모아 수출하기" 캠페인 신문기사. 1990년 1월 중순.

〈표 8-1〉 주요 경제지표, 1988~1997

연도	국내 총생산(GDP)		1인당 GDP		GDP 성장률
	조 원	억 $	만 원	$	(%)
1988	137.1	1,877	324	4,435	11.3
1990	186.6	2,637	435	6,147	9.6
1991	226.0	3,081	521	7,105	9.1
1992	257.5	3,298	588	7,527	5.0
1993	290.6	3,621	656	8,177	5.8
1994	340.2	4,233	760	9,459	8.2
1995	398.8	5,173	881	11,432	9.2
1996	448.5	5,574	982	12,197	7.0
1997	491.1	5,164	1,063	11,176	4.7

자료: 《한국통계연감》 2008. 712,713쪽. 1988~1994년 GDP 성장률은 〈통계로 본 한국의 발자취〉. 1995. 통계청. 311쪽.

다시 중앙박물관이던 건물이 철거되었다. 이 건물에 가려져 있던 경복궁 건물들이 드러나게 되었다.

역시 같은 1995년에는 전두환, 노태우 전 대통령은 부정 때문에 구속, 투옥되었다가 1997년에 사면되었다. 또한 일본의 진주만 공격에서 시작된 태평양전쟁이 일어난 1941년에 제정된 "국민학교"라는 호칭은 "초등학교"로 바뀌었다. 그리고 초등학교 3학년 이상에게는 영어교육을 실시하였다.

1995년에 시작된 인터넷 상용화는 그 이후 정치, 사회, 경제, 문화와 언론과 광고에 심대한 영향을 미치게 되었다.

국민1인당 GDP가 10,000달러를 넘은 이듬해인 1996년에는 잘 사는 나라들의 모임이라는 경제협력개발기구(OECD)에 한국이 가입했다. 그러나 1997년 겨울에 일어난 아시아 금융위기(속칭 "IMF한파")를 당한 한국은 이해 12월에 국제통화기금의 긴급 구제금융을 받아 국가부도를 극복하게 되었다. 이 일 때문에 이듬해에는 "금 모아 수출하기" 캠페인이 전국을 휩쓸게 되었다. 그리고 김영삼 정권은 5년 집권 마지막 해를 창피하게 끝냈다.

2. 매 체

1987년 가을 언론기본법 폐기 후 언론매체의 폭증은 1960년 4·19 학생혁명 후의 상황을 방불케 할 만큼 놀라웠다. 1987년 말에 30개이던 일간신문의 수는 1988년에 65개, 1990년에 85개, 그리고 1992년에는 100개를 넘었다. 전체 정기간행물의 수도 1987년 말에 2,214개에서 1997년에는 7,490개로 늘었다.

방송에도 변화가 있었다. 1990년에는 가톨릭, 불교, 교통의 FM 라디오 방송이 시작되었다. 그리고 1991년에는 드디어 민간방송인 SBS가 개국했다. 전두환 정권 때의 방송의 공영화로 사라졌던 민간 상업방송이 10년 만에 다시 시작되어 공민영 이원화 시대로 복귀했다.

변화는 매체의 수뿐 아니라 그 내용에도 일어났고 1일 발행면수도 급증해서 1987년까지 하루 12면으로 묶여 있던 것이 유력 전국신문은 32~40면으로 늘었고 또 자유화되었다. 1991년의 〈뉴스위크〉(*NEWSWEEK*) 한국판을 비롯하여 엘르, 마리끌레르, 피가로 등 외국잡지가 라이선스로 발행되었다.

세계적인 조간화 추세는 한국에서도 일어났다. 〈동아일보〉는 1993년 4월 1일에 조간으로 바꾸었고 〈매일경제신문〉도 뒤를 이었다. 역시 석간이던 〈중앙일보〉도 1995에 조간으로 전환했다. 〈중앙일보〉는 1994년 9월 1일을 기해 섹션신문을 발행하게 되었다. 뉴스 24면, 경제 12면, 스포츠 12면, 합계 48면을 한글 가로쓰기로 바꾸었다. 동시에 이보다 2개월 전인 7월 17일에는 〈중앙경제〉를 폐간했다. 한편 〈한국일보〉는 1989년 7월 3일부터 주 7일 발행을 개시하고 1991년 12월 16일부터는 석간제를 실시했으나 1993년 11월 30일부로 석간을 휴간했다.

언론, 특히 일간신문의 발행 자유화와 광고 의존도의 증가는 판매경쟁을 더욱 치열하게 했다. 1992년 4월 22일 〈한겨레신문〉은 "배달소년 휩쓸고 간 지국, 다음엔 폐지 트럭이…파지 직행 신문 하루 200여만 부"라는 헤드라인 밑에 2면에 걸쳐 신문판매의 난맥상을 파헤쳤다. 무가지를 강제로 가정에 투입하는 일은 드디어 법정으로 비화해 신문사에 200만 원을 정신적 피해보상으로 피해자에게 지불하도록 판결이 나오기도 했다.

1993년 말에는 신문 정기구독료 인상과 일간신문광고대행에 관한 신문협회광고협의회의 규칙이 독점금지법에 위배되어 공정거래위원회의 시정명령에 따라 시정광고를 게재하기에 이르렀다.

12개 일간신문사는 신문월정구독료를 공동으로 인상한 사실이 있음

저희 12개 일간신문사들은 신문월정구독료를 93년 1월 공동인상키로 하고 이를 시행한 사실이 있습니다. 이러한 행위는 국내 재경일간신문 판매시장에서의 경쟁을 실질적으로 제한하는 행위로서 독점규제 및 공정거래에 관한 법률에 위반되어 공정거래위원회로부터 시정명령을 받았습니다.

이에 법 위반내용을 시정함은 물론 앞으로는 공정거래법을 철저히 준수할 것을 다짐합니다.

1994년 1월 일

경 향 신 문 사	세 계 일 보 사
국 민 일 보 사	조 선 일 보 사
동 아 일 보 사	중 앙 일 보 사
매 일 경 제 신 문 사	코리아헤럴드·내외경제신문사
문 화 일 보 사	한 국 경 제 신 문 사
서 울 신 문 사	한 국 일 보 사

[1] (第123號)
〈登錄番號 文公部 라-3007號
〈ISSN 1227-1357

판촉물 일절 사용금지
販賣協議會 8月 시행결의

한국신문협회 판매협의회(회장대행 朱진승 世界日報판매국장)는 7·8일 忠北증평호텔에서 임시총회를 열고 8월부터 전 지사·지국·보급소에서 독자확보를 위한 판촉물품(경품)을 일절 사용치 않기로 결의했다.

이날 결의에 따라 판매협의회는 36개 회원사 이름으로 14일 회원사 전국의 지사·지국·보급소에 결의내용을 문서로 방송했다.

이 결의에 의하면 지사·지국·보급소가 자체적으로 사용해도 본사를 규제하며 위반사례가 있을 경우에는 불이익을 감수키로 36개사가 동의했다.

京仁 成百應회장 全州 康大淳회장
平統 지역부회장 임명

金泳三대통령은 22일 제7기 민주평화통일자문회의 인천·전북지역 부회장에 成百應경인일보회장과, 康大淳전주일보회장을 각각 임명했다.

會報 1993年 8月 31日 (火曜日)

新聞協會報

〈月 刊〉
發行 韓國新聞協會
서울특별시 中區
太平路 1가25
우편번호 100-745
(전 화)733-2251~2
(FAX)720-3291

新協, ABC討論會 개최
주제발표 申寅燮 徐淳一씨

오는 9월3일 프라자 호텔

韓國新聞協會는 ABC제도에 관한 각계의 의견을 수렴, 신문경영의 발전에 이바지하기 위한 ABC토론회를 9월3일 하오2시부터 7시45분까지 서울 프라자호텔 덕수홀에서 개최한다.

高麗大 吳澤燮교수(신방과)의 사회로 진행되는 이번 토론회의 발제자와 주제및 토론자는 다음과 같다.

△「ABC제도와 우리의 과제」=徐淳一(전 ABC연구소장 ISDI대표이사)

△「ABC의 추진현황과 계획」=申寅燮(한국ABC협회 전무)

△토론자=金明河(코랜드 사장)、金文燮(한국광고주협회 전무)、李鏞一(신문협회판매협의회 부회장)、黃昌奎(동국대교수)

人民日報 邵사장 접견
金泳三 대통령

金泳三대통령은 9일 하오 青瓦臺에서 東亞日

① 1994년 1월 19일 〈서울신문〉에 12개 사 공동명의로 실린 공정거래위원회 시정명령에 따른 4단 15cm 크기 광고.

② 판촉물 사용 금지 결정을 보도한 신문협회 회보 1995년 7월 31일자.

③ 한국ABC협회 마크 및 ABC토론회를 보도한 신문협회보.

〈표 8-2〉 정기간행물 추세, 1987~1997

연 도	일간신문	통 신	주 간	월 간	기타간	계
1987	30	2	226	1,298	865	2,412
1988	65	2	496	1,733	1,092	3,388
1989	70	2	819	2,137	1,374	4,402
1990	85	2	1,028	2,460	1,608	5,183
1991	98	2	1,338	2,672	1,842	5,952
1992	112	2	1,847	2,910	2,084	6,955
1993	112	2	2,236	3,146	2,371	7,867
1994	126	2	2,561	3,376	2,659	8,724
1997	105*	2	2,412	2,863	1.851	7,490

자료: 공보처 · 문화관광부.
주: * 일간지 구분 기준 변동이 있었다.

〈표 8-3〉 전국 종합일간지 1일 발행면수 추세

	1987	1988	1989	1990	1994
1일 발행 면수	12	16	20	24	32~40
1주(발행일수)	(6일)	(6일)	(6일)	(7일)	(7일)

신문판매 정상화를 위한 자구책으로 신문협회 이사회, 그리고 판매협의회에서 정상화 관련 세부시행 결의를 채택했다.

인쇄매체 부수 조사 기구인 ABC 발전에는 고비가 있었다. 그런데 가장 큰 문제는 재정이었다. 1989년 창립 이후 1993년까지 예산의 77%는 공익자금에 의존하고 있었다. 1993년 9월 3일에는 신문협회 주최로 서울 플라자호텔에서 ABC문제 토론회가 있었고 초창기부터 ABC 연구를 해온 서순일(徐淳一)과 당시 ABC협회 전무이사인 신인섭(申寅燮)이 토론자로 초청되었다. 서순일은 ABC의 과거를 발표했고 신인섭은 현안문제를 발표했으며 당면문제 중 가장 큰 것이 재정임을 말했다. 그는 60억 원의 기금을 광고주, 광고회사, 발행사가 분담할 것을 제안했다.

그러나 이 제안은 1995년에 공보처가 공익기금 50억 원을 광고주협회에 기금으로 배정해서 ABC협회에 수도록 함으로써 일단 해결되었다. 예정했던 100억 원 기금 중 나머지 50억 원 가운데 30억 원은 광고주협회(전경련), 그리고 20억 원은 신문협회가 분담키로 되었다.

1993년 공보처에 대한 국정감사에서 야당의원들은 ABC협회에 대한 공익자금 지원을 문제 삼았고 이것은 협회 존립과도 상관되는 것이었으나 더 이상 확대되지는

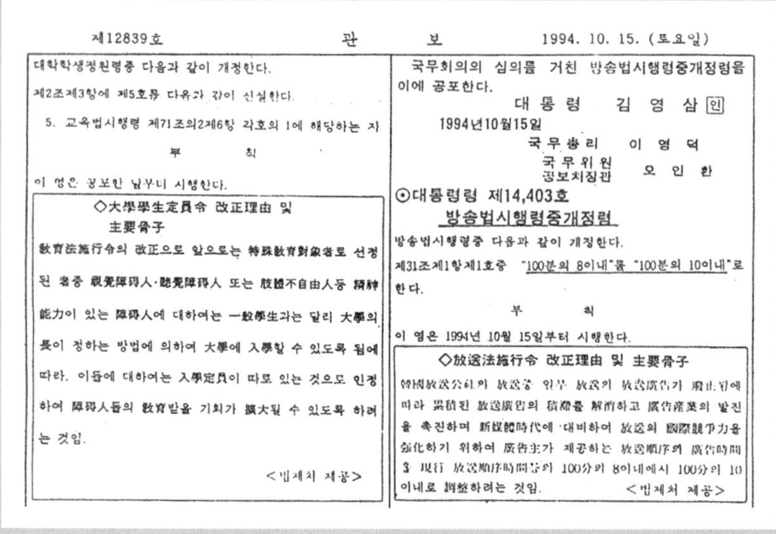

제12839호　　　관　　　보　　　1994. 10. 15. (토요일)

대학학생정원령중 다음과 같이 개정한다.

제2조제3항에 제5호를 다음과 같이 신설한다.

5. 교육법시행령 제71조의2제6항 각호의 1에 해당하는 자

부　　칙

이 영은 공포한 날부터 시행한다.

◇大學學生定員令 改正理由 및 主要骨子

敎育法施行令의 改正으로 앞으로는 特殊敎育對象者로 선정된 者중 視覺障碍人·聽覺障碍人 또는 肢體不自由人등 精神能力이 있는 障碍人에 대하여는 一般學生과는 달리 大學의 長이 정하는 방법에 의하여 大學에 入學할 수 있도록 됨에 따라, 이들에 대하여는 入學定員이 따로 있는 것으로 인정하여 障碍人들의 敎育받을 기회가 擴大될 수 있도록 하려는 것임.

<법제처 제공>

국무회의의 심의를 거친 방송법시행령중개정령을 이에 공포한다.

대 통 령　김 영 삼 ㊞

1994년10월15일

국 무 총 리　이 영 덕

국 무 위 원 공보처장관　오 인 환

⊙대통령령 제14,403호

방송법시행령중개정령

방송법시행령중 다음과 같이 개정한다.

제31조제1항제1호중 "100분의 8이내"를 "100분의 10이내"로 한다.

부　　칙

이 영은 1994년 10월 15일부터 시행한다.

◇放送法施行令 改正理由 및 主要骨子

韓國放送公社의 放送중 일부 放送의 放送廣告가 廢止됨에 따라 累積된 放送廣告의 積滯를 解消하고 廣告産業의 발전을 촉진하며 新媒體時代에 대비하여 放送의 國際競爭力을 強化하기 위하여 廣告主가 제공하는 放送順序의 廣告時間을 現行 放送順序時間당의 100分의 8이내에서 100分의 10이내로 調整하려는 것임.

<법제처 제공>

TV광고시간 왜 늘리나

① 관보 제12839호(1994.10.15)에 방송광고 시간을 100분의 10으로 한다는 방송법 시행령 등 개정령.

② TV광고시간을 늘리는 데 대해 비판적인 사설을 실은 〈중앙일보〉 1994년 4월 12일자.

③ 가장 치열했던 1987년 12월 대통령 선거전에 대한 신문보도. 〈조선일보〉 1987년 12월 13일자.

않았다. 그러나 공익자금 지원을 통해 언론통제를 의도하고 있다는 야당의원의 주장이 발단이 된 ABC 문제를 놓고 〈조선일보〉와 〈동아일보〉는 1993년 10월 22일에서 30일에 이르는 1주일 사이에 각각 두 차례씩 ABC 관련 사설을 쓸 만큼 첨예한 문제가 되었었다.

1988년 이후에 방송매체와 방송광고에 일어난 일은 엄청난 것이었다. 방송매체가 안고 있는 광고 측면의 근본문제는 시장변화를 완전히 무시한 규제였다. TV광고 시간은 1976년에 방송시간의 100분의 10이던 것을 100분의 8로 줄인 뒤 아무런 실질적 공급 증가가 없었다. 한편 통계청이 발행한 《통계로 본 한국의 발자취》(1995) 자료에 따르면 1977년에서 1988년 사이에 GNP는 17조 8천억 원에서 7배 이상 성장해 137조 원, 개인당 49만 원($1,011)에서 324만 원($4,435)로 증가했으며 총 광고비는 1977년에 1천억 원을 넘어 1,200억 원에서 1988년에는 1조 2,785억 원으로 10배 이상 늘었다. 이렇듯 늘어나는 경제와 광고규모에 따라 TV광고 수요는 폭발적으로 증가했으나 공급의 증가는 1981년 아침방송 재개시와 KBS 1TV에 허용된 블록광고뿐이었다.

실질적인 TV광고 시간 공급 증가는 1991년 12월 SBS-TV의 개국과 1994년 10월 15일부터의 방송법 시행령 개정(대통령령 제14403호)에 따라 프로그램의 경우 광고방송 시간이 100분의 8에서 10으로 18년 만에 복귀된 것이었다. 다만 이 결정이 있기까지는 방송사와 신문사 간에 "신경전"이 있었다. 1994년 4월 초에는 방송광고 시간이 늘어나는 데 대해 사설을 포함한 비판적인 신문보도가 계속 나왔고, 이에 대항해 MBC-TV가 4월 중순에 4~5일간 연속 신문판매와 광고에 관련된 비리를 저녁 9시 뉴스시간에 보도했다. 모름지기 같은 언론사끼리 광고 문제로 이렇듯 치열한 공방전이 있었던 적은 일찍이 없었다. 표면상의 이유와는 달리 신문과 방송의 광고 수입을 둘러싼 '밥그릇' 싸움이었다.

1994년 8월에는 부산, 대구, 대전, 광주 등 광역시에 새로 민방TV가 허가되었고 이것은 그 뒤 그 밖의 도시로 확장되었다.

KBS 연지에 의하면, 1988년에 600만 대를 넘은 컬러TV는 1992년에 900만 대를 넘었고 가구 기준으로는 거의 100% 가까운 보급률이 되었다. 그리고 대도시에서는 멀티셋 시대로 접어들었다.[4]

1988년 서울올림픽은 막대한 시설 준비기금 조성을 위한 방안으로 시작한 옥외광고의 붐을 일으켰다. 전국 주요 고속도로변에는 대형 야립간판이 새로 허가되었다.

옥외광고는 네온사인과 1994년에 본격화되어 1996년까지 서울에만 68개가 설치된 전광판광고 등을 포함해 1995년에는 연간 3,360억 원을 투입하는 제3의 매체로서 자리를 굳혔다. 1993년의 대전엑스포(Expo), 1995년의 광주 비엔날레, 1997년 무주 동계올림픽 등의 국제행사와 그 비용을 충당키 위한 수입원으로서 옥외광고는 각광을 받게 되었다. 이와 아울러 유연성 신소재 개발에 의한 표현 다양화 가능성은 옥외매체의 효용가치를 높이는 데 이바지했다. 1962년에 전문 7개조로 제정된 옥외광고물 등 관리법이 대폭 개정되어 30년 만에 46개조로 된 시행령이 1991년 2월에 공포되었다.

1988년 서울올림픽은 서울 삼성동에 KOEX(종합전시장) 건립의 계기가 되었다. KOEX는 국내외 각종 행사 및 대형 국제회의 개최 등 이른바 이벤트가 새로운 매체로 등장하는 계기를 마련했다.

1995년 3월 1일에는 케이블TV 방송이 시작되었으며 한국은 다채널 시대로 접어들었다. 이해에는 무궁화호가 발사되었고 1996년 7월에는 KBS가 위성방송을 시작했다. 1996년에는 낮방송이 10시에서 12시로 연장되었다.

〈기자협회보〉 1997년 5월 22일호에 따르면 치열해 가는 신문판매전에 따라 10개 전국종합신문은 1995년과 1996년에 200억 원을 넘는 판촉비를 주로 TV광고에 투입했다. 신문 판촉전은 드디어 1996년 경기도 고양에서 〈중앙일보〉와 〈조선일보〉 판촉사원의 싸움으로 번져 살인사건까지 일어나게 되었다. 한국ABC협회가 일간신문 공사보고를 처음으로 발행한 것도 1996년이었다. 시기의 차이는 있었으나 1990년대 후반에는 모든 신문이 가로쓰기로 전환했다. 그 결과 이른바 변형광고가 신문에 나타나게 되었다.

3. 광 고

높은 한 자리 경제 성장률에 힘입어 광고비도 고도의 성장을 기록했다. 1988년에 1조 원을 넘어 1조 2,785억 원이 된 광고비는 1997년에 이르자 4조 9,472억 원으로 4배 이상의 성장을 보였으며 GDP 대비로는 1%를 넘어섰다. 그리고 아시아에서 일본 다음으로 2위, 세계 전체에서는 10위권에 들어서게 되었다.[5]

1988년에서 1994년에 이르는 8년 사이에 일어난 광고 관련 주요 사건을 살펴보면 개방시대라 부르는 이 시기의 변화가 여실히 드러난다.

이 기간에는 10대 광고주에도 변동이 있었다. 1987년만 해도 10위권 밖에 있던 자동차 3사가 모두 10대 광고주로 부상했다. 그리고 식품회사들은 이 리스트에서 밀려났다. 최대 광고주로 부상한 삼성전자는 1천억 원이 넘는 광고비를 4대 매체에 투자한 것으로 나타났다.

1987년과 1992년의 두 차례에 걸친 대통령 선거전에서는 광고대행사의 활약이 두드러지게 나타났다. 코래드, 대홍, 삼희(한컴), 금강기획 등 대형 광고대행사들이 참여했으며, 특히 1992년 12월 선거에서는 민자당, 민주당, 국민당의 주요 3당이 치열한 선거 광고전을 벌였다. 이해 6~12월 기간에 이 3당이 신문광고에 쓴 광고비는 약 190억 원에 이른 것으로 한국 광고데이터 자료에 나타났다. 이것은 1992년 신문광고비 1조 1,409억 원의 1.7%쯤에 이르는 돈이었다.

1988년 서울올림픽은 광고대행사들이 처음으로 본격적인 국제적 스포츠 이벤트에 참여하는 기회였다. 이는 2년 후에 중국 북경에서 열린 아시안게임에 광고대행사들이 참여하게 되는 사전 경험을 주었다.

계열, 독립광고 대행사 간의 이해관계 때문에 독립광고회사 연합회가 1990년 12월에 발족했으나 뒤에 기존 광고업협회와 합병했다.

1991년은 광고시장 완전자유화의 해였다. 1일의 걸프전쟁으로 밤 10시 이후의 네온사인이 일시 제한되었다. 한국 광고역사상 가장 큰 광고주 이동이 있었는데 대우전자가 200억 원 가까운 광고대행을 코래드로 옮겼다. 광고에 대한 관심 고조는 이해 7개 광고회사에 대한 세무조사로 비화했다. 광고에 대한 관심이 높아진 것은 국내에서 박사학위 수여 수에도 드러났다. 광복 후 1986년까지 겨우 셋이던 박사학위가 1987~1991년 사이에는 13개로 늘어났다.

〈표 8-4〉 광고비 현황, 1988~1997

금액: 억 원

연도	광고비	TV	라디오	신문	잡지	기타	GDP대비 광고비 %
1988	12,785	4,448	515	4,630	652	2,540	0.93
1989	15,646	5,260	626	6,138	827	2,796	1.01
1990	20,001	5,982	953	8,527	1,169	3,371	1.07
1991	23,955	6,457	1,208	10,196	1,253	4,183	1.06
1993	32,287	8,968	1,971	13,326	1,239	7,385*	1.11
1995	49,512	13,003	1,734	21,410	1,716	11,058	1.24
1997	53,770	15,477	2,314	21,261	2,129	12,587	1.09

자료: 광고연감 2008. 1064쪽. 매체별 광고비는 해당연도 광고연감 광고비 분석항.
주: 1992년부터는 해외광고비가 제외되었다. 4대 매체 제작비가 따로 발표되었는데 기타에 포함했다.

신문 카르텔의 붕괴와 신문 수의 폭증은 극심한 판매경쟁을 불러일으켰다. 무가지 배포, 강제투입, 경우에 따라서는 뭉치째로 쓰레기 처리장으로 가는 경우가 생겼다. 신문과 TV가 이 문제를 다루어 신문 판매경쟁은 사회문제가 되었다.

1993년에는 외국에서 만든 IBM의 TV CF가 방영되어 외국회사가 만든 TV광고 국내 방영에 대한 자유화의 길이 트였다. ABC 부수보고 제출을 둘러싼 경쟁신문간의 신경전은 드디어 공보처에 대한 1993년 국정감사에서 ABC협회에 대한 공익자금 지원 논쟁으로 비화했다.

1994년은 맥주광고의 춘추전국시대였다. 한 신문에 억대의 광고비를 들여 2면에 전면 컬러광고를 내기도 했다. 스포츠 서울 1994년 4월 30일자에는 OB가 20개 면에 광고를 게재했다. 이미 매체 관련에서도 언급한 대로 1976년 프로그램 시간의 100분의 8로 줄었던 광고방송 시간이 1994년 18년 만에 100분의 10으로 복귀했다. 이 과정에서 MBC-TV와 신문사 간에 TV광고 시간 증가 문제를 놓고 심한 논쟁이 벌어지기도 했다. 그리고 광고방송 시간 증가에 따라 KBS-1 TV는 광고를 다시 중단했다.

1996년 후반에는 경기침체 현상이 나타났으며 TV광고가 10~20%나 미판으로 남게 되었다. 이렇게 되자 방송협회는 정부에 건의문을 제출해서 광고회사에 대한 커미션 비율을 인쇄매체와 같은 15%로 해 줄 것과 방송광고공사에 대한 방송사의 판매대행 수수료를 20%에서 15%로 낮출 것을 건의했다. 이 건의안은 수락되지는 못했다.

4. 광고회사: 광고시장 개방 및 한국방송광고공사의 변화

1984년 9월 3일 주한 미국 상공회의소의 한국 광고산업과 시장개방 관련 문서의 공표에서 표면화된 한국의 광고시장 자유화 문제는 1991년에 완전 개방으로 해결되었다. 제7장에서도 언급했지만 정부는 1987년 6월 29일에 관보를 통해 한국 광고대행업을 네거티브 리스트에서 해제함으로써 광고대행업에 외국자본 참여 허용을 공표했다. 그리고 1987년 10월부터 소수 주식 즉 49% 이하 소유 허용, 1990년에는 과반 주식투자 허용, 1991년에는 완전 자유화되기에 이르렀다.

1988년에는 코래드와 금강기획이 각각 미국 광고회사인 오길비 앤 매더(Ogilvy & Mather) 및 베이츠(Bates)와 합작했고 뒤이어 DYR, 보젤(Bozell), J. 월터 톰슨(J. Walter Thompson), 맥켄에릭슨(McCann-Erickson) 등 모두 12개의 주요 외국 대행사가 한국에 진출했다.

1987년 말 언론기본법 폐기에서 비롯된 언론자유 회복은 1989년 초에는 한국방송광고공사 존폐 논쟁으로 비화했다. 1989년 1월 23일 MBC와 KBS사원은 "한국방송광고공사 해체 추진위원회"를 결성하고 성명서를 발표했다. 이 성명서가 나오자 이

〈표 8-5〉 외국 광고대행사의 한국 진출 현황

광고회사(설립연도)	외국지분(%)	96년취급액(순위)	사원수
코래드 오길비 앤 매더(1989)	30	2,060억 원(5)	314
덴츠, 영 앤 루비컴(1989)	49	170억 원(34)	41
제일보젤(1989)	30	636억 원(13)	90
J. 월터 톰슨(1989)	100	263억 원(28)	47
맥켄에릭슨(1990)	51	409억 원(18)	71
DDB Needham DIK 코리아(1990)	49	220억 원(31)	45
서울DMB&B(1990)	20	690억 원(11)	129
레오버넷 선연(1991)	50	168억 원(35)	46
다이아몬드 베이츠(1996)	40	–	–
휘닉스 커뮤니케이션즈(1996)	50	–	–
EURO RSCG(1997)	60	–	–
오길비 앤 매더 서울(1997)	–	–	–
계(12개 사)	1,683*	4,616억 원	

자료: 한국방송광고공사. 〈외국광고회사, 외국 광고주 현황분석 연구.1996〉 한국 광고단체연합회. 〈광고계 동향〉. 1997.3.
주: * 1,683억 원은 주식지분에 의한 취급액.

“이제 오욕의 굴레를 벗고 바른 길로 나아가겠읍니다”

■ 불행했던 시절, 우리는 꼭두각시였읍니다.

■ 새롭게 태어나겠읍니다.

1989. 1. 17

한국방송광고공사 노동조합

광고공사의 廢止를

① 1989년 1월 17일 〈한겨레신문〉에 게재된 한국방송광고공사 노동조합의 사과광고.
② 한국방송광고공사 폐지를 주장한 1989년 1월 28일자 〈동아일보〉 사설.
③ 광고시장 개방 요구에 관한 신문 보도. 〈조선일보〉 1985.9.17일자.

〈표 8-6〉 광고회사 방송광고대행 수수료 변동 추이, 1985~1995

	계열 광고주		비계열 광고주	
	TV	라디오	TV	라디오
1985	5%	5%	7%	8%
1988	5	8	8	10
1989	6	8	9	10
1990	6	8	10	10
1991	7	9	11	11
1995	계열 · 비계열, 라디오 · TV 차등 없이 월 취급액 기준으로 차등수수요율 제도 1억 원 이하 11.5%, 8억 원 이하 11.0%, 8억 원 이상 7.0%			

자료: 《한국방송광고공사 20년사》(2001). 529쪽.

튿날인 1989년 1월 24일 한국방송광고공사는 사원 일동의 명의로 된 '성명서'에서 반박 주장을 폈다.

1989년 1월 17일에는 이 공사의 노동조합이 〈한겨레신문〉에 사과광고를 게재했다. 치열한 공방전이 있고 난 뒤 이 문제에 관해 〈동아일보〉는 1989년 1월 28일자에 "광고공사의 폐지를"이란 제목의 사설을 실었는데 그 뒷부분은 다음과 같다.

> 8년간 광고공사의 행적을 훑어볼 때 이 기구가 계속 구태의연하게 존속할 가치가 있는가, 아니면 새로운 체제와 위상으로 거듭나야 하는가의 물음을 제기하지 않을 수 없다. 그러나 일부 해체론 측의 주장처럼 방송에서 번 돈을 방송을 위해 써야 한다는 이기주의적 논리에도 문제가 있음을 지적하지 않을 수 없다. 우리의 방송체제는 국가가 독과점을 인정한 공영체제이다. 국가가 제도적으로 과점을 허용함으로써 생기는 광고의 초과소득을 마치 개별 방송사의 이익으로 착각해서는 안 된다 … 그러나 첫째, 5공 청산의 중요한 과제의 하나로서 방송광고공사는 해체돼야 하고, 둘째, 언론 문화 예술단체도 원칙적으로 국고나 권력이나 관료의 '선의'와 '시혜'를 버리고 자율자유경제의 원리로 활로를 찾아야 한다. 민주 개방시대에도 언론 문화단체가 입놀림과는 달리 관청이나 권력의 시혜나 기다리는 자세는 버려야 할 사기위선이다.

공사 존폐문제는 그 뒤 존속으로 일단락되었다. 1989년 이후 공사는 개방, 자유화로의 변신을 계속했다. 그 이유는 공정거래위원회의 1988년 9월 19일부 방송광고대행사 자격조건에 대한 시정권고가 있었기 때문이었다. 그 결과 공사는 자격요건을 개정했는데 그 내용을 보면 다음과 같다.[6]

〈표 8-7〉 방송광고 구매와 관련된 개선책

구분	내용
광고주 관련	· 월정 판매제도를 방송실적에 따른 정산제도 개선(94.1) · 직거래 신규 광고주의 선수금 환불 시에는 이자 가산해 지급(94.4) · TV 스폿광고를 1블록당 30초짜리 3개에서 20초짜리 3개와 30초짜리 1개로 함으로써 월간 1,914개 증가함(94.10) · TV 프로그램 광고 판매기간을 탄력적으로 운영(96.10) · 탄력적인 TV광고요금제 도입(97.5)
광고회사 관련	· 광고회사의 전파매체 대행을 인정제에서 등록제로 바꿈(94.1) · 계열, 비계열 광고회사로 나누어 차별적으로 인정한 대행수수료 요율을 없앰(95.1) · 광고주가 복수대행사 이용시 2개 사로 제한했던 것을 철폐(95.1) · 광고회사 대행수수료 요율을 평균 10.6%에서 11.2%로 인상(97.5)
기 타	· KBS, MBC, SBS, CBS, 공사가 참가하는 광고요금 조정 자율위원회 운영(96.4) · 국민 생활 시간대에 알맞은 시급 조정(96.6) · 지방방송국의 등급제 조정(96.6) · TV 프로그램 광고 고정물 폐지(95.4) · TV광고 판매기준 공개로 투명성 확보(95.4) · 200개 광고주 브랜드별 광고효과 분석자료 제공(97.6)

1988년 9월 19일 경제기획원 공정거래실에서는 방송광고대행 자격요건에 대하여 시정권고조치를 취하였다. 자격요건의 필요성은 인정되지만 광고대행업이 중소기업 업종으로 자유경쟁을 통하여 발전할 수 있기 때문에 12개 사에 한정된 대형대행사만이 참여하여 중소 광고대행사의 진입을 막은 것은 부당하다는 지적이었다. 경제기획원의 지적이 있은 후 대부분이 방송광고 인정대행사 회원으로 구성된 광고업협회에서 1988년 11월 4일 광고주와 대행사의 상호보호와 대행사간의 과당경쟁을 방지하고 광고산업 발전을 도모하기 위하여 현행 자격요건을 유지하고 이를 점진적으로 완화해야 한다는 건의서를 공사와 경제기획원에 제출하였다.

이러한 상황에서 1988년 11월 18일 공사는 자격요건에 관한 관계 당사자들의 간담회를 개최하여 의견을 청취하였다. 비인정 대행사측은 자격요건의 대폭 완화를 주장한 반면 인정 대행사는 현행 자격요건의 유지를 주장하였다 …

"공사와 3개월 이상 계속 거래하였으며 비계열 광고주의 월평균 방송광고실적이 3억 원 이상인 자" 조항을 폐지하고 대행사가 신규 참여할 때 "위수탁 기간 없이 즉시 수수료를 받을 수 있게" 하였으며, 대행사의 실적 제한이 폐지되어 중소대행사 및 신설대행사에 문호가 크게 개방되었다. 또한 "계약이 유효한 비계열 광고주를 5개 이상 확보한 자"가 "3개 이상 확보한 자"로 완화되어 중소대행사의 참여가 쉬워졌다. 광고료 지급보증제도의 개정은 가장 논란이 많았던 것으로 "상장기업의 연대보증 또는 월평균 거래액의 400%에 대한보증"에서 "상장기업의 연대보증 또는 월평균 거래액의 150%에 대한 지급보증"(최저 보증액 1억 원)으로 완화하였다.

〈표 8-8〉 광고회사 추세

	1988	1990	1992	1994	1995
보고된 회사수	16	58	55	73	78
총 취급액(억 원)	7,561	12,589	17,357	2,670	33.542
사원수	2,917	4,538	4,868	6,415	7,104
개인당 취급액(억 원)	2.59	2.77	3.60	4.00	4.72
한국광고비(조 원)	1.28	2.00	2.81	4.03	4.95
한국광고비 대비 비율-%	59.0	62.9	61.6	63.7	67.7

자료: 한국광고단체연합회의 광고계동향 매년 3월호에서 작성.

이는 지급보증 능력 부족으로 방송광고대행에 참여가 어려웠던 대행사에게 최대의 장애요소가 제거된 조치였으며, 기존의 독립대행사에게도 자금부담을 크게 경감시키는 조치였다.

1989년 말까지 전파매체 대행 인정을 받은 회사의 수는 36개로 늘었고 1990년 말에는 다시 64개 사가 되었다. 그리고 1996년 말에 이르자 180개 사를 넘었다. 총 방송광고 중 대행사 취급 대행액도 1987년에 79.2%이던 것이 1990년에는 97%가 되었다.[7]

1989년 2월에는 광고물 심의업무가 공사로부터 방송위원회로 이관되었다. 광고대행사 커미션율에도 변화가 일어났다. 물론 줄곧 커미션은 인상되었고 드디어 1995년에는 계열, 비계열의 구분이 없어지게 되었다. 말로만 외치던 광고대행사의 국제경쟁력 강화가 비로소 행동으로 옮겨진 조치였다. 공사의 권한 사항은 아니었으나 1994년에 프로그램 시간의 10%를 광고에 허용함으로써 8%이던 것에서 2% 포인트(즉 25%)가 늘었다. 이것은 공사영업에 가해졌던 제도적 구속이 해제된 일이나 다름없었다.

1995년에는 한미 무역협상에서 외국기업의 방송광고시간 구매가 제한되어 있다는 문제가 제기되었다. 이것에 대한 조치로서 뿐만 아니라 방송광고시간 구매와 관련된 제반 개선책이 1990년대 중반에 시행되었는데 그 내용은 〈표 8-7〉과 같다. 개선내용은 광고주 관련, 광고회사 관련 및 기타의 3부문으로 되어 있다. 그 내용을 사세히 살피면 전두환 정권 시기에 창립된 한국방송광고공사의 방송광고 판매독점 제도가 얼마나 심한 폐해를 지닌 것이었는가를 짐작할 수 있다. 그 가운데는 동일한 계열 광고주의 광고에 대해서는 낮은 대행 수수료를 지불한다는 조항이 있었는데 이것은 국내 광고회사에 대해 불리한 차별 대우였다. 또한 광고주가 2개 이상의 광고회사를 이용할 수 없게 한 규정 같은 것은 국제적 관례에 대한 무식에서 생긴 것이었다. 이 밖에도 여러 가지가 개선되었는데 그것은 88서울올림픽을 맞은 개방시대에 적절한 조치들이었다. 개선조치 가운데는 광고문제로 불편한 관계였던 주한미국상공회의소와의 의견교환을 통한 이해증진도 있었는데, 이러한 일련의 대외관계 개선은 1996년에 서병호 광고공사 사장 취임 후 적극적으로 추진되었다.

1988년 이후 7년간 광고회사는 눈부신 발전을 이룩했다. 1989년 방송광고대행기준의 완화에 따라 대행사 수가 늘었다. 1986년 한국광고업협회가 창립된 이래 보고를 제출한 광고회사의 수도 늘었는데 자료가 있는 회사의 관련 수치는 〈표 8-8〉과 같다.

우선 자료가 있는 회사는 16개 사에서 78개 사로 늘었고 취급액도 1988년의 7,561억 원에서 4.4배 가깝게 늘어난 3조 3,542억 원에 이르러 이 기간의 한국광고비 증가율인 3.9배를 훨씬 앞질렀다. 1988년에는 16개 광고회사가 한국 광고비 전체의 59%를 대행했으나 1995년에는 78개 광고회사가 약 71%로 점유율이 늘었다. 사원 1인당 취급액도 1988년의 2억 5,900만 원에서 5억 3,400만 원으로 2배 증가했다. 사원의 수는 1988년에 2,917명이던 것이 1995에는 7,104명으로 증가했다.

이러한 광고회사 성장과 함께 1992년에는 몇몇 중견 독립대행사의 부도사태가 일어났다. 이것은 매체사에 경종을 울리는 계기가 되었다.

1996년에는 보광그룹과 일본 덴츠가 합작회사 휘닉스커뮤니케이션을 설립했다. 1906년 일본전보통신사가 서울지사를 설립하고 한국 최초의 광고회사가 되었다가 한국 독립과 함께 없어진 뒤 다시 합작으로 되돌아온 것으로 90년 만의 일이었다.

5. 크리에이티브

1980년대 말부터는 개방, 자유화와 영향이 광고표현에도 드러나게 되었다. 표현을 제약하던 요인의 하나는 광고규제였는데 이 규제가 완화되었다. 1989년 2월에 한국방송광고공사로부터 방송위원회로 방송광고 심의 기능이 이관되었다.

그 뒤 1992년 3월에는 광고물 심의규정이 개정되었는데 이에 따라 규제는 상당히 완화되었다. 그것은 방송광고물 심의 결과 추세에도 나타나고 있다. 1992년에 4.3%이던 방송불가는 1994년 이후 1% 이하로 낮아졌다.

1989년 4월에는 홍콩의 스타 주윤발이 밀키스 TV광고에 등장해 그의 말 '사랑해요'는 한때 유행어처럼 되었다. 그 뒤 외국인 모델 사용은 외국환(外國換) 관리규

〈표 8-9〉 방송위원회 방송용 광고 심의 결과, 1989~1996

단위: 건

	총심의 건수	방송가				방송불가			
		무수정		조건부					
		TV	라디오	TV	라디오	TV	라디오	계	%
1989	9,482	4,771	2,612	1,283	157	597	62	659	6,9
1990	12,268	5,616	3,964	1,696	335	620	37	657	5,3
1991	16,644	7,134	4,124	3,043	647	1,439	257	1,696	10,2
1992	23,792	12,509	5,971	3,518	720	884	127	1,011	4,3
1993	30,969	14,563	7,523	6,132	1,832	833	86	919	3,0

	총 심의 건수	방송가			방송불가			
		TV	라디오	계	TV	라디오	계	%
1994	37,962	26,552	10,792	37,344	597	21	618	1,6
1995	44,454	31,160	13,036	44,196	214	44	258	0,6
1996	40,574	27,429	12,968	40,397	161	16	177	0,4

주: 위원회는 방송용 광고에 대한 심의 업무를 1989년 2월부터 실시하고 있음. 아울러, 1994년부터는 '방송 가(可)'를 '무수정'과 '조건부'로 구분하지 않고 통계 처리해 오고 있음. 방송불가 비율은 저자 계산.

정의 주무장관 추천제도에 따라 당시 문화공보부의 '외국인 광고모델 사용에 관한 행정처리 기준'에 의거 외국인 모델 사용이 규제되어 있었으며 또한 외국인 모델의 모델료도 규제를 받아 왔다. 그러나 1994년 6월 1일 외국환 관리규정의 개정으로 주무관장의 추천제도가 폐지됨에 따라 외국인 모델을 사용한 광고가 급증했다.

1990년대에 들어서자 "광고가 바싹 다가오는" 표현으로 바뀌는 징조가 나타나게 되었다. 1991년 여름의 빌트모아 광고카피를 예로 들어보면 이러한 변화가 드러난다.

• 빌트모아 라디오 광고(첫 방송일자: 1991년 7월 23일) •

언니: 얘얘, 만났니? 그 미스터 빌트-
여동생: 응, 근데 그 사람 너무 바빠- 일찍 출근하지, 출장 자주가지, 전화 통화 힘들지, 언니 그 사람한테서 바람소리가 나-!
언니: 안되겠다. 얘.
여동생: 근데, 나랑 데이트할 여유는 있대.
남자 내레이터: 행동파 활동정장, 빌트모아.
언니: 니 형부도 그랬으면 좋겠다-

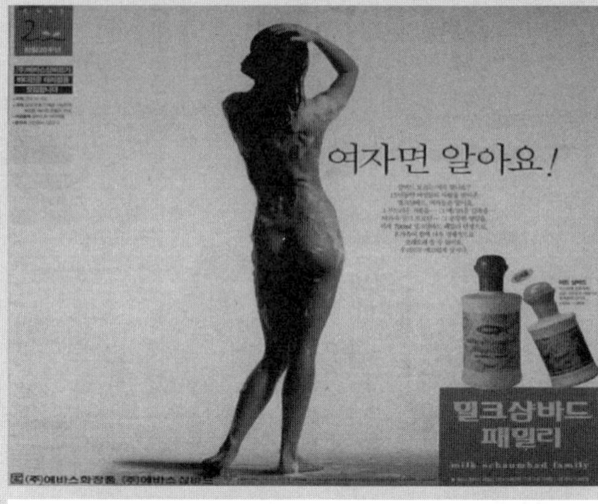

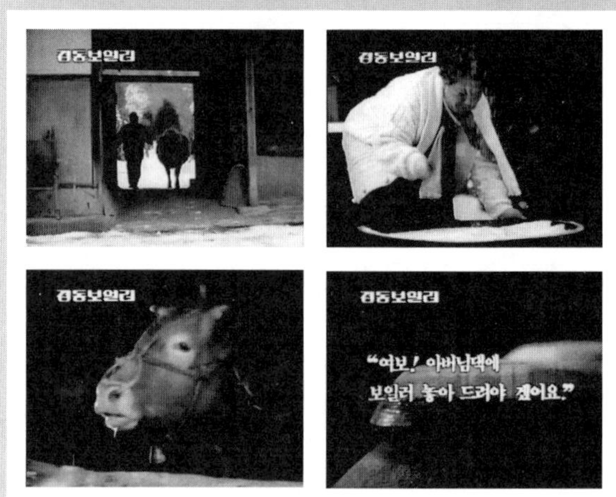

①	②
③	④
⑤	

① 이른바 미시(*Missy*)들을 등장시킨 스텝광고.
② 알몸 광고로 화제가 된 1994년 ‘밀크샴바드’ 신문광고.
③ 1991년 한국방송광고대상 수상작인 ‘다시다—황해도편’ TV광고.
④ 1992년 한국방송광고대상 수상작인 경동보일러 ‘효심 2’.
⑤ 삼성과 엘지 상표.

빌트모아 광고에서 'OO야, OO를 만났니'는 '얘얘, 만났니'가 되고 '그런데'는 '근데'가 되고, '네 형부'가 아니라 '니 형부'로 되어 있다. 높임말은 아예 사라지고 일상 허물없는 대화들이 그대로 대중매체에 나타나게 되었다. 카피는 줄어들고 비주얼 의존도는 더욱 늘어나게 되었는데 이것은 비단 광고뿐 아니라 모든 매스미디어에 나타난 추세이다.

이러한 현상은 라이프스타일의 변화, 특히 젊은이 사이에서 일어난 변화의 반영이었다. 기존 문화 또는 가치관에 대한 변화를 가장 잘 드러내는 것으로 거꾸로 쓴 캡, 터지거나 찢어진 청바지, 선글라스, 그리고 들고 다니던 가방 대신 메고 다니는 색(*Sack*)이 보편화됐다. 메고 다니는 쌕은 두 팔을 자유롭게 해 주어 여권 신장의 상징이기도 했다.

이 시기에 더욱 두드러지게 된 것은 '무국적 광고'의 폭발적 증가와 그 반대로 한국적 가치추구의 양극화였다. 후자를 대표하는 광고는 다시다 캠페인과 경동보일러 TV광고 등이었다. 음악에서는 사물놀이와 '쿵따리 샤바라'를 들 수 있을 것이다.

아울러 이 시기에는 방대한 시장조사와 확고한 전략에 기초한 신제품 도입과 그에 따르는 광고캠페인이 실시되었다. 1980년대 말부터는 TV광고 제작에서 PPM (*Pre-Production Meeting*)이 필수적 과정이 되었다. 이것은 시장경쟁의 격화가 가져온 당연한 결과였다.

1994년에 광고표현에 나타난 개방의 바람은 X-세대, MISSY 풍조와 함께 밀크샴바드의 남녀 나체 뒷모습 광고가 일간신문에 등장한 데서 나타났다. 세계시장 진출이 가속화됨에 따라 삼성, LG 두 그룹은 1994년과 1995년에 각각 CI를 실시했다. 이 CI는 세계 주요 시장을 대상으로 조사를 실시해서 작업했다. 그리고 그 결과를 알리기 위해 국내에서만도 엄청난 광고비가 투입되었다. 이것은 한국의 두 대기업이 브랜드 시대를 향해 나가겠다는 서곡이었다. 럭키는 이 그룹의 기둥인 럭키(Lucky)와 금성사(Gold Star)의 머리글자 "L"과 "G"자를 형상화한 마크이고 삼성은 아예 SAMSUNG을 넣어서 쓴 마크이다.

1993년에는 다우우유와 신원이 방송위원회 결정에 불복해서 사건이 법정으로 옮겨간 일이 있었다. 그 이유나 법정판결이 중요한 것이 아니라 거의 최종적인 것으로 받아들이던 방송위원회 결정에 이의를 제기해서 사건을 법정으로까지 가져갔다는 사실이었다.[8]

1980년대 말부터 컴퓨터그래픽(CG)의 확산에 따라 표현의 한계가 사라지게 되었

1994년 4월호 엘르에 실린 캘빈 클라인 광고.

다. 독창성의 중요성이 더욱 중요하게 되었다. 해외여행 자유화, VTR 보급에 따른 외국 TV광고의 손쉬운 입수는 창작에 자극이 되었고 실지 광고 창작 수준은 1980년대 초 컬러방송이 시작되던 때와는 비교가 안될 만큼 향상되었다.

세계 곳곳의 광고자료를 자유롭게 얻을 수 있게 되자 부작용도 있었다. 세계적인 광고전문지 *Advertising Age* 1992년 9월 28일자에는 한국광고의 모방에 대한 기사가 실렸다. 그 내용은 서울의 큰 광고회사가 제작한 TV광고가 일본에 있는 다국적 광고회사가 제작한 광고를 표절했다는 것이었다. 이 기사가 나오자 방송위원회는 즉시 서울의 10대 광고대행사 제작담당 임원을 초청해 세미나를 주최했고 광고심의를 책임진 방송위원회의 확고한 원칙을 전했다. 비공개로 한 이 회의는 결국 여러 신문에 공개되고 말았다.[9]

1994년에는 김연호 변호사가 방송광고에 대한 정부기관의 사전심의가 위헌이라는 제소를 헌법재판소에 제기했다.[10]

시장개방과 시장경쟁의 가열로 1994년은 '맥주전쟁'의 해로 기록될 수 있을 만큼 맥주광고전이 치열해졌다. 한 신문에 한 번 게재하는 데 2억 원쯤의 광고비가 투입되는 두 면짜리 컬러광고가 나타났다. OB는 스포츠 서울에 20면의 광고를 게재해서 여론이 될 만큼 대담한 광고전이 벌어졌다.[11]

1994년은 광고표현의 전환의 해였다. 밀크샴바드의 벌거벗은 남자, 그리고 다시 벌거벗은 여자의 광고를 신문에 컬러로 게재되어 신문 사설거리가 될 만큼 충격적 반향을 일으켰다. 이 때문에 창의력의 중요성이 새삼 대두되었고, 광고를 만든 웰컴은 일약 그 자리를 굳혔다.

1980년대 초에 일부 대학에서 강의가 시작된 타이포그라피(*Typography*)는 1980년대 말에는 한글 글자체의 다양화에 이바지했고 그것은 광고에 이용되어 크리에이티브 향상에 이바지했다. 잡지 크기의 대형화, 신문 발행면수의 자유화 및 증가 등은 크리에이티브 향상에 자극이 되었다.

6. 그 밖의 일들

1988년 서울올림픽의 해에는 중앙대학교의 광보학과가 복과되었다. 한양대학교와 서울예술대학에는 광고전공학과가 신설되었다. 자유화의 물결은 광고회사에도 밀려와 노조운동이 일어났다.

1989년에는 한국ABC협회가 창립되었다. 비상근 회장에 연세대학교 서정우 교수, 전무이사에는 신인섭이 취임했다. 10월에는 광고학회가 창립되었고 유붕로(兪鵬老) 교수가 초대회장이 되었다. 말썽거리이던 방송광고 심의권은 한국방송광고공사에서 방송위원회로 이관되었다. 광고산업진흥법에 대한 공청회가 있었으나 광고업계, 특히 신문측의 반대에 부딪혔다. 방송광고공사는 국제광고협회(IAA)가 인정하는 IAA국제광고인 교육과정을 설립했다.

광고 관련 단체는 1988년에 광고주협회, 국제PR협회(IPRA) 한국지부, 광고판촉물 제작협회, 1989년에 ABC협회, 한국PR협회, 한국광고학회, 1991년에 광고자율심의기구, 1992년에 여론·시장조사협회(Kosomar)가 설립되었다. 광고회사 단체인 광고업협회는 이미 1986년에 창립되었다. 몇몇 단체가 아직 설립되지 못했으나 거의 모든 업계기구가 갖추어진 셈이었다.

1990년에는 단체 성격의 변화에 따라 한국광고업의회가 한국광고단체연합회로 호칭을 바꾸었다. 공보처 광고 전담 기구는 광고정책과에서 광고진흥국으로 확대되었다.

표현자유의 회복은 광고에도 영향을 미쳤다. 정부기관의 결정에는 무조건 순응하던 시기는 지나갔다. 파스퇴르 우유는 1988년 7월에 우유 분쟁에서 공정거래위원회가 내린 결정에 승복할 수 없음을 밝힌 광고를 실었다. 또 다른 광고는 1992년 4

〈표 8-10〉 광고전공학과가 있는 대학

대학명	학과명	정 원	주 소	설치연도
중앙대학교	광고홍보학과	30(주)	서울	1974
한양대학교	광고홍보학과	50(주)	경기 안산	1989
광주대학교	출판광고학과	40(주), 60(야)	광주	1989
경주대학교	광고홍보학과	40(야)	경주	1994
가야대학교	광 고 학 과	70(야)	경북 고령군	1994
동국대학교	광 고 학 과	50(야)	서울	1995
세명대학교	광고홍보학과	40(주)	충북 제천시	1995
목원대학교	광고홍보학과	40(주)	새전	1995
청주대학교	광고홍보학과	40(야)	청주	1995
한신대학교	광고홍보학과	50(야)	경기 오산	1995
협성대학교	광고홍보학과	40(야)	경기 화성군	1995
호남대학교	광고홍보학과	40(주), 30(야)	광주	1996
중부대학교	광고홍보학과	40(야)	충남 금산군	1996
남서울산업대학교	광고홍보학과	60(주), 60(야)	천안	1996
충남산업대학교	광고홍보학과	40(주)	충남 홍성군	1997
숙명여자대학교	홍보기획과	40(야)	서울	1997
부산여자대학교	광고홍보학과	50(야)	부산	

자료: 《광고행정백서》. 공보처. 1997. 617~619쪽 참조.
주: (주)-주간. (야)-야간.

〈표 8-11〉 언론 · 홍보 · 광고 관련 대학원

대학명	대학원 학과명	소재지	설치 연도
연세대학교	언론홍보대학원 광고홍보학과	서울	1992
고려대학교	언론대학원 광고홍보학과	서울	1993
중앙대학교	신문방송대학원 PR광고전공	서울	1989
경희대학교	신문방송대학원	서울	1989
성균관대학교	신문방송대학원	서울	1996
서강대학교	언론대학원	서울	1992
한국외국어대학교	정책과학대학원 광고홍보전공	서울	1995
동아대학교	언론홍보대학원	부산	1995
광주대학교	언론대학원	광주	1994
한양대학교	언론정보대학원	서울	1996

자료: 광고행정백서(1997). 공보처. 617~619쪽.

월 초 현대전자가 은행감독원의 주장을 반대한 것이었다. 1992년 겨울 대통령선거전 때의 의견광고는 말할 필요도 없다.

1992년에 〈조선일보〉가 전개한 "쓰레기 줄입시다" 환경캠페인은 대단한 반향을 일으켰다. 시작은 1992년 6월이었는데 이 신문은 캠페인을 개시하면서 사고(社告)를 냈고 어떤 단체나 기업이든 이 마크를 무료로 사용할 수 있도록 했다. 그리고 2009년 6월 말 〈조선일보〉 사보에 따르면 1년 만에 주부클럽에서 청와대 비서실까지 3,640개 단체를 동참 내열에 끌어들인 캠페인이 되었다.

1987년에 제1회 대회가 있었던 한국광고대회는 연례행사가 되었고 광고계의 당면 이슈의 토론장이 되었다. 1992년 이후는 유공광고인 포장, 표창이 이 행사의 일부가 되었다.

언론의 자유 회복에 따라 늘어나는 광고와 광고수입 의존도의 증가는 광고에 대한 관심을 재인식하는 계기가 되었다. 그리하여 1988~1997년의 10년 사이에 17개 대학에 광고·홍보 전공학과가 새로 생겼다. 그리고 광고는 가장 인기 있는 학과 중 하나로 부상하게 되었다. 학부과정뿐 아니라 언론·홍보 대학원도 부쩍 늘었고 광고나 홍보를 전공할 수 있는 과정들이 창설되었다.

1962년에 제정되었던 옥외광고물 등 관리법이 크게 수정, 보완되어 1991년 2월에는 드디어 공포되기에 이르렀다.

1989년 창설된 한국광고학회는 봄, 가을 학회를 주최했다. 광고업협회, 광고단체연합회, 공보처 광고진흥국은 각종 광고 관련 서적을 발행하게 되었다.

광고업협회는 광고백서(뒤에 광고산업으로 이름 바꿈)와 영문 *Advertising Yearbook*, 광고 크리에이티브 연감, 공보처는 광고행정백서, 광고단체연합회는 〈광고계동향〉(월간)과 〈광고계동향분석보고서〉(계간)를 정기적으로 발행하게 되었다.

1989년에는 한국리서치의 Media Index가 나왔고, 1990년에는 갤럽, 1991년에는 MSK의 TV시청률 조사가 실시되다가 결국 갤럽은 경쟁에서 물러났고 MSK가 TV 시청률조사를 독점하게 되었다.

표현자유를 회복한 개방시대가 다가오자 PR이 새 시대를 맞이하게 되었다. 특히 그 계기가 된 것은 1988년 서울올림픽이었는데 이런 국제적 행사에는 경험과 조직이 있는 국제적 PR전문회사가 필요하나 한국에는 없었다. 그래서 미국 버슨-마스텔러(Burson-Marsteller)를 고용했다. 이 일은 국내 PR 업계와 유력광고대행사에 자극이 되었다. 제일기획이 발간하는 광고연감 자료에 따르면 1991년 "회사별 주요 PR

'쓰레기를 줄입시다'

쓰레기가 줄어야 환경이 삽니다.
모두가 힘을 합해야 환경이 삽니다.
우리 모두의 노력이 필요한 환경보호,
우리 모두의 결의가 필요한 쓰레기 줄이기 운동.
朝鮮日報는 그 의지를 모은 상징을 만들었습니다.
朝鮮日報 쓰레기 줄이기 범국민 캠페인에 참여한
모든 단체의 마음을 그렸습니다.
깨끗한 대기를 뜻하는 붉은 태양,
푸른 산을 뜻하는 녹색의 곡선,
맑은 물을 나타내는 청색의 타원.
우리가 되찾아야 할 건강한 자연의 모습입니다.
건강한 자연속에서 행복을 추구하는 인간의 모습입니다.
환경을 생각합시다.
쓰레기를 줄입시다.

• 나눠드린 세가지의 상징마크를 차량스티커로, 사무실이나 집안에 또는 엘리베이터에 부착해 주시기 바랍니다. 더 필요하시면 조선일보 자원재활용 운동본부 724-6610~1로 연락해 주십시오.

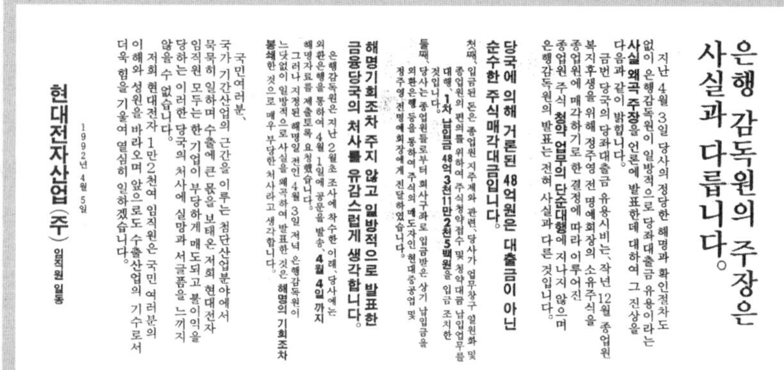

은행 감독원의 주장은 사실과 다릅니다。

지난 4월 3일 당사의 정당한 해명과 확인절차도 없이 은행감독원이 일방적으로 당좌대출금 유용이라는 **사실 왜곡 주장**을 언론에 발표한데 대하여 그 진상을 다음과 같이 밝힙니다。

금번 당국의 당좌대출금 유용시비는、작년 12월 종업원 복지후생을 위해 정주영 전 명예회장의 소유주식을 종업원에 매각하기로 한 결정에 따라 이루어진 종업원 주식 **청약 업무의 단순대행**에 지나지 않으며 은행감독원의 발표는 전혀 사실과 다른 것입니다。

당국에 의해 거론된 48억원은 대출금이 아닌 순수한 주식매각대금입니다。

첫째、입금된 돈은 종업원 지주제와 관련、당사가 업무창구 일원화 및 종업원의 편의를 위하여 주식청약접수 및 청약대금 납입업무를 대행、**1차 납입금 48억3천11만2천5백원**을 입금 조치한 것입니다。

둘째、당사는 종업원들로부터 회사구좌로 입금받은 상기 납입금을 외환은행 등을 통하여 주식의 매도자인 현대중공업 및 정주영 전명예회장에게 전달하였습니다。

해명기회조차 주지 않고 일방적으로 발표한 금융당국의 처사를 유감스럽게 생각합니다。

은행감독원은 지난 2월초 조사에 착수한 이래、당사에는 외환은행을 통하여 4월 1일에 공문을 발송、**4월 4일까지** 해명자료를 제출토록 요청했습니다。

그러나 지정된 해명일 전인 4월 3일 저녁 은행감독원이 느닷없이 일방적으로 사실을 왜곡하여 발표한 것은 **해명의 기회조차 봉쇄**한 것으로 매우 부당한 처사라고 생각합니다。

국민여러분、

국가 기간산업의 근간을 이루는 첨단산업분야에서 묵묵히 일하며 수출에 큰 몫을 보태온 저희 현대전자 임직원 모두는 한 기업이 부당하게 매도되고 불이익을 당하는 이러한 당국의 처사에 실망과 서글픔을 느끼지 않을 수 없습니다。

저희 현대전자 1만2천여 임직원은 국민 여러분의 이해와 성원을 바라오며 앞으로도 수출산업의 기수로서 더욱 힘을 기울여 열심히 일하겠습니다。

1992년 4월 5일

현대전자산업(주) 임직원 일동

① 1990년대 초 〈조선일보〉가 환경캠페인의 일환으로 만들어 배부한 환경보호 스티커 및 설명.
② 1992년 4월 5일 전후에 여러 신문에 게재된 현대전자의 광고.
③ 1988년 7월 중순에 파스퇴르 우유가 공정거래위원회 결정에 불복하여 게재한 신문광고.

클라이언트 및 91년 실적" 표가 있는데 8개 회사 가운데 PR 전문회사가 5, 광고회사 PR부가 3으로 되어 있다. 1998년에는 "PR회사 현황"에 19개 PR전문회사가 있으며 이해 매출액은 174.8억 원이었다. 이러한 숫자는 1990년대에 들어서서 PR이 하나의 산업으로 형성되어 감을 드러내고 있다.[12)]

1996년에는 한국이 베른조약에 가입함으로써 광고 저작권 문제가 중요하게 대두되기에 이르렀다.

1996년 IAA 세계광고대회

1996년 6월에는 서울 코엑스에서 제35차 국제광고협회(IAA) 세계광고대회가 개최되었다. 한국에서 처음으로 개최된 이 대회에는 49개국에서 2,385명이 참가해서 IAA 역사상 최대 참가기록을 세웠다. 아울러 대회 기록을 모두 녹화해서 VTR 테이프로 보존하는 첫 대회가 되었다. 제35차인 이 대회는 성공리에 끝났다. 4일에 걸친 대회의 개황은 다음과 같다.

• 대회개관 •

1. 대회 명칭
1) 국문: 제35차 IAA 세계광고대회
2) 영문: 35th IAA World Advertising Congress
3) 통칭: 서울세계광고대회 · Seoul Congress

2. 대회 목적
1) 국내 광고산업의 위상 제고
2) 동 · 서양 마케팅 커뮤니케이션 전문가의 토론을 통한 지식 및 경험 교류
3) 한국 광고산업의 세계화 기반 조성 및 국제 경쟁력 강화
4) 정보고속화 시대에 대비하여 멀티미디어 및 하이테크의 Demonstration 실현

3. 개최 시기 및 장소
1) 개최 시기: 1996.6.9(일)~12(수)
2) 개최 장소: 서울 삼성동 한국종합전시장(KOEX)

4. Theme & Symbol: 다음에 나오는 그림 참고

5. 대회 특징

1) 등록인원 및 행사규모 면에서 역대 IAA 광고대회 사상 최대의 행사였다.

   등록인원: 2,358(49개국)

   부대행사: 광고 4개 단체 전시회 및 세미나
   국제 매체 전시회
   멀티미디어 시범 룸
   CLIO 수상작 시사회

2) 세계 광고업계 저명연사 및 VIP가 대거 참여하였다. 김영삼 대통령의 축하메시지가 있었고 대표들의 청와대 방문이 있었다.

   ▪ 주요 연사 · 참석자

   (1) Martin Sorrell WPP 회장(영국)
   (2) Bill Lynch Leo Burnett 회장(미국)
   (3) Michael Bungy Bates 회장(미국)
   (4) Keith Reinhard DDB Needham 회장(미국)
   (5) 코구레 고헤이(小黑剛平) 덴츠 회장(일본)
   (6) 이소베(磯部) 리츠오 하꾸호도 회장(일본)
   (7) Urban Lehner Asian Wall Street Journal 편집국장
   (8) Zhu Xinmin 인민일보 논설위원 겸 비서장(중국)
   (9) Joe Cappo IAA 회장

3) 뉴미디어, 멀티미디어에 대해 집중 조명하였다. 대회주제, Sub-title 및 프로그램의 성격이 뉴미디어, 멀티미디어에 초점을 두었으며 참가자들이 직접 참여할 수 있는 멀티미디어 데몬스트레이션 룸을 운영하였다.

4) 학생 및 교수가 대거 참여하였다. 학생 548명, 교수 111명 등 총 659명이 참석하여 산학협동의 기회가 되었다.

5) 범한국 광고업계가 동참하여 대회를 준비, 진행하였다. 광고 관련 13개 단체장이 참여하여 운영협의회를 구성하였으며 광고주, 매체사, 광고회사 중역들로 구성된 14개 분과위원회가 운영되었다. 광고업계에서 행사 진행요원을 수급하여 광고회사, IAA 주니어 회사, 광고 전공 대학생 등이 자원봉사자로 참여하였다.

운영은 14개 분과위원회로 된 조직위원회가 했다. 회장은 김명하 코래드 사장이었고 사무총장은 신인섭이었다.

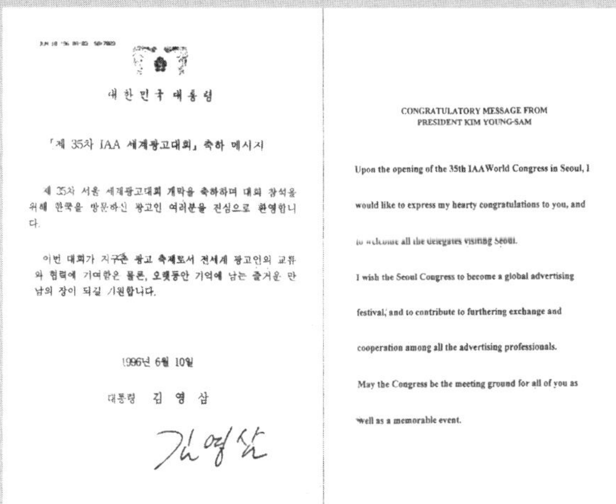

대한민국 대통령

「제 35차 IAA 세계광고대회」 축하 메시지

제 35차 서울 세계광고대회 개막을 축하하며 대회 참석을 위해 한국을 방문하신 광고인 여러분을 진심으로 환영합니다.

이번 대회가 지구촌 광고 축제로서 전세계 광고인의 교류와 협력에 기여함은 물론, 오랫동안 기억에 남는 즐거운 만남의 장이 되길 기원합니다.

1996년 6월 10일

대통령 김 영 삼

김영삼

CONGRATULATORY MESSAGE FROM
PRESIDENT KIM YOUNG-SAM

Upon the opening of the 35th IAA World Congress in Seoul, I would like to express my hearty congratulations to you, and to welcome all the delegates visiting Seoul.

I wish the Seoul Congress to become a global advertising festival, and to contribute to furthering exchange and cooperation among all the advertising professionals.

May the Congress be the meeting ground for all of you as well as a memorable event.

①	②
③	④

① 서울 강남구 삼성동 KOEX에서 개최된 제 35차 IAA 세계광고대회 대형 배너.
② 제 35차 IAA 세계광고대회 심벌과 슬로건.
③ 김영삼 대통령의 축사.
④ 각국 대표의 청와대 예방, 마이크 앞에는 김영삼 대통령이 서 있다.

※ 각주

1) 공보처 정기간행물 일람표.
2) 《한국통계연감 2008》. 통계청. 711쪽 국민계정.
3) 《한국방송광고공사 10년사》. 1991. 183쪽. 연도별 대행 수수료 변동은 신인섭외 한국광고사(1998) 474쪽 참조.
4) 해당 연도 KBS연지. 수신료 수입 관련 사항.
5) *Advertising Expenditure Forecasts* (2008. 12). ZenithOptimedia. 8쪽.
6) 《한국방송광고공사 10년사》. 1991. 98쪽.
7) 《한국방송광고공사 10년사》. 1991. 98쪽.
8) 이 사건에 대한 내용은 한국광고업협회가 발행한 《95년 광고백서》의 238~239 쪽에 나와 있다.
9) 방송위원회는 1992년 11월 9일에 모방 문제를 놓고 *Advertising Age* 특파원이며 이 기사를 쓴 David Kilburn기자를 초청한 세미나를 주최했다. 서울의 10대 광고회사 제작 책임자, 광고물 심사위원 등이 참석했다. *Advertising Age*의 이 기사는 이해 11월 5일 일간스포츠를 비롯해 11월 중순까지 〈중앙일보〉, 〈한국경제신문〉, 〈문화일보〉 등에 보도되었다.
10) 여기에 관해 자세한 내용은 한국광고주협회 회보인 〈KAA저널〉 1994년 10월호에 실려 있다. 2008년 11월 말에 헌법재판소는 광고 사전심의가 "헌법불일치"라는 판결을 내림으로써 방송광고에 대한 사전심의제도는 없어졌다. 그리고 라디오와 TV광고 사전심의를 하던 방송자율심의기구는 해체되었다.
11) 1994년 4월 30일자 스포츠서울 32면 중 20면에 크기는 다르나 20개 OB광고가 게재되었다.
12) 《광고연감》. 1992. 409쪽 및 1999. 377쪽. 서울: 제일기획.

제 9 장

구조조정, 인터넷성장, IT시대

1998~

1. 개 관

정치와 경제 1997년은 김영삼 정권의 마지막 해였고 외환위기로 국가부도의 위기를 맞아 얼룩진 해로 끝났다. 1998년에서 2010년 기간에는 '국민의 정부' 기치를 들고 나와 이북에 대해 이른바 햇볕정책(*Sunshine Policy*)을 편 김대중(1998~2003) 정권, 그 뒤 '참여정부'의 슬로건을 내세우고 햇볕정책을 이어 받은 노무현(2003~2008) 정권이 등장한 시기였다. "좌파" 정부라는 평을 들은 이 10년은 2007년 12월 19일 대통령 선거에서 야당인 한나라당 이명박 후보의 1,143만 표(48.6%) 대비 여당 후보 정동영의 615만 표(26.2%)라는 압승으로 "우파" 정권의 시대로 바뀌었다.

김대중 정권의 대북정책 변화의 징조는 1998년 6월 현대그룹 정주영(鄭周永) 회장이 소 500마리를 싣고 판문점을 통과해 이북으로 가는 데서 시작되었다. 이 상징적 사건은 그 뒤 햇볕정책으로 발전했고 금강산 관광의 길이 트이게 되었다. 2000년 6월에는 김대중 대통령이 드디어 평양을 방문해 김정일 위원장을 만났다. 이해 겨울에는 김대중 대통령이 노벨평화상을 받았다. 2007년 10월에는 노무현 대통령이 다시 평양을 방문해 김정일 위원장을 만났다. 2009년에는 두 전 대통령이 별세했다.

한편 북한은 2006년 10월에 핵폭발 실험으로 세계를 놀라게 했고 두 대통령이 내세운 햇볕정책은 무색하게 되었다. 또한 2009년 4월초에는 다시 로켓발사 실험을

朝鮮日報

550억달러 지원

정부-IMF 어제 최종 합의

이르면 내일 100억달러 들어와

성장률 3%·물가 5%내로 축소

외국인 주식취득 50%로 확대

금융개혁법안 연내 처리하기로

3黨후보 '이행각서 수용'

정부조직도 '구조조정'

"금융실명제 골격 유지" 정부 로비로 막판반영

김대중 2

IMF의 치욕적 타결,

1년반 안에 극복하겠습니다!

550억 달러 IMF 긴급지원 신문보도. 한국의 위기라는 헤드라인과
태극이 빠진 태극기를 그린 *Business Week* 1997.11.24 표지.

함으로써 유엔 안전보장이사회의 제재를 받게 되었다.

2004년 3월에는 노무현 대통령에 대한 탄핵안이 국회에서 통과되어 대한민국 헌정사상 초유의 사건으로 남게 되었다. 노무현 대통령은 퇴임 후 이른바 "박연차 게이트"에 휘말려 2009년 4월 말에 검찰조사를 받는 창피를 겪었다. 노무현 대통령은 2009년 5월 23일에 자살했다. 역시 한국 정치사상 초유의 일이었다.

2001년 9월 11일 알카에다의 뉴욕 세계무역센터 빌딩폭발은 세계를 놀라게 했다. 그리고 2003년에는 미국을 선두로 한 연합국의 이라크 침공으로 이라크와 아프가니스탄은 전쟁에 휘말리게 되었다. 2003년에는 닭 전염병인 사스(SARS) 확산으로 특히 아시아 여러 나라가 심한 영향을 받았다.

2008년 11월 미국 대통령 선거에서는 미국 역사상 최초로 흑인 버락 오바마(Barak H. Obama)가 미국 대통령에 당선되어 세계를 놀라게 했다.

1997년 겨울에 닥친 아시아 금융위기의 일환인 한국의 외환위기는 속칭 "IMF 한파"로 나타났다. 이해 초부터는 삼보철강 사건이 터지고 이와 연루되어 김영삼

〈표 9-1〉 GDP 추세, 1998~2008

연 도	GDP		개인당 GDP		전년 대비
	(조 원)	억$	만원	$	GDP 성장률(%)
1998	484.1	3,461	1,029	7,355	-6.9
1999	529.5	4,452	1,123	9,438	9.5
2000	578.7	5,118	1,226	10,841	8.5
2001	622.1	4,820	1,311	10,160	3.8
2002	684.3	5,469	1,439	11,499	7.0
2003	724.7	6,080	1,516	12,720	3.1
2004	779.4	6,809	1,626	14,162	4.7
2005	810.5	7,913	1,681	16,413	4.2
2006	848.0	8,875	1,758	18,401	5.1
2007	901.2	9,699	1,863	20,045	5.0
2008	1,023.9	9,287	2,016	19,231	2.2

자료: 한국통계연감 2009. 한국은행 2008년 국민계정.

대통령의 차남 김현철이 구속되었다. 진로, 해태, 기아자동차 등이 부도가 났다. 한국은 1997년 12월 초에 IMF로부터 구제금융을 받아 위기를 극복했다. 개화기 국채보상운동을 연상케 할 만큼 "금 모아 수출하기 운동"이 전국을 휩쓴 것은 1998년에 들어선 뒤였다. 미 달러에 대비한 환율은 널뛰기를 했는데 1997년 10월에 1달러에 965원이던 것이 12월에는 2,000원, 1998년 4월에는 1,400원, 그리고 12월에는 1,200원으로 마감했다.

한 가지 낭보는 박세리가 미국 LPGA골프에서 우승한 일이었는데 금융위기에 IMF 차관을 얻어 국가부도를 막는다는, 어두운 환경에서 흐뭇한 소식이었다.

이 외환위기로 1998년의 한국경제는 6.9% 마이너스 성장을 기록했고 1만 달러를 넘던 1인당 GDP는 이해에 7,355달러로 폭락했다. GDP는 그 뒤 1999년에 9.6%, 2000년에 8.5% 성장을 나타냈으나 2003년 이후에는 낮은 한 자리 성장에 머물렀다. 외환위기를 겪으면서 한국에는 구조조정의 바람이 불었다. 당연한 결과로 1998년 한국 광고비는 1968년 한국 광고비 추정이 시작된 이래 처음으로 35%나 급감해 광고회사 감원, 부노, 폐업이 속출했다.

2008년 9월 미국 월가 리먼 브라더스(Lehman Brothers) 파산에서 일기 시작한 세계 금융위기는 온 세계를 뒤덮었고 특히 선진 각국은 수조 달러에 이르는 구제금융으로 경제를 살리는 데 나섰다. 물론 한국도 예외는 아니었다. 1929년의 미국에서 시작된 세계 경제공황의 재판(再版)을 우려한 선진국은 2009년에 런던과 미국

東亞日報

"統一위해 평양왔다" "환영한다"

dongA.com

2009년 5월 1일 금요일

盧 "아니다, 모른다"… 박연차와 대질도 거부

구차한 비극, 상처받은 국민

盧대통령 탄핵가결·권한정지

국회 贊 193·反 2… 헌정사상 처음

高총리가 권한대행 "경제안정 총력"

憲裁, 심리 착수… 180일이내 심판

2004년 3월 13일 노무현 대통령 탄핵 관련 조선일보의 보도

盧대통령 "憲裁 결론은 다를것"

與 "의회 쿠데타" 격앙

①

②

③

① 김대중 대통령과 김정일 위원장의 악수.

②, ③ 노무현 대통령 탄핵, 검찰 조사, 관련 신문 기사.

피츠버그에서 G20회의를 개최했다. 2008년의 세계 금융위기로 달라진 것은 G7로 알려진 7개 선진국 회의가 G20이 되어 13개국이 새로 세계 경제를 논하는 장에 참여하게 되었다는 일이었다. 아시아에서는 일본만이 G7의 멤버이던 시대에서 한국, 중국, 인도, 인도네시아 등이 참가하는 G20으로 바뀌었다는 것은 의미심장한 일이었다. 나아가서는 한국이 2010년 G20회의 주최국이 되어 한국의 국제적 위상을 상징하는 일이 되었다.

광고 관련 주요 정치 · 경제 사건 김대중 정권이 출범한 1998년 1월에서 2월에 걸쳐서는 이른바 "금 모아 수출하기 운동"이 전국적으로 일어나 마치 개화기인 1907년 초 벌어진 국채보상운동을 연상케 할 만큼 전국적인 운동으로 확산되었다. 이것은 1998년에 겪은 외환위기에 대한 국민적 운동의 일환이었다. 역설적으로 외환위기는 한국에서 현대적인 대외PR의 중요성을 깨우치게 하는 계기가 되었다.

1998년 10월에는 일본 문화시장이 일부 개방되었다. 11월에는 현대자동차가 부도를 낸 기아자동차를 인수했다.

김대중 정권이 발족한 1998년 정부는 공보처를 없앴다. 군사정권 시절 공보처가 하던 "홍보조정"을 통한 언론통제 기능에 대한 반발이었다. 그러나 1999년에는 국정홍보처를 새로 만들기에 이르렀다. 또한 1999년에는 통합방송법이 제정되어 한국방송광고공사에 의한 모든 지상파 광고독점 판매가 끝나고 복수 미디어 렙의 길이 트일 법적 근거가 생겼다. 다만 전두환 정권 시절의 언론정책은 폐기되었으나 언론통제의 일환으로 제정된 방송광고공사 제도는 그 뒤 모든 정권이 고스란히 유지해서 정권 유공자 포상의 도구로 이용했다.

2000년에는 이른바 닷컴 붐(*Dot Com Boom*)이 세계적으로 일어나 광고에도 바람이 불었으나 이듬해 단명으로 끝났다. 2001년에는 지상파 3개사가 디지털 방송을 개시했다. 또한 언론사에 대한 강도 높은 세무조사가 있었고 〈조선일보〉, 〈동아일보〉, 〈국민일보〉 3개사 사장이 구속되었다. 김대중 정권 정책에 대해 줄곧 비판적 논조를 유지한 3대 일간지 즉 〈조선일보〉, 〈동아일보〉, 〈중앙일보〉에 대한 보복이라는 주장이 제기되었다. 이 일은 한국의 언론탄압이라고 해서 한때 국제적 사건으로 비화됐다.

2002년에는 한일 공동으로 월드컵이 주최되었고 4강에까지 진출한 한국은 88서울 올림픽을 능가하는 열광을 보였다. 또한 월드컵은 스포츠 마케팅에 대한 인식을 제고

A8 종합

코바코 방송광고 독점 '헌법 불합치'

<한국방송광고공사>

헌재 결정… 지상파 방송광고 판매 경쟁체제로
수익 줄어드는 지역·종교방송사들은 대책 요구

코바코(한국방송광고공사) 방송광고 독점판매에 대한 헌법 불일치 관련 기사. 2008.11.28일자 〈조선일보〉.

하는 데 결정적 역할을 했다. Sky Life 방송국이 개국한 것도 2002년의 일이었다.

1998년 외환위기를 맞은 한국 대기업들의 부도 등으로 구조조정이 일어나자 외국 광고회사들은 합작에서 100% 외국투자로 전환하게 되었다. 그 결과 12개 외국 계열(합작, 단독 출자) 광고회사의 2000년 취급액은 약 1.6조원으로 70개 대행사 총취급액의 31.6%에 이르게 되었다.[1]

2003년에는 옥외광고사(屋外廣告士)에 대한 국가시험제도가 제정되었다. 2005년에는 신문법이 제정되어 재정난을 겪고 있는 중소 신문에 대한 지원의 길이 열렸다. "신문 등의 자유와 기능 보장에 관한 법률"이라고 이름한 이 신문법은 다시 보수계 신문에 대한 압력이라는 비난을 받았으며 2008년 이명박 정권이 들어선 뒤 폐기되었다. 2008년 6월과 11월에는 광고와 관련된 두 가지 헌법재판소의 결정이 있었다. 6월에는 방송광고 사전심의가 위헌이라는 결정이고 11월의 결정은 1981년, 이른바 제5공화국 시절에 창립된 한국방송광고공사가 그 뒤 줄곧 지상파 방송광고를 독점판매하는 것이 역시 헌법에 어긋난다는 결정이었다.

이로써 방송광고 사전심의는 끝나고 광고자율심의 기구는 해체되었다. 1981년 제5공화국 창립 이래 계속된 공사의 독점판매는 종말을 맞이하게 되었다.

이명박 정권이 출범한 2008년 2월에서 두 달 뒤인 4월부터 약 4개월 동안은 미국 쇠고기 수입 개방 반대 촛불시위가 서울을 중심으로 일어났고 일대 혼란을 야기시켰다. 동시에 보수를 대표하며 촛불집회에 비판적인 〈조선일보〉, 〈중앙일보〉, 〈동아일보〉 3개 신문에 광고 게재를 보이콧하도록 광고주를 압박하는 일까지 벌어졌다. 2009

년에 접어들자 〈한겨레신문〉과 〈경향신문〉에 광고를 게재하지 않는다고 광고주에게 압박을 가하고 〈동아일보〉, 〈조선일보〉, 〈중앙일보〉에 광고를 게재하지 말라는 요구를 한 "언론소비자주권국민캠페인"(언소주) 대표에게는 법원이 유죄판결을 내렸다.

2009년 7월에는 말썽 많던 미디어법(신문법, 방송법 개정안)이 드디어 국회를 통과했다. 야당인 민주당의 제소에 대해 10월 말에 헌법재판소는 미디어법이 유효하다는 결정을 내렸다. 이로써 신문의 방송 겸영의 길이 트이게 되었다. 다만 2010년 여름까지 아직 정보통신위원회의 결정을 기다리고 있는 상황이다.

2. 매 체

1998년 김대중 정권 출범 이후 노무현 정권까지 두 정권 10년 기간의 정부와 3대지인 〈조선〉, 〈중앙〉, 〈동아〉의 보수계 신문과의 관계는 심한 대립관계였다. 신문사 간에도 정부시책에 비판적인 이들 보수계 신문과 그렇지 않은 〈한겨레〉와 〈경향〉의 대립이 극명하게 드러났고 심화되었다. 그러나 2008년 이명박 정권의 출범과 함께 언론계에는 정책에 변동이 일어났다.

정기간행물 추세에는 별다른 변동이 없었으며 기타 일간지에 대한 구분이 따로 생겨서 2000년부터는 지방 행정 단위에서 발행되는 일간신문을 별도로 구분했고 또한 2005년에는 인터넷 신문을 따로 구분하게 되었다.

1998년의 외환위기에서 비롯된 불황과 구조조정은 한편 반가운 변화를 일으키기도 했는데 그 가운데 하나가 15초, 20초, 30초의 세 가지 길이와 10초 ID와 시보로 제한되었던 광고시간 길이가 사실상 자유화되어 5초 단위로 갖가지 길이의 광고가 가능하게 되었는데 그 원인은 불황에 따르는 광고 부족 타개책 때문이었다.

아마도 2000년 이후 가장 두드러지게 나타난 매체의 변화는 인터넷의 확장과 인터넷을 이용한 각종 마케팅과 광고 방법의 발전이 미친 영향일 것이다. 간단한 숫자가 이런 변화를 나타내고 있다. 한국의 사회지표에 나오는 자료에 의하면 2000년 인터넷 가입자는 약 39만 명이었는데 2002년에는 1,000만 명이 넘고 2007년에는 약 1,500만 명 가깝게 늘었다. 이제 인터넷은 매체는 물론 정치, 경제, 사회, 문화 등 모든 분야에 영향을 미치게 되었다. 이동전화가입자는 2,000년에 약 270만 명에서 2007년에는 4,350만 명으로 증가했다.

〈표 9-2〉 정기간행물 추세

	일간		기타						인터넷	
연도	신문	통신	일간	주간	월간	격월간	계간	연2회	신문	합계
1998	108	1	-	2,340	2,456	440	870	257	-	6,363
2000	119	1	368	2,166	2,468	389	696	226	-	6,433
2005	168	2	395	2,426	2,744	410	838	267	286	7,536
2006	193	2	372	2,697	3,028	431	904	298	626	8,551
2007	181	3	360	2,887	3,257	453	974	322	927	9,464

자료: 문화관광부.

〈표 9-3〉 이동전화 및 (초고속)인터넷 가입자 추세

	이동전화	초고속 인터넷	
연도	가입자(만 명)	가입자(만 명)	총인구(만 명)
1998	1,398	-	4,629(추계)
1999	2,344	-	-
2000	2,682	387	4,614(센서스)
2001	2,904	781	-
2002	3,234	1,041	-
2003	3,359	1,118	-
2004	3,659	1,192	-
2005	3,834	1,219	4,728(센서스)
2006	4,020	1,404	-
2007	4,350	1,471	4,846(추계)

자료: 2008 한국의 사회지표. 통계청, 141쪽(인구), 397쪽.
숫자는 천 단위에서 반올림함.

〈표 9-4〉 TV 시청률 추세

	TV 방송국					
연도	KBS1	KBS2	MBC	SBS	지상파 방송 합계	케이블TV
1998	12.1	10.1	14.8	10.9	47.9	0.0
2000	10.1	8.9	11.4	10.9	41.3	1.7
2002	9.5	8.0	10.3	9.4	37.2	6.4
2004	8.9	7.7	9.6	9.1	35.3	10.3
2006	7.8	7.3	7.8	8.5	31.4	12.2
2008	9.2	7.4	8.4	8.4	33.4	14.4
2009*	7.6	7.8	8.1	8.5	32.0	15.1
98/08 대비	-2.9	-2.7	-6.4	-2.5	-14.5	+14.4

자료: AGB 닐슨. 가구 시청률 기준. 1998은 서울 지역. 그 이후는 수도권 대상.
주: * 1-10월의 자료이다.

〈표 9-5〉 무료 신문 현황

신문명	창간일
메트로(Metro)	2002. 5.31
데일리 포커스(Daily focus)	2003. 6.15
AM 7	2003.11.17
굿모닝 서울	2004. 3. 2
데일리 줌(Daily Zoom)	2004. 6.21
스포츠 한국	2004. 6.28

자료: 광고연감 2005. 162쪽.

〈표 9-6〉

신문 구독자 추세, 2001 및 2006 조사(가구 구독률)

구분	2001	2006	대비
표본수	10,000	10,000	-
가구구독률	51.3%	34.8%	-16.5%
비구독률	48.7%	65.2%	+16.5%

한편 1998년 이후 지상파 TV방송의 시청률은 점점 감소하고 있는 추세이고 반면에 케이블TV 시청률은 증가하고 있다. 지상파 4사의 전체 시청률은 1998년에서 10년 사이에 14.5포인트 하락한 반면 케이블TV는 14.4포인트가 상승했다. 그리고 4개 채널이 모두 시청률 감소를 나타냈으나 가장 심한 것은 MBC로서 6.4포인트나 줄었다.[2)]

1990년대 중반에는 신문이 가로쓰기로 전환하게 되었다. 그리고 1999년에는 〈조선일보〉가 마지막으로 완전히 가로쓰기로 바뀌었다. 가로쓰기 전환에 따라 이른바 "변형광고"(變形廣告)가 등장하게 되었다. 세로쓰기 시절에 가장 흔한 광고 크기는 전5단(全5段)이었다. 변형광고란 세로쓰기 시절의 전통적 크기인 전5단과는 다른 모양이라는 뜻에서 생긴 말인데 가장 흔한 변형광고의 크기는 세로쓰기의 신문의 전5단 크기와 거의 비슷했다.[3)]

2002년에는 3대 일간신문인 〈조선일보〉, 〈중앙일보〉, 〈동아일보〉에 대한 한국ABC협회 공사 결과가 공표되어 이 3대지의 발행 및 판매부수가 공개되었다. 이 공사자료에 의하면 2002년 부수상황은 〈표 9-7〉과 같다.

2002년부터는 Metro를 위시하여 무료 일간지가 주로 지하철 입구에서 배부되기 시작했다. 시작은 Metro가 했으나 그 뒤 2년 사이에 Focus, AM7 등 6개지가 등장해 치열한 무료 타블로이드지 경쟁이 벌어졌다. 2004년에는 DMB방송이 시작되었다.

2000년대에 접어들자 세계적인 인쇄매체 부수 감소 및 광고 부진 현상이 나타나게 되었다. 물론 가장 큰 원인은 인터넷의 등장이었다. 그리고 신문은 인터넷 판을 발행하기 시작했다. 말할 나위도 없이 한국도 예외는 아닌데 아직 ABC협회 부수공사를 받지 않는 신문이 많아서 2001년과 2006년 한국 광고주협회가 실시한 "인쇄매체 수용자 조사"의 일부를 보면 신문구독 추세가 나타난다.

2001년에서 2006년에 이르는 5년 사이에 10개 일간신문 가구 기준 유료 구독률은 49.1%에서 33.7%로 15.4% 포인트나 감소했다.

표에 나타나듯이 10위 신문에서 탈락한 신문, 새로 들어간 신문, 그리고 순위에도 변동은 있었다. 그러나 5년간의 추세는 변동이 없다. 상위 3개 신문인 〈조선일보〉, 〈중앙일보〉, 〈동아일보〉의 순위에도 변화가 없고 이 3대 보수계 일간지가 상위 10대지 가운데서 차지하는 비율도 75% 정도로 거의 변화가 없다. 일간신문만을 놓고 보면 한국은 보수, 우익 사회라는 결론이 된다. 그리고 정권의 정책과는 무관하게 이러한 추세가 계속되었음을 알 수 있다. 인용한 자료에는 나와 있지 않으나 지방에 따라 10대지의 순위에는 변동이 있다.

〈표 9-7〉 3대 일간신문 부수

신문	발행부수	판매부수
조선일보	2,377,707	1,756,193
동아일보	2,051,594	1,539,409
중앙일보	2,051,588	1,533,372

신문별 가구 구독률(상위 10대 신문)

2001			2006		
신문	사례	구독률(%)	신문	사례	구독률(%)
조선일보	1,369	13.7%	조선일보	1,006	10.1
중앙일보	1,320	13.2	중앙일보	843	8.4
동아일보	1,009	10.1	동아일보	679	6.8
3대지 계	3,698	37.0	3대지 계	2,528	25.3
한국일보	237	2.4	경향신문	140	1.4
경향신문	196	2.0	매일경제	138	1.4
매일경제	177	1.8	부산일보	135	1.4
한겨레신문	157	1.6	스포츠조선	107	1.1
국민일보	146	1.5	국민일보	105	1.1
매일신문(대구)	140	1.4	한겨레신문	100	1.0
부산일보	137	1.4	한국일보	96	1.0
7개지 계	1,190	12.1	7개지 계	821	8.4
합계	4,888	49.1	합계	3,349	33.7

자료: 인쇄매체 수용자 조사 2001 및 2006. 한국 광고주협회. 3대지, 7개지의 계와 합계는 저자 계산.

①
② | ③

① 무료 신문들의 제호.

② 1990년대 이후에 신문은 가로쓰기, 한글 전용으로 변했고 1면은 7컬럼, 광고 계산 단위도 컬럼/cm로 바뀌었다. 그리고 광고는 변형광고가 생겼다.

③ 1980년대만 해도 일간신문은 세로짜기, 세로쓰기였다. 그리고 한문 글자가 많았다. 신문 1면은 아래 위가 15단이고 가로 37cm였다. 거의 예외 없이 앞면에는 신문 1면의 3분의 1크기인 5단 광고였다.

GLOBAL MARKETERS 1995년에서 2007년에 이르는 12년 사이에 한국의 다섯 대기업의 광고비는 8억 7,260만 달러에서 23억 9,900만 달러가 되어 275% 증가했다. 그런데 미국 내를 기준하면 이 기간에 1억 3,550만 달러에서 8억 6,000만 달러가 되어 635% 증가했다. 그 주된 이유는 현대자동차와 기아의 미국 내 광고비 증가 때문이었다. 〈표 9-8〉에 나타난 숫자를 보면 전세계를 기준할 때 한국 최대의 광고주는 8억 4,800만 달러를 광고에 투자한 현대자동차이고 2위가 6억 5,600만 달러인 삼성전자이다.

〈표 9-8〉 글로벌 마케터

금액: 100만$

	1995			1999			2007	
회 사	미국 외	미국 내	세계	미국 외	미국 내	세계	미국 내	세계
대우그룹	178.5	0.3	178.8	262.0	12.0	274.0	—	—
엘지그룹	177.7	7.0	184.7	219.0	6.0	225.0	86	396
현대자동차	166.0	113.4	279.4	271.0	116.0	387.0	443	848
기아자동차	—	—	—	—	—	—	187	499
삼성전자	214.9	14.8	229.7	208.0	27.0	235.0	144	656
합계	737.1	135.5	872.6	960.0	161.0	1,121.0	860	2,399

자료: Advertising Age International 1997 및 1999; Advertising Age 2007. 11.19 및 2008.12.8.
(Advertising Age International은 폐간되었다.)

〈표 9-9〉 한국의 글로벌 마케터

광고비: 100만$

순위					세계 광고비				미국 광고비			
1995	2000	2005	2007	광고주	1995	2000	2005	2007	1995	2000	2005	2007
37	75	51	53	삼성그룹	230	303	647	656	15	71	128	144
42	72	81	87	럭키그룹	185	309	341	396	7	2	56	86
46	57	35	39	현대자동차	279	419	818	848	113	146	426	443
-	90	68	71	기아자동차	-	235	444	499	-	119	219	187
41	-	-	-	대우그룹	179	-	-	-	0.3	-	-	-
				합계	873	1,266	2,250	2,399	135.3	338	827	860

자료: *Advertising Age International* 1997.11월호 Global Marketer. *Advertising Age* 2002.11.11 Global Marketer. *Advertising Age* 2007.11.19 Global Marketers. *Advertising Age* 2008.12. 8 Global Marketers.

한국기업의 해외진출에 따라 *Advertising Age*가 집계하는 세계 100대 글로벌 마케터에는 한국기업의 이름이 나타나게 되었다. 1995년 이후 추세를 보면 한국 대기업들의 세계 전체 광고비는 1995~2007년 사이에 8억 7,300만 달러에서 2.7배가 증가해 23억 9,900만 달러가 되었다. 한편 미국 내에서 투자한 광고비는 이 기간에 1억 3,530만 달러에서 6.4배나 늘어나서 8억 6,000만 달러가 되었다. 특히 현대자동차의 미국 내 광고비는 1억 1,300만 달러에서 4억 4,300만 달러로 증가했고 글로벌 마케터 39위로 올랐다. 2007년이 되자 삼성, 럭키, 현대와 기아자동차 4개사는 세계 전체에서 쓰는 광고비의 38%를 미국에 투자하고 있다.

제일기획의 광고연감에는 한국 200대 광고주의 4매체 광고비가 발표된다. 2007년 한국 최대의 광고주인 삼성전자의 광고비는 1,229억 원이었고 현대자동차 광고비는 541억 원이었다. 2007년 환율($1.00=938원)에 따라 이 돈을 달러로 환산하면 삼성전자 광고비는 1억 3,101만 달러, 현대자동차는 5,767만 달러였다. 따라서 〈애드버타이징 에이지〉(*Advertising Age*)가 발표한 2007년 삼성의 전세계 광고비 6억 5,600백만 달러와 현대의 8억 4,800만 달러는 삼성의 국내 광고비 대비 각각 5배, 현대는 14.7배가 된다. 다시 말해서 삼성과 현대는 한국 내보다 해외에서 훨씬 더 많은 광고비를 쓰고 있다.[4)]

2008년 이명박 정권이 출범하자 새로운 언론정책에 대한 윤곽이 드러나게 되었는데 광고산업과 가장 밀접한 관계가 있는 한국방송광고공사 지상파 광고독점은 폐지하도록 결정되었다. 그리고 지상파 광고 복수 미디어렙이 허용되었다.

2008년 2월 이명박 정권이 들어선 뒤 4월 말 MBC-TV의 PD 수첩 프로그램이 "긴급 취재 - 미국산 쇠고기, 과연 광우병에서 안전한가"를 방송한 뒤 본격적으로 시작된 미국 쇠고기 수입반대 촛불집회는 드디어 정치집회의 성격을 띠었다. 그리고 〈조선일보〉, 〈동아일보〉, 〈중앙일보〉 등 보수신문에 광고 게재 중단 압박 운동으로 비화됐다.

2008년에는 또한 IPTV 시대가 개막됨으로써 시청자가 서버에 저장된 프로그램을 선택해서 볼 수 있고 능동적으로 참여할 수 있는 양방향 서비스 시대가 열리게 되었다.

3. 광 고

1998년의 한국 외환위기는 광고사상 유례없이 광고비가 전년 대비 35.2%나 격감했다. 1997년 5조 3,769억 원이던 광고비는 3조 4,846억 원으로 폭락했다. 1%를 넘던 GDP 대비 광고비는 1.09%에서 0.72%로 떨어졌다. 기업의 구조조정 못지않게 광고산업, 특히 광고회사에 감원 선풍이 일고 상당수의 광고회사가 문을 닫는 등 치명적이라고 할 만한 타격이 있었다.

외환위기 후 35%나 급감했던 한국 광고비의 회복은 비교적 빨랐다. 2년의 진통 끝에 2000년에는 5조 8,534억 원으로 증가했다. 그러나 1998년을 고비로 그 뒤의 광고산업은 2002년을 예외로 하면 부진한 저성장 시대로 접어들게 되었다.

매체별 광고비 구성 21세기에 들어서서 매체별 광고비 구성에는 변동이 생겼다. 가장 큰 원인은 인터넷 매체의 등장이었다. 매체 구분 기준 때문에 정확한 대비는 힘드나 2000년에는 겨우 5.3%를 차지하던 뉴미디어가 2005년에는 거의 3배가 늘어난 15%가 되었다. 가장 심한 변동은 신문이었는데 12.5% 포인트나 감소했다. TV도 4.8%나 감소했으며 라디오 역시 0.5% 줄었다. 잡지는 증가한 것으로 나타났으나 이것은 조사대상이 된 잡지 수가 증가했기 때문이다. 4매체 광고 제작비의 변동도 조사 기준의 변동에서 생긴 것이다. 크게 볼 때 1995년에 처음 등장한 인터넷은 매체별 광고비 구성에 지대한 영향을 미친 것을 알 수 있다.

광고주 2000년 이후 IT산업 부상으로 삼성전자와 엘지전자는 물론 KT, KTF, 선경 등 IT 관련 기업이 10대 광고주에 오르게 되었고 아울러 현대와 기아자동차 10대 광고주로 부상하게 되었다.

1998년의 광고비 폭락 후 2000년 광고비 복구는 IT산업의 전년 대비 51.7% 성장에 이어 금융, 증권, 보험 부문의 46.9%, 유통 47.4%, 서비스 28.3% 성장이 선도적 역할을 했다. 그리고 2000년에는 삼성전자의 신문, 잡지, 라디오, TV 4매체 연간 광고비가 1,000억 원 돌파하게 되었다. 2007년 10대 광고주가 한국 광고 전체에서 차지하는 비중은 14.6%로서 점차 비중이 감소하는 추세를 나타냈다.

〈표 9-10〉 GDP 및 광고비 추세, 1998~2008

광고비: 억 원. 성장률/GDP 대비: %

	개인당 GDP		광고비			
연 도	만 원	$	광고비	성장률	GDP 대비	비 고
1998	1,029	7,355	34,846	−35.2	0.72	김대중 정권
1999	1,123	9,438	46,206	32.6	0.87	
2000	1,226	10,841	58,534	26.7	1.01	김대중 대통령 방북: IT 붐
2001	1,311	10,159	57,138	−2.4	0.88	
2002	1,439	11,497	68,442	19.8	0.95	월드컵(6월): 아시안게임(9월)
2003	1,516	12,717	69,668	1.8	0.91	노무현 정권
2004	1,626	14,206	68,401	−1.8	0.83	노무현 대통령 탄핵
2005	1,681	16,413	70,539	3.1	0.87	
2006	1,758	18,401	76,339	8.2	0.82	
2007	1,863	20,045	79.897	4.7	0.82	이명박 정권
2008	2,016	19,231	77,971	−2.4	0.76	

자료: GDP-한국통계연감 2008. 712-713쪽. 광고비-광고연감 2009. 994쪽. Cheil Worldwide.

〈표 9-11〉 매체별 광고비, 2000 및 2005

단위: 억 원, %

	2000		2005		2008	
매체	광고비	구성비	광고비	구성비	광고비	구성비
TV	20,686	35.3	21,492	30.5	18,997	24.4
라디오	2,504	4.3	2,683	3.8	2,769	3.6
신문	21,214	36.2	16,724	23.7	16,581	21.3
잡지	1,634	2.8	4,368	6.2*	4,804	6.2
4매체 합계	46,038	78.7	45,267	64.2	43,151	55.3
4매체 광고제작	2,173	3.7	7,315**	10.4	7,663	9.8
옥외광고	7,227***	12.3	7,358****	10.4	6,395	8.2
뉴미디어 합계	3,096*****	5.3	10,599******	15.0	20,762	26.6
총계	58,534	100.0	70,539	100.0	77,971	100.0

자료: 광고연감 2001, 2006, 2009. 광고비분석. 서울: 제일기획.
* 잡지 광고는 조사 대상의 증가로 생긴 점유율 변화이다.
** 4매체 광고제작, 기타.
*** 옥외, SP, 기타.
**** 옥외광고.
***** CATV, 인터넷, PC 통신.
****** 케이블TV. 온라인. 스카이라이프.

이른바 PPL(*Product Placement*) 광고가 등장한 것은 2004년의 일이었는데 방송위원회의 위법 판단으로 더 이상 진전하지 못했으나 2009년에 다시 부활하게 되었다.

2005년에는 위성과 지상파 DMB방송이 개시되어 전국 대부분의 지역에서 시청이 가능하게 되었다.

〈표 9-12〉 10대 광고주, 1998~2007

광고비: 억 원, 괄호(순위)

회사명	1998	2000	2003	2005	2007
삼성전자	655(1)	1,129(1)	1,880(1)	1,604(1)	1,229(1)
SK 텔레콤	572(2)	828(2)	1,634(2)	906(2)	1,068(2)
KT 프리첼	319(9)	566(9)	778(5)	598(6)	749(3)
LG 전자	—	774(3)	918(4)	836(3)	703(4)
KT(한국통신)	—	612(7)	1,067(3)	606(5)	626(5)
현대자동차	494(3)	646(4)	644(6)	626(4)	541(6)
AIG 손해보험	—	—	—	—	529(7)
아모레퍼시픽	416(5)	611(8)	606(7)	508(7)	474(8)
하이마트	—	—	478(10)	443(8)	462(9)
AIG 생명보험	—	—	—	—	389(10)
기아자동차	—	619(6)	559(8)	432(9)	—
농심	335(8)	—	—	410(10)	—
남양유업	358(6)	642(5)	—	—	—
LG화학	354(7)	542(10)	—	—	—
LG텔레콤	—	—	488(9)	—	—
대우전자	—	—	—	—	—
현대전자	—	—	—	—	—
제일제당	—	—	—	—	—
동양맥주	—	—	—	—	—
대우자판	425(4)	—	—	—	—
신세기통신	292(10)	—	—	—	—
합계	4,220	6,355	9,052	6,969	6,770
한국 광고비 (전매체)	34,846	58,534	68,023	70,539	79,897
한국 광고비 (4매체)	26,095	46,038	50,328	45,267	46,524
10대 광고주 점유율 (4매체)	16.2	13.8	18.0	15.4	14.6

자료: 제일기획 광고연감 〈광고비분석〉 및 〈국내광고관련 통계〉 자료에서 구성.
주: 점유율은 신문, 잡지, 라디오, TV의 4매체 합계에 대비한 것이다.

4. 광고회사

1997년 겨울에 한국에 닥친 외환위기는 광고대행업계에 심한 타격을 주었다. 한국광고단체연합회의 월간 광고계동향 자료에 의하면 1998년 외한위기의 해에 자료를 보고한 회사의 수는 1997년의 93개사에서 15개사가 줄어 78개사가 되었고 사원은 6,069명에서 1,579명, 즉 26%나 감소한 4,490명으로 줄어서 타격이 얼마나 심했는가를 역력히 보여 주고 있다. 보고에 나타나지 않은 회사까지 포함하면 영향은 더 컸을 것이다. 외환위기를 계기로 수많은 광고전문인들이 광고계를 떠났다. 그리고 광고회사에도 구조조정의 바람이 불었다.

이러한 상황은 다국적 광고회사에게는 좋은 기회를 제공한 셈이 되어 M & A가 본격화되었다. 1999년이 되자 웰컴은 프랑스 프불리시스와 합작했다. 레오버넷과 오길비 & 매더, 매켄에릭슨은 합작 관계에서 100% 지분 소유로 전환했다. 또한 매체 전문회사인 미디어 에이전시가 업무를 시작했는데 PDS와 유니버설 매켄이 그러한 사례였다. 1998년 3월에 주식을 상장한 제일기획에 이어 1999년 8월에는 업계 2위인 엘지애드가 역시 주식을 상장했다. 오리콤은 2000년 10월에 코스닥에 상장했다.

Lee & DDB와 FCB는 합작회사를 설립했다. 2000년 11개 외국계 대행사 한국광고시장 점유율 8,508억 원으로 전년 대비 40.9%가 증가했고 한국 광고대행 시장점유율은 1999의 13.1%에서 14.5%가 되었다.

2002년에는 영국에 본사를 둔 WPP가 엘지애드의 경영권을 인수했고 같은 해 금강기획의 경영권도 인수했다. 금강기획 인수는 이 회사의 대주주인 영국의 코디언트 커뮤니케이션 그룹(Cordiant Communication Group)을 WPP가 인수함에 따라 자동적으로 인수한 것이었다. 다만 이 경영권 인수는 WPP와 엘지애드 및 금강기획의 광고주 계속 인수 계약 유효기간 5년이 지나자 소멸되고 WPP는 경영권을 잃게 되어 쓴 경험을 겪었다. WPP와 계약기간이 끝난 뒤 2004년에는 현대자동차 계열이 이노션이 창립되었다.

2003년에는 몇몇 중견 광고회사가 연례 한국 광고대상 심사에 불만을 품고 AIA (Advertising is All)를 창립해 별도의 단체를 결성했으나 더 이상 진전은 없었다.

한국광고의 특징 가운데 하나는 대기업그룹이 광고대행업에 참여한 결과 서구식 기준에서 보면 하우스 에이전시가 지배하는 광고시장이 되고 말았다는 것이다. 장단점이 있지만 이런 현상은 세계에 유례를 찾기 힘든 일이다.

〈표 9-13〉 광고회사 서베이

연 도	응답회사	취급액(억 원)	사원수(회사 수)
1996	95	39,706	7,426(99)
1997	93	39,043	6,069(100)
1998	78	27,450	4,490(80)
1999	83	39,417	5,054(83)
2000	70	50,197	4.907(70)
2002	67	57,746	4,782(67)
2004	50	56,728	4,292(50)
2006	56	66,829	4,323(55)
2008	103	77,292	5,005(101)

자료: 한국 광고단체엽합회 〈광고계동향〉 매년 3월호. 광고회사 현황 자료에서 구성.

〈표 9-14〉 광고회사, 2000~2005

구 분	2000	2001	2002	2003	2004	2005
1. 보고한 회사수	70	56	67	59	50	54
2. 총취급액(억 원)	50,197	46,340	57,743	55,705	56,728	59,952
3. 10대사 취급액(억 원)	35,701	33,299	39,546	38,415	40,418	41,691
11위 이하 취급액(억 원)	14,496	13,041	18,197	17,290	16,310	18,261
4. 한국 광고비(억 원)	58,534	57,138	68,442	69,668	68,401	70,539
5. 한국 광고비/취급액(억 원)	85.8%	81.1%	84.4%	86.9%	85.1%	85.0%
한국 광고비/10대사 취급액	61.0%	58.3%	56.3%	56.5%	60.6%	59.1%
총취급액 대 10대사점유율	71.1%	71.9%	68.5%	69.0%	71.2%	69.5%
6. 사원수	4,907	4,491	4,782	4,508	4,292	4,182
10대사	3,021	2,766	2,728	2,624	2,592	2,342
10대사 구성비	61.6%	61.6%	57.5%	58.2%	60.4%	56.0%
7. 사원 1인당 취급액(억 원)						
전체 평균(억 원)	10.22	10.31	12.07	12.36	13.22	14.33
10대사 평균(억 원)	11.82	12.04	14.50	14.64	15.59	17.80
11위 이하 평균(억 원)	7.69	7.56	8.86	9.18	9.58	9.92

자료: 1) 광고계동향. 해당연도 3월호. 한국 광고단체연합회.
2) 한국 광고비는 제일기획 광고연감 2006. 1058쪽.
3) 5. 6. 7항 계산은 저자.

2000~2005년 기간의 광고회사 추세를 보면 이렇다 할 변동은 없다. 한국 광고비 전체에 대한 광고회사 취급액(대행액)은 81~87% 사이를 오르내리고 있다. 취급액에서 10대 대행사의 비중은 56~61% 사이를 오가고 있다. 광고회사 경영의 한 가지 지표가 되는 사원 1인당 취급액은 착실하게 성장하고 있는데 10대 대행사와 11위 이하 대행사 사이에는 격차가 심해지고 있다. 이것은 이 5년 기간 사원 1인당 취급액 성장에서 나타나는데 10대사의 경우는 50.6% 성장인 데 비해 11위 이하는 29.0%에 지나지 않아 빈익빈, 부익부 현상이 나타나고 있다.

5. 크리에이티브

표현자유의 확장, 햇볕정책, 전반적인 규제 완화 흐름, 그리고 역설적이지만 1997년 말에 한국에 닥친 외환위기에서 벗어나기 위한 매체의 광고 방식 변화, 의견광고의 증가 등 한국사회 변화에 따라 광고표현이 한 마디로 자유화로 나간 것은 이 시기였다.

우선 1997년 말에 시작해서 2000년대 초까지 영향을 미친 한국의 외환위기는 매체에도 영향을 끼치게 되었는데 방송광고 시간의 다양화로 나타났다. 종래 10초짜리 ID, 15초, 20초, 30초의 네 가지이던 방송광고 시간의 종류가 5초 단위로 풀려서 어떤 의미에서는 시간제한이 풀렸다. 그 계기가 된 것은 외환위기에서 생긴 경제 불황에 따른 35%라는 유례없는 광고비 폭락이었다. 그 영향은 전파매체뿐 아니라 인쇄매체에도 나타났다. 신문의 경우는 변형광고, 기사식 광고의 확장으로 나타났다.

외환위기를 극복하려는 노력은 광고에서 신토불이(身土不二) 표현으로 나타났다. 칠성사이다, 8·15콜라 등이 그런 사례였다. 1998년에는 김대중 대통령이 *Welcome to Korea*에 등장했는데 국가원수가 광고모델로 등장한 효시였다. 이해에는 청운 스님이 "SK 텔레콤 011" TV광고에 등장했다.

2000년 김대중 대통령의 평양방문은 이북을 소재로 한 광고의 길을 열게 되었다. 그 효시는 1998년 11월 현대 오일뱅크가 게재한 이남과 이북 옷차림을 한 어린이 사진을 등장시키고 38선 이북에 주유소를 건설한 광고였다. 모피와 소주광고에도 유머러스한 이북 묘사가 나타났다. 크리에이티브의 가장 큰 변화는 새로운 매체인 인터넷의 등장과 보급으로 갖가지 동영상 광고로 나타나게 되었다.

①	②
③	④

① 칠성사이다. 〈조선일보〉 1998.3.16.
② 8 · 15콜라. 〈조선일보〉 1998.5.14.
③ 오일뱅크. 〈조선일보〉 1998.11.19.
④ 그린소주. 〈조선일보〉 1998.11.26.

6. 그 밖의 일들

1998년 11월에 TNS는 다음 해부터 한국에서 TV 시청률 조사를 실시한다는 발표를 한 뒤 TV 시청률 조사는 경합시대로 접어들게 되었다. 한편 1999년에 A. C. Nielsen은 1991년 이래 TV 시청률 조사를 해온 시장조사회사 MSK를 인수했다. 이 해에는 세계 광고주대회가 처음으로 서울 워커힐에서 개최되었다.

2001년에는 방송위원회가 방송광고 심의 권한을 민간기구인 한국방송광고심의기구로 이관했다(이 기구는 2008년에 방송광고 사전심의가 위헌이라는 헌법재판소의 결정으로 해체되었다). 또한 공정거래위원회는 비교광고에 대한 지침을 발표했다.

표현의 자유 확장에 따라 의견광고는 속출했다. 2002년 월드컵 축구에서 한국의 약진은 "붉은 악마"의 물결, 그리고 "대-한민국, 대-한민국" 연호(連呼)는 유행어처럼 되기도 했다.

언론노조가 발행하는 주간지 〈미디어 오늘〉은 한국 광고주협회가 실시한 2001년 인쇄매체 수용자 조사 자료(연구책임자는 세명대학교 서범석 교수)를 무단 보도함으로써 신문사가 극비처럼 취급하던 신문부수 점유율이 공개되어 파문이 일어났다. 광고주협회의 저작권 침해로 법적 소송으로까지 비화될 뻔한 이 사건은 수습되었다. 그러나 이 사건을 계기로 이른바 조, 중, 동 3개지의 월등한 위치는 공개되었고 신문부수에 대한 논의도 거의 공개되었으며 또한 광고주나 광고회사의 매체 선정에 기초자료를 제공하게 되었다.

2004년에는 웰빙(Well Being) 광고가 대두했다. 그리고 PPL, Blog의 등장, 확산에 따르는 논란이 일어났다. 한국과 중국 간의 광고교류가 활발해졌다. 신인섭과 신기혁 공저인 한국광고에 대한 영어 책 *Advertising in Korea* 4판이 발행된 것도 2004년의 일이었다. 한국광고 역사와 현황 전반을 소개하는 영문서적이라고는 한두 가지밖에 없는 상황에서 한국광고를 소개한 것이 이 책이다.

2005년에는 한국광고 역사상 처음 보는 광고주의 방송 프로그램 스폰서 보이콧 사건이 생겼다. 한국을 떠들썩하게 했던 황우석 교수 관련사건 보도에서 생긴 일이었다. 황 교수가 연구원의 난자를 제공받았다고 MBC-TV가 보도한 뒤 광고주들의 PD수첩 프로그램 보이콧 통보가 왔다. MBC의 이 프로그램이 방송된 뒤 스폰서인 광고주에 대한 소비자의 항의로 기업인 광고주는 피해를 우려해 집단으로 프로그램 스폰서를 취소할 수밖에 없는 상황이 되었다. 드디어 노무현 대통령이 개입해서 사

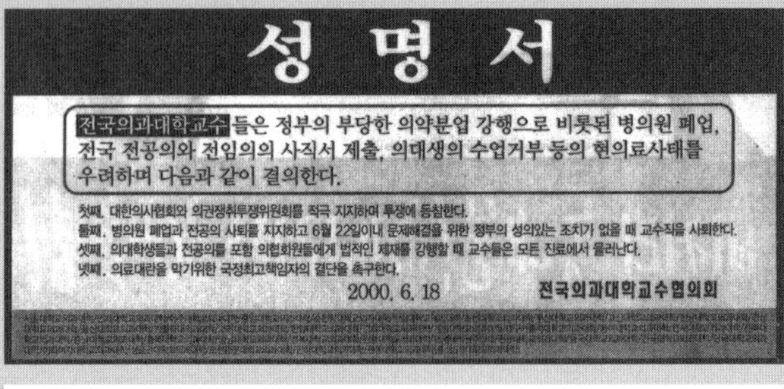

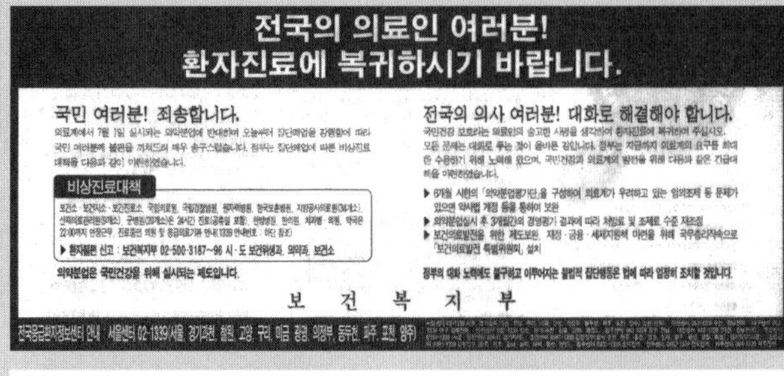

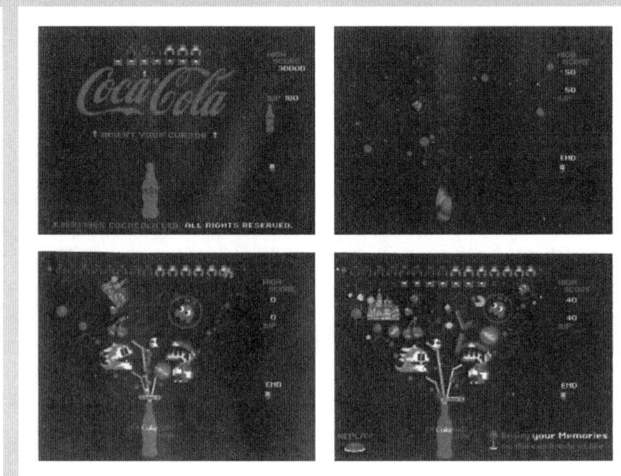

	①
②	③
	④

① 전국 의과대학 교수협의회 성명서. 〈조선일보〉 2000.6.18.

② 안보시국에 대한 성우회(星友會) 성명서. 〈조선일보〉 1999.1.28.

③ 코카콜라. Enjoy your memories on the Coke side of life. 인터넷 부문 금상 수상작. 대한민국광고대상(《광고연감 2008》 19쪽).

④ "Show를 하라" 캠페인. 2007년 대한민국광고대상 (《광고연감 2008》 17쪽)

태가 수습된 희유의 사건이었다.[5)]

2006년에는 광고주협회와 광고업협회 간에 Commission 대 Fee제도에 대한 찬반 논의가 대두되었다. 그러나 Fee제도의 기본이 되는 시간당 노임에 대한 인식부족 그리고 여전히 방송광고 시간의 독점판매와 그에 따르는 시청률 기준 광고료 책정 제도의 미비로 이 논의는 무산되었다. TNS 시장조사회사의 시청률 조사에 조작이 있었다는 언론보도로 신뢰를 바탕으로 하는 TV 시청률 조사에 대한 논쟁이 일어난 것도 2006년의 일이었다. 역시 이해 4월에는 경주대학 부설 광고영상박물관이 개관되었는데 한국 최초의 일로서 이 박물관 사업은 과거 세종문화 사장으로 있다가 경주대학 교수로 간 윤석태(尹錫泰)의 노력이 결정적이었다(경주대학 부설 광고영상박물관은 2010년 2월 28일 부로 휴관했다). UCC(UGC)의 열풍이 불기 시작한 해도 2006년이었다. 또한 한국방송광고공사의 서울 잠실 광고문화회관이 개관했다.

2007년 5월에는 한국 광고학회와 미국 광고학회가 공동 주최하는 아시아 태평양광고회의가 고려대학교에서 개최되었는데 한국 최초의 일이었다. 또한 10월에는 제25차 아시아 광고회의가 제주 중문에서 개최되었는데 1984년에 이어 한국이 주최하는 두 번째 회의였다. 서울이 아닌 다른 도시에서 이런 광고 관련 국제행사가 개최된 첫 사례였다. 한국 최대의 광고회사인 제일기획에서 공채 출신 김낙회(金樂會)가 사장이 되었고 또한 최인아가 여성 출신 전무이사가 되어 화젯거리가 되었다.

2008년에는 광고계의 오랜 현안 두 가지에 대한 헌법재판소의 결정이 나왔다. 6월 말에는 한국방송광고심의기구가 방송위원회의 위임을 받아 하고 있는 방송광고에 대한 사전심의가 위헌이라는 헌법재판소의 판결이 나왔다. 그 결과 라디오와 TV 광고 사전심의는 끝났고 심의를 하던 한국 광고자율심의기구는 문을 닫았다. 다시 11월 말에는 한국방송광고공사가 1981년 공사 창립 이후 계속해 온 방송광고 독점판매가 "헌법 불합치"라는 판정이었다. 이에 따라 2009년 말까지 관련 법률이 개정되고 독점판매 제도는 사라지고 민영 미디어 렙(Media Representative, Media Rep.)이 창립될 것이다.

한국방송광고공사는 11월에 잠실 광고문화회관에 광고박물관을 개관했다. 10월에는 한국이 처음으로 주최하는 부산국제광고제(Busan International Advertising Festival)가 개최되었다. 같은 달 춘천에 있는 한림대학교는 국제광고협회(IAA) 교육과정 인증을 한국 최초로 받았다.

2008년 봄 미국산 쇠고기 수입반대 촛불시위는 사실상 이명박 정권 출범에 대한

通　報　2009年（平成21年）12月7日（月曜日）　第4664号

09年マーケター・オブ・ザ・イヤー

米国現代自動車を選ぶ　アド・エージ

アイデア、製品などが高評価

アド・エージ誌は2009年「マーケター・オブ・ザ・イヤー」に米国現代自動車（ヒュンダイ）を選んだ。米国の深刻な景気後退を背景に、軒並み不振に陥る大手自動車メーカーが相次ぐ中、消費者に焦点を当てたプロモーションアイデア、強力な製品、世間から注目されるキャンペーンなどによって苦境を乗り切ったことが高く評価された。

09年2月、スーパーボウルのテレビ中継で放送された現代のCMは意外にも「失業」がテーマだった。「現代の新車を買って、もし1年以内に失業したら、あなたの信用を損なうことなく車を引き取ります」と保証、この「保証プログラム」は強い支持を集めた。

スーパーボウルのほか、今年のアカデミー賞中継で9本のCMを放送し、注目された。

夢が破れる話と、新車購入の夢を実現させようという正反対のテーマを同時に展開させるマーケティング手法は、ライバルメーカーとは対照的だった。その結果、売り上げとシェアが伸びた。09年1～10月のシェアは前年同期の3・1%から4・3%へ上昇、同年9月に業界全体の新車販売台数が22%落ち込む中、同社は27%も増えた。

同社は1986年に小型で手ごろな韓国の大衆車メーカーとして米国市場に参入、当初この戦略は成功したが、00年代の経営陣の交代などで経営が弱体化。07年のジョエル・エワニック氏の副社長就任後、再び軌道に乗ったが、米自動車業界全体が景気後退や金融ひっ迫などを背景に不振にあ

米国現代自動車のマーケティングチーム

NOVEMBER 9, 2009

Advertising Age

U.S. $4.99, CANADA $4.99, U.K. €3.95　ADAGE.COM

MARKETER OF THE YEAR: HYUNDAI

The carmaker won handily in our reader poll, besting Walmart, McDonald's, Lego and Amazon

By JEAN HALLIDAY
jhalliday@adage.com

CONSIDER THE STATE of affairs when viewers tuned into the Super Bowl in February. Banks had failed, a stimulus package still hadn't been announced, and unemployment was surging toward 8%, up from 4.8% the year before. Escapism was the order of the day, and most advertisers played right along, with brands like Coke and Pepsi offering saccharine happy-happy joy-joy visions that jarred with the bleak reality.

There was one advertiser, however, that didn't. In the third quarter, in an otherwise standard-issue cars-rolling-through-landscape spot, a voice-over brought into the light of day something that ranks up there with death and erectile dysfunction as something people don't want to talk about. "Now finance or lease any new Hyundai, and if you lose your income in the next year, you can return it with no impact on your credit."

With that bold stroke, Hyundai—yes, Hyundai—an automaker not historically known for fearless marketing, began in

See HYUNDAI on Page 11

WINNER

40% of readers selected the carmarker as the top marketer in 2009 in a vote on AdAge.com.

INSIDE

Read lessons learned from runners up Walmart, McDonald's, Lego and Amazon. P. 13, 14, 15, 16

See how the voting broke down and sample reader comments on the contenders. P. 18

HYUNDAI: Joel Ewanick, Dave Zuchowski, Chris Hosford and Chris Perry stand with a Genesis.

① 경주대학교에 창설된 광고영상박물관.

② 광고영상박물관의 내부.

③ 2009년 제2회 부산국제광고제 개막식.

④ 현대자동차를 Marketer of the Year로 선정한 *Advertising Age* 2009.11.9 표지 및 일본 〈덴츠호〉 2009.12.7 기사.

〈표 9-15〉 세계 100대 브랜드에 포함된 한국 브랜드(괄호 안은 순위)

브랜드	2001	2002	2003	2004	2005	2006	2007	2008
삼성	63.7(42)	83.1(38)	108.5(25)	125.5(21)	149.6(20)	161.7(20)	168.5(21)	176.9(21)
현대	-	-	-	-	34.8(84)	40.8(75)	44.5(72)	48.5(72)
엘지	-	-	-	-	26.5(97)	30.1(94)	31.0(97)	-

자료: Interbrand.

반대 투쟁이었고 이 행사에 대해 비판적 논조를 취한 〈조선일보〉, 〈중앙〉, 〈동아일보〉 구독거부 및 광고 게재 거부 운동으로 비화됐다. 경찰차를 부순 것은 말할 것도 없고 신문사에 침입해 기물을 부수는 사태까지 일어났고 드디어 법적 문제가 되었다. 나아가서는 언소주(언론소비자주권 국민캠페인)라는 단체는 3대 일간지에만 광고를 게재한다는 이유로 광동제약과 "합의"에 의해 〈한겨레신문〉과 〈경향신문〉에 광고를 게재케 했다. 이런 일은 한국 언론사, 광고 역사상 유례가 없는 일이었고 언소주 관련자는 고소당했다. 2009년에는 미디어법이 국회를 통과했고 야당인 민주당의 심한 반발을 일으키고 있다.

미국 인터브랜드(*Interbrand*)가 발표하는 세계 100대 브랜드 가치와 순서에 한국기업이 오르게 된 것은 21세기 초부터인데, 그 내역은 〈표 9-15〉와 같다. 한국의 브랜드는 3개가 포함되어 있다. 삼성은 2001년에 42위로서 63.7억 달러의 브랜드 가치였다. 그 뒤 2006년에는 20위에 오르고 브랜드 가치는 161.7억 달러가 되었다. 현대와 엘지가 100대 브랜드 리스트에 오른 것은 2005년부터였다.

2009년 11월에는 *Advertising Age*지가 2009년 Marketer of the Year에 현대자동차(미국)를 선정했다. 이 주간지는 미국 시카고에서 발행되는 마케팅커뮤니케이션 전문지(1930년 창간)로서 세계적인 권위지이다. 독자 투표로 선정하는 이 연례행사에서 현대는 40%의 표를 얻어서 2위인 월마트의 30%보다 10% 포인트가 더 많았다. 그 원인은 미국경제가 불황에 빠져 자동차 업계가 심한 타격을 받고 있는 상황에서 대담한 마케팅을 시행해 판매와 시장점유율을 늘린 공로를 인정받은 때문이었다. 일본 최대의 광고회사인 덴츠가 발행하는 〈덴츠 호〉[電通報]에도 같은 기사가 게재되었다. 한국기업이 이러한 영예를 얻는다는 것은 세계시장을 향해 나가는 능력을 보여 주었다는 데서 의의가 있는 일이었다. 아울러 현대의 이 상은 마케팅의 일환인 광고가 얼마나 중요한 역할을 한다는 것을 실증으로 보여 준 사례였다.[6]

2 2008년 6월 24일 화요일 종합

검찰 "광고 중단 위협, 위법성 있다"

배상 판결한 '마이클 잭슨 공연 반대 판례' 참고하기로

최대한 신속 처리 방침

검찰은 일부 네티즌의 중앙·조선·동아에 대한 '광고 중단 위협' 수사와 관련, 23일 유관기관 대책회의를 열고 최대한 신속하게 사건을 처리키로 했다. 회의에는 대검 형사 1과장과 첨단범죄수사과장, 서울중앙지검 형사1부장과 첨단범죄수사부장, 경찰청 지능범죄 수사과장, 방송통신위원회 네트워크 윤리팀장 등이 참석했다.

회의 참석자들은 ▶인터넷을 매개로 집단적 협박·폭언을 통해 기업활동을 저해하는 행위 ▶인터넷에서 악의적으로 허위사실을 유포하거나 '악플'을 달아 개인의 명예를 훼손하는 행위 ▶특정인의 정보를 인터넷에 공개해 집단적 비방·협박을 유도하는 행위를 중점 단속하기로 결정했다.

검찰은 서울중앙지검 등 전국 검찰청별로 설치된 '신뢰저해 사범 전담 수사팀'을 중심으로 경찰 수사를 지휘하되 사안이 중대하다고 판단되는 사건은 직접 수사하기로 했다.

참석자들은 특히 불매 운동의 위법성을 지적한 대법원 판례를 참고하기로 했다. 이 판례는 인기 팝 가수 마이클 잭슨의 국내 공연을 반대해 공연 협력 업체를 상대로 불매 운동을 전개한 시민단체에 손해배상 책임을 인정한 것이다. 이 사례는 최근 중앙·조선·동아일보에 광고를 한 업체의 물건을 사지 않겠다는 광고주 압박 사건과 비슷하다는 것이다. 사건 내용은 이렇다.

1996년 공연기획사인 태원예능(주)은 마이클 잭슨의 내한 공연을 추진했다. 당시 한국소비자연맹 등 50여 개 시민단체는 마이클 잭슨의 아동 성추행과 외화 낭비 등을 이유로 공연 반대 운동을 벌였다. 그 일환으로 공연의 티켓 판매 업무를 대행한 옛 한일은행과 서울은행에 "티켓을 판매하면 예금 계좌를 다른 은행으로 옮기는 불매 운동을 벌이겠다"고 압박했다. 결국 두 은행은 입장권 판매 대행 계약을 취소했다.

이에 공연 기획사인 태원예능(주)은 공연 반대 운동 공동대책위 간부 3명을 상대로 5억원의 손해배상금을 청구하는 소송을 냈다. 1, 2심 재판부는 "공익을 추구하는 시민단체가 할 수 있는 활동"이라며 원고 패소 판결했다. 그러나 2003년 대법원은 "시민단체의 위법행위가 인정된다"며 4600여만원을 지급하라고 판결을 뒤집었다. 이 판결은 2006년 확정됐다.

대법원은 "일반 시민을 상대로 관람 거부 운동을 벌이는 것은 시민단체의 활동으로 허용될 수 있지만 공연 협력 업체에 대해 불매 운동을 벌여 경제적 압박을 가한 것은 원고의 권리를 지나치게 침해한 것"이라고 밝혔었다.

검찰 관계자는 "이 판례가 최근 일부 신문에 광고한 업체에 대한 불매 운동을 벌이는 상황과 유사하다"며 "유관 기관의 판단에 참고할 방침"이라고 말했다.

김승현 기자 shyun@joongang.co.kr

조선일보 종합 A3

● 어제 새벽 시위대, 망치들고 조선·동아일보 제호 부숴

마스크 쓰고 사다리까지 치밀하게 준비
CCTV 가린후 경비원 때리고 오줌까지

● 어젯밤 호텔 난입… 민간인 무차별 폭행

"조선은 죽어라" 코리아나 호텔 몰려가
오물 뿌리고 호텔 직원 끌고나와 폭행

종합

변협 "광고중단 압박은 위법"

"민·형사상 책임 물을 수 있다" 법률검토 보고서

대한변호사협회(회장 이진강)가 2일 전국 1만여 명의 변호사들에게 "최근 네티즌들의 신문 광고주들에 대한 광고 중단 압박 운동은 법률에 위반되며 민·형사상 책임을 물을 수 있다"는 내용의 법률검토 보고서를 전달했다.

국내 전체 변호사를 대표하는 '변협'이 최근 특정 세력의 광고주 압박 행위의 위법성 논란을 불식시키고, 변호사들이 소송을 진행할 때 법률적 일관성을 유지할 수 있도록 '방침'을 세운 것으로 풀이된다.

변협이 19쪽에 걸쳐 작성한 '보수 언론 광고 중단 네티즌 압박의 법률적 문제점에 관한 보고서'는, 주요 언론의 광고주에게 광고 중단을 압박하는 것은 그 정도에 따라 민사책임은 물론, 형사책임까지 질 수 있다고 설명했다.

보고서가 검토한 형사처벌에 적용되는 죄는 명예훼손죄, 업무방해죄, 협박죄 등이다. 형사 책임이 인정되지 않는 경우라도 민사상 손해배상 책임은 충분히 성립할 수 있다고 보고서는 밝혔다.

또한 '광고선택의 자유'는 보호받아야 할 '타인의 권리'에 해당하므로, 이를 침해하는 게시물은 '정보통신망법'에 따라 삭제 조치할 수 있다는 게 변협의 입장이다.

변협은 "명예훼손죄는 허위가 아닌 구체적인 사실을 적시하더라도 '공익'이 아니라 '비방'이 목적인 경우라면 성립한다"고 밝혔다. 변협은 또 광고주에게 "광고를 중단하지 않으면 불매운동을 벌이겠다"는 식의 전화는 '위력'에 의한 업무방해죄가 성립된다고 판단했다.

이어 "최근 소수 선동자들은 업무방해라는 공동의 목적을 가지고 마치 여러 사람이 글을 남기는 것처럼 가장하여 집중적으로 글을 남기고 있다"며 "광고주의 의사를 제압하는 '위력'으로 보기에 충분하며, 서로 의사 연락이 가능하므로 공범(共犯)에 해당한다"고 밝혔다.

변협은 '협박죄' 성립 여부도 검토했다. "단순한 항의나 인터넷 욕설은 협박이 되지 않겠지만, 상대가 공포심을 가질 정도의 '해악'을 고지했을 경우엔 협박죄도 성립한다"고 밝혔다.

변협은 또 마이클 잭슨의 1996년 내한 공연 티켓을 판매한 은행을 상대로 불매운동을 펼쳤던 시민단체에 4600만원의 배상 책임을 물은 대법원 판례를 들며, "광고 중단 요구가 설사 공익의 목적이었다 해도, 일정 한계를 넘어선 불매운동은 민사 책임을 면하기 어렵다"고 밝혔다.

윤상일 변협 공보이사는 "최근 민변(민주사회를 위한 변호사 모임) 등 일부 변호사 단체가 '광고주 압박'을 '정당한 소비자 운동'으로 주장하면서 변호사들 사이에 이견(異見)이 제기됐다"며 "법률적으로 면밀히 따져 변협의 의견을 정리한 것"이라고 말했다.

류정 기자 well@chosun.com

①	②
③	

① "검찰 광고 중단 위협, 위법성 있다" 〈중앙일보〉 2008.6.24.
② "시위대, 망치 들고 조선, 동아일보 제호 부숴" 〈조선일보〉 2008.6.27.
③ 변협(변호사협회)의 보고서를 보도한 〈조선일보〉 2008.7.3.

PR 업계 2000년에는 국내 PR시장의 추정 수입이 발표되었다. 제일기획의 《광고연감》에 발표된 한국 PR시장 규모는 약 2,100억 원이었다. 그리고 그 내역을 보면 광고회사 PR부서의 수입이 600억 원으로 점유율은 29%이고 PR전문회사의 수입이 1,500억 원으로 71%였다. 즉 차차 PR전문회사의 업무가 활발해짐을 보여 주었

〈표 9-16〉 국내 PR시장 규모, 2000

구 분	회 사	매출액(억 원)	비 고
PR전문회사	상위 10개사 중위권 30개사 하위권 60개사	600 600 300	각사 60억 원 각사 20억 원 각사 5억 원
소계*	100개사	1,500	
광고회사	제일기획	260	
PR부서	LG Ad	210	
오리콤	40		
대홍기획	36		
금강기획	22		
기타	18개사	32매출	10억 원 이하인 회사
소계	23개사	600	
합계	123개사	2,100	

자료: 《광고연감》 2001, 서울: 제일기획, 387쪽에서 재구성.
주: * 《광고연감》 2001 389-391쪽에 있는 PR전문회사 리스트에는 41개 사만 나와 있다.

〈표 9-17〉 광고회사 PR부서

광고회사			PR부서 유무		
연 도	회사 수	직원 수	있음	사원 수	비고
1997	97	6,597	18	113	한국의 외환위기
1998	78	4,480	18	94	한국 광고비 전년 대비 35.2% 격감
1999	83	5,054	17	89	
2000	70	4,907	19	99	dot-com 붐
2002	67	4,782	21	98	dot-com 버블로 끝남
2005	54	4,182	17	133	
2008	101	5,005	18	92	

자료: 〈광고계동향〉 매년 3월호. 서울: 한국 광고단체연합회.

다.[7] 그런데 〈표 9-16〉에서 보면 PR전문회사의 경우 수입 추산 대상 회사는 100개이고 총수입은 1,500억 원인데 이 가운데 40개사의 수입이 80%인 1,200억 원이므로 이 40개사가 중심이 되어 있으며 나머지 60개사의 활동은 대단치 않은 것임을 짐작할 수 있다. 참고로 2001년 광고연감에는 41개사만이 PR전문회사 리스트에 수록되어 있다.

광고회사 PR부서의 1998~2008년 추세를 보면 1997년 겨울의 외환위기를 겪고 난 뒤에는 큰 변동이 없다. 달리 보면 2000년을 계기로 PR전문회사가 차차 한국의 PR활동 중심이 되어 가고 있음을 나타냈다. 2000년에는 한국PR기업협회가 창립되었는데 가입 회원사는 17개사였다. 이것은 PR을 전문으로 하는 회사들의 단체가 탄생했음을 말하며 아울러 PR산업 발전의 이정표이기도 했다.

※ 각주

1) 〈광고계동향〉 2001년 3월호. 서울: 한국 광고단체연합회. 14쪽.
2) AGB닐슨 미디어(Nielsen Media)의 자료를 2년 짝수로 표시했다.
3) 조선일보 1987년 1월 22일 1면에는 삼익피아노 전5단 광고가 있고 2009년 4월 27일자에는 전5단과 비슷한 크기의 변형광고가 있다. 세로쓰기 시절의 신문 1면. 제호, 제호 밑 광고, 기사 중 광고, 돌출(대개 2단 6cm), 전5단 광고의 위치. 전5단 크기는 아래 위로 5단, 가로 37cm로 신문 1면의 1/3 크기였다. 1단은 아래 위가 3.4cm이므로 전5단은 3.4cm(1단)×5단×37cm=629 제곱cm였다. 도에 보는 변형광고의 크기는 가로 20cm에 세로 31cm로 620 제곱cm가 된다.
4) *Advertising Age* 2007.12.8호.
5) 2005.11.29 〈조선일보〉 "노대통령 'PD수첩' 옹호에 수만 건 비난 댓글" 참조.
6) *Advertising Age* 2009.11.9. 1, 11쪽 및 (일본) 덴츠호〔電通報〕 2009.12.7호.
7) 《광고연감 2001》. 서울: 제일기획. 389쪽.

ㄱ

가로쓰기 ········ 416, 445
가전 3사 전성시대 ········ 338
각종 성명서와 후보의 기호 ········ 270
갑신정변(甲申政變) ········ 27
강근식 ········ 341
강두순 ········ 315
강창균 ········ 327
강한영 ········ 394
강한인(姜漢仁) ········ 194
강화조약 ········ 23
〈개벽〉(開闢) ········ 120, 143, 167, 172
개항 전후의 한일 무역 ········ 25
갤럽 ········ 406
거인(巨人) ········ 322
건전 생활화를 위한 광고 방송물 심의 기준 결정 ········ 363
건전언론 육성과 창달을 위한 결의 ········ 382
걸프(Gulf) ········ 311
겐토(見當, 일본어) ········ 214
경기구(輕氣球, *Balloon*) ········ 124
〈경남일보〉 ········ 72, 106
경동보일러 ········ 426
경동보일러 TV광고 ········ 427
경부고속도로 ········ 288, 305
경성 종로 간판 제조점(京城鍾路看板製造店) ········ 80
경성방직(京城紡織) ········ 105
경성부회의원(京城府會議員) ········ 126
〈경성약업월보〉(京城藥業月報) ········ 121
〈경성일보〉 ········ 72, 102
〈경성일보〉 광고량 ········ 78, 112
〈경성일보〉 업종별 광고량(1913 및 1918년) ········ 79
경성전기(京城電氣) ········ 146
경성통신(京城通信) ········ 83
경인고속도로 ········ 288, 305
京電(현 한전) ········ 224
경제기획원 ········ 393
경제협력개발기구(OECD) ········ 410
경찰범처벌규칙(警察犯處罰規則) ········ 94
경품광고 ········ 88
고려식품 ········ 317
고려화(高麗花) ········ 253
고르바초프 ········ 407
공민영 이원화 ········ 411
공비 토벌작전 ········ 278
공익광고(PSA: *Public Service Advertising*) ········ 373, 401
공익자금 지원 논쟁 ········ 418
공정거래법 ········ 373, 400
공정거래위원회 ········ 457
공진회 평면도 ········ 95
공진회 회장 ········ 95
곽규석(郭圭錫) ········ 323, 340
관방문서과(官房文書課) ········ 20
관보(官報) ········ 56
관보 10674호 재무부 고시 제87~89호 ········ 393
광고강좌(廣告講座) ········ 132, 134, 140, 166
《광고개론》 ········ 359
광고개론서 ········ 271
〈광고계동향〉 ········ 431
〈광고계동향분석보고서〉 ········ 431
광고계동향 자료 ········ 453
광고 계산단위 ········ 73
광고공사 폐지 ········ 421
광고 관련 석·박사학위 논문 ········ 360
광고 규제 ········ 362
광고단가 기준 ········ 117
광고대리점(廣告代理店) ········ 311
《광고대사전》 ········ 401
광고대행사(廣告代行社) ········ 311
광고대행사의 방송광고 대행에 관한 규칙 ········ 382
광고대행업 시작 ········ 319
광고라는 낱말 ········ 28

《광고론》 ··· 359
광고 모니터 서비스 ··· 354
광고문안계 모집 ··· 158
광고문 현상광고 ··· 84
광고문화회관 ··· 459
광고물 단속법 ··· 203
광고물 심의업무 ··· 423
광고물 취체 규칙 ··· 131
광고박물관 ··· 459
광고방송 규정 ··· 203
광고비(1970~1979) ··· 309
광고비(1980~1987) ··· 375
광고비 조사 ··· 203
광고비 현황(1988~1997) ·· 418
광고상담소 ··· 212
광고술 보급회(廣告術普及會) ··· 173
광고시장 개방 ··· 419
광고시장 완전자유화 ··· 417
광고에 대한 계몽기사 ··· 55
광고에 대한 일반상식 해설(一般常識解說) ··· 104, 139, 140, 164, 166
광고연감 ··· 325, 400
광고영상박물관 ··· 459
광고영화제작사협회 ··· 402
《광고용어사전》 ··· 401
광고윤리요강 및 게재기준 ··· 214
광고의 현지화 ··· 157
광고자율심의기구 ··· 429
광고 작품상 모집 ··· 217
광고전공학과 ··· 429
〈광고정보〉 ··· 391
광고정책과 ··· 374, 402
광고주협회 ··· 429
광고진흥국 ··· 429
광고판촉물 제작협회 ··· 429
광고학 개론서 ··· 258
광고학회 ··· 429
광고할 자유 없이 광고란 있을 수 없다(*Freedom Must Advertise, or It Surely Will Lose Itself*) · 371
광고·홍보전공학과 ·· 359, 431
광고회사 ··· 311
광고회사 방송광고대행 수수료 변동 추이(1985~1995) ·· 421
광고회사 서베이 ··· 454
광고회사 추세 ··· 423
광고회사 취급액(1981~1986) ··· 387
《광고 카피라이팅(*Copywriting*)》 ··· 340, 345
광기회(廣記會) ··· 402
광동제약 ··· 461
광명인쇄공사 ··· 317
광보학과 ··· 429
광복 전 〈동아일보〉 광고량 ··· 108
광복 전 〈조선일보〉 광고량 ··· 111
광주 비엔날레 ··· 416
광통교(廣通橋) ··· 21
교육TV(KBS-3TV) ··· 401
교통광고 ··· 247, 307
교통방송 ··· 406
"구관이 명관이다. 갈아봤자 별 수 없다" ··· 269
구라브(클럽, *Club*) ··· 99
구락브(*Club*) ··· 92
구봉서 ··· 340
구제금융 ··· 405, 439
구조조정 ··· 439
국가시험제도 ··· 442
국내총생산(1980~1987) ··· 375
국무원 사무처 ··· 271
국민 1인당 GNP(1953~1968) ··· 203
국민 여론조사 ··· 271
국민총동원령 ··· 137
국민총생산(GNP) ··· 285
〈국영 텔레비전 방송사업 운영에 관한 임시조치법 시행령〉 ··· 362
국장(國葬) ··· 367
국정홍보처 ··· 441
국제광고 기준과 관례 ··· 352
국제광고협회(IAA) 교육과정 인증 ··· 459
국제광고협회(IAA: International Advertising Association) 한국지부 ·· 313
국제기자연맹(IPJ) ··· 369
국제신문발행인협회(FIEJ) ··· 369
국제신문편집인협회(IPI) · 369
국제통화기금(IMF) ··· 405
국제PR협회(IPRA) ··· 429
국채보상운동 ··· 441
군사독재 ··· 285
권명광 ··· 327
권오철(權五哲) ··· 319
그래픽 디자인 ··· 328
그린 마케팅(Green Marketing) ··· 407
극동 ··· 322
극장광고 ··· 307
글로벌 마케터 ··· 448
금강기획 ··· 384
금강산 관광 ··· 437
금 모아 수출하기 운동 ··· 410, 439
금성사(엘지전자) 선전사업부 ··· 313, 319
금성캬라멜 ··· 224
기쁜소리사 ··· 224

기사식 ··························· 158
기사식(記事式) 광고 ······ 147
153, 295, 455
기사식(記事式) 광고특집 · 272
기아 ······················ 448, 449
기아산업 ······················· 400
기아자동차 ···················· 439
《기업과 PR》 ················ 325
기업광고 ························ 55
기호광고 ························ 269
기획광고 ························ 84
길전수웅(吉田秀雄) ······· 132
김갑린 ··························· 184
김광섭(金光涉) ·············· 190
김교만 ··························· 328
김근수 ··························· 120
김기주(金基柱) ·············· 316
김낙회(金樂會) ·············· 459
김대중 대통령(1998~2003)
························· 437, 455
김도태 ··························· 41
김도향 ··························· 341
김동선(金東善) ·············· 250
김동성(金東成) ·············· 169
김동환 ··························· 187
김명하 ··························· 434
김명호 ··························· 328
김석년 ··························· 390
김성수 ··························· 109
김소림(金素林) ······ 267, 359
김소운(金素雲) ·············· 191
김수석 ··························· 328
김승운(金勝文) ······ 179, 194
김연호 변호사 ················ 428
김영기 ··························· 327
김영나 ··························· 65
김영삼 정권 ··················· 406
김영선(金永善) ·············· 329
김영출 ··························· 237
김옥균 ··························· 183
김용덕 ··························· 224
김용중(金容重) ·············· 250
330, 359
김용진(金容珍) ·············· 358
김용한(金龍漢) ·············· 250
288, 326
김원수(金元銖) ······ 271, 359
김을한(金乙漢) ······ 107, 191
김인호(金仁浩) ·············· 369
김지태 ··························· 237
김태윤 ··························· 346
김태형(金泰亨) ·············· 338
〈김태형 광고 연구소 Report 1〉
··································· 338
김한용(金漢鏞) 252, 269, 333
김현철 ··························· 439
김홍련 ··························· 328
김효 ······························ 327

ㄴ

나가다 겐지로(일본이름,
본명은 김영길) ··········· 196
나라기획 ················ 322, 383
남녀 나체 뒷모습 광고 ··· 427
남상조(南相祖) ·············· 318
네거티브 리스트(*Negative
List*) ··························· 374
네오톤 ··························· 197
노무현 대통령(2003~2008)
························· 437, 457
노벨평화상 ····················· 437
노태우(盧泰愚) ·············· 374
노태우 대통령 후보 ······· 405
녹십자 ··························· 400
농심 ······························ 380
농심라면 TV광고 ··········· 340
〈뉴스위크〉(*NEWSWEEK*)
··································· 411
뉴욕 세계무역센터 빌딩폭발
··································· 438
〈뉴욕타임스〉(*New York
Times*) ················· 269, 369

ㄷ

다시다-황해도편 ··········· 426
다시다 캠페인 ················ 427
다우우유 ························ 427
단성사(團成社) ··············· 105
닷컴 붐(*Dot Com Boom*) · 441
대마초 연예인 ················ 341
대성산업 ························ 317
대우전자 ················ 395, 417
대전엑스포(Expo) ·········· 416
대지문화사(大地文化社) ·· 247
대학 광고, PR 교육과목 358
대학목약(大學目藥) ········ 172
대한극장 ························ 347
〈대한매일신보〉(大韓每日申報)
················· 27, 35, 37, 72
대한방송주식회사(DBS) ·· 223
대한석유공사 ················· 317
대한신문연감 ················· 205
대한제국 ························ 71
대한항공 ························ 349
대홍기획 ························ 384
〈더 타임즈〉(*The Times*) · 369
덕상세창양행고백(德商世昌
洋行告白) ···················· 29
덴츠[電通, 전보통신사]
·············· 107, 251, 424
덴츠 지방과장 ················ 134
〈덴츠호〉[電通報] ··········· 461
뎃포 ······························ 214
〈데국신문〉(帝國新聞) ······ 35
도서포양칠상 광고 ·········· 44

도시락광고 ························ 397
〈독닙신문〉 ························ 34
독립광고회사 연합회 ······ 417
〈독립신문〉 ········ 27, 36, 49
독립신문 세입예산 ··········· 38
〈독립신문〉 창간과 그 계몽적
역할 ································· 38
독립 프로덕션 ················· 394
독일상사 세창양행 광고
(德商世昌洋行告白) ······ 29
독자이용란(讀者利用欄) ·· 164
독자 참여의 기본 조건-
신문의 날에 반성해야
할 창피한 판매경쟁 ····· 289
독점금지법 ······················ 373
독점판매는 종말 ············· 442
동광(東光) ······················ 172
동방기획 ························· 384
동보화장품(東寶化粧品) ·· 254
동아 광고사태 ········ 285, 367
동아구락부 ······················ 121
동아만년사(東亞萬年社) ·· 244
동아방송 ························· 204
동아부인상회(東亞婦人商會)
······································ 124
동아연초 ··························· 88
〈동아일보〉 ············· 105, 202
319, 442
동아일보 광고상 ············· 330
〈동아일보〉 광고수입 ······· 220
〈동아일보〉 수익구성 ······· 102
〈동아일보〉 수익구성 추이
(1946~1960) ················· 209
〈동아일보〉 수익구성 추이표
······································ 112
〈동아일보〉 수익 추이(1974~
1976) ··························· 369
〈동아일보〉 업종별 광고량
······································ 110
〈동아일보〉 연도별 광고량
······································ 110
〈동아일보〉의 발행 면수
상황(1945~1961) ·········· 207
〈동아일보〉의 행당 광고료
······································ 110
〈동아일보〉 폐간 사고 ····· 143
동아제약 ························· 258
동양녹음실 ······················ 329
동양방송 ························· 204
동양방송 광고수입(1964~
1968) ··························· 241
동양전파사 ······················ 224
동양척식(東洋拓植) ·········· 71
동화(東和) 백화점 ··········· 253
둘째 사위 ························ 399
등장(等狀) ························ 19
디지털 방송 ····················· 441

ㄹ

〈라디오 CM〉 ················ 267
라이온 치약 ····················· 105
럭키 ······························· 449
럭키 구락부(俱樂部) ······· 253
럭키의 퍼레이드 ·············· 246
레오 버넷 ························ 393
레또 화장품 ····················· 105
로켓발사 실험 ·················· 437
《론 호프씨의 기업광고에
대한 견해》 ·················· 325
롯데제과 ························· 317
리먼 브라더스(Lehman
Brothers) ······················ 439

ㅁ

마리끌레르 ······················ 411
마이클 오새먼(Michael
O'Sammon) ·················· 250
마키야마〔牧山耕藏〕 ·········· 82
만년사(萬年社) ················ 132
만물상(萬物相) ················ 397
만보사(萬報社) ······· 312, 315
만인산 ······························· 19
〈매일경제신문사〉 ············ 367
〈매일신문〉 ················ 27, 35
〈매일신보〉(每日新報) ···· 202
〈매일신보〉(每日申報) ······ 72
〈매일신보〉 ·········· 77, 84, 92
〈매일신보〉 광고량 ·········· 111
〈매일신보〉 광고료 변천
······························· 74, 76
〈每日新報〉(〈每日申報〉를
개칭) ···························· 102
〈매일신보〉 면당 단수,
행수 변천(1910~1919) ··· 76
〈매일신보〉 면당, 단, 행수
변천 ······························· 78
〈매일신보〉 3000호 ··········· 98
매체별 광고비 ·················· 375
매체별 광고비 구성 ········ 450
매켄에릭슨(McCann-
Erickson) ····················· 312
매캔에릭슨 하꾸호도
〔McCann Erickson,
博報堂〕 ························ 251
맥아더문서관(MacArthur
Archive) ······················ 278
맥주광고의 춘추전국시대 · 418
맥주전쟁 ························· 428
멀티셋 시대 ····················· 415
메아리 ···························· 399
메이지 마치〔明治町〕 ········ 82

면당 광고 행수 ··············· 117
면당 단수 변경 ··············· 117
명함광고 ·························· 214
모리나가〔森永〕 ··············· 105
모치당카〔持單價〕 ··········· 113
목간(木簡) ························ 15
목탁소리 ·························· 395
못 살겠다 갈아 보자 ······ 269
무관(無冠)의 제왕(帝王) · 107
무국적 광고 ····················· 427
무궁화호 ························· 416
무단정치 ························· 73
무료 신문 현황 ··············· 445
무료 일간지 ···················· 445
무주 동계올림픽 ·········· 416
문달부 ···························· 224
문민정부 ························· 407
문시형(文時亨) ··············· 354
문화정치 ························· 105
미디어 렙 설립 상황 ······ 350
미디어 리프레젠터티브 (Media Representative, 미디어렙, Media Rep.) · 350
미디어 에이전시 ············· 453
〈미디어 오늘〉 ··············· 457
미디어법 ················· 443, 461
미원(味元, 청정원) ········ 319
미츠나가 호시로〔光永星郎〕 ····································· 183
미터제 실시 ···················· 274
민간상업방송 개국 상황 (1956~1969) ················· 205
민구 ································ 237
민영 미디어 렙 ··············· 459
민영익(閔泳翊) ················· 61
민영환(閔泳煥) ················· 60
민정당(民正黨) ··············· 406
민족지와 일본어신문 발행 부수(1929 및 1939) ····· 120
민주수호국민협의회 ········ 367
밀크샴바드 ············· 426, 427
밀키스 TV광고 ··············· 424

ㅂ

박계주 ···························· 187
박두병(朴斗秉) ··············· 316
박래품(舶來品) ················· 97
박성규(朴成圭) ··············· 358
박세리 ···························· 439
박연차 게이트 ················· 438
박영일(朴永一) ··············· 323
박정양(朴定陽) ················· 61
박정희(朴正熙) ··············· 201
박정희 대통령 시해 ········ 367
박정희 정권 ···················· 405
박제가(朴齊家) ················· 18
박종민(朴鍾珉) ··············· 319
박카스 ···························· 258
《박카스 40년, 그 신화와 광고 이야기》 ················ 258
〈반도지광〉(半島之光) ···· 189
밥그릇 싸움 ···················· 415
방송광고 구매와 관련된 개선책 ························· 422
방송광고 대행 광고회사 인정 기준 변화 ····················· 386
방송광고 대행 광고회사 인정 추세 ···························· 384
방송광고 대행 수수료 변동 ····································· 385
방송광고 대행 인정 광고회사 (1988) ························· 386
방송광고 사전심의 ·········· 442
방송광고 시간 ················· 362
방송광고 시간의 다양화 ·· 455
방송광고 심의 기능 ········ 424
《방송연감》(1965) ··········· 240
방송위원회 방송용 광고 심의 결과(1989~1996) ·········· 425
방송윤리규정 ·················· 271
방송윤리위원회 ··············· 341
방인근 ···························· 187
배대판(倍大判) ··············· 202
배설(裵說, Ernest T. Bethell) ························ 68
배준호 ···························· 237
백광약품 ························· 213
백보환(百補丸) ······· 105, 196
백영사(百榮社) ··············· 132
버락 오바마(Barak H. Obama) ······················· 438
버슨-마스텔러(Burson-Marsteller) ················· 431
벗어던진 우산 ················· 399
베른조약 ························· 433
베를린 장벽 ···················· 407
변형광고(變形廣告) ··· 84, 91, 153, 416, 445
〈별건곤〉(別乾坤) ·· 140, 172
별표 백등유 ·········· 341, 345
〈報〉 ······························ 354
보광그룹 ························· 424
보텡 ······························· 213
보통사람 ························· 406
복수 미디어 렙 ··············· 441
복용담 ···························· 196
봉상균 ···························· 328
부럽비 ···························· 238
부산국제광고제(Busan International Advertising Festival) ······················ 459
부산 MBC 라디오 ·········· 204
부인다옥 ·························· 90
부협의회(府協議會) ········ 126
북학의(北學議) ················· 18
분수대 ···························· 399

불교방송 ··· 406
블록광고 ··· 376
비전문 경영자 ··· 322
〈비즈니스 위크〉(*Business Week*) ··· 349
비행기 이용 삐라 산포 ··· 131
빌트모아 라디오 광고 ··· 425
〈뿌리 깊은 나무〉 ··· 340
뿌리 깊은 나무 광고 ··· 346

ㅅ

사교협회(社交協會) ··· 173
사랑해요 ··· 424
사물놀이 ··· 427
〈사상계〉(思想界) ··· 202
사스(SARS) ··· 438
사우(四友) 양화점 ··· 124
사운드 로고(Sound Logo) ··· 330
사전심의 ··· 362, 459
사진식자기(寫眞植字機) ··· 204, 252
《사진으로 보는 독립운동》 ··· 127
사회의 목탁 ··· 107
산뜻한 그 맛 오직 그것뿐 ··· 333
살인사건 ··· 416
살짜기 옵소예 ··· 333
삼보철강 사건 ··· 438
삼성 ··· 449, 461
〈삼성당약보〉(三星堂藥報) ··· 121
삼성전자 ··· 417, 449
삼용보익수(蔘茸補益水) ··· 92
삼일금방 ··· 224
〈삼천리〉(三千里) ··· 136, 137, 187
삼파자만(三巴自慢) ··· 253
삼희기획 ··· 385
상공미전(뒤에 산업디자인전) ··· 327
상무달(尙戊達) ··· 271
상미전 ··· 148
상업미술 ··· 328
상업방송 개시 상황 ··· 230
상업사진 스튜디오 ··· 252
상업학교 학생 대상 포스터, 신문광고 도안 모집 ··· 148
〈상표법〉 ··· 358
〈새廣告〉 ··· 203, 211, 216
색분해 기술 ··· 252
서순일(徐淳一) ··· 290, 413
서울기획 ··· 384
서울매체 바로미터 벤치마크 조사(*The Seoul Media Barometer Benchmark Study*) ··· 288
서울스튜디오 ··· 329
서울시 지하철 ··· 308
〈서울신문〉 ··· 252
서울약품 ··· 212
서울 MBC 라디오 ··· 204
서울올림픽 ··· 379, 405
《서울 정도 600년 다큐멘터리》 ··· 125
서울카피라이터즈 클럽(SCC: Seoul Copywriters' Club) ··· 338
서울카피라이터즈 클럽 창립 기념 ··· 345
《서재필박사 자서전》 ··· 41
서정우 ··· 429
서항석(徐恒錫) ··· 193
석·박사학위 논문 ··· 361
석유공사(SK정유) ··· 305, 311
석유시추선 설계도 사건 ··· 365
선거광고 ··· 269
선거용 간판 ··· 127
선경그룹 ··· 395
선련 ··· 393
선우(宣友) 프로덕션 ··· 394
선전과 실행(宣傳과 實行) ··· 172
선전회의사(宣傳會議社) ··· 113
선진(宣進) ··· 322
성은당 약방(盛恩堂葯房) ··· 59
세계 100대 글로벌 마케터 ··· 449
세계 경제공황 ··· 439
세계 광고비 조사 자료 ··· 352
세계 광고주대회 ··· 457
세계의 광고전시 ··· 354
《세계의 ABC 1972》 ··· 290
세무조사 ··· 441
세종문화 ··· 394
소개란(紹介欄) ··· 164
소련 공산주의 ··· 407
〈소비자〉 ··· 365
소비자보호단체연합회 ··· 365
소비자보호법 ··· 400
소인(素人) ··· 253
〈소화광고증언사〉(昭和廣告證言史) ··· 113
소화제와 비타민 광고 비교 ··· 259
속달우편 이용광고 ··· 84
손기정 ··· 108, 407
손정철(孫貞哲) ··· 354
송재완 ··· 394
송진우 ··· 109
송 프로덕션 ··· 394
쇼로키〔正路喜〕사 ··· 113, 114
수도피아노 ··· 224
수신료 ··· 131
스모가 ··· 156

스승의 날 ············ 397
스포츠 서울 ············ 428
스폰서 보이콧 ············ 457
시대복장주식회사 ············ 233
〈시대일보〉(時代日報) ····· 105
시마자키 센리〔島崎千里〕 ············ 251, 316
시보레 ············ 162
시보레 자동차 ············ 135
시세이도〔資生堂〕 ··· 105, 253
시애틀 박람회 ············ 55
시장조사 ············ 326
시장조사 회사 ············ 326
시정광고 ············ 373
시정권고 ············ 421
시청률 ············ 445
시카고 박람회 ············ 61
《신 광고론》 ············ 358
신군부 세력 ············ 373
신기신성당 ············ 196
신기혁 ············ 457
신년 축하광고 ············ 84, 87
신동관 ············ 318
〈신동아〉(新東亞) ··· 104, 172
〈신문〉(新聞) ············ 170
신문광고 거래 관례 ········ 113
신문광고비(1961년 1월~4월) ············ 209
신문광고윤리 실천요강 ··· 365
신문 구독률 조사 ············ 359
신문도안광고 콘테스트 ··· 139
신문 등의 자유와 기능 보장에 관한 법률 ········ 442
신문 및 잡지 발행상황(1911) ············ 74
신문 및 잡지 발행상황(1917) ············ 75
신문 발행부수 ············ 117
신문방송대학원 ············ 359
신문, 방송 매체 보급 상황 (1961~1969) ············ 206
신문별 광고량(1961년 1월분) ············ 219
신문별 광고비 및 구성비 (1961년 1월분) ············ 221
신문부수 공개 ············ 374
《신문총람》(新聞總覽) ······ 79 104, 106
신문 카르텔의 붕괴 ········ 418
신문, 통신, 잡지 상황(1929, 1934, 1939) ············ 102
신문판매 경쟁 ············ 288
신문 판촉전 ············ 416
〈신문평론〉(新聞評論) ···· 288 289, 293
〈신문학〉(新聞學) ············ 169
신빈낭 ············ 367
신보론(新報論) ············ 28
신사유람단(紳士遊覽團) ··· 61
신세계백화점(미츠코시 백화점〔三越百貨店〕) ····· 82
〈신시대〉(新時代) ············ 189
신용하(愼鏞夏) ············ 38
신원 ············ 427
신익희(申翼熙) ············ 269
신인섭(申寅燮) ······· 250, 330 402, 413, 429, 434
《실전광고론》(實戰廣告論) ············ 290
심리선 ············ 278
색(*Sack*) ············ 427
쓰레기 줄입시다 ··· 407, 431

ㅇ

아까다마〔赤玉〕 ······ 105, 156
아로나민 ············ 341, 345
〈아사히(朝日)신문〉 ············ 113, 369
아시아 금융위기(속칭 IMF위기) ············ 405
아시아 태평양광고회의 ··· 459
아지노모도〔味の素〕 ·· 91, 105
아직도 두 자리가 남았구나 ············ 400
아프가니스탄 ············ 438
안내광고 ············ 164
애드발룬(Ad Balloon)광고 ············ 129
〈애드버타이징 에이지〉 (*Advertising Age*) ········ 449
애처 지수 100점 ············ 348
야간통행금지 ············ 374
양방향 서비스 ············ 449
양승춘 ············ 327
언론 공익사업 ············ 385
언론기본법 ············ 382, 406
언론소비자주권국민캠페인 (언소주) ············ 443
언론통폐합 ············ 373
언소주(언론소비자주권 국민 캠페인) ············ 461
엄갑룡(嚴甲龍) ············ 251
엄도만 ············ 197
업종별 신문광고량(1961년 4월) ············ 211
업종별 신문광고량 및 구성비 (1961년 1월분) ············ 219
엘르 ············ 411
엘지 애드(LG AD) ·· 324, 384
여론·시장조사협회 (KOSOMAR) ············ 429

연종서(年終書) ……………… 60
연합광고(聯合廣告) …….. 319
연합광고(MBC 애드컴)
……………………… 250, 313
연합광고 ……………… 313, 383
연합(聯合)통신사 ………… 133
연희전문학교 ……………… 104
열립군(列立軍) ……………… 21
영&루비컴(Young&
Rubicum) ………………… 384
영미연초(BAT: British
American Tobacco) ……. 88
영신환(靈神丸) …………… 105
영어교육 …………………… 410
오길비 앤드 매더(Ogilvy&
Mather) ………………… 349
오늘과 내일 ……………… 399
오레올시계 ………………… 224
오리콤 ………… 313, 317, 383
오시다 고지〔大下浩爾〕
……………………… 251, 316
오일뱅크 …………………… 455
오장환 ……………………… 188
옥외광고물 단속법 ‥ 244, 271
옥외광고물 등 관리법 ….. 416
옥외광고사(屋外廣告士) ‥ 442
옥외광고의 수 …………… 305
옥외광고 현황(1967~1979)
……………………………… 305
옥호서림(玉虎書林) ……… 55
와카모도 …………………… 105
와카모도 조선 출장소 ….. 158
왜색 간판 추방 …………… 244
외국 광고대행사의 한국 진출
현황 ……………………… 419
외국계 대행사 한국 광고시장
점유율 …………………… 453
외국 대행사 한국 진출 … 419
외국인 광고모델 사용에 관한
행정처리 기준 ………… 425
외제 담배시장 …………… 407
요시다 히데오〔吉田秀雄〕· 181
우등생 퀴즈 ……………… 238
우리의 소리를 찾아서 ….. 395
우수간판 선발 행사 …….. 124
우윤근(禹潤根) …………… 319
우주사(宇宙社) …………… 247
우파 ………………………… 437
우편 광고 ………………… 131
원기소 ……………………… 212
월드컵 ……………………… 441
월마트 ……………………… 461
웰빙(Well Being) 광고 … 457
위성방송 …………………… 416
유공광고인 포장, 표창 … 431
유니버설 레코오드 ……… 224
유니온(Union) 석유 ……. 333
유붕로(兪鵬老) …………… 271
358, 429
유신마케팅리서치 ………… 326
유엔 안전보장이사회 …… 438
유일선(Ilson W. New) … 326
유일한 ……………………… 198
유재천(劉載天) 교수 ……. 354
유창순 ……………………… 318
유한산업 …………………… 224
유한양행 …………………… 142
유한양행 개업광고 ……… 150
유한양행 입사 …………… 194
유한양행의 한강 철도변
대형간판 ………………… 246
유한킴벌리 뽀삐 화장지 ‥ 396
유호미리(柳胡美利) …….. 149
육주비전(六注比廛) ……… 21
윤동현(尹東鉉) ……. 213, 222
윤문영 ……………………… 394
윤병덕 ……………………… 401
윤병훈 ……………………… 189
윤석태(尹錫泰) ……. 394, 459
윤치영(尹致暎) …………… 269
윤형주 ……………………… 341
의견광고 …………………… 369
이경봉(李庚鳳) …………… 27
이경재 ……………………… 125
이경호(李慶鎬) ……. 223, 261
이경호의 증언 …………… 261
이광휘 ……………………… 212
이기붕(李起鵬) …………… 269
이기태 ……………………… 394
이낙운(李洛雲) …………… 340
이노션 ……………………… 453
이덕근(李德根) 교수 ……. 223
이동전화 …………………… 406
이동전화가입자 …………… 443
이동전화 및 (초고속)인터넷
가입자 추세 …………… 444
이두석 ……………………… 318
이라크 침공 ……………… 438
이만우(李萬雨) …………… 318
이명구 ……………………… 328
이병인(李柄仁) ……. 312, 330
이병철(李秉喆) …………… 254
이북 묘사 ………………… 455
이북 빨치산 ……………… 278
이상협(李相協) ……. 109, 191
이성수(李聖秀) …………… 318
이수극(李秀克) …………… 319
이승만(李承晩) ……. 201, 269
이우섭(李雨燮) …………… 180
이원경(李源京) …………… 316
이원희 ……………………… 237
이윤수(李允秀) …………… 313
이응선(李應善) ……. 27, 121
이인구 ……………………… 395
이재항(李載沆) ……. 311, 315
이종배(李鐘培) ……. 290, 354

이지송 ··· 394
〈이코노미스트〉 ··· 399
이현식 ··· 236
이홍수(李洪洙) ··· 319
이효일(李孝一) ··· 272
인단(仁丹) ··· 89, 105
인쇄매체 수용자 조사 ··· 446
인터넷 ··· 406
《인터넷 연감 2000》 ··· 406
인터넷의 확장 ··· 443
인터넷 판 ··· 445
인터브랜드(Interbrand) ·· 461
일간신문 1일 발행 면수 및 광고량 ··· 103
일만광고사(日滿廣告社) ·· 137
일망타진 ··· 338
《일본 광고발달사》·· 113, 162
일본 광고회사 덴츠〔電通, 전보통신사〕 ··· 176
일본 상법회의소(商法會議所) ··· 66
일본식 표현 ··· 253
일본인 경영 신문 및 잡지(1909) ··· 67
일본전보통신사(日本電報通信社, 덴츠〔電通〕) ··· 46, 82, 104, 132, 424
일본 TV CF 제작 견적서 · 352
일석삼조(一石三鳥) ··· 338
일석이조(一石二鳥) ··· 338
일 육군중위(一陸軍中尉) 란 광고 ··· 369
일일연속극 광고 스폰서(1979년 6월) ··· 302
일일연속극 〈강남(江南) 가족〉 ··· 300
임경일(林耕一) ··· 170
임벽혁 교수 ··· 171
임인택 ··· 328
임팩트(IMPACT) ··· 250

ㅈ

자동차 3사 ··· 417
잡지 추세(1920~1945) ··· 121
장기무(張基戊) ··· 121
장기영(張基永) ··· 212, 223
장면(張勉) ··· 201, 269
장상홍(張祥洪) ··· 185, 212
장식 도안광고 ··· 244
장인정신 ··· 395, 396
재무부 ··· 224
저성장 시대 ··· 450
전 조선 상업학교 생도 상업 미술전람회 제1회 포스터, 신문광고 도안 대모집 ·· 141
전광뉴스 ··· 213
전광판광고 ··· 416
전구광고 ··· 254
전국 상업학교생도 대상 포스터 ··· 139
전국 종합일간지 1일 발행면수 추세 ··· 413
전국주부교실중앙회 ··· 365
전단(삐라) ··· 278
전두환 정권 ··· 376, 405
전보통신사 주최 전국 대표 미인 본사 특선 ··· 132
전선주 ··· 80
전신주광고 ··· 244
전쟁과 광고 ··· 99
전차광고 ··· 131
전차 내 광고 ··· 244
전홍(電弘) ··· 308
전화번호부 ··· 131
절구질 소리 ··· 397
정규철 ··· 185
정금사 ··· 224
정기간행물 등록 현황(1979~1987) ··· 377
정기간행물 상황(1947~1969) ··· 205
정기간행물 추세 ··· 444
정기간행물 추세(1969~1979) ··· 287
정기간행물 추세(1987~1997) ··· 413
정부통령 선거 ··· 269
정시화(鄭時和) ··· 327
정인희 ··· 235
정종(正宗) ··· 90
정종훈 ··· 236
정주영(鄭周永) ··· 437
정진석(鄭晉錫) ··· 102, 117, 360
정철영어사 ··· 347
정치광고 ··· 167
정환옥 ··· 237
제14차 아시아광고회의(Asian Advertising Congress) ··· 389, 401
제1차 석유위기 ··· 313
제1회 조선 상업학교 생도 상업미술전람회 포스터 신문광고 도안 대모집 · 146
제25차 아시아 광고회의 459
제5공화국 ··· 373
제6차 아시아광고회의(Asian Advertising Congress) ··· 313, 352
〈제국신문〉(帝國新聞) ··· 27
제국통신사(帝國通信社) ··· 132, 135
제네럴모터즈 ··· 105
제복, 두발 자유화 ··· 374
제생당 ··· 54
제생당대약방(濟生堂大藥房)

………………………… 27, 44
제일기획 ……… 313, 317, 383
《제일기획 15년사》 ……… 323
제일모직 ……………………… 224
제일생명 ……………………… 224
제일제당 ……………………… 380
제일프로덕션 ………………… 394
제하광고(題下廣告) 166, 167
조간화 추세 ………………… 411
조고약(趙膏藥) …………… 105
〈조광〉(朝光) ………… 104, 120
170, 172
조병덕 ………………………… 328
조봉암(曺奉岩) …………… 269
〈조선〉(朝鮮) ……………… 21
조선극장 ……………………… 121
조선매약(朝鮮賣藥) · 104, 146
조선매약과 화평당의 광고
캠페인 ……………………… 144
조선맥주 ……………………… 233
조선물산공진회(朝鮮物産共
進會) ………………………… 93
조선박람회 …………………… 124
조선방직 ……………………… 233
조선보빙사(朝鮮報聘使) … 61
조선생명 ……………………… 146
〈조선신보〉(朝鮮新報)
………………………… 66, 68
《조선신사명감》(朝鮮紳士
名鑑) ……… 47, 48, 82, 85
〈조선약업월보〉(朝鮮藥業
月報) ……………………… 121
〈조선에서의 출판물 개요
(일본어)〉 ………………… 117
조선연초주식회사 ………… 87
《조선왕조실록》 …………… 17
〈조선일보〉 …… 105, 202, 442
〈조선일보〉 광고료 변천 · 116
〈조선일보〉 구독료 추세
(1945~1954) ……………… 208
〈조선일보〉 면수 변천(1945~
1961) ……………………… 208
〈조선일보〉 사보(1974. 5. 25)
(125호) …………………… 291
〈조선일보〉 폐간 사설 …… 143
조선전보통신사(朝鮮電報
通信社) …………………… 247
〈조선중앙일보〉 …………… 106
조선총독부 ………………… 407
조선총독부 철도국 ……… 125
《조선총독부 통계연보》 …… 72
조선 최초의 광고강좌(朝鮮
最初의 廣告講座) ……… 164
〈조선 출판 경찰 개요
(일본어)〉 ………………… 117
조선통신(朝鮮通信) ……… 83
〈조선한약조합월보〉(朝鮮
漢藥組合月報) ………… 121
조성룡 ………………………… 185
조성호 ………………………… 213
조영남(趙英男) …………… 333
조영재 ………………………… 328
조용만(趙容萬) ……… 187, 192
조일광고상 ………………… 252
존 스티클러(John C.,
Stickler) ………………… 250
종로 광고판 제조점(京城
鍾路廣告板製造店) ……… 81
종합기획 ……………………… 327
종합상사 ……………………… 333
좌파 …………………………… 437
주부클럽연합회 …………… 365
주요 경제지표(1988~1997)
……………………………… 410
주윤발 ………………………… 424
주한 미국대사 리처드 L.
워커(Richard L. Walker)
……………………………… 389
준철병철(樽喆甁喆) ……… 253
중립성 ………………………… 319
중CM 폐지 ………………… 362
중앙광고대상 ……………… 258
중앙대학교 ………………… 359
〈중앙일보〉 …………… 106, 442
〈중앙일보〉 간행물 ……… 292
《중앙일보, 동양방송 10년사》
……………………………… 289
中央日報 100萬部 突破 … 289
〈중앙일보〉 1978. 12. 12 현재
지역별 부수 ……………… 290
〈중앙일보〉 1978년 12월
13일자 부수일보 ………… 292
〈중외의약신보〉(中外醫藥
申報) ……………………… 121
〈중외일보〉(中外日報) …… 106
중일전쟁 ……………………… 137
중장탕(中將湯) ……………… 91
쥬리아의 탑 ………………… 347
지면에 대비한 광고지면 비율
(1911~1920) ……………… 78
지하철 1호선 ……………… 288
지하철 차내 광고료(1974)
……………………………… 308
지형(紙型) ………………… 107
진로 …………………………… 439
진로광고 ……………………… 267

ㅊ

차범석 ………………………… 237
참여정부 ……………………… 437
척화비 ………………………… 19
천도제약 ……………………… 224
천연당(天然堂) 사진관
……………………… 50, 54, 59
천자만홍 의장행렬(千紫萬紅
意匠行列) ………………… 124

천주교 정의구현사제단 … 367
철도광고 업무 취급규정 ‥ 244
청심보명단(淸心保命丹) … 51
청운 스님 …… 455
체감요금제 …… 114
초등학교 …… 410
촛불집회 …… 442
최국현 …… 192
최남선(崔南善) …… 105
최승희(崔承喜) …… 171, 172
최인아 …… 459
최준 …… 109
최창권(崔彰權) …… 333
최창봉 …… 237
최초의 CM SONG …… 267
최호진(崔虎鎭) …… 101, 202
츠지야〔丁子屋〕 …… 82
추악한 광고진렬장(醜惡한 廣告陳列場) …… 126
〈춘추〉(春秋) …… 189
측우대(測雨臺) …… 395
친공 포로 …… 278
칠성 …… 312

ㅋ

카르텔화 …… 294
〈카피〉 …… 340
카피라이터 …… 318
카피실 …… 318
칼 브루스(Karl L. Bruce) …… 250, 313
칼텍스(Caltex) …… 311
캉캉, 쌍쌍 …… 323
캠브리지 …… 347
컴퓨터그래픽(CG) …… 427
케이블TV …… 416
코디언트 커뮤니케이션 그룹(Cordiant Communication Group) …… 453
코래드 …… 384, 401, 417
코티(Coty) …… 259
쿵따리 샤바라 …… 427
크라운맥주 …… 224
클럽 화장품 …… 105

ㅌ

타이포그라피(*Typography*) …… 429
탄핵안 …… 438
태양됴경환(胎養調經丸, 태양조경환) …… 89, 105, 145
태평양광고취급사(太平洋廣告取扱社) …… 132
태평양화학 …… 259
테스티모니얼(*Testimonial*) …… 196
《텔레비전 20년》 …… 222
통감부(統監府) 공보 54호(1908. 5. 16) …… 56
통신사(通信使) 박서생(朴瑞生) …… 17
통합방송법 …… 441
통합, 조정된 언론매체 일람표 …… 378
통화개혁 …… 211
티저광고 …… 84

ㅍ

파스퇴르 우유 …… 429
패시픽 미디어(Pacific Media) …… 322
페놀 유출 …… 407
평화방송 …… 406
포드 …… 105
포드 자동차 …… 135
포커스 …… 394
표시, 광고에 관한 공정거래 지침 …… 400
표절 …… 428
프리덤하우스(Freedom House) …… 367
플러스 필름 …… 394
피가로 …… 411
피(*Fee*) 제도 …… 250
필콤 …… 338

ㅎ

하마다〔濱田〕 상점 …… 27
하몽(何夢) 이상협 ‥ 109, 192
하우스 에이전시(House Agency) …… 313, 322
하이파이사 …… 224
하쿠호도〔博報堂〕 … 312, 317
한강의 기적 …… 285
〈한겨레신문〉 …… 411
한국 갤럽(Korea Survey Poll, KSP) …… 327
《한국경제사》 …… 101
〈한국경제연감〉 …… 311
〈한국광고〉 …… 325
한국광고단체연합회 …… 274, 352, 429
한국광고대회 …… 431
《한국광고 문헌해제》 …… 358
《한국광고발달사》(韓國廣告發達史) …… 402
한국광고 100주년 …… 401
한국광고사(韓國廣告社) …… 211, 250
한국광고산업 진출에 대한 장애(Barriers to Entry in the Korean Advertising Industry) …… 390

한국 광고업협회 ············ 401
《한국광고연감》······ 327, 354
한국광고연구협의회 ·· 271, 352
한국광고의 특징 ············ 453
한국 광고인대상제도 ······ 367
한국광고학회 ·················· 429
한국광고협의회 ··············· 274
352, 429
한국광보문화연구원 ········ 327
한국기독교교회협의회 ····· 367
한국농약 ························ 317
한국리서치 ····················· 327
한국무역협회 ·················· 389
한국문화영화제작사협회 ·· 308
한국방송광고공사 ··········· 373
382, 449
한국방송광고공사 설립
목적과 업무 ················ 388
한국방송광고공사 존폐 논쟁
······································ 419
한국방송광고대상 ··········· 395
한국방송광고심의기구 ····· 457
한국부인회 ····················· 365
《한국 상업의 역사》········ 16
《한국 언론사 연구》········ 117
〈한국 언론학 박사, 석사,
학위 논문 총 목록〉····· 360
한국 외환위기 ················ 450
한국 200대 광고주 ········· 449
한국 총인구 ···················· 73
한국 PR광고 특집 ·········· 269
한국 PR시장 규모 ·········· 463
한국상업사진작가협회
··························· 269, 329
한국시각디자인협회 ········ 327
《한국신문사》················· 109
《한국신문사화》·············· 107
한국CF제작협회 ············· 354
《한국언론사연구》··········· 102
한국ABC협회 ·················· 429
한국여성단체협의회 ········ 365
한국의 광고회사 ············· 390
한국의 사회지표 ············· 443
〈한국의 사회 지표 2007〉
······································ 406
한국의 소리 ···················· 395
한국의 수출과 국제(수출)
광고비 ························· 350
〈한국의 시각디자인〉······ 327
한국의 언론탄압 ············· 441
한국의약품 PR구락부 ······ 271
〈한국일보〉······················ 212
한국일보사장이 ASI에 보낸
서신 ···························· 292
《한국일보 30년사》·········· 214
한국일보 50만 讀者카드作成
······································ 293
《한국일보 20년》············· 212
《한국잡지사》················· 120
한국전기주식회사 ··········· 222
한국전쟁 ························ 201
한국컴퓨터그래픽협회 ····· 401
한국통신사 ····················· 250
한국PR기업협회 ············· 464
한국PR 연구소 ··············· 250
한국PR협회 ···················· 429
한국화이자 ····················· 380
한독약품 훼스탈 ············· 267
한미경제협의회 ·············· 389
한미전기회사(韓美電氣會社)
···························· 60, 64
한미흥업주식회사(韓美興業
株式會社) ····················· 55
한민전기회사의 연종서 ····· 65
한성광고사(漢城廣告舍) ··· 47
48, 82, 83
한성광고사(漢城廣告舍) ··· 82
〈한성순보〉(漢城旬報) ······ 27
한성전기회사 ···················· 63
〈한성주보〉(漢城周報) ······ 27
29, 32, 34, 354
한양가(漢陽歌) ················· 20
한양상회(漢陽商會) ··· 50, 54
한양상회의 전면 기업 PR광고
······································ 57
한영공사(漢英公司) ········ 124
한영수(韓榮洙) ··············· 329
한일합병 ·························· 71
한홍택(韓弘澤) ······· 197, 328
〈合同廣告〉············ 251, 329
합동광고 취급액(거래액) · 316
합동통신 광고기획실 ······ 203
해시계 ··························· 395
해외 광고상 수상작 감상 258
해외여행이 자유화 ········· 407
해태 ······························ 439
해태 치클껌 ··········· 395, 396
핵폭발 실험 ··················· 437
햇볕정책(*Sunshine Policy*)
····································· 437
행복해서 못 살겠다지만 ·· 399
허환 ······························ 236
헌납광고(獻納廣告)
··················· 143, 173, 175
헌법 불합치 ··················· 459
헌법재판소 ···················· 428
헤파박스 ························ 400
형님 먼저 아우 먼저
··························· 340, 348
현대 ······························ 449
현대기획(現代企劃) ········ 312
현대녹음실 ···················· 329
현대자동차 ············ 448, 449
현대적인 대외PR ············ 441
현덕(玄德) ····················· 188
현상도안광고(懸賞圖案廣告)
··························· 138, 139

호남정유(GS칼텍스) · 305, 311
호출부호 HLKZ ············ 204
혼마치〔本町〕 ············ 82
홍병규 ············ 197
홍보매체 실태조사 ············ 271
홍보조정 ············ 441
홍우백 ············ 190
홍익회(弘益會) ············ 308
화신(和信) ············ 105
화신(和信) 백화점 ············ 139
화평당(和平堂) ············ 27, 89, 92, 105
화평당약방 ············ 146
〈화평당약보〉(和平堂藥報) ············ 121
화평당 자양환(滋養丸) ····· 91
활력을 마시자 ············ 258
〈황금당약보〉(黃金堂藥報) ············ 121
황금정(黃金町) ············ 244
〈황성신문〉(皇城新聞) ············ 27, 35
황영조 ············ 407
황우석 교수 ············ 457
황창규(黃昌奎) ············ 358
황태영(黃泰永) ············ 222
회사설(會社說) ············ 28
휘닉스커뮤니케이션즈 ····· 424
훙아다이야 ············ 233
희성산업(喜星産業) · 313, 324

기타

100분의 10 ············ 418
100분의 8 ············ 418
10대 광고주(1969) ······ 310
10대 광고주(1976~1978) · 310
10대 광고주(1981 및 1985) ············ 380
10대 대행사의 비중 ········ 455
14차 아시아광고회의(Asian Advertising Congress) · 354
1930년대 공업발전 상황 ·· 102
1960년대 광고대행사 ······· 251
1979. 4. 8일자 〈조선일보〉 사설 ············ 293
1도(道) 1지(紙) ············ 376
20세기의 동화 ············ 329
3 · 1운동 ············ 105
3대 일간신문 부수 ············ 446
4 · 19 학생혁명 ············ 271
4개 일간신문 광고요금 대비(1971) ············ 297
6 · 29선언 ······ 374, 402, 405
8 · 15콜라 ············ 455
A 'no' vote for Korea's 'no' list ············ 389
ABC ············ 413
《ABC란 무엇인가》 ·· 290, 292
ABC연구회 ············ 288
ABC협회 공사 결과 ········ 445
Ad Korea ············ 250
Advertising Age ······· 250, 367, 428, 461
Advertising Age사설 ········ 389
Advertising in Korea ············ 250, 352, 457
Advertising Yearbook ······ 431
AIA(Advertising is All) ··· 453
All Japan Radio&Television Commercial(ACC) ······· 330
AM7 ············ 445
ASI(Audience Studies, Inc.) 시장조사회사 ······· 288, 326
Blog ············ 457
Business Week 한국특집 349
CBS(기독교) 방송 202, 222
CI ············ 427
CLIO 광고상 ············ 330
《CM 라이브러리》 ·· 327, 354
CM과장 ············ 237
Commission 대 Fee제도 ·· 459
Confessions of An Advertising Man(《어느 광고인의 고백》) ············ 340
Dan Sung Weekly ············ 121
DMB방송 ············ 445
Edward Meyer&Company · 50
FCB ············ 453
《FILM 코머셜을 만드는 方法》 ············ 354
Focus ············ 445
Forbes ············ 352
FORD와 GENERAL MOTORS (GM) ············ 161
Fortune ············ 352
Frequency&Volume Discount ············ 36
G20회의 ············ 441
GDP 및 광고비 추세(1998~2008) ············ 451
GU사이드 ············ 197
H. S. Crolly ············ 126
IAA(International Advertising Association, 국제광고협회) 한국지부 ····· 216, 250, 352
IAA 회원증 ············ 218
IAA Man Of The Year ··· 389
IAA국제광고인 교육과정 429
IMF 한파 ············ 438
IMPACT ············ 313
IPTV ············ 449
IT 관련 기업 ············ 450
It's the Real Thing ············ 333
J. 월터 톰슨(J. Walter Thompson) ········· 313, 384
KBS 광고방송 ············ 238

KBS-TV ···· 204
KMR ···· 327
KOEX(종합전시장) ···· 416
KORCAD 상업TV ···· 203
KORCAD-TV ·· 204, 223, 261
Korea Times ···· 367
Lee&DDB ···· 453
LPGA골프 ···· 439
LPR ···· 327
M&A가 본격화 ···· 453
Marketer of the Year ···· 461
《MBC 방송요금》 1972 ···· 302
MBC・경향신문 광고상 ···· 330, 332
MBC-TV광고요금(1971 및 1978) ···· 301
Media Index ···· 431
MEDIA ···· 367
Metro ···· 445
MISSY 풍조 ···· 427
MSK ···· 406, 457
OB맥주 ···· 224
OECD 회원국 ···· 405
Oriental Communications ·· 317
PD 수첩 ···· 449
Photographis ···· 329
PPL(*Product Placement*) ···· 452, 457
PPM(*Pre-Production Meeting*) ···· 393, 427
《PR 作戰》 ···· 359
PR전문회사 ···· 463
Press Translation of Korea ···· 250
Printer's Ink ···· 216
《RADIO CM》 ···· 359
RCA TV ···· 204
RCA ···· 222
S/K 어소시에이츠(Associates) ···· 250, 322
SBS AM 라디오 ···· 406
SBS-TV ···· 406
Seoul Press ···· 35, 68
Sky Life ···· 442
The Chosen Industrial Exhibition ···· 94
The Last Train ···· 188
The Penalty of Leadership ···· 149
TNS ···· 457
Trade Dispute in Perspective (무역 분쟁 전망) ···· 390
TV 대수 추세(1968~1979) · 287
TV 시청률 추세 ···· 444
TV광고 사유별 기각 건수 (1979) ···· 364
TV광고 프로덕션 ···· 328
TV광고 한 편 제작비 ···· 393
TV광고심의 상황(1976. 7~1979. 12) ···· 362
TV광고의 수 ···· 300
TV시청률 조사 ···· 406, 431
UCC(UGC) ···· 459
Wall Street Journal ···· 352
WPP ···· 453
X-세대 ···· 427
YWCA ···· 365

저자약력

신인섭

평양교원대학 국문과 졸업
국방부장관 의전담당 보좌관(육군소령)
〈현대경제일보〉(현 한국경제), 〈일요신문〉 광고부장
럭키그룹 홍보선전실 희성산업(현 HS AD) 이사
한국ABC협회 초대 전무이사, 서울카피라이터즈클럽 초대회장
서울에서 개최된 아시아광고회의, IAA 세계광고대회 사무총장
서강대, 고려대, 연세대, 이화여대, 중앙대 등 강사, 한림대학 객원교수
주요 저서: 《광고카피라이팅》, 《광고실무론》, 《국제광고》, 《PR론》, 《일본광고사》, 《중국광고사》, 《한국광고사》, 《한국PR사》, *Advertising in Korea* 외 10여권

서범석

배명고등학교, 중앙대학교 광고홍보학과 학사
중앙대학교 신문방송대학원 PR 광고전공 석사
경희대학교 대학원에서 광고학 박사
중국 북경대학교 신문방송학원 광고학과 초청교수
현재 세명대학교 광고홍보학과 교수
(주)LG화학의 광고과장, 마케팅부장. 한국광고학회 회장
한국언론학회 광고홍보연구회 회장, 한국옥외광고학회 회장
매일경제 광고학술공로상, 대한민국 근정포장 수상
주요 저서: 《광고기획론》, 《한국광고사》, 《광고와 소비사》, 《옥외광고론》, 《현대광고의 이해》, 《현대사회와 광고》, 《광고 미디어 그리고 거래질서》, 《광고전략 에센스》 등